U0674491

民國時期文獻
保護計劃

成 果

# 北碚月刊（一九三三—一九四九）

第三册

北碚圖書館　編

國家圖書館出版社

# 第三册目録

# 北碚

第一卷 第八期

二十六年四月號

四川嘉陵江三峡鄉村建設實驗區署發行

# 到自然界去！

昆虫採集

坐待

舉槍向飛鳥

昆虫整理

跨上征騎向偉大的雪山進發

昆虫的陳列

昆虫的製作

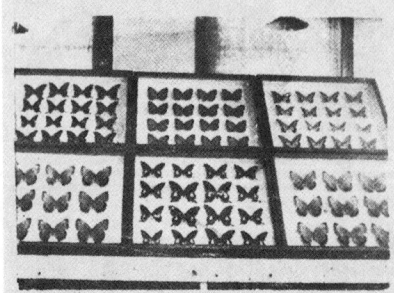

## △本刊第一卷

### 第一期要目

二十五年九月一日出版



### 第二期要目

二十五年十月一日出版



### 第三期要目

廿五年十一月一日出版



### 第四期要目

廿五年十二月一日出版



### 第五期要目

廿六年一月一日出版



### 第六期要目

二十六年二月一日出版



### 第七期要目

廿六年三月一日出版

民廿五年創始

# 北碚月刊

第一卷第八期目錄

民國廿六年四月一日出版

# 北碚月刊歡迎分銷

本刊發行以來，內容方面，力求精進充實，幸蒙各界贊許，銷行日廣，茲為便利各地閱者計，擬廣設分銷，倘荷賜予提倡，慨允担任寄售，無任歡迎，詳章函索即奉，茲將川內已設分銷及代訂處列下：

北碚分銷處：嘉陵江日報社　北碚溫泉公園

合川分銷處：新新書局

成都分銷處：開明書店

重慶分銷處：北新書局　中國圖書雜誌公司　今日出版社

# 農學月刊

△徵求三千基本定戶

每月一日準期出版

第三卷第五期要目

插圖……㊀本院處宏正教授在德考察近況攝影　何蔭喬
㊁新鷄疫之病況
㊂東三省的鷄種

論著……農村社會分類之批判及其整理　羅西懋
果樹接穗與砧木之關係及其栽培風土　程壽華
對於砧木之適應
復興農村與農產釀造　王耀華
今日之森林政策

研究……新鷄疫之研究　最上達夫　屠丙華　高秉墉
犢出血肋膜肺炎之研究　仝上

調查……陝西林事視察記　閻洪淡　賈成章
官座嶺之樹木及雜草　張耀宗　王戰

特載……日本北海道酪農事業發展之概況　蘇鱗江
東三省的鷄種　李權時
昆蟲綱分科之檢索　易希陶

譯述……作物田間試驗中空白試驗效用或價值　蔣永炳譯
世界主要產棉國家之棉業金融問題　王益滔譯
主要果樹的剪定整枝圖解　羅堯卿譯　處宏正
海外學術通訊　陳文敬

連載講座：溫室園藝之研究

計劃：為冀省病虫害防治局試擬昆虫調查計劃　昌遠

（附錄）本院一月份氣象要素報告　本院林場

國際農事要聞　國內農事要聞　編者

編輯後記　呂遠

本刊價目　每期二角預定半年一元一角全年二元　郵費在內郵票代洋以五分一分為限

發行者　國立北平大學農學院農學月刊社

## 特告

凡在三千基本定戶定額未滿之前、逕向敝社訂閱全年一份者、概仍照原價八折收費、並按期奉贈本院出版之農訊半月報一份、所餘無多、訂閱從速！

# 四川保甲之今昔

高孟先



## 一，楔子

保甲是我國固有的一種行政制度、且具有適合我國國情之特殊精神與機構、可是過去行保甲制度者不僅鮮有成効、且反而爲一種擾民的重要工具、但是保甲制度在歷史上、理論上、都有深刻的基礎、總是還有人認爲是可行的制度、自中央淸剿赤匪以來、思所以淸除盜匪之源的根本辦法、乃又想起前人所運用的保甲制度、於是參酌古制、攷慮當前、而確定現行之保甲制度、先試行於豫鄂皖、繼推廣於湘閩贛、而今已全國風行矣。

近數年來因舉辦保甲所收的成効、如盜匪賴以肅淸、政令賴以推行、皆具有驚人的成績、然此僅就其客觀効果而言、如就主觀之制度的本身來看、使一盤散沙的人民發生集體的力量、使漠不相關的羣衆、發生密切的聯繫、不僅是對內發生組織的力量、而且對外可以發揮團結禦侮的能力、所以保甲制度、可以說是組織民衆訓練民衆唯一有効而合理的機構、是安內攘外救亡圖存的一條要道、尤其是在人們認爲復興民族根據地的四川、可謀肅淸盜匪、安定社會、發展生產、提高文化起見、保甲制度推行之需要、尤實過於其他各省。不過吾川保甲（普通）稱爲（團務）向爲土豪劣紳的工具、上以結交或反抗官府、下以把持地方、武斷鄉曲、最近此種團閥雖不存在、但在吾川保甲的過程上、曾演出許多不可磨滅的事跡、這些事跡、就空間上來講、或許可供吾人之借鑑、就時間上來講、亦有許多可資未來之改善、玆特介紹如次：

## 二，過去的檢討

### 1. 混亂時期

保甲本屬民衆自衛的組織、但是四川的保甲早成了駐軍敲榨民脂民膏的重要工具、保甲之練常備兵、（團練）遠在民初、當時因土匪猖獗、軍隊不能兼顧、於是一般民衆、不得不求自衛、購置械彈、組織團練、其目的、不過在保境安民而已、不幸後來內鬨時起、軍閥們利用團練來充實作戰能力、加重收刮、不能不給辦團領袖以種種權威和便利、在這種互相勾結利用下、造成現在若干害民的團閥來、這種團閥有大有小、大的每縣有一個保衞團的團長、或幾縣聯團辦事處的處長、小的要算在區的區長在鄉的鄉長了、他們管轄區域、雖有大小之不同、而其權限之廣泛濫用則無二致、每一區長或鄉長可以任意徵稅、什麼過道捐、子彈捐、服裝費、名目繁多、不勝枚舉、要是沒有到過四川的人、恐怕很難置信、還有處分刑事案件權、鄉長擒獲匪類、可以執行搶決、因其權威太高、同時知識有限、所以常常發生流弊、挾嫌報復等事、總是時有所聞、政府雖然禁止、可惜收効不多、區鄉長的產生照原則上說、應該由該處鄉民遴選、可是在四川大部份是山金錢購買得來、價格之高下、要以地區的貧富而定、普通二等縣的區長、講價約在千元上下、這種由代價得來的公務員、在職期間眞正爲民謀幸福?抑在剝削民衆圖肥私囊?可以不言而喻了!

地方人民怕駐軍派捐款、而鄉長們却正愁駐軍不派捐款、因爲多有一次派款、便爲他們增一次刮錢的機會、再拿團練的數額來說:也很可驚人、當辦團之風最盛時、每縣所轄幾十場鎭、每場鎭各有常備壯丁、場小者數十名、大者增至百名以上、所以以一縣而計、常備團丁總在數千人、川省有一百四十餘縣、總計全省團丁不下四五十萬、這種團丁的一切費用、也足够老百姓担負、何況再加上他們的貪污剝削呢!造成四川今天混亂的局面、因素固然很多、但是保甲之擾民、確佔很重要的成分、所以當時民間有這麼一種呼聲:「兵如梳、匪如篦、團閥猶如刀刀剃」、這正是當時團閥具體的寫照。

2,整頓時期

在四川各軍中、廿一軍最重視團務、在該軍的政務處中、特設團務科、而且政務處的副處長、專負團務方面的責任、民國十六年後、因廿一軍軍長劉湘被任爲川康團務委員長、於是有川康團務委員會的成立、政務處的團務科、對外仍舊用川康團務委員會的名義;但在實際上、川康團務委員會的力量、僅能及於廿一軍的戍區、其他各軍戍區的團務、都無法過問、茲將當時團務整頓的情形分別略述於後:

(一)計劃

廿一軍對團務的整頓積極進行、廿二年頒佈團務三年計劃、其內容大要如次:

㈠團務方面——依團務自治經費統籌的規定、嚴核各縣預算、務求其支配得當、並力謀行政費的樽節、增加事業費。

㈡團隊方面——整理模範隊的編制、加以集中及平均的訓練。在質量上求模範隊內容的充實、並在較大的鄉村、設立民丁訓練所。

㈢幹部教育方面——成立川康團務幹部學校、以及團務自治訓練班。

(二)組織　(團務組隊如下表)

- 軍部
  - 政務處團務科
  - 縣政府
    - 縣團委員
      - 鎮長（兼鎮團長）
      - 鄉長（兼鄉團長）
  - 各特組局
    - 督練長
      - 模範隊各級隊長
      - 民丁各級隊長
  - 川康團務幹部學校
    - 團務班
    - 練務班
    - 自治訓練班
  - 民丁隊長講習班——各鎮鄉民丁訓練

（三）經費

廿一軍戍區內的團務經費、是由各縣抽收團款、團款是在正糧項下徵加、每年為收兩次、至多不得超過二年糧稅正額、但各縣仍有任意加徵團款的情形。每縣每年團款收支最多到四十萬元、至少亦在十萬元以上。

（四）編制

㈠普通壯丁——各縣居民除年在十八歲以下四十五歲以上及單丁廢疾者外、應按戶出丁一人、此即是普通壯丁、以二十人至四十人為一小隊、四中隊至八中隊為一大隊、四大隊以上為一區隊、各設隊長一人。

㈡精選壯丁——由團正於每百戶中挑選十名至二十名為精選壯丁、依上法同樣編制。

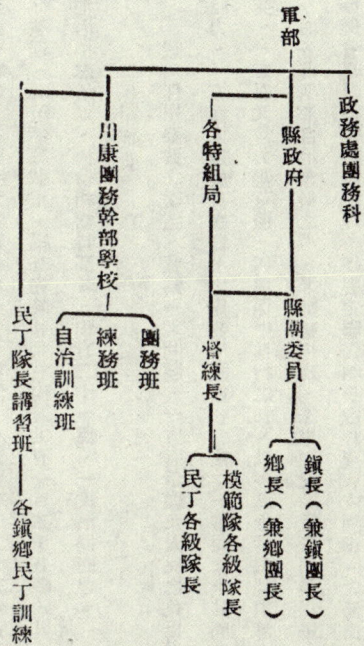

㈢模範壯丁——由精選壯丁抽選、經三月至六月的完備訓練、模範隊丁各額、大縣千名、中縣七百名、小縣五百名、平時担任游擊戍守之責、每六月更換三分之二、以期精選壯丁的普遍訓練。

（五）武備

廿一軍各縣團隊、雖有組織、而槍技仍不健全、為重慶市共有團丁一五七八人、而槍才一三四七支、其他僻遠的縣份、槍彈的缺乏更甚、而且所謂團槍、實質極雜、有大部份是土槍、或廢槍、子彈數量亦不充足、其他武器、則為土造大砲、改良罐子砲、牛耳砲、刀矛等。

總之：四川的保甲、早具有相當基礎、實為人民武裝自衛的一大力量、能因勢利導、則可發生絕大作用、但當時情形、團務形成軍隊搜刮的工具，各軍盡量利用、或加收編、擴大實力、或遣之前敵、徒供犧牲。人民自衛之力量、自此已剝削殆盡矣！

## 三，目前的推行

保甲制度、為目前國家要政之一、其主義要在使民衆有團結有系統、一方面可以由此樹立地方自治的基礎、一方面即是為民衆自衛的一種普遍的組織、吾川對於保甲推行、雖組織上漸臻完善、但其內容的充實、與實際的運用、尚有待於今後之努力茲將目前推行狀況、分述如次：

1,保甲編組

吾川自共匪竄入以後、一面由中央指揮大軍進剿、一面更積極從事改良政治、實行保甲即共一端、四川省府二十四年度施政綱要中、關於保甲者有如下之規定；

甲、編組保甲、清查戶口。

乙、確定聯保輔助區長執行職務。

丙、舉辦戶口移動登記。

丁、訓練保甲長。

上列編組保甲、在二十四年內已由省府嚴厲令飭依限編組、惟以開辦之初、急遽從事、又因四川面積遼廣人口衆多、而交通阻礙故編查多失精確、組織亦欠完密、以至保甲功能、不克顯著、二十五年重行整理、計至年底截止、編查完竣報到省府者共有一百二十八縣、其他因地處邊區、尚待相當時間者、尚有二十一縣、一設治局而已。

2,保甲經費

關於保甲經費之籌措、實爲一大問題、一方面須顧及人民之負担能力、一方面尤須應付事實上之需要、而徵收方法：一方面當求其簡捷、一方面又當力避苛擾、四川保甲推行之初、以各縣急待編製預算、而各縣鎮鄉自治應辦之事、又勢難中輟、保甲經費除行營頒發保甲條例會爲原則概括規定外、倂製定聯保辦公處經費收支標準、大都由各縣就地自籌、在保甲戶口未編竣、聯保主任未依法產生以前則仍暫時保留鎮鄉公所、所有鎮鄉經費、其支數目漫無標準、及二十四年經召集各行政督察專員會議決定、聯保經費應在保甲經費內開支、其保甲經費、在二十四年十二月底以前、得由各縣統籌、就地方原有公款、以及自治經費等款開支、不足時得呈請核准就糧稅附加、但開支總數、不得超過全縣保數、合計每保五元之規定、自二十四年一月份起、所有保甲及聯保經費、即照保甲條例之規定向住民徵集、（每保每月以五元爲限、每戶每月攤繳數目、應按其財產之多寡、列爲等級、最低五仙、最高不得超過二角、極貧者免派、）惟全省施行以來、深感各保貧富懸殊、實難雖一、年來綜合各縣情形、多有困難之感、省府始於二十五年十月擬具改訂保甲經費收支辦法、呈准行營改爲較有伸縮性之規定、每保三元至七元、收支統一於縣、每年徵收兩次、以資平均挹注、二十六年起徵收又改爲每戶有八十元之上之財產者（動產與不動產）每年出捐兩角、以此類推、此種爲窮人減少一負担、試行以來、雖較前感到便利。但在去年四川大旱、民生凋敝不堪中、保甲經費的籌措、仍是一個難題。

3,保甲人員

保甲制度推行、最困難者厥爲人選問題、保甲人員、爲保甲制度之骨幹、關係保甲前途至鉅、尤其保長、更爲重要、上承縣區長之指導、負推行政令等之責、下則深入民間爲民導師地位異常重要、故年來各區專署會遴令分頭施行保甲幹部訓練、又以未經整個規劃、參差出入、步調難齊、省府乃擬具全省保甲人員訓練辦法、綜計全省聯保主任共約四千餘人、分四期調集省垣訓練、全省保長共約九萬人、以集中各縣縣府所在地訓練爲原則、各縣甲長、以集中各區區署、就地訓練爲原則、聯保主任訓練第一期已竣事、保甲長訓練、現正由省府派員前往各縣分頭進行、訓練期內容在講解簡單保甲法令、充實其應具常識、培養其辦事能力、預計訓練普遍之後、一切政令推行効率、必然增加。

## 三，未來的展望

近代地方政治、絕不能離開羣衆基礎、而四川既爲後與民旅之根據地、則一切縣政設施、尤須有民衆組織力量爲後盾、而厲行保甲制度以充實地方行政之機關、而奠定下層羣衆之基礎、此實爲急不可緩之事、吾川舉辦保甲已經年餘、雖經政府與人民之努力合作、略見成績、但究距離保甲制度整個功能的完成尙遠有且僅就此稀微之成績、其中尙有若干問題、在作者於保甲工作亦曾有所嘗試、故於吾川之推行、至少尙有下列幾點之改進。

1，戶口查編問題

四川土地廣大、人口衆多、而交通阻礙。文化程度參差不齊、社會習慣因而也異、而在此種環境之下推行保甲、其所遭遇之困難、實有過之無不及、欲求編查正確、可謂行之維艱、故於省府限期編查之時、有的縣份爲敷衍功令計、不能不有統計、不能不有報告、在表面上似乎已經完成、若一考其實際、則混亂不可各狀、還是二十四年各縣的普遍現象、所以五年又來重行整理、至今也還有二十餘縣未竣事的。今後吾人須注意者、在戶口編查時、除由省府特別訓練大批調查人員分配各縣應用而外：應向全省民衆作擴大宣傳、然後分區分期進行：第一步各縣組織、編查委員會、籌備一切查編應需之物、然後分頭實際工作、并向民衆宣傳查編意義、（查編與統計）第二步推定甲長保長聯保主任講解保甲長的責任、并組織各辦公處、第三步由各區長縣長親赴各地巡視、考察調查是否正確、編制是否適當、第四步在槍炮烙印、登記壯丁、辦理聯保切結、確報戶口異動等、均須按步進行、一件辦完、再辦二件、如此保甲才能編製正確、基礎才得穩固！

2，戶籍管理問題

辦理聯保連坐切結、查報戶口異動登記、是一件重要的工作、也是一件最繁難的工作、現在吾川許多縣都將這一件難事、責令保甲長來作、實不甚合理、有的縣份雖專設有戶籍員、然而所謂戶籍員者、不僅未曾受過專門戶籍的訓練、且有對戶籍根本漠然者、如求戶口辦理迅速精確、則實一大困難也！因此對此經常的行政事務、省府應訓練整批人員、分任到各縣各鎮鄉專司戶籍事務、由保甲從旁協助、如此戶籍管理問題、才得正當解決、整個保甲制度、才不會發生不良影響！

3,壯丁訓練問題

壯丁之主要目的：就其小者言、爲民衆之自衞、就其大者言、亦國防基本之工作。目前本省社會秩序、因受去年旱災影響、故呈極度不安狀况、饑民載道、盜匪猖獗、全省壯丁之訓練、尤較其他各省爲急切需要、省府雖將各縣聯保主任分期調往省受訓、但一時不能完成全部之訓練、且往返太不經濟、有的還有因此而發生流弊的——借此派捐、最好是集中各專署訓練、一方可減少往返路程和費用、一方則可迅速完成其訓練、至於壯丁訓練、困難尤多、除訓練所需之人才經濟外、在壯丁方面如槍械之缺乏、規避受訓、懷疑壯丁、以及壯丁職業問題等、在在均予壯丁訓練的完成上、有絕大的妨礙、於此吾人深覺壯丁訓練除政府一般厲行懲罰和强迫外、有幾點是值得今後注意的：第一應宣傳解釋、利用機關學校……、第二應顧及人民的生活、訓練時間可因地因人(生活)制宜、第三、應分區分期訓練、最好以一保爲單位、第四、多用獎勵制度、隨時在公共場所或學校會集、表彰善舉等。

4,保甲運用問題

保甲的組織完成後、便是運用的問題、倘如運用不當或太過、亦會發生指使不靈的現象、現在恐怕有許多縣份已經有了困難的感覺、例如目前的鑿塘、築堰、禁煙、建設種種工作、政府均驅策保甲長去作、於是馬路征工、鑿塘征工、檢舉煙民……均要按保甲抽派、種種的麻煩和痛苦、使得一般任義務保甲長在百忙之下、在生活掙扎中、弄得來消極辭職、有的甚至爲逃避麻煩與痛苦、而離開本鄉、或將職務交替與人、而資以若干津貼的、在此我們不得不希望政府當局、今後有所改善、第一、凡保甲人員、須嚴格遴選其能勝任者、同時要改變責令保甲長能力所不能担負之任務、減少他們的麻煩和痛苦、……第二、要切實執行戶口移動查報、以保持保甲組織基礎永固、第三、要分別緩急、適合時代的要求、根據民衆生活的需要、以引起民衆的信仰和同情、將來所收實效、定可事半功倍、此外須擇其與民衆本身有切身利害關係者、使之舉辦、如推行合作制度、勵行民衆教育、興修水利工程、改革不良習俗等、均係值得注意的事項。

## 五，結語

保甲在現代我國之政治組織上、是最下層的基本單位。直可說：這個基本單位倘弄不好、則其他中上層政治雖再努力、終屬「空中樓閣」、尤其吾川的保甲、比較複雜而問題多、所以筆者才將四川保甲過去的癥結及目前現况作了一個概括的檢討並貢獻有些改良意見、以作整理保甲及研究下層政治者之參考。(完)

# 保甲與警察合一之我見

梁崙

筆者服務鄉村警察、時歷三載、自審過程、愧無建樹、然年來屢感保甲與警察有合一之必要、去年秋季實驗區署令各公安隊兼理市街保甲事務、於是保甲與警察合一之理想、乃得實現、茲就管見所及、略陳一得之愚、供諸社會、倘望高明有以敎正。

## 一，各別的意義與任務

### 1，保甲的意義與任務

保甲制度是培養人民自衞力量、推行政令、增進人民福利的一種有效制度、牠是考究我國數千年來的人民生活習慣與從政治的心理、依據人羣的家族觀念、由家庭的組織機構而推及於整個國家的組織、由下而上嚴密的編組起來、使一般漫無頭緒的民衆、成為有系統有作用的地方政治組織、人民可以用這種組織、改善他們自身的需求、政府可用以改善整個民族的習尙、此所謂「一家治、則推及於千百家、復由千百家共同監視一家、」如是、彼此影響、互相監督、而政治之昌明、國家之安義、可操左劵焉。

牠的目的是：齊民、化民、育民、保民、衞民、運用的方式是：抽丁、納糧、糾察、自衞、災盜、人口、勸農、尙武、興敎……所以他的相約是：相保、相敎、相育、相成、相察、相助六大端、總之他的目的是建福利於每個民衆身上、牠的運用方式、是構成了整個國家行政的原動力、對於個各人的修養、尤其重在化除利已的私見、以顧全羣衆的利益、糾正他們獨善其身做消極好人的觀念、以養成相互幫助、相互監督的精神、使一般民衆都成好人。

保甲的任務、依政府最近頒定的、不外淸査戶口、人事登記、驅逐盜匪、免除危害、維持交通、救濟災難、正俗保安、禁煙禁賭、公共衞生、聯保切結、槍炮烙印登記、編練壯丁……等項。

### 2，警察的意義與任務

警察是基於一個國家的統制權力、有命令强制個人行為的自由權力作用、以直接的維持公共安寧秩序和保護公共的利益為目的、有干涉個人之作為與不作為之自由、牠是一個國家裏負安甯幸福的內務行政的主要機構、牠的工作大要為保安、正俗、衞生、交通、建築……等、工作的範圍、小自於一個人——每個民衆做對象——的監督、訓練、指導、管理之大責、大則同一個國家的任何機構都發生關係、牠運用警察法令、由下而上、由一個人為出發點、推動整個社會。

警察的任務、與保甲任務大體相同、保甲任務中除聯甲聯坐切結、槍炮烙印登記、壯丁編練三項外、其餘都是共通的、不過警察任務更加上查驗外人入境護照、出版品審查、營業取締、違警審理數端而已、如就任務的局部理論觀察、牠的工作似乎偏於消極的預防公共危害、保持公共安甯、實際則又不然、牠的主旨還是從積極方面的改善人民生活增進人民福利爲歸宿（如倡導公共衛生、增進人民健康保護名勝古蹟及私人營業等）

## 二、保甲與警察合一的理由

欲增進地方行政效率、政府與人民成爲一體是其目的、保甲與警察合一才是手段、必如是則政令合一上下一致、方使人民與政府相策相應、因爲保甲的對象是民衆、警察的對象還是民衆、稍異者、保甲是基于一家、以戶長爲改進生活實行政令的單位、警察是基於警察命令、承受政府之意旨、指導或監督每一個人的作爲或不作爲、而謀公衆的安寧秩序、豫鄂皖三省剿匪總司令部訓令三省政府遵行剿匪區內各縣編查保甲戶口條例云：「……蓋我國自古以來、所謂保甲制度均以一家爲單位、戶設戶長、十戶爲甲、甲設甲長、十甲爲保、保設保長、故保甲之確認、及保甲長之推定、即爲清查戶口之初基、而戶之確數與日後之變遷、自賴保甲長之隨時查報、而其職務、實與農村警察無殊……」要之編組保甲之旨、首在推行政令、以求地方行政效率之增高、次則培養人民自衛力量；更次則輔導人民自治、完成整個的民治國家、茲就三點分論之：

1,保甲是推行政令的有效組織、警察賦予的作爲、也是督率民衆實行政令的主旨、以我國文化低落、人民智識膚淺、即以保甲幹部人員而論、能明權限負責任者、本無幾人、一字不識、意義不明者、尤乎不少、保甲幹部人員如此、民衆亦可概見政令推行、自爲「空中樓閣」是必賴警察指導與監督之力、使之如何明瞭政令、運用政令以達于民衆。

2,民衆自衛力量之培養、必先完成民衆之組織與訓練、欲完成組織與訓練、則人口清查、壯丁編練、尤爲當務之急、而人口清查、乃屬警察之基本任務、壯丁編練、雖非警察之專長、然警察行動亦即軍事行動、無論員警、均須具基本之知識與技能、況治安一項、尤爲警察專責之一、若與保甲切實聯合一致庶可收互助之效。

3,完成地方自治、首在訓練人民之思想及行爲。每一個人均須具備民族思想、民權常識、民生常識、道德觀念、團體意識諸要件、這種思想行爲的訓練、也非漫無組織、意志薄弱、文化落後、知識膚淺的我國民衆辦得到的、亦非有警察輔導難見實效。

總而言之、保甲最終的目的是由下而上的、使民衆有健全的組織、充實自衛力量、發揚民族精神、在整個政令系統之下、自動的盡自己的天職、警察最終的目的、是由上而下推進民族文化生活向上發展、限制人民不合理的作爲或不作爲、領導人民合理的作爲或不作爲、兩者合一、則警察利用保甲的組織、以完成牠的任務、保甲利用警察含有强制性的督促以完成牠的組織、非常時期的我國地方行政、尤非採取此種官督民辦的有效組織、難期救亡圖存之速效、近人李松風先生在其所著中國警察行政中曾發表改進警衞之主張云：「今欲改革警衞、應以自衞爲中心之「保甲制度」代替警察制度、負維持治安之責。縣以下之警衞組織、應採取「集中主義」務求其單一化。卽將現行之公安、自治、保衞團、保甲、合治於一爐、而建樹一自衞中心之單一組織；以保甲爲基礎、以組織訓練民衆爲中心、以期達到適合國防要求之目的。……」確屬經驗之談、精確之論。

## 三，結語

保甲與警察合一之必要、已詳述於前篇、今欲再證實者、爲筆者服務北碚公安隊（是鄉村警察性質的機關）合一的實况、卽以治安而論、北碚公安隊曾對市街保甲、作局部的運用、爲時僅及十月、所收實效、較諸往昔、何止十倍、計劃中之各項工作、正待羣策羣力、以謀推進、未來實效、自當逐一報告藉以拋磚引玉。

# 嘉陵江實驗區的壯丁訓練

吳定域
劉學理

## 一，前言

嘉陵江實驗區自去年四月一日成立以後、卽實地從事戶口調查及保甲編制、截至六月中旬、區屬五塲已査編完竣：全區共一百保一〇五五甲、一・二四七七戶、男女人口六五、二八四人。壯丁計一一・五五二人、（男性）彼時正値春耕農忙時期、各保之壯丁訓練、尙無法着手、僅就各鎭鄉市塲內住民、每甲抽調兩名、每三日就塲上集中訓練一次、每次一小時、預定四個月完成一期、以後輪流徵調、至挨戶訓完爲止、所有各鎭鄉各保之壯丁、乃至農隙時期（十一日）開始分保分期訓練。至本年二月第一期訓練完畢、共受訓壯丁、爲三千一百零二人、曾於去年十二月上旬分期派員往各聯保舉行檢閱外、再於本年二月二十四日（舊歷正月十四）在北碚舉行全區壯丁大檢閱一次。實到壯丁二八四〇人、茲將實施訓練與檢閱情形、分述如次。

## 二，實施情況

本區壯丁訓練、目的在嚴密保甲制度養成民衆自衞自治的能力。自去年九月卽已開始、先事調集壯丁幹部人員兩百名、施以嚴格之軍事政治訓練、俾有相當之軍事政治常識、用以組織壯丁、訓練壯丁、始克有效。訓練期間、自九月十六日至十月十七日、爲時一月又二日。曾經開往大茅坪、白峽口一帶剿匪兩次。所授學科：計有軍事政治普通常識及音樂體育等二十餘種、術科：由單人教練完成連教練全期開支伙食、制服、伕役薪餉及雜費等項、共用去洋一千六百八十元另七角、除七八九三個月附征保甲經費一千一百元外；不敷五百元〇〇七角、由本署經費項下津貼。

受訓各壯丁幹部人員（保長、小隊附）自十月十七日遣回各保、本署隨即參照 四川省政府公佈之全省壯丁訓練實施計劃、擬具壯丁訓練實施辦法、並參照第三區行政督察專員公署編述之壯丁隊須知指示各要點、製就壯丁隊學術科目預定表、頒行各聯保、遵照施行、並印發壯丁隊花名冊分令各保限期辦理。至十一月上旬各保即已先後編組完竣、全區共應受訓壯丁三千一百〇二人。本署并會隨時派員前往各保監督指導進行。

茲將壯丁隊訓練實施辦法及學術科目預定表附錄於後：

## （一）嘉陵江三峽鄉村建設實驗區壯丁訓練實施辦法

### 第一章 總則

第一條 本辦法遵照省府公佈全省壯丁訓練實施計劃訂定之

第二條 區屬各保內「十八歲以上、四十五歲以下之男子」均應受壯丁訓練依本辦法實施教育之

第三條 嘉陵江三峽鄉村建設實驗區壯丁訓練由各鎮聯保主任秉承區長之命實施之

### 第二章 組織

第四條 嘉陵江三峽鄉村建設實驗區壯丁隊各級組織如下：

一、區隊 合全區各鎮鄉之壯丁隊爲之「區隊長」由區長兼任「區隊附」二人由區署內務股正副主任兼任

二、聯隊 各鎮鄉合全鎮鄉內之壯丁隊爲之「聯隊長」由各聯保主任兼任「聯隊附」二人由聯隊長保委

三、小隊 各鄉鎮內之各保合各保內之壯丁爲之「小隊長」由保長兼任「小隊附」二人仍由聯隊長保委之

四、班 各小隊內分爲若干班每班少則十人多則十五人「正副班長」由各甲長或曾受軍事與警察訓練之壯丁充任

第五條 各班「班長」負召集壯丁之責任「小隊長」「小隊附」負直接訓練之責任「聯隊附」負循環訓練各小隊之責任「聯隊長」負監督指導訓練之責任

第六條 壯丁隊名稱如「小隊」則稱爲「嘉陵江三峽鄉村建設實驗區壯丁隊某鎮或某鄉第幾保小隊」「聯隊」則稱爲「嘉陵江三峽鄉村建設實驗區壯丁隊某鎮或某鄉各保聯隊」「區隊」則稱爲「嘉陵江三峽鄉村建設實驗區壯丁區

隊」

第三章　編制

第七條　凡保內年在十八歲以上四十五歲以下之男子一概編入壯丁隊切不可用從前三丁抽一五丁抽二窮人出力富人出錢之壞辦法

第八條　不能編入壯丁隊之人一未滿十八歲或年在四十五歲以上者二在外有職業不能長住本鄉者三現充公職如敎師校董調解委員等四現在學校讀書的學生五因癲疾不諶服勞役者

第九條　凡保內所有壯丁先將其分爲甲乙兩組每組人數大概相等富足或精幹者爲甲組貧苦或不健全者爲乙組各組組長由聯隊附充任然後各組再分爲若干班

第十條　壯丁隊編制妥善後由保長造冊呈報聯保辦公處轉呈區署備查

第四章　調查

第十一條　調查壯丁之人員由各聯隊長聯隊附督率各保長甲長小隊附担任之

第十二條　調查時應逐戶調查登記清楚不得遺漏情事若有公正自卞查究

第十三條　調查表暫以印發之花名冊登記造報本署備查

第十四條　每保之壯丁在文到十日容調查編制完善呈署備查

第十五條　調查表計三份各保保存一份聯保辦公處保存一份另一份呈報區署

第五章　武器服裝

第十六條　武器無論各種槍刀棍棒均可

第十七條　服裝概着短服如能自做灰色軍服更佳

第十八條　旗幟符號由區署統製發給

第六章　訓練

第十九條　小隊壯丁訓練分爲兩期第一期以訓練二十七次計百零八小時第二期以訓練五十四次計二百一十六小時如在街市之壯丁隊可於早晚實行次數酌量加多

第二十條　農忙時期爲陽歷二三四五六七八九十月每月每組各應訓三次（時間由聯保主任斟酌之）農隙時期爲十一、十二、一、每月十日每組各應訓三次（如地方寬闊兩組一齊訓練亦可）

第二十一條　訓練以小隊爲單位聯隊訓練在農隙時爲之每月至少一次每次一日并每次由區署派員監督指導全區每年定期檢閱

第二十二條　訓練之方針使受訓壯丁具必要之軍事學識與技能以充實民衆自衛之力量使其受訓者之生活軍隊化集團化理解共同一致之價值與力量養成負責守紀律與忍苦耐勞之習慣

第二十三條　訓練之要旨以嚴密之紀律與規則規範受訓者之行動培養其奉公守法共同動作之習慣以集團訓練促其克己合羣之覺悟造成協同一致之精神

第二十四條　訓練的要求初步要能嚴守時間服從命令最後要能達到造公衆禍急公衆難

第二十五條　各小隊訓練之地點宜擇適中寬廣公私場所由聯保主任聯隊附督同保長决定之訓練時間由聯保主任决定之兩者並須早日呈報區署核奪

第二十六條　訓練科目預定表由區署規定另發

第七章　奬懲

第二十七條　凡受訓壯丁成績優良熱心服務者應呈報本署傳令嘉奬設有規避訓練或不受召集者亦應呈報本署以嚴厲之處罰

第二十八條　有拒絕編入壯丁隊或經分配工作而不遵辦以及利用作僞行爲希圖自己或他人避免編入僱用替代虛報壯丁年齡等情事担任訓練人員可以當衆譴責或罰立正并可依照修正保甲條例第三十六條之規定按照一定之手續處以一角以上三十元以下之罰金或折罰苦工

第二十九條　凡壯丁在操作時有動作欠缺靈活而非故意者絕對不許處罰總之在操作時担任訓練人員應免除體罰和粗暴之舉動應以循循善誘之精神變其受訓者畏懼受訓之心靈而樂於參加之雄心

第三十條　各小隊應設劃到簿一本對於每次操課由直接負訓練責任之人員點名劃到倘有遲到者一二次可當衆譴責再犯可按其情節輕重報請處罰無故缺席者併交聯隊長究辦

第三十一條　凡受訓壯丁倘有特殊事故不能到操課者須事先呈明假條由聯隊長查明批准然後方能生效但各壯丁在每期訓練當中不能請三次以上之事假各聯隊長應製請假登記簿幷每月彙報本署一次

第八條　附則

第三十二條　本辦法如有未盡事宜可隨時呈請修改之

第三十三條　本辦法自公佈日施行

## (二)嘉陵江三峽鄉村建設實驗區壯丁訓練學術科實施表

| 次數 | 日期 | 科目 | 特別注意事項 | 進度 | 備考 |
| --- | --- | --- | --- | --- | --- |

| | | | | |
|---|---|---|---|---|
| 第一次 | 月 日 | 1,立正 2,稍息 3,天然步法 | 1,要硬頸、挺胸、張目。 2,不變上體姿勢、不許談話。 3,臂腿盡量要高 | 立正為軍人之基本姿勢故內須充溢精神外須嚴肅端正 |
| 第二次 | 月 日 | 1,立正——稍息 2,看齊、報數、 3,解散集合 | 1,2,頭肩與上體不可前後錯出足尖之位置亦須正齊、報數應響亮迅速 3,迅速、靜肅、 | |
| 第三次 | 月 日 | 1,立正——稍息 2,天然行進 3,原地轉法（左右） | 3,方向正確、兩腿挺直、上體立正姿勢不可破壞。 | |
| 第四次 | 月 日 | 1,原地轉法（後） 2,立正——稍息 3,解散集合 | 1,第一動須注意右足下可過於後退、和上體須仍正對原方向轉時足掌務須離地。 | |
| 第五次 | 月 日 | 1,立正姿勢 2,天然步法 3,原地轉法 | 同前 | |
| 第六次 | 月 日 | 1,立正姿勢 2,正步行進 3,原地轉法 | 2,正步步長七十五生的（約七拳多）每分鐘百一十四步 | 2,慢步演習 |
| 第七次 | 月 日 | 1,立正姿勢 2,室內外敬禮 3,正步行進（慢） | 2,敬禮之兩眼是否張大 | 2,如無軍帽可多操注目禮 |
| 第八次 | 月 日 | 學科 射擊教範 | 瞄準擊發之要領同時可施行瞄準 | 詳壯丁隊學術須知 |
| 第九次 | 月 日 | 1,立正姿勢 2,天然步法 3,正步行進 | | 慢步 |
| 第十次 | 月 日 | 1,立正姿勢 2,齊步行進 3,原地轉法 | 2,齊步之步速步長與正步同祇上勿須揚平耳 | 慢步 |
| 第十一次 | 月 日 | 1,原地轉法 2,齊步行進 3,正步行進 | | |

| 次 | 月日 | 課目 | 備註 |
| --- | --- | --- | --- |
| 第十二次 | 月 日 | 射擊教練 | 1,瞄準演習 2,三角瞄準 分組輪流演習 |
| 第十三次 | 月 日 | 1,正步行進(快) 2,齊步行進 3,立定 | 正步又名禮步故每次行進不可超過五十步并行進時不可動作或轉灣 |
| 第十四次 | 月 日 | 1,齊步行進 2,立正姿勢 3,敬禮演習 | 3,注意各個是否領會日迎日送(即注目) |
| 第十五次 | 月 日 | 1,正步行進 2,齊步行進 3,原地轉法 | |
| 第十六次 | 月 日 | 1,原地跑步 2,停止間跪下 3,齊步行進 | 1,利用足尖彈力注意上體姿勢 2,上體須保持正直 |
| 第十七次 | 月 日 | 射擊教練 | 各種射擊姿勢及瞄準擊發之動作 |
| 第十八次 | 月 日 | 1,跑步行進 2,原地臥倒 3,齊步行進 | 1,跑步步長爲八十五生的五分鐘行 分鐘百七十步 |
| 第十九次 | 月 日 | 1,行進間跪下 2,原地臥倒 3,跑步行進 | |
| 第二十次 | 月 日 | 1,各種步法變換 2,行進間轉法 | |
| 第二十一次 | 月 日 | 1,行進間轉法 2,行進間跪下 3,行進間臥倒 | 1,方向正確 2,行動作均以最迅速爲作 |
| 第二十二次 | 月 日 | 野外演習 | 1,地形地物之判斷及利用 2,守望勤務 另詳 |

| | | | | |
|---|---|---|---|---|
| 第二十三次 | 月 日 | 1,持槍正立姿勢<br>2,持槍原地轉法 | 1,持槍之臂務宜伸直并不可破壞其他姿勢 | 1,視每保槍之多少、而斟酌增加該項科目 |
| 第二十四次 | 月 日 | 1,操槍法<br>2,整齊法 | 1,槍應動動保持垂直兩肘不可張開 | |
| 第二十五次 | 月 日 | 1,裝退子彈<br>2,班教練 | 1,班之編成及各種隊形方向變換 | |
| 第二十六次 | 月 日 | 野外演習 | 1,搜索<br>2,守望 | 另詳 |
| 第二十七次 | 月 日 | 班教練 | | |

## 附記

1,第一期壯丁訓練依本表進度施行、如遇天雨或特殊日時可將此次科目推延下次施行。

2,每次操作後立授學科半小時採取教材大約如下：

1,當天所發生之問題必須整頓者。

2,詳解受壯丁訓練之意義與國家之關係。

3,區署所發下之命令或訓令必告之人民知之者。

4,轉達報載國際國內省內本署之重要消息。

3,每次所操之科目事先應有相當之準備如有不了解者可請示本署。

去年旱災、異常嚴重、人民不能維持生活者、十居七八、深恐迫於飢寒、乘機動亂、危害治安、故特趁壯丁隊編組就緒之後、規定各保造搭哨棚三四所、晚間分派壯丁輪流巡邏守望、更於晝間夜間隨時演習緊急集合、並規定平時警時使用各種連絡信號（號音、鑼、竹梆）期其純熟、以防萬一。茲將晝間夜間演習辦法及使用符號規定抄錄於後：

## （三）壯丁隊晝間夜間演習辦法

### 一、晝間演習

A 規定：一、各鎮各保限本月二十七日至三十一日期內利用晨早操練時間緊急集合一次但前三日須秘密通知該鎮聯保辦公處派員臨場監視以便品評成績、二、各鎮大演習規定時日如下。甲、北碚明年元旦日、乙、澄江鎮明年一月二日、丙、二岩明年一月三日、丁、黃桷樹明年一月四日、戊、文星鎮明年一月五日。

B 辦法：1,實施警號、一、每保演習由保長小隊附司警號、二、聯保演習出聯保辦公處司警號。

2,使用警號、按照本署前次規定梆鑼號音或大聲疾呼等項之符號使用。

3,壯丁行動、一、巡察隊一聞警號、由小隊附率領立赴平時各保規定、緊急集合地點、集合待命、出發担任追擊圍勦及截堵應援等任務、二、守護隊一聞警號立到、平日指定隘路要道、或碉堡担任坐地守卡之責、由小隊附指揮佈置、三、假設敵晝間爲紅三角旗。

C 禁令、一、嚴禁狂呼亂吼、二、嚴禁開玩笑、三、嚴禁亂放槍、四、嚴禁籍故不到。

D 注意事項、一、壯丁行動須迅速、二、注意發現敵情、三、壯丁務須有軍器幷隨身帶梆、四、各保務須依取聯絡巡察隊與各保尤須切取聯絡、五、負責輔導人促其壯丁須有敵對觀念須有演習價值、六、各壯丁須意指揮官命令、尤須注意利用地形、第一要發揚火力、第二要遮蔽身體、

二、夜間演習。

A 規定、一、各鎮各保於國歷二十六年一月六日至十五日、五天之內由各保長小隊附任擇一相宜時間在晚間演緊急集合一次、事前須密報聯保辦公處派員參加指導、二、各聯保夜間演習。

一、北碚一月十一日、二、澄江鎮一月十二日、三、二岩一月十三日、四、黃桷樹一月十四日、五、文星鎮一月十五日。

B 辦法、一、實施警號與晝間同、二、使用警號與前本署發出壯丁使用警號辦法同、三、各保演習時保長小隊須注意檢舉各甲壯丁有無故不到者、或行動姿勢失檢者、四、各聯保演習聯保主任須注意檢舉、各保是否協同一致服從命令、及遵守時間、組織嚴密等項。

C 禁令、一、不准使用火把、二、不准言談咳嗽及有音響、三、不准鳴槍、四、不准呼喚、五、不准違令。

D 注意事項、一、注意守靜肅、二、注意所發符號弄清楚、是見匪的符的符號、或去應援的符號、三、注意自己的職務是巡察隊或守護隊、四、注意自已的位置及姿勢、五、注意敵情及指揮官的命令、六、注意道路及聯絡與口令。

準備事項、一晝夜間用的紅白三角旗、二、負責輔導演習人員事項、將本署前次發下壯丁符號使用、規定一一熟讀詳紀、三、符號使用法在每次操演時間、須先使各壯丁能辨別了解、然後演習便有價值、四、各壯丁定製有梆或鑼、或聽號音、或大聲疾呼、及照規定之發生匪警時應呼之語句、須說得清楚、使人聽便知其原因、以便立即準備、五、無論晝間夜間演習各保各聯保演習負責人、須於事前密會詳商、六、各保各聯保隘路要道碉堡等軍事重要地、或保與保之界線、或聯保與聯保之間毗連地等、事前務須使壯丁熟識俾免臨事當機立斷

、免有失誤、七、各保壯丁雖有軍服、雖有利槍、雖最勇敢、雖會臨機應變、平時務須按剛胆沉着熟心慧敏等性、應詳爲編製分配妥善、俾便人盡其力。

## （四）壯丁隊使用符號規定

一、平時集合操作

1,敲梆——連敲兩響「梆梆」爲一次、每次中間微歇、如是以敲至鄰舍應聲時爲止。

2,號音——如吹集合號音時、壯丁一聞號音、即趨往規定操場聽候點名訓練。

3,打鑼——市街用鑼、每次連打兩響、其打法與第一條敲梆同、使全市人民知道爲止。

二、發生匪警

甲、警號使用法

1,不斷的敲梆——或不斷的打鑼。

2,吹緊急集合的號音。

3,大聲疾呼的喊：「有匪啊」！「有匪搶人啊」！「現在某處」！或「向某處逃去了」！

4,特別警號：（此種警號爲見着匪的形蹤與之週旋時使用之）。

A 敲梆——連敲五響「梆、梆、梆、梆、梆」、爲一次每次中間微歇後、又如上法再敲、足至匪蹤脫離了爲止。

B 打鑼——有鑼時亦可打鑼、其打法與上條敲梆同、（仍打五響、「噹、噹、噹、噹、噹」、爲一次、每次中間仍微歇、又如上法再敲、足至匪蹤脫離了爲止。

C 號音——有號時吹調號「打、打打的、的打、打的達、達打的打、達打的、達打的、達打的」、如是在匪的周圍不斷的吹：

乙、壯丁行動

A 聞着發生匪警警號時

1,守護隊：便照平時所指定之卡子要地隘道等前往守護、不可任匪脫逃、如某守望處所、發生此等情事、則担任該處守望之壯丁、應受嚴格之制裁。

2,巡查隊：凡巡查隊之壯丁、一聞警號、則立即速往平時指定之緊急集合場集合、不可遲延。（各保適中地點）

B 聞着特別警號時

1.守護隊：各壯丁在各守望處所嚴密監視匪蹤尤須注意禁止行人斷絕交通、如匪經過時、則竭力抵抗、不得已時、則巧用地形、尾隨匪蹤、使用特別警號、與之週旋、以待援隊、不可畏縮不前至要。

2,巡查隊：如此種警號、發生於本保時、則須擊前往圍捕、如匪勢甚大、則圍着使用特別警號、設此種警號發生於鄰保時、則以一部留於本保使用、一部赴援、或斟酌當時情勢、竟以全部赴援亦可、萬不可觀望徘徊、致失機宜。

以上規定各種警號、務須令飭壯丁隨帶梆鑼等件、在每次操場時、加以練習、以練熟無誤為止、如無力製鑼、至低限度、亦須製一竹梆、不得敷掩塞責、事關地方治安、生命財產所係、願鄉人共勉之。

## 三·檢閱紀事

本區壯丁訓練、此番尚屬創舉、故於人員武器服裝信號、必須一番整理以歸劃一、除於去年十二月上旬分期派員前往各聯保舉行檢閱外。并於本年二月二十四日在碚舉行全區壯丁大檢閱、茲將檢閱情形分述於後：

1,分區檢閱

實驗區署因欲明瞭本區壯丁訓練實際情形及民衆自衛力量之程度、故於壯丁訓練甫滿一月之際、即派該署內務股正副主任吳定域劉學理分期到區屬各場舉行檢閱、并由該地公安中隊長襄助一切、各場成績經評定如后：

## 附表

### 一，壯丁隊花名冊

嘉陵江三峽鄉村建設實驗區　縣　鎮鄉第　保小隊壯丁花名冊

| 組別 | 班次 | 姓名 | 年齡 | 武器種類名稱 |
|---|---|---|---|---|
| 甲 | | | | |
| 乙 | | | | |

### 二，壯丁隊劃到簿

| 次數 | 月日 | 姓名 |
|---|---|---|
| 一 | 月 日 | |
| 二 | 月 日 | |
| 三 | 月 日 | |
| 四 | 月 日 | |
| 五 | 月 日 | |
| 六 | 月 日 | |
| 七 | 月 日 | |
| 八 | 月 日 | |
| 九 | 月 日 | |
| 十 | 月 日 | |
| 十一 | 月 日 | |
| 十二 | 月 日 | |
| 十三 | 月 日 | |
| 十四 | 月 日 | |
| 十五 | 月 日 | |
| 十六 | 月 日 | |
| 十七 | 月 日 | |
| 十八 | 月 日 | |
| 十九 | 月 日 | |
| 二十 | 月 日 | |
| 廿一 | 月 日 | |
| 廿二 | 月 日 | |
| 廿三 | 月 日 | |
| 廿四 | 月 日 | |
| 廿五 | 月 日 | |
| 廿六 | 月 日 | |
| 廿七 | 月 日 | |

嘉陵江三峽鄉村建設實驗區各場壯丁檢閱成績考核表

嘉陵江三峽鄉村建設實驗區北碚鄉壯丁檢閱成績考核表

| 項目 | | 北碚鄉 |
|---|---|---|
| 保數 | | 33 |
| 應到人數 | | 1285 |
| 缺額 | 公差 | |
| | 事假 | |
| | 病假 | |
| 頂替 | | |
| 實到人數 | | 972 |
| 武器 | 刀 | 120 |
| | 矛 | 194 |
| | 棍 | 73 |
| | 槍 | 462 |
| | 徒手 | |
| 精神 | | |
| 動作 | | |
| 服裝 | 軍 | 263 |
| | 短 | |
| | 長 | 119 |
| | 考語 | |
| 官長精神 | | |
| 檢閱日期 | | 十二月八日 |
| 檢閱官 | | 吳定域 |
| 備考 | | |

嘉陵江三峽鄉村建設實驗區澄江鎮第一次壯丁檢閱成績考核表

| 項目 | | 澄江鎮 |
|---|---|---|
| 保數 | | |
| 應到人數 | | 697 |
| 缺額 | 公差 | |
| | 事假 | |
| | 病假 | |
| 頂替 | | |
| 實到人數 | | 501 |
| 武器 | 刀 | 71 |
| | 矛 | 51 |
| | 棍 | 9 |
| | 槍 | 304 |
| | 徒手 | |
| 精神 | | |
| 動作 | | |
| 服裝 | 軍 | 120 |
| | 短 | |
| | 長 | 63 |
| | 考語 | |
| 官長精神 | | |
| 檢閱日期 | | 十二月八日 |
| 檢閱官 | | |
| 備攷 | | |

嘉陵江三峽鄉村建設實驗區二岩鎮第一次壯丁檢閱成績考核表

| 項目 | | |
|---|---|---|
| 保數 | | 20 |
| 應到人數 | | 885 |
| 缺額 | 公差 | |
| | 事假 | |
| | 病假 | |
| 頂替 | | 18 |
| 實到人數 | | 734 |
| 武器 | 刀 | 46 |
| | 矛 | 146 |
| | 棍 | 124 |
| | 槍 | 381 |
| | 徒手 | 8 |
| 精神 | | |
| 動作 | | |
| 服裝 | 軍 | 222 |
| | 短 | 511 |
| | 長 | 1 |
| | 考語 | |
| 官長精神 | | |
| 檢閱日期 | | 十二月六日 |
| 檢閱官 | | 劉學理 |
| 備考 | | |

嘉陵江三峽鄉村建設實驗區黃葛鎮第一次壯丁檢閱成績考核表

| 項目 | | |
|---|---|---|
| 保數 | | 6 |
| 應到人數 | | 299 |
| 缺額 | 公差 | 8 |
| | 事假 | 42 |
| | 病假 | 12 |
| 頂替 | | |
| 實到人數 | | 237 |
| 武器 | 刀 | 6 |
| | 矛 | 13 |
| | 棍 | 69 |
| | 槍 | 135 |
| | 徒手 | |
| 精神 | | |
| 動作 | | |
| 服裝 | 軍 | 63 |
| | 短 | |
| | 長 | 47 |
| | 考語 | |
| 官長精神 | | |
| 檢閱日期 | | 十二月八日 |
| 檢閱官 | | 劉學理 |
| 備考 | | |

| 項目 | | |
|---|---|---|
| 保數 | | 710 |
| 應到人數 | | 588 |
| 缺額 | 公差 | 缺 |
| | 事假 | 122 |
| | 病假 | |
| 頂替 | | |
| 實到人數 | | |
| 武器 | 刀 | 78 |
| | 矛 | 177 |
| | 棍 | |
| | 槍 | 198 |
| | 徒手 | |
| 精神 | | |
| 動作 | | |
| 服裝 | 軍 | 177 |
| | 短 | |
| | 長 | |
| | 考語 | |
| 官長精神 | | |
| 檢閱日期 | | 十二月十三 |
| 檢閱官 | | 吳定域 |
| 備考 | | |

嘉陵江實驗區的壯丁訓練

嘉陵江三峽鄉村建設實驗區文星鎮第一次壯丁檢閱成績考核表

| 保數 | 應到人數 | 缺額 | | | 頂替 | 實到人數 | 武器 | | | | | 精神 | 動作 | 服裝 | | | | 官長精神 | 檢閱日期 十二月十二日 | 檢閱官 劉學理 | 備考 |
|---|---|---|---|---|---|---|---|---|---|---|---|---|---|---|---|---|---|---|---|---|---|
| | | 公差 | 事假 | 病假 | | | 刀 | 矛 | 棍 | 槍 | 徒手 | | | 軍 | 短 | 長 | 考語 | | | | |
| | 662 | | | | 528 | 4 | 35 | 114 | 141 | 228 | | | | 42 | | | | | | | |

上列五場計實到檢閱之壯丁共　　人官長　　員槍　　枝彈　　發，其他武器如刀矛棍等共　　件、

操作成績以　　場保最優、以　　場保最劣、平均總分爲　　場第一　　場第二　　場第三　　場第四　　場第五

B 檢閱壯丁訓詞要點

一、保甲制度和壯丁隊訓練的意義

1,保甲制度　是有團結的意義、就是人民自己組織的武力而與政府合作、共同維護地方治安、推行政令、其辦法是抽調保甲內身體健全年力富强精壯的男子、組織起來、編制起來成爲壯丁的隊伍、使有事則兵、無事則民、不是像從前一盤散沙、漫無頭緒的樣子。

2,是政治機構組織的基礎、政治組織、雖以一國一省一縣一區之大最爲基本之組織者、厥爲保甲、所以(組織保甲)健全、壯丁訓練好了、不但是對地方對自己有切身的利益、對國家抵禦外侮也很有利益的。

二、武器裝具操練等之規定

1,操練按照上峯規定、除了在外學生、公務員殘廢三種人、免操外、其餘從十八歲、至四十五歲，一律編盡、分爲甲乙丙組、在農隊期間每十天甲乙組各操三次、農忙期間每十天各操一次、並且不准代替、否則各罰三倍役期、此次專員到大足、銅梁、合川各縣檢閱壯丁、有不及格者、都受了處罰、我們大家趕快好好的操起來、萬不可以落人後、我們操作是要求操好爲準、假定一個科目、要一點鐘操好的、但是大家熱心努力半點鐘就操好了、那嗎我們就早休息、或解散、操的動作第一要有精神、用力、第二要確實、第三要熟練、第四要齊整。

2,裝具；一律着短服、萬一不能者、將長衫紮起、如其能製灰色軍服更好、以後縫衣服時就縫短的、還可省些布、又很合規定、同時頭上的帕子取消、不要戴、光頭也可以、不要踏鞋子、打赤足也可以、手上指甲剪了、煙棒也取消了、端端正正的姿勢、整整齊齊的服裝、這樣才配做一個國民。

3,武器、除了過去有的刀矛、或槍炮可用外、每一個壯丁、必有一個武器、不得打徒手。

三、壯丁隊的任務

1,平時清理內奸　每一個負得有清理本地方那些是好人、那些是壞人、那些是游民、那些是流氓、那些是窮苦的人、那些是有錢人、除了清查外、更須隨時注意密查、一但發生盜匪案、立馬容易破獲、不但清查內奸、就是這一保這一甲、那一家生了一個人、或死了一個人、或搬來了一家人、搬走了一家人、都應關心問問、在保長那裏去登記沒有、這是平時都應該樣樣要注意到的。

2,發生匪警時　第一聽清楚符號、第二沉着攜帶武器、自己想想我是巡查隊嗎？是守護隊嗎、是巡查隊、就速到平時指定緊急集合場去集合、去聽隊長指揮、堵截、圍勦、奇擊、是守護隊嗎、速到平時指定隘路、要路；等處守護、担任坐地守卡之責、同時更要注意、我們的人發現匪、是什麼符號、求援又是什麼符號、務須聽清楚、切不可烏合之衆、亂吼亂跑、吃老二的虧、這是最要緊的、要使沒有發生匪警、平時守更棚、放哨守卡、或担任本保內巡查、也是要處處當有匪來時注意準備、切忌馬虎隨便、對於自已生命是有很大危險的。例如江安的李品山、南川的張孟春、都是辦團的一個好榜樣、幾千土匪都不敢越境一步、可見壯丁的力量很大、這也不過是靠平時有組織罷了。

四、盼望壯丁隊應注意各點

第一、對土匪要不可存畏懼心、因爲我們的人是實在的、土匪是虛的、以實破虛、戰無不勝、同時我們的人多、土匪的人少、我們有援、土匪無援、再我們的路線、較土匪熟、我們的地方情形、較土匪清楚、我們的械彈、是有補充的、時間愈延長、土匪愈無辦法、這是我們要特別注意知道的。

第二、不可欺壓善良、壯丁隊的力量、是保護地方、安全人民、切不可仗勢欺壓、報復私讎、即遇人家爭鬥、只可勸解、不可壓迫、不可私行毆打處罰、否則送區署究辦、這是大家要注意、尤其小隊長小隊附更要注意。

第三、服從命令遵守時間、因爲大家向來隨便慣了的、能够辦到遵守時間也是最好的一種訓練、同時也要服從命令、因爲大家是鄉里的人、非族即親、非親即友、誰爲隊長隊附、誰爲兵卒、行伍、整齊一律、聽憑指揮、絕對服從、切不可年齡輩分關係、妄自尊大、不聽號令、這是最壞事的、而發號司令的人亦不可視同兒戲、須知我們生命、能不能保、全在壯丁辦的好不好、所以壯丁隊、也要同軍隊一樣有規矩、上下一貫、令出必行、這是要特別注意的。

第四、兒童須入學校讀書、今年不說了、明年所有各保、各家的兒童、通通檢舉一律入校讀書、是爲長人的見識、加人的智慧、將來爲社會做事、非讀書不行的、切不可因爲家窮、致使兒童爲苦力、雖爲目前口食、而害了終身出路、古人說窮不丢書、現在無論什麼樣的人、都非讀書不可。

第五、努力築塘堰、修築塘堰、可以灌田、可以吃飽飯、不怕天乾無收成、不怕天乾無水吃、雖然田是有錢人的、要是出產多、米糧便宜、大家也不致於感飢荒、還是大家要知道的、努力築塘堰、間接是爲自己謀利益的。

2，集中檢閱

本區訓練壯丁、除在消極方面、利用保甲組織、以維地方安寧而外、尤在積極方面授與實際生活應具的智能、以養成適合現代的公民、故於第一期訓練完畢之時、除集中檢閱期收觀摩比較研究之益外、更藉此機會作一擴大的民教運動、予以種種新知識的灌輸、如識字測驗、防旱宣傳及教育、合作、農業、家畜保育……等講演、以此不僅新政之得易推行、而建設之實施亦於無形中收到民衆互助合作之效矣！

茲將集中檢閱情形及籌備經過略述如左：

A，籌備經過

二月十六日由實驗區署召集各部主幹人開會商討壯丁檢閱各種活動及獎品之徵集問題、十八日復開會釐定宣傳材料及工作人員之職責分配問題。以後再由各小組分頭會商、積極籌備：

a，檢閱籌備辦法：

一、檢閱科目：

甲、抽査單人教練：

1，出入列動作。

2，立正、稍息、轉法。

3，齊步、正步、跑步、跪下、臥倒動作。

4，操鎗、裝退子彈、定表尺：射擊動作與姿勢。

乙、抽査部隊教練：

1，一般動作：（如整齊行進、變換方向及隊形、解散、集合、速集、戰鬥前進、散開運動及射擊、預備隊衝鋒及肉搏戰、防禦、追擊、退卻動作、傳達動作、步哨一般守則、及特別守則、着裝競賽、緊急集合、動作除要求各個之姿勢動作正確外、尤應要求奮發充溢之精神爲主）。

2，一般精神（靜肅、秩序………）

3，一般服裝（整齊、淸潔）

4，一般武器（能使用純熟、整齊、淸潔）

二、臨時編制：

甲、以一隊爲單位　須以指揮能力學術品格兼優者、兼任臨時隊長、專任指揮、管理全隊事宜。

乙、編制方法　每三小隊爲一隊、至少須有二保、至多不得過四保、分開則爲小隊、合攏則爲一中隊、最忌全隊混合編制、以免秩序紊亂、但末尾幾伍可自由移動、惟須求三小隊人數平均、並可迅速歸還編制爲原則。（如解散用食等時）

丙、編制着手：

1,可按保的番號編制。

2,可斟酌地形上聯絡的便利以行編制。

3,可斟酌人事上的管理便利、以行編制。

丁、每隊不另立任何名目、通以第○隊番號貫之、概屬聯隊長指揮管理。

戊、編制人數：

1,每班壯丁十四名、加正副班長二名、傳令兵一名。

2,每排（即小隊）正副排長二員、壯丁五十一名。

3,每連（即每隊）兼隊長一員、壯丁一百五十三名、每一隊中有號兵二名、傳令兵三名、看護兵二名、特務長一員、伕役八人。

4,編製圖附後　并注意人額分配、至少每隊須有一百二十人、至多不過二百一十人。

三、裝具規定：

1,小隊附以上官長、均須一律着軍服、腰束皮帶、并戴前研究班用之胸章。

2,官長壯丁均須一律赤足穿草鞋。

3,壯丁能製軍服者、設法勸製（灰色）但不得强製。

4,壯丁一律須帶軍器、有槍者帶槍、無槍者速製刀矛、但長短大小須規定一律、以資整齊、（由各鎮聯隊長附自行規劃）、并從奉文之日起、一律加授軍器使用法、（刀矛按照托槍四個動作操練。）

5,隨帶竹杯一個、并將符號記熟、以便檢閱時演習。

6,不着長衫、如無力縫軍服而着長服者、須將下半節紮起。

四、給養籌劃：

1,火食費用

一、可由各保自行規劃辦理、嚴禁苛派搕索、及其他舞弊情事。否則一經偵察屬實、定予按律懲辦。

二、可事先預算相互出柴出米出菜、出油鹽、共同担任、以恰足敷用爲準。

三、如能早爲計劃、各隊一律、自行給養亦可。

四、辦理伙食、由隊部特務長担任之。

2,伙食地點：

一、早餐在各聯保辦公處。

二、午餐在北碚就區署指定。「粘有各鎮各保者」地點辦理。

3,攜帶伙食用具。

一、水桶一挑、甑子一個、每人碗筷一套。

二、米菜炭油鹽茶葉等、依所需多少準備之。

五、行程：

1,澄鎮坐船到金剛碑、每船往來二角。

2,二岩坐船到北碚、每船往來二角。
3,黃桷坐船到對岸、每船往來一角。
4,文星白廟坐船到何家嘴。往來二角。

注意：

一、說明我們是公差、只給半價、凡有壯丁在今日担任差者、可免參加檢閱。

二、準備先一天由各地公安隊負責問明有壯丁若干、按照所需、將船覓定、并將號數編定、注明每船容量、不得多傑。

五、準備操作：

1,訓練事項、(須加緊練習純熟)。

一、端正各種姿勢。
二、整齊各種步法。
三、正確各種動作。
四、訓練眼睛要凝神不動(無論何時注目前方。)
五、要聽得來口令和隨時養成注意聽指揮官的口令。
六、不咳嗽、不吐痰、不左顧右盼。
七、不交頭接耳、不言談嘻笑。
八、室內外禮節、須演習純熟。
九、多多演習解散集合(要迅速、靜肅、秩序)
十、每聽說 蔣委員長、便自行立正、然後稍息。
十一、每見長官說話、或來賓訓詞便立正、由指揮官喊稍息、纔稍息。

2,準備事項：

一、按照壯丁多寡、購置草履。(不得謊報價目)
二、伙食費用(不得臨時以無法籌辦推卸之。)
三、武器如槍枝刺刀戈矛棍棒之類(檢閱時不准徒手。)
四、理髮和剪指甲、(如無制服、不准頭上包帕。)
五、服裝要整潔(凡有因服裝或身體之不清潔而受制裁者、須連坐其長官。)

六、檢閱時注意事項：

1,遵守時間

一、拂曉定達到各聯保辦公處、集中早餐、(先一日午後各聯保覓定炊爨地。)
二、午前十鐘定達到北碚民衆體育場。(早則有獎遲受處罰。)
三、以區署時間爲標準(先一天由區署辦公室對準渝合時間)不得藉故不到。

2,服從命令：

一、凡屬壯丁、是日一律不准請假、并應一律應調參加(在前十天內各壯丁須注意將檢閱那一天的私事做完時間騰出。)
二、報告人數、由臨時兼任隊長塡寫報到單二份呈報聯隊長、以一份呈聯保辦公處、一分轉呈區署總指揮官並作口頭報告。

三、充任值星、每隊一值星、每四隊一營值星、五聯隊一團值星、在檢閱場統聽指揮官命令、在操場則分聽值星官指揮、在平時則分聽隊長指揮、在休息時間、則聽小隊長附管理。

3,注意之點：

一、槍內不得裝入子彈。

二、不得隨地便溺。

三、在團體中不得妄動。

四、在途中留神船車之安全(官長要留神照料壯丁)

五、整天的精神、須貫澈到底。

六、忍饑忍寒、耐勞忍苦。

七、個人動作須迅速、團體須靜肅。

八、遵守軍事紀律和嚴格秩序。

九、凡在檢閱和聽訓話時、無論官長壯丁、不得出列解便、尤不得藉故他去。

十、不准談話及咳嗽吐痰。

十一、不准吸煙及携帶煙棒等。

七、檢閱儀式。

1,各聯隊長向指揮官報告人數。

2,指揮官向檢閱官報告人數。

3,舉行閱兵式、以每隊爲單位。

4,舉行分列式同上。

5,檢閱科目：

甲、單人教練。

乙、部隊教練。

丙、符號使用法。(帶竹梆來實施。)

6,檢閱官訓詞：

區長訓詞

來賓演詞(農村合作社、蠶絲製種場、家畜保育所、……一律無綫電廣播)

7,訓話完畢、由指揮官呼立正、俟檢閱官去後分別由各隊長帶往指定駐地午餐。(縮短午餐時間)食畢隨作下列活動：

8,奏樂歡送

9,兩個活動：

一、到機關參觀：

平民公園・博物館、兼中北碚小學、地方醫院、圖書館、民教會、區署、工廠、科學院各所。

二、到民衆會場：

觀川劇、新劇、魔術、歌舞、國技等。

三、到民衆體育場看有聲電影。

四、看龍燈（晚間）

10 各隊自行帶回、有不回去者聽便、但不坐船者、則無公費給付船錢。

八、附圖：

一、規定編制圖：

1, 班之編成。

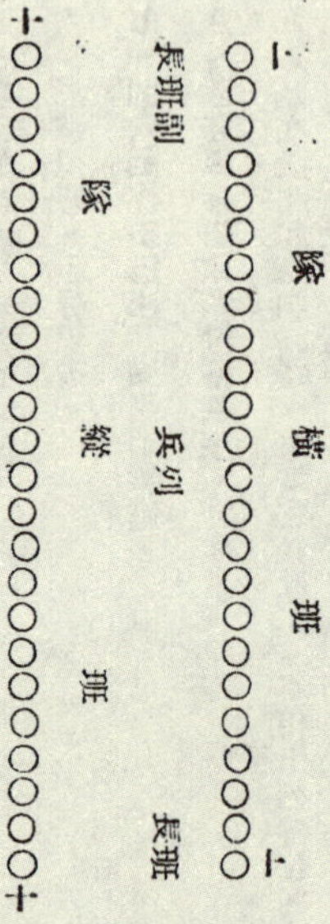


2, 排之編成（即每小隊）

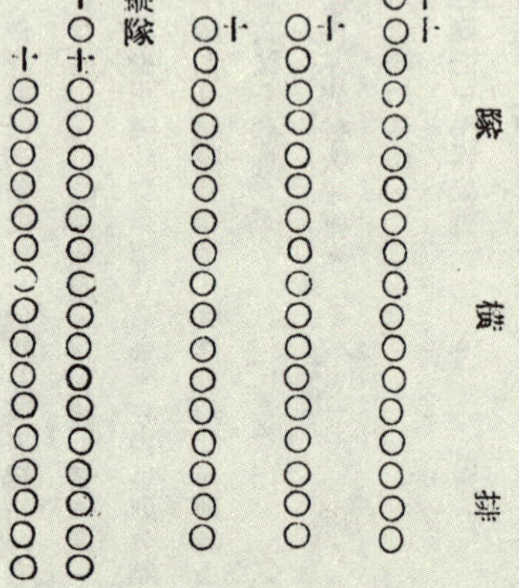


3, 連之編成

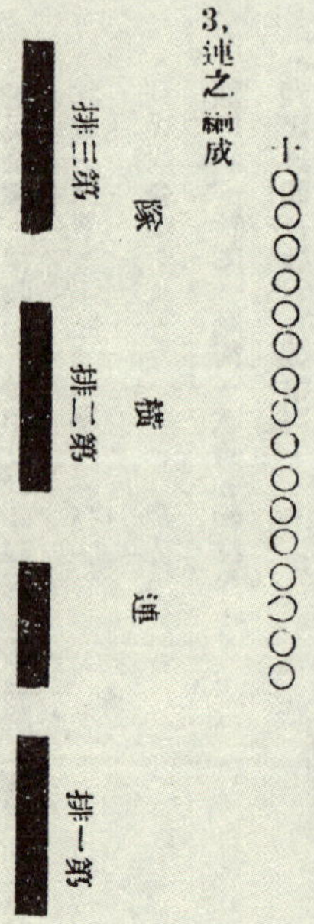


行軍縱隊

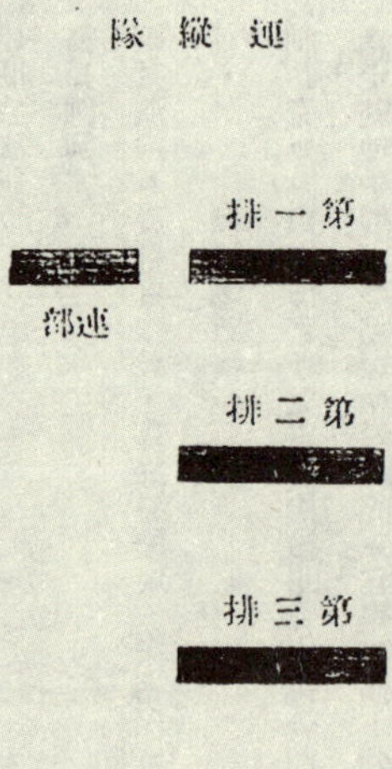

二、規定檢閱隊形圖：

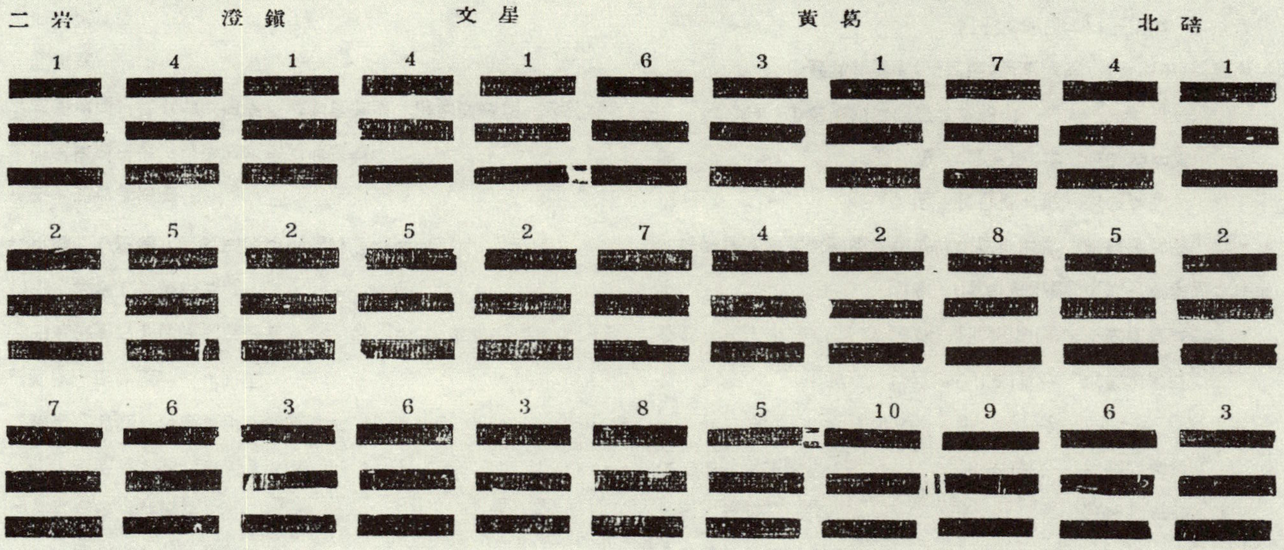


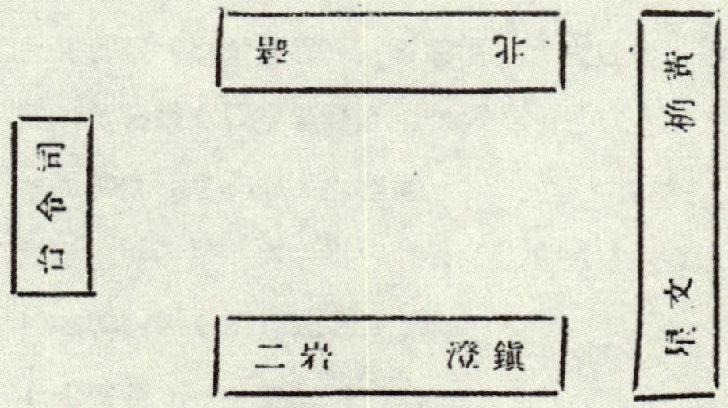


本區壯丁檢閱場各組職責分配

甲、總務組（設臨時辦事處）

1，文書 2，收發 3，統計 4，保管 5，公安 6，獎品 7，會計

8，庶務 9，建造 10佈置 11劃到： A來賓劃到（圖書館）—

B壯丁劃到（體育場門）—C學校劃到（新營房）D職員劃到

（辦事處）—E報社

乙、社交組（設圖書館）

1,引導 2,招待 3,介紹—分贈刊物（北碚、農民、嘉報、簡訊、簡報） 4,聯絡 5,勸募

丙、宣檢組（設網球場）

1,宣講常識、調查測驗、 2,檢閱 3,領導壯丁各隊參觀餘興、

丁、衛生組（設臨時辦事處）

1,臨時診療—救護隊

戊、游藝組（設新營房）

1,電影—幻燈（電影說明）新聞報告

2,播音—留聲機片 3,川劇

巳、攝影組（設臨時辦事處）

庚、給養（設新營房）

1,來賓、（隨從） 2,壯丁伙食 3,職員伙食·

甲、臨時辦事處

1,協助各組工作 2,管理候差官兵伕役

3,供應各組工作人員及事物 4,管理傳達 5,管理電話 6,附設問訊處

辛、交通組

1,管理公安一二三隊手槍隊、勞服團、童子軍維持會場秩序

2,公安三隊以一班任衛兵餘任特殊工作

各組『臨時辦事處標牌』由總務組製發

明日午前七時各組工作人員齊集各辦事處八點半新營房早餐

實驗區壯丁檢閱日活動程序

| 事項 | 時間 | 地點 |
|---|---|---|
| | 午前 | |
| 各事業機關歡迎參觀 | 八至十時 | |
| 全體齊集行檢閱式 | 十時 | 民衆體育場 |
| 宣講常識測驗調查 | 十二至一時半 | 民衆體育場 |
| | 午後 | |
| 檢閱 | 十二至一時半 | 民衆體育場 |
| 給獎 | 一時半至三時半 | 民衆體育場 |
| 午餐 | 二時半至三時 | 來賓大禮堂職員新營房 |
| 各事業歡迎參觀交通模型開放 | 三時至五時 | 民衆體育場 |
| 游藝 | 六時至九時 | 民衆會場 |
| 電影 | 六時半至九時 | 民衆體育場 |

（注意） ㈠游藝節目另有程序公佈

㈡電影本晚映（十四日）殖民戰史 （十五日）映熱血忠魂

二十六年二月二十三日

B 檢閱情形

實驗區署、於國歷二十六年二月二十四日、在北碚民衆體育場、舉行全區壯丁總檢閱、參觀民衆及來賓與本署五鎭壯丁、約萬餘人、歡呼熱烈、實爲北碚空前盛舉、玆將當日概況、略誌如次；

a 會場佈置

檢閱場設於本市民衆體育場、該場之西南面新搭檢閱台一座、前置無線電播音器、右邊搭一竹棚、爲有聲電影之機器室、及無線電播音機、兩者之間、卽爲奬品陳列處、場中懸擴音喇叭三隻、放大聲音、以便指揮、該擴音機係爲該署向重慶蜀華實業社藏如鏡處借用、所播出之聲音、極爲淸晰、成績頗佳、檢台閱右方設有來賓招待席次、幷在大禮堂設來賓餐堂、體育場事務處內設救護隊、宣檢組及壯丁劃到處均設於體育場入口處、

午前八鐘、本鄉壯丁卽陸續到場、故場中遂頓形熱鬧、殆至十鐘、本區五場壯丁、亦陸續到場、各地民衆前來看熱鬧者約萬人左右、實驗區署事前派定之檢閱員、遂分往各隊講演合作社、種洋芋、種旱稻、家畜保育、醫藥衞生、勸入校讀書、及戶口異動、識字測驗等項、直到十二鐘、本區壯丁始完全到場、本區壯丁此次檢閱所到之壯丁、計北碚鄉官長八二員、壯丁八六八名、二岩鄉官長一四員、壯丁一八〇名、澄江鎭官長五三員、壯丁六二〇名、文星場官長四〇員、壯丁五四一名、黃葛鎭官長四五員、壯丁六三一名、總計本區官長二三四員、壯丁二八四〇名、共分七營廿六連、又實驗區災民收容所亦到飢民一百名。

b 檢閱情形

午後一點卅分舉行檢閱、當由實驗區署公安隊隊長黎紀光任指揮、第三區專員代表葉新明任檢閱官、由葉代表伴同關特派員吉玉、何處長北衡巡場一週、卽開始檢閱後：第一連第一排之排敎練、第二排之花槍、然後檢閱第七營第廿五連連之整頓、檢閱畢、卽由葉新明代表訓話、略謂：訓練壯丁之意義、一、人有好戰性、二、外侮日亟、侵略不已、三、共匪土匪之滋擾、四、世界大戰之將降臨、故亟須訓練壯丁、蓋民衆武力乃爲國家眞正武力、民衆力量、乃爲國家眞正力量、今後訓練壯丁、亟應注意者約有四端、一、統一意志、二、服從命令、三、遵守時間、四、注意生產末後對於國家之危急與敵人侵略之情形、亦敍述極詳、繼由關特派員(吉玉)訓話、大意謂：壯丁訓練之精義有四、一、提高國家思想、二、灌輸戰鬥常識、三、養成協合動作習慣、四、訓導嚴守紀律精神、詞畢、卽高呼口號、「我們同心協力」、「健全保甲組織」、「促進壯丁訓練」、「澈底肅淸盜匪」、「努力訓練民衆」、「協助普及教育」、「改進人民生活」、「完成鄉村建設」、「擁護蔣委員長」、「復興中華民族」、「中國國民黨萬歲」、「中華民國萬歲」、聲若洪鐘、響澈雲霄。

c 常識講演

口號呼畢、卽由實驗區署建設股主任黃子裳講演水利合作、四川

家畜保育所、江巴實驗區主任焦龍華講演家畜保育、實驗區署建設股技師劉選青講演借種洋芋、地方醫院院長左立樑講演腦膜炎之傳染性及治療法、教育股副主任劉忠義講演勸人入學、同時各隊檢查員、亦檢査各隊壯丁精神服裝武器等項、至於各種常識講演詞、均載於『農民週刊』壯丁檢閱專號上。

d 贈給獎品

檢閱共二十七中隊、此外尚有勞動服務團一隊、每隊由四小隊組成、每一小隊係爲一保、經各檢閱員檢閱後、取其較優者、再由壯丁檢閱場之各組負責人及廬區長子英舉行復檢、始定等級、茲將檢閱成績與分發之獎品誌次：

嘉陵江三峽鄉村建設實驗區署民國二十六年春季壯丁檢閱給獎表

| 等級 | 鎮別 | 保別 | 實到人數 | 分發獎品 |
| --- | --- | --- | --- | --- |
| | 北碚鄉 | | | 獎銀盾一座 |
| | 黃桷鎮 | | | 獎玻橫推一張優勝旌二首 |
| 特等一隊 | 北碚鎮 | 十九保 | 三十八人 | 1,每人毛巾各一張購豬獎券各一張 2,全隊獎洋二十元優勝旌一首 |
| 頭等 | 北碚鎮 | 二十保 | 三十人 | 1,每人毛巾各一張購豬獎券各一張 2,全隊獎洋十二元小優勝旌各一首 |
| 二隊 | 澄江鎮 | 二十保 | 四十人 | 同前 |
| | 北碚鎮 | 二十一保 | 三十五人 | 1,每人毛巾各一張購豬獎券各一張 2,全隊獎洋八元 |
| | 澄江鎮 | 十八保 | 四十一人 | 同前 |
| | 澄江鎮 | 十九保 | 三十八人 | 同前 |
| 二等九隊 | 北碚鎮 | 一保 | | 北碚一至六保統共二百人合併聲明 1,每人毛巾各一張溫泉沐浴獎券各一張 2,每保獎洋八元優勝旌各一首 |
| | 北碚鎮 | 二保 | | 同前 |
| | 北碚鎮 | 三保 | | 同前 |
| | 北碚鎮 | 四保 | | 同前 |
| | 北碚鎮 | 五保 | | 同前 |
| | 北碚鎮 | 六保 | | 同前 |
| 三等八隊 | 北碚鎮 | 二十九保 | 三十人 | 1,每人毛巾各一張小手巾各一張 2,每保購豬獎券十五張 |
| | 二岩鎮 | 一保 | 三十六人 | 同前 |
| | 二岩鎮 | 四保 | 三十人 | 同前 |
| | 二岩鎮 | 五保 | 二十九人 | 同前 |
| | 二岩鎮 | 六保 | 三十人 | 同前 |
| | 澄江鎮 | 六保 | 三十一人 | 同前 |
| | 黃桷鎮 | 二十一保 | 四十二人 | 同前 |

| | | | |
|---|---|---|---|
| 澄江鎮 | 十一保 | 四十三人 | 同　前 |
| 澄江鎮 | 九　保 | 四十四人 | 1,小手巾每人各一張毛巾未發 |
| 黃桷鎮 | 十三保 | 四十五人 | 1,每人毛巾各一張小手巾各一張 |
| 文星鎮 | 八　保 | 三十三人 | 1,每人毛巾各一張小手巾各一張尚欠毛巾三張 |
| 文星鎮 | | | 獎優勝旗二首 |

備考　惟澄江鎮之毛巾、係於日內補發、至優待之獎法、在市街者係得沐浴券、在鄉下者係得購豬優待券、此次本區各場、總檢閱分數得第一名者為北碚鄉、贈銀盾一座、次為黃桷鎮、贈玻匾一塊、優勝旗兩面、文星場得優勝旗兩面、各隊於獎品散發完畢後、即陸續離場、聞北碚鄉勞動服務團獎品綫日即行補贈。

茲將此次檢閱各方給獎者表列（按捐贈先後次序）於次以表謝意！

| 給獎者 | 獎金數目 | 獎品數量 | 備考 |
|---|---|---|---|
| 熊明甫先生 | 八元 | | |
| 何處長北衡 | 二〇元 | | |
| 高局長顯鑑 | 一〇元 | | |
| 北碚聯保辦公處 | 二元 | 小手巾四一〇張 優勝旗四首 | |
| 王縣長禹丞 | 二〇元 | | |
| 趙總隊附璧光 | 二元 | | |
| 李育才先生 | 四元 | | |
| 耿步臣先生 | 二元 | | |
| 陳局長榮伯 | 二元 | | |
| 二岩復興隆炭號 | 五元 | | |
| 二岩同發公炭號 | 五元 | | |
| 天府煤球廠 | 二元 | 優勝旗一首 | |
| 四川蠶桑改良場 | 四元 | | |
| 張校長博和 | 二元 | | |
| 北川鐵路公司 | 一〇元 | | |
| 天府煤礦公司 | 一〇元 | | |
| 澄江小學校 | | 玻橫匾一塊 | |
| 三區專員公署 | | 銀盾一架 | |
| 三峽工廠 | | 毛巾五打 | 以張數分計六十張每張值洋二角 |
| 北碚農村銀行 | | 無息優待券五十張 | 每張暫借五元無息借出 |
| 家畜保育所江巴實驗區 | | 優待證二百張 | 待買豬時比市價少支一角 |
| 北碚溫泉公園 | | 沐浴優待證二百張 | 每張值洋一角 |
| 中國西部科學院 | | 買豬優待證百張 | 待買豬之時較市價少付一角 |
| 周倘瓊先生 | | 優勝旗陸首 | |

| | | |
|---|---|---|
| 四川省銀行 | 銀盾一座 | |
| 重慶青年會 | 五元 | |
| 合川救濟院 | 二元 | |
| 嘉陵江三峽鄉村建設實驗區署 | 毛巾五百張 | 每張値洋二角 |
| 江北第四區姚區長 | 優勝旗一首 | |
| 合計 | 一一五元　一一二六件 | |

識字測驗——壯丁識字測驗選擇「學、南、兒、好、農、親、重、訟、紳、窮、」十字作爲標準、凡僅識十字中之三字者均爲文盲、識六字者爲半文盲、七字以上者、乃爲識字者、當日統計結果共有壯丁二六五八人、文盲計一五一五人、佔百分之五七、半文盲二六五人、佔百分之一〇識字者八七七人佔百分之三三。

d 衛生宣傳：由實驗區立地方醫院向壯丁宣傳腦膜炎病、玆將其宣傳內容錄下：

春季最易流行的傳染病是可怕的—腦膜炎

自從北碚二十保王榮華保長的兒、患流行性腦膜炎、經醫院發現盡力施救出了院以後、我們便想到、若是這病在實驗區內流行起來、那便不堪設想了。

任隨甚麼病是貴在預防、在預防疾病方面、醫院素來便要求民衆能知道病的利害而與醫院合作。實驗區內的保甲長大小隊附或壯丁等、你們是天天與民衆接近、民衆最喜歡聽從你們的話、所以醫院尤希望你們能幫助民衆與醫院合作。

「大旱之後必有瘟疫」這是時常聽見的話、我們深恐這利害的腦膜炎病隨着大旱、今春在實驗區內流行起來、牠的病狀如下；

（一）發病很快、特別是小兒、因腦內壓力加大、頭痛不止、常晝夜啼哭並兼嘔吐。

（二）眼珠亂轉、手脚抽風。

（三）頭彎曲向後仰、腿曲向腹、背亦向後彎而成弓。

（四）發燒、脈速、身上現紅斑。

凡發現有上列病狀的小兒、或成人、希望你們設法勸導、馬上到醫院求治。這病非常利害、常由一個小兒傳染許多小兒、得病後死得很快、所以愈早送到醫院愈好。實在因故不能送來醫院、也可馬上通知我們。民國二十二年這病在湖北一帶大爲流行、弄得湖北許多都市的小學都提前放了學、可以想見此病的利害了。

e 遊藝活動

▲電影——檢閱之前三日實驗區署、特派專員赴渝向上江影片公司租定有聲電影片、於廿運碚、廿三日晚在民衆體育場映放因天雨、僅將「建設中之新四川」映完、廿四日夜映「南極探險記」及「殖民戰史」廿五日夜映「熱血忠魂」至該三部影片內容事實說明編印成傳單、於映放時散發觀衆。每晚均在萬人左右、頗爲踴躍、男女老幼、

咁咁稱奇不已！在此吾人必須特別聲明者：在映放電影時、因電壓高低不一、致使上江公司附電影之收音機電炮損失一隻、及戴如鏡先生擴音機電喇叭、損壞一個、約值八拾元、均謀慨然捐助、自認損失，至民委會委員趙中典曾爲電影說明日夜趕編、映放時又曾爲口頭說明、其熱心公益之情、吾人除深深敬佩外并此致謝。

茲附說明如次：

▲請看南極探險的故事——南極探險記

一千九百二十八年二十五那天、美國紐約城的海邊、有一大隊人、正在慌慌忙忙地坐上一隻名叫「利威號」的船、向着南極地方駛去、船主威廉是一位極有海行經驗的人、船中滿載着一些探險隊、探險家白爾同郭爾德、都滿懷着希望要想在南極地方去開闢出一塊新大陸。

這隻船南行了一萬五千里以後、便挨近了南極圈、起初是暖日和風、現在就有些天寒水凍了、冰山巍巍的立着、船再也不能前進、可是陸地上用的甚麼交通器具、都失了作用、只有靠狗拖着車子走、偏偏事有湊巧，領隊的狗、却病跛了脚、他們在無可奈何之中、爲了減少狗的痛苦、只好忍心把牠槍斃了。

他們與風雪鬥爭、與痛苦鬥爭、結果是找到一塊根據的地方了、他們便把這地方取名叫「小美洲」與他們共患難的飛機、也便停留在這裏、但是不幾天、却被風雪把它掩蓋着了。

郭爾德同白爾雖然找到了這樣一塊地方、可是還想再向前進、於是準備着飛機、向南繼續探險、他們一方面在山上發出無線電、報告他們的消息、一方面又在飛機上把美國的國旗、用石頭墜下地來、留作他們的紀念、他們發見了南極地方的陸地了、可是正在這個時候、一個風雪嚴重的早晨、他們的飛機、被風吹到了一里以外、飛機打得很壞、但是口糧呢？祇够支持到七天、他們在這個危險的境地中、趕忙用無線電通知後方、小美洲去請求救援、這時小美洲也正被風雪侵害、對於前方探險的情形、要想知道的心、異常之切、不久、他們取好了聯絡、正是七天之後、飛機就飛到郭爾德那地方去救他們去了、他們雖然僥倖脫離了危險、可是南極有半年是看不着太陽的、從三月九日以後、必定要再隔到一百二十五天才能够重見陽光、所以他們爲了防免危險起見、只好趕忙開船、郭爾德、白爾同他們所領導的探險隊員、在「小美洲」、經過了無數的危險、離別了可愛的家庭去苦心經營、以等到春天的到來、經營的結果、他們在雪屋中有了水了、并可以理髮、修面、洗澡、在他們的生活中、不能不說是一件快意的事。

春天到了、冰雪溶了、海中有美麗的雪山、狗同海鷗活動了起來、他們於是乎繼續進行他們探險的工作、美國的國旗、終於降落在南極大陸的地面上、探險算是成功了、當白爾報告說「此次同人合作、幸得美滿成功」的電、回到了美國之後、幾乎是把新聞記者忙煞了。

▲殖民戰史的說明

在美國「密西西比河」的西邊、有一塊地方名叫「加里福尼亞」、這是一塊森林茂密、土地肥沃。尚不曾被人開發的好地方、那時正當着「南北戰爭」以後、美國東部有一羣青年、組織了一個武裝殖民團、要到那地方去創造新的世界、這一羣人中以胡同村及沙克村的人為最多、胡同村的「史士」和「「賈能」是兩個酒徒、他們一吃了酒、便要闖禍、一天、他們在酒後放槍、把一村的人都驚動了、等到事情過了之後、大家聚了攏來、沙克村的村長「梅達克」、胡同村的青年「畢耳」也都來了、他們本是生寃家、死對頭、這時仇人相見、分外眼紅、梅達克便從身邊取出了手槍、要找畢耳算賬。他們正在難分難解之際、却有一位救苦救難的觀士音來了、這人是誰呢？便是沙克村的青年女郎——費麗斯、他準備要到殖民地去、正到這裏來探聽消息、衆人便心生一計、假說她是畢耳的情人、勸村長看在他兩人情愛的份上、不要再記前仇、果然、這方法一用便靈、他們兩人竟由仇人一變而成了朋友。

殖民團出發了、費畢二人、因假成眞、漸漸發生了愛苗、可是好事多磨、在途中畢耳因為一句話得罪了史士、史士便用盡種種方法、來離間他們、並慫恿着團長、對他們隨時加以警告。他們行程一天一天的遠、困難一天一天的多、但是他們的愛情也一天一天的濃、因不幸的事件、也一天一天的碰着、最初白人的軍隊、告訴他們印第安人的利害、叫他們不要冒險、他們不管、中途又發現了白人的死屍、他們疑惑恐怕、是印第安人做的事、於是引煞了史畢二人、用盡心去偵察、在途中一個酒店裏、因為吃了酒、與本地人打起架來、畢爾為了擁抱一個舞女、引起了費麗斯很大的醋意、看看要到殖民地了、婦女們受不過沿途的苦處、紛紛想開倒車、費麗斯也灰了心、畢爾免不了又大費唇舌、好容易才勸得回心轉意。

殖民地已經走近了、他們中間的內奸、（一個叫柯里、一個叫雜特、）便向印第安人暗通消息、叫印第安人來搶殖民團、內奸正在商量秘密的計劃、畢耳也到這裏來作秘密的偵探工作、不期與史士相遇、一言不合、便打起來。正打得起勁、忽聽得馬啼得得、那便是印第安人來搶殖民團來了、畢爾他們丟了手、趕緊向殖民團發出警號、這一個大戰、賈能史士同兩個內奸都作了異域的孤魂、畢爾把油箱砍開、放起火來、滿河的火光、把印第安人隔在了河的對面、殖民團終於是得了勝利。

四個月之後、殖民團到達了加里福尼亞、可說是奮鬥成功了。畢費二人在長吻之下、也可說是戀愛成功了。

▲川劇——廿四日民衆會場於六至九時開放、表演川劇、劇目計為：鎮華夏、越王回國、獅子樓、廿五日晚為華容道、借頭、打店等。表演精彩、頗為觀衆歡迎、博得掌聲不少。

▲交通模型展覽——民衆體育場內之交通模型、係民生機器廠設計製成、雖曾展覽二次、一般民衆，仍極踴躍參觀、該項模型、純係電流作用、在通電流時、飛機、電車、輪船、均不斷環繞前進、雖經解說員詳細解釋、然而一般鄉民恆以秘密奇趣視之。

C, 附表

a,

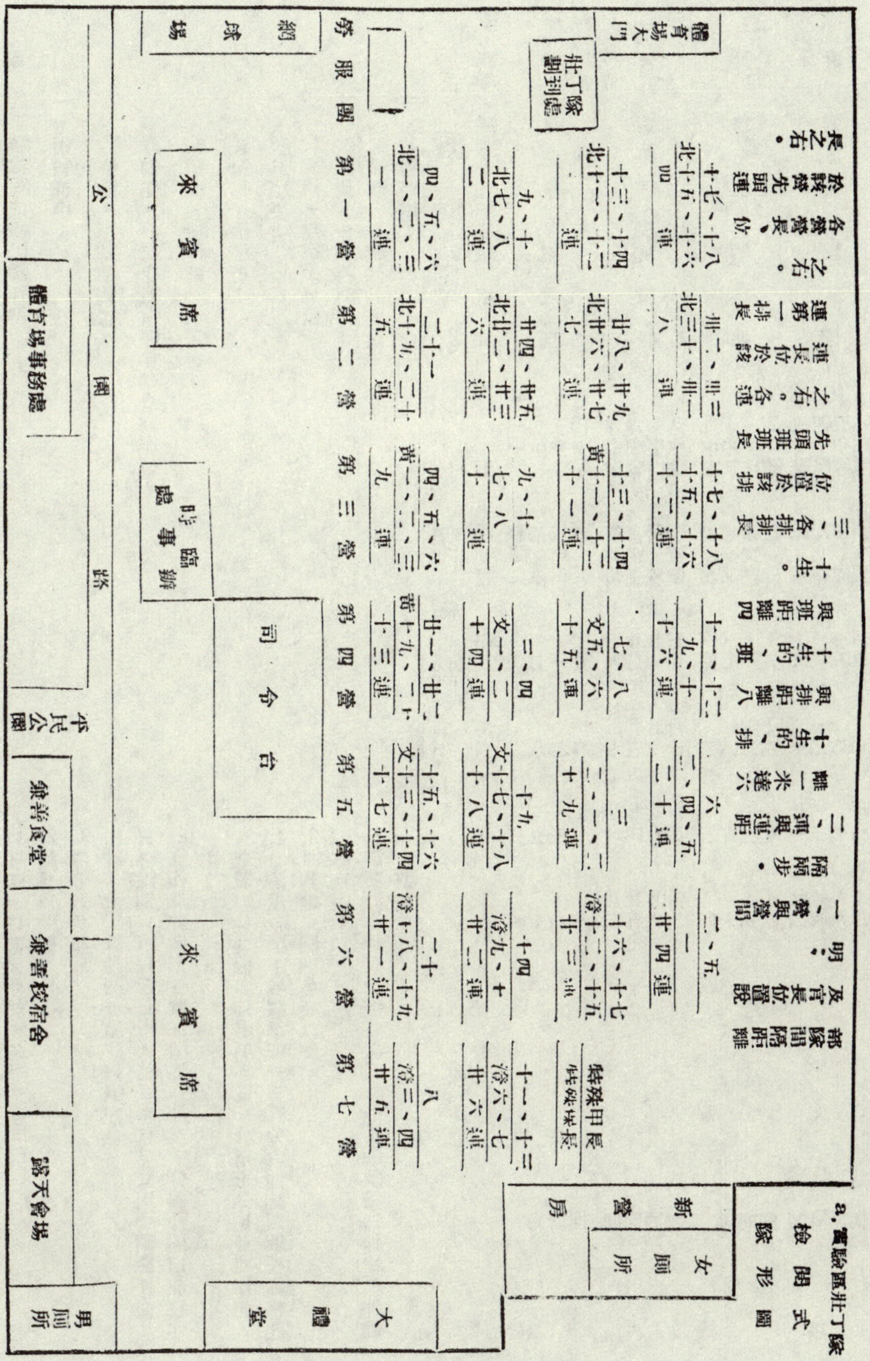


嘉陵江實驗區的壯丁訓練

b 壯丁隊檢閱成績記錄標準

一、術科標準：

1,姿勢、正確活躍否？

2,動作、一般能隨指揮官口令動作否？

3,精神、振作精神充足否？

4,紀律、嚴肅否？

二、裝具標準：

1,武器、無空手無棍

2,符號、一般都有

3,整齊。一般裝具一致

三、其他標準：

1,守時、以當天午前十時

2,給養無問題

3,無老弱代替

四、附註：壯丁隊檢閱成績記錄表記法

1,「隊別」「保數」「人員」「代替」用中國數字記

2,操作及武裝下各欄每項從一分至十分內伸縮用亞拉字記

3,「體力」「儀容」兩項各從一分至十分用亞拉字記

4,「清潔」項下各欄每項一至五分內伸縮用亞拉數字記

5,「其他」欄下各項以文字記

五、宣傳秩序：

1,洋芋2,水利3,合作4,家畜5,衛生6,讀書7,保甲8,測驗9,調查

c 實驗區壯丁檢閱編制表

| 番號 | 評判主任 | 兼組長 | 隊別 | 檢閱員 | 原有保數 | 鎮別 |
|---|---|---|---|---|---|---|
| 第一營 | 吳定域 | 劉騏良 | 第一中隊 | 劉騏良 | 一保 二 三 四 五 六 | 北碚 |
| | | | 二中隊 | 龔文綸 | 七 八 九 十 | 同 |
| | | | 三中隊 | 楊席科 | 十一 十二 十三 十四 | 同 |
| | | | 四中隊 | 鄧發 | 十五 十六 十七 十八 | 同 |
| 二營 | 劉學理 | 雷雅生 | 五中隊 | 彭琫禮 | 十九 二十 廿一 廿二 | 同 |
| | | | 六中隊 | 雷雅生 | 廿二 廿三 廿四 廿五 | 同 |
| | | | 七中隊 | 蔣琰 | 廿六 廿七 廿八 廿九 | 同 |
| | | | 八中隊 | 李乾俊 | 三十 卅一 卅二 卅三 | 同 |
| 三營 | 詹正聖 | 梁拱北 | 九中隊 | 梁拱北 | 一保 二 三 四 五 六 | 黃桷 |
| | | | 十中隊 | 趙德元 | 七 八 九 十 | 同 |
| | | | 十一中隊 | 余文運 | 十一 十二 十三 十四 | 同 |
| | | | 十二中隊 | 徐云 | 十五 十六 十七 十八 | 同 |
| 四營 | 劉忠義 | 魏宜俊 | 十三中隊 | 魏宜俊 | 十九 二十 廿一 廿二 | 同 |
| | | | 十四中隊 | 左明德 | 一保 二 三 四 | 文星場 |
| | | | 十五中隊 | 王誠憲 | 五 六 七 八 | 同 |
| | | | 十六中隊 | 劉文襄 | 九 十 十一 十二 | 同 |

| 營 | 營長 | 中隊 | 中隊長 | 保 | |
|---|---|---|---|---|---|
| 五營 | 羅中典 張子揚 | 十七中隊 | 張子揚 | 十三 十四 十五 十六 | 同 |
| | | 十八中隊 | 傅新波 | 十七 十八 十九 | 二岩 |
| | | 十九中隊 | 秦洪勳 | 一保 二 三 | 同 |
| | | 二十中隊 | 甯國均 | 四 五 六 | 同 |
| 六營 | 陳年邵 蕭蘊昆 | 廿一中隊 | 羅桂 | 十九保 十八 二十 | 澄江 |
| | | 廿二中隊 | 符和 | 九 十四 十 | 同 |
| | | 廿三中隊 | 凌厚遂 | 十二 十五 十六 十七 | 同 |
| | | 廿四中隊 | 蕭蘊昆 | 一 二 五 | 同 |
| 七營 | 梁嵛 陳新齊 | 廿五中隊 | 陳新齊 | 三 四 八 | 同 |
| | | 廿六中練 | 蘇憐生 | 六 七 十一 十三 | 同 |
| | | 廿七中隊 | 王永政 | | 北碚勞務團 |
| | | 廿八中隊 | 陳斌 | | 各鎮特殊保甲長 |

## 嘉陵江三峽鄉村建設實驗區署全區壯丁隊檢閱報到單

| 鎮別 | 北碚 | 黃桷 | 文星 | 二岩 | 澄江 | 合計 |
|---|---|---|---|---|---|---|
| 應到官長數 | 96 | 38 | 46 | 16 | 46 | 242 |
| 實到官長數 | 83 | 34 | 46 | 14 | 38 | 215 |
| 應到壯丁數 | 1028 | 500 | 636 | 198 | 740 | 3102 |
| 實到壯丁數 | 863 | 489 | 559 | 171 | 576 | 2658 |
| 手槍支數 | 3 | 無 | 無 | 6 | 3 | 12 |
| 手槍彈夾數 | 8 | 無 | 無 | 34 | 2 | 14 |
| 步槍支數 | 458 | 142 | 313 | 129 | 158 | 1100 |
| 有刀若干 | 7 | 107 | 31 | 3 | 44 | 232 |
| 有矛若干 | 170 | 97 | 156 | 9 | 120 | 552 |
| 其他若干 | 160 | 99 | 225 | 55 | 204 | 748 |
| 現有官丁軍服數目 | 497 | 163 | 46 | 86 | 156 | 948 |
| 實到特殊保甲長 | 11 | 5 | 0 | 1 | 36 | 53 |
| 步槍彈夾數 | 849 | 297 | 67 | 405 | 311 | 1929 |
| 備考 | 自動步槍一支 | | | 格罩籠二支 | | |

嘉陵江實驗區的壯丁訓練

## 嘉陵江三峽鄉村建設實驗區檢閱各鎮壯丁隊成績記錄表

| 鎮別 | 保數 | 人員 | 代替 | 操作 姿勢 | 操作 動作 | 操作 精神 | 操作 紀律 | 武裝 武器 | 武裝 警號 | 清潔 武器 | 清潔 服裝 | 清潔 手 | 清潔 牙 | 清潔 髮 | 清潔 其他 | 體力 | 儀容 | 合計總分數 | 平均分數 全鎮 | 平均分數 每保 |
|---|---|---|---|---|---|---|---|---|---|---|---|---|---|---|---|---|---|---|---|---|
| 北碚鎮 | 33 | 946 | 0 | 221 | 204 | 214 | 211 | 241 | 113 | 138 | 122 | 95 | 81 | 107 | 43 | 232 | 224 | 2246 | 160,餘2分 | 4,848 |
| 黃桷鎮 | 22 | 523 | 17 | 154,5 | 150 | 143 | 153,5 | 132 | 22 | 87 | 83,5 | 77 | 60,5 | 74,5 | 15 | 162,5 | 153 | 1468 | 105 | 4,77 |
| 文星鎮 | 19 | 605 | 8 | 102 | 98 | 101 | 86 | 117 | 136 | 56 | 48 | 43 | 27 | 74 | 0 | 131 | 103 | 1122 | 80餘2分 | 4,21 |
| 二岩鎮 | 6 | 185 | 0 | 33 | 28 | 32 | 34 | 54 | 34 | 27 | 18 | 15 | 9 | 17 | 9 | 48 | 42 | 400 | 28,4 | 4,73 |
| 澄江鎮 | 20 | 614 | 0 | 101 | 89 | 100 | 102 | 90 | 44 | 44 | 43 | 43 | 33 | 43 | 7 | 97 | 88 | 924 | 66 | 3,3 |

| 鎮別 | 隊別 | 保別 | 隊長姓名 | 實到特殊保甲長 | 實到壯丁數 | 實到官長數 | 報到時間 | 審檢員 |
|---|---|---|---|---|---|---|---|---|
| 北碚 | 一營一連 | 一、二、三、四、五、六、 | 馮介眉 | ○ | 一二四 | 一三 | 午前九、午後 | 劉琪良 |
| 仝右 | 一營二連 | 七、八、九、十 | 袁孟興 | ○ | 一三○ | 一○ | 午前九、午後 | 華文倫 |
| 仝右 | 一營三連 | 一一、一二、一三、一四、 | 雷森林 | 三 | 九三 | 八 | 午前八、三○午後 | 楊席科 |
| 仝右 | 一營四連 | 一五、一六、一七、一八、 | 楊俊民 | ○ | 一一八 | 一○ | 午前八、三○午後 | 鄧亮 |
| 仝右 | 二營五連 | 一九、二○、二一、 | 劉澤 | ○ | 八二 | 一○ | 午前八、三○午後、 | 彭珍禮 |
| 仝右 | 二營六連 | 二二、二三、二四、二五、 | 楊應祥 | ○ | 八八 | 一一 | 午前八、三○午後 | 雷雅生 |
| 仝右 | 二營七連 | 二六、二七、二八、二九、 | 肖洪全 | ○ | 九六 | 一一 | 午前八、三○午後 | 蔣琰 |

| | | | | | | | | |
|---|---|---|---|---|---|---|---|---|
| 仝右 | 二營八連 | 三〇、三一、三二、三三、 | 周嘉陵 | 一 | 九四 | 九 | 午前八、四〇午後 | 李乾俊 |
| 黃桷鎮 | 三營九連 | 一、二、三、四、五、六、 | 賀吉熙 | 〇 | 一四三 | 一一 | 午前八、四〇午後 | 梁拱北 |
| 仝右 | 三營十連 | 七、八、九、一〇 | 唐述雲 | 五 | 九八 | 六 | 午前八、四〇午後 | 趙德元 |
| 仝右 | 三營十一連 | 一一、一二、一三、一四、 | 張文俊 | 〇 | 九七 | 八 | 午前八、四〇午後 | 余文運 |
| 仝右 | 三營十二連 | 一五、一六、一七、一八、 | 廖才元 | 〇 | 一〇〇 | 八 | 午前八、四〇午後 | 徐榮 |
| 仝右 | 四營十三連 | 一九、二〇、二一、二二、 | 徐超 | 〇 | 一一九 | 五 | 午前八、四〇午後 | 魏大爲 |
| 文星鎮 | 四營十四連 | 一、二、三、四、 | 胡慎中 | | 九八 | 八 | 午前一一、三五午後 | 左明德 |
| 仝右 | 四營十五連 | 五、六、七、八、 | 馮沛然 | | 一二〇 | 八 | 午前一一、三五午後 | 王誠憲 |
| 仝右 | 四營十六連 | 九、一〇、一一、一二、 | 劉祝均 | | 一一六 | 一一 | 午前一一、三五午後 | 劉文襄 |
| 仝右 | 五營十七連 | 一三、一四、一五、一六、 | 張文彬 | | 八〇 | 八 | 午前一一、三五午後 | 張子揚 |
| 仝右 | 五營十八連 | 一七、一八、一九、 | 蔣觀林 | | 五四 | 六 | 午前一一、三五午後 | 傅心波 |
| 二岩鎮 | 五營十九連 | 一、二、三、 | 伍云成 | | 五四 | 六 | 午前一一、三五午後 | 奏鴻勳 |
| 仝右 | 五營二十連 | 四、五、六、 | 甘學三 | | 一二六 | 七 | 午前一一、三五午後 | 甯國均 |
| 澄江鎮 | 六營二十一連 | 一八、一九、二〇、 | 蔣璧光 | | 一二〇 | 九 | 午前一一、三五午後 | 羅柱 |
| 仝右 | 六營二十二連 | 九、一〇、一四、 | 龍少章 | | 一一八 | 八 | 午前一二、〇五午後 | 符和 |
| 仝右 | 六營二十三連 | 一二、一五、一六、一七、 | 王傑 | | 五四 | 三 | 午前一二、〇五午後 | 凌厚遠 |
| 仝右 | 六營二十四連 | 一、二、五、 | 黃有良 | | 一〇五 | 八 | 午前一二、〇九午後 | 蕭蘊昆 |
| 仝右 | 七營二十五連 | 三、四、八、 | 周德沛 | | 一三三 | 七 | 午前一二、〇八午後 | 王以政 |
| 仝右 | 七營二十六連 | 六、七、一一、一三、 | 易位之 | | 一一四 | 七 | 午前一二、〇五午後 | 蘇濟生 |
| 北碚 | 勞動服務團 | | 梁嵛 | | 四三 | 四 | 午前九、 | 劉其良 |

### 嘉陵江三峽鄉村建設實驗區全區壯丁檢閱人數統計

| 類別 | 項目 | 人數 |
|---|---|---|
| 壯丁官丁伕人數 | | 2939 |
| 檢閱場工作人員數 | 總務組 | 23 |
| | 社交組 | 10 |
| | 實檢組 | 37 |
| | 衛生組 | 9 |
| | 游藝組 | 8 |
| | 交通組 | 142 |
| | 攝影 | 2 |
| | 給養 | 7 |
| | 區特辦事處 | 3 |
| | 合計 | 241 |
| 來賓人數 | | 33 |
| 團體參觀人數 | 各鎮立校師生 | 117 |
| | 義務教師 | 37 |
| | 義務校學生 | 260 |
| | 災民收容所 | 100 |
| | 合計 | 514 |
| 參觀人數 | | 1500 |
| 總計 | | 5227 |
| 備考 | | |

### 鎮第　保壯丁識字測驗統計表

| 名稱 | 數目 | 合計 |
|---|---|---|
| 文盲 | | |
| 半文盲 | | |
| 識字者 | | |
| 備考 | | |

## 四・結語

本區壯丁訓練、原為草創試行工作、自實施以來日日在嘗試錯誤的進程中、所有訓練方式、教材內容以及種種設施、缺點甚多、幸賴各保甲人員之負責努力、公安各隊之協助不懈、故自訓練實施以來、所有受訓壯丁、自始至終平均有百分之九十以上的出席、至於冬防期內、晚守更棚、深夜巡邏、使區內盜匪減少、居民得以平安度歲、此不能說不是訓練的收獲、尤以去年吾川大旱、區內人民特苦、大多以下力為生者、晨間操作多移在午後實施、雖係一身飢餓與疲乏、尚沒有因此而規避缺席、此點最值吾人敬佩與感動!

吾人得此經驗、今後當有所改進、即是在加緊組織民衆、訓練民衆中、必須顧到人民的生計、訓練組織乃能全部完成、方能達到共同復興民族之路。

除集中檢閱各組之活動因篇幅關係省去外本文尚有表格統計多種此地亦只好從略了。


## 江蘇保甲二卷廿三期要目

二十六年一月一日出版
江蘇民政廳編行





零售每冊五分　預定全年一元

生苗
沈家祺
杜品山
編者輯
編者輯
劍元
拱如

(1)
戶口異動必須知道的幾種手續
——凡有下面的事件發生都該馬上報請甲長登記免受處罰——
生出
婦人向丈夫說：
我們生了小孩、
依着戶籍規定、
你快去報請甲長登記吧！
婚
甲長！我那小兒訂在後天結婚，請你轉報保長，登記一下。
嫁
甲長！我那小女孩決定明天出閣、請你幫我登記一下吧！
死亡
現在不幸死了一個人！趕快去報請甲長更正戶口冊。

(2)
遷出
甲長！「我日內要搬家了、請你幫我扯一張遷徙證、一定明天來取。
僱請工人
主人說：李大嫂、我新請你作工、把你的來歷和歲數、快說出來。
甲長！好馬上報告
遷入
甲長！我是新近才搬來的、聽說搬來不登記；要罰四塊錢。請你費心給我登記、我是取得有遷徙證的。
開除工人
甲長！現在米糙太貴、我已把請的長工張三開銷了、請給我登記一吓！

## 失蹤

我走失了一個小兒！迄今還還沒有清得下落、請甲長幫我登記起做個告白；清查！清查！

## 收養棄兒

甲長！我撿了一個被丟的小孩、請給我登記、在門牌上添一個人。

## 五戶切結

趙甲：這切結、我們都畫了押、不是很有關係嗎？

錢乙：這當然有關係。

孫丙：祇要五戶內部是好人、那是不要緊的、李丁：那我們以後可要隨時留心各戶的行為了、周戊：這是不錯的呼！

# 現代青年

## 第六卷第四期目錄

中華民國二十六年二月二十八日出版



定價

每期售洋一角

預訂全年（廿四冊）二元

半年（十二冊）一元

優待直接訂閱辦法

（一）凡直接向本社訂閱者、普通訂戶按定價八折、學生六折；

（二）經舊訂戶介紹者、普通訂戶按定價七折、學生五折；

（三）凡同時介紹全年訂戶每滿五份者、對於介紹人、贈閱全年一份；

（四）舊訂戶續訂者、仍得依照徵求基本續者辦法、享受優待、即普通訂戶按定價七折、學生五折。

北平宣內手抄胡同現代青年社發行

# 舊工具之民衆教育化

羅中典

## 一 發端

民衆教育、其對象爲民衆、只要對民衆能夠發生影響、可以潛移默化、涵濡薰陶的東西、都可以利用、最好是暫不新創、取之於民間舊有的、當較來得有效、牠的好處、有下列幾點：

一、我國農業社會的民衆、可說是十分頑固、故標新立異、反易生阻力、惟因勢利導、則深入甚易、因舊具新用、在他們是習之已久、乍見不驚；在我們則偷樑換柱、目的已達。

二、利用舊工具、不會感到十分困難、因此項人才逐處皆有、只須易其材料略加糾正、便可應用。再能逐步改良、更脫胎換骨了。

三、利用舊有工具、在設備上又可節省、做起來非常經濟。

或說：利用舊有工具、怕被譏爲開倒車吧？答：這層似屬過慮、因一件事情的進步、是在改革者的意志、認識、及毅力、至於工具之假借、雖是舊皮囊、但僅止於是、決不會妨礙及內容的改革和根本的動向、且國內許多文化團體、早有此項趨勢、所以無疑地是可行的。

就川東北一隅來說：如舊劇、（川劇化裝表演、川劇團唱、木人戲、線弔戲、陰陽班、燈影戲等。相聲、洋琴、道琴、案證、評書、唱書、金錢板、蓮簫、花鼓、山歌、秧歌、西洋鏡……等、不下二十餘種、這些工具、有些已有人着手改革、有些還沒有、今只就我所知道的來討論、也許是一種有意義的事。

## 二 舊劇

這裏所謂舊劇、是專指川劇而言。川劇之在四川、縱貫南北、橫亙東西、大而城市、小至村落、幾於無處不有、也幾於無人不懂。以之來作推行民教的工具、那眞是水銀瀉地、無孔不入了。

戲劇對於民衆的影響、究竟有好大呢？演出的方式如何呢？我們應如何去利用呢？想分別在這裏加以簡明的討論。

先說對民衆的影響吧。

記得宋人曾經說過、戲劇的功效、較之「老生擁皐比、老衲登上座、講經說法、功效百倍。」這並不是誇大的說法、鄉間無人不恨秦檜、也無人不罵曹操、而對於關羽岳飛、則嘖嘖稱贊、且崇拜羽爲聖人。這些都不能不歸功於戲劇的作用、相傳有這樣的故事、有一次、一個地方、演曹操逼宮、當扮演曹操的演得來維妙維肖時、忽然惱了一位看戲的屠父、激動義憤、拖着屠刀、竟把那扮演曹操的戲子殺死了、戲劇入人之深有如此者、退一步說：只要一檢察在戲場中的觀衆、那時哭時笑、有類瘋狂的情形、則我們對戲劇、眞不可忽視哩。又進一步留心考察、鄉間的許多風俗、習慣、道德、信仰、有十之五六都係由戲劇薰陶而來、據說：明末遺老、在清初政治壓迫下、想作復興民族運動、便組織了會黨、以聯絡民衆、同時又恐明代衣冠倫亡、故寄寓於戲劇。可見戲劇對民衆思想關係之深、故用來作平民教育運動、是無問題的。

至舊劇演出的方式本多、玆舉其最普通的數種於後：

(一)化裝演　這算是最普遍也算是感人最深的一種演出方式。因爲有裝具的藻飾、臉譜的烘托、樂器的幫助、佈景的襯映、載歌、載舞、亦莊、亦諧、舉凡嬉笑怒罵、悲歡離合、各種情節、都可在表情、歌唱、及對白中間、極强烈地表露出來、近來、更注意於佈景之改良、及燈光之配置、可算更加强了演唱的力量、使看的人彷彿親身在參加這故事的演變、所以說是感人最深。

至於詞調、高腔牌子最多、約計不下百餘、而常唱的也在二三十以上。有些牌調、和腔的時候、多於正唱的句子、因之常使民衆聽得來莫名其妙、僅僅作一種音樂的欣賞可以、要他們了解意義、似乎就有些困難、因之、頂好在民衆劇中、宜多用和腔少而腔調平易的牌調、如「月兒高」「北淸水令」…………各調、便把牠劃入欣賞劇之內。至皮黃中的「一字」、「大過板」、「奪奪板」、「混江龍」、「老調」、…………也只適宜於欣賞、研究。實際上民衆容易聽得懂的、還是西皮中的「二流」、二黃中的「扣板」、那幾乎是字字聽得明，白、句句聽得清楚。最近有人編「模範軍人」及「家庭革命」兩劇、前者便以「紅衲襖」爲通篇的主要牌調、後者便全劇只有二黃的「二流」及「三板」、可見這已成了一種自然的趨向了。

劇本的排演、民衆是歡迎連台的長幕劇、因認這演得來有始有終、所以他們才心滿意足。至於富有文藝結構、文學意味的短幕劇、在他們就不見得十分滿意。因此筆者認爲短幕劇、係欣賞劇、而長幕劇乃民衆劇、這可用事實來證明、從前農村經濟比較充裕、鄉鎮中常演唱神會戲、係以天日計算、一天謂之一本、一本共分四段演唱、即早台、午台、(午台分上午下午)、夜台是。早台通常不過三四場完事、謂之「早三折」；夜台、民衆稱爲夜戲、以唱做較多而場面稍爲清靜者爲主、末尾也常演極短之滑稽劇、而午台則和上述不同、常是連台戲、上本多係一件事情的因、下本則多係一件事情的果。爲甚麼上下本常唱連台戲呢？因一爲白日較長、可以安排得下這樣的大文章、二便是看戲的民衆特別多。簡直可說：是爲民衆而演出、所以稱之爲民衆戲、竟有續演至三五日以至於三四十日者、如「三元記」、「琵琶記」、「東窗」、「目蓮」之類、都是、

至城市中的會戲、並不依這個規矩排演、多演短幕、少演連台、由城市中人成份的不同、已多少帶有些欣賞的意味。又短劇何以係欣賞劇呢？因劇短、情節必求其奇、結構必求其嚴、變化必求其多、時間又必求其經濟、所以大半都是精心結構之作、常係突然而起、戛然

而終、取故事中最精彩而足以表現全局的一段爲題材、所以叫做欣賞劇。其在腦筋簡單、思想樸實的民衆看來、常有神迷眼花之感。

反之、長劇則場面較多、於故事的錯綜離合、應有盡有、民衆容納甚易、看起來一目了然、極合一般口胃、在智識低淺的民衆、是非常需要、所以我覺得現在要談民衆劇、應該從長劇的改革及編製着手、是比較來得有意義。惟長劇的編製、仍不宜過長、如一天上下兩場演完、算是最好。並且長劇的分幕、要力求緊湊、最忌散漫、又宜顧及連絡、庶幾妥當。

（二）團唱　團唱俗名「打玩友」、而一般鄉人則謂之「打團鼓」、表演最多的場合、是在婚喪壽慶各種會集中、重在唱而不重在演。所唱的脚本、有些與化裝演唱的相同、有些則略有差異。因爲化裝演有動作表情來幫助詞句內容的顯露、團唱則全恃聲調的抑揚高低、以表現出戲劇的內容、所以、自然的、團唱容易趨向於腔調的研究、甚至於詞句的斟酌；但也能集中較多的民衆、使其靜心細聽、所以正確說起來、團唱也是相當民衆化的。

（三）木人戲　卽傀儡戲。鄉俗稱之爲「木腦壳」。用樹木刻成人的面相、手用小木棍作支柱、以線連繫。演的人、用手持着兩根竹棍、表示出種種動作、舞台係就地用布圍成、仍分前台後台、上面用布作頂、略略具備一點舞台的規模、演的人便在布幃掩蔽之下活動、木人大約可分三種：一種是普通的、頭面較人面略小、生旦丑末、一共有十餘個至二十多個面相、一種是大木腦壳、與人面相等、頭面較多、裝具動作、都比較複雜、也許便因這個原故、戲價較高、搬運較難、現在很難得看到有演這種的了。一種是京木腦壳、（小木腦壳）頭面極小、但頭面也極多、有多至一百以上者、化裝以後、全長不過尺餘。對於裝具、佈置、動作、…………都十分考究。有時演起來、在動作上比那不三不四的戲子、還來得細緻、周到。

木人戲可說是一種很民衆化的戲劇、台面簡單、表演容易，需人極少、裝具不多、樂具也略可馬虎、不擇地勢、不費時間、要搬運起來、也十分便利、目前在鄉間演唱、常常是天天搬動。唱木人戲的、通常只唱一本。（仍分早戲、上下本、惟無夜戲。）到第二天、又不得不箱箱棍棍、一鼓腦兒搬起來、甚至於搬到十里以外的。木人戲演出的場合大多是廟會、如「青苗戲」、「太平戲」之類、餘則爲大會、社戲、還有所謂「愿戲」那就無一定的時間與地點了。總之、演木人戲的、可以在家庭、在野外、在神廟、鄉間的一切的地方、他都可以走到。甚合民衆的口胃和經濟．故值得注意。

（四）陰陽班　所謂陰陽班、是混合化裝演與木人戲的一種民衆劇、大約人們已感到了木人戲的缺點。爲挽救這種缺點起見、便在演唱木人戲的分段中、用很少數的人、扮演「捉放曹」「碎琴」「五台……等戲，他們的戲台、便是在木人戲的布幃之內、用四張方棹合攏來、臨時搭成、簡單經濟。這種戲民衆非常歡迎。我覺得像這樣的戲劇、很有提倡的價值。無論從那方面去檢討、都是十足的民衆化、劇材的編製容易、裝具的設備簡單、舞台的佈置不難、需要的人數不多、演出的地點、更不用選擇、流動起來、也是非常迅速、便利。因此、我以爲在這樣的工具中、多多的加以改良、在劇材上、純粹採用鄉土劇材。在分配上、以本人來表演長的歷史劇、以人來表演短的社會劇、或者加入一點滑稽喜劇。我想牠的入人之深、效力之大、一定是意想不到的。

（五）線弔戲　這種戲在鄉間不甚普遍、其演法係借綫的作用、在一個人的指揮之下、把動作及音樂都一齊表演出來。材料大約以採取西遊記爲最普遍、情節、內容、材料、都很簡單、不過、以其唱、做、打、（使用樂器）都是一個人在操縱、也就難能可貴了。民衆亦甚歡迎、我們應當從改革牠的材料着手；去其神怪、另編一些有關民衆的材料、演出的技巧、我們在可能範圍之內、也相當加以改革。

（六）燈影戲　這種戲是以牛皮彫刻成側面人形、借燈光作用、隔紗提動、其動作很有些像人在活動。所以有人稱爲牛皮燈影、彫像普通高約尺餘、也有高到三尺多的、那便叫做頭燈影子。川北及陝甘一帶、都喜歡演這種戲、取材大多是西遊記及其他神怪小說。也有取社會風俗如玩龍燈之類的。我們如果要加以改革、仍然須得從材料上去着手。算是最要緊的了；至於技術、燈光佈景……等等、當放在第二步去。

關於舊劇演出的方式、上面六種、算是最普通。此外也許還有、深望有人能够加以補充。至於舊劇的改革、其主要點是在內容、如果內容不加改變、其餘一切、都算是枝節。

次、我們討論怎樣去利用舊劇呢？第一步自然非從改革劇本的內容入手不可、劇本的改革、應該依着選擇、改編、創作三個步驟去做、在選擇時、存其可用者、去其不可用者、這樣、則存留下來的、怕就不多了。因此、就有待於改作、改作是一種較爲繁雜艱巨的工作、做起來很不容易、且可改作的也不見多、最後是非走到創作的路上去不可。如何創作呢？我以爲首先要抓住當前社會和民衆的需要、要能激勵民衆、鼓動民衆、指導民衆、要與民衆生活發生實際的連鎖、要與民族復興發生密切的關係、這是指意義而言、至於技術、在詞句上要簡潔明暢、要淺顯流利、最好通俗、能全用大衆語、那算是最好。分段不宜過零碎、無甚變化的場面、不宜過長、全劇頂好能够在一次演完、如果不得已、必須能够各自獨立、分頭表演。短劇宜多編、而且要顧慮到佈景化裝之簡單、便利。這些意思、本來非常粗淺、但這最低限度的要求、我們應該首先做到。

表演的人、以中級學生作提倡、而能訓練民衆普遍的參加、算是最好、如果作專門的訓練、舊有的劇人、能够改換的、恐怕不多、不如重新的來、這種被訓練的人、至少應該有在高級小學畢業的程度、而他應具的普通常識、最低也該學到高中畢業程度才可以。至於關於藝術的修養、那又當作別論。

## 三 相聲

相聲、是借手口的動作、來傳達一切音聲、一切情感、一切動作的一種技術、即所謂口技。演的人用布幃遮着、聽的人要屏聲靜氣、所以又有叫做隔壁戲的、只要演的人演得有七八分相像、也就很可以博得民衆的稱賞。現在四川、有表演新時代的各種建設工具的聲音的、像：火車汽車汽船開行的聲音、飛機迴翔的聲音、工廠中汽笛嗚嗚、機聲軋軋，都演得來維妙維肖、不過還嫌單調一點、以我的意思、口技表演起來、故事的表演、仍然有相當的重要。像九一八、一二八之事變、東北同胞之慘遭蹂躪、北大營失守、商務館被炸、民衆避難、……種種情形、可借兵士對話、採取當時故事之一段；如胡適之所譯「二漁夫」、「最後一課」等、目前綏遠戰爭、仍可取作題材、至於鳥獸聲音之類、則可在教授動物常識時才去那樣辦。一面解說、一面舉例、繪聲繪影、對於民衆的印象一定很深。

## 四 洋琴

洋琴在四川、比較不甚普遍。然而、確是一種很好的音樂、可以使你聽得來悠然神往。演唱的人、幾乎全是瞎子。演唱的材料、多取歷史故事、與戲劇的佈局設計、竟可說是大致相同。有說白、有歌唱、……而音樂則比戲劇的音樂、雅緻得多、以音樂的價值來估計、牠是有着相當的地位。以民衆教育的尺度來論、也能够吸引一部份民衆去細聽、所以也是值得相當改革其內容的。

## 五 道琴

道琴、大約是古已有之的樂器。而道琴詞、則居然列於文學之門、而民衆又極喜歡這種東西、可見其民衆教育化。像：鄭板橋的道情十首、在文學上幾乎人人傳誦、別的傳世的道情詞、也隨處可見、大都是警世礪俗的作品。道琴的演奏、所利用的器具異常簡單、一雙竹板、一個小鈴、一個以皮蒙頭的長竹筒、演的人、以手腕挾筒、以手指執板鈴、另一手五指、便作拍筒及打鈴之用、連唱連拍、興趣頗不惡、唱的腔調亦多、大都雖得一致。川戲中的高腔絲絃、也可借那一個竹筒表演出來、雖然是具體而微、但還依稀彷彿、也是一種獨脚戲、至於詞句、那就好聽得多了！材料仍用勸世警俗的自然也有、但大多都趨向於歷史故事的演唱、所以有說白、有唱詞、因其用具簡單、而所演唱的門類、又這樣繁複而容易懂得、所以在民衆教育推動中、算是一種極好的工具。

## 六 案證

講案證、在鄉間的人、至今還沿用着「講聖諭」的名稱。所謂「聖諭」者、是講的人、在未講以前、必定要先宣讀「聖論十六條」、如「第一條、敦孝弟以重人倫：第二條和鄰里以息爭訟、………」

之類。這顯然是爲着專制君主宣傳而設、因爲這類的工具、牠是可以深入民間、較之一切政令的力量還來得大、我們只要一檢查其在民間所佔有的勢力、便可知道了。案證對於鄉村的婦女、可算是一種「無形的桎梏」。內容十九都係消極、除忠孝節義外、便不出因果報應。鄉村婦女、最喜歡聽、也容易信。因之自然而然的、牠竟促成了鄉村婦女間的一切道德、我們如果要批評起來、牠對於婦女解放運動、可說是不利的。不過、工具確係可用、內容必求改革。

改革的方法、第一要破除因果迷信的舊習慣、第二要養成改良的新習慣、因這可說是決不可少的宣傳品。是一種無孔不入的舊工具、不論在那一種場合中、他幾乎都應用得着、以川東來說：凡神會、大會、佛會、道場、婚喪會集、夏季納涼、冬夜圍爐……都常見有講案證的在活動、有一次筆者赴川北、在順慶以上所看見的、那算是再趣沒有了、墳堡上、地壩邊、大路旁、么店子……都有人在講案證。聽衆不多、十來個人、有些還背着背兜、有些還提着筐籮、有些拿着花在繡、有些拿着鞋在做、聽的人聚氣凝神、講的人悠然自得、那不是一所很好的民衆學校麽？

## 七 評書

就目前論、評書散佈的區域、也可算是非常之廣。他所能够侵入的領域、大約與道琴差不多。評書的取材、十九都是稗官小說、上自往古、下迄目前、取材的範圍、非常的寬廣。講的人爲迎合聽衆起見、大多是取俠義神異、離奇怪誕一類的東西。到那緊要的地方、說得來眉飛色舞、慷慨激昂、口沫四濺、臉紅筋脹、舉凡喜怒哀樂的情緒、賢奸忠佞的人物、曲折迴環的情節、都說得來天花亂墜、詡詡欲生。所以很能動人、很能吸引觀衆。

評書可說極長的歷史故事、可以連說至幾個月的時間、近來有人借評書的形式、來報告時事、或者演說革命的故事、那可說已經有了教育的意義。我想、我們如果用較大的力量、來作一番改革的工夫、對於民衆所發生的影響、一定是不很小吧。以我所知道的、過去南京曉莊師範的各個中心茶社、曾經做過這種工作、講的人是學校的教師、聽的人便是附近的男女民衆、那一種力量、比較開民衆大會、還要來得大哩。

## 八 唱書

唱書的編製、有類乎彈詞、也許是彈詞的流變、開始是一篇敘事的散文、接着便是唱詞、唱後接着便是敘事的文字。（其實唱詞也多係敘事、或略加描寫、可說是有一點史詩的意味。）如此連敘連唱、以完成一部很長的故事、其中如「柳陰記」、「三元記」、在民間都有着極大的勢力。柳陰記是敘述梁山伯祝英台的戀愛故事、三元記是記述秦雪梅未婚守節、教子成名的故事。這兩種故事、在民衆間的勢力影響非常之大。因爲他的語句粗淺、有唱有說、飯後工餘、人手一篇、口中唔唔、那是多末愜意的事。我們如果能够從這些舊皮囊裝進新血肉、而於詞句上更文藝化民衆化一點、那確是一種深入民間的好工具哩！

## 九 金錢板

金錢板的工具、是三塊竹板、有些附帶一個小鈸、演唱的人、一手執板兩塊、一手執板一塊、連敲連打、有說有唱、並兼以表情、所以頗能吸引民衆。材料大多以新聞爲多、新聞又多說戰事、說到緊張處、手舞足蹈、十分傳神。唱金錢板的、似乎沒有甚麼流傳的脚本、脚本的編製、有一點類乎唱書。有些便是唱者自編。這是很可作爲推行民衆時事教育的工具。假如把這件工作做得好、那是更能感人、更能深入的。而且這類的人才、比較容易訓練、只要稍爲靈活的人、留心聽人演唱幾回、他便可以依樣葫蘆、自己試辦一次。倘利用金錢板來宣傳新聞簡報、那是要生動得多、活躍得多。儘可以繪聲繪形、使新聞成爲故事化、文藝化、豈不更好！

## 十 蓮簫

蓮簫是一種很通俗的歌唱、在演的時候、有一種用銅錢連貫穿入竹棍內的樂器、在週身時上時下的打、因此名曰打蓮簫。普通以新年演唱爲最多、演的時候、由一個人拿着竹棍、連打連唱、另外由許多人幫腔。所幫的腔、是一定的。過去峽區民衆教育辦事處、曾經在新年做過這樣改良的工作、茲錄其詞數首於後：

北碚事業

一年景色容易換、　忽然新春到眼前；
趁着元宵熱鬧點、　單把北碚表一番。

地方醫院

北碚場有一個地方醫院、醫外病和內病限期好完、
任何人有了病都可去看、要住院只取點伙食藥錢。
那醫生和護士人人精幹、有本領有經驗不比等閒、
你不信看囘病自然稱贊、才知道我這話不是虛傳。

## 十一 花鼓

打花鼓、在鄉村城市、都很普遍。工具是小鼓一面、小鑼一面、小木棍三根、木棍的用途、當他唱的時候、便不停地向空中輪番地拋上拋下、一面也當節拍、近來的新鳳陽花鼓詞、便是改變過來的了。如果把新的詞嵌入這舊的調、那傳播之廣、感人之深、一定是可以預料。說不定移風易俗的責任、他很可担負得起來哩。

## 十二 山歌及秧歌

山歌及秧歌、可算是眞正民衆音樂、也可說是眞正的民間文藝、不但是全由民衆歌唱、而且大都是民衆自己編製。山歌是隨時隨地都

可聽見、唱的以十餘歲的農村兒童為多、一個人唱、或者互為倡和、秧歌多在秧子長起來而正在搞的時候、或者夏夜納涼的時候、一唱百和、音調非常嘹喨、也非常悅耳、唱的材料、大部是關於戀愛的。

嘗記得有一個時候、在鄉間、對「東北風」的山歌、幾於無人不能唱。至「孟姜女哭長城」、也算十分普遍、既沒有人提倡、也沒有人運動、那竟可說是不翼而飛、不脛而走、旬日之間、便風被四野。就是筆者自己也曾經作個這種試驗。把新的詞填入了山歌譜、不到幾月、竟傳播到了三四個場鎮、所以改革山歌及秧歌的工作、是非常値得注意。

## 十三　西洋鏡

鄉間的小孩子、最喜歡看西洋鏡、所以西洋鏡在鄉鎮中非常普遍・裏面所映的材料大部份是屬於軍事的畫片、及各地的風俗習慣、算是介紹常識及時事的很好工具。因為、蓮簫、金錢板之類、都是屬於音樂的、而西洋鏡却是形象的・道琴、洋琴、評書……之類、僅僅在聽、而西洋鏡却可以看、所以西洋鏡給予人的印象、是比較的深・近來的西洋鏡除了畫片而外、有許多夾入照片、鏡頭也頗有進步、如果我們把內容改變起來、把時事的照片、歷史的遺跡、科學新知、新興建設、能够很具體的介紹出來、他的效力、是多末偉大啊!

## 十四　其他

在舊工具中可以利用的、除了上面所提出來的一些而外、還有小調、蓮花嘣、佛偈子、打財神、兒歌……之類、都未嘗不可利用而加以改良。

小調多淫穢之詞、但是調子簡單易學、唱起來又輕鬆利口、多聽幾遍、自然就會了。如像五更調、揚州調、東北風……之類、在民間能够唱的已經很多、稍一提倡、便易風行、而填製詞句、也十分困難、這個工作、我覺得是該馬上做。

蓮花嘣(蓮花落)多係乞人沿街叫化時所唱、其佔佈區域之廣、頗可注意!

佛偈子多係善男信女、在朝山拜佛之時、吃飽了油炸豆腐後唱的、倘能善於利用、當有相當效果。

打財神的唱詞、多喜慶之語、倘我們能够加入耕種常識。及處世經驗、家庭教育……也是很有意味的。至兒歌因各地都有、故不多說。

## 十五　結論

我所知道的舊工具、大致已如上寫出來了、不過民眾教育、要眞眞做到無孔不入地步、那是非盡量利用舊工具不可、如果我們只是一味說「新」、而把這些可利用的工具、通通棄如敝屣、那未免所失太多吧。

# 圖書陳列與管理

彭湘

圖書爲甚麼要分類呢？因爲是要把它的性質指定出來依一定的次序、自左而右、由上而下、將同類別的書排列在架上、易記憶、顯眉目、便檢取、此圖書排列也。至圖書陳列則與排列不同、比較說：圖書排列者、乃爲圖書管理上之便利計、只和圖書管理生關係；而圖書陳列、却係在吸引和幫助閱者上做工夫。前者是定律式的、後者却是活動式的。即本文所欲討論者。

圖書陳列究在閱覽上發生甚麼關係、佔什麼地位呢？關於陳列、第一章中已曾說過：一方要吸引讀者、一方要幫助閱覽、蓋吸引讀者、每在用新的方式、給讀者一種新的觀感、而誘起其興趣、進而閱讀；圖書陳列亦即新方式之一種、指導閱覽、向分人的指導與實物的指導、而圖書陳列即實物指導中之一種——書的指導。圖書陳列在閱覽上既有如此之重要、則吾人不得不應有以研究也。

向者、均以圖書館譬之乎商店、圖書即商品、讀者即顧客、求知能力即購買力、讀書興趣即顧客嗜好、商店須努力誘起顧客之購買慾、貨物方可暢銷無滯、圖書館要求圖書能快暢流通、發揮其本質、則非於努力誘起讀者之求知慾、加强其求知慾不爲功。商店大吹大擂、登廣告、送贈品、無非是要招徠顧客、而招徠顧客最好最有力的方法、唯將貨品花色用各種陳設方法、直接呈諸顧客面前、以引起購買慾、進而買貨；此亦猶之乎圖書館、用了前次所述各種吸引讀者的方法、去吸引讀者、而啓發求知慾的最好最有力的方法、亦唯將圖書用各種陳列法、直接供諸讀者面前、使其便於翻閱、商店於廣告術、商品陳設法要加究研、圖書館於圖書陳列法又何能不加探討呢？

圖書陳列的本身雖有如此重要、直接可以吸引讀者、誘起讀書慾、幫助閱讀之指導、增大圖書之流通範圍、但很多的圖書館、却都不很注意、這確是應該急起注意研究施行的。是以、除如上述外、還有以下四點作用：

一、經費少的圖書館、無力聘請指導員、可利用圖書陳列補救一部份、指示民衆選讀好書。

二、圖書少的圖書館、若採用各種陳列法、能使讀者眼目換新、書籍共用、無異於增加了不少的圖書。

三、藏書多的圖書館、很多圖書多經年向隅、若輪用各種陳列法、則所有圖書均得流通、珍藏秘本、亦得增高其價值、讀者亦得繼續窺見全部寶藏。

四、現代圖書館的趨勢、均以閉架式缺點甚多、不如行開架式、更能便利讀者、完成使命、故均倡行之；但開架式亦因有許多缺陷、如圖書損失問題等、故至今尙不能通行、各大圖書館更加礙難、圖書陳列却能補救閉架式藏書的缺點、具開架式之精神、而採行部份圖書開架式。

以此、益證在閱覽上必需研究圖書之陳列法、更進而施行之。茲欲先言者、卽圖書損失問題是也、亦卽倡行開架式藏書中之一大阻礙。閱覽室係直接與讀者發生關係的處所、其圖書損失之易且多、當較外借爲甚、吾人試考其因：在閱者方面有無意者、如不知規則、此易解決；而有意者、如缺乏公德、蔑視公物、或因經濟困難、懶於抄寫、而偷竊之者、實非單純問題、乃家庭教育、學校教育、社會公民教育等、應共負之責任、圖書館只能作消極的警惕防犯、如在文字上口頭上作公德心之提警、管理員之盡責、善用心理學去研究不同閱者的行爲等。在設施方面、如佈置渙散、使照料時注意力不能集中；未置拍紙簿、以供抄錄之用等、亦爲一因。在館員方面、成分則較重、如缺乏責任心、注意力不貫澈、缺乏經驗、遇問題不多加探討、甚或自已手續不淸等。如能在此三方面注意、而尤側重於後者、則問題可解決泰半矣。

閱覽室向有普通閱覽室、雜誌閱覽室、閱報室、兒童閱覽室、參考室、善本圖書閱覽室等之別、是以圖書陳列法亦必因室而別、茲分述如後、惟在未分述以前、且先提示常爲各圖書館於行圖書陳列時、所易忽略而應注意的幾點：

一、各種陳列法、貴能經緯交織、輪流採用、免生呆板煩厭之感。

二、實施各種陳列法時、要利用羣衆心理、適應當前機宜。

三、圖書陳列要與宣傳及其他設施、切實聯繫、不可一方在介紹某書、而室中却遍尋不獲。

四、套函書必相連陳列、毋有上無下、或上下冊分陳甚遠之現象。

五、陳列之初、往往有書面向下之情形、使閱者難於發見、此事雖至微、然實足表現館員之疏忽、圖書館一部份之精神、亦應注意。

甲、普通閱覽室圖書陳列與管理

普通閱覽室的圖書陳列法、可分形式的陳列法、與教育意識的陳列法：

一、形式的圖書陳列法、在美觀、整齊、便利、和易使人注目四個原則上去做功夫：

1,排列式：就是現在各館典藏時所通用的圖書排列法、自左至右、由上而下、分門別類的排列在架上、此對管理者甚便利、惟於閱者在選書的程序上、於研究問題的參考上、尋檢頗費時間、且於太薄的圖書更不適宜、閱覽室裏宜少採用之、不過書太多、能就上面所說兩缺點上注意、進改亦無不可。

2,平鋪式：將書平鋪在架上或桌上、閱者目睹封面、既生美感、又能一目看淸書名、甚或內容目次、且易翻閱、故較前法爲優、圖書不多者最宜採用之；即冊數很多、亦可擇其封面美觀的書、平鋪陳列、以誘導閱者。

3,斜放式：將書斜放在架上或台桌上、其功用全同平鋪式、且法更完善、蓋能使閱者遙遠即望見書面易取而閱讀也。

4,懸掛式：平民讀物；或薄本的書籍、不能直立、又多有美麗的封面、顏色的圖畫、精緻的裝璜、可以啓人美感、所以宜用夾針或穿綫的方法、將各書夾住或繫着、懸掛在壁上空間、既可以點綴場面、復可以引人注目、小圖書館最宜採行；且即較厚之圖書、亦可換用槧夾行之、惟書易起捲、每日收藏時、應將書籍鋪平重壓之。

5,整套式：如叢書之類的整套書、可以整套陳列、使讀者之一窺全豹。

二、教育意識的陳列法：在實施此種陳列法時、重在根據目前大衆的需要、縱橫施行之：

1,交互陳列法：一般人普遍的現象都只喜看小說、圖書館誠然是高尙的娛樂場所、應該歡迎、應該供給、但却不能只迎合此種羣衆的心理、專供給小說；反之、羣衆既有此種要求、也不能全不顧及、而絕不供給之、凡走上這兩極端、都是不對的、應該是：供給良好小說、將小說與非小說書籍、在支配濟台上混合陳列、例如同一事物、一書以小說體寫、一書是非小說體寫、若放在一處陳列出來、豈不合宜嗎？這樣、讀者於選閱小說時、常爲非小說書所觸目、所誘導、試翻閱、逐漸減少專閱小說的興味、達到能使閱者因讀書消遣、而讀修養的書、增進技能的書。

2,學級陳列法：又名「梯形陳列法」。就是如學校的學級課程然、將一類一科的書、由淺而深的、分出應讀的先後、按類依序陳列、使閱者所讀一類一科之時、有所遵循、假如在校讀書拾級而升然；閱者若不斷地繼續下去、決能在一定時間內、有所收獲、吾國與學校隔離的青年很多、正需要如此之設施。

3,中心陳列法：在適當的時機下、依據某一問題、或某一事物爲中心單元、如東北問題、鄉村建設、救災防旱、或紀念日、國恥日等、選出該類圖書來陳列、並將內容分出：主要的、次要的、與輔助的、使大衆因注意某問題、而來翻閱所陳列的圖書、即對某問題生一層印象、更進而研究之。玆舉無錫江陰民衆圖書館實驗此法之報告：「……不但能使民衆注意某種問題、而來閱讀所陳列的圖書、同時、也發現民衆因某種問題、而運用思想、以科學的頭腦、來分析問題、剖解問題、來要求索關於所分析出和剖解出來各問題的參考書。」便可證明此法的效能了。

4,圖示陳列法：書中插圖、是幫助解意的、在用以上各種陳列法時、再在架上或桌上壁上、一種書一類書之前、繪貼能曝露關於該種書該類書的圖畫以顯示讀者、指導閱讀的途徑、此即將書與圖聯合、藉圖去宣揚、故亦稱「圖書連鎖陳列法。」

以上所述、雖爲閱書室的陳列法、其實、也就是閱覽上的基本陳列法、茲再欲申言者、乃在：

舊書藏中、有珍藏名著、及不借出之書籍、應用以上各種陳列法、特別陳列之、以暢流通、而廣閱覽。

參考書乃輔助閱讀所必要之工具、凡基本常用的參考書、如字典、辭典、日用百科全書等、均必陳列室內、以便閱者之參考、次要的參攷書、亦應相當供給。

新書、乃吸引讀者之實物、凡新書一經到館、應迅速整理陳列、並加說明介紹、在相當時間內、一週或兩週、絕對不能通融借出、使所有閱者均得一覽。

至於管理方面、因室內陳列圖書、多不借出、即可借出、亦均在出納處照一般外借手續辦理、故管理較易、不外注意圖書秩序、留意偷竊損失、及閉館時的圖書清點而已。

乙、雜誌閱覽室的陳列與管理：在未談陳列法與管理前、須得：說說雜誌本身的價值、茲可分述如次

1,關於新智識的發見、多必先見於雜誌上的論文、後見於圖書、即所謂雜誌、乃圖書之母親是也。

2,有許多材料之不見於圖書者、而雜誌則詳爲紀載之、且圖書館未備某類圖書、雜誌實可濟此缺點。

3,關於當代人物時事的多方觀察、均常見於各種雜誌中、故雜誌乃有價值之歷史文獻。

4,各界權威、多不願著書、而願撰文投登雜誌、所以雜誌上、常有名著讜論。

5.現代雜誌、多附有索引、此于檢查參考、極爲便利。

由此觀之、雜誌實爲重要材料、且其文字均簡短精粹、而日常新、最富激刺力、易與奮讀者的求知慾、一般閱者均喜愛之、故圖書館應注意蒐集、闢室陳列、全形展開、以供閱者自由翻閱。

在陳列方面：

1,形式、可斜放在架上及雜誌台上、或平放在棹上、前者較爲最宜」

2,雜誌之陳列方法、有時亦可採引圖書陳列法、如目前有某種重大事件、則可採中心與圖示陳列法、將論載有關某事件之雜誌、聚陳一處、並標籤圖示之。

3,雜誌種類很多、必要分類陳列、固定位置、在架上貼以標籤：並編一縮形表、開示各雜誌陳列的地位、貼在架的頂端、或注目處、使閱者一目了然、知道現有何種雜誌、而便檢閱。

4,前一二期雜誌撤下後、不可即入典藏室；應仍陳列室內、其法有二：一是放在該種雜誌之後面抽內、一是將各種前一二期雜誌混合

陳列一處；前者較善、年內雜誌、最好一併排列在該種雜誌之架下或附近、俾便閱者查閱。

5,陳列雜誌、最好向圖書館用品店購用雜誌夾護陳列、以防遺失、及摺角損壞、並規劃一、但其價值每隻二元、非一般民衆圖書館經濟力所能辦到、可用硬質講義夾代之、夾外貼以雜誌名標、蓋以館章、再加貼一「請勿攜出室外閱覽」字樣更善。

6,凡參考性的刊物、如公報等、應另架陳列、以免淆礙閱覽；更不應將其充斥架上、而把大衆必讀的雜誌掩蔽着。

管理方面：

1,雜誌由郵局送到後、應迅速陳列、切勿輾轉擱延。或留下私人看後始行陳出。

2,凡新到雜誌、應作名稱及要目之介紹。

3,很多圖書館、對於雜誌均不外借、尤其新到者、更應與新書一樣、切勿通融借出。

4,應注意欠公德心之閱者、撕扯剪裁雜誌上之圖表等、在壁間懸掛幾本拍紙簿、供人摘錄時用、亦稍可挽救一部份、畫報最易被人撕扯、更要注意、許多畫報中、間有套色版之畫幅、常未貼牢、陳列以前、務須貼好、并蓋以圖記、以防萬一。

5,對於停刊的雜誌、須佈告週知、并早日撤消換陳他種雜誌。

6,遺缺雜誌、要早日補購、以全完璧；否則過久即不易購着。

7,雜誌室亦應有參考書之設置。

8,每日至少須整架清點一次。

9,期刊之封面式樣千變萬化、裝訂最要審慎、其未裁開之篇頁、要檢查裁破。

10,畫報篇幅、很易破濫、宜常留意貼補。

11對於過期很久不到的雜誌、或報載已出之期刊、而尚未到者、應出函催詢。

丙、閱報室之陳列與管理：關於閱報室的報紙陳列、純依各館經濟情形、和館舍大小而定、茲介紹各種陳列法如后：

閱報台：係傾斜形、將報張夾在台面上、非有較大的館舍、不能裝設。

閱報棹：很多圖書館無法設閱報台、可置幾張棹子、將當日報紙散放在桌上、其最大缺陷是易撕濫、且無秩序。

貼報板：懸掛幾塊木板、把報粘貼在板上、此法不很適用、光線既不調勻、閱報時、坐立均不舒服、且每種報紙必要兩份才敷應用。

宋紫雲先生之改良辦法：農民教育第二卷第七期上、載有宋紫雲先生對報紙陳列之改良辦法、頗值介紹、茲照摘於此。

一、動機：

1,閱報者缺乏公德心、報紙每不易保全。

2,平鋪桌面或貼在板壁、均限於反正面、必有一面被遮。

3，放若干張於一處、秩序必互相紊亂、前後不能啣接。

4，分類上夾上架、後者每興向隅之嘆。

5，用兩份反正貼入板壁、則地點費用、均不合算。

二、目的：

1，保全不破。

2，保全不失。

3，便於檢閱。

4，減少阻礙。

5，合乎經濟。

三、設備：

1，雙層玻璃鏡框若干。

2，上下懸槽、兩邊留口之空心木框若干。

3，長短木柱若干。

四、裝置：

1，閱報室置木柱兩排、大小距離無定、以報紙寬度若干爲準、將空心木框附釘其傍、木框相距及兩端餘地各留四尺、框高與人立視相平。

2，鏡框大小依報紙爲準、穿玻璃兩塊、用銅片嵌入左右邊口中、將玻璃隔開、報紙從上端縫口穿下。

3，報紙既穿入鏡框、再將鏡框穿入木框、然後將木框兩端封鎖、兩面均可閱覽。

五、附言：

1，此爲站閱裝置、如欲坐閱、可將距離放寬、加設坐椅。

2，如將空心木框左右邊框之木料加粗放長、用以代替木柱、形式尤爲美觀。

3，木框之上下、如用木板或單磚隔實、可代牆壁之用、一舉兩得、頗爲合算。」

著者以此法頗值採行、惟玻璃宜厚、始不易碰壞、安置時於光線上、尤宜注意。

報架：將報紙用報桿（又稱報挾）夾着、掛放在報架上、高低成梯形、每種均得顯露出報頭來、若在報架上將每種報的名稱標出、固定位置、更爲顯著、一瞩卽明、應手而得、若再求經濟計、卽有所謂「壁桿式」、其製法用長三呎或四呎、寬二吋、深三吋之木一方、鑽以數孔、每孔之距離約八吋、孔凡四十五度、再將釘子將木條釘於適當之壁上、然後將報桿插入之、此爲無錢做報架之圖書館所擬。再不然、卽在壁上釘着釘子、將報架掛上亦無不可。

閱報讀物陳列：一般民衆對於閱報、還多不得法、應將有關的讀物、如閱報常識、時事研究法類的圖書或雜誌、長期或間時陳列室內、以引起閱報者之翻閱研究；再有爲看報時需要的參考書如地圖新智識年鑑等、亦應陳列室內、便利查考。

圖表陳掛：地圖是閱報時必需的參考物、除幾種基本的應長期懸掛外、其餘的地圖均應與各種表格一覽等、隨時換陳、應事懸掛、以供及時之需、如綏事發生、即應將該幾省詳細地圖掛出、并宜製簡明放大圖、以示戰爭之地勢、關於此點、若報紙陳列係用閱報桌者、最好在桌上加置玻璃板、將地圖壓在下面、極便對閱、還有一法、亦爲戰時宜辦者、如綏戰、即可將戰區圖張在壁上、以許多小國旗代表國軍、以許多小白旗代表匪僞軍、每天依着戰事的勝敗進退、將小旗插上、閱報人一眼便知兩軍勝敗情形、至其旗桿可用拍針做之、再能將雙方主將的名稱像片并陳更佳、

在管理方面、應注意下列幾點：

1,報紙一到、切忌管理人自已先看、應當即蓋館章陳出。

2,每日最好將主要時事、寫在粉牌上、掛在門口或室內、令閱者注意。

3,各種日報都有許多種副刊、實不啻是許多種定期雜誌、應列表介紹出來、張貼在室內、更或張貼在雜誌室內、閱者按表索驥、既便尋閱、圖書館於無形中也等於增加了許多種雜誌、尤其是雜誌少的圖書館、更應做此工夫。

4,閱報室的壁上、能掛幾本拍紙簿、供人抄錄之用、可免撕報之弊、報上常有「剪報送物或可得優待」之廣告、乃爲引誘撕報之主因、圖書館應有說明、杜除此弊。

5,可多掛關於最近各國政治舞台上的主要人物的像片、或將有價值的諷刺畫、剪貼出來、他如、各國主要人物、國民政府各長官、各省主席廳長等、均可列表懸掛。

6,閱報室的人數最多、且常爲人約會之處、宜設一粉牌、備閱者去時留名之用。

7,報紙常易撕破、要用補書紙常補之收「一針及時補九針」之效。

8,報紙滿月後、應裝釘成冊、送與藏室庋藏、供以後參考使用、遇有遺缺、應當日設法補起、不然、過幾日後、即不可得也。

丁、兒童閱覽室的圖書陳列與管理：

民衆圖書館必需另闢兒童閱覽室的理由不外是：

1,兒童常囂亂、妨礙成人閱讀、應分設者、一也。

2,因生理心理之差異、兒童所需讀物用具等、均與成人不同、且其求知本能非常發達、爲適應計、應另闢者、二也。

3,圖書館教育進步、認清指導兒童閱讀之重要、且與成人閱讀指導不同、必需專門人才管理之、三也。

4,公共兒童圖書館在國內尚未發達、據中華圖書館協會調査、全國不過六所、因此、凡公共圖書館均應另闢兒童閱覽室、以爲補救、并爲完成獨立兒童圖書館之礎基、此其四也。

兒童閱覽室既需別室、故管理與佈置、均與成人室不同，關於圖書陳列、却更爲重要、蓋以兒童幼稚、尚無閱讀能力之可言、既無目

的、更無系統、亦不知如何利用圖書、是以非細加研究、利用心理、佈置陳列、加以誘導不可。

兒童室之內容、乃鎔圖書、雜誌、日報於一室、故前述各種陳列法、均適用之、惟須憧憬於兒童之心理生理程度、而舉行之。一般兒童圖書均不甚多、除根據前述原則、採輪迴開架式外、最好採全部開架式、蓋以行開架式之最可慮者、厥爲失書問題、兒童幼稚、社會習慣尚淺、壞行爲尚無、少有盜竊之舉、即偶有發現、亦爲好奇心所驅使、縱或有之、亦必被他人所舉發、更或有之、以兒童購書價廉、損失亦不大、且以此時、此種壞行爲、尚未固蒂腦中、正宜及時聯絡家庭學校、共施以良善的導誨、摒除其竊取之觀念、養成愛公物如已物之良尚道德習慣、即就圖書館本身言、將來裨益於成人部亦不小；更且還無選書能力、故採行開架式、異常合宜。

兒童室如決定行開架式、則管理方面即與其他閱覽室不同、其圖書之分類最好採「杜氏顏色位置序列法」、書標以各種顏色的「臘光紙」紙條爲之、高低序列、代替書碼、並根據列架、自左至右、由上而下、亦如書庫排架然、并在架上標出類名、指示某類書籍係排列某架、更番、至於目錄最好採「杜氏明見式」、編書名目錄書架目錄各一種、已足够用。

日報在圖書館中均不外借、成人閱覽室的書籍雜誌亦多不外借、即或能借、其手續均在出納處辦理、兒童閱覽室的圖書除很少部份外均可借出、其借出辦法、有仍在總出納處辦理者、但最好由兒童室本身辦理爲佳、其手續宜較成人簡單、免兒童多所麻煩、惟均需由家長或師長保證、以不取押金爲原則、凡小學三年生以上、或高年級者均可自借、以下程度之兒童、雖無閱讀能力、但亦可許師長代借、以便教讀。其借書標準、每次以借一册、三天爲限。若有逾期情形、亦應催詢執罰、若其損失、當然要求賠償、惟必和藹以從、勿使兒童受責、家長發怒。

凡行開架式、圖書清點頗爲重要、每日至少要整架及清點數目一次、以閉館時行之爲當；每週或每月點查一次、將書與書架目錄一一對照、每年或半年更要澈底大清點一次、點查的目的不外要知圖書的破壞程度、損失情形、插架對否、與書目卡之錯誤、凡遇問題、均應立刻解決。其破壞圖書應立即剔出修補；破濫太甚、不値修補、或已失時效不合用的圖書、均應撤消、將書和各種目錄卡片齊取出、蓋以撤消圖章和日期印、合而置放一處、以備查詢；同時、并在圖書登記簿上備註欄內註明撤消原因及日期、遇遺失情形、即將圖書和各種目錄卡片同時取出。待一月後復查一次、證明確係遺失後、始在圖書登錄簿註銷或立即補購、若係雜誌、更非早日補購不可、因過久則不能購得也、不管遺失或撤銷均應報請備查、及佈告週知、如成人部然。

至於其他各種閱覽室的圖書陳列與管理方法、因限於篇幅、不能一一盡述、但其原則辦法、每多大同小異、儘可舉一反三類推應用。

# 談談百業敎育

——介紹兩種普及民敎的方法——

中典

敎育的方法、是應該有機卽乘、敎育的力量、是應該無孔不入、要這樣、才是敎育的本義、而我們的民族、也才會得救、近來談敎育的人、與同實際的敎育工作者、差不多都集中全力、在普及敎育上、用盡心計。這算是一種可喜的現象、例如百業敎育、便是一個很好的提倡、在這裏不妨介紹出他的大意。

百業敎育有兩條路線、一條是專從敎育着眼、去改良從業者的生活習慣、因之改良社會、一條是專從生計着眼、改良了從業者的技術以後、並提高社會文化。

在第一條路線的具體表現、我們且舉幾件事實、譬如從事剃頭業的、把他們組織起來敎授他們剃頭的衛生知識、改良他們剃頭的技術、敎授他們招待顧主的辦法、目的是要訓練他們、不但成一個新興的技術者、而且他們本身便成一個新的敎育者、他們以行動敎人、他們以環境感化人、他們從他們的職業中、去作擴大的敎育運動、他們的力量是潛伏的、他們的運動、是普遍的、他們的效果、是深入的。再如：堂倌、茶房、黃包車夫、轎夫、碼頭工人、都可以一樣的施行起同意義的敎育來、在這種從業者的本身、自然受到了敎育的感化、實際上在他受們受到了相當敎育以後、卽便成了實際的敎育工作人員、因爲他們的生活環境是多方面的、他們接觸的羣衆、是廣大的、而且是各階級的、他們可以在無形中作廣播式、放射式、以施行各種不同的敎育、以此類推、各種職業的從業人員、尤其是學徒店員……等、較下級較近羣衆的人員、都可以在這種情形之下、去促起普遍的或特殊的訓練、這算是民敎施行中一種極有意義的活動。

在第二條路線的具體表現、我們也可以舉幾件事實、譬如、北碚有織蔑席的工人、但是不好；安居的蔑席、算是又精緻又細軟、我們便可找安居的蔑席工人、來敎本地的蔑席工人、又如成都的草帽、燒酒房的陶器、都係特別精巧、我們又可利用來改良本地的草帽及陶器、以此類推、各項職業、都可照這樣辦、從技術改良着手、技術的本身、便是敎育技術的改進、卽可說是社會經濟的改進、因之增加地方的收入、更從事敎育環境的佈置、如此、一個地方、再沒有甚麼不可以辦起來的事、今天社會上之所以有問題、無一樣不與經濟有關係、如果舍棄了經濟而要進行別的一切、都可說是處處碰壁、此路不通、自然有人疑惑、就算技術改進了、出品精美了、然而銷場呢、不是一個値得討論的問題嗎、這本是應有的問題、但祇要技術果然精進、果、然能够滿足社會的需要、銷場那是毫無問題的、本地與外地競爭、進而本省與外省競爭、再進而本國與外國競爭、而且、由普遍的手工藝的改良、再促成機械業的興起、要抵抗外來的各項侵略、是需得這種廣大的力量、要復興農村、是更非需要這種廣大的力量不可、不過恐怕又有人疑惑、孫先生是主張迎頭痛擊、而我們却倒行逆施、那不是有點背道而馳嗎、其實中山先生、是指集中全國力來說、以全國國力來經營、當然應該抓住腦亮、不該拖住尾巴、然而、農村衰落如現在即使集中全國國力、恐怕已經沒有辦法、何況國力未見便能集中、那這種辦法、應該是最好的教育方法、也應該是最好的復興農村經濟的方法了。

「百業教育、是此次作孚先生回峽時在各種問題討論的席上所介紹出來的、原意與本文約有不同、我聽了之後、因感到這樣的方法、這樣的意義、確是值得我們作精密的討論、或者更完成實行的計劃、以此、除了記述而外、并加入了我一點意思。

我是贊成走第二條路綫、再從第二條路線以促成第一條路線完成、這是很明白的、衣食足而後禮義興、吃飯是第一問題、吃飯問題無法解決、別的問題、當然也就無法解決、卲爽秋先生的土布運動、卽有這個傾向、我想這是值得討論的問題、盼望熱心的朋友們、都來細細緻緻討論。」

# 白蜡虫之飼育法

倬甫

白蜡虫爲川省一種重要之經濟產品、前清光緒年間最盛時期、每年貿易達數千萬兩、卽近年雖已衰落、猶有數百萬元貿易之鉅、徒以從事斯業者不加研究、不知改進、消長任其自然、以致近年以來、衰頹不堪、使吾川此項生產日就低落、該虫前年會經西部科學院生物研究所詳細研究、玆將該所研究報告中之培養方法、摘述於後、以供獻於有志斯業者之參考。

（一）白蜡樹之栽培　普通用以放蜡虫之樹、多屬女貞、多青、及水蠟樹等、此類可放蜡之樹、據從各處調查有十餘種之多、此類樹可以插條繁殖、植於近水而較肥沃之田旁、每株相距自一丈至兩丈、生長四五年卽可放蜡、一經放後、當年收蜡時卽連枝伐去、僅留一幹使次年另發新枝、故第二年該樹卽不放蜡、須隔一年、使其充分恢復元氣後、始可再行放蜡、放蜡之前一年秋、須將蜡樹上之細弱枝條修去、祗留較大而挺直者、以風吹不致相撞擦而傷蜡虫爲度、如係育種之樹、則須隔三四年再行放蜡爲佳。

(二)虫種產地及其優劣　虫種分三種(1)爲大山虫、分上下二路、上路來自建昌(寧遠一帶)、下路來自雲南昭通、此二種均屬最好、惟以來自建昌者尤佳。(2)灌虫、產灌縣黑窩子、此種較劣、且幼虫畏風。(3)壩虫、產峨邊金口河及峨眉縣附近、此種最劣、最佳之種、其雌成虫(實際已不成虫樣而變爲一包卵之囊俗稱「虫果」(自樹摘下時、腹面小、且有幾丁質之表膜封住、虫卵不致外散、通俗謂之「膜葉口」、且在樹上生活可至一百日、其次爲「沙繼口」、運輸時卵易散出、在樹上之生活時間較短、至於壩虫與灌虫在樹上僅七十餘日而已。

(三)育種及運種　俗稱掷種、在穀雨節前以變成卵囊之雌成虫二三個、包於油桐葉內、上穿小孔、綑於枝之交义處、每技約綑一包、待雌(虫沙)雄(蠟沙)虫均得爬上葉面、六七日後、虫復由葉上移至枝上、俗謂「定桿」、實則卽幼虫第一期終了、蛻皮後幼虫第二期之開始時、雌虫一經爬於枝上、自此永不移動、直至過冬後次年之初夏產卵終了時始可摘下晾於篩籃、置通風之室內、如須遠運者、可以扁形麻布袋裝之、每袋約裝十二兩、再將袋置於由數層編成之篾籃內、每平排約放三四袋、外圍布幕、如是卽可遠運至二十日之久、至發雨節、卽可供飼育用、卽俗所謂掷虫或掛蠟是也。

(四)飼育　俗稱放蠟亦稱掛蠟、將雌成虫變成之卵囊待幼虫孵出二三日後以油桐葉或棕包裹之、每包約十餘粒掛於蠟樹枝之交义處、蓋如此可淘汰出雌幼蟲、因雌幼蟲不能產蠟淘汰後則不致奪去雄幼虫之養分、大樹每株可放八兩乃至十兩、經若干日後復可將虫包剩餘之蟲移掛他樹、至未掛前須預測一二日內無風雨、以免蟲被風吹落於地、致全部損失、蟲既上樹爬於葉上、伏而不動、經六七日後、乃自行移爬於枝上成羣、此時卽開始分泌有用之蠟、如蟲健全而樹繁茂者、則每蟲可生活百日、蠟卽甚厚、反之、而蠟卽減少至一半、生活僅七十餘日而已。

(五)害蟲之防除　除雌蟲外卵與雄虫隨時均有害蟲侵蝕、尤以幼虫甫出卵殼後、與定桿前之兩段時間害蟲最易侵害、此時須特別防範、俗以害蟲爲「牛兒」螞蟻蜘蛛等皆是、均須設法除去、定桿後四五日須敲樹一次、使「牛兒」不致繼續生存、同時樹根下須撒布石灰否則將來另有一種「牛兒」卽瓢蟲爲害更甚、蟲與蠟均將爲其吞食。

(六)收蠟　樹枝上之蠟面有細絲穿出時(實則卽到變成蟲時期)、乃可收蠟、將所有附蠟之枝條連枝砍下、除去枝條、將蠟置釜中加水煮融、將表面澄清者、傾於木盆中使冷凝卽爲最好之「頭蠟」較硬、色白、然後將釜底餘渣連蛹(俗稱蠟米子)裝於布袋中、重入釜、加水、以棍壓榨、使蠟盡行擠出、再俟澄清後、亦傾入盆內、此爲「二蠟」較軟、色灰、然後以頭蠟六成、二蠟四成加水混合溶於釜中、再分傾於各盆內、使凝、更於夜間曝露之、俾使其色更顯白、卽可售諸於市、二蠟所餘之渣、爲極滋養之育猪飼料。

# 川東北邊區之採集雜記

黃楷

## (一)採集行程

中國西部科學院生物研究所、以搜羅研究西南各地特產生物爲重要工作。目的在開發富源、有所裨益於社會國家。數年以來、分區前往川康陝甘雲貴各地作生物之調查與採集、歷有所獲、亦已相繼整理研究彙編成籍貢獻於社會人士。今年春復組西康生物採集團以補前此未完工作、不幸爲共匪所阻、乃組川東北生物採集團團員共計五人。分植物動物兩部。植物部有曲仲湘、杜大華、楊宏濤三君。動物部有楊棨綬君及作者、隨帶工人三名、由曲仲湘先生率領、於七月二十二日自北碚出發赴渝、乘輪東下、不兩日而達巫山。小作勾留并就附近採集兩日、略事整理、即搭木船沿巫溪小河上駛、閱三日至巫溪縣。工作八日、乃到川陝鄂三省交界處之鷄心嶺、行抵山脚被匪所阻、乃折回西行、取道文峯、三根樹、入城口縣屬之濛濛溪、途經洪慈壩、紮龍盤、西流溪、一字樑等處。山高氣寒、人烟稀少、(四五十里無一村落)道路崎嶇、煙雲四佈。僻靜山凹、時有土匪潛伏、肆行刼掠、居民畏之如虎、本團行經斯地亦被誤認爲匪類、住戶人等逃走一空、食物無從購買。不得已乃自到土中採菜、上山找柴、入井挑水、從事烹飪、久之漸有農人回家、見無異動始照常工作、相安無事、吾人處此常有戒心、九月四日抵城口採集六日、即到縣屬平壩場、該地經赤匪數陷、收復未久、沿途山埡隘口、尚築有防禦工事、當日兵匪交戰相持之遺痕、隨地可見、至今腥血猶臭、慘狀未減、田土荒蕪、房屋殘破、壁間滿貼共黨宣傳品、人民鳩形菜色、儼然餓鬼、令人見而生畏、住宿一宵、復向西北行、經鍾停壩、大竹河、到萬源縣、照原定計劃、由通江、南江、巴中出綏定、或由南江沿川陝邊境到廣元、過順慶、經合川返院、因受經濟限制、及地方銀行鈔票在邊區無法行使之打擊、於是被困於萬源、輾轉不能行動。乃向該縣縣府、郵政局、及各機關多方設法換兌、始換得現洋二十五元、(財務委員會所印發暫時維持市面金融、限萬源縣通用之油布錢票、萬縣地方銀行所發行之錢票共二十餘元)、極力節省、方得脫身到羅紋壩、(將萬源油布錢票及萬縣錢票用作由萬源到羅紋壩的途中、現洋留作萬源境外由羅紋壩到綏定用、乘木船下綏定轉船入渠河、順流而下、經廣安、於十月十一日由合川趁輪返院、是行計時二月又二十日歷程三千八百一十里、而爬高山、渡泅水、入匪巢、過荒野、實非易事、竟能平安歸來、其得軍政當局與地方人之幫助者、實屬不少、作者於此謹佈謝忱。

## （二）所獲標本

此次採集、受時間氣候及環境之影響甚大、蓋適於採集之地多在長途行進中、或阻於雨、或擾於匪、致無法停留、如洪慈壩、紮鹿盤、一字樑、濛濛溪、桊子壩等地是也、可住之地、又爲人煙較稠之場市或城廂、一遍荒土、滿目荒涼、出入俱感不便、尤其晚間工作更無從施展、致原定採集計劃多未實施、因而所獲標本極其有限、綜計所得祇有植物標本八百餘號、動物標本千五百餘件、中以蜂子蜻蜓爲最多、共數估全部標本五分之三、蝶、蛾、甲虫、蒼蠅及兩棲、爬虫、魚類鳥、獸、依次漸少、共耗旅費銀六百餘元、伙食運費估開支總額之過半數、因交通困難、匪擾後物價高漲故也。

## （三）經過各縣

甲、巫山縣；巫山縣以山形像一「巫」字而得名、爲本團此次採集目的地之首要者、由碚出發、三日以來、飽受船舟之擾、抵巫後略事休息即努力工作、但見四面紅山秃立、草木淺少、致採集不利、故所住時間不久、關於地方情形亦不十分熟習、就大體言、本縣因地瘠民貧、山多田少、故產物不豐、路途艱難、然而前臨長江、可停上下輪船、船上茶房水手由川外帶來之私貨亦多於此起卸、傍有巫溪小河可通大小木船、因此物價較低生活便易、惟地勢偏僻、風氣閉塞、文化落後、惟民尙勤儉、熱天婦女頗多赤胸露臂勤操勞作、該地因受神匪之擾亂及蠱惑、民心多强暴動輒即以殺人越貨爲能事、據該縣府處理案件以人命爲最多、街道狹窄不平、房屋尤多頹廢、現縣府及各機關組織新生活運動會、逐日檢查室內外淸潔、分別貼「淸潔、次潔及不潔」等字樣於等門首、以示標榜、藉明賞罰、對於地方建設、甚積極進行、至於物產餘苞谷、洋芋、紅苕爲大宗外、米、麥、桐、梨、李及捲子等仍復不少、豐年儘可自給而有餘。

乙、巫溪縣；巫溪縣幅幀廣大、人煙稀少、山形複雜、出產較巫山縣爲豐、城面巫河、界連鄂陝、本團於此採集二十餘日、茲將縣中情形概略分述如次：

一、物產；A鹽、巫溪北方距城三十里之大甯廠、有有鹽泉自巖間湧出、質豐水大、源源不竭、就其出水處修一引水溝、溝末置石盤龍頭、鹽水由龍口噴出、頗壯觀瞻、其下接一豬水池、形長方、池邊挨水處安以通節大竹、形成九十六水管、每管所接鹽水熱天每日售洋一角、「因熱天雨多、巖間有淡水參雜其中、熬時煑火」、冬天每日售洋六元或七元。分別引水到各熬鹽鋪家、其隔河者、以鐵練或巨鐵絲牽過對岸、水管繫鐵練上、河間建有鐵索橋一座以通往來。現有灶房一百一十六家、其中二十餘家燒柴、八十餘家燒煤、熱天多已歇業、每灶每日出鹽約四百斤、煤鹽每包值銀四元餘、柴鹽每包值銀六元餘。總計年產約八十萬元。（歇業者除外）銷川陝鄂邊區各縣、入陝最多。近年因有土匪攔路截刼、營業逐漸蕭條。鋪家減少十之二三、遠不如前清時之興旺也。鹽產權爲公有、以售鹽水之錢、辦有鹽警數十名、維護鹽場秩序。

熬鹽法：熬鹽之灶長而寬、建置特製大鍋三四口、鍋底深陷、容量頗大。灶後有一大煙筒、筒之四週及當火處包砌土磚、借灶內熱力將磚燒紅。引鹽水冲潑其上、使水份蒸發、鹽存土中、貯磚於房之四壁。熬鹽時、將磚碎入灶側之濾池中、以少許水溶泥、鹽隨水濾入鍋內、卽用猛火煎熬、水乾鹽結白色顆粒、起出置木槽中晾之、乾後卽可裝簍出售、每簍約百斤。其由槽內流出之苦永、仍置鍋中煎熬、至經濾過之鹽泥、待稍乾又築成磚塊、置煙筒周圍以烘之、如是可以減少熬鹽火力。工作循環不斷。

B煤；北路距城九十里之椏木樹坪產煤甚多、煤爲粉顆、含硫多而味臭、聞其煙常致咳吐、順水用船運至大甯廠熬鹽、民間與城區銷售頗少、此外三根樹產煤亦豐、惜乎地廣人稀、聽其藏埋於土中、他處產煤如何、因本人未曾經過、故不妄談。

C其他；巫溪山多地闊、氣候寒煖不等。山上出藥材：如川芎、大黃、當歸、黃連、紫苑、泡參等百餘種。年入鉅萬，他如鹿茸、麝香、虎、豹、熊狼、及牛羊等仍復不少。農產有米、麥、豆、洋芋、甜薔、玉蜀黍；……等、舉凡山地所產之物品、此縣俱能生長、年產儘够自給。

二、商業：巫溪工業不甚發達、貨品多由外面輸入、故價值較爲昂貴、進口以雜貨布疋爲大宗、出口以鹽藥材山貨居多數。因是商業繁盛、幣制亦極複雜、市面流通、有各省銀幣、地方銀行鈔票、老一百銅元、各鹽號舖家自行印發之錢票十餘種。有的通用無阻、有的行使困難。其兌銀價值、亦高低不等。不熟習當地情形者、每易受騙。

三、交通；巫溪居於川陝鄂三省之要隘、因出產豐裕、交通方法亦極繁複、由巫溪到奉節開縣之大道上、多用牛馬馱。或人力挑運、過陝鄂之鹽商、則多係揹負、間或挑運、其出巫山、則用船運。巫溪小河之上游分四支流、在縣城者曰趙家壩河。在大甯廠者曰溪口河。上至兩河口及椏木樹坪又有兩小河。類皆河身淺狹、水流急湍。因運柴炭及進出鹽物關係、每河俱有數十里行船。船身細長。船頭小而高。末端向內高捲如魚尾。往來行駛、不蕩槳、不揚帆、僅用篙撐縴拉，上水拉船頭、下水拉船尾、舵公行河岸。持篙撐抵船腰、船從亂石中放下時船底擦着石脊、摩擦有聲、水花四濺、乘客衣服爲之浸濕、非久經訓練之老手、不敢入水弄船。故船夫皆赤身裸體、不着衣褲、（因船易擱淺觸石、免進出水中脫穿衣服之麻煩。）船無跳板、男女客人上下船隻悉由船夫揹負、彼此相顧自若、毫無羞容。兩河口以上船停時、頭常向下。因河面窄船不能掉頭故也。貓兒灘有巨石磊塞、船不能通過、上下船隻必於是處停泊轉船。貨物由上灘船內起到下灘船內、是爲搬灘。專賴是項工作爲生的苦力亦千餘人之衆。曾有商人集資疏鑿、但工程浩大、疏通後又屢爲大水所冲塡、衆謂天意如此、亦千餘苦力之主命不該絕也。門洞一灘、十分險阻、上下客人必須起灘步行以避免危機、雖時時隄防、猶常演船破人溺之慘劇、其交通之困難有如此者。

四、民情；巫溪地位、較其他邊地重要、教育特爲發達、除城區設有男女學校外、各鄉場亦多有學校之設立、程度雖不高、畢竟教育比較普遍、、且到渝萬留學青年很多、故風氣較爲開通。惟北路由大甯廠經貓兒灘、土地堂到雞心嶺一帶、人民多有煙癖、精神萎靡、身體枯瘦。沿途兩傍及村鎮前後皆遍陳糞尿、受日光所蒸發、因涼風之吹送、無論室內室外、或途中進行、隨時俱可聞着臭味、雖住高樓大廈、亦猶置身毛厠中、吾人於此、實不敢當之至。然則生長斯地之人民、其苦況不難想像矣。

五、墾殖；急待墾殖之肥沃荒原；由巫溪至城口約五百里、其間山嶺複雜、荒野異常。土匪出沒無定、居民極其稀少、自巫溪出發、行一百二十里、即漸入山林地帶、凡過山者均須預蓄足敷四五日用之糧食、因山中無處就食也。登山行四十里、至核桃坪、爲一廣漠之淤積地、長二十里、寬十餘里、全壩平展、一眼可望、北面有小溪由高山中流入、蜿蜒其間、而在另一方向之低處滲入地內、其中草棚三處、居民三家、種殖苞谷、豆子、洋芋、麥子之類、所墾面積不及十分之一。惜土匪過熾、即此三家亦將遷之他鄉矣。由核桃坪再行四五十里曰洪慈壩、長三四十里、寬二十餘里、居民十餘家、與洪慈壩相聯者、又一平壩曰棐毘盤、亦長三十里寬十餘里、居民二十餘戶、皆水源充裕、土壤深厚、栽種苞谷、豆子、洋芋、麥子、菜蔬等均極繁茂、惜常被土匪洗刼、居民皆窮苦不堪。洪慈壩之甲長—遍身傷痕、還少了半個耳朵、皆土匪之賜也。本團在此借住一宵、爲匪警所擾終夜難睡、大有荊棘塞途之感！幸大家勇氣不屈、仍一往直前、再行三十里過二千六百公尺之山埡而又一平壩出現、遠望之、水流縱橫、阡陌相連、長寬均二十餘里。若一繁盛之平坦地、及行經其間始知絕無人跡、所謂阡陌相連者、乃各種野草展其競存之天性、每種各佔一片、雜草不生、純爲其類、片片各有其代表顏色、紅黃白綠紫極盡其鮮豔、如經人工栽培者然、此即曰銀坑坪爲最高之平壩。由此往下行十里許、至三根樹爲一最大之平壩。海拔一千二百公尺、有山集公司爲巫溪縣舊任縣長蔣某所組成、專爲開墾此平壩者。現有居民十餘家、草深地肥、豆麥皆可豐收。惜其力量薄弱、難望有長足之進展。據云：此處原有居民甚多。洪楊之亂、均逃避他鄉矣。自三根樹平壩、向前行至一字樑脚下、約六十餘里、皆平壩相連、寬窄不等。一片荒原、草可沒頂。溪水蜿蜒、其中產蠑螈甚多。所見居民只三家。麥豆苞谷均不須施肥而可望豐收。足證其爲可墾之地也。一字樑高二千六百公尺、產藥材甚廣、秋季常有人專以挖野藥爲業、過此爲城口縣境之濛溪、再不見有此等廣大之平壩矣、以上所述平壩、皆本團所經過者、其附近類似之平壩、當仍不少。可耕之地棄而不耕、人民則窮苦無食、望有志到邊地墾殖者、宜多注意焉。

六、隨錄二則；一、上秀墩城；秀墩城在縣北離城百零五里、相傳爲東漢王莽逼劉秀時之遺蹟。山高而險頂上有宮殿舊基、且有碑蹟可考。本團一行六人、欲探其勝、乃於午前八鐘由土地堂出發。涉急水、登高山、紆迴上行立地昇高八百公尺到朝陽觀（劉秀屯兵之所有淡朝水井一口）買洋芋當午餐、午後繼續上山、因久無人走、途徑茫然、鄉人亦多未到過。無法、乃望着高峯、不問曲直、沿水溪邊攀援小竹淺樹挺身而上、至午後五鐘又昇高了二百餘公尺的峭壁。（計海拔一千七百三十米尺、高出平地一千二百餘公尺）天晚欲雨、不能再進、乃於絕望聲中、勒石留下紀念後、悵然而退、匆忙尋路下山。晚間十時十五分始逝回住地、饑渴交迫、疲乏欲斃、鄉人聞之竟爲之吐舌不已！此山雖無路可走、却有樹可攀、有竹可援、有大藤可吊、有石縫可抓。只要足穩、手穩、心穩、嘴與岩壁親吻、身體緊貼、就可毫無危險、平安過去、方其抓住了石包、站着岩際、舉目下望岌岌乎可危。就是岩上石片飛來、打破了頭、折傷了臂、碰壞了腿、也絲毫不敢妄動。因一動、就有粉身碎骨之危險！同行有楊吾被飛石打傷腦袋、仍屹然不動、便是一個證明。因是天晚心忙、急不擇路、故能做效猿援而下。若白日人立絕岩之上、勢必胆戰心虛、斷難安返。

二、關捲；鷄心嶺爲川陝鄂三省交界處、俗謂「走到鷄心嶺、一脚踏三省」。據云有草能分界。屬於四川者、草向四川境內仆地而長。屬於陝鄂者、草則分向陝鄂境內仆地而長。因本人未曾親見、亦不妄加斷語。總之、此地是川陝鄂交通要隘、往來客商甚多。山埡坳口、常有土匪潛伏於僻靜路側、遇有懷款入川之陝鄂鹽商、彼卽拉之入密室、盤搜其現金、緊縛一團、關之室中。（鄉人名曰關捲）使不走漏消息。後面不知、仍源源而來、俟搜得一筆鉅款、始行悄然而去。到被關者掙脫羅網、匪已不知去向矣、其方法之高妙實出人想像之外。但負有重担轉陝之鹽商及來川之油商、因無現金而不搶。故凡有現款者、必成羣結隊、先於鎮平縣僱人出洋五角、集資請兵保護。而保商隊又只送至界嶺、因之出事地點、往往又在四川境內。個中情形、眞難逆料。本團一行數人、至離該地二十餘里之銅罐溝、已與當地紳耆及團務人員接洽妥善、準備邁往該嶺工作。迺於八月十三日突聞惡耗云有土匪數十人於此鳴槍行刼。有二鹽商懷款鬪逃、被匪斃於山坡。且有傾巢下山專與本團爲難之勢。少頃；有住居嶺下之民丁隊長、戴某亦荷槍飛報前來。據云彼曾被匪趕送一程、當卽知照李區長、一面調集民丁防堵、一面派人偵察匪情、旋本團以勢難勉强、險地不可久留、乃僱齊力夫並請團隊二名武裝護送、貪夜撤回十五里之柑子壩、晚間雖請有鄉民巡哨、仍夜不成夢、次日遄由土地堂原路回到巫溪縣城、雖脫離虎穴、但驚魂未定也。

丙、城口縣、城口縣縱橫約四百里、地多荒山、少農田、致居民稀少、森林暢茂、除廣安一部份藥材及大宗苞谷、洋芋、蕎、麥、人民賴以自給外、谷米較少、尤其兵匪蹂躪之後、更是民不聊生、凡米鹽、油、肉、糖、及麵粉等、多來自四五百里以外之雲陽開縣及陝邊各地、交通不便、悉山人工輸送、故物價甚昂、計米每升七斤、由一元一角減至八角左右、臘肉每元只可稱二斤半、臘油只可稱一斤半至二斤。（臘油即普通猪油醃鹽、便於攜運、並未烘煙者、）白糖每斤五角餘、鹽顆每斤二角、麵粉每斤一角六七。因此人民生計困難、饑饉薦臻。山上人多採蕨根搗碎濾粉爲食、（鄉人名曰都麵、每斤八分至一角餘）、每家月吃數百斤、並不放油鹽、其人鳩形鵠面、蓬頭赤足、衣不蔽體者比比皆是。更因交通不便、（漢水上游本可行船、但無人利用、即如縣屬修溪壩進城之六十里水道、僅有小木船二隻行、生意十分蕭條）文化阻塞、除城區有略具形式之模範小學一所外、各鄉場（本團經過各處）還未聞有學校之創設、出外遊學之士亦寥若晨星、鄉區鎮長、多目不識丁之輩、街道狹窄不平、房屋紊亂不堪、城中尤冷浸異常、惟幸空氣新鮮、地價便宜、鮮有界畔之爭、現由縣政府督倡強迫教育、擬設義務小學十五所於城區及各鄉鎮、縣中道教盛行、女子亦多齋戒沐浴、戴髮出家、婦孺統興帶領圈、富有者帶金圈、貧民則帶銀或錫圈、謂爲可鎮邪魔、遏止疾病、人民有煙癮者十之六七、雖穿不煖、食不飽、然猶終日吞雲吐霧、早晨非到九鐘以後不能起床、每日俱由縣府派壯丁挨戶高叫『起來開舖門、起來開舖門！』凡催促三次不起床者、壯丁則進屋拖被、杖以手掌、如此懶惰頹風、亦前途之一大危機也。

隨錄四則　一、王三春：王三春原係土匪出身、受招安後即駐防城口、因與共匪相持數月、屢戰不勝、眼見大勢已去、故舊態復萌、於是肆行劫奪、毫無忌憚、狼刮一飽、仍復淪爲匪類：地方損失、較共匪尤劇。至今提起王三春之徽號、人猶懼恨不已。

二、翟二旦：翟二旦河南巨匪也。因受招安後、不慣軍隊束縛、乃重行落草、再操舊業、盤踞川陝交界之大山中、縱橫刼奪、奸淫估霸、殺人放火之殘暴行爲、無所不用其極、今年夏七月（本團路過前十餘日）率匪衆數百人來攻城口。被團隊拒於離城六十里之修溪壩、激戰兩晝夜、匪傷亡數十人、匪連長亦同時陣斃。旋因寡衆懸殊、團隊乃引退。匪入場縱火燒殺、將全場二百家舖戶、及附場幺店一火焚之。從此據有城口首鎮之修溪壩、只剩得遍地瓦礫、滿目淒涼、頹垣廢灶零立、徒增遺恨、所餘破廟殘屋、不足爲災民棲息之所、據云此次損失數在廿萬元以上、民無所歸、慘不忍見、迺一般被難民衆、反而相安自若、抱定不怨天、不尤人之眞理。雖則饑寒交迫、日食難度、亦惟自嘆『修溪壩人民該在刼』而已。但未被燒盡之邊僻煙館棧房、反比未燒以前生意興隆得多、而且奇貨可居、任意提高房價物價、本團賚飯三[illegible]、只柴水去大洋一元、竹槓大敲、若輩可謂因禍而得福矣。

三、共禍：城口縣既非軍事要塞、人民又極困窮、無物可共。據云當日共匪對此、實無佔領之必要、故每日只有十一二人進城、召集會議、隨來隨往、滋擾二十餘日、反在城中大辦招待。且由別地帶來窮民、分地耕種、谷未成收即被克復。損失並不算大。惟在縣屬坪壩場(距城六十里)盤踞較久、於該地設蘇維埃新村五處、每村主席一人、土地委員一人、專司分配土地之責、糧食委員一人、專管收發糧食、(秋收後將糧食集中一處、由糧食委員管理之)招待員一人、辦理兵棧食宿差役等事、共職員以幫長工三年以上、未與主人發生口角者爲有資格。對於稍具知識、曾任牌頭甲長者、則目爲土豪劣紳、斬殺無赦、同時並將所有農民編爲若干隊、年少壯者爲遊擊隊、老弱者爲運輸隊、計全縣損失約六千人、坪壩一場已三百餘人、周蔣二姓被難者爲多。各家俱死三四十人、爲狀至慘、因彼兩姓在地方上比較有錢有勢之故。

四、碉堡;共匪退後、官兵跟蹤追剿、民衆缺乏自衛能力、於是人心惶惑、恐復淪爲匪區、政府以江西剿匪之碉堡政策收效很大、遂不顧民窮財盡之坪壩場、專派別動隊員督修碉堡甚嚴。微工來遲或因故不到者、則重懲甲長、其秉公愛國之熱忱、實可敬佩!惟惜流離失所之邊民、匪禍未遂、繼以差役、將何以謀生!

丁、萬源縣;一、出產;萬源縣山較低而地較平肥、出產比較豐裕、除有米、麥、豆、蕎、及苞谷、洋芋、紅苕等大宗農作物外、猶有各種名貴特產、茲略述之、以擴聞者:

A耳子;耳子產縣屬關壩、劉家壩、清花溪等地、有黑白二種、前者極普遍、價值亦廉、每斤二十兩約值一元左右、白耳質潔白若玉、味鮮美、有滋補性、久爲中外人士所珍視、暢銷平京滬漢各地、民國二十年前有專商於此坐地收買、每斤上等七八十元至一百二十元、中等五六十元至七八十元不定。每年出口三四萬斤、值銀百餘萬、近因共匪爲害、破壞耳山極多、產額銳減、年僅數百斤、因是客商絕跡、價值亦落、每斤上等二十四五元、普通十六七元、(本團經過時)共匪盤踞時、因食鹽缺乏、曾以一兩白耳、換一兩食鹽、影響民生甚鉅。

附製白耳要訣;(一)地勢:宜下不宜高、欲藏不欲露、兩山夾如耳、此中多佳處。坵陵防乾枯、墳衍嫌沮洳、最忌是拔草、絕佳用過茹、羊鬍草爲良、馬尾松已誤、茂密雜草中、高過人爲度、周圍綠陰濃、中撥日光路、除渣勿動土、翦草頭仍故。(二)擇木:用五六年或七八年之青杠樹、花梨樹或樟樹亦可、但不必過大、最好在雨中尋野枯枝、發現有耳包者爲佳、(三)伐木:㈠夏季五月內將青杠樹伐倒、稍向上、彌月後、去其枝、砍成二三尺許之短棒、疊在一處「發汗」次年春擇半陰半陽地平鋪之、是爲排山。(須排在生有羊鬍草處、生茅草者無耳、雨後即生耳。㈡春初伐木、本年即能生耳、名曰芽子山、㈢六月內伐木、名曰伏山、朵張較好。附註:將木伐倒、縱橫山坡、聽其日晒雨露、次年二三月將木立起、二三十根攢成一架、再經雨淋日晒、四五月時卽生耳、黑耳在皮、白耳在骨、以第二年結耳最旺。（四）薅山：擇之剔之、去其繁蕪、理其荒穢、隔年乃伐。（五）順時；黑耳伐木在春初、水氣未上、不會脫殼、斷之排之、以受地氣、地者陰也。來年架而立之、以受天陽、陰質得陽、則結黑耳、白耳伐木在春夏季、（春伐者爲春山、夏伐者爲秋山）生氣方旺、必令隔拆、倒之縣之、以受天氣、天者陽也、旣裂臥而汗之以受地陰則生白耳、（六）覘察；油紅黃心汗之始、香灰藍莓汗之終、無汗者蓋而鬱之、始汗者非而架之、終汗者排而佈之、汗過生黑子、此木無用、秋山春排、春山秋排、斷筒宜短、排列勿挨、耳發根脚、旺者旁栽。壳開多口、口吐花開、久晴將雨、濕氣先潮、先發先採、過時則澆、初發花緊、發圓花鬆、圓時採割、割花留蹤、旣雨復發、雨過釆蕁、澆者別器、勿使相侵。（七）製造；澆者多延、禁水洗先、一沐再沐、布包擠乾。簽有隆殺、疏密隨宜、二兩三兩、麻油抹之。劣者剪除、優者比類、大則貫穿、小乃亂萃、耳根向火、耳花向天、乾七分時、只用一翻、煤炭硫質、木炭硫淬、火如太明、蓋以稻灰。（此段錄於萬源縣誌）

B茶；縣屬各地皆產。中以青花溪產額較多而著、年產萬餘斤。最好者如清明前所採之雨前毛尖、味清而香、令人百吃不厭、每斤價值七八角、普通亦二角以上。暢銷渠江上游及陝邊各縣、只青花溪一地、每年出口三四千元。

C鐵；萬源鐵鑛豐富、各區俱出、附城一帶如青花溪長壩固軍壩等地、有鐵廠四十餘家、年產數十萬元、銷三匯場、（鑄鍋）及渠江下游、近因共匪爲害、廠多倒閉、所僅存之二三家亦只能維持現狀、進展甚微、本團過路時、僅途中已見廢廠數家、惟存偏場之熔爐、路傍堆有鐵板。知其倒閉還不久也。

D煤；萬源產粉煤、含硫多而味臭、燒時必混以黃泥、使均和做成磚塊、質雖劣而產量多、銷城區內、價値頗廉、此外如桐子、棡子、（染料）生漆、藥材等、出產亦富。

二、商業；萬源地扼川陝交通之要隘、出產豐富、人煙較爲稠密、因是商業發達、進口以鹽巴、布疋、煙土爲大宗。出口以桐茶耳棡漆及鐵板佔多數、輸入陝省者爲鹽煙兩項、貿易額在數百萬元以上、共禍來臨、生意頓呈蕭條景象。街道殘破不堪、恐怕還不止『一落千丈』吧！

三、經濟；萬源因有耳棡茶之大宗特產、向稱富庶之區、經共禍以後、人民逃散、房屋多被摧毀、從前富足之家、今則變爲赤貧、良田熟土生荒草、高樓大廈成坵墟、農村破產、金融枯竭——至此極矣、市面流通、除該縣財務委員會印發之油布錢票外、極少現金交易、拿着現洋無法兌換銅板、尤其省府通令『地方鈔票在邊停止行使』之佈告一出、頓成恐怖世界、一般小本商家遭此意外損失、大有不能支持之勢。

四、交通：萬源有匯成渠江之前河、中河、後河、與經陝入川直貫縣屬大竹河之漢水上游四江。河寬水淺、稍加濬鑿、即可行駛木船、惜人民不知利用、任其泛濫直流。水稍漲即常沖毀稻田而成災、若修築堤坎、可使河身縮小、水源增大、闢沙脊以作稻田、並可防止水災。共匪而後、原已行船之河道、今概無人聞問。現每河僅數十里行船、且船數不多而生意又極清淡。放棄自然權利而不顧、卻去鑿陡岩築大道以發展交通、實在愚蠢！

五、教育：萬源人民稠密、商業發達：街道寬平整潔、過去爲一繁盛之地、教育之遍及自非其他邊區所可比擬。除城區有男女中學、小學、及圖書館外、各鄉鎮亦有完全小學、義務小學等。文明進步、實爲此次旅行所僅見、惜共匪爲殃、將學校圖書館燒個精光、現僅因陋就簡、恢復縣立小學一所於殘破之聖廟內、但經費無着、前途尚未可樂觀。

六、匪禍：共匪自二十二年五月侵入萬源、至二十三年九月始竄出境。盤踞年餘、破壞極大。全縣四十八場、只兩場未被火災。但門窗戶壁、悉被撤作浮橋。學校廟宇、受害尤深。共匪宣傳剷除宗教迷信、故菩薩亦遭此意外浩刦、四鄉田土荒蕪無人耕、房屋偏塌無人住。城區燒去二分之一。其公共機關如縣政府、公安局、關廟、圖書館、縣立中學等、更是無一幸免、昔日之樓台廣榭、今則變爲瀛地野草閑花、殺人方法、至深殘毒、當共拘禁蕭所謂之土豪劣紳時、常於晚間詐稱押往他地候審、或分地耕作、至無人知覺之僻靜途中、悉用亘繩勒斃於溝壑之內。縱令白骨遍地、從未費過一刀一彈。埋人方法、尤爲巧妙。一水井可以藏屍數十具。乃尤有所謂萬人坑者、埋人更多。陣亡匪徒、則殮於棺、在牆下挖一濠、棺列濠中、推牆而掩之。搭修聖廟時、在圍牆下起出十餘付棺材、尸水滿棺、臭溢四野。誠令人有不勝今昔之感。

七、人民：萬源人口三十餘萬、浩刦之後、或被慘殺於共匪、或被拉夫拉兵到軍隊去。老者轉溝壑．壯者散四方、復繼之以瘟疫流行、凡病死餓死者、日必二百餘人（據縣府之大概調查）總計損失十萬以上。所存老弱婦孺不及原有二分之一、今春耕地十分之四、收穫又只十分之七八。（兩道折扣）秋收方竣、農家已無飯吃。一冬一春、又何堪設想！初由遠道逃回之災民、更爲手足無措。一貧如洗、四顧寂寥、既無處借貸、又何法耕種？、政府雖有賑款、每人至多不過得米三升、參雜野菜蕨粉、最久不過維持五日生命、四壁透風、棹凳闕如。還要應徵發、當差役、故已回籍之人、仍欲逃往異域以謀生存、非不愛家鄉也。惟生活無術、日食艱難耳。當局若不積極設法救濟、三十年後恐難望恢復原狀、進展亦何暇及？

附言：此件本爲二十四年十二月底之記載、惟以邊民疾苦、匪患日深、並不稍減於當時、爰乃供諸社會、以爲留心邊政者之參考。

# 天全植物採集記

孫祥麟

今歲採集、爲本院五年計劃中川康植物調查的最末一年工作、原計劃分爲兩組：一組赴川北一帶之通南巴及陝邊境各地、一組赴川西北一帶之北川、平武、松潘、茂縣等處工作、適以出發前、四川省府建設廳爲建築成渝鐵路需用枕木、擬就地取材、以免購自外國、乃以調查之事託本院生物研究所、而其調查區域、則爲吾川天、蘆、寶、三縣。

## (一)成雅途中

二十五年六月念四日由碚出發渝城、略爲購置必需之品、次日搭汽車往蓉、途經兩日、抵成都、即赴建廳辦理一切手續并購製應用物件妥善後、於念八日與曲仲湘主任楊宏清助理并建廳所派辦事員漆聯金君參加調查、步行往雅、經過凡四日、深感成雅公路、遠不及成渝公路之佳、尤以名山雅安段、中間之金鷄嶺爲最壞。坡度太大、坭土太重、而車輛常常行至此間、僱民夫拖拉、其危險之多、亦可想見也。茲將成雅途程中常見植物錄後，以作參考：

成雅途程三百餘里、而高度(海拔)七〇〇公尺至九〇〇公尺、林木亦不少、多常綠與落葉之闊葉樹的混合林、如榿木此種多生長在河岸或沙壩多水分之沃土、柳、楊、麻柳、或楓楊樹、泡桐、柏樹、家杉、馬尾松、銀杏、前四種皆軟木質、生長迅速、栽培容易、次三種皆爲針葉樹、宜植山崗之地、木質較前者爲硬、亦可作建築之材料、惟銀杏之木質較細緻、可作雕刻佳材、或可作爲園庭之道旁行樹用、此種日本多作爲行道林。

雅安縣附近、仍以楠、樟、櫻、爲習見之樹木、但以楠木爲最著名、然砍伐過甚、難成大觀、現僅見宅院中有之而已、多爲栽培作觀賞用、其類別祇有兩種：雅楠、楨楠、惟木質甚佳、木材中之上等材料也。

由雅安向天全出發、經西門沿青衣江上行、路頗平坦、約三十里地、經飛仙關、則爲新成之馬路、係兵工所建、路寬約三丈二尺許、路基以黃色粘土及石子合成、路緣封以石條、或於山坡處、架置木欄杆。路面鋪沙一層、工程頗爲偉大。除山脚橋樑坡度數處、不能通車外、其餘均完整平坦。全路計七十華里、河水流急、水量頗大、利用運輸、決不成問題、沿途植物情況與成雅無異。

## (二)到天全去

天全縣經赤匪患後、刻有大兵雲集、該地生活程度較之全川、昂貴兩倍。所食糧米、均由成、洪、嘉、運來、而該縣遭赤匪擾害、莊稼踐踏已盡、人民生計、概用劉匪軍運糧來聊度終朝、生活之慘苦可以想見也。吾人在該縣稍有勾留、辦理接洽手續、并探詢森林區域、購置伙食物品等事件、在天全計四日始完畢、纔往小路村調查、於四月八日、由天全出發、亦從此開始採集初春植物、沿途工作此間、平均海拔一二〇〇公尺、途程多依山沿河、而少寬闊之農田、只見丘陵起伏、傾斜極大、惟麥隴青葱、山岸邊夾多叢林小樹、有木犀科植物像:榿木、柘樹、、家杉、棣棠、楓香樹、等參差枝幹、綠陰如蓋、道旁則有小草多種、如堇菜、龍胆、石蘭、天南星等各着美花、而平鋪點綴道旁之岩上、如遠志、櫻桃、梨樹、灰木、苦楝樹、皆已着花、我等在該村小住數日、分組作採集工作。

## 小路村

天全境小路村之獅子溝、兩路口、在縣之西南、而接近竹檟、馬鞍兩山、距離縣城二百餘里、平均海拔一五〇〇公尺、地較闊平、農作適宜、春季作物、爲油菜、馬鈴薯、夏季作物則種玉米、豆類、土質肥沃、雨量充足、年中收穫、亦很豐富、但今歲遭赤匪侵害、多數民衆避赤遠逃、下種時期因而錯過、又有劉匪軍重兵聚集、而糧食更感困難矣。

我等到達小路村之大人沿、便分頭工作、一組往兩路口、曲圭任偕同漆聯金君前往詳細調查該處之森林情况、我與楊宏濟君住該地附近工作、沿上行、羊腸險阻、藤棘截道、水流濺花、聲撼山谷、途中多依岩行、架木而過、俗稱偏橋、有時渡河、則在兩岸寄一二繩索、幾渡往返、稱爲索橋。在水枯時期、則用一二樹幹支持之、亦可渡過、即獨木橋也、若更上行、山徑陡險、溪流漸小、非跳足涉水、不能通過。登二〇〇〇公尺之山、林木漸豐、落葉灌木林與常綠樹林混合叢生、再上則爲針葉林、中則常有黃猴十數成羣、攀援樹上、彼等優遊山泉、終年度其安樂之生活也。

## 大人沿

大人沿高一四〇〇公尺、村落稀疎、開墾尙少、所出農作物、則爲玉米、小麥、豆類、所惜者山中野獸、如老熊野猪之類甚多、時來踐踏掘食、竄伏夜出、農民無法防禦、歲中收獲、難以餬口、是以農田大半放棄、荊棘叢生、其中常見植物爲柳樹、懸鉤子、胡頹子、山花椒、八仙花、艾蒿、蓬菊、苦苣菜、泥胡菜、以及禾木科、莎草科之小草與少數之蕨類而已、則均不適宜採集工作也。

## 茨角坪

我等自大人沿上行、沿青衣江上遊支流到大河頭、向西北進發、中途兩日抵達茨角坪、旅程中所觀查之植物林地、都是一些叢生荒林、已受人砍伐過、從新生長、而荊棘截道、似很少人行路也。在沿途所見之森林、係河之兩岸絕頂處、皆有少數森林可見、而河之行岸、皆成荒區之域、詢其原因、在光緒年間、受人摧殘過甚、至今尙無一株成林之木材、實爲可惜、邛州河兩岸遠望着一些青藍密生之森林區域、都是在積雪終歲不化之地帶爲多、可看得出原始自然林、亦可想着過去該區森林豐富繁複情形、在此流域、亦可作成渝鐵路枕木之用有餘、惜乎運輸稍有困難、若遇大水時期、或可運輸出去也。

## 自覺坪

從自覺坪上漩漩溝、沿溪旁有數種柳樹成細密枝條、可蔽天日、中間復雜以醉魚草、八仙花、荚蒾、山梅花、忍冬、丁香、鋪地蜈蚣、等灌木、喬木林中則以山麻柳、臭桃、方氏鵞耳櫪、紫荊葉、最爲普通、皆新葉萌發、花枝始放、上至三〇〇〇公尺中、則冷杉、雲杉漸多、林下點綴以樺、槭、與懸鉤子、忍冬、花楸、白薔薇等、耐寒落葉喬木或灌木、與常綠之杜鵑花、三〇〇〇公尺以上、幾乎全爲冷杉之佔領區域、林下苔蘚厚積、矮竹叢生、闊葉樹木已不多覩矣。

## 大河頭

天全大河頭一帶 村落稀少、而作農者、因便利易防野獸、便耕種之、均已一季之收穫、則不够敷、全以副業收入補助、經營藥用植物爲大宗出產、如牛夕、當歸、大力子全年產額約二三萬斤、當地市價亦可値洋三四千元之譜、因有此鉅額的藥材出產、而資產家乘機壟斷市場、種藥者皆屬貧農、靠資產家之借貸始能工作、而新藥償債、以最低價値售出、所以人民苦心經營、還不够餬口、徒爲資產家作牛馬耳、蓋窮人之着眼點、只在窮時得糊餬口、免成餓莩、亦不計後來之藥價多少也。在此處村莊附近、大多數栽培一種經濟植物、木蘭科之厚朴甚多、高達三十許尺、花色乳白正盛開、樹皮灰黑色粗糙、中醫取以入藥，有補肺化痰之功、此爲川省特產藥材之一、年中有大批出口、大河頭之北、銀廠坪一帶、則闊葉樹木漸多、如櫻桃、栱桐樹、花色純白，時逢盛開、且甚美麗、爲觀賞植物中最著名者、則過去美國之植物採集家威爾生、曾在四川採得、幷出重價收買、實爲學術研究上放一異彩、定名爲大衞木、而四川分佈很廣、如峨眉山、峨、馬、天、寶等縣均有之、至該地之農民、在春種爲農忙時期、夏季爲上山工作期、以作副業之收入、如燒鹼、收集雜草燃爲灰燼之後資水取鹼、除供日常洗滌、食料肥料之用、幷可運銷各處、以作意外收穫、而補助其餬口不足之用、此外常有不勞而獲之利益、則爲鑿木筒、置於懸崖壁旁、引山蜂其中、任其繁殖、至秋季可獲大量之蜂蜜、蓋以山花遍野、蜜源植物、最爲豐富之故。所以邊民是享天然幸福也。製蜂筒最常用木料、爲山麻柳、方氏鵞耳櫪、紫荊葉，（俗名三白果）三種、取其木質柔軟細密易於施工、或常伐雲杉之幹材、取其最大之樹而無節者、開扯爲圈、（製爲蒸籠）或作爲瓦板之用、或取之山麻柳木材、刳爲瓢形、用以取水、以種種上，皆是山居農民、冬秋間之副業工作也。

## 銀廠坪

自銀廠坪北上沿鴉雀河進發、路途險峻、一日之間渡獨木橋四五次、行程不過三十餘里、橋皆圓滑、用木製成、旅客頗少、往往不加修整、則橋置於兩山之山谷間、又有波濤流之於下、人渡其間、魂飛九霄、無任惶恐！途中所見針葉樹與闊葉樹之混合林，有鐵杉、雲杉、紅杉、檜柏、木蘭、鷺兒櫪、山麻柳、杜鵑、林下多柳、懸鈎子、丁香、山梅花、白色薔薇等、灌木枝葉密生、不易插足也。鴉雀河至冰水河、行程不過六七十里、因山路崎嶇、皆爲上行、則途中不敢稍滯、帳幕未支、天將晚矣、而天寶之間亦有大山重重、若取簡途、必經最高之青草坡、山高路險、空氣稀薄、終年皆有雪不化、路徑難尋、登山時呼吸緊促、一步一喘、體弱者常致暈倒、我等過此山時、在夏季冰雪漸化亦無冷凍之苦、很疎適而過、尚無困難也。

## 青草坡

青草坡在冷水河之北、林木茂密、落葉喬木與常綠針葉樹混合存在、亦很顯著以針葉樹佔優勝、其他落葉喬木很稀少、而林下則以苔蘚積厚、淺竹密生、闊葉樹亦未多覩矣。牛非圈棚、位在山谷中、林木深幽、泉水清澈、春初之間、常有麞鹿數十成羣往來其間、而冷杉林中、亦有金線猴數十集隊、攀援樹上、而彼等優遊山泉、度其快樂生活也。

青草坡附近、則山高寒重、林木漸少、均爲高山草原、淺綠平鋪、一望無際、中點綴以粉紅色之馬先蒿、牻牛兒苗、秋牡丹、烏足蘭、白色蓬菊、山蓼、獨活、金黃色之毛茛、金絲桃、紫堇、龍胆、紫藍色之鳶尾、泡參、櫻草、刺參、猩紅色之大黃、芍藥、岩韭、星維棋布、點綴其間、遠望之不啻一幅嵌花絨氈也。近岩避風陰潤之處、則有矮小之灌木、如杜鵑林、金梅林與盤香柏、矮柳等鋪地叢生、枝葉細密、皆可爲該山草原植物代表。以上則爲亂石林立草原疏散、春秋冬之季則常積雪不化、在夏季之間漸化、而沙石中偶見多年生之景天科、蓼科、櫻草科等小草植物、山頂岩石裸裸、奇峯插天、時有煙霧籠罩、除少數之苔蘚地衣之類、則不見植物之蹤跡也。

## (三)天全一瞥

天全縣境、自東北至西南、斜長約四百餘里、不均寬度、亦在百里上下、除縣治區域始陽、靈關、十八道水、各處人口較密、闢地較多外、其餘地曠人稀、觸目皆荒、如小路村長約二百里、而人煙不足三百戶、自胃水孔至二郎口、五六十里間、皆是老林荒地、雖海拔較高、他種作物可產也、當地人民不特挾此擴大區域、不知利用、且日呻吟糧食不足之苦、每年所種之糧、僅足敷半年、或八九個月之用、此外利用農隙時間、揹茶赴康、或揹山貨赴雅、以勞力掙錢度日、補助缺糧之季、亦云苦矣。該縣接近寒帶之康藏山脈、四週皆有環抱之高山草原地帶、不知利用、實爲可惜、在靠近高山的居民、每年掘藥作副業生活者、約百分之七八十、主要收入之一也。

## 藥用植物

惟藥材之種類繁夥、既多成熟、採掘之期間亦不同、如在陰歷二三月間、採掘獨居、赤芍、綿茂、虫草、在四五六月間、掘貝母或設穽捕麝鹿以取麝香、七八九月間掘取羌活、大黃、木香等、其中最貴重者、爲貝母、虫草、亦稱爲冬虫夏草、爲一種菌類植物、則屬爲肉座菌科、寄生於昆虫體內、在早春期間從虫的頭部伸出胞子囊體、即可採取、虫體色爲褐黃色、菌柄深褐色、其體長五六公分、而分佈於四川之西北各縣、如寶興、天全、金湯、松潘、茂縣等地、最著名者爲西康、松潘則馳名全中國、此種之物皆爲高山有之、所出產之數量無定、每年出口販賣、中醫作爲補滋上品、有抗毒之效、貝母爲百合科之一種、(Fritillaria.)之地下鱗莖、烘乾後成尖卵形、乳白色、直徑的長短大小不等、中醫入藥、有止咳退熱之功、爲療肺病喉病之珍品也。

以上兩種之產量、全年二三千斤、當地市價約值洋七八千元之譜、因今歲產量較少、(是遭赤匪擾後之區、而缺少糧食、故掘者尚稀少)若加以人工經營可增到兩萬斤、產量的收獲這是據土人談話。

## 植物社會

就上在途中匆匆觀查、天全境內之植物社會、大半可保持自然狀態、其分佈約可分爲四段。

1, 底山地帶　一千二百公尺至二千二百公尺之平地小山或丘陵、爲農墾帶、此帶多童山荒蕪或灌木林、其主要成分爲各種柳樹、楊樹、山麻柳、馬桑、懸鉤子、火棘、胡桃、繡線菊等爲常見之物。

2, 落葉闊葉林　二千二百公尺至二千八百公尺地帶、爲落葉樹林主要成分爲槭樹、樺木、榛、楊、椴、麻柳、鸎耳櫪、珍珠梅、茶樹、冬青、牛金丁、諸屬亦爲習見之種。

3, 高山松杉林　二千八百公尺至三千四百公尺地帶爲常綠針葉樹、最多繁茂之區域、其主要成分之物爲杉樹有冷杉、雲杉、鐵杉等物、其林之下、則以常綠闊葉之多種杜鵑佔優勢、次則爲矮竹林。

4, 高山草原　三千四百公尺以上之高山帶、均爲草原區域、常見之植物、均以草本、如櫻草、龍胆、毛莨、以及菊科、蘭科、繖形花科、唇形科、禾木科、莎草科等小草、間有矮小之灌木林、爲杜鵑林、矮檜林、亦有少許之蠻青岡林、但分佈亦不廣也、但此種植物社會情況、亦可代表高山草原植物社會也。

至於地理上之分佈、各地差異甚少、惟面積之廣狹不同、而天全位居近西、羣山萬谷中、居民稀少之小路村與自覺坪一帶交通不便、各地林木多未砍伐、爲獺子坪昂州河、瀧瀧溝、鴉雀河、冷水河等數處、縱橫之森林一二百里、直徑三四尺之樹木均極普通、但交通困難、無人開伐利用也。


嘉陵江日報四大特色

(一)每天必有國防交通產業文化的各種消息
(二)每天必有峽區事業的進展消息
(三)常有中國西部科學院在邊地的採集通信
(四)常有國內外重要都會的特約航空通信

訂報價目

一月　三角六仙
三月　一元
半年　一元九角
一年　三元六角
外埠訂閱郵費在內

社址：四川巴縣北碚

# 川邊墾殖調查計劃

## 一，調查路綫

茲以此次調査係以尋求墾區地點及面積爲前提、故路線擬沿河溪而前進、藎河溪兩岸、因水分充足之故、爲開墾最有保障之區、謹本是旨、擬定調査路綫於后：

先由成都至犍爲縣城、然後清水溪九井場以入馬邊縣境、後經宋家村、安家山、古墳壩、五聖場、利店、火谷山、榮丁、下溪而至馬邊縣、沿途除按調査事項隨時調査外、在利店及下溪兩處、更應將金錢河流域及其北部之沿河溪墾區概况詳爲調査、此程共計行程爲二百四十里、每日行程以六十里計、需四日、到馬邊後、應將全縣之概况詳爲調査、並準備深入夷地之響導脚夫及食用等物、並編製沿途報告、約需三四日、此爲第一段估計需十日。

第二段由馬邊縣城出發、沿馬邊河上行而入夷地、經永樂至油榨坪一段、既居荒區之中心、又爲大涼山之交通要樞、故應詳爲調査、如有機會、可沿溪流而繞大涼山一週、計二百里、此爲第二段共計約三百里、此段交通較爲困難、平均每日行程以五十里計、共需六日、今連編報告亦以十日估計之。

第三段爲自油榨坪、經三河口、雅家崗、萬石坪、而抵峨邊、惟自三河口至油榨坪一段、按地圖觀之甚近、惟據各調査報告書中均無此路線、故實地能否通行、尙成問題、今假以三百里行程估計、並連報告亦以十日爲期、除按調査事項沿途詳爲調査外、對荒區中心至峨邊縣城之交通建設、應特爲注意。

第四段爲峨邊縣全縣之概况調査及官料河、西溪河、三岔河、及牛日河諸流域墾地之抽査、然後沿大渡河經沙坪新場而入峨眉縣境後、經新場大爲及楊村鋪等而入峨眉縣城、計行程約二百餘里、連編沿途報告亦以十日估計、爲編製總報告消靜計、除擬派一人將照片送成都以便洗製外、餘則上峨眉山以便編製總報告、待編製完竣即下山返成都、爲期約需一禮拜、總計全部行程爲四十七日、今爲防不測計、旅費暫以兩月爲標準、由程技士估計（附後）

## 二，調查事項

甲、地勢概况

（1）山脈——山名、方向、高度、坡度、面積及地利用百分比。

（2）河流——名稱、來源、流長、岸寬、坡度、流速、及其利害概況。

(3)地質——石質、種類及厚度、地層、傾斜及變遷、天然之風化及溶解暨與各種生產地之關係。

(4)土壤——種類、厚度、坡度、肥瘠、及其與各種生產地之關係。

(5)氣象——溫度、雨量、風向、解凍期、結冰期及普通五穀生長時期。

(6)交通——路面種類、寬窄、坡度、現時運輸方法及其運費、及將來改進之辦法。

乙、經濟概況

可分漢夷兩類各按下述標準分別研究之：

(1)農墾——農田種類及面積、五穀種類、播種期、收穫期、播種量、收穫量及耕耘施肥輪種等經營情形、各農家所有土地面積之大小及所佔百分數、自耕農、佃農、及半耕農之百分比及佃農對佃主之義務類別、長工工價及短工忙閒時期之工價、五穀之病虫害種類及程度、農民農產物之價值、農家全年之收入及農民對政府之義務。

(2)牧畜——牲畜之種類及概況數、牲畜之價值及貿易概況(指交易地點及出售總價值)牲畜之牧養方法、牧草之面積及種類、牧夫之工資及牲畜之飼養費、各種牲畜之孳生及死亡率、各種畜產之價值及全年產量、各種牲畜之優劣特點、各種牲畜之病疫及防治辦法以及各種野生鳥獸之種類、多寡及利害等。

(3)森林——樹木之種類特性及所佔面積、各種樹木之分佈概況(按垂直及平面二種分類)各種樹木之生長狀況及生長率、各種木材之價值以及樹木之砍伐運輸方法及費用、各種樹木之病虫害、各種樹木之更生及造林法、以及各種副產之種類產量及價值。

(4)礦產——所產各種之種類成分及體積、現時之開採方法及費用、各礦當地之時價及全年產量、各礦產之交易辦法以及各礦產所在地質之特殊及識別標準。

(5)工業——各種工業之種類及數量、各種工業製造品之全年產量及生產費用、各種製造品之原料產地及全年產量、各種製造品之銷路、及全年銷量、以及各種手工業對政府之義務及其現時困難。

(6)商業——種類、家數、資本、人數、大宗貨物類別及售價、貨物來源、銷路及銷售率、看利幾分、購買售賣之方法、及最盛時期以及對政府之義務。

(7)藥材——種類、分佈、產量、價值、採挖方法、貿易辦法、年售總價值。

## 三、社會概況

亦分漢夷兩類各按下述標準分別研究之：

(1)人口——種類及其分佈區域、職業類別及人口百分比、各種人在各區域所有之戶數及男女人口約數、各種人之形性、特點、以及各種人之相互關係、逐年生育及死亡率。

(2)生活——衣、食、住、行、之類別特點及全年生活費、以及貧富生活之類別與其致貧富之主因。

(3)風俗——婚姻制度、養育、死喪、禮節、過節與集會之娛樂以及普通衛生習慣。

(4)通商——度量衡制度、貨幣制度、交易制度、以及金融概況。

(5)文化——語言文字之特殊、年月日之記載、宗教之信仰、禮教之維繫、歌謠之口傳、以及現代學校教育。

(6)政治——組織系統、家族制度、部落制度以及其統制辦法。

(7)沿革——歷代夷人之爲患及治夷政治、歷來辦理墾務之人士辦法及其成功與失敗原因、現時辦理墾務之人士、資本、地點、土地概況、移民安民辦法、以及其經過困難問題。


# 鄉村建設

## 半月刊

第六卷第十三期目次

中國政治問題之解決(續完)——鄉村建設理論乙部第二段——……梁漱溟
中國農業能改良麼?……W.J.Simpson著 高竹林譯
農業機器化與農具利用合作社……尹樹生
戰後羅馬尼亞土地制度改革史(二續)……方銘竹

專題講述

除虫菊栽培法(續完)……喬禮卿 郭宗邦

鄉運通訊

福建鄉村事業剪影……許卓羣 黃朝仁
一個農民自動救亡的組織——平原縣劉大寨改進會——……劉繹忠
濟寧專員公署實業建設工作簡述……王勤莊

定價:預定全年國內連郵一元六角半年九角 國外全年加郵費二元每期零售一角合刊或專號不在此例
定閱處:山東鄉村建設研究院出版股

# 新華殖邊社組織概述

## 一　旨趣

時值强鄰進逼、東北淪亡、華北騷動、全國鼎沸之秋；凡我血氣之倫、安忍坐視茫茫神州、移殖異族。綿綿子孫、奴隸他人。寧不思有以自振自救自全爲國家爲民族而盡國民一份之天職乎？同人等學識譾陋、未敢放言救亡圖存、發爲偉論。然亦未能妄自菲薄、祗顧一人一家眼前之享樂、而於來日之大難、如秦人視越人之肥瘠於不顧、謹以積年所研討者：共認拓殖邊疆、固我國防、實爲國民當前之要務、近如雷馬屏峨、棄地千里、蘊臧甚富、徒以當地文化落後、外人乘機竄入、施醫傳教、時時予以小惠、處處收買人心、亟施以愚民教育、使當地之人、知有世界國强、而不知有中國、國人不能涉足邊區、而外人可深入腹地、訟獄決於教堂、漢人虜爲奴隸、馬邊全城、現存者不及五分之二、雷波一縣、官廳政令所及者兩場有半、昭覺縣府久已僑置西昌。政府無力顧此、而漢人日有流亡、自相魚肉、招來外侮、此更爲四川腹心之急患、凡吾國人、欲謀自救自全、更應於此有所盡力、倘能使邊區夷漢、和好如一家、邊區荒地、拓殖無廢田、邊區商品、流通如內地、以安定邊民固有之生業、不致釀亂、而再流亡、以調濟內地農村破產、縱有失業而可殖邊。同人等管見如是：爰乃本此旨趣：有新華殖邊社之組織、斯社也、非同人等少數之私營、乃欲以獻諸社會、無論識與不識、而爲道同志合具有同情者一羣人之所公有、故對國人、不欲招搖、而企圖組合之成功。更不欲對邊民剝削、而期期於投資以牟利、倘能組織有成、藉此得以改良邊區之產品、整頓邊區之市場、開闢荒原、興辦實業、俾邊疆安定、內地安定、邊疆有備、國中無患、邊民生產改進、本社亦沾餘潤。抑亦救亡圖存自救自全之一道矣、邦人君子、曷興乎來！

## 二　以經商爲墾地之手段以墾地爲經商之目的

以前之言邊事者；率多專重墾地、未及經商、同人以爲專務墾民之耕耘、而不問其所需何來？所產何售？使墾民終年辛苦所得資財、而於他人一買一賣中爲之剝削淨盡、殊可悲憫、即偶有經商者；但知唯利是圖而已、不知農村必期富足、出產乃臻豐多、購買力强、商務乃可繁榮。因之、吾人對於墾務與商務、皆變方兼顧。惟經商也、則採取薄利主義、公平交易、期其流通、並改良產品、以適應內地之需要。如有微利、則用之於墾務、使能相輔相依、而不相抵觸。故以經商爲墾地之手段、以墾地爲經商之目的。

## 三　未來兩大業務

### (A)墾務

先於馬邊西門外十五里之大坪溪地方着手、此處三面當山、成半圓鍋形、縱橫十數里、土質肥美、溪流頗多、灌溉稱便。惟屬新荒、多有丰檔、或備價收買、或作價入股、或契約租佃、皆屬可能。吾人已三四度視察其間，決以此地作爲第一墾場、先招佃墾民至少二十家、集村居之、用便維持治安、更當用力主持其間、加以組織訓練、使爲未來墾民之模範與基礎。除改良及注意墾民產品及副產外、當大批種植富於經濟之植物、如茶如桐如漆如蠟及藥材之屬、更擬設置牧場、畜養牛羊、以增生產、墾場內有固定之生產、商務便有基本之貨品、交相利賴。社務自臻發展、第一墾場辦理見效、則另事覓地推廣。

### (B)商務

最初商務、應以墾區內之交易所爲中心、吾人計劃中之第一墾場事務所、卽建在涼山北部諸夷至馬邊交易必經之道旁、吾人之交易所當亦附於此。除辦墾民之交易外、並兼注意過道夷人或漢人之交易。至於必要時、當移商務中心於馬邊城、便理涼山南部諸夷之交易、至於馬邊河畔之舟塲、清水溪、河口、與岷江之犍爲、嘉定、五通橋、金沙江之安邊、橫江、屏山、綏江、秉彝場、冒水孔及大江之宜賓、瀘縣、重慶等處：皆應於相當時設立分莊、或托人代辦、惟商務中心地點、則必移於宜賓或重慶、此商務聯絡上必有之計劃也：其關於營業項目：進口者以五通橋之鹽、壁山仁壽之布、瀘縣之鍋：嘉定之綢、中白沙之酒、宜賓重慶之各種雜貨等爲主要：出口者以馬邊河、金沙江、與銅河、橫江各流域之茶、筍、絲、山貨、藥材、與米炭等、運銷蓉、嘉、敍、瀘、渝各處爲主要：就地經營者、以匯兌、放款、糧食囤集、與造紙、釀酒、改製土產等爲主要；

上列墾務商務、皆提要言之、其關擴充資本、與進行計劃、當於每年度依實際情形草擬、再爲具體之計劃。

## 四　吾人應有之注意

1,吾人當確認墾商兼顧、是人民自動開發邊荒之最好辦法。

2,吾人態度應十分和靄、感情應十分熱烈、心地應十分光明、作事應十分努力、冀得各方人士之同情與幫助、或進而加入工作。

3,吾人前途：必有許多艱難險阻、當任勞任怨、努力前進、毋灰心、毋退縮、要知此爲事業成功必經之途徑。

4,吾人應澈底明暸：此乃事業之集合、而非名利朋黨之聚會、應有維助事業之誠心、應有捐除私見之精神、成敗繫於整個之事業、萬不可僅及於少數人之成功或失敗也。

5,每股股額、旣定至最小、募股之時間又多、地域且廣、是許多志同道合之人、皆有加入之機會、苟以此爲權利、則利益均沾矣！以此爲義務、則各盡其勞矣！

6,股東應勿專以不折本、多分利、希望於主持此事者。應以事業穩固之程度如何?事業發展之情況如何?爲前題。

7,每見他人事業之失敗、大多由於意見分歧、及各自營私、與飯桶之蠻混雜其間;凡我同人、請以此自檢而檢人、更請勿過分干涉、與任意荐人、使主其事者、多用精力於對人、少用精力於對事、竟無靈活之餘地。

8,職工、無論爲股東、與非股東、皆應明白此項事業之成敗、非僅僅止於股東之利潤。

9,邊區之事、極爲辛苦、至其報酬、常在精神、而不在物質。在將來、而不在最近。

10邊區文化較低、吾人欲闢事業長足進步、與自異於世俗者流、不能不注意各自之求知與自勉自立也。


# 合作月刊

第九卷第三期 要目

合作小評
目前合作社的三大病態 …… 符莽
問題解答及其法治精神 …… 玉璋
合作非純經濟與副使命 …… 王璋
對實業部擬訂合作社會計制度研究討論之經過 …… 章鼎峙
消費合作之基礎觀念 …… 楊智
運銷合作社之設立問題 …… 陳惠武

合作實務
處理消費合作社贏餘分配金之主要憑證 …… 鼎峙

合作青年
中國合作青年與合作青年國際集團 …… 伍玉璋
日本合作青年運動之躍進的雄姿 …… 鄉樸譯
合作青年國際集團組織委員會函

書評
羅虛德爾Rochdale氏市式合傳 …… 傅其傅

國內外合作消息

發行者 南京中央路中國合作學社
代定處 上海黎明書局 生活書店
定價 全年六角 半年三角 每期六分

# 半年來的教學自述

北碚第十四保教師 傅碧波

在鄉間做工作、可以說很難、也可以說極容易、怎樣呢？因爲一般農友們的腦子、大都裝了陳腐的思想、認爲青年的能力很差、沒有辦事的經驗、辦起事來一定亂幹、不會有成績、於是它們便不相信、甚至作起怪來、但是你不灰心、不後退、能始終和它們親近、能盡量開導他們的胸心、直接間接地去取得他們的信仰、得着它們的同情、工作的進行、那自然是不難的、這是我半年的經驗所得來。

我還記得：八十多個義教班同學、大家在炎熱的天氣中、同着在北碚大禮堂研究了一月、臨到期滿、一個個到各保去開始工作、籌設學校、一個外籍的我、於就業典禮後五天、才自帶了被蓋、攜了行李到「鬼不生蛋」的二台槽去爬那五里遠的芭蕉灣坡、硬使我出了大身的汗水、才爬上了漕房口、這裏便漸漸入槽了、距離保長的家還有五里許、一路的問了去。

到了目的地、同保長等開了一個籌備會議、選得了學董四位——張興安、伍學欽、張三合、張堉之、覓定了中間瓦屋爲校地、并訂期於九月十五日開學。

至於本期的經過、可分做下面幾點來說：自從開學過後、自然來了些兒童、但是數目不及二十名、勢不能成爲一個單級小學、因此、會同保長學董、挨戶勸導學生家長、命其子弟入學、於是人數增加到六十一名、在這樣一個窮鄉僻壤的地方、怎能說得上一個學校、但也不能說沒有收穫、茲將本期處施的大概、分下面幾點來說：

一、設備　本保原未設立學校、毫無設備、兼因經費過窘、無從着手、連課桌課凳及一切用具、均係向人借用、成學生自備、一點非爲自有。

二、數學　採用復式教學法、除據區訂日課表外、還加了晨操、選文、日記、談話、禮節等。

三、訓導　分個別與團體、一律廢除體罰、主張學科、體格、語言並重、并於每週擬具一個中心訓練的條目、在紀念週席上、詳釋意義、務使躬行實踐、由學生推及於家庭、由家庭推及於社會。

四、組織　由全級兒童組織學生自治會、下分總務、宣傳、體育衛生、遊藝、圖書等部、另有少年團及兒童團的組織、各部設幹事一人與三人、於每週週會席上、報告工作經過、分別成績、予以獎勵。

五、監護　教師一人、能力與精力有限、管理恐有不週、故於男女生兩部。各推選助理一名、共同負管理的責任。

六、清潔　分兩種檢察。

（一）個別檢察——每日於朝會時、舉行學生個別清潔檢察、其範圍爲頭部、面部、四肢等、學校備有面盆面巾、如有不潔者、立促其洗淨。

（二）團體檢察——由衛生部組織清潔隊、每日於學校內外、各組分頭打掃、每週合組團體出發、作民家清潔、並向民衆宣傳衛生的重要、灌輸衛生常識、并由衛生部製定「清潔」「不清潔」的號牌、以鼓勵學生之工作。

七、運動　因無起碼的體育場、要運動就困難、但每日在天井裏作晨操、體育時間作皮球、乒乓跳繩及其他遊戲。

八、調查　對於本保失學的兒童與成人的調查、作了三次、計失學兒童六十餘名、失學成人五十餘人、均勸導他們入學讀書。

九、家庭訪問　計共二次、學生的家庭、眞是困苦非常、在未入民間的我、這時才目覩眞象、知道農村破碎的眞實情況。

十、民衆教育　設立民衆學校、開學三日、計到校學生三十餘名、課本全由學生抄錄、後經幾度商量、經費問題、未得解決、保長校董等、遂主張緩辦。

這半年來由教學措施、在初入教育界服務的我、遇到困難的地方很多、又兼這所學校、地居深山窮谷、民智低落、辦理困難殊多、對於新書、常起反感、不是不送子女入學、便是平空造謠、神鬼迷信、毫不開通、頑固已極、家庭送兒童入校之後、每欲改變課程、（體育、音樂、）後經詳細解釋、時與親近、幫助他們寫信、立約、談故事、講農作、硬要使他們從舊的進化到新的社會來、到了現在、他們都認爲新書是對的、是必要的了、農業應改進才是、孩子運動身體、才會不生病、因此、他們對我生了信仰、並且都留着我明年再教。

「教書是讀書人的末路」、有許多人都愛這樣說、我覺得這句話不適用於現時代。相信在從前也是不合理的、爲什麽呢？假如人人都這樣想、那便糟了、還說得上什麽教育呢？還有國家嗎？社會嗎？恐怕都因此毀滅了。

我今年不過才十七歲、對於學識、自信淺薄、至於說到教育、根本是門外漢、拿資格來說、更是說不上、不過、我認爲是應盡的義務、應有的責任、對於「敎」雖說是不大懂、但對於「學」、還引得起興趣、所以學來去教小朋友們、也不爲過、所以我認爲要做個「教學相長」的人、因爲這樣、對於教育生活很過得慣、除了教小朋友讀書外、自己每天也要鍛鍊一下身體、看看書報、並作一點日記哩。

# 嘉陵江三峽鄉村建設實驗區署二十六年二月份工作報告

趙仲舒編

## 甲，內務方面

一、籌備檢閱　本署擬於本月二十四日調集全區壯丁、來碚檢閱、曾於上月將應行籌備事項、如規定檢閱程序、檢閱科目、壯丁編制、徵求獎品、及配備隊形圖式等、分頭進行、本月更將檢閱時各項職務、召集會議、預爲分配、俾耑責成。分配情形、略述如下：

1,總務組——主任一人、職員十人、分掌、文書、收發、統計、保管、公安、給獎、會計、庶務、佈置、攝影、等工作、及不屬其於其他各組事項。

2,社交組——主任一人、職員八人、分掌引導、招待、介紹、聯絡、勸募等項工作。

3,檢閱組——主任一人、職員二十八人分掌、宣傳、調査、測驗、檢閱壯丁成績、領導各隊參觀事項。

4,衛生組——由地方醫院院長、及該院全體職員、担任救護工作。

5,游藝組——主任一人、職員三人、分掌電影、幻燈、播音、川劇各項工作。

6,給養組——主任一人、職員五人、分掌、來賓伙食、壯丁伙食、職員伙食等事項。

7,交通組——主任一人、職員三人、管理電話及傳運物件等工作。

以上各組統係於檢閱前三日籌備就緒、幷由各組主任召集各組人員開小組會議指派任務、分頭工作。

二、獎品統計　前月因舉行壯丁檢閱、曾致函各界人士、徵求獎品、茲將收到獎品統計如下：

1 銀盾二座（三區專員公署及四川省銀行各一座、在省銀行者係檢閱後始收到、擬待下次檢閱時再分配）

2 國幣一百一十五元（各事業機關及各界人士獎）

3 購豬獎券三百張（中國西部科學院一百張四川家畜保育所江巴實驗區二百張（每張一角折合國幣三十元））

4 無息借貸券五十張（每張五元限六個月分期償還係北碚農村銀行所贈）

5 毛巾五十五打（各事業機關獎）

6 手巾四百一十三張（北碚鄉聯保辦公處及調解會北碚市政委員會獎）

7 大小優勝旗十二面（各事業機關獎）

三、獎品分配　是日檢閱結果、按照成績之優劣、分配獎品如下：

(表略、請參看本期「嘉陵江實驗區的壯丁訓練」一文)

四、檢閱情形　此次檢閱壯丁、所訂科目、有閱兵式、排敎練、連敎練等、先由本署每保製發壯丁小隊旗一面、合共一百面、是日計實到來賓百餘人、壯丁隊長二百一十五人、壯丁二千六百五十八人、手槍十二支、手槍彈四十夾、步槍二百支、步槍彈一千九百二十九夾、大刀二百三十二把、矛五百五十二支、棍棒七百四十三根、官兵軍服、九百四十八套。

五、整理保甲事宜

1,令飭各聯保辦公處遵照定式趕製保甲長戶長小木牌、懸掛各辦公處內、俾便於異動之管理。

2,奉令轉飭各聯保、迅將該場應需子彈若干查明報署、以便轉呈統購。

3,區屬各鎮鄉戶口、上月經派員復查完結、並重行劃定保甲界線、以此各保甲長及壯丁間有變動、乃令飭各聯保另造保甲長及壯丁花名清冊、檢閱前報署備查。

六、各級人員之訓練

1,為使保甲推進提高效率起見、特調集區屬義務教師到署授以保甲須知、及壯丁隊須知、各種課程、俾互相連繫、收分工合作之效。

2,區署保甲人員、對於戶口異動之辦理、多不重視、尤不悉手續、特由本署印製戶口異動詳解圖一千四百份、藉檢閱壯丁機會、散發各保甲長、同時復作口頭之宣傳、俾各保甲人員咸知戶口異動登記之意義、及其重要。

3,製訂各職員職責一覽表、令發限時填報、并自存一份、俾於本身職責、逐日知所檢討、項目如下:(一)一般的職責、(二)每日例行工作、(三)每週例行工作、(四)每月例行工作、(五)每年例行工作、(六)其他特殊工作、(七)其他意見。

七、辦理賑務

1,本區災情奇重、災民待賑極殷、特派員分赴各鄉調查、統計結果、全區計有災民二千九百二十七戶、共一萬九千五百八十四人、現已無糧者、八百三十六人、能維持一月者、一千三百四十六人、能維持二月者、七百二十九人。

2,草擬本區賑務分會簡章、及辦事細則、報請上峯備查。

3,本月因饑荒甚重、米價飛漲、市場及鄉間常有幼兒拋棄道左、無人收養、乃令公安一中隊、設法暫行收養、有一日收檢到幼孩五六名者、當面勸導富紳無子者領育、一面募捐覓人寄養、以半年為期、俟米價平復後再佈告各棄孩者收回、或另行設法處理、本月領養小孩者、計有三人、在公安隊留養者尚有八名。

4,印製物產調查表二百份、派員實地調查。藉明區內糧食現存若干、便於整理。

5,印製廢歷年節不送禮不請客傳單，分發各保甲人員廣爲宣傳，提倡節約，將是項消耗捐作急賑。

八、年底急賑　本區山多田少，貧民特多，値玆荒旱之餘，多有無糧以度過廢歷年關者，本署特製災民登記册一百本，分發各保長，調査登記，復經本署派員分到各鎭詳細復査，並分別災民爲極貧次貧，應領不應領，作爲發賑根據，玆將全區災民戶數，及賑濟食米，統計如次：

1,北碚鄉災民一千八百卅九戶，發賑米二十八石八斗。

2,黃桷鎭災民一千〇卅戶，發賑米十八石。

3,文星鎭災民一千四百廿戶，發賑米廿三石。

4,二岩鎭災民二百七十九戶，發賑米七石二斗。

5,澄江鎭災民一千一百七十二戶，發賑米二十一石七斗九升。

以上五鎭合計災民　五千七百四十戶，　共發賑米九十八石七斗九升。

九、籌設災民收容所　本區飢民四出成羣覓食，誠恐發生騷亂，影響治安，乃將各鎭募得賑米賑款項下，各提五分之一，舉辦收容所，現已於澄江鎭屬之夏溪口成立收容所一處，初有難民二百餘人。

十、維持治安情形：

1,屬於公安一中隊者，（一）召集北碚市區保長小隊附開治安會議，商討防匪事宜。（二）實行特別戒嚴，於入場隘口設置盤査哨檢査可疑行人，以免盜匪混入。（三）督率市區壯丁，晚間防守隘口，並査視步哨。（四）査獲未遂盜犯陳述靑，劉順卿二名，驅逐出境。

2,屬於公安二中隊者　（一）令窪店子派出所，隨時派遣便衣偵探到梨樹埡，穿心店，楊柳壩一帶，偵査匪情。（二）江北灘子口於本月三日被劫，因與本區相距甚近，恐其竄入，當即特別戒嚴，令駐文星場隊伍，向白雲寺方面警戒，白廟子隊伍向觀音峽警戒，窪店子隊伍向姚家坡警戒，並與三才生炭廠廠丁切取聯絡。（三）本月十七晚，文星場後碚蕭家被劫，殺傷失主二人，當派隊前往捕獲劫匪三名，解送區署訊辦。（四）白廟子派出所本月在芹菜田破獲盜案一起，當場拿獲正犯七名，送署訊辦，瓦店子派出所於到文星鎭途中捕獲匪犯劉桂軒等四名，並搜出手挽子槍一枝，一併解送區署訊辦。

3,屬於公安三中隊者　（一）每逢場期督促壯丁在各要口設盤査哨，檢査往來行人，晚上官兵査視各要口壯丁步哨。（二）每週派兵一分隊巡査西山一次，並檢査炭窯及住戶。（三）澄鎭市民林子堯，賴用修等六人，組織難民團，糾合難民六百餘人到場到處覓食，紊亂秩序，當向附從難民開導解散，一面將首領解送區署處理。

十一、警察任務：

1,屬於公安一中隊者　（一）破獲賭博案四起。分別處罰。（二）調查北碚一月份戶籍變遷并登記戶口異動。（三）整理市街戶籍卡片、使門牌號數與現在編制保甲戶數相合、便於稽查。（四）檢查旅食店清潔、對於鋪被盥铁之清潔尤為注意。（五）舉行北碚市街大掃除一次。檢查市民室內清潔二次。

2,屬於公安二中隊者　（一）破獲黃桷鎮盜兒一名、搜出賊物多件、連同窩戶唐建和一併解送區署究辦。（二）幫助發放濟米、並維持秩序。（三）督促市民大掃除一次、執行全市住民清潔檢查兩次。（四）登記黃桷文星兩鎮街保戶口異動、填報區署備查。（五）送災民廿二名到收容所、并送去募來之谷草二百個、米四斗、及自製铁子三十桌。

3,屬於公安三中隊者　（一）舉行市街大掃除一次、並檢查全市住戶室內清潔兩次。（二）本月九日雙石鼓地方之電杆被人竊砍、召集當地保甲長及附近住戶、飭令共同賠償、以儆疏忽。（三）登記澄鎮市街戶口異動、計本月遷入四戶、遷出二戶、出生女一人、死之男女各二人、婚嫁男女各二人。

十二、案件統計：

1,屬於區署者　（一）强盜案四件。（二）殺人案一件。（三）傷害案一件。（四）債務案四件。（五）租佃一件。（六）雜案三件。

2,屬於公安一中隊者　（一）拐逃一件、（二）債務四件。（三）小偷案三件。（四）鬥毆三件。（五）扒手案二件。（六）婚姻一件。（七）賭博四件。（八）私開煙館四件。（九）未遂匪案一件。（十）雜案十二件。

3,屬於公安二中隊者　（一）債務十五件。（二）會務十一件。（三）竊盜五件。（四）劫案八件。（五）婚姻五件。（六）命案一件。（七）租佃七件。（八）雜案十三件。

4,屬於公安三中隊者　（一）竊盜五件。（二）債務四件。（三）租佃五件。（四）賭博三件。（五）婚姻三件。（六）鬥毆四件。（七）扒手案三件。（八）拐逃一件。（九）會務一件。（十）雜案十四件。

以上統計一百六十件。

## 乙　建設方面

一、籌備救荒　本區山多田少、出產有限、即在豐年、亦不能自給、況連年旱災、收穫更少。尤自去夏以來、久無透土大雨、田土乾燥、下種為難、頗有繼續乾旱之象、不得不預謀救荒辦法、以資補救、茲得救荒工作分述如下：

1,製定表格、由內建兩股派員分赴各鎮鄉調查現有積谷及糧食若干、以便統籌、調整分配。

2,擬訂農家開放水田、借作秧田、及播種早秧辦法、佈告區屬各場遵照辦理、並購買大批洋芋、借給農家栽種。

3,利用義務教師補習、及壯丁檢閱時期、講演早秧播種法、水田開放法、洋芋栽培法等。以便各回本保幫助宣傳、指導執行。

二、合作購米、本署職工消費合作社以區內糧食恐慌、米價逐日上漲、供不應求、乃派員到各機關聯絡、調查食米需用數量、大批採購、藉資平抑價格、計每月三峽工廠消米十石、天府北川兩公司五十石、川絲改良場十二石、兼善中校九石、北碚小學六石、地方醫院三石、圖書館民教處四石、公安一二三中隊十八石、區署四石、共需一百一十七石、由本署職工消費合作社負責採購、按數分配。

三、其他工作

1,擬編塘堰總報告書、交由北碚月刊披露。2,擬編廿六年建設工作計劃大綱。3,擬訂賑務分會章則。呈報備查。4,會同行營代表關吉玉、及省府代表何北衡到東陽鎮協助川絲管理場解決收買土地糾紛事宜、計前後收買上壩土地、已到四分之三、在張蘊經一姓四家地土、經開導後、均允出售、下月當可完成全部收買手續。5,由青木關至北碚一段公路、本月開始建築、段長劉德誠來碚接洽、派員代覓辦事處地點及借家俱等事。6,召集各水利輔導員會議檢討修築塘堰工作。

四、博物館 所屬動物園、及平民公園工作如下：

1,動物園所畜各種鷄鴨、近患肺疫病多數醫治無效、特購消毒劑清潔各雞舍及動物住地、消除細菌、防止病疫流行。

2,記載農場高級育種試驗之小麥播穗情形、及生長狀態。

3,修剪學園路法國梧桐枝條、及民衆體育場外面之白楊、楊柳、楊槐等枝條、促其繁殖。

4,栽殖法國梧桐秧苗二萬八千餘株、洋柳及爪柳種秧苗八千餘株、美國白楊秧苗一萬七千餘株、供作將來青北馬路道旁樹、及各地造林之需要。

5,移栽石榴二十餘株於孔雀籠前後、并四季柑於動物園前、又移石刁柏草莓於農場栽植。

6,插芙蓉花三百餘株、櫻桃二百餘株、熱菊二百餘株。

五、地方經營！

1,屬於公安一中隊者 （一）修補北碚全市街面由士兵担任工作。（二）利用缺操壯丁、罰作苦工、疏通市內市外各處陰陽溝。

2,屬於公安二中隊者 （一）白廟子派出所打燒石灰一窰、售得之款作爲士兵識字教育費用。（二）派官兵幫助塘堰工作。（三）派兵到瓦店子解鋸樓板桷子運黃桷鎮建築碉樓。

3,屬於公安三中隊者 （一）促設電力廠、已於本月二十七日在澄江鎮設立、正正開燈、調查澄夏兩鎮共需街燈一百三十盞、燈費仍照北碚辦法、由市民分担、已分頭接洽妥當。（二）修理營內外道路、用鋸卵石嵌成花紋、業已完功。(三)駐新門洞士兵本月共燒石灰兩窰、重約一萬二千斤。共收益備作辦理地方公益事業之用。

## 丙　教育方面

一、提收會產充作學款　黃桷鎮小學因建築校舍、超出預算七百餘元、無法彌補、該校校長王蔭槐、查出上壩有長慶會及雷承祖會會產、尚把握私人手內徒飽私囊、乃呈請本署提收作爲學產、當即派員前往查看界址、并召該兩會會首佃戶來署投佃、計雷承祖會有田土一股、可值三百餘元、長慶會有田土一股可值六百餘元、均經辦淸移轉手續。

二、雜項工作

1,向商務中華世界三書局接洽、準備春季各小學校用書、復向北新書局選購小學教師進修叢書二百七十冊、分發各學校教師、以資參考。

2,參加壯丁檢閱時、向壯丁宣傳識字之重要、除分發農民週刊、保甲方面、衛生方面、水利方面、家畜保育方面之宣傳品外、并作臨場壯丁識字之測驗、統計壯丁二千六百五十八人、文盲佔全數百分之五十七弱、半文盲百分之十强、識字壯丁佔百分之三十三强。

3,修理文星鎮小學校舍需費六十元、由該校自行籌募。

4,編造二十五年度上期教育經費收支決算、總共收入四千五百四十七元四角七仙、總共支出八千九百四十六元七角一仙、負債四千三百九十九元二角四仙。

5,整理製發各學校表格冊式。

三、學校教育

1,編訂各校行政組織、及校務分掌。

2,編定各校本期行歷、及各種會議日程。

3,查核各校造報之畢業學生表、校產校具表。

4,召集全區義務教師、開教育研究會議兩次。

5,核定北碚澄江文星三小學校、各招高初級新生各一班、各級名額、以五十名爲限。

6,各保義務學校所數、本期因旱災關係無力讀書者太多、由七十五所減至五十一所、但每所學生人數至少須在四十名以上。

7,籌設北碚一年制短期學校一所、限令於一週內成立。

8,令各保教師切實調查該保學齡兒童人數、於下次會議時(三月二十一日)呈報區署、以便與戶口調查所得學齡兒童人數核對。

9,去歲接收區立各校情形補報教育廳備查。

10印校長教師會議及義務教師會議日程、分發本區各事業機關、請其將與該事業有關係事件編成課文、以便在會議席間教授各義務教師卽據以轉授兒童。

四、民衆教育！

1,編緝 (一)民衆課本！全部講義、本月已編緝完竣、共計九十課。(二)婦女課本！編至四十五課。(三)農民週刊！本月共出版七期、由十七期起二十三期止內有專號三期、加一二八紀念專號、救災專號及壯丁檢閱專號等。(四)教育園地！由二十三期至三十期共編八期。

2,演劇助賑 (一)游藝班學生在北碚民衆會場演劇三天募賑款五十八元又在合川幫助演劇一星期約募賑款一千餘元。

3,籌設短期學校 (一)寫貼招生廣告(二)清理校具。(三)編造開支預算表。(四)選購教科書籍。

4,問事處工作 (一)引導：來賓四次、以職業分、計政界四人、商界二人、工界一人、軍界一人、教育界四人。以籍貫分、計浙江四人、廣東二人、河北一人、四川五人、共計十二人。(二)代筆：計寫信十七件、條據六張、契約三張。(三)問事！計問旱災有幾省者二人、問入收容所須經何項手續者三人。問發賑米者二十五人。

5,統制：統制各種宣傳漫畫二十一幅、又幻燈片三十四塊。

五、民衆圖書館

(一)添製書架、因去年多間承渝李果生先生將李家花園所藏珍本，書籍多種、如圖書集成佩文韻府之類、捐贈本館、乃新製書架十個以備專作一室陳列供人閱覽。

(二)製借書個別統計表、因爲要知道一年中的讀者有若干、各讀書若干冊、以讀那一類的書爲多、特製個別統計表、按日填寫、以便一覽了然。

(三)閱覽統計、本月閱覽人總數爲三千四百十六人、計(一)市民估一千七百七十六人、學生估一千零五十七人、職員估五百八十三人。(二)兒童爲一千零八十三人。(三)館外借還共七百八十九次。

丁 地方醫院

一、接生保健及嬰兒、令院員生、一齊作勸孕婦住院生產之宣傳、以求消毒之完善、婦嬰之安全、本月計出宣傳四次、又接生、計送到院接生七次、均係難產、尤以黃桷鎮人係孕婦骨盤狹隘、以及大磨灘孕婦、因生產過久、嬰兒腐爛兩起爲最嚴重、概用產鉗取出。又全月發散孕婦保健表兩百份、嬰兒保健表二十張。

二、壯丁檢閱時之活動。

(一)在檢閱台附近成立臨時診療處、診治臨時病人。是日因天氣平和、無何疾病發生、全日僅治療十餘人。

(二)是日分派員生爲兩組、挑選健全壯丁作細密登記，備作舉辦峽區第一屆成人健康比賽之基本份子、計僅北碚一鄉、登記者達一百十七名。

(三)向壯丁播音宣傳、用流行性腦膜炎為題、宣傳注意預防方法。

(四)散發各保甲長及識字壯丁腦膜炎傳單一百二十份。

三、治療統計

(一)施割除痔瘡手術兩次。

(二)門診：計各事業機關職員士兵七百九十八名、普通病人一千三百二十五名、合計二千一百二十三名。

# 峽區要聞彙誌

二十六年二月份

雪西

## 一，文化類

1，實驗區區立**校長教師及義務教師月會**均於二十一日在區署舉行、商討本期一切進行事宜、并決定全區各校均在二十二日開學、二十五日正式行課。

2，**民衆博物館**一月份參觀人數共一八四八人、**民衆圖書館**、一月份閱覽人數共七〇四二人。

## 二，政治類

1，前**峽防局長盧作孚**於**十三日到碚**、巡視各事業機關一週後、當晚召集各機關主幹人在民衆圖書館開茶話會、對各部工作垂詢甚詳、并多所指示、十四日晨參觀蠶桑改良場及家畜保育所江巴實驗區後始搭民生公司民寧輪赴渝。

2，十八日實驗區署召集北碚各事業開**全區壯丁檢閱籌備會議**、商討組織、宣傳、檢閱……各種辦法。

3，二十日有匪徒冒充緝私、本區**二岩天子廟寺僧遭洗刦**。

4，廿二日行營代表**關吉玉**、省府代表**何北衡來碚處理川東蠶桑改良場收買東陽鎮上壩土地**事宜、現已決定上壩土地可由改良場先行使用、地主祖坟保留不毀、改良場今後雇工、各地主有被雇之優先權。

5，廿四日**本區壯丁總檢閱**、是日北碚各事業機關工作人員全體總動員、八時前卽就民衆體育場所設之檢閱台。劃到處獎品陳列處、各組臨時辦公處……佈置完善、并裝設無線電擴音器及無線電播音機三處、隨時傳播音樂、戲劇、消息等、午前十二時、各場壯丁始紛紛到齊、總計為二八四〇名、另有實驗區災民收容所到災民百人、壯丁先到者、每保有實驗區署職員二人散發農民週刊、宣講常識、識字測驗及舉行各種調查等、午后一時半開始檢閱、由三區專署代表葉新民任檢閱官、屆時關吉玉、何北衡、左專員等亦臨場參加檢閱、檢閱畢業及關均有講演、本區各事業主幹人分別講演水利合作、家畜保育、衛生教育等常識、講演畢隨即評定成績分發獎品、總分第一爲北偹十九保、當晚除演川劇以助興外、且映放有聲電影名片兩部。

## 三，經濟類

1, 本區防旱救災運動：

A. 災情——本區月來飢民日多、共有爭剝樹皮者、爭食白泥者、被逼投江自縊者、遺子潛逃者、集團索餐者、搶米掠谷者、流爲盜匪者、不一而足。

B. 救濟情形：

a. 節約——北碚各事業機關、每日改食稀粥二餐。

b. 禁止區內用糧食熬糖煮酒。禁止年節致禮宴客。

c. 二十日實驗區署撥款代購洋芋貸給農民、并規定本區農家辦理合作秋田。

d. 游藝募捐——三日民委會組織賑災游藝會演劇募捐、共募得五八元四角五仙、全部賑濟飢民。

e. 設災民收容所——十日實驗區設災民收容所一處於夏溪口燧川炭號、收容區內災民。

f. 年關急賑：

▲六日實驗區署派員廿七名、分赴各場勘災、根據飢民調查表挨戶訪問、以便分配賑米。

▲由賑分會募得賑米一一六石（北碚卅石、文星廿五石、白廟子十四石、二岩六石、澄江卅石、………）九、十兩日、分發區內災民、計飢民共五七四〇戶、發米九十八石七斗九升。

g. 募集賑款：

▲捐款——盧子英捐薪兩月計八十八元、家畜保育所江巴實驗區職工捐一日之所得、（且一工人捐全月月薪計三元）、李星北代募捐款百元、劉縉稿捐款二百元、以濟災黎。

▲李會極願墊五百元以辦急賑。

▲北碚小屋基萬姓清明會會款將提作賑款。

2, 家畜保育所江巴實驗區、已將北碚七、八、及卅三保**表證區畜牧調查竣事**，該區共有豬四九二頭、牛五六頭、羊二八頭、家禽七一一隻。

3, 家畜保育所畜牧獸醫科主任**吳年吉**廿四日**來碚視察江巴實驗區**。

4, 渝中國銀行經理**徐廣慈**副經理**王君韌**廿二日**來峽**

參觀各事業。

## 四，社會類

1，**光華電燈廠開燈**——茲有盧魁傑君、在區屬澄江鎮獨資創辦光華電燈廠、廠地設該鎮王爺廟、資本為二千元、有四．八基洛瓦特直流電機一部、共電壓為二二〇、照戶約百餘戶、已於本月二十五日開燈。

2，**青北馬路開工**——北碚至青木關之成渝公路支線、早經四川公路局派員測量竣事、路長廿公里零八百米達、茲行營已撥一六一師六營兵工建築（路基路面）幷限本年六月底竣工、現公程處設辦事處於北碚、劉德成任段長、楊家廟及歇馬場設有分辦事處、有橋四座、涵洞二十餘處、每修完一里、公路局津貼兵工洋百元、全路建築用具、共由公路局津貼二千元。

3，**預防腦膜炎流行**——腦膜炎春季最易流行、自地方醫院在北碚三十三保發見此病後、該院即派員分赴全區各保調查宣傳。

4，**舊歷元旦活動**——十二日為舊歷元旦、北碚民衆體育場舉行鄉土遊戲、午前比賽長毛毽、大抱蛋、午後作化裝競跑（士、農、工、學、兵、作裝）自行車比賽（賽慢）、

5，嘉江水淺、**民信輪**於十九日駛**經叫雞石**、機器艙壞船**沉沒**水中、因救濟迅速。除損失一部行李外、乘客全部脫險。

6，二十二日**民法輪在沙溪廟觸礁**、因離岸甚近、未受損失。


# 國本半月刊

第一卷第七期

二十六年三月一日出版

文天祥遺像（銅圖）
文天祥手跡（銅圖）

政論

對於共產黨的轉變
十五萬萬英鎊的大擴軍
三中全會之重大成功
談言論自由
林銑十郎對華「明朗」和「親善」外交
領袖與幹部……吳壽彭
蘇俄抗十六國武裝干涉戰爭……黃震遐
今後都市之分區與防空……蕭修甲
外蒙之過去及現在……梁子材
戰爭與文化孰要……李冷
婆羅門宰相考基亞霸術論……周之鳴

文藝

大汽船行（詩）……陸桂祥譯
朗琴拿高論（續）……王生譯
柏林閒話（續）……王健秋

通訊

綏遠之行……張知辛
英王戀愛事件的評價……諸樹德
革命與口號……高棣華

來件

與蔣雨岩先生論禮制問題……羅正緯

語錄

㈠文憑交易所的教育 ㈡中委聚餐
㈢教育界的怪現象 ㈣中英合作
㈤「其心必異」 ㈥女性中心論
㈦武力不能克服思想

國本半月刊社發行

南京西華門二條巷柏園

另售每冊一角 預定半年一元一角 全年二元 國內郵費在內

專爲關懷民衆教育者服務之月刊

# 教育與民衆

## 第八卷第六期目錄



本刊月出一期、暑期停刊、全年十册、定價二元。特別優待、訂閱全年、贈送「現代學術鳥瞰」一册。

定閱處：江蘇省立教育學院刊物發行股（地址：江蘇無錫新社橋）

歡迎訂閱　歡迎介紹

本刊已呈請內政部及中宣會登記

# 北碚月刊

中華郵政特准掛號認爲新聞紙類

## 第一卷　第八期

民國廿六年四月一日發行

### 定價

每月一册　一日出版　全年十二册

| 訂購辦法 | 册數 | 價目 | 郵費 國內及日本 | 郵費 澳門香港 | 郵費 國外 |
| --- | --- | --- | --- | --- | --- |
| 零售 | 一册 | 二角 | 三分 | 八分 | 二角 |
| 預定全年 | 十二册 | 二元 | 三角 | 九角六分 | 二元四角 |

郵票代價十足通用

編輯者　嘉陵江三峽鄉村建設實驗區　北碚月刊編輯部　四川巴縣北碚

發行者　嘉陵江三峽鄉村建設實驗區署

印刷者　國民印刷股份有限公司代印

分售處　各埠大書局

### 廣告刊例

| 等第 | 地位 | 全面 | 半面 | 四分之一 |
| --- | --- | --- | --- | --- |
| 特別 | 底封面外面 | 四十元 | | |
| 優等 | 前後封面之內面及對面 | 三十元 | 十六元 | |
| 上等 | 圖書前後及正文首篇對面 | 廿五元 | 十四元 | 九元 |
| 普通 | 首篇以外之正文前後對面 | 二十元 | 十二元 | 八元 |

詳細廣告刊例函索即寄

招登廣告　敬請批評

## 北碚月刊　徵稿條例

一・本刊以記述農村實況傳達鄉建實施方法研究農村改良技術等爲主旨歡迎投稿其範圍如下：
甲　農村社會實況
乙　鄉村建設之理論及實施
丙　各地鄉村運動之消息及現況
丁　鄉村事業之調査及報告
戊，時代知識之介紹學術問題之商確
已　寫實的文藝作品國內外旅行實紀等
二・本刊暫分論著調査計劃報告科學教育文藝通訊隨筆等欄
三・來稿須繕寫清楚并加新式標點符號如用洋紙忌寫兩面
四・來稿以每篇自一千字至一萬字爲限過長者不收文體不拘
五・本刊暫不收譯稿
六・來稿如不願增删修改者須先聲明
七・來稿著名聽作者自便但須將眞姓名及通訊處寫明以便通信
八・凡須將原稿退還者須預先付足郵票否則無論登載與否概不退還
九・來稿登載後酌致薄酬如左：
甲　每篇二十元左右
乙　每千字一元至五元
丙　贈本刊若干期或其他名著、刊物等
十・來稿交四川巴縣北碚三峽鄉村建設實驗區本部

嘉陵江實驗區壯丁檢閱一瞥
與壯丁宣講常識
靜待檢閱之全體壯丁
檢閱台上之重要來賓
壯丁劃到處
壯丁展讀農民週刊
獎品陳列處
花槍檢閱
檢閱
排教練檢閱之一
壯
丁
檢
閱
實驗區盧子英區長
給獎
焦龍華先生宣傳
家庭防疫
閱特派員吉玉
向壯丁訓話之姿態
葉代表新明
檢閱時訓話

北碚

第一卷 第九、十期

二十六年 五、六月號

嘉陵江三峽鄉村建設實驗區署成立週年紀念專號

四川嘉陵江三峽鄉村建設實驗區署發行

## ——到民間去——

教經投標——北碚教經收支員整理教育經費←

種糧借貸處——實驗區購買大批種糧貸給區內農民↓

合作秋田——旱災籠罩下實驗區提倡辦理之合作秋田↓

可利用灌溉之水利——本區運河瀑布→

坐待合作秋田的成功→

# 北碚月刊

## 第一期要目

廿五年九月一日出版



## 第二期要目

二十五年十月一日出版



## 第三期要目

廿五年十一月一日出版



## 第四期要目

廿五年十二月一日出版



## ◁本刊第一卷一至八期要目▷

## 第五期要目

廿六年一月一日出版



## 第六期要目

二十六年二月一日出



## 第七期要目

廿六年三月一日出版



## 第八期要目

廿六年四月一日出版

民國廿五年創始

# 北碚月刊

第一卷第九，十期目錄

民國廿六年六月一日出版

# 定戶須知

**1, 改址** 定戶通信處如有更改、遠地皆須先期一月。通知本社。否則因此遺失、恕不賠補。

**2, 補寄** 本刊每月一日出版、至遲可於五日交郵寄出。逐戶驗寄、從無遺漏。但郵途有時不免遲滯。萬難準期遞到、有時因故亦不免遺失、定戶可淸驗收到日期、如逾應到日期一星期、後。則可附郵票五分、向本社索補本期、如當月不發信索補、過時許久始函索補、則恕不遵命。

**3, 續訂** 本刊預定一年、國內連郵費只須二元三角、國外連費只須四元四角。舊定戶續定、每年遞減一角、卽國內第一次續定只須二元二角、第二次續訂只須二元一角、第三次續訂只須二元、以後類推、減至每年一元爲止。國外舊訂戶續訂亦每年遞減一角、減至每年三元而止、但續訂之訂費、不能交與郵局各書局代定、只能交銀行或郵局直接匯與本社。

# 歡迎分銷

本刊發行以來，內容方面，力求精進充實，幸蒙各界贊許，銷行日廣，茲爲便利各地閱者計，擬廣設分銷，倘荷賜予提倡，概允担任寄售，無任歡迎，詳章函索卽奉，茲將川內已設分銷及代訂處列下：

北碚分銷處：嘉陵江日報社　北碚温泉公園
合川分銷處：新新書局
成都分銷處：中國圖書雜誌公司　開明書局
重慶分銷處：中國圖書雜誌公司　北新書局　今日出版社
長沙分銷處：金城圖書文具公司
廣州分銷處：新明書社

# 本刊代售章程

一，本刊代售處除承担零售外，并得代辦定閱。

二，代售處代辦定閱，每份照訂價扣除百分之二十爲佣金，款到本部後，開給定單，直接寄書，以省手續。

三，代售處每期銷數在五十册以下者給予佣金百分之三十（卽七折）一百册以上者，給予佣金百分之四十（卽六折）在一百册以上者，給予佣金百分之五十（卽五折）

四，代售處每季結賬一次，將每次所銷數目連同扣淨售款一併開單，逕交本刊發行部，遇有不淸，除停發書外並，以合法手續追繳欠款。

五，凡代售本刊，每季在十册以上者得自行刻製『北碚月刊特約代售』印章及懸牌於門首。

六，繳款須用法幣，郵票代洋以一角以下者爲限，外埠匯款匯水與郵費，概由寄者負担如有中途遺失情事本部亦不負責任。

七，代售處於代售本刊，應負保管愛護之責。

八，承担代售者，爲謀增加銷路起見，所有自爲之宣傳費用，歸代售者自己負担

北碚月刊社訂

# 週年的檢討

編者

自峽防局改組爲實驗區署後、迄今已一週年、我們憑藉了原有的建設基礎、並顧全着當前的實際環境、推行管、教、養、衞、的政策。爰將一年來的實施經過、分別加以概括的檢討：

**以教言**：據調查：全區識字者佔全人口（六五、二八四人）百分之十六。在一萬一千餘學齡兒童中、失學者佔四分之三、曾受中等教育者有一六五人、受高等教育者僅大學十五人，高中二十六人、則最大多數民衆之「愚」、可想而知。因此立意掃除文盲、從教育着手、在原則上：不但求量的增加、且求質的改良、結果凡在生活條件容許入學的兒童都入學了、至失學的兒童、則有短期小學、以資補習、失學的成人、則有民教運動、以濟其窮、其目的：是在改善農民的生活習慣、乃至灌輸以改良農業技術的方法、使之知道做人的道理、努力去求得生活的進步、此外在師資訓練上、亦曾於暑期寒假、集中小學教師研討鄉教實施方法、并訓練其爲一推動「鄉建」的槓杆、今僅小試其端、似尙能推行盡利。

**以養言**：三峽山多田少、地瘠民貧、吾人爲一面使人民能獲得基本生活的資料、一面使人民具備基本生活的修養、乃特注重生計教育、所不幸者、去年秋多大旱、今春更形嚴重、於是凡在人力上可能救旱的方法、不僅逐一「做到」、而且都要求逐一做好、所有區內受災民衆、因此得救濟者、當不在少數。

**以衞言**：本區本「民變必以民治」之原則、建立民衆自衞之基本組織、以各公安隊爲主幹、以保甲壯丁隊爲其平時制度、故於全區戶口調查、保甲編組及鄉村領袖（保甲長）壯丁等之訓練、不僅求得普遍與正確、尤力求其運用效率之提高。至於當前治安、則常擊股匪於境外、使外匪無法侵入、以安境內。

**以管言**：本區地方行政組織、相當健全、對於敎、養、衞之推行、均力求其在整個計劃下活動、故於管理與統治、未敢忽視、所謂管理：即是注意工作之考察、監督、指導、幫助……等、尤注意於秩序之建設、紀律之確立、所謂統治：即工作之設計、統籌兼劃、分別緩急程序。尤注意於各種人與事之密切聯繫、此外之推動方法、則爲集會訓練、因本區工作人員、槩皆青年、每遇問題、常集中一地、互相研討、勤求辦法、一有心得、即知即行。

總之：本區於教、養、衞三者、皆相輔而行、未曾偏廢、只是各個的側重點偶有不同而已、他如教重普及、養重生產、衞則以組織訓練爲要、但無論養與衞中、必須滲透着教育的力量。

一年以來、我們的事業、因得各方面在技術上的協助、社會同情的扶持、和全部工作人員的埋頭實幹、在實驗上雖無較大的成績、但在鄉建工作的推行上實多順利。不過、我們深覺實驗工作萬分困難、何況本區人力財力又十分有限？吾人雖勉竭心力、思有以助於全區人民、但事實遠出我們想像之外、因此「深入民間」的工作、尤其是如何使大多數的農民有飯喫、這點我們正在研求辦法、還少有成就。今後更要充實我們的力量、加緊我們的工作、淬礪闘强、努力邁進、以謀早日實現農民富足、美滿、康樂的生活、在此我們要將本區今後進行的輪廓作一擇要的介紹：

一，教的方面： 教的中心問題、不僅掃除文盲、尤在加强民族意識、增加生產技能、改善實際生活、培養團體觀念、其方式是學校與社會打成一片、在師資缺乏、公私經濟交困的今日、小先生制之推行、當力求其迅速普遍。

二，養的方面： 積極的增加人民生產、消極的減少人民的痛苦、前者是以合作爲基礎、盡量與學術機關聯絡協作、後者在政府應廢除苛雜、整理財政、在人民消極的禁絕煙毒、積極的推行保健制度。

三，衞的方面： 教育的普及、建設的輔助、毒物的禁絕……無不利賴保甲、故本區一切教建工作之推動、均以保甲爲中心、衞的方面、將來我們希望辦到、在戰時能以民衆武力作國軍的後盾、平時維持地方的秩序、防止乃至消滅匪患的發生、其組織決採取單一化、使事業人力、財力、均可集中。

此外在工作方法上：因公私經濟極端困難時、只有繼續苦幹、在專門技術上：當聯絡各建設機關文化事業、協助設計與指導、在人才培植上：則當加緊訓練、因我們所需要的、不僅是新的制度、尤需要實行制度的人才、至於如何促進全國鄉建運動的統一調整、分工合作、以宏大其工作的力量、俾對國家社會有更大的貢獻、此點吾人皆曾注意及之、尤希鄉建同志、即早併力以赴、使鄉建展開出一個新的姿態、完成這整個地建國營陣。

最後尤須介紹者：爲本期專號之各篇文字、其作者皆本區埋頭苦幹之同志、其內容不誇張、不粉飾、不虛僞、故特介紹他們給各方的朋友認識、指導、批評和扶持。

風前
大家看
鄉農展讀農民週刊
偕行
枝葉
欲免傳染病，快打防疫針

# 小先生教學

我們的工作—即知即傳
我們的訓練—用腦用手
我們的精神—愈難愈前

小先生到屋大肚子方便
指頭作粉筆黑板是大地

會者教人，不會者跟人學

兒媳作伴老娘到
王家聽小先生教課去

小先生說：「王姐姐的辮子太長了，應該剪去」這話没有一個人反對

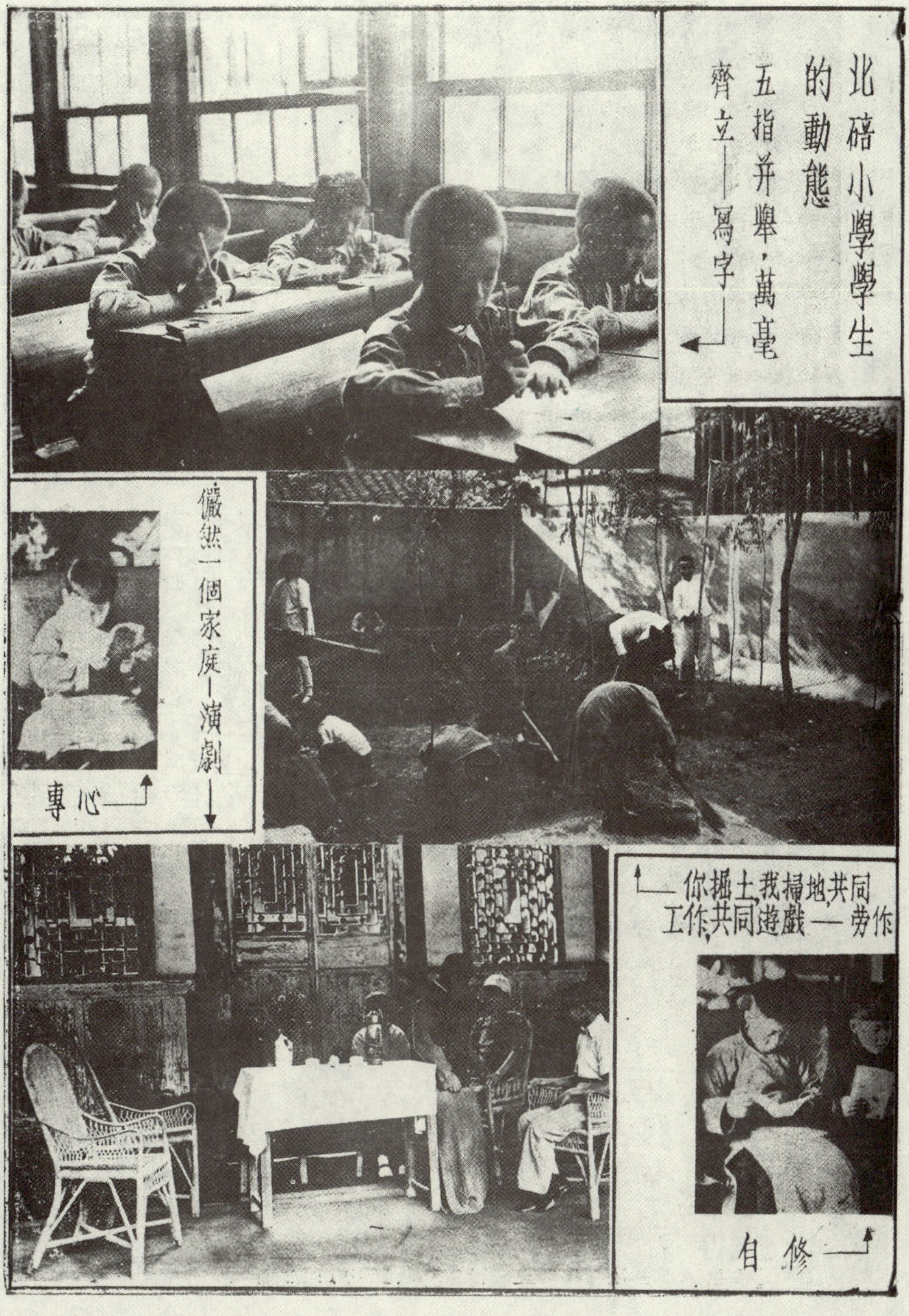
北碚小學學生的動態
五指并舉，萬毫齊立——寫字
儼然一個家庭——演劇
專心
你掘土，我掃地，共同工作，共同遊戲——勞作
自修

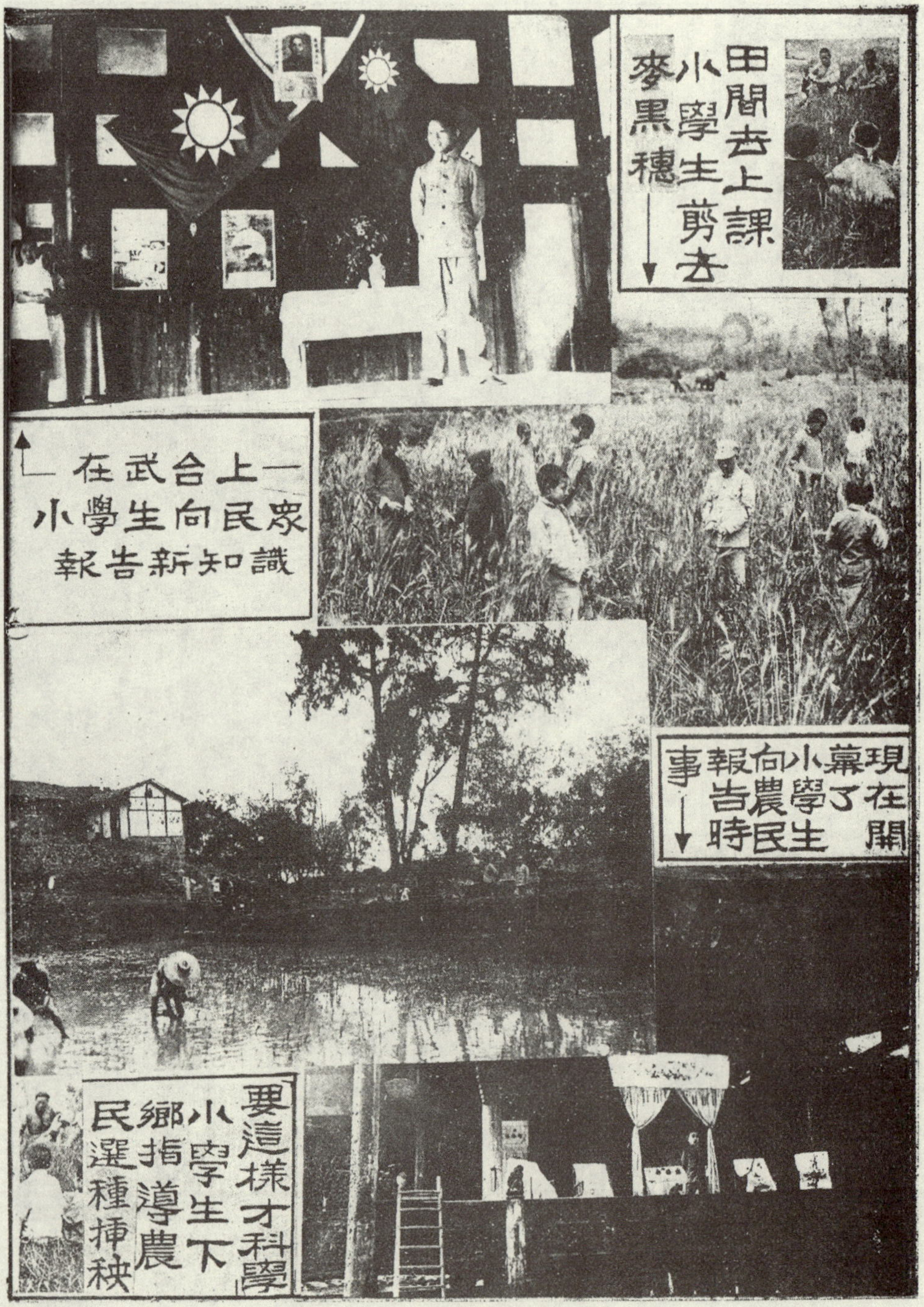
田間去上課
小學生剪去
麥黑穗
在武合上一
小學生向民衆
報告新知識
現在開
幕了
小學生
向農民
報告農時
事
要這樣才科學
小學生下
鄉指導農
民選種插秧

# 嘉陵江實驗區署一年來之工作

趙仲舒

- 一，訓練
  - 1,生活
  - 2,會集
  - 3,訓練教師
  - 4,訓練保甲長
- 二，工作
  - 1,教育方面
    - A宣傳
    - B推行小先生制
    - C取締私塾
    - D設立圖書担及巡迴文庫
    - E民衆學校
    - F工餘教學
    - G季節活動
    - H幾個比賽
    - I幾種刊物
  - 2,內務方面
    - A壯丁檢閱
    - B辦理賑濟
    - C剿除股匪
    - D公共衛生
  - 3,建設方面
    - A築塘堰
    - B借貸種糧
    - C選種育苗
    - D物產展覽
    - E交換動物
  - 4,財務方面
    - A經費概況
    - B現金保管

## 甲，前言

韶光似水、三峽實驗區、從二十五年四月、由峽防局改組成立、到本年三月、算是整整一週年了。我們翻開原定的計劃書一看、在教養衛三方面、按照施行的、實在有限得很！說不上有成績、我們凝神一想、非常慚愧！但是這中間却有一些困難。以經費言：省府補助月祇五千、治安費已佔去一半、除去薪公各費之開支、事業費不到全數四分之一、要想大刀闊斧辦幾樁像樣的事、那就難能。此其一。以地方財力言：峽區山多田少、地瘠民貧、十分之六、都靠下力營生、終日勞碌、多不得一飽、不但他們的腦子內、沒有裝着革新的觀念、即使你很親切的把這革新的辦法向他們盡力解釋、大多都不顧而去、何況你還要勸他們出一點錢、出一點力、來謀公共的幸福、那就根本無所謂了。此其二。以人民智識言：在區署成立的時候、全區五鎮鄉中、兩級小學祇有四所、初級小學只有十餘所、很多學齡兒童、找不着好的學校讀書、只有到教死書的私塾裏去。雖然在峽防局時代、也曾努力辦過民衆學校、夜課學校、船夫學校、和力夫學校、挨戶教育等、但是因人力、財力、境遇種種關係、祇有就部隊所在地枝枝節節舉辦一些、等於杯水車薪、無濟於事。若說受過最高教育的人、據二十五年夏間本署戶口調查的統計、在全區六萬五千多人當中、畢業大學的祇有十五人、畢業高中的祇有二十六人、全區充滿了文盲、一般都在貧愚弱私四字上過生活、要把現代的文化灌輸到他們的腦中去、確有登天之難。此其三。有此三點困難、在短短的一年中、所以就難得有美滿的成效了。何況困難尚不只此、地方風俗之不良、人民思想之守舊、在在皆足以阻礙新政之深入。因此我們欲求解決此困難、唯一的只有從教育出發了。古人為政、要先有了廣土衆民、然後使其富足、富足之後才施以教育、即是「衣食足禮義興」的意思、但是在這窮苦的環境中、絕不適用這既庶既富然後教之的辦法、必先教人以生產方法、才可解決窮的問題、先教人有了智識、才可解決愚的問題、凡人才之訓練、事務之推行、無一不用教育的方法、教育的意義、來包圍他、指導他。使他漸漸踏上現代的道路、用現代的方法來生產、用現代的方法來作事、逐漸辦到家給人足、共謀創造新的根本建設。

我們算一算這一年的總帳、在新的建設當中、比較值得報告的、把牠分別寫在下面：

## 一，訓練

**1，生活**　區署和各事業機關的人員、每天除了七點半鐘的辦公時間外、照例早上有一點鐘的運動、午後傍晚又有一小時的運動或遊戲、和閱報、夜間自習讀書一點鐘、輪流作讀書報告、凡是所讀的書、是要經過主管人選擇、而且夜間讀書和報告、是有值日主任監督和指導的。這種生活規律、期望養成有極強健的身體、高尚的人格、宏深的學問、以教人、以作事、才可以提高工作的效率。

**2，會集**　每日各股各事業機關開會一次、討論辦事的方法、指導作事的技術、每週開署務會議一次、區屬全體工作人員參加、討論一週間工作的得失、和應興應革的事宜。每星期一開週會一次、報告一週間的工作成績、區屬員兵學生均一體參加、在此人人都可出席發言、練習說話、還有必須担任記錄的可以練習速記的能力。報告完結之後、有公共批評、主席講評、不但大家相互明瞭了工作內容、而且增加了許多專門知識。其他如校長教導月會、保甲長月會、均含有報告工作、討論工作、相互影響、相互比賽的意義。

**3，訓練教師**　在二十五年的暑期、為了改良教育、增設學校、曾成立小學教師研究會、義務教師研究班、各傳習一月、小學教師、由區屬各小學校調來、共有教師二十五人、義務教師、則係招考一百人、以備區屬百保各設義務小學一所之需。及到寒假、裁汰成績不良者十餘人、復又招考二十名、連同原有義務教師、補行訓練半月。此種義務教師、平時在各保教育兒童、遇有新政推行，則即運用各校教師學生幫助宣傳、或施行、實為建設當中的重要份子。

4, 訓練保甲長　爲着訓練壯丁和推行新的建設、在二十五年秋間、集會了全區保長甲長小隊附二百人、定期一個月施以軍事訓練、使他明瞭現在國內的情勢、世界的情勢、以及文化交通產業國防各種常識、以堅固他們對建設的信念、然後分佈到四鄉去訓練民衆、施行建設、首先使民衆也對新的建設、有一種深刻的信念。在開始訓練壯丁的時候、且在北碚訓練了一隊約四十名的勞動服務團、來執行一切新進的工作。

## 二，工作

### 1, 教育方面

A 宣傳　凡關於內務財務建設各方面的工作、都先由民教委員會派員出發區內各地聯絡各保義務教師學生、一齊動員宣傳、使先明瞭所辦事體的眞相、以立起信仰、而免有所誤會。

B 推行小先生制　就區屬各義務校施行小先生制、一面在北碚三十三保成立共學處十五處、作爲試驗小先制之實驗保、有許多小先生雖被家庭斥責、還是奮勇教學、毫不灰心。

C 取締私塾　二十五年秋在區內設立義務小學七十五所、九月半一致開學、所有私塾、一概下令停止。這些私塾教師、只要是有能力的、我們就設法幫他找職業。

D 設立圖書担及巡迴文庫　爲了要養成讀書風氣、提高大衆智識起見。乃由圖書館担任這種工作、派員把平民讀物、挑送到各家去、勸人閱讀、每三天換一次。巡迴文庫則選擇普通讀物、送到區內各機關去、任各職員閱讀、每十天換一次。

E 民衆學校　除在區內設立四個完全小學和每保設立義務學校之外、還在人煙稠密之地附設有民衆學校十五所、由各小學教師義務担任教授、及作學生實驗教學之地、又在北碚設立短期小學一所、該校學生皆在小先生制指揮下、教家人、教鄰居、精神非常活躍。

F 工餘教學　區屬各機關勤務傳達伕役、白日工作緊張、沒有受教機會、夜間閒暇的時候、全體集合一處、教以生活技能所必需之智識、規避者懲罰、勤奮者奬勵。

G 季節活動　每值廢歷元旦、夏節、雙十節、各個時期、必開放各機關任人參觀、介紹各機關的任務、並將交通文化國防產業等新知識、介紹給大衆、且有各種比賽的活動、游藝的表演、

H 幾個比賽　我們在保健運動當中、提倡了一個三年制的銀盃比賽、指導羣衆的運動方法、和提起其運動興趣、參加的團體、非常活躍、這些銀盃、是從各事業機關、和各界名流募來

的。還有夏節的龍舟競賽、和夏季的游泳比賽、都是大規模的組織、和提倡。其實比賽的事體還多、如像運動方面的各種比賽、和讀書報告比賽、……等。不可盡述。

i 幾種刊物 我們爲了要提高大衆的智識、增進大衆的技能、藉嘉陵江日報副刊上出版了教育園地、教育週刊、專門討論教育的問題、又特出了一種農民週刊、專門討論農業上的問題。還有北碚月刊、是介紹我們的建設工作、希望社會人士批評指導的。

## 2, 內務方面

A 壯丁檢閱 二十五年的秋間、開始區屬五鎮壯丁訓練、到二十六年一月、略告一個段落、即在二月二十四日（廢歷正月十四日）舉行全區壯丁大檢閱、實到小隊長壯丁等三千二百五十一人、即日評定成績、分別給獎、這次檢閱的意義、是在給區屬民衆以當前必需的知識和技能、及提起比賽工作的興趣、所以在檢閱場中設有播音機、作播音講演、和散播音樂。又映放有聲電影、表演川劇、歌舞。尤作識字測驗、常識講話、如像家畜防疫、築塘鑿堰、防旱救荒、造林選種、預防疾病、等問題、一一予以簡單的介紹。

B 辦理賑濟 去年本省亢旱成災、峽區尤重、在歲暮的時候、糧食恐慌、達於極點、草根、樹皮、掘食殆盡、飢民成羣、四出求食、拋兒棄女、抱子投河的事、日有所聞、當時便成立賑分會、募捐發賑、以資救濟。一面成立收容所、收容難民、一面成立臨時嬰兒救濟會、收養拋棄嬰兒、勸導富紳留養。並在重慶借款二萬元、成立糧食調劑委員會、採購食米、調劑峽區民食。

C 剿除股匪 這一年中、有三次大規模的剿匪、第一次在合川雙鳳場翠云寨、會在羊子溪段家坟一帶搜索四日、激戰兩小時、奪獲步槍手槍共二十餘枝、擒獲正匪多名。第二次在江北清平鎮大茅坪搜索三日、激戰兩小時、匪向華鎣山方面潰逃、我們的隊伍、有兩名受了重傷。第三次在合川白峽口、我們的隊伍深入匪巢、受重傷的四名、格斃匪徒六名、奪獲手槍二枝、匪徒完全潰逃。

D 公共衞生 本年除在全區春秋兩季、兩次大規模普遍種痘外、其餘由峽區地方醫院負責、成立了戒煙醫院兩所、舉辦嬰兒比賽會、兒童比賽會、敬老會各一次。這次敬老會參加在七十歲以上的男女老人、約近兩百人、還有一位由區外來的老人陳元慶先生年達一百卅三歲。

## 3, 建設方面

A 築塘鑿堰 本區從二十六年元旦日起、開始築塘鑿堰工作、由區署派出水利輔導員二十人、分十區督促進行、截至二月底止、總共完成了塘堰水庫八十七個。在這個工作當中、誠恐人民無錢辦理、區署特別借了五百元、來貸給人民。

B 借貸種糧 在二十五年的秋間、誠恐區屬農民在此旱災之後、缺乏種糧。因此購了許多豆麥之類、散借農民、本年的初春、又爲防荒起見、買了四百元的洋芋、散借農民種植。

C 選種育苗 在二十五年秋間、購了很多南京二十六號小麥、散發區屬表證農家試種、此外如像施行鹽水選種運動、剪除麥黑穗病、消除鐵甲虫、地蠶子等有害農家的害虫、也作得不少、又提倡育苗造林、令全區學校的教員學生、一律就附近的官山及隙地、完全栽植樹苗。

D 物產展覽 爲了要改進全區的物產、曾開了峽區物產展覽會一次。爲了提倡鹹菜合作、開了鹹菜展覽會一次、都有相當的成績、都提起了比賽的興趣。

E 交換動物 我們的動物園、常苦於沒有外面的珍禽奇獸、乃與上海市動物園聯絡交換、各以所有易無、我們以豹子兩隻、送到該園、換得灰雁袋鼠……等物、頗爲新奇。而且與其他地方的動物園、博物館、公園……等亦取得有聯絡、常常交換物品。

## 4, 財務方面

A 經費概況 本署經費、月由 省府撥發五千元、峽區各事業機關、月助約五百元、每月若無特殊事件、尚勉强够用、超出不多、若有擊匪等事、那就要超過預算數百元至千餘元不等。截至現在負債已達四千元、卽因常有擊匪的關係所致。他如地方經費、屬於保甲者、月需約七百元、支出約與相等、二十五年照章每月征收一次、最多者每戶兩角、少者五仙、極貧之家、則完全豁免。本年照 省府規定、改爲每半年征收一次、征收方法、照所有財產攤算、每值八十元、年收二角、多則照加、少則豁免。此項保甲經費、係先就全區所需、根據調查實情、而爲適當之預算、所以尚能收支相合。而教育經費那就大不然了、全區四個完全小學、七十幾個義務小學、還有短期小學、民衆學校等、預算年需經費約兩萬元左右、而實際收入、不到一萬一二千元不敷約及八千元、此爲本區教經中最大的困難問題、正在日夜焦思、要求急切解決的事。

B 現金保管 本署現金、無論收支、都交由農村銀行照着一定的手續收支。區署是不存分毫的、這樣一來、不但可杜絕一切流弊、還可以省去許多麻煩、在銀行亦可得到流通金融的便利。地方團學經費、亦係由署統籌收支、把從前侵呑挪蝕的流弊一概掃蕩、經此整刷、地方人都知自愛、都能廉潔奉公了。其在區屬各機關領去的銀錢、每三天是要把帳簿送核一次、每一個月是要不定期的査兩回現金、萬一査出有虧空的時候、不但加倍罰賠、而且要受嚴厲處分的。

上面這些事體、不過就積極方面、略略舉述幾個綱目、并非盡個的、亦不詳盡、若要知道詳細的工作、可以參看後面的各段報告。我們常常感覺到現在的農民大衆、他們所最關懷的祇有衣食兩項、對於外交的嚴重、國土的喪失、和帝國主義文化、經濟的侵略等、都沒有覺着與他們生活有什麼關係。我們要創造一種新的根本建設、必須使他們明瞭現在國內國外的情勢、使他們知道了這一些情勢、在在都與大衆生活有關、不能不努力去受新的教育、求新的知識、學新的技能、來解決這目前衣食困難的問題、所以我們在第一個時期、首先訓練人才、造成教育環境、凡有一件新的建設的推行、都用教育的方法來包圍他、所有區內的公務人員、教員學生、都在一個目標之下活動、辦到人民逐漸豐衣足食、造起新的環境、新的風氣、新的道德條件、以完成我們理想中一種新的地方建設。

## 乙，內務（普通民政保安）

吳定域
劉文襄

### 一，保甲方面

1，保甲編査
A清査戶口編組保甲
B復査全區戶口
C取具聯保切結
D公私槍砲烙印
E辦理戶口異動

2，保甲訓練
A保長小隊附集中訓練
B全區壯丁訓練
C保甲長分區訓練
D舉行保甲會議
E各保設備定期刊物

3，保甲經費
A過去的辦法
B現在的辦法

4，聯合辦公
A促成聯保辦公處與公安隊聯合辦公
B派助理員幫助各鎮鄉聯保主任

### 二，治安方面

1，協助剿匪
A搜捕翠雲寨刼案
B攻剿大茅坪股匪
C會攻大茅坪股匪
D圍剿白峽口股匪

2，辦理冬防

### 三，公益方面

1，辦理賑務
A成立賑務分會
B，辦理年關急賑
C，春賑
D，辦理收容所

2，糧食調濟

3，興利除弊
A淸理公款積谷
B，提倡節約運動

4，公共衛生
A甄別中醫

5，厲行禁煙
A幫助各縣檢舉癮民
B設立戒煙所
C强迫煙戒
D輔助禁煙分局

### 四，訓練方面

1，屬於自身的
A管理公安各隊教材
B勤務兵伕訓練
C諜査訓練

2，幫助他人的
A幫助民生公司訓練茶房水手
B幫助蔡家鄉訓練壯丁隊
C幫助炭廠訓練工人

# 一，保甲方面

## 1，保甲編查

A淸查戶口編組保甲——本署自四月成立以後、亟欲明瞭本區整個社會之實際情況、俾使一切設施有所依據、故隨卽着手全區戶口之淸查、及保甲之編組、爲時兩月餘、計將全區五鎭鄕劃爲一百保、一〇五五甲、選委保甲長組設聯保辦公處、又全區戶口計一二、四七七戶、六五、二八四人、其他壯丁學童、亦有統計、並繪成各鎭鄕保甲所管區域略圖、用備查考。

B復査全區戶口——本區保甲編査旣竣、復因民智低落、保甲長不能按時査報戶口異動、致使整個保甲組織、數月之間，卽無形分解、故於保甲訓練之後、隨卽擧行全區戶口總復査、並塡發門牌、同時敎導各保甲長辦理戶口異動査報。

C取具聯保切結——本區欲謀一切建設事業進行順利、乃先事安定社會秩序、故藉復査戶口之便、敎導全區人民一律取具五戶聯保連坐切結、以使自相勸善規過、不做一切非法行爲。

D公私槍砲烙印——本署於編組保甲之後、欲明瞭全區武器分佈情形、卽將全區公私自衞槍砲、一律査明編號登記烙印、並發給執照、計有廣土手步槍一千三百四十三枝、又步槍彈一萬二千九百零五發、手槍彈四百八十發。

E辦理戶口異動——査保甲組織爲推行一切新政之工具、而保甲組織之能穩固與否、全賴戶異動査報之力爲定、故淸査戶口僅屬一時之工作、而査報異動方算經常的事務、然本區的保甲長不識字者佔六分之一以上、而識字能執筆者甚少、能塡報戶口異動表者更屬寥若晨星。故本署辦理是項工作、困難殊多、但雖障礙重重、然亦不能因此卽停頓不辦、故乃於去年十一月份遵照剿匪區內保甲戶口編査條例印就各項異動表冊、勉力進行、而其中査報不實、或遺漏者、自屬難免、然亦祇能逐步要求正確而已、現印發戶口異動計七種八萬張。

## 2.保甲訓練

A保長小隊附集中訓練——査區屬五鎭保長小隊附、素乏軍事常識、辦理保甲事務、勢恐難於稱職、特於去年九月半間、調集全區保長小隊附、計兩百名、就北碚施以嚴格之軍事訓練、敎以軍事政治常識、迄十月半始結束、爲時一月、每人計用伙食制服等費五元五角正。

B全區壯丁訓練——本署爲充實民衆自衞力量、特將區內年齡十八歲至四十歲之男子編組壯丁隊、施以軍事訓練、茲將訓練經過、概說如下：

a小隊訓練——自十一月開始、分爲甲乙兩組、每組每十日受訓三次、訓練科目、由區署統一規劃、並隨時派員巡迴各保指導幫助。

b聯隊檢閱——全區壯丁旣已先後開始訓練、本署爲促起小隊與小隊間、及聯隊與聯隊間、相互比賽前進起見、乃於去年十二月初間分期舉行聯隊檢閱一次。

c區隊檢閱——查本區第二期壯丁訓練、應在本年二月底完成、例應舉行檢閱、評定成績優劣、以告未來、故特呈准三區專署、並由三區專署派裴視察員新民到碚、於二月二十四日調集全區壯丁就北碚舉行大檢閱、是日區屬各鎮壯丁、自午前十鐘到場、午後一鐘開始檢閱、中間會經派員分組考核各隊操作、武器及清潔等項成績、並與講演關於防旱、救荒、輔助義教、家畜防疫、及水利合作、等問題、隨後測驗壯丁識字、並將成績較優之各隊、提出復行檢閱、比賽操作、當予評定成績、分別給獎、至午後五鐘、始行檢閱完事、晚間並有電影、川劇助興、查是日實到檢閱官長二一五員、壯丁二六五八名、識字者八七七人，佔百分之三十三。

d保甲長分區訓練——查區屬保甲長均以智識能力薄弱、推行保甲工作難困殊多、茲特於三月下旬開始訓練、每逢場期 、各就該屬聯保辦公處舉行一次、每次訓練兩小時、由本署派員講授保甲、防旱救荒、水利合作、家畜防疫、及輔助義教等常識、及實施之技能、限期兩月結束、但以後每半月仍須舉行一次、以增進工作之效率。

e舉行保甲會議——查保甲爲地方行政基本工具、本署爲求一切建設事業、推行有效、必使保甲人員隨時能有訓練之機會、因此規定每十日由各聯保辦公處召集保長會議一次、又由保長召集甲長會議一次、並於去年十一月月半間、會舉行全區保長小隊附大會一次。

f各保設備定期刊物——查區屬民衆居住鄉間、向無書報可閱、不但對於現代時勢茫然不知、即本地情形亦鮮有可聞、以此故步自封、推行新政、頗感困難、特於去年十月令行各保、規定每保各訂嘉陵江日報及農民週刊各一份、照一般價值七折付費、并令將報載消息及各種常識隨時轉告所屬民衆、吸引保內民衆隨時前來讀報、由保長教導、藉以灌輸文化、並訓練其思想。

## 3, 保甲經費

A過去的辦法——政府原規定每戶每月自五仙至二角、無論貧富、一律負担、如此既感苦樂不均、且保甲長挨戶追索、終歲擾攘、於保甲長任務、妨礙殊大。

B現在的辦法——省府有鑒於此、特規定從二十六年一月起、改用以田房價值及工商業資本在八十元以上者、爲起征之標準、本區奉令、乃於月前派員分組赴各鎮鄉調查、現已完事、結果本區五鎮百保、全年平均每保應繳保甲經費洋六十一元七角六仙三星、由區署統籌統支。

## 4, 聯合辦公

A促成聯保辦公處與公安隊聯合辦公——查公安隊與聯保辦公處所負任務、從形式上觀察、雖有「警」「衛」之別、然就實質上分析、多有不可分離之處、故保甲須知所說、「保甲制度、即是農村警察制度、L本署特實行警衛聯繫、將警察與自衛打成一片、併組聯合辦公室舉行聯合辦公、以增進工作之效率、並減輕人力財力之負担。

B派助理員幫助各鎭鄉聯保主任——査各鎭聯保辦公處事務人員、多因舊習相沿、辦事因循敷衍、推行保甲工作、障礙殊大、本署特指派職員五人、分任五鎭聯保政務助理員、以增進工作之效率、並以作事之精神、影響改革原有之陳腐舊習。

## 二，治安方面

### 1，協助剿匪

A搜捕翠雲案刼案——去年五月二十日、合川雙鳳場翠雲寨寨丁叛亂、竄同股匪大肆行刼、當擄去現洋四千餘元、幷殺斃未與同謀之寨丁四人、本署於當日午后聞訊、當由胡主任天朗率領公安隊與工人義勇隊各一部、共一中隊前往緝捕、傍晚出發、次晨到達翠雲寨、匪徒早已潛匿無蹤、査其刼殺情形、似有本地奸人附合、復由盧指導員盧區長率兵兩分隊前往會同胡主任將部隊分爲四路、大舉淸鄉、最初一二日、陷於無法追溯蹤迹、第三日復在白峽口擋獲嫌疑犯二名、乃知是案全屬該寨丁與當地李淸輝老紳糧等所爲、卽挨戶詳密搜査、始得線索、卽將全案破獲、除主要劉犯蔣治安等聞已捲款遠颺外、計捕獲正匪數人、脅從十餘人、匪槍廿餘枝　除所獲人犯報請依法治罪外、匪槍亦已呈准登記烙印、上峯對此案破獲有功，區長記功一次、地方人士亦無不稱快。

B攻剿大茅坪股匪——去年七月十二日據報、合川江北兩縣交界之大茅坪、有股匪三十餘人、各執手步槍盤踞其間、本署聞訊、即派公安一二兩隊前往剿捕、結果與匪惡戰一場、匪徒得地勢之優、負傷一名、僥倖逃颺、我軍奮勇攻擊、負傷兩名。

C會攻大茅坪股匪——大茅坪山勢險峻、綿延不絕、匪徒甚易潛匿、雖經本署追逐逃颺、無如匪徒刁狡異常、此擊彼竄、兵去匪來、又於九月二十三日晚、接得合川小沔溪李炳奎電訊、該處又有股匪二百餘、盤踞其間、武器多爲手槍、時出掠劫、幷謂該隊一中隊已在白峽口方向警戒、請即派兵會剿等語、同時電商江北第四區保安隊約定會勦辦法及時間、是晚本署會派公安兩中隊及保長小隊附研究班兩中隊前往會剿、次日午前九時達該地與匪接觸、重傷匪徒一名、匪徒見勢不佳、即行向李家山方向竄逃、我軍以一夜行程疲勞過甚、追匪不及、結果因山林深厚、未獲蹤跡。

D圍剿白峽口股匪——本署以該股匪徒、消息靈通、運動敏速、特於第三次（十月初間）指派便衣兵一隊、佯裝匪徒與之合股、即有匪首朱斌來隊接洽、約定十一日集合大小棚子、在白峽口「會哨」、本署得報、速即星夜出動、四面圍剿、結果因山形複雜、匪徒奸狡發現我方部隊、紛向山林雜處逃竄、僅當場將匪首朱斌、黃鵬等六名、擊斃於白峽口、當奪獲匪之手槍二枝、土步槍二枝、我便衣隊與匪激戰時、亦負重傷三名、是後計耗時四晝夜、捕獲嫌疑犯七名、至奪獲匪槍、除由本署登記烙印外、并將經過情形呈報備查、上峯嘉許、區長記功一次。

## 2, 辦理冬防

去年天旱、災民流離、惟恐被飢餓所逼者、挺身走險、危害地方、且當冬防時期、更應嚴密警戒、因特通令各保壯丁隊、造搭哨棚、組織巡察隊、每晚輪流派隊巡邏放哨、并規定平時與警時使用之聯絡「號音」「警鑼」「打梆」等之方法、分令各保遵照實施、隨時並由本署派員巡視演習、因此本區境內去冬盜匪案件、特別減少。

# 三，公益方面

## 1. 辦理賑務

A成立賑務分會——去年全川大旱、本區多山、災情特重、人民啼饑號寒、拋兒棄女、慘不忍聞、特呈上峯設立賑務分會、賑濟災民、乃於本年一月卅日召集地方紳士五十人、在北碚正式成立、主席由本署區長兼任、另公選委員五十四人、開始分頭向各處富紳公司銀行及各公共事業勸募捐款、並函請華洋義賑會中賑會省賑會予以捐助。

B辦理年關急賑——年關急賑、乃舊歷年之公例、一般人民早已引領而望、尤以去年大旱、取食白泥樹皮者至爲渴望、特將賑務分會募得之捐款一千五百九十二元一角、濟米七十二石七斗三升五合、提出五分之一撥作災民收容所經費外、其餘全數充作年關普濟、又惟恐當此米價昂貴之時、一般有食之人、假冒饑民、分取糧食、特事先舉行調查、同時散發領賑據、結果全區五鎮眞實受災饑民、極貧三千三百四十四戶、一萬三千九百零八人、次貧二千一百六十八戶、八千一百零三人、各人憑據、就各聯保辦公處領應得之米、因各地極貧次貧、程度不一、故施米標準、訓有差異、五鎮次極貧、每人平均約得米五合。

C春賑——年關急賑、設收容所、亦僅能救濟一時之饑一部份災民、仍無補於大事、乃約商區內各紳士及各賑務委員發起春賑、自量家產之高低、分特甲乙丙丁五等、暫由各人墊款、辦理平糶、至所墊款項、在以後募得捐款內扣還、募款不力者、即以墊款移作捐款。

D辦理收容所——救濟比較持久、澈底、對公安隊亦有幫助者、決爲設所收容、本區所辦理者、有下列兩處：

a.澄江口之收容所——此收容所爲五鎮鄉連合設立、二月九日開始、現仍繼續、前後共收災民三百四十六人、各鎮鄉提賑款五分之一、區署各員兵、捐一日所得及指定捐與收容所者開支。

b.北川天府之收容所——因北川鐵路沿線之各炭廠工人中間、有病人不能作工者、流於市面、其情可憫、兩公司有見於此、由本署供給辦法、在後峯岩設立收容所一處、於歲暮天寒時、辦有三十餘日、其最高額爲五十餘人。

2，糧食調劑

A本區山多田少、人煙稠密、每年所產谷米、僅能供三月之需、當旱災之年、糧食更應購自外來、本署會同賑分會、請農村銀行在渝省銀行借款二萬元、派員在區外上游購米調濟民食。

3，興利除弊

A清理公款積谷——查區內公款公產積谷、間有由私人把持侵吞者殊為可惜、乃佈告全區民衆、獎勵舉發、以作教育及賑務之助、因此乃檢舉得黃桷鎮廟產兩起、現已收歸教育經費項下、至北碚積谷則正在清理中。

B提倡節約運動——本年年節以提倡節約運動佈告全區民衆、禁止以谷米蒸糖煮酒、及送禮宴客以杜靡費、并通告各公安隊、切實監督執行、此事業經施行有效、並各事業提倡日食兩餐及早晚吃稀粥、以資節省。

4，公共衛生

A甄別中醫——本年一月三日奉到 三區專署發下行政院發下衛生署中醫審查規則、令飭遵照辦理、本署隨即分令各聯保知照、并佈告區屬中醫一體遵照審查規則具備手續、前往各該聯保辦公處登記、迄至二月十日止、全區共登記中醫四十六名、隨即予以考試、結果合格者僅八人、除登記外、并呈請省府核發證書。

5，勵行禁煙

A幫助各縣檢舉癮民——關於癮民檢舉事宜、區屬五鎮鄉於去年五月曾經原隸各縣政府直令各鎮鄉辦理一次、本署當幫助行令各鎮鄉、切實飭令保甲長挨戶檢舉登記、取具切結、并將檢舉結果、由各鎮分頭呈報縣政府。

B設立戒煙所——本署業就北碚地方醫院、設立戒煙分會、并在地方醫院、收留戒煙住院病人、又在文星場設立戒煙醫院一所、收容各煤礦工人之戒煙者、去年十月正式設立、由天府北川兩公司、供給經常費用、用血清戒煙、業已脫癮者二百五十九名、至今尚在繼續收容癮民。

C強迫戒煙——去年曾由本署公安各隊、製造戒煙丸藥、搜捕無照癮民、強迫戒煙、大癮不過用費一元、小癮不過五角、即可脫癮。

D輔助禁煙分局——本署奉令成立禁煙分局、專門管理、本股今後仍立於幫助地位、務促起全區癮民人人決心戒煙、無一黑化份子。

## 四，訓練方面

1，屬於自身的

A管理公安各隊教材——查公安各隊因駐地不同、任務各殊、士兵訓練科目未便絕對要求一致、然亦不能各持一端、因此年來關於士兵訓練科目、全由本股定出合原則的訓練、內有軍事的、警察的、政治的、且一年的訓練教材、由各隊因地制宜、每週製定預定表交付軍事會議審核、以取相當一致的步驟。

B勤務兵伕訓練——掃除文盲、首應從本身做起、查各事業機關伕役勤務兵不識字者尚多、特籌設勤務兵伕、補習教育訓練班、於短期小學內、每晚派員前往教授二小時、以民衆課本爲教材、幷教以清潔衞生服役、——等知識、期間爲三個月、畢業時成績優異者酌予獎勵。

C諜查訓練——查本署諜查多由過去壞社會中悔過自新者、雖曾有種種忠實事實表現、然朝夕寄足於下層社會集聚之中、深恐同流合汚、故特規定各諜查除有特別任務外、每晚須集中北碚圖書館、由該館派員教授識字讀書、及各種新知時事、幷予以人格的訓練。

## 2, 幫助他人的

A幫助民生公司訓練茶房水手——民生公司以事業上需要、年來曾招收茶房兩批、水手一批、交託本署、幫助施以軍事訓練、以養成服務的精神、與紀律的生活。

B幫助蔡家鄉訓練壯丁隊——去冬蔡家鄉以壯丁訓練人員缺乏、函請本署派員幫助、本署曾派公安隊隊附楊相成李得如前往幫助訓練一月始返。

C幫助炭廠訓練工人——去年六月、澄江鎭寶源燧川兩炭廠、爲礦區界畔糾紛、雙方均奉令停止開採、所有兩廠工人三百餘名、悉數休閒無事、本署派鄧亮鄉文龍兩員前往實施管教一切。

胡天朗
雷雅生

# 丙，財務

## 一，關於經常事項

1, 會計方面
- A 改變記賬辦法
- B 從新規劃賬表
- C 統一記賬辦法
- D 指導經賬人員
- E 處理應用科目
- F 整理賬據
- G 編擬會計規程

2, 出納方面
- A 統一現金
- B 領款手續
- C 造報現金日報表
- D 出納員之注意

3, 審核方面
- A 銀錢的
- B 公物的

4, 其他方面
- A 會議
- B 登記

## 二，關於特殊事項

1, 決算報告
- A 區署經費
- B 教育經費

2, 召開教經會議

3, 整理教經補助

4, 登記全區公產
- A 北碚
- B 黃桷
- C 文星
- D 二岩
- E 澄江

5, 調查保甲經費

6, 造報二十六年度全區經費預算表
- A 區署經費二十六年度收支預算表
- B 教育經費二十六年度收支預算表
- C 保甲經費二十六年度收支預算表
- D 全區經費二十六年度收支預算表

本署成立迄今、無日不在經濟困窘中掙扎。故對一切開支、均力求其用途正當、茲將本署二十五年四月一日至二十六年四月一日止還一年來的財務工作情形分別敘述如左：

# 一，關於經常事項

## 1，會計方面

A改變記賬辦法　查前峽局會計處記賬辦法全係以傳票爲主、作過賬的根據、這種記法、本屬合理、但傳票記法、應分科目記載、以傳票成冊、便於清查、照過去的傳票係單式記法、一半是以條據爲主、這樣每到月終月結之時、有的條據要報賬於是不齊全、如果要查錯賬、這就艱難了、因此現在除仍用傳票而外、還加上日記賬作爲一切賬的根據、這樣查賬報賬均很便利。

B從新規劃賬表　因爲原有的賬表內容及設立的科目與目前用的很多不合、同時也很簡單、辦理月結詳目不容記載故不便使用、茲除能用的儘量利用而外、特從新規劃一切賬表、以資適用、計賬簿類：設有日記賬、子分賬、總分賬、補助賬四種、表單類用有支款單、領款單、現金收支傳票、轉賬收支傳票、日計表、月計表、報告表、明細表、對照表、資負表、薪金存放表、領薪表、預算表、收付款通知單、往來對賬單、十四種現已分別使用。

C統一記賬辦法　區屬各事業機關、各公安隊、各學校、各鎮聯保辦公處、對於理賬辦法、應求統一、故上記各機關、所用之賬表、科目、辦法、均由區署事前處理妥當、然後分發應用、藉少麻煩、而利賬務工作。

D指導理賬人員　查區署各機關會計員、各鎮教經收支員、各學校庶務員、多係初次辦理賬務工作、對於賬務一切進行、雖分別有辦法規定、然而初次作來、不免多有錯誤或有不合的地方、故須指導辦理、使其一切均了解熟習後、始得停止指導工作。

E處理應用科目　因爲科目在賬項上非常重要、如果科目組織健全、賬項才容易走上秩序、否則、結賬時、必有很多的困難和麻煩、所以要對原有的科目加以檢查和更正、在區署用的科目分四類、一、收入類、二、支出類、三、負債類、四、資產類、在各機關用的科目分兩類：一收入類、二支出類、其餘一切子目、則以機關的性質分別擬定之。

F整理賬據　峽局移交區署之一切賬項、表報、單據、應當分別詳爲整理入櫃保存備查、計賬據類分賬簿、表冊、單據等、共十餘種、兩大櫃、均依一定辦法、分別年月次序保存、計賬項類分存賬、現金、以存賬計、負賬類收入三〇二九一、四元。資產付出三一八八、八八元。以資負品迭、尚負債額二七一〇三、〇六元、現金無。

G編擬會計規程　查區署會計規程、本應早日擬定施行、以利會計上一切賬務的進行、但在二十五年度內、因新工作的加多、迄無暇編擬、故延在二十六年來才擬定、在此規程應用的範圍、除區署各機關各公安隊外、各鎭及各學校對於賬務的辦理、亦應按規程施行、現已分發各機關存用矣、玆將會計規程內容綱目分列於後：

a總則、b記賬通則、c預算、d記賬憑證、e記賬單位、f出納、g會計科目、h賬簿、i表報單據、j決算、k審計、l規定、m會計交代、n附則

## 2, 出納方面

A統一現金　無論區署經費、教育經費、保甲經費、一切收支、統由財務股負責請託農村銀行管理。

B領款手續　無論何種領款條據、均交由區署財務股主任核轉區長核准後、始得交給出納員、塡寫咨照單、各章蓋齊後、始得持條向農行取用、但在用款時、用款人須簽名蓋章、注明日期後方能領款。

C造報現金日報表　每日由出納員、將當日的收支經費造就現金收支日報表一份、呈主任及祕書區長核閱、以明當日現金、藉便查對農行往來、注意有無錯誤、至各機關現金、在每月不定時間須查核二次以杜流弊。

D出納員之注意：

a條據的總數算正確沒有？

b條據上規定的一切手續辦齊沒有？

c條據上的數字改過沒有？

d咨照單上的數目與條上的總數相符否？

以上各點、如有問題、則不能塡寫咨照單、如咨照單上數目較條據上多支時、則由出納員負責。

## 3, 審核方面

A銀錢的：

a審核的範圍　區署及區屬各事業機關、各公安隊、各學校、各聯保辦公處一切收支的賬項、統由區署財務股負責審核。

b審核的時間　在區屬各地之賬、均由財務股規定時間、按期送閱、在北碚各事業機關的賬、每週審核兩次、北碚以外的各機關、每週審核一次、如不按時送閱者、則於財務會議時、予以遲時核款的處分。

c審核的注意：

△條據上印體的階級人員章蓋齊沒有？

△條據上的字寫清楚明白沒有？

△條據上的用途說明沒有？

△條據上開支的性質分別淸楚沒有？

△一個科目的條據編號沒有。與表報的數目相符否？和賬上的

數目符和否？

以上各點、如有問題、卽退還補造、否則卽作爲無效條據。

B公物的：

a審核的範圍　區署及區屬各機關各鎭各學校一切公物均由區署財務股負責登記審核。

b審核的時間　上列各機關每至月終、照例造公物表呈報財務股備査外、並由財務股每月終派員分赴各機關査對有無損壞和增減情形、至審核公物的時間則不定、但各機關公物保管人員、有變更時、則須按交代時間、當接交人派人監視一次、以重公物、而淸手續。

c審核的注意：

▲公物表按時造報否？

▲公物表與實有的公物數相符否？

▲公物損壞的報銷說明理由否？

▲新壞的公物登記上表造報否？

以上所列各點、如有問題、當由各當事人負責、如未査出、則由査核人負責。

### 4, 其他方面

A會議　每月份除照例在五號十五號、廿五號、召開三次財務會議、於發伙食公費薪餉之外、每月必召開敎經財務會議、保甲經費會議各二次、每週必召開股務會兩次、其他凡區署之一切臨時會議則分別參加之。

B登記　區署各機關人員之增減登記、一切往來文件登記、各隊餉金收支登記、人員功過及審核賬項之登記。

## 二，關於特殊事項：

### 1, 決算報告：

A區署經費　區署經費從廿五年四月一日起至二十六二月份止、這一年來經費的收支情形、特造決算表一份、以作報告、計區署全年度省府經費及各事業補助費與省府撥還峽局舊債等、收入九四、八三七、八〇元、計區署全年度薪俸公費等、各項開支七〇、九三四、三三元、收支品存二三、九〇三、四七元、以峽局移交負債二七、一〇三、〇五元、將結除塡還尙負債三一九九、五八元、玆將詳賬用表列後：

（一）

嘉陵江三峽鄉村建設實驗區署二十五年四月份至二十六年二月份收支決算報告表

收入之部

| 科目 | 金額 | 備考 |
|---|---|---|
| 省府補助費 | 七〇〇〇〇・〇〇 | 上列款項係省府每月經常補助五十元以本年十一個月收入計五五〇〇〇元其餘壹萬五千元係省府撥還前峽局負債之款 |

| | | |
|---|---|---|
| 事業補助費 | 九〇二四・九二 | 上列款項係區屬其他事業機關治安的電話的經常補助北川天府燧川寶源民生等五機關本年度十一個月之收入 |
| 報社收入 | 一一一七・九二 | 上列款項係區署嘉陵江日報社一切廣告售報印報之收入 |
| 平民公園收入 | 三九五・五六 | 上列款項係區屬平民公園一切售花攤花及一切收入 |
| 雜項收入 | 一四二九九・四〇 | 上列款項係區署一切罰金售物等項收入 |
| 合計 | 九四八三七・八〇 | |

支出之部

| 科目 | 金額 | 備考 |
|---|---|---|
| 職員薪金 | 一三七六一・六七 | 上列款項係區署各股職員薪金開支 |
| 兵伕薪餉 | 三五三八・〇〇 | 上列款項係區署傳達勤務船伕伕役等薪餉開支 |
| 公安經費 | 二五一〇二・二〇 | 上列款項係公安一二三中隊一切薪公開支 |
| 事業費 | 一三四六五・二八 | 上列款項係區署所辦之事業機關民教處眾社醫院圖書館博物館等五機關一切薪公開支 |
| 辦公費 | 一四二七七・一九 | 上列款項係區署本年度一切經常臨時公費開支 |
| 訓練費 | 七八九・九九 | 上列款項係訓練保甲隊義務教師研究班津貼開支 |
| 本年結餘 | 二三九〇三・四七 | 上列款項係本年收支結除以作峽局歷年舊債之償還支出 |
| 合計 | 九四八三七・八〇 | |

(二)嘉陵江三峽鄉村建設實驗區署廿五年四月份至廿六年二月份

資產負債報告表

| 資產科目 | 金額 | 負債科目 | 金額 |
|---|---|---|---|
| 往來欠款 | 二五一八一 | 往來存款 | 七〇三九四四 |
| 暫付款 | 八二八四七二 | 暫收款 | 四六二三九九 |
| 應收未收款 | 一〇五五二四 | 應付未付款 | 一一一一三二 |
| 歷年負債 | 二七一〇三〇五 | 活期透支 | 一六六〇 |
| | | 償還舊債 | 二三七〇三四七 |
| 合計 | 三六六九四八二 | 合計 | 三六六九四五二 |

B 教育經費　區署教育經費從二十五年七月份起至二十六年一月份止這七個月的經費收支情形、特製決算表一份、以作報告、計區屬五鎮補助教經捐款及臨時各項等收入四・五四七・四七元、以薪金公費各校一切開支等、八・九四六・七一元、以收支品結尚差四・三九九・二四元、茲特將詳賬造表列後：

收入之部

| 科目 | 金額 | 備考 |
|---|---|---|
| 捐款收入 | 三八〇四・三〇 | 上列款項係北碚文星黃桷二岩澄江五鎮一切捐款收入 |
| 雜項收入 | 七四三・三五 | 上列雜入係子金罰金等收入 |
| 負債收入 | 四三九九・二四 | 本期收支結差不敷收入 |
| 合計 | 八九四六・七一 | |

支出之部

| 科目 | 金額 | 備考 |
| --- | --- | --- |
| 薪工 | 四四四〇・七三 | 上列薪工係區屬五鎮各保義務校開支 |
| 辦公費 | 六六八・五一 | 上列各費係區屬五鎮義務校及區署本身開支 |
| 償還舊債 | 五〇・〇〇 | 上列舊債係前北碚小校教師薪俸欠款 |
| 區校經費 | 三四〇五・五六 | 上列經費係區屬五鎮各區立校一切薪公開支 |
| 房地租 | 一〇二・五〇 | 上列地租係各校校地租金開支 |
| 特別費 | 二七九・四一 | 上列款係一切奬勵津貼開支 |
| 合計 | 八九四六・七一 | |

2, **召開教經會議** 區屬五鎮除北碚文星黃桷澄江各設區立校一所之外、五鎮另設義務學校有七十餘所、對於教育經費一項、即應早爲籌劃整理、以資進行而免妨礙、故曾先召集五鎮教經收支員開教經籌劃整理會議、以便分別造報二期預算、查一期全區教經收支情形結果尚差四千餘元、如此項差款不早設法塡補、對於教育的推行、恐發生極大的障礙、因此對於教育經費、不能不加以整理設法彌補差額、故有召開教經會議之必要。

3, **整理教經補助** 以右列教經一期決預報告中間不敷相差四千餘元、自然一面股法切實整理各鎮收入、但一面也應商請有關各縣予以相當補助、以期全區教育施行得收宏效、故曾兩次由盧區長及黃主任分期馳赴江北巴縣兩處、商撥應補助之教經、兩次商洽結果、情形尚好、在巴縣方面、每年可補助二千三百元、在江北方面、以文星、黃桷、二岩三鎮契稅附加及猪厘兩項、撥歸區署、每年可收四百餘元、以這兩縣的補助、年達二千七百餘元、以前四千餘元的差額、尚減縱差二千餘元矣、本年曾收得巴縣補助一千八百餘元、江北三百餘元、已作教經費用開支矣。

4, **登記全區公產** 查區屬五鎮公產、以區署組織規程規定、內有公產登記一項、凡五鎮公產均應由區署登記、現據財務股登記報告；

A 北碚 廟宇三座田產百八十石。

B 黃桷 廟宇一座田產無。

C 文星 廟宇一座田產無。

D 二岩 無。

E 澄江 廟宇一座、田產九十挑、土地三十畝、荒山二幅、每年可售竹樹款六七十元。

以上五鎮公產一切收入、均作教經補助、但實收之款、除北碚、澄江田產多半抵押而外、年僅收五百餘元。

5, **調查保甲經費** 因保甲經費徵收辦法、係據保甲條例所規定之數目字徵收之、所以事先應着手調查工作、然後以各戶的財力情形照規定征收之、查五鎮保甲經費·據此次內務股調查結果報告計五鎮百保、每月可收保甲經費七百元。年可收八千四百元。其中征收數目最多者爲北碚鎮、最少者爲二岩鎮、一切詳細情形、請閱最後保甲經費預算表卽可一目了然矣。

## 6，造報二十六年度全區經費預算表

區署經費、教育經費、保甲經費、現值會計年度將臨之期、經費預算一項、理應早日擬定造報省府核准施行、刻已將二十六年度全區經費預算編擬完善、茲特附後：——

A區署經費二十六年度收支預算表

B教育經費二十六年度收支預算表

C保甲經費二十六年度收支預算表

D全區經費二十六年度收支預算表

附註：

A區署經費據右表記賬：

a，收入　以省府及各事業等補助費收入月計五六七〇·〇〇〇元、年計六八〇〇〇·〇〇元。

b，支出　以薪餉公費各事業各公安隊一切開支、月計五五六三·六六〇元年計七一五六三·九二〇元。

c，品迭　以收支相抵月差計二九三·六六〇元、年差三五二三九二·〇元·

B教育經費據右表記載：

a，收入　以五鎮捐款及臨時補助收入月計八七三·五八〇元、年計一〇八三·二〇〇元·

b，支出　以各區立校義務校一切薪公開支、月計一六〇八、二四〇元、年計一九二九九、〇〇〇元。

c，品迭　以收支相抵月差計七三四·六六〇元、年差計八八一五·八〇〇元·

C保甲經費據右表記賬：

a，收入　以五鎮百保保甲經費收入月計七〇〇、〇〇〇元、年計八〇〇〇、〇〇〇元·

b，支出　以五鎮聯保辦公處一切薪公開支月計七〇〇·〇〇〇元年計八〇〇〇·〇〇〇元。

c，品迭　收支相抵。

D全區經費總計據右表記賬：

a，收入　以區署教育保甲經費一切收入月計七二四三·五七〇元、年計八六九二三·二〇〇元。

b，支出　以區署教育保甲一切開支月計八二七一·九〇〇元、年計九九二六二·九二〇元·

c，品迭　以全區經費收支不敷月差計一〇二八·三三〇元、年

# 嘉陵江三峽鄉村建設實驗區署二十六年度保甲經費收支預算表

**收入之部**

| 鎮別 | 科目 | 摘要 | 月收金額 | 年收金額 |
|---|---|---|---|---|
| 北碚鎮 | 保甲經費 | 三十三保每保以七元計算 | 231.00 | 2772.00 |
| | 合計 | | 231.00 | 2772.00 |
| 黄桷鎮 | 保甲經費 | 二十二保每保以七元計算 | 154.00 | 1848.00 |
| | 合計 | | 154.00 | 1848.00 |
| 文星鎮 | 保甲經費 | 一十九保每保以七元計算 | 133.00 | 1596.00 |
| | 合計 | | 133.00 | 1596.00 |
| 二岩鎮 | 保甲經費 | 六保每保以七元計算 | 42.00 | 504.00 |
| | 合計 | | 42.00 | 504.00 |
| 澄江鎮 | 保甲經費 | 二十保每保以七元計算 | 140.00 | 1680.00 |
| | 合計 | | 140.00 | 1680.00 |
| | 總計 | | 700.00 | 8400.00 |

**支出之部**

| 鎮別 | 科目 | 摘要 | 月支金額 | 年支金額 |
|---|---|---|---|---|
| 北碚鎮 | 保長辦公費 | 三十三保每保以二元計算 | 66.00 | 792.00 |
| | 聯保辦公費 | 以該鎮聯保公費計算 | 14.00 | 168.00 |
| | 輿馬費 | 聯保主任一人計算 | 10.00 | 120.00 |
| | 薪俸 | 戶籍員書記員各一人每人以16元計 | 32.00 | 384.00 |
| | 薪餉 | 傳令兵二人每人以六元計算 | 12.00 | 144.00 |
| | 薪餉 | 伕子一名以七元計算 | 7.00 | 84.00 |
| | 訓練費 | 該鎮壯丁隊計算 | 8.00 | 96.00 |
| | 臨時公費 | 撫恤醫藥修械等計算 | 21.00 | 252.00 |
| | 合計 | | 170.00 | 2040.00 |
| 黄桷鎮 | 保甲辦公費 | 二十二保每保以二元計算 | 44.00 | 528.00 |
| | 聯保辦公處 | 以該聯保公費計算 | 14.00 | 168.00 |
| | 輿馬費 | 聯保主任一員計算 | 10.00 | 120.00 |
| | 薪俸 | 戶籍員書記員各一人每人以16元計算 | 32.00 | 384.00 |
| | 薪餉 | 傳令兵二人每人以六元計算 | 12.00 | 144.00 |
| | 薪餉 | 伕子一人計算 | 7.00 | 84.00 |
| | 訓練費 | 該鎮壯丁訓練計算 | 8.00 | 96.00 |
| | 臨時公費 | 撫恤醫藥修械等計算 | 20.00 | 240.00 |
| | 合計 | | 147.00 | 1764.00 |
| 文星鎮 | 保長辦公費 | 十九保每保以二元計算 | 38.00 | 456.00 |
| | 聯保辦公處 | 以該鎮聯保公費計算 | 14.00 | 168.00 |
| | 輿馬費 | 聯保主任一員計算 | 10.00 | 120.00 |
| | 薪俸 | 戶籍員書記員各一員各支16元計 | 32.00 | 384.00 |
| | 薪餉 | 傳令兵二人各支六元計 | 12.00 | 144.00 |
| | 薪餉 | 伕子一人計算 | 7.00 | 84.00 |
| | 訓練費 | 以該鎮壯丁計算 | 8.00 | 96.00 |
| | 臨時公費 | 撫恤醫藥修械等計算 | 20.00 | 240.00 |
| | 合計 | | 140.00 | 1692.00 |
| 二岩鎮 | 保長辦公費 | 六保每保以二元計算 | 12.00 | 144.00 |
| | 聯保辦公處 | 該聯保辦公費計算 | 14.00 | 168.00 |
| | 輿馬費 | 該聯保主任一人計算 | 10.00 | 120.00 |
| | 薪餉 | 傳令兵以二人各六元計算 | 12.00 | 144.00 |
| | 薪餉 | 伕子一人計算 | 7.00 | 84.00 |
| | 薪俸 | 書記員一人計算 | 16.00 | 192.00 |
| | 訓練費 | 該鎮壯丁訓練計算 | 8.00 | 96.00 |
| | 臨時公費 | 撫恤醫藥修械等計算 | 20.00 | 240.00 |
| | 合計 | | 99.00 | 1188.00 |
| 澄江鎮 | 保長辦公費 | 二十保每保以二元計算 | 40.00 | 480.00 |
| | 聯保辦公處 | 該鎮應需公費計算 | 14.00 | 168.00 |
| | 輿馬費 | 該鎮主任一員計算 | 10.00 | 120.00 |
| | 薪俸 | 戶籍員書記員各一員各支16元計 | 32.00 | 384.00 |
| | 薪餉 | 傳令兵二人各支六元計算 | 12.00 | 144.00 |
| | 薪餉 | 伕子一人計算 | 7.00 | 84.00 |
| | 訓練費 | 該鎮壯丁訓練計算 | 8.00 | 96.00 |
| | 臨時公費 | 撫恤醫藥修械等計算 | 20.00 | 240.00 |
| | 合計 | | 143.00 | 1716.00 |
| | 總計 | | 700.00 | 8400.00 |

**說明**

1. 保甲經費徵收辦法係根據省府通令辦理
2. 預算區屬各鎮每月約收經費七百元年可收入八千四百元支出數目略同
3. 各鎮保甲經費之收支須由區署主辦各鎮另設會計一人辦理賬務
4. 各鎮保甲經費收入均須繳存區署需款時再向區署領用
5. 各鎮保甲經費記賬辦法由區署規定以歸劃一
6. 各鎮保甲經費應用條據賬表由區署規劃印發

嘉陵江三峽鄉村建設實驗區署財務股製

# 嘉陵江三峽鄉村建設實驗區署二十六年度全區總收支預算表

## 收入之部

| 機關名稱 | 科目 | 摘要 | 月收金額 | 年收金額 |
|---|---|---|---|---|
| 區署 | 補助費 | 省政府經常補助費 | 5000.000 | 60000·000 |
| | 補助費 | 北川公司經常的治安補助 | 220.000 | 2640.000 |
| | 補助費 | 燧川公司經常的治安補助 | 120.000 | 1440.000 |
| | 補助費 | 寶源公司經常的治安補助 | 120·000 | 1440·000 |
| | 補助費 | 民生公司經常的電話補助 | 30.000 | 360·000 |
| | 特別收入 | 天府民生溫泉的報社補助 | 75.000 | 900.000 |
| | 特別收入 | 平民公園的一切補助 | 55·000 | 660.000 |
| | 雜項收入 | 關於各種罰金子金收入 | 50·000 | 600.000 |
| | 暫記收入 | 收支品迭不敷 | 293·660 | 4523.920 |
| | 合計 | | 5963.660 | 71563.920 |
| 黃桷鎮 | 教育經費 | 以豬厘斗息炭捐中資等計算 | 231.830 | 1486·000 |
| | 教育經費 | 以紅莊肉厘登記碗捐等計算 | 57.670 | 692·000 |
| | 保甲經費 | 以黃鎮二十二保每保以七元計算 | 154·000 | 1848·000 |
| | 合計 | | 335.500 | 4026·000 |
| 北碚鎮 | 教育經費 | 以斗息房地中資紅莊等計算 | 250·780 | 3009·400 |
| | 教育經費 | 以登記租押等計算 | | |
| | 保甲經費 | 以北碚三十三保每保以七元計算 | 231.000 | 2772·000 |
| | 合計 | | 481.780 | 5781.400 |
| 文星鎮 | 教育經費 | 以豬厘菜市牙行斗息等計算 | 79·000 | 948·000 |
| | 教育經費 | 以炭捐房地中資紅莊登記等計算 | | |
| | 保甲經費 | 以文星十九保每保以七元計算 | 133·000 | 1596·000 |
| | 合計 | | 212·000 | 2544·000 |
| 二岩鎮 | 教育經費 | 以炭捐計算 | 33.330 | 400·000 |
| | 保甲經費 | 以二岩六保每保七元計算 | 42.000 | 504·000 |
| | 合計 | | 75·330 | 904.000 |
| 澄江鎮 | 教育經費 | 以斗息房地租押雜捐等計算 | 219.970 | 2639.600 |
| | 教育經費 | 以毛捐補助租押等計算 | 109·020 | 1308.200 |
| | 保甲經費 | 以澄市二十保每保七元計算 | 140·000 | 168·000 |
| | 合計 | | 468.980 | 5627.800 |
| 教育經費 | | 收支品迭不敷 | 734.650 | 8815.800 |
| | 總計 | | 8271.900 | 99262.920 |

## 支出之部

| 機關名稱 | 科目 | 摘要 | 月支金額 | 年支金額 |
|---|---|---|---|---|
| 區署 | 薪俸 | 區署各機關職員兵428人計薪 | 4690·660 | 56287.920 |
| | 經常公費 | 區署各機關一切經常公費開支 | 377·000 | 4524·000 |
| | 臨時公費 | 區署各機關一切臨時公費開支 | 752·000 | 9024·000 |
| | 被服費 | 區署各機關津貼被服開支 | 144·000 | 1728·000 |
| | 合計 | | 5963.660 | 71563.920 |
| 黃桷鎮 | 教育經費 | 以黃鎮區立校一切開支計算 | 91.330 | 1096·000 |
| | 教育經費 | 以黃鎮義務校16所一切開支計算 | 176·000 | 2112.000 |
| | 教育經費 | 以黃鎮經收員一人開支計算 | 16·000 | 192·000 |
| | 保甲經費 | 以黃鎮聯保處一切開支計算 | 147·000 | 1764·000 |
| | 合計 | | 430.330 | 5164.000 |
| 北碚鎮 | 教育經費 | 以碚鎮區立校一切開支計算 | 241.500 | 2898·000 |
| | 教育經費 | 以碚鎮短期校一切開支計算 | 36.000 | 432·000 |
| | 教育經費 | 以碚鎮義務校25所一切開支計算 | 275·000 | 3300·000 |
| | 保甲經費 | 以碚鎮聯保處一切開支計算 | 170·000 | 2040·000 |
| | 合計 | | 722.500 | 8670·000 |
| 文星鎮 | 教育經費 | 以文鎮區立校一切開支計算 | 91.330 | 1096·000 |
| | 教育經費 | 以文鎮義務校13所一切開支計算 | 143.000 | 1716·000 |
| | 保甲經費 | 以文鎮聯保處一切開支計算 | 141·000 | 1692·000 |
| | 合計 | | 375.330 | 4504·000 |
| 二岩鎮 | 教育經費 | 以二岩六所義務校一切開支計算 | 66·000 | 792·000 |
| | 保甲經費 | 以二岩聯保處一切開支計算 | 99·000 | 1188·000 |
| | 合計 | | 165·000 | 1980·000 |
| 澄江鎮 | 教育經費 | 以澄市區立校一切開支計算 | 109.670 | 1316·000 |
| | 教育經費 | 以澄市義務校14所一切開支計算 | 154·000 | 1848.000 |
| | 教育經費 | 以澄市經收員一人計算 | 12.500 | 150·000 |
| | 保甲經費 | 以澄市聯保處一切開支計算 | 143·000 | 1716.000 |
| | 合計 | | 419·170 | 5030·000 |
| 教育經費 | | 區署教育股一切臨時公費開支計算 | 195.950 | 2351·400 |
| | 總計 | | 8271·900 | 99262.920 |

## 說明

一，此表係根據區署經費保甲經費教育經費等收支預算列入。

二，區署經費收支不敷年達三五二三·九二〇元。

三，保甲經費收支尚屬相符。

四，教育經費收支不敷年達八八一五·八〇〇元。

嘉陵江三峽鄉村建設實驗區署財務股製

差計一一三三九・八四元・

以上所述各種情形、係據二十五年度四月一日至二十六年四月一日這一年來的財務工作情形、但內容係擇其比較重要者記載之、其他零碎則在不計・

# 丁，教育

劉忠義
葛向榮



本區各鎮向分隸於江巴璧三縣、因過去之教育情況、極爲分岐、內容復多苟簡・去年本署成立、各縣乃以屬鎮次第劃規管理、本區教育始形統一、一年以來、固力求整理改進、且期鞏固基礎・茲分述經過如次：

## 一，教育行政

### 1，選用行政人員

A教育委員：區屬各鎮、原司教育行政者爲教育委員或教育經費收支員、其名義至不齊一、去年下期乃開始統一名稱、辦法一律改用教育委員名義、以免紛岐、除黃桷北碚兩鎮原任外、文星澄江兩鎮另委以當地資深人士充任之、至各委員之主要任務、則在籌措教經、管理公產。

B校長教員：本區計有區立小學四所、義務小學七十五所、校長之任用，則先由地方請委、經一度考核審定合格後、即予以任用、本區區立各校校長、除澄江北碚兩鎮外、餘均由原任加委、至於教員之任用、則全屬行考試制度、計先後凡三次、招考教師百餘人、開班作小學教育之研究、並加授軍事訓練、然後考其成績之高下、分別予以任用、力避濫竽、並在暑期寒假舉行補習、以資進修。一年以來、所有各項教育行政人員之進退、均照中央法令及本署釐訂考績規則切實施行。

## 2, 健全行政組織

區屬各場教育事宜、統由本署教育股管理、該股內部組織分學校教育及社會教育兩組、祇社會教育組因有鑒於工作之重要、乃擴大組織、以區署各主幹人、各鎮鄉聯保主任各區立校校長合組爲民衆教育委員會、設常委一人、以資推動工作、增加效能、至學校教育方面則分義務教育、補習教育、職業教育、另有視察指導調查統計等組織、各校校長秉承區署之監督指導辦理各校教育事宜。

# 二，教育經費

## 1, 全區教經概況

當本區成立三閱月、各鎮教育經費、尚未移交、但因統籌計、於各場教經收支情形、不能不有相當明瞭、故在此未正式交代期內、即從事教經調查、統計結果、全區全年約計收入一一六、六二九元、延至七月各縣始將地方教育經費、移交清楚、但屬於縣教育經費者、荏苒至今、仍未交代、尤以區署黃桷鎮豬捐之豁免、毫無抵補、以致本年減少約七千餘元之額定收入、構成本區教育事業當前的最大困難、雖經多次交涉、卒未將縣教育經費部份劃撥、本區爲教育前途計、不能不以最大部份的精力用在整理教經方面、經過幾次整理雖略有增加但與支出相較、不敷之數仍鉅、計全年全區教經收入如斗息、房地、豬市、菜市、牙行、挑炭、碗捐、毛捐、谷捐、租押、紅庄、中資、登記等捐及寶源燧川兩煤鑛公司之補助、共一萬一千二百四十三元二角、但全年經常及臨時支出如區立校、義務校、教育委員、及女職校補習校教職員之薪俸與各校購置辦公旅費等一萬八千九百五十九元五角、共差額竟達七千九百三十二元三角之鉅、縱使將各校學雜等費列入、每年亦只能抵補數百元、此外、我們只有盼望原屬各鎮的縣教育經費如數撥出、也許可以略減我們一部份的困難。

## 2, 徵收的困難

我們以太有限的收入、來辦全峽區的教育、那是免不了無處不是困難所在、但是我們所預算的有限收入、還常不可靠、這裏有兩種原因：第一是峽區遭受三年來的旱災、尤其是去年特別奇重、市場交易愈形蕭條、、因而承包教經的包商、紛紛請求減低包額、我們明知客觀的事實是如此、又不能不體念他們的苦衷、斟酌減少、第二是屬於各縣代收部分的教育經費、如中資紅庄登記等捐、每有留難、不是互相推諉、便是負責人不在、不是輪口時期未至、便是託辭手續不全、如此輾轉討索、舌敝唇焦、尚有不得到手者、但吾人則無論如何困難麻煩、只好逆來順受、委曲盡致、期達到終於收得的目的而後已。

### 3,彌補的方法

全年教育經費預算的差額、數在七千九百餘元、去年八月至今年一月底止、半年來實收實支共負債三千四百七十九元四角、似此若不設法彌補、全部事業誠恐有崩潰之虞、補救的唯一法門、就是開源與節流。

A開源

a,組織石灰業合作社、所得贏餘以作補助。

b,調查公產公款、提作教經。

c,整頓原有房租地租。

B節流

a,核減區署治安費之一部份移作教經。

b,獎勵各保保立學校。減少區立義務小學。

c,合併不足學額之學級。

## 三,學校教育

據本區教育計劃、第一步是在短期內實現普及小學教育、因鑒於全區學齡兒童、總數爲一萬一千七百五十九人、(根據廿五年五月本署戶口調查共入學者、僅一千三百人、佔全數學童十分之一強、失學兒童竟有九千數百餘人、以此本區學校教育之原則、一年以來除注重質的改進外、并力求量的擴充、此兩方面均有進展、尤其私塾之取締改良、特著成效。

### 1,量的增加

本署接管區內江巴璧三縣所轄各校、時在去年七月至九月、在七月以前、區內的學校及私塾、均曾作過一番調查、一方面可作本區教育計劃的依據、一方面也可作教育情勢的對比、本區接管各鎮鄉公立小學之後、即積極從事整理、並將北碚私立兼善小學併入北碚小學、闢爲十二學級、同時、大量地增設義務小學、期以收容全部失學兒童、玆將本區接管前後全區學校調查、略述如左：

A二十五年四月五鎮鄉學校概況調查：全區計中學二所、(私立一所)共六班、學生一七○人(男一三二人女三八人)教職員一七人(男一二人女五人)、全年經費共一六○○○、○○元、又全區計小學一六所、(私立一所)、共三九班、學生一三○○人(男九三九人女三六一人)、教職員四七人、(男三二人女一五人)、全年經費共一一八六七、○○○元。

B二十五年十月實驗區學校概況調查：全區計中學二所、(私立一所)、共五班、學生二三○人、(男二一二人女一八人)、教職員十四人(男十一人女三人)、全年經費共一五三○○、○○○元、又全區計小學七八所、共一○三班、學生三二○○人、(男二五○四人女八三六人)、教職員一一三人（男九五人女一八人）、全年經費共三一八三九、五〇〇元。

註：區立各校經費一七四三九．五元。

上兩種數字、已將本區過去與現在的教育說明了、我們再以經費說：過去各小學及女子職業校、全年共一一五六〇元、現在的預算數爲一七四三九．五元、幾增加三分之一、以師資說：過去教職員共四七人現在增到一百一十人、以學生說：過去學生數共一千三百人、現在增到三千二百人、過去高小學共三九學級、現在共一〇八學級、這在數量上比過去增加三倍、在另一方面說：我們在去年四月至六月曾舉行全區戶口調查、統計全區學齡兒童共有一一七五九人、在籍學童數僅一三〇〇人、佔全體學童數十分之一强、其未入學的兒童有一〇四五九人之多、推共原因、除去一部份爲生活所迫不能入學者外、共餘都是無學可入、即是說、學校太少、離學校較遠的學生、即無讀書之可能、還有兩個證明：

a去年五月統計全區私塾、共有六十六所、塾師六十六人、男學童九百六十七人、女二百三十六人、共一二〇三人、幾乎與公私立學校人數相等、還就證明初級小學太少、不足以容納要求入學的兒童、以致他們不能不跑進私館讀書。

b去年十月、調査區內各校各級人數、從下列各項比較表、增加的人數、以一二年級生最多、義務小學學生的年齡、頗爲參差、不如區立完全小學學生年齡之相近、還就證明、失學已久、至現在他們才有機會入學。

學生性別年齡統計表

| 四 | | 五 | | 六 | | 合計 | |
|---|---|---|---|---|---|---|---|
| 男 | 女 | 男 | 女 | 男 | 女 | 男 | 女 |
| | | | | | | 6 | 13 |
| | | | | | | 43 | 24 |
| | | | | | | 44 | 27 |
| | | 1 | 1 | | | 61 | 34 |
| 3 | 2 | 1 | | | | 48 | 77 |
| 24 | 5 | 1 | | | | 88 | 34 |
| 14 | 4 | 7 | 8 | 1 | | 55 | 23 |
| 44 | 10 | 29 | 8 | 10 | 3 | 110 | 30 |
| 16 | 5 | 22 | 20 | 15 | | 61 | 25 |
| 3 | 3 | 27 | 10 | 11 | 5 | 41 | 19 |
| 2 | 2 | 13 | 5 | 9 | 4 | 24 | 11 |
| 3 | | 3 | 5 | 7 | | 15 | 5 |
| | | | | 1 | | 1 | 0 |
| | | | | 2 | | 2 | 0 |
| | | | | | | | |
| | | | | | | | |
| | | | | | | | |
| 109 | 31 | 104 | 57 | 56 | 12 | 599 | 282 |

## 2, 質的改進

關於量的增加、已如上述、在質的改進、我們僅將過去及現在各學校的行政組織、教學、訓導及學生課外活動等、分別略述如下：

A過去的：

a.行政組織　關於兩級小學的行政組織、除巴縣縣立北碚小學及璧山縣

區立完全小學各級學生性別年齡統計表

年 月製

| 年齡＼人數＼性別＼級別 | 一 | | 二 | | 三 | | 三 | | 四 | | 五 | | 六 | | 合計 | |
|---|---|---|---|---|---|---|---|---|---|---|---|---|---|---|---|---|
| | 男 | 女 | 男 | 女 | 男 | 女 | 男 | 女 | 男 | 女 | 男 | 女 | 男 | 女 | 男 | 女 |
| 五—六 | 6 | 10 | | | | | | | | | | | | | 50 | 14 |
| 六—七 | 35 | 20 | 7 | 3 | 1 | | | | | | | | | | 225 | 67 |
| 七—八 | 22 | 13 | 15 | 4 | 7 | 1 | 1 | | | | | | | | 214 | 71 |
| 八—九 | 30 | 13 | 19 | 13 | 11 | 5 | 6 | 2 | | | | | | | 241 | 78 |
| 九—一〇 | 17 | 11 | 17 | 15 | 10 | 15 | 14 | 3 | 1 | 2 | | | | | 190 | 75 |
| 一〇—一一 | 9 | 5 | 22 | 9 | 32 | 18 | 34 | 4 | 10 | 8 | | | | | 237 | 83 |
| 一一—一二 | 1 | 4 | 12 | 11 | 20 | 4 | 41 | 8 | 14 | 3 | | | | | 180 | 38 |
| 一二—一三 | 2 | 7 | 5 | 3 | 20 | 6 | 57 | 9 | 16 | 6 | | | | | 208 | 52 |
| 一三—一四 | | | 5 | 2 | 3 | | 42 | 4 | 14 | 7 | | | | | 87 | 29 |
| 一四—一五 | | | | | | 1 | 19 | 3 | 14 | 6 | | | | | 56 | 19 |
| 一五—一六 | | | | | | | 6 | 2 | 5 | 3 | | | | | 28 | 10 |
| 一六—一七 | | | | | 2 | | 1 | 2 | 3 | 1 | | | | | 11 | 6 |
| 一七—一八 | | | | | | | 1 | 1 | 1 | 1 | | | | | 4 | 5 |
| 一八—一九 | | | | | | | | 1 | | 4 | | | | | 1 | 8 |
| 一九—二〇 | | | | | | | | | 1 | 1 | | | | | 3 | 6 |
| 二〇—二五 | | | | | | | | 1 | | | | | | | | 6 |
| 二五—三〇 | | | | | | | | | | | | | | | | 8 |
| 合計 | 122 | 77 | 102 | 60 | 106 | 45 | 225 | 40 | 79 | 42 | | | | | 1744 | 575 |

縣立澄江鎮小學在調查時、得着較爲具體的結果外、餘均不得要領、至於初級小學、更無所謂組織、故無例可舉、茲列下區立校的兩種組織以作參考。

A校長之下設教務主任訓育主任各一人、各科設級任、有教育會議及訓育會議。

區立義務小

| 年齡 \ 人數 \ 級別 性別 | 一 | | 二 | |
|---|---|---|---|---|
| | 男 | 女 | 男 | 女 |
| 五—六 | 50 | 14 | | |
| 六—七 | 215 | 65 | 10 | 2 |
| 七—八 | 197 | 62 | 16 | 9 |
| 八—九 | 182 | 61 | 53 | 15 |
| 九—一〇 | 118 | 52 | 66 | 18 |
| 一〇—一一 | 112 | 52 | 81 | 19 |
| 一一—一二 | 57 | 14 | 65 | 13 |
| 一二—一三 | 56 | 15 | 79 | 22 |
| 一三—一四 | 9 | 7 | 22 | 11 |
| 一四—一五 | 4 | 2 | 19 | 8 |
| 一五—一六 | 7 | 3 | 10 | 2 |
| 一六—一七 | 4 | 1 | 3 | 2 |
| 一七—一八 | | 2 | 2 | 1 |
| 一八—一九 | | 1 | 1 | 2 |
| 一九—二〇 | 1 | | 1 | 5 |
| 二〇—二五 | | 5 | | |
| 二五—三〇 | | 4 | | 4 |
| 合計 | 1012 | 360 | 428 | 133 |

B.組織如下圖：

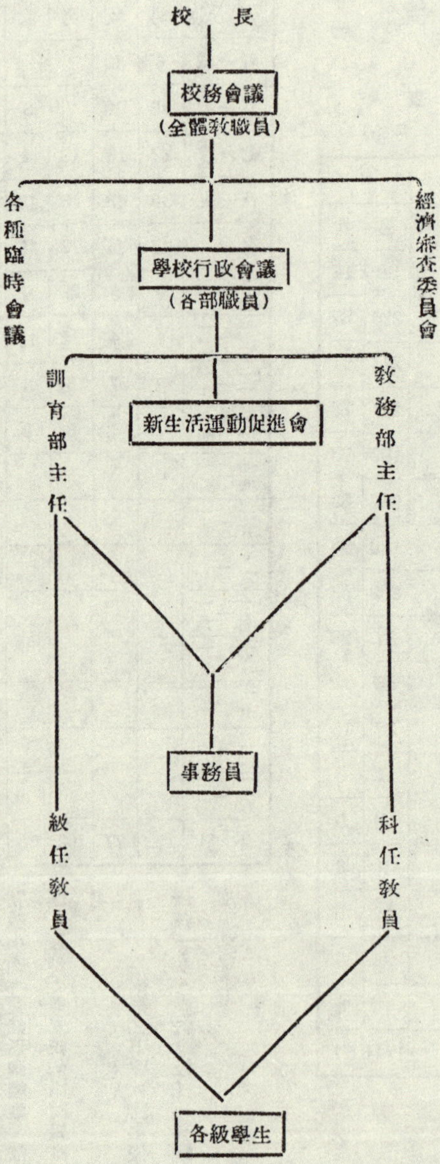


b.教學 關於此點、各校的答覆、概括來說、共有兩類、不是說得籠統、便是說得滑頭、不着邊際、屬於前者的、倘說「啓發式」三字、若再問以「如何引起動機呢」？便有「王顧左右而他」之象、屬於後者的、就是「教學方式未定適宜於某科者以某法行使之」、然而考

# 嘉陵江三峽鄉村建設實驗區署二十六年度經費收支預算表

## 收入之部

| 補助機關 | 科目 | 摘要 | 月收金額 | 年收金額 |
|---|---|---|---|---|
| 省政府 | 補助費 | 省政府經常補助計算 | 5000.00 | 60000.00 |
| 北川公司 | 補助費 | 北川公司治安補助計算 | 220.00 | 2640.00 |
| 燧川公司 | 補助費 | 燧川公司治安補助計算 | 120.00 | 1440.00 |
| 寶源公司 | 補助費 | 寶源公司治安補助計算 | 120.00 | 1440.00 |
| 民生公司 | 補助費 | 民生公司電話補助計算 | 80.00 | 960.00 |
| 天府公司 | 補助費 | 天府公司廣告補助計算 | 20.00 | 240.00 |
| 溫泉公園 | 補助費 | 溫泉公園廣告補助計算 | 5.00 | 60.00 |
| 平民公園 | 補助費 | 平民公園收入補助計算 | 55.00 | 660.00 |
| 雜項收入 | 雜入 | 各種罰金及子金收入計算 | 50.00 | 600.00 |
| 負債收入 | 品迭不敷 | | 293.66 | 3523.92 |
| | 合計 | | 5963.66 | 71563.92 |
| | 總計 | | 5963.66 | 71563.92 |

## 支出之部

| 消耗機關 | 科目 | 摘要 | 月支金額 | 年支金額 |
|---|---|---|---|---|
| 區署 | 職員薪金 | 六十六員計算 | 1257.10 | 15085.20 |
| | 兵伕薪餉 | 三十九人計算 | 359.96 | 4319.52 |
| | 經常公費 | 被服等計算 | 144.00 | 1728.00 |
| | 臨時公費 | 特別交際等計算 | 500.00 | 6000.00 |
| 公安一中隊 | 職員薪金 | 七人計算 | 128.50 | 1542.00 |
| | 兵伕薪餉 | 七十八人計算 | 606.42 | 7277.04 |
| | 經常公費 | 文具燈油等計算 | 48.00 | 576.00 |
| | 臨時公費 | | | |
| 公安二中隊 | 職員薪金 | 十人計算 | 167.00 | 2004.00 |
| | 兵伕薪餉 | 六十三人計算 | 479.16 | 5749.92 |
| | 經常公費 | 文具燈油等 | 4500 | 540.00 |
| | 臨時公費 | | | |
| 公安三中隊 | 職員薪金 | 四人計算 | 151.50 | 1818.00 |
| | 兵伕薪餉 | 七十四人計算 | 532.84 | 6394.08 |
| | 經常公費 | 文具燈油等 | 45.00 | 540.00 |
| | 臨時公費 | | | |
| 民委會 | 職員薪金 | 一十六人計算 | 231.00 | 2772.00 |
| | 兵伕薪餉 | 八人計算 | 61.00 | 732.00 |
| | 經常公費 | 文具雜支等 | 20.00 | 240.00 |
| | 臨時公費 | | | |
| 地方醫院 | 職員薪金 | 十人計算 | 197.00 | 2364.00 |
| | 兵伕薪餉 | 六人計算 | 43.00 | 516.00 |
| | 經常公費 | 藥費文具等 | 110.00 | 1320.00 |
| | 臨時公費 | | | |
| 報社 | 職員薪金 | 三人計算 | 54.00 | 648.00 |
| | 兵伕薪餉 | 一人計算 | 6.70 | 80.40 |
| | 經常公費 | 郵票文具等 | 29.00 | 348.00 |
| | 臨時公費 | 印刷等 | 150.00 | 1800.00 |
| 圖書館 | 職員薪金 | 十二人計算 | 142.00 | 1704.00 |
| | 兵伕薪餉 | 二人計算 | 13.00 | 156.00 |
| | 經常公費 | 文具雜支等 | 33.00 | 396.00 |
| | 臨時公費 | 書報等 | 45.00 | 540.00 |
| 博物館 | 職員薪金 | 五人計算 | 82.50 | 990.00 |
| | 兵伕薪餉 | 八人計算 | 67.00 | 804.00 |
| | 經常公費 | 燈油文具等 | 17.00 | 204.00 |
| | 臨時公費 | 飼料等 | 57.00 | 684.00 |
| 工人隊 | 官長薪餉 | 三員計算 | 60.50 | 726.00 |
| | 伕役薪餉 | 七人計算 | 50.48 | 605.76 |
| | 經常公費 | 燈油等 | 30.00 | 360.00 |
| | 合計 | | 5963.66 | 71563.92 |
| | 總計 | | 5963.66 | 71563.92 |

## 說明

1. 本表支出各數全係現實支之數以現在收入比較月差一四八·六八元年差一七八四·一六元
2. 區署臨時費各項開支以上年預算比較減少二〇〇元
3. 報社印刷費圖書館書報費博物館飼料費均爲經常費因便於查閱起見故記入臨時欄內
4. 醫院預算照上年規定每月補助三五〇元爲限但實數另由醫院造表報署倘超過三五〇元以外者則由該院本身收入彌補
5. 工人義勇隊官兵計十人未列入此預算內爲民生公司工人隊訓練結束時該隊官兵伕即由區署開支年達一七三三·七六元等於本署預算範圍內另有超出
6. 每年區署官兵服裝費每名約需十元除本人担負十分之四外實津貼洋六元
7. 本表預算數完全以上年十二月份支出計算爲根據
8. 本表收入省府補助費每月祇五〇〇〇元但有時不能按月領現
9. 天府溫泉及民生之補助費內有五〇元係屬報費收入
10. 平民公園補助乃係三峽工廠之街燈津貼費及攞花等收入
11. 區署收支品迭相差一千七百餘加上工人隊開支不敷月約三千五百元
12. 區署人員統計職員役一三九人兵伕二七九人又三人隊官兵十人總共四二八人

嘉陵江三峽鄉村建設實驗區署財務股製



其實際、都是「先生講學生聽」、「先生做學生看」、的老方法。

c.訓導　過去各小學所訂的訓育標準、眞是五花八門、無所不有、共實他們所訂的、都是好的、只不過不合「小學規程」第三十三條所說「小學訓育應以公民訓練爲中心……」又第三十九條、所說「小學公民訓練標準及實施辦法、依照教育部的規定」、玆舉出過去各校所訂訓導標準的幾個實例如下：

A忍苦耐勞、做事敏捷確實。(錄小)

B以五育爲標準、(碚小)

樸實、節省時用、培養公德、熱心公益、奉公守法、嚴遵教規。(澄小)

這些訓導標、在執行上目標上甚至連字句上、有的都有問題、關於各校訓導組織、教師方面是採用級任制、但兒童方面組織也沒有、至於訓導方法、原則與實施、兩者俱無、但有一點是共通的、就是：「教師手拿竹板重打學生手心」是很通行的。

d,學生課外活動　過去各校、對於學生的課外活動、均不注意、因而學生生活、除了埋頭讀書課餘頑皮而外、先生不指導學生的課外生

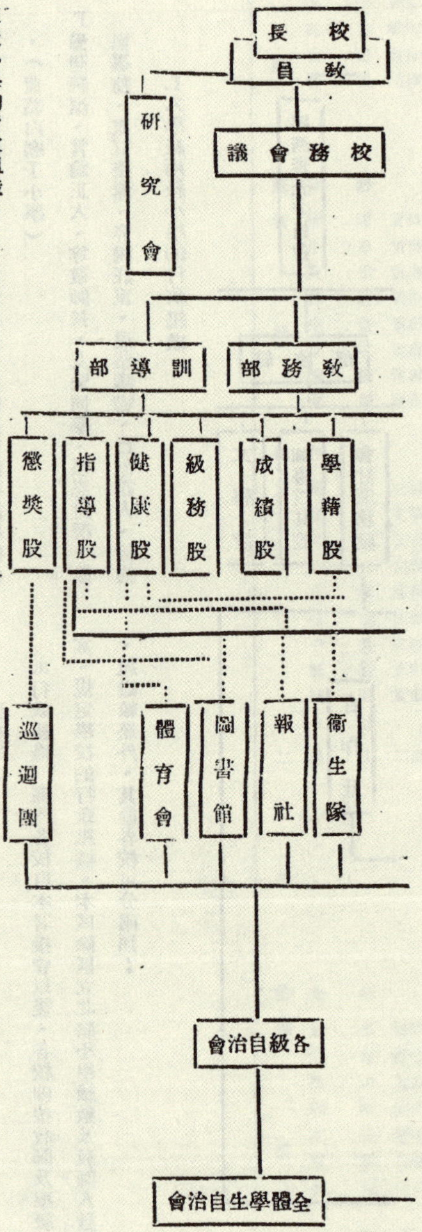


2,單級小學的行政組織：

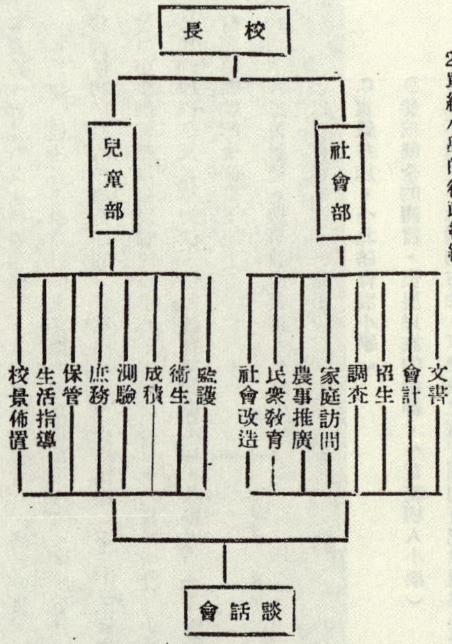


關於區立北碚小學的行政組織、設備、教本及課程、人數、教學、訓導、事務管理、會議、以及各部工作、學生課外生活等、均在本刊六期「半年來的北碚小學」一文內已詳述闡明。

本區學校教育、除量的增加與質的改良外、要求做到學校與社會打成一片、故於單級小學的組織、特設社會部、以作對外的活動、各兩級小學、自本年二月起、統在總務部下設推廣股或社會活動股、直接指導學生作兩種中心活動、即民衆學校的辦理、小先生制的推行、俾使教師及學生的生活社會化、達到我們的要求。

b 教學、本署接管各鎮學校後、即開辦小學教育研究會與義務教師研究班、對於過去的教導兩項、均作過一番檢討；應如何改良？用





## 陵江三峽鄉村建設實驗區署二十六年度教育經費收支預算表

| 之 | 部 | 鎮別 | 支出之部 科目 | 摘要 | 月支金額 | 年支金額 |
|---|---|---|---|---|---|---|
| 月收金額 | 年收額金 | | | | | |
| 28.330 | 340.000 | 北 | 薪工 | 北市區立校薪工計算 | 226.830 | 2722.000 |
| 52.450 | 629.400 | | 公費 | 北市區立校雜支修置等計算 | 14.670 | 176.000 |
| 50.000 | 600.000 | | 小計 | | 241.500 | 2898.000 |
| 50.000 | 600.000 | | 薪工 | 北市短期校薪工計算 | 32.000 | 384.000 |
| 53.330 | 640.000 | 碚 | 公費 | 北市短期校雜支等計算 | 4.000 | 48.000 |
| 16.670 | 200.000 | | 小計 | | 36.000 | 432.000 |
| | | | 薪工 | 北市義務校25所薪工計算 | 250.000 | 3000.000 |
| | | | 公費 | 北市義務校25所公費計算 | 25.000 | 300.000 |
| | | | 小計 | | 275.000 | 3300.000 |
| 250.780 | 3009.400 | 鎮 | 合計 | | 552.500 | 6630.000 |
| 5.500 | 66.000 | 黃 | 薪工 | 黃市區立校薪工計算 | 85.830 | 1030.000 |
| 60.000 | 720.000 | | 公費 | 黃市區立校雜支修置計算 | 5.500 | 66.000 |
| 50.000 | 600.000 | | 小計 | | 91.330 | 1096.000 |
| 8.330 | 100.000 | | 薪工 | 黃市義務校16所薪工計算 | 160.000 | 1920.000 |
| 8.330 | 100.000 | 桷 | 公費 | 黃市義務校16所公費計算 | 16.000 | 192.000 |
| 8.330 | 100.000 | | 小計 | | 176.000 | 2112.000 |
| 16.000 | 192.000 | | 薪工 | 黃市經收員一人計算 | 16.000 | 192.000 |
| 25.000 | 300.000 | | 公費 | | | |
| | | | 小計 | | 16.000 | 192.000 |
| 181.500 | 2178.000 | 鎮 | 合計 | | 283.330 | 3400.000 |
| 4.170 | 50.000 | 文 | 薪工 | 文市區立校薪工計算 | 85.830 | 1030.000 |
| .330 | 4.000 | | 公費 | 文市區立校雜支等計算 | 5.500 | 66.000 |
| 23.330 | 280.000 | | 小計 | | 91.330 | 1096.000 |
| .830 | 10.000 | | 薪工 | 文市義務校13所薪工計算 | 130.000 | 1560.000 |
| 25.000 | 300.000 | | 公費 | 文市義務校13所公費計算 | 13.000 | 156.000 |
| .330 | 4.000 | 星 | 小計 | | 143.000 | 1716.000 |
| 8.330 | 100.000 | | 薪工 | | | |
| 8.330 | 100.000 | | 公費 | | | |
| 8.330 | 100.000 | | 小計 | | | |
| 79.000 | 948.000 | 鎮 | 合計 | | 234.330 | 2812.000 |
| 33.330 | 400.000 | 二 | 薪工 | 二市義校16所薪工計算 | 60.000 | 720.000 |
| | | | 公費 | 二市義校16所公費計算 | 6.000 | 72.000 |
| | | | 小計 | | 66.000 | 792.000 |
| | | | 薪工 | | | |
| | | 岩 | 公費 | | | |
| | | | 小計 | | | |
| | | | 薪工 | | | |
| | | | 公費 | | | |
| | | | 小計 | | | |
| 33.330 | 400.000 | 鎮 | 合計 | | 66.000 | 792.000 |
| 154.710 | 1856.500 | 澄 | 薪工 | 澄市區立校薪工計算 | 102.330 | 1228.000 |
| 2.720 | 32.600 | | 公費 | 澄市義務校14所公費計算 | 14.000 | 168.000 |
| 32.080 | 385.000 | | 小計 | | 116.330 | 1396.000 |
| 30.460 | 365.500 | | 薪工 | 澄市義務校14所薪工計算 | 140.000 | 1680.000 |
| 17.330 | 208.000 | | 公費 | 澄市區立校公費計算 | 7.330 | 88.000 |
| 91.670 | 1100.000 | 江 | 小計 | | 147.330 | 1768.000 |
| .020 | .200 | | 薪俸 | 澄市經收員一人計算 | 12.500 | 150.000 |
| | | | 小計 | | 12.500 | 150.000 |
| 328.980 | 3947.800 | | 合計 | | 276.170 | 3314.000 |
| 734.650 | 8815.800 | 鎮 | 公費 | 區署關於教育一切公費開支等 | 195.910 | 2351.000 |
| 1608.240 | 19299.000 | | 總計 | | 1608.240 | 19299.000 |

說明

一、本預算表各區立校校長每人月支薪二十元高級教員每人月支薪十八元全年均以十一月計算。

二、各區立校初級教員每人月支薪十二元全年以十一月計算。

三、北碚區立校事務員二人月各支薪十二元年共支薪二百八十八元。

四、區立校工役每人月支七元全年以十二月計算。

五、各義務校教師每人月支薪十元，全年以十二月計算，公费五角雜支五角均在外。

六、澄江鎮經收員一人，月支薪十二元，外公费五角。又黃桷鎮經收員二人，各支薪八元公费在內全年均以十二月計算。

七、短期校教師三員，月支薪十二元全年以十二月計算。

八、北碚區立校教員十五人，短期校三人，義務校二十五人，校役二人，黃桷區立校教員七人，義務校十六人，校役一人，經收員二人，澄江區立校教員七人，義務校十四人，經收員一人，校役一人，文星鎮區立校教員六人，義務校十三人，校役一人，二岩義務教師六人。

嘉陵江三峽鄉村建設實驗區署財務股製

什麼方式？應怎樣實施？均作切合實際的研究、我們不需要只知道什麼「啓發式」「自學輔導式」「道爾頓式」「設計教學」等名詞而已。我們要求教師們真正懂得某種科學應如何教、如何指導、怎樣引動兒童的動機、怎樣引起兒童研究的興趣、怎樣問答、怎樣確定目的。這些問題、我們要各個教師出席研究實驗、有不對的、即刻糾正。總之、要在使學生懂得、講得來寫得起、得到實際的能力。

各兩級小學因設備較周、學級編制、均屬單式、至於義務小學、均爲設備及學生人數有限、幾乎全屬單式編制、各義校之日課表、亦因編制不同、所以排法也就不同。

關於教材、本區所用教科書、均經教育部審定者、鄉土方面的教材、由本署請託區內各事業機關編輯、例如委託家畜保育所編家畜防疫課本、蠶絲改良場編輯關於養蠶種桑的課文、他如水利、保甲、識字、農業技術改良、本地文物、風俗、物產、建築、以及各種特殊事物的記載與照片、均由區署所屬各部分別編輯、由北碚月刊社收集、印發各校。

c訓導　因過去各校的訓導、不合小學公民訓練標準、故自本署接管之後、即將各校舊訂之訓導標準、完全廢去、統依小學規程、以公民訓練爲中心。各學校根據公民訓練標準所訂二百六十七條、照各該校事實的需要、酌量選出若干條、分爲若干階段、分配於各年級、着重實踐、故各校均未採用公民教科書、各義務小學因教師能力有限，故由本署擇定八十個條目、分爲八個階段、每學期實施十個條目共作四學年之用。

關於訓練兒童的組織可分兩方面來說：

▲教師方面；仍爰用過去的級任制、惟增設監護值日、由全體教職員輪流充任、負責處理日常訓練、屬於全校者、共任務均明白規定、在任務終了時、將當日處理的及待理的事情、一一詳細填入訓導日誌後、即行移交下屆監護值日教員。

▲學生方面；兩級小學採用學生自治會、由各級自治會聯合組織而成、級自治會下設數部、全體學生自治會、設立各種團體、如合作社、巡查團、衛生隊、體育會、圖書館、報社等、單級小學採用談話會、各組兒童均須參加、由導師指導學生作各項運動。

訓練兒童的方法、均先確定原則——如訓教合一、積極指導、間接暗示、家庭聯絡等。——然後根據這些原則作訓練的實施、如中心訓練、團體及個別訓練、校內外的生活指導、舉行各種比賽等。總之、絕對避免消極的方法、妨礙兒童心身的發展。

d社會活動　我們要學校社會化、教師與學生都應做含社會意義的活動、爲大衆服務、故本區對於各校特爲注視此點、且凡作運動皆與各事業機關切取聯絡、例如；關於民衆學校的辦理、小先生制的推行、即與民衆教育委員會取聯絡、關於種痘衛生方面的活動、即與峽區地方醫院連繫、關於救災防旱的宣傳、即與建設股取連絡、關於家畜衞生家畜防疫、養蠶育桑等、即與家畜保育所江巴實驗區及蠶絲改良場川東分場切取連絡。關於圖書巡迴、即與民衆圖書館取連絡、此外如政治的經濟的季節的勞作的的活動、均有積極的意義、促使兒童養成正確的認識及共生活的合理化。

e表冊　欲求正確的記載、各校應設置適用的表冊簿、填寫正確與否、亦爲考成之一、關於各完全小學的用表、設置較全、而義務小學之表冊、在研究期間、均分別規定、由本區印發、以歸劃一、除自製者外、計發下列十三種：

A行事歷

B學校日誌

C訓導日誌

D課表

E成積簿

F學生一覽表

G成積報告表

H學籍表

I教學日誌

J學校概況表

K學生出缺記載表

L學生清潔檢查表

M校產校具片

## 3. 私塾之改進

本區私塾據去年五月調查統計共有六六所、學生一千二百〇三人、塾師六六員、其數幾與當時普通小學相等、但能積極改進、實足爲普及義務教育之助、故於去年五月調查完竣之時、會召集北碚市區附近塾師十五人、宣佈初步改進辦法、徵詢改良意見、并商定改良計劃、玆將初步改良辦法摘錄如次；

A檢定塾師。

B取締讀經。

C統制各私塾課程。

D每半年舉行觀摩會一次、以資查驗各校成績。

E新課程中塾師不能教者、由區署派員定時輪流前往助教。

F派員巡迴視導各塾、考其成積優劣、以定懲獎。

G貧苦兒童、免費入學、由區署酌予津貼。

一年以來、我們對於私塾的處置、可謂顧慮周到、目前對於私塾所取的態度、不是硬性的一概取締、亦要能依照本署頒的（改良私塾辦法）辦理的、即准其存在、但下面的幾個條件、他們是必須遵守的。

A凡在二十五方里之內、無公立學校者、方可設館。

B塾師的資格；

a曾在中等學校畢業者。

b曾任小學教員一年以上、取有確實證明者。

c有相當學力、並經檢查合格者。

C應遵守本署的規定；

a寒暑假中前來受訓。

b按學校行事歷的規定行事、并呈報各種表册。

c出席本署召集之義務教師會議、及其他有關教育之會議。

D所用書籍課程、均應按照本署之規定。

E非有特別情形、不得招收已入公立學校、尚未畢業之學童入塾。

至於未經核准及已由本區設立學校的鎮或保內之私塾、均在取締之列、並統限於去年九月底結束、此點已算澈底辦到、在將來的計劃、若改良私塾辦理成績優良、即由本署逐年補助、准於更名為私立某某小學校、這樣既是一種合理的利用、同時也是過渡到私塾絕跡的一個階段。

由於本區地方教育經費拮据的原故、在主觀力量上、不過普遍設立更多的學校、容納大量失學的兒童、以前對於地方人設立改良私塾一點、還予以相當地鼓勵、同時根據「四川省各縣市管理私塾規程」之規定、擬具「實驗區改良私塾辦法」呈請四川省政府核准、以作設塾者依據、這就是希望在未設立學校的區域、能有改良私塾負担公共小學的任務、以期合符我們的要求。

## 四，社會教育

因為社會教育的對象、是廣大的民衆、其年限、是民衆的一生，故此教育非特設各種事業機關、分別活動、不能收社會教育的實效、因此特組民衆教育委員會、管理職業教育補習教育事項、管理國民生計教育事項、管理民衆休閒教育事項、管理民衆學校事項、管理中小學兼辦民衆教育事項、管理民衆訓練事項、管理民衆服務事項、管理民衆讀物之編纂事項、民衆圖書館、管理民衆文字教育、民衆識字讀書運動等事項、民衆體育場、民衆博物館、嘉陵江日報社等機關、分別管理民衆健康教育及政治的經濟的各種社會教育事項。（因另有專文敍述玆從略）

## 五，師資訓練

師資為推進教育之動力、其健全與否、關係教育之良窳者至鉅、且本區教育之目的、不單是普及鄉村教育、我們希望教育社會化、學校與社會打成一片、用教育的力量來改造鄉村、建設鄉村、使學校成為鄉村建設的機關、教師為鄉村社會的領導者、同時又感覺到鄉村建設工作、雖不一定本地人辦本地事、然按諸實際、似不能忽視環境、我們要改造環境、首先要認識環境適應環境、因此只得就區內各保曾受中等教育者與優良之私塾教師、利用暑期設立研究班、令各聯保主任保長保送學員考入研究、期用最經濟的時間金錢訓練出一批工作人員來、以後再逐步的臻於至善、但各場各保曾受中等教育的人才、結果僅有三十餘人、算是我們計劃的失敗、於是只得破除區域的限制、無論本籍外籍一律招收。至於各區立小學教師并此成立研究會、通令一律入會研究、俾鄉建事業得收更大的效果。一年以來本署對於師資訓練、經常的則爲實地視導、教師月會等、臨時的則爲寒暑期補習研究及家畜防疫等特別訓練。玆略述其經過如次；

## 1, 訓練目標

A促進共同之意志、

B砥礪師資之學行、

C改良教學方式；(如教學、訓導組織在實施上力求步調一致。)

D堅强教師對於鄉建鄉教之信念、

E促起教師對事業的熱情與努力。

F策進共同的生活。(平民化而又富於積極性的生活)。

G增進活用的知識、(爲當前所最需要的)。

H增進知識尤其側重在求智識的基本知識。

I促進其習於隨時隨地幫助他人、(幫助人爲善、制止人爲惡)。

J促進其習於接洽商討之能力、

K促進其喜於用思想之習慣、

L養成調査、宣傳、及組織方面工作之技術，

M養成自動自治的精神。

N養成忍苦耐勞的習慣、

## 2, 訓練方式

A經常的；

a實地視導

本區教育之進展何如？學校及學生之增減何如？教職員之優劣何如？各種教育之設施何如？本署囑辦事件之進行何如？實有賴於實地視導、以爲改進發展之方、故視導則成本署教育行政之重要工作、一年以來除由本署主幹人普遍的聯合視導三次外、另曾派遣專人臨時到各校視察指導、許多困難問題的解決、許多改進辦法的商討亦多在此機會中、各校教師其得幫助與訓練、尤復不少。(詳細情形請參看本文教育視導章)

b教師會議

本署爲提高教育行政效率起見、規定每週開全區小學教育研究會一次、區立各校校長教師全部出席、每四週開義務教師會議一次、全區義務教師均須出席、會中除討論學校行政教學方法、民教推行、社會服務……等問題；幷檢討本署各事業委託辦理之事件及當地之社會民生問題而外、由本署及有關各事業將家畜保育整塘築堰栽桑養蠶衛生運動、合作問題——凡本區當前活動、均編成課文教授教師、則由教師再分別材料等級轉教學生、或向民衆宣傳、期收互助合作之效。

B臨時的

a小學教育研究會、

△入會人員——入研究會的、乃是各鎭鄉市街上完全小學的校長

教師、計有二十五人、各學校校長由區署委任後；准予各自聘請各科教師選荐區署核定始得入會、北碚小學、因各科級任、尚在物色中、故入會者僅只四人；黃萬小學八人；文星小學七人；澄江小學六人、二十五人當中、女子佔五分之一、他們學識經驗、都相當豐富、故爲了本區教育的骨幹、特寫出他們的一個統計於後；

I學歷——大學畢業二人、高中畢業四人、高中修業六人、初中畢業者十三人。

II履歷——曾任教十年者、七人；曾任教七年者、十二人；曾任教五年者、六人。

△分科研究——他們研究的科目、分小學教育行政、各科教學法、鄉村教育、職業教育等四組、每組設組長一人、組員不等、以各人性情相近者决定、每天各科除有常務輔導員一人作專門問題的指導外；并有很多的書籍供給他們在自習時間作研究與討論的參考。

b義務教師研究班

△教師來源；

1,招考——本署招考教師凡兩次、第一次錄取五十七人、男五十四人、女三人、第二次錄取二十八人、女六人。

2,遴選——派赴會調查組下鄉選定曾受中等教育者 、前來投攷。

△困難問題；

1,義務小學責重事繁、非本地的人去辦本地的事、不足以破除困難。

2,當此農村人才缺乏之時、致兩次招攷本籍的僅收足三分之二的定額不得已乃收客籍以作補充。

△教師學歷；

1,曾在初級中學畢業或修業者佔三分之二。

2,曾教私塾或義務小學任教者佔三分之一。

c一般的生活

△軍事訓練

1,服裝——男子全着灰色軍服、女子一律黃色童軍服裝、肩槍荷彈、儼若軍人。

2,操練——每天有軍事訓練兩小時、每週并作野外演習一次。

3,編隊——研究會編一區隊、研究班編兩區隊、班長由他們輪流充任、各有生活助理員三人作生活的照料及軍事常識的指導。

△課外作業

1,讀書報告；

㈠方式：

A將習報分類編目指定人閱讀。

B每天課餘時間輪流報告。

㊂效力：

A個人讀書的心得、可以供獻大衆。

B大衆讀書的心得、可以供給社會。

2,民教活動：

㊀時間與地點——每星期二五晚間在民衆會場露天會場開放時、作各種活動。

㊁材料——搜求新知識的民衆報告。

3,勞働服務：

㊀每天打掃室內外清潔、並疏通營後陰陽溝。

㊁每週大掃除民衆體育場一次。

㊂填補體育場場地。

㊃修築往慈壽閣的山路。

4,警衛訓練：

㊀每晚派出衛兵梭巡營外。

㊁慈壽閣每晚派兵一班作展望哨的訓練。

㊂月終結束時作緊急集合及夜行軍的演習

5,會集——有討論會、講演會………等。

△結束時間——八月一日開始集中受訓、卅日結束、其職務分配約如下表

| 鎮別 | 分配的學校 區立校 | 義務校 | 鎮別 | 分配的學校 區立校 | 義務校 |
|---|---|---|---|---|---|
| 北碚 | 11 | 25 | 二岩 | | 6 |
| 黄葛 | 6 | 15 | 澄江 | 6 | 14 |
| 文星 | 6 | 13 | 合計 | 29 | 73 |

c寒假補習與研究

△義務教師補習班：

1,此係暑期受訓之研究班教師、經過一學期教學經考核後認爲必須再加訓練者共三十六人。

2,補習科目：

㊀軍事訓練——每天仍有軍事操練九十分鐘、但未用槍、只教以普通的基本動作、俾便教育兒童。

㊁教學檢討——很多教師、此期教學尙屬創舉、故遺憾尙多；此期的補習、亦卽在此種遺憾的研究與討論也。

△義務教師研究班：

1,學術科自——此期教師爲新招來塡補去職之遺缺者、故術科較補習班爲多、而學術亦與補習班在暑假之講授相同。

2,冷水鍛鍊——每日早晚盥洗純用冷水、藉作皮膚的鍛鍊；每餐只限食六分鐘、藉作腸胃的訓練。

b家畜防疫訓練

本署爲普及幷推廣家畜防疫運動起見、特與四川家畜保育所三峽實驗區、合辦家畜防疫人員訓練班、遴選區屬各保義務教師若干人分期入班受訓，以期達到全區各保均有家畜保育之幹材、除當前指導實施防疫工作外、更企圖達到改進畜產爲目的。其訓練班之技術與學理之指導、全由家畜保育所三峽實驗區負責：至訓練期內需用之儀器及消耗之藥品、亦由保育所供給、訓練課程分講授與實習兩部；如畜舍衛生、家畜傳染病預防、牛猪鷄病害、家畜飼養與管理、家畜育種常識等、實習方面；如消毒實施與注射技術、獸病診斷、畜舍隔離及清潔衛生表演等。本署已抽選教師十八人自四月十一日開始受訓、十八日第一期訓練已完成、受訓人員仍各回原校服務、平時則受保育所三峽實驗區之之指導、担任獸疫報告、一俟本署在京訂購之工具到來後、卽行大規模的動員。推廣家畜防疫運動等工作。

## 六，教育視導

### 1, 視導工作之聯合

這一批教師、雖然經過短短時期的訓練、畢竟多係初出茅蘆經驗有限、何況又是單槍匹馬獨在障礙重重的鄉村中去開創呢？不但學校的設立、學生的招收、課程的實施、活動的進行、在在需要指導解決、需要幫助處理、而且、卽使始業的難關打破了、也不見得我們的基礎、便已鞏固、我們的任務、就算完成、我們還要如何鼓起他們工作的興趣、去迎敵四面八方繼續而來的阻力？如何增加教育的效率、以加速推進鄉村的各種建設？所以、這更有待於隨時視察、研究、指導，幫助、考核、督促的必要了、同時爲了人力的經濟、工作的聯繫、其尤爲了每次能於短時期內嚴密地普遍地視導完畢、所以我們不得不用集體的力量、以聯合的方式、來舉行視導了。

所謂視導工作的聯合、是由各股——內務股、教育股、建設股、財務股、的主任、各機關——民教委員會、民衆體育場、民衆圖書館、地方醫院、的主管人、以及各部份資深的辦事員、合組一視導委員會、而會裏的每一員、又須代表各部份、視導該區域內各方面的問題。除了必需視導的教育工作而外。

### 2, 出發前之準備

A商訂視導大綱：由各方面抽調出來的視導人員、既非共同循着一條路線逐一視導、自然每個人又不能於各方面都是專長、所以各方面每次須要視導的問題、就由各部份預先在會議上提出來、共同商訂一個視導大綱、茲將各次視導問題、擇要列後：

a 教育方面

△學校概況：

(1)行政：學校與保長校董之聯絡若何？如何始能辦到政教合一？教師之成績行爲如何？如何指導進修？與當地人士之觀感如何？如何取得社會同情？兒童入學人數多少

？如何招留學生？表冊是否塡載清楚？如何塡載？書籍學費之徵收情形如何？如何徵收？……

(2)設備：校舍之位置、建築、適宜否？如何改善？校具之佈置適當否？如何佈置？教具能勉供需要否？如何添製？

……

(3)教導：課程是否按照實區規定課表實施？教學採何方式？兒童反應如何？學級編制是否適當？補充教材若何？課外活動若何？訓導標準若何？兒童行爲儀態若何？如何一一改進。……

△推廣事業：

(1)民衆學校：已否設立？如何辦理。

(2)小先生制：已否組織？如何推行。

(3)問事代筆：已否舉行？如何工作。

(4)體育衛生：有無合用之體育場所及設備？如何預防傳染、指導衞生？

b內務方面：

△壯丁組織及訓練：出席官長壯丁人數多少？教練科目及情形如何？……

△保甲經費的徵收：有無舞弊或挪移情事？

△煙賭及治安情況：有無祕密煙賭？要隘塞口有無守哨？

△保甲人員的檢討：是否努力負責抑或有溺職守？如何召開會議？

c建設方面：

△造林：考查尋覓荒地及採集種子情形。

△水利：指導尋覓塘堰地點、視察水利人員生活、及工作進行成績。（塘堰新舊數目、已成、將成、及擬建數目。）

△家畜：調查瘟疫狀況。

d財務方面：

△地方公產數量。

△紅莊中資登記。

除了視察及指導之任務外、並須於晚間藉機召集當地人士談天、訪問民間疾苦宣傳農村合作、文化設施。及當前之特殊活動。

B印製視導表格、因每次視導之性質與任務、略有偏重的先後(數次之表格、亦均有差異、玆分別檢附於後。

a於十月上旬開學後用者：

校別　教師　校址

學生　該保學生數
　　　來校學生數
　　　是日出席數

校舍

設備

該校困難問題

幫助解決各點

視導者的意見

備考

25年10月1—5日視導者

C於(期終用者)

| | |
|---|---|
| 學 | 鎮別　　　保別 |
| | 原學男　人　共　人<br>有生女　人 |
| | 是來男　人　共　人<br>日校女　人 |
| | 先生教了多少課了？ |
| | 先生教的都懂得麼？ |
| | 書上的字認得講得麼？(抽查) |
| | 國語常識、先生要你們唄麼？(抽頁) |
| | 你們天天寫中小字麼？(抽看) |
| | 每週做幾次作文？有日記麼？(抽看) |
| | 算術做練習麼？(抽看) |
| | 唱得了些甚麼歌？勞作有何成績？ |
| | 你們操些什麼？做甚麼游戲？ |
| 生 | 先生缺課麼？ |

| | |
|---|---|
| 教 | 姓名　　年齡 |
| | 你分作幾組教學？ |
| | 若有三組你怎麼教呢？ |
| | 平時曾記分數沒存？ |
| | 作過家庭訪問沒有？ |
| 師 | 你服務半年有何得失呢？ |
| 民衆教育 | 你有甚麼改進的意見？ |
| 其他 | |
| 視導者意見 | |

25年1月1—7—20日視導者

b於十日期始用者

| | | |
|---|---|---|
| | 校別　　校址 | |
| 學 | 本保學童數男人 女人 共人 | |
| | 來校學生數男人 女人 共人 | |
| | 是日出席數男人 女人 共人 | |
| 生 | 學級編制 冊數 每冊人數 | |
| 設 | 校舍：間數；所屬何人 | |
| | 教室：光線……空氣……；清潔……佈置……；面積約…方尺…… | |
| | 黑板：塊數；離地　尺 | |
| 備 | 桌凳：排列　高低；寬窄　坐位；所屬何人 | |
| | 其他 | |
| 附註 | 可會修理否？可有添置之校具？ | |
| 教學 | 方式 | |
| | 情況：講解、問答、練習、研究 | |
| | 科目 | |
| | 視導者意見 | |

| | |
|---|---|
| 教 | 姓名　　年齡 |
| | 1,精神　2,態度 |
| | 3,動作　4,言詞 |
| | 5,服裝　6,能力 |
| 師 | 7,品行　8,其他 |
| | 標準 |
| 訓導方法 | 採用中心訓練否？<br>體罰否？<br>個別訓導否？<br>教訓合一否？ |
| 社會服務 | |
| 特殊問題 | 1,民教情形<br>2,運動設備<br>3,保長校董有何幫助<br>4,免書學費情形<br>5,其他 |
| 困難問題 | |
| 幫助解決之點 | |
| 備考 | |

25年11月10—12日視導者　　填

C劃分視導區域：每次依出發視導人員的多少、臨時分爲若干路、每路担任一個區域、區域的大小、以該路能在外工作時間的多少而決定、或者是平均劃分、每一路裏、有一位主任、一位或一位以上的辦事員、（其平日職務性質須不相同者。）如果離市街較遠、幷加派士兵一名、任傳達勤務。

除第一次係與各機關主管人共同出發、分科視導外、以後均係分頭出發、分區視導。

| 路別 | 第二次 人員 | 第二次 區域 | 第三次 人員 | 第三次 區域 |
| --- | --- | --- | --- | --- |
| 第一路 | 黃子裳陳新齊 | 澄江鎮 | 高孟先 | 北碚七—十四保 |
| 第二路 | 劉文襄舒傑 | 文星鎮 | 梁崙 | 北碚十五—二六保 |
| 第三路 | 陳年卲劉運隆 | 黃桷鎮 | 朱子剛 | 北碚二七—三三保 黃桷七—十四 |
| 第四路 | 劉忠義楊靈 | 北碚14—21保 | 吳定域 | 黃桷十五—廿二 文星四—七保 |
| 第五路 | 劉學理譚海秋 | 北碚22—82保 | 黃子裳 | 文星九—十七保 |
| 第六路 | 吳志域陳漣漪 | 二岩六保 | 劉學理 | 二岩一—六保 |
| 第七路 | 左立樑陳公弼 | 黃桷7—10保 | 陳年卲 | 澄江五—二〇保 |

### 3.事實之一般

這幾次視導、時間都很短促、所「視」有限、而「導」更少．且因各路報告材料、除於義務教師月會上提出檢討外、未經全部整理、致不能一一臚陳、以求閱者之批評與視導、現略摘錄數點於後；

A堅苦創造的精神；在窮苦的鄉村中、突的每保要設立一個學校起來、確實是煞費苦心．然而困難到底非志趣堅毅者的阻礙、終於被青年生命之力衝破了。看吧、廟宇、庭院、雖然光線黯淡一點、但可添蓋幾匹亮瓦；空氣不甚流通、可加鑿幾個窗洞；牆壁嫌其汚濁、就刷上一層灰漿、地面惡其凸凹、便塡上幾撮泥土、他們沒有黑板、就用漆過的桌面；沒有架子、就將就神龕、沒有操場有地壩、沒有鏢槍有鋤桿、廟中幾塊寬長的木板、擱了起來權當一排排的書棹、如果能够自己抬來幾張抽屜、那便是頂漂亮的了．而且有的在包打包唱的百忙中、還率領着學生、或者開闢成功了一條康莊的大路、或者把荒地改佈置成了花壇。………

這樣、七十五所義務學校、便一保保地設立了起來。

B尙須努力改進：我們看了上面一段、不要就太高興、雖然是草草創立了起來、然而缺點也還正多着哩！不過經過這次視導、幾次討論解決、已逐漸化除了．有的可說是不成問題的問題．然而有的也並非不需要更加研究的．如：

A學校教育

a聯絡：

△與保長之聯絡：鄉村教育工作的推動、是須藉地方政治領袖的力量、在出發工作的當兒也曾諄諄切切告誡過如何與保甲長取得妥

切之聯絡、可是結果；也還有很少的保長不負責任、甚至阻撓進行、有的是因爲教師本身的不善做事、把事情弄壞：有的是缺乏責任心、不但沒有幫助、反而經常出外工作把一切政務都推諉教師身上；更有的爲鬧意氣、不惜暗中搗亂、以一報私仇爲快、所以教師還反增加了一重「教育保長」的責任。

△與校董之聯絡：有許多校董、都僅掛虛名、甚至連虛名亦不肯掛者、一方面是因這種空銜只能出力而不能拿錢；一方面也是許多長者、以爲人心不古、管了閑事、反討斷吃。

△與民衆之聯絡：還有一部份教師、少作學生家庭拜訪、少與民衆接觸、往還、致與地方人士的關係、尚還有些淡漠、若情感不甚融洽、一切活動、即不易得着信仰與幫助。

b 教師：

△住址問題：多數教師、住家在離學校附近數里內者、食宿均在家裏、不但往返費時、而且常有務外、或得分一部份時間與精力照理家庭事務。

△年齡問題：有一部份年齡較老的私塾教師、雖然忠誠勤謹、但是動作遲慢、教學故舊、並且不懂音樂算術體育……等不能負起鄉村教育的新使命。

△生活問題：他們的月薪、雖有十元之數、可是除了訂報、購書、…的扣款、以及偶爾誤時的罰金和自己的伙食外、所餘、以靠養老育幼、實有些不能維持。所以有在白天上課、晚間閱卷之餘、還要抽出時間去担炭、挑水！種種勞作、以維生活。

△進修問題：許多教師、雖然辦事很熱忱、精神可嘉、而教學技能、却很欠缺。同時、研究和學習的興趣、又不很濃厚、例如僅有的嘉陵江報、和農民週刊、有的教師也少去翻閱。

c 學生：學籍兒童、還沒有全收納入校、因爲：

△不感覺需要：他們認爲讀書識字、只是爲了升官發財、他們自問沒有這希望、就不願子弟受教育、同時以爲挖土担炭并不需要讀書認字、所以也不願讀書認字了。

△受生計壓迫：峽區民衆多是以担炭爲生、他們終日奔忙着、在饑餓線上與死神拚命地掙扎、男子力量不够、加上婦女；再不够、還得加上後代的兒童、一顆小小的生命、便被捲入求生的漩渦中、倘稍一退後、便會被生活的車輪、壓了泥土裏去。所以不但要錢讀不成、就是不要錢、也不能躲開生活的鞭策而跑到學校裏來、如像有一個學生、來讀了半天書、先生不給飯他吃、便不能再來了。

△不信仰新學：一般思想頑固的家長、以新學不照從前死唄死讀、加上私塾老師的鼓吹、便都抱子弟送入私塾裏去了。

d 學校：校舍多係利用舊有、故缺點頗多、如：△位置偏於該保之一隅、△常有數校相距太近△因建築方向不合、採光不當、

△多數教室容積太窄、△有因年久料壞、無錢改換、易生危險、△在大院之處、常不能避免鄰戶厠所之臭味、或燒火之煙子、在運炭道路沿線者、終日炭灰飛揚不易維持清潔、△桌櫈因各生自備、高低方圓、極不一致、排列不能整齊有序、△自製教具極少。

e 教學：△少採用最進步之教學法、△學生到校時間、相差很大、△低級學生、多數都唱得很熟、而不能認和講、△複式教學、時間和過程的分配多未適當、△少採用適合當地生活的補充讀物、尤其是民衆盼望學會的應用文、△有的學級編組太多、且常有私塾生讀七八册國語、而學三四册算術、△音樂無風琴等教具、唱的音多是黃的………

f 訓導：△未定訓導標準、△缺乏中心訓練、(現均已由教育股擬定印發、)△有採用體罰者、行爲習慣的矯正、功效還少……

(其他各項問題、茲從略、)

### 4, 從工作上去努力

每次視導之後、每路均須編製報告、將各項問題、於視導整理會議和義務教師月會上一一提出商討解決、同時爲要鼓教師、努力於事業之要求、趨赴於成績的比賽、對於工作之優劣勤惰、也逐一檢討、施行相當獎懲、計

升級者：四名、年增薪二十四元、

受獎者：十三名、各獎勵四元或兩元、

受懲者：十二名、警告與記過、

撤職者：十五名、

不過、這些獎懲、並不能算是義務教師的成敗得失、因爲我們的成功是在事業上的、我們的效果是在社會上的、所以、我們更應在「工作的進行上求興趣、工作的成績上求快慰、」

建設股

## 戊，建設

### 一，農業

1, 改良農作
- A 鹽水選稻種
- B 玉蜀黍抽花
- C 剪除麥黑穗病
- D 小麥育種試驗
- E 焚除秧苗鐵甲蟲
- F 捕殺苞谷地蠶
- G 改良農具

2, 防旱救荒
- A 燃薪求雨
- B 勸種再生稻
- C 勸種洋芋
- D 借貸種糧
- E 提倡乾田種麥

3, 造林
- A 栽植各機關樹木
- B 栽植馬鞍山至廟嘴之保安林
- C 育苗

4, 蠶桑
- A 調査蠶農
- B 協助辦理收買蠶桑改良場土地

5,園藝
A火焰山園藝場
B夏節與雙十節物產展覽
A鋼房
B水電廠
B北溫馬路測量
C北碚市外馬路整理

二,水利
1,廣築堰塘
2,嘉陵江水位記載

三,礦業
1,安定煤炭及石灰價值
2,解決礦權爭執

四,工商業
1,調查
2,組織
A北碚織布公會
B峽區煤業公會（見礦業欄）
3,創立
A光華電力廠
4,管理
A勞資糾紛之處置

五,交通
1,馬路
A青北馬路開工
2,橋樑
A項領橋
3,躉船
A夏溪口躉船
4,電話
A添設電話專線
5,電播
A廣播試驗
B集會播音
C添置收音機

六,市政

七,合作
1,設立職工消費合作社
2,籌組峽區煤業合作社
3,籌組本區各種農村合作社
A搜集規章參考辦法
B請省府派員來峽指導

八,度政
1,屬於江北之黃桷、文星、二岩三鎮鄉者
2,屬於巴縣北碚者
3,屬於璧山澄江鎮者

## 一,農業

### 1,改良農作

A鹽水選稻種—去年四月、本署改組成立、值四鄉播種秧田、本署提倡鹽水選稻種、當時編印傳單、由建設股人員並聯絡民衆教育委員會分赴各鎮、集衆宣傳、且實地演習。

a曾接受北碚龍虎橋天坪垭農家徐萬林之請求、助其實行、其方法：

「係用鹽五分之一、水五分之四、混合攪勻、貯於木桶或瓦缸、然後將穀種傾入、浮於水面者、撈去不要、沉於水底者、取出用清水淘過、然後浸種發芽、撒播田中、經鹽水選過之稻子、分插本田、既無稗子、成長復整齊、爲一般稻子所不及、惜因去年、在稻將出穗時、發生亢旱、田土龜裂、禾苗枯死、徐姓農家毫無收獲、致未能與一般比較、但渠已相信、比未經鹽水選過之稻田、成長及一切情形均優、並對附近農民代爲宣傳、」

b復在廟嘴熊明甫佃戶家繼續試驗、雖因天乾、但灌溉得水、稻穀結實甚豐、確比一樣灌溉、而未經鹽水選種之稻田爲佳、當由本署製定指示牌、直立田中、又本署爲提倡改良土法農具、正在不斷的注意、擬利用科學方法、仿製已成之農具、將來推行農家使用、以收改良之效、使農民注意、以便周圍仿效。

c曾有數農家自挑谷種到民教會辦事處請求助選、結果仍因全區普遍旱災、未能得出顯然可見的成績。

B玉蜀黍抽花—苞谷開行抽花、係使谷粒大顆堅實、收獲增加、本署於去年六月內曾在區屬五場附近農家、分別宣傳提倡實行、其結果已抽花苞谷之結實、確較未抽者、堅實而粒大、施行此種運動、初先農人懷疑不能結實、後來結實依然、農民乃相信改良法確有效用。

C剪除麥黑穗病—我們依據科學研究剪除麥黑穗病的最好方法、是播種之先、用炭酸銅拌種、或冷水溫湯浸種、但在本署成立以來、當前的麥黑穗病已出、麥因黑穗到處都是、乃到區屬各場召集保甲人員、講解麥黑穗病的由來及病徵、并飭速爲轉飭各農夫、限期剪除、就在街上或學校、我們亦多方宣傳、并促起一般小學生也忙作剪除麥黑穗病的活動。

D小麥育種試驗—去秋本署接收兼善小學農場二十畝後、本署以麥作物爲本地主要農產之一、故有改良之必要、但本區地當河流、山谷環抱、常多風害、而小麥在成熟期間、因遇大風吹倒者亦頗多、故對於抵抗强風之品種、尤宜於本區之環境、特於去年夏在南京金陵大學購回、成熟期早、抗風抗病力强之二十六號小麥五市升、復在科學院分來美國玉皮麥一升、再購本地小麥改良種四種、以與上項麥種舉行高級試驗、復將剩餘之二十六號小麥、分散農家行區域栽培、現遠結實時期、均生長良好、業在公共集會中、向農家宣傳、以與本地土種麥子比較。

E焚除秧苗鐵甲虫—去年五月、區屬文星場沿鐵路線一帶、秧田禾苗、曾發生鐵甲虫害、所謂鐵甲虫、係寄生在秧苗的葉子尖端、專食秧苗、使其黃萎不易成長、本股乃託北川公司代爲搜集苗本、并送科學院生物研究所研究、知其爲鐵甲虫、食害秧苗、如任其不治、將使十餘里稻田顆粒無收、乃派技師前往指導農家、全體動員、將生鐵甲虫的秧苗葉子、折去受害葉部份燒毀、其下部本苗照常插植田中、事後前往攷查禾苗生長情況甚好、且該處有煤窯廣水、去年雖經天災、收獲仍豐、甚有漲收至百分之一二者。

F捕殺苞谷地蠶—地蠶爲苞谷的大敵、從苞谷入土後發出芽葉、地蠶卽潛伏地底嚙其根部、或於夜中出土嚙食近根處之幼莖、苞谷卽漸次死去、其害有過於秧苗鐵甲虫、本署爲撲滅地蠶保護苞谷計、特鼓勵各農戶動員捕殺、在北碚並由動物園以錢收買、作爲動物飼料、每碗給洋五仙、鷄類最喜食之。

G改良農具—過去峽防局時代、曾有一度之努力、爲免去農人用手攤脫苞谷之困難、曾買回脫粒機二架、每架值銀十五元、每小時可脫粒苞谷四斗、又購回搭谷機兩架、使用脚力搭穀、比人力省三分之一、且有不撒穀之好處、在北碚附近地方派兵協助農家使用、後來並托民生公司、翻造三十部、以便大批發賣民間、所惜機器價值較昂、每具值洋廿五元、且使用方法亦須學習、更要改造搭斗、使適合安置機器、此在貧困之農人、極感困難、因而無法推行、擬俟本區合作金庫組織成立後、農民組織利用合作社、集資購買、共同裝置使用、其效乃見。

## 2，防旱救荒

A燃薪求雨：夏季以來、天久不雨、一般人民便以求神請水、玩黃荊龍、禁屠宰、爲求雨方法、此種無意識之舉、在實際上當然也無所裨益、我們爲了要用比較合乎科學的方法、曾試行放炮燃薪燻煙求雨、使空氣起對流作用、發生特殊變化、因而容易結成雨雲、計放炮一次、在三日後始稍下雨、但量很微、燃薪燻煙、在一天半後、卽奏大效、雨量傾盆、此種辦法僅在本地舉行、後來奉專署命令、亦以用燻煙法較爲可能、蓋明知不是最可靠辦法、但總優於不做也。

B勸種再生稻：再生稻爲旱災中最後的農作收穫物、其法是將已旱之懷胎稻草、注以清水、施以肥料、天稍雨、卽可與從前秧子同樣的收穫、本區農民奉行頗多、禾苗發育亦好、惜因後來繼續天旱、直到秋末冬盡、仍未克奏效。

C勸種洋芋：洋芋爲耐旱之農作物、且可一年栽培三季、計每季從下種至成熟、只須三月、卽能收穫、且與苞谷有同樣價值、可作日常食料、實爲備荒主要食品、我們爲防旱救荒計、特發起勸種洋芋、普及區屬鄉農。

「種植法係先將土碎細、作成長四尺方不拘之廂、放入人糞及草木灰、（下種期春季在驚蟄春分前後、秋季以白露秋分前後爲宜、其餘皆可下種、惟收穫稍差）、備做基肥、然後用成相距二尺上下之小溝、再把每個洋芋、按芽切成塊片、切口上面糊草木灰、下面放在溝內、深約二寸、每塊相隔約六七寸把溝旁土掩上、並蓋稻草一層、俟芽發後揭去、在十餘日後、應行中耕、除去雜草、施以人糞肥料、并折去側芽、留苗一株、擁土過二十餘日、再行一次、如此施行三次、使從前的溝變成壠、洋芋尺許開花時應行折去、不使結子、分殺了洋芋成長的養分、最後注意種植土地的潮溼與黃螞蟻的侵害、倘遇黃螞蟻侵害、可用柴灰泡水灌淋、或生石灰撒於根旁亦可」。

D借貸種糧：區屬農家、年來遭受旱災、生活已感困難、目前許多農家、竟將種糧已作食料、不能入土種植、眼巴巴只待餓死來臨、本署爲救濟此種慘象、特購大批種糧、借發各農家播種、計去年冬季、借種農家一二〇戶、借用胡豆八石九斗零三合、碗豆六斗、麥子八石三斗、値洋二〇九・七二〇元、本年復由區署籌款四百元、購得洋芋一萬一千餘斤、借發四鄉農民、借貸辦法係先令飭各聯保確爲調查、凡有殷實鄰舍及保甲長之信用、介紹担保、卽行借貸、償還期係待農作物成熟後、加一倍還之、或折合銀價亦可。

E提倡乾田種麥：稻田經天旱後、收穫沒有、本股爲補救此種缺憾、特倡行乾田大量種麥、可惜後來遭嚴重天旱、祇有沙土及近溪流邊土、麥苗發育較好、收穫有望。

## 3, 造林

A 栽植各機關樹木：是年爲區署成立之期、對造林墾殖事項、尤爲本股職責所在、更須積極進行、幷列爲中心工作之一、除本署附近地區造林外、其他學校團體、均一致動員、凡屬河堤、荒塚、隙地、斜坡、均屬造林區地帶、玆分述如左；

a 北碚小學之校園林：該校原係朝陽小學、本署成立後、即劃規管理、於本年春秋季共植法國梧桐、美國白楊、洋槐等樹五百株。

b 馬鞍山植缺林：馬鞍安山造林已於民國十六年施行、惟間有枯死及未活者、應行補植、於今春初、種植洋槐五百一十株。

c 清和路植樹：清和馬路、地勢窪下、每于夏季、常被洪水冲洗、故於沿路一帶、植洋槐一千株、以資保護。

d. 夏溪口官山植桐：夏溪口附場一帶、官山纍塚、荒廢可惜、今秋經本署公安三中隊、施以芟除、栽植桐苗二千株、現已竣事。

e. 黃桷鎭公共植樹：本署所屬黃桷鎭聯保主任王訓能、及區立小學校長王蔭槐、聯合學校學生各保甲長等、於場後官山、造公有林一處、計植苦楝一千五百株。

f. 贈送西山坪墾場樹苗：該場本設有苗圃、率多播種之苗、矮小不堪移植、又因該場農道、無長大之闊葉苗、特由本署送贈法國梧桐二百株、美國白楊四百株、現已植於該場之農道、以爲將來蔭蔽之用。

g. 地方醫院植樹：本署地方醫院、購買巴縣縣立女子職業學校校址爲新醫院、四週隙地頗多、爲清潔空氣培植風景起見、特栽法國梧桐二百株、洋槐一百株、美國白楊一百株。

h. 三峽染織工廠植樹：兩年前峽防局曾協助栽植梧桐及洋槐二百餘株、惜苗太小發育不盛、本年乃全部掘出、另植較大的美國白楊五百餘株、於工廠週圍及行道樹、現均遍植完全矣。

i. 人民自動植樹：北碚富紳受植樹之影響、自動向本署購買法國梧桐五十株、美國白楊一百株、植於宅舍前後、以配風景。

B 栽植馬鞍山至廟嘴之保安林：本年於本署之前面河岸及後面之馬鞍山、造一保安林、除瑞香錐柏及灌木樹不計外、植巴豆、松柏、搖錢、洋槐、青楊等樹、共三千〇五株、面積除傾斜度不計外、計百畝上下。

C 育苗：本署苗圃共有四處、一爲本署平民公園、苗圃面積計十畝左右、所育苗木、多觀賞類、每年可育苗五萬株。二、爲溫泉公園、苗圃面積、計五畝、所育苗木、多屬花木類、每年可育苗二萬餘株。三、爲樂園公司、苗圃面積計二十畝、所育苗木純係菓樹類、每年可得十萬株。四、爲西山坪苗圃面積五十畝、每年育成苗木、數在百萬以上、以建築用之針葉樹爲多。

## 4, 蠶桑

A調查蠶農——區屬五個鎮鄉計北碚、黃桷、文星、二岩、澄江、在過去四川蠶絲業最盛時代、栽桑育蠶人家極多、最近六七年間、因絲價慘落、原有桑樹大多砍去、作爲柴薪者有之。代種葉樹者亦有之、前年全國經濟委員會蠶絲業改進會派員來川設立蠶桑指導所、去年四川省政府又特設四川蠶絲管理局、改良人民養蠶栽桑事宜、蠶絲業情形又爲之一變。去年由管理局及指導所散發春秋蠶種、統制購繭繅絲、成績極佳、人民對蠶絲業之興趣爲之一振、本署爲統籌境內栽桑育蠶起見、乃從事養蠶人家及現有桑樹之普遍調查、初先製發桑株調查表、發交各鎮鄉保甲長挨戶調查、嗣又據四川蠶桑改良場第三區蠶絲指導所、送來蠶農調查表、由本署照式印發協助調查、此項工作、計在十一月底完成、統計全區養蠶人家現祇一百四十戶、有桑樹五千五百六十株、其中有湖桑(官桑油桑包在內)三四九七株、柴桑(草桑毛桑皮桑拐桑包在內)二六〇三株、每年一季可採桑葉八萬八千一百七十二斤、每季可飼蠶種二百四十八張。

B協助辦理收買蠶桑改良場土地——蠶桑改良場從去年九月份來峽、擬籌辦蠶桑苗圃及製種事宜、本署奉令協助收買江北東洋鎮上壩地址、備作該場場址、計至本年十二月底止共收買該處官、張、鄭、王、四大姓土地一千五百餘畝、共去洋六萬餘元。

## 5, 園藝

A火焰山園藝場、體育場之左側山坡、原係東嶽廟舊地、因住持乏人、廟宇失修、竟成荒廢、前峽防局以該處地勢高廠、風景絕佳、於此培植林木、不但可以點綴風景、佈置公園、且可附帶生產、故特於是處相度地勢、審查土質、開闢道路、築境作室、以爲園庭之準備選造風景林、去年本署又植有落葉松一千五百株、三桷楓一千株、次於沿路及隙地植法國梧桐、白楊、青楊、楊槐、合歡、鐵樹、西湖柳、棕竹、龍爪柳、冬青、楊柳、四季柑、桃、李、梅、杏、石榴、桂花、夾竹桃、紫微、紫荊、海棠、玉蘭、木筆、芙蓉等樹各就所宜、栽植各樹、共計二萬四千株、觀葉、觀花、觀菓、無不曲盡其妙、或紅或紫、或綠、舉皆表顯特別風趣、以成爲今日之美化園藝庭場。

## 6, 家畜

A家畜推廣——動物園於本年春季大批繁殖、有純種意大利小雞一百〇九隻、北平鴨五十六隻、其他雜交雞十一隻、悉皆推廣於鄉村農家每養小鷄小鴨一對者、將來以卵十六枚作爲交換條件、並用信用担保、業已推廣三十六家、至復興免因飼養不易、一年中僅推廣二十一對。

B施行北平鴨與本地鴨雜交之試驗(內容見第四期工作月刊)

## 7，農業展覽

A鹹菜展覽——區署為提倡製造鹹菜研究改良方法、並謀合作推廣起見、特於去年五月份、在北碚舉辦鹹菜展覽會、屆時來會展覽鹹菜者、共計三十五家、鹹菜一百二十件、經評判結果、列於特等者五件、甲等者十七件、乙等者三十七件、普奬者三十四件、其中又以陳太太所做之糖筍乾、西瓜菜、趙太太所做之糖榨菜、馮室俊先生所做之魚鹹菜、李德榮先生所做之甜桃子等……為第一、評判之等級、以色、香、味最佳者為特等。

B夏節與雙十節物產展覽——峽區地方、山多田少、除了大宗煤炭石灰可供運銷各地外、其餘工藝事業非常幼稚、農產物品、每年不够供給、常要從外面運輸大批食糧到境接濟、倘遇天年稍差、或意外災害、多數人家就不免陷於飢寒交迫狀態！但我們仔細考察這些地方、並不見得十分地壞、天然產品、又都與別處出的一樣好、或者還要好些、至如北碚豆腐、土沱酒、東陽鎮菸草、縉雲寺甜茶、左家柚子等都是人們所稱道的、若能再加改良、大批經營、必更可推銷外地、因此為謀改良起見、於是舉辦雙十節及夏節的物產展覽、計兩次搜集之陳列品、共為三百二十餘件、其中工藝品佔農業品三分之一、得奬者工藝品三十七件、農業品三十八件。

# 二，水利

## 1，興築堰塘

峽區多山、土壤瘠薄、每年所出谷米、尚不敷半年之用、人民生計至為窘迫、倘雨暘失調、則旱象立呈、收獲頓減、形成農村崩潰、社會凋敝現象、去年本區夏秋冬三季、旣苦大旱之肆虐、本年交春、復遭春乾之降臨、不獨去歲稻谷紅苕均告歉收、即本季播種秧田、亦難得水、原價二元餘一斗之米、現已增至四元左右、米珠薪桂、尚難買出、本區有鑑於此、並遵奉府峯命令、舉辦區屬五場整塘興堰工程以便救災防旱、乃於去歲十二月一日籌組區內水利委員會延請當地士紳充任委員、各保保長為當然委員、聯保主任為主任委員、區長為會長、職掌區內水利建設事宜、復感工程之不易又開辦一水利輔導研究班、調本署一部份職員入班研究以備出外作技術輔導、使工作迅收宏效計全班人數達二十人、研究期為兩週、乃按五場十路分頭出發（每路二人）先後工作二月有餘、計區屬五場完成舊塘五十五口、新塘十二口、舊堰十三個、新堰六個、水庫一個、共為八十七個、計可灌田畝為五〇五六石、其餘未完工作、及應補或添築堰塘者、尚在繼續進行中、查區屬五場、以田畝計算、每年可產谷二萬石、常年八程收獲、可有一萬六千石之譜、然以去年旱災奇重、收獲僅有三程、（六千餘石）以本署本年度極短時間的工作、就能救濟五千零五十六石的農田、此種情形、凡屬水利工作人員、均感到非常愉快。

## 2，嘉陵江水位記載

嘉陵江流經三峽、因河道狹隘、其水位之變化甚大、每當夏初秋末之間、常為漲水時節、小則冲刷土地、洗去糧食、大則淹沒場鎮、毀滅房屋本區在從前峽防局時代、卽注意峽江水位漲落之記載、自十六年起、就沿江製劃水表、(以英尺計)十八年開始水位登記、二十年於每月每日均有精確的觀察和記載、至本年為止共已完成六年、其水位漲落情形請參閱北碚月刊第七期。

## 三,礦業

### 1,安定煤炭及石灰價值

A區內礦業、以煤炭石灰為大宗、煤炭每年出產近十萬噸、最高售價達百萬元、今乃僅及半數、石灰年產八千噸、最高價值每噸七元、今乃跌至三元五角、因而營煤炭石灰業者、都大叫折本、有不支之勢、本署為統籌救濟起見、曾於七月遵奉省命促設煤業公會、以助成同業間之聯絡、有此組織、各同業間售賣煤炭、乃未再事相互競爭、益趨跌落、煤價得以保持數月之穩定、繼復感覺安定煤價祇可保持少折本、尙不能有合理的利潤、乃更進一步、故特促設煤業運銷合作社、現進行達半年餘、已稍有端緒矣、其次說到石灰業、過去數年前亦曾有一度黃金時代、當時營石灰業者都利市三倍、後因追蹤而起者加多、更受近年來之不景氣、石灰價值遂逐步跌落、到不可收拾地步、本年乃促令聯合先組石灰業同業公會、然後進行合作產銷組、此事偶一提倡、石灰價已較前提高、每挑一仙至二仙之位。

### 2,解決礦權爭執

區內較大煤礦公司、除天府外、次則為璧山澄江鎮之寶源煤廠與隧川炭廠、該兩廠因礦區爭執、涉訟數年、隧川煤洞井由璧山縣府查封、經行政院令省政府建設廳派礦區測繪隊長、沈在銓親臨測勘另繪圖說、歷時數月、先後公開、本署並約集地方人士竟乃商同解決辦法。最後雙方讓步、隧川產煤完全交寶源運河輸運、此項爭執乃告解決、隧川亦遂啓封出炭。

## 四,工商業

### 1,調查:

A鋼房

a,本區鋼房現有二家、其一為王姓鋼房、開設峽區已歷數十年、每年出鋼千餘担、銷行成都雲南等地。

b,本年所調查者、乃一新設之鋼房、在澄江鎮菜子溝、設立人黃炳輝、資本六千元年出鋼二千担、多銷行重慶、合川及成都平原十五屬各縣、由脚夫挑往。

B水電廠

c,區內待辦之水電廠有高坑岩一處、曾由民生公司派員測量水力、購買廠地預備資本十八萬元辦理、惜因他故中止、至已有之水電廠、則在文星場之獾脊洞、有馬力五匹、發電儲蓄水電瓶、以供劉家漕北川鐵路沿綫之用。

c，新設之水電廠、乃係隆川公司獨資經營、地點在澄江鎮元灘河口、設備廠址及購辦機械全部資本六千元。水力有馬力三匹、充電供本廠挖煤用、夜間并開電燈供該廠廠房用。

## 2，組織：

A北碚織布業公會　三峽染織工廠在前年九月爲謀減輕成本增加產量起見、擴張外掉布業、曾達六十餘家、月收布達二千餘疋。當時感於工人散漫、營布業者又無組織、乃促由廠方及工方組織布業同業公會、藉收改進之效。

B峽區煤業公會（見礦業欄）

## 3，創立：

A光華電力廠　澄江鎮在過去數年中、曾由公安隊與地方人謀用運河堤口水流、安設水力電機、供本鎮電燈之用、直至去年始有人集資開光華電力廠、購辦蒸汽機及發電機、有六個半基維瓦特電力、一月開始安裝、二月二十六日始開燈、全鎮計有電燈三百盞、多餘電力以之蓄電、供草街子以上炭廠挖煤之用。

## 4，管理：

A勞資糾紛之處置　奉層峯令、對於區內勞資糾紛、按月即須填報一次、惟杳區內較大工廠祇有三峽染織工廠、北川天府等公司、在此一年中、三峽廠曾因加工減工各問題、發生小的爭議、但由本署協助順利解決、并未釀成嚴重事態。

# 五，交通

## 1. 馬路：

A青北馬路開工　由北碚到青木關馬路、在前民國十九年峽防局時代、即曾作修築之運動、并曾由渝簡馬路局派工程師文某率測量隊勘定路線、當時由北碚峽防局門起、（今爲區署所在地）至青木關下面之楊家橋止、全綫共長三十一公里、需款約十四萬元、因籌款無着，延未動工、去年行營在川、本署及各方有力人士、曾更事運動、行營有派兵修築與南泉馬路同時動工之議、後來第三區沈專員來碚視察時、亦感青北馬路有修築之必要、繼因行營賀參謀長元慶、及顧主任祝同到峽遊覽、復由各方環請、乃決定短期興工、并由行營有以某筆可以動用之款十四萬元、即移築此路之用、其時馬路局奉命積極勘測全線打樁劃線、直至本年陝變解決、川政亦入正軌、此路乃由行營派一六一師從事修築、青北段工程隊於三月十四日到峽覓定辦公處、即行補釘樁竿、在四月一日北碚路遂分段動工、多年渴望之青北碚馬路、乃遂告實現、惟此次路線與十九年所測之路線略有更改、全路長縮短八公里、祇有二十三公里半。

B北溫馬路測量　青北馬路當動工時、重慶公安局何北衡局長、與行營特派員左應時、四川財政特派員關吉玉等、因解決東陽鎮上壩蠶絲業管理局購地問題、到峽來碚、知馬路終點竟在北碚、與整個青北馬路原意未符、乃商知本署暨溫泉公園更約同青北路工程段協商延修北碚到溫泉馬路問題、當時幷由本署唐區長及溫泉公園鄧主任劉段長、等履勘沿江修到溫泉之馬路線、轉請行營暨馬路總局辦理、延修北溫段工程事宜、茲青北馬路工程段已奉到命令、即日選線測量呈報總局、勘定後、即可動工、唯此段路線原擬接連北碚、沿江上達溫泉、中因馬鞍溪及金鋼碑兩處大橋暨沿路石工、用費須增加兩三萬元、故已改選繞道距北碚十五里之狀元碑地方、接連青北馬路直達溫泉。

C北碚市外馬路整理　北碚由區署到市場至清和馬路、在前民國十九年、即已由峽防局士兵修築、繼後曾兩度補修、去年區署更派兵重新翻築、低處修砌鵝卵石坎子、全線坡度求其平均、不超過百分之五、路基成大部、最低之處、尚須續築坎子、幷鋪全段路面。

2,橋樑：

A項領橋　在江北黃桷樹通土主場之人行大路間、地方人士曾計劃募捐九百元修置捲洞橋一座、因組織未善、涉訟到署、判決結果、仍責成經手人續募捐款完成其事、至工程設計指導、由本署建設股派人主持、決定在今年進行。

3,躉船：

A夏溪口躉船　本區沿江各碼頭、自北碚土沱白廟子溫泉公園、均各設有躉船、俾汽船上下停泊便利旅客外、澄江鎮方面、過去客人搭汽船多在溫泉、上下殊感不便、去年乃由駐夏溪口公安隊與地方人協同集資並由本署商請民生公司出資一半、合修夏溪口躉船、成功之後、旅客加多、行人稱便。

4,電話：

A添設電話專線　本區除舊有各機關電話及綫路不計外、本年新添者計有；a,由北碚到金鋼碑、b,由澄江口到草街子、c,由黃桷樹到水嵐埡、d,由溫泉到二岩、d,由區署到蠶桑改良場川東分場、均各添安專線設置電話機、信息傳遞、至感便利。

5,電播：

A廣播試驗　本署擬設一簡單無線電廣播台、專門對所屬五鎮鄉播放全區重要建設消息、兼施行播音教育、曾託人代購八百瓦特廣播機一部、在本署試播、由區署播送在報社收聽、聲音尚稱清晰、唯因各鎮設置收音機一時財力未逮、因從緩辦理。

B集會播音　在夏節及雙十節物產展覽會利用人羣衆多關係作播放音樂及演講、又在本年二月二十四日舉行全區壯丁檢閱時於司令台設置播音器、全場安設收音喇叭、當時集團三千餘人、民衆數千、均能傾聽講演。

C添置收音機　區內較大經濟及文化事業、除報社已自設有收音機外、去年北川公司與三峽染織工廠各添置收音機一部、逐日收聽國內消息及音樂、將來更擬促起全區其他事業一同設置、區屬聯保最低限度設置一部、各保可斟酌財力合設或分設一部。

## 六，市政

市政本屬內務股管理、而由本股協助之、其直接經營者、乃為區屬之各公安隊、在此一年中有成績可供報告者、即自峽局改署以後、過去市政經營、多偏重於北碚、今則普遍及於五鎮鄉、過去祇及於市場、今則更及於較重要之么店、及小小市集、如黃桷樹、二岩、澄江口、夏溪口、白廟子、金剛碑、凡公安隊所在之處、均曾為街市房屋之整理、街道之改修、陰陽溝渠之疏通、各種菜場糧米市場之規劃、其餘如教育、衛生……等、舉凡鄉村建設應辦之事、無不一一舉辦、地面雖小、規模亦如北碚之凡百粗具焉。

## 七，合作

### 1，設立職工消費合作社

區內各機關日常米糧的消費、多賴於小河之遂寧以及廣安各縣大批運來供給、少數商人常以高抬價錢、期獲厚利、使米糧價值時常增高、在銷路偶然好時、而常遭有錢無市、消費者每多困苦、本署有鑒於此、乃於去年九月份聯合峽區各事業機關組設職工消費合作社、由職員充當社員、以後陸續增加市民為社員、集中金錢直接向生產地方大量購進食米、照原價零躉分發區內各機關、根據調查、計三峽工廠、每月消費米量為十石、天府北川兩公司五十石、川蠶絲改良場十二石、兼善中學九石、北碚小學六石、地方醫院三石、圖書館民教處四石、公安、一、二、三中隊十八石、區署四石、共計數量一百一十七石、社內計有社員二百四十一名、每股以五角至二元為度、現在資本總額二百元。

### 2，籌組峽區煤業合作社

峽區煤業漫無組織、以致常有演成生產過剩、煤戶每多折本關門、本署為謀區內各煤戶增加生產、統制運銷、第一步不折本、第二步有合理的利潤、特籌組一峽區煤業合作社以資救濟、以煤業公會會員共同組織、章程業已草就、各方接洽亦經就緒、俟此次礦稅爭執解決、即可正式成立。

### 3，籌組本區各種農村合作社

A搜集規章參考辦法：已得成都省合作委員會寄來合作法規及章令、將照章翻印先作宣傳、然後分期逐步推行。

B請省府派員來峽指導：農本局方面已派張鵬翔先生、合作委員會方面已派馮杞慶先生來峽共同組籌合作社及合作金庫、業將區內農村經濟初步調查完竣、應即進行組社工作。

## 八，度政

本區度政、奉省府轉令施行檢定劃一推行新制度量衡器、因上峯久未派員來區工作、乃由本署呈請省檢定所派員、該所報請省府核示指令、由江、巴、璧三縣就近派檢定員蒞區指導工作、茲分別誌其工作進行如下：

1,屬於江北之黃桷、文星、二岩、三鎮鄉者：

江北縣檢定員於三月三十一日到區即由本署協助擬具文告、編製傳單暨折合表、並施行各行幫調查、即於四月一日鳴鑼宣傳、越一場期施行檢定、應換之新器隨由檢定員攜來製造廠所新製之品多件、足敷民衆購買之用、一面即實行沒收毀壞舊器、各場統限四月三日一律實行新制度量衡器、以後並由區署公安隊隨時檢查執行、事關國家政令、固應强制執行、以收劃一之效也。

2,屬於巴縣北碚鄉者：檢定員於同時到區、亦由本署派人協助進行舊器調查、并製印各種表單及佈告、即就場期集衆宣傳、然後施行檢定、先從官斗官稱做起、最後及於炭幫之炭稱、仍定四月三日一律實行新制、違則由區署照律處辦。

3,屬於璧山澄江鎮者：檢定員尚未到署、已由本署函催璧山縣府派員前來施行、藉收本區推行度政貫澈層峯命令之效。

## 已，結論

綜括以上所述、所有嘉陵江三峽實驗區之鄉建實施、已經綱擧目張、一覽無遺、復言之：在內務方面辦竣戶口調查、保甲編組、舉辦戶口異動、保甲訓練、整飭公安事業、肅清盜匪、辦理地方公益、厲行禁煙。財政方面、改革記賬方法、確立會計制度、整理地方公款公產、實行預決算。教育方面、義務學校之普遍設立、學生數目之急增、私塾之改良、民教之發展。建設方面、交通水利之振興、農村金融之救濟、合作度政之推行、農作蠶桑之改良等、凡此諸端、均爲本區同人所盡力以赴、若言以爲實驗之收獲、此則尚須加以相當之考慮、因爲凡一實驗之成功、必有待於若干次的實驗與改進、方能臻於至善、在此吾人只有抱着希望、努力將來、倘社會人士不時予以嚴正之指導、則所幸也。

本文爲各作者分頭所寫、全篇文字在編輯時、雖曾注意於前後語氣之一貫、體裁之劃一、然終難免參差、謹此向閱者表示歉意！

# 一年來的民教運動

羅中典
舒傑
葛向榮



## 一、引言

教育運動、在實驗區是一件中心工作；而民衆教育、又是教育運動中一件中心工作、從民國二十五年四月一日起、這項工作、我們便在開始準備了、不、我們便在開始擴大了、由北碚擴大到各場、由市鎮擴大到鄉村、工作到了今年——二十六年——三月的最末一天、整整地一年、究竟有了甚麽成績呢？在我們自已、是應該檢討一下。

峽區民教的實施、發動的機關、是教育股下的民衆教育委員會、而運動的核心、却是區立各校及各場義務小學的先生和學生、公安隊與聯保公所也同樣是運動的主角、運動的工具、經費是沒有的、只憑着窮幹苦幹的精神、向四面推動、總計每月的事業費、僅僅只有二十元、工作的人員、經常有十人至十二人、而生活費則有低到六元一月的、然而工作的範圍、我們就事業上已實驗了的、一共是有了十一個部門、茲將其事業及職責、略述如後：

（一）圖書組　與圖書館聯絡進行巡迴文庫、圖書担、圖畫巡迴展覽各事。

（二）體育組　與民衆體育場事務所聯絡、進行區內關於民衆體育各事。

（三）游藝組　進行民衆娛樂各事。

（四）巡迴展覽組　與各文化經濟事業聯絡、在峽區及附近各場巡迴陳列各項標本及實物。

（五）編輯組　編輯各種與民衆有關文字。

（六）民衆學校組　進行成人、婦女、兒童、及各種特種民衆教育（小先生教學、亦屬於此組）

（七）生計教育組　協助峽區各生計事業機關、推進民教、如本署建設股、及家畜保育所三峽實驗區、蠶桑製種場、農本局合作金庫之合作事業、……等。

（八）衛生教育組　與地方醫院聯絡、推進保健教育。

（九）服務組　辦理問事、代筆、引導……諸事。

（十）訓練組　公民訓練、新生活運動、凡屬於民衆各種會集、均由此組推動。

（十一）事務組　任公物保管及會計庶務諸職責。

上面十一組、除了巡迴展覽組是須得全體動員（因爲有活的豹熊及各項珍禽異獸的陳列、與貴重的理化儀器的介紹、在運輸、管理、及解說上都必須有極多的人照料。）我們過去曾經活動目前正在準備外、其餘如圖書組、體育組、都有着專管的機關在苦幹、我們僅僅負了一部份商量計劃、輔助實施的責任、詳細的情形另有專文介紹、這裏只檢討我們幾項較大的工作：

幾項較大的工作、共分四個方面；一是關於人民生計、一是關於人民知識、一是關於人民娛樂、一是關於民衆服務、以後即分類介紹概略于次。

## 二，關於人民生計者

關於民衆生計的改進、在峽區、屬於家畜保育者、有四川家畜保育所三峽實驗區的活動、屬於蠶桑者有省府蠶桑改良場的活動、屬於合作者、有建廳及農本局在峽區的合作運動、屬於農業及其他方面者、有本署建設股的活動、因此、我們的工作、以宣傳爲最主要部份、而生計之訓練、實施、凡有關技術方面之活動則較少、玆謹言其略：

### 甲，生計之宣傳

宣傳工作、第一要能親切、第二要能深入、第三要能普遍、能親切才能使民衆樂於接受、能深入才能使民衆勇於信從、能普遍才能使要宣傳的材料、發生實際的效果、三項都并不是容易做到的事、因之、在方法的取捨上、我們曾經處處留心、保甲長是鄉村行政的中心人物、也是民衆信仰的中心人物、所以保甲長是我們的宣傳對象之一、也是我們廣播宣傳的幹部人員、小先生是無微不到、也是無遠弗屆、所以小先生更成了我們宣傳的先鋒隊、除此、普通用的圖畫宣傳、文字宣傳、演講宣傳、我們都利用到、利用在廣大的民衆集會場合、利用在市集場期、利用在一切機會、至於個別宣傳、表證宣傳、更是我們的主要工作。

我們宣傳的事項、在這一年來、計其大者、在家畜方面的、曾經作過家畜改良運動的宣傳、及家畜防疫運動的宣傳、都是同家畜保育所三峽實驗區的先生們共同進行的、這是一件較難的工作、鄉村關於家畜的管理及飼養、十九都是由婦女主其事、而農村的婦女、總是羞澀不輕易見人、家畜保育所的先生們、又都是省外人、自然更難接近、因此第一、我們便利用小先生的挨戶宣傳、使他們先印入一個良好的印象、灌輸一點家畜改良及家畜防疫的常識、其次、便由我們的女工作人員、會同當地保甲長、在家畜保育所幾位先生的合作指導之下、以甲爲單位、一家家的拜訪、一甲甲的講述、最初很勉强、後來竟非常歡迎、以至於在目前大多數的農家、都惟恐家畜保育所的先生們、不得暇去幫他們的忙；以至於家畜保育所的先生們、一天到晚、都在那狹的田塍、泥濘的小道上、彳亍不息。

關於農業方面、我們曾作過農業改良運動的宣傳、如像鹽水選種、包谷間行抽花、……我們在建設股的技術指導之下、曾經做到各場做到四鄉、這種的宣傳、使我們得到了許多意外的收獲、如北碚龍鳳橋太平湫一位鹽水選種的表證農家—徐萬林、由我們幾次下鄉的視察、而發現了他選穗試驗的成績、選穗試驗、是不待谷子割下來而在田間選種的一種辦法、這種辦法、不但可得到優良的品種、并可避免秕稗的混雜、簡單易行、收效極大，如果先行擇穗選種、再施以鹽水選種、那成效就一定格外不同、除此、我們并發見了本地的許多優良品種、如八十早、九十早、……之類、只可惜夏旱秋旱接連的肆虐、稻子包谷早就乾得成了枯草、各種改良運動、竟不會得到最後的證明。

其次是農業除害救災的宣傳、如像剪除麥黑穗病、撲滅禾稻害虫鑿塘築堰、勸植防旱作物……、這一類的宣傳、一面是同建設股相互進行、一面則我們編的農民週刊、幾乎每期都加入了這樣的材料、

關於農產製造的宣傳、曾經協助建設股開了一次鹹菜展覽會、在北碚鎮只要是做得一手好鹹菜的農家、幾乎是網維無遺、這樣的宣傳、在農村副業的提倡、是留下了一種極好的暗示。

生計宣傳、對於生計訓練、生計教育實施、都有着許多的便利、不過、我們不會做技術工作的指導、所以許多事實、恕我不能詳舉了

## 乙．生計之訓練

這裏的所謂訓練、祇不過是一種小小的嘗試、也可以說一說：

Ⅰ家事女子職業學校　家事女子職業學校在家事的訓練上、我們提出了縫級及刺繡兩種、完全重在實習、和應用、因此、一天有二分之一的時間、學生都提起精神來做他們的工作、在本年畢業了一班、畢業的學生、都紛紛的散在鄉間、去找尋他們的活計、幾乎是百分之百，都不會失業、而且、把他們所學的、又作了訓練的資料了。

Ⅱ鷄鴨的推廣　生計合作、是我們的實驗計劃之一、不過、在初步還不敢大規模地去實驗、先試從鷄鴨推廣着手、這工作的執行者、是本署動物園、而我們則跟着筐筐筬筬之後、去挨門逐戶、大賣其勸世文、推廣的品種有來克杭鷄同北平鴨、一家家地去勸他們放着胆子喂、不要他們的品種錢、將來只酌量收取一部份蛋、最初農友們似乎有些懷疑、然而、經不住我們再三再四的解說、更經不住事實的鼓勵、（鴨鷄生長之速、要超過普通鷄鴨兩三倍、自然飼養的方法、是照着我們所說那樣去做的、）到後來向我們要品種飼養的農家、竟弄到我們無法應付。

Ⅲ生計教材之編配　前兩者一種是一個小範圍的訓練、一種是一個小部份的訓練、雖然都是我們自已在試驗、但究竟取材太狹、因此

我們才着手編製生計訓練教材、交由各義務校去實施、去推廣、這一套教材、因爲條目較爲繁複、不好介紹在這裏。

## 丙，生計之實施

關於生計的實施、我們僅僅做了一點準備的工作、一是峽區水竹及水竹工業之調査、一是北碚土布業之調査、峽區的水竹以龍鳳溪、明家溪、馬鞍溪三流約略統計、年產水竹在五十萬斤以上、有這樣大量的水竹、他們用來做些甚麼呢？編篩、做家用各種篾器、編粹籐、可惜都不會盡量地使用、因之、峽區的水竹工業、非常衰微、而水竹也就日漸衰落、北碚的土布業、可說是非常發達、三十三保杜家街一帶、竟無形中成了一個土布工業區、那裏幾十家人、一天只聽到機聲軋軋、（北碚全場、織土布的、共二百多家、）而北碚市的魚市街、（華瑩路）便是一處熱鬧的布市、布的銷場、遠達貴州、近至鄰水一帶；可算頗不爲惡、浸浸乎有與民生公司的三峽染織工廠並駕齊驅之勢、可惜需要改進的地方很多、我們正想方法加以一種新的組織、使牠不至於衰落。

# 三，關於人民知識者

民衆教育之對象、爲社會全部民衆、而其主要目的、則在掃除文盲、但掃除文盲、僅爲救愚之部份工作、而非救愚之全部工作、因此、我們對於人民知識之增進、採取了三條路線、第一在除文盲、第二爲作新民、第三則二者兼重、以增加前二者之力量、彌補前二者之罅隙、對於第一條路線之主要活動、有民衆學校及小先生教學、對於第二條路線之主要活動、則有民衆讀物之編製及休閒教育之推行、對於第三條路線之主要活動、則以民衆服務作介紹、新知廣播爲目的、我們對於方法、是不厭其多；對於目的、則力求其一、因之對於第一條路線之促進辦法、便借保甲之組織、作推進之工具、由鎭及保、由保及甲、由甲及戶、務使無一文盲、能漏落文網、對於第二三條路線之促進辦法、則利用各種機會、造起各種環境、使我們的教育網瀰漫全區、使我們的文化空氣充塞三峽、不管他是從水陸空各方面去游泳、奔走、飛騰、都免不了要在我們的浸潤、涵育之中、一年以來、我們所作的事業、離我們所預定的目的、雖不過僅及十之二三、然亦可將概略、介紹於次：

## 甲，識字教育

識字教育、專爲掃除文盲而設、其主要活動、有民衆學校及小先生教學：

1,民衆學校：峽區教育、對於學齡兒童、擬全納入於五場百所義務小學中教育之、則民衆學校之設立、應以超學齡之成人爲對象、故暫定民敎實施計劃如下：

（一）施行民教之對象、以全區十二歲以上、四十五歲以下、不識字及略識字之男女民衆爲對象。

（二）試行徵學制、分期分區、强迫入學。

（三）十二歲至三十五歲之男女爲第一組、三十五歲以後之男女爲第二組。

（四）第一組應受教育之民衆、復分兩小組、十九歲以前爲第一小組、除受規定之教育而外、一律須加入勞動服務團、十九歲以後爲第二小組、除受規定之教育而外、一律須受國民軍事訓練。

（五）應受規定教育之民衆、須全體分配入指定之民衆學校學習、由民衆教育委員會會同各鎮公安隊聯保主任區立小學商定分期分區辦法、列成詳明表式、交由各場聯保主任及保甲長監督實行。

（六）民衆學校、共分兩級、第一級教育不識字之民衆、結業時間定四月、第二級教育略識字之民衆、結業時間定兩月。

（七）受畢第一級民衆教育之民衆、須繼續入第二級民衆學校。

（八）第一二兩級民衆學校、各場同時舉辦、先在市鎮、次及各保。

（九）分配入一二兩級民校之民衆以程度爲分配標準、不限年齡。

（十）讀畢一二級民校之民衆、如有繼續讀書之要求或需要、卽設各式補習學校以教育之。

（十一）民衆校之教學地點、利用公地或商借私人住宅之寬敞及適中者爲之。

（十二）第一期一二級民衆校分設、第二期以後、第一級民校卽附設於第二級民校之內。

（十三）各級民校之教材、由民衆教育委員會選定或編製。

（十四）各級民校之教師、由民衆教育委員會呈請區署委派。

（十五）各級民校之教師、各場各保各級小學之教師、爲當然教師、不另支薪。

（十六）各場各保之私塾教師、有充當民校教師之義務。

（十七）各級民校之教學法、採用組織教學法。

（十八）畢業於民校之學生、須全體加入同學會。

（十九）第一二級民校成立後、依保甲區域、分成若干段、段設幹事、以便聯絡而易督察、幹事由民衆教育委員會呈請區署指派。

（二十）有左列情形之民衆、可免强迫入學、或展緩强迫時期。

（1,）年在四十五歲以上之老年。

（2,）生理上不健全、不能受教育者。

（3,）已受義務教育或相當之教育者。

（4,）其他特種事故、經允許者。

（二一）民衆校學生成績之考核及檢定、由民衆教育委員會主持之。

（二二）凡受畢規定之民衆教育、經考試及格者、由區署發給公民證書。

（二三）由民教會擬定各場掃除文盲競賽辦法、以期得收迅速掃除文盲之效。

其次便是、民衆學校設立的辦法、茲亦擇要介紹於次：

(一)各場民衆學校、可分下列數種設立之。

(1)半日校 (2)夜校 (3)挨戶教育

(二)各場民衆學校如有特殊環境、而必須施行某一意義之教育、如百業教育、船夫力夫教育之類亦可特別設立、辦法另定。

(三)各場民衆學校教學之科目、暫定如下：

(1)半日校——國語、常識、算術、公民、音樂、勞作。

(2)夜校——國語、算術(包含珠算)、音樂。

(3)挨戶教育——另編混合教材。

(四)各場民衆學校之授課時間、暫定如下：

(1)半日校——每日授課四小時、全課程四月完畢。

(2)夜校——每日授課一小時至二小時、全課程四月完畢。

(3)挨戶教育——每日授課一小時、全課程六月完畢。

(五)各場民衆學校、以就學人年齡性別之差異、得分設男子成人班、婦女成人班、兒童混合班以分教之。

(六)各場民衆學校之教學、均適用由區署印發之民衆半日校教育大綱、但得依情形性質酌量增減之、

(七)各場民衆學校之教材、均由民衆教育委員會審定或編製之。

不過、在實際施行起來、與計劃辦法略有出入、原因便是社會經濟普遍的衰落、民衆普遍的窮、學齡兒童實際上因了生活困難的關係、大多不能入學、譬比挑炭的、划船的、賣糖果的、他們一天丢了他們的職業、便該餓一天的飯、不但他該餓飯、甚至於連累到他的家庭。這都是我們在實際活動中所碰到的問題、因此、我們的民衆學校不能不兼收兒童、而小先生教學也大部份找了兒童做對象、在這一年中、我們就有如下的收穫：

(1)男女成人及兒童混合的民校、全區共二十五所、共學生男八百七十七人、女一百五十四人、計北碚八所、學生男二百三十五人、女八十人、黃桷鎮五所、男三百零八人、女四十八人、澄江鎮八所、男三百六十九人、女十四人、二岩鎮一所、共四十二人、文星鎮二所、男五十二人、女十二人、這些、除兼善中學及北碚小學先後辦了三所而外、在各場的、即由公安隊聯保公所區立小學合辦、在各鄉的、即由義務教師兼辦、由保甲長協助、所以這一年中、我們的民衆學校、並不曾花上多少錢、而竟掃除了一千多個文盲。

(2)婦女教育、婦女民教、在峽區各場、單獨舉辦的、只有北碚婦女會的讀書會、爲時近三月、讀書的共四十一人、以小市民的婦女爲最多、其中有洗衣服賣雜貨的大娘、有擺花生攤攤的老太婆、也有替人做針線過活的小家碧玉、教的科目、除通常的民衆婦女讀本而外、便是家事講話、常識講話、音樂、及珠算、高級並教育簡單的應用文、教法最初是固定的注入式教學法、後來改用有伸縮性的活動教學法、在試驗的結果、比較起來、普通教學法、對於教者是較爲便利；活動的教學法、對於學者雖是較爲便利、不過、我們工作的人太少、

而活動教學法、試驗的期間又太暫、因之、在第一段告了結束之後、第二段便不能不另定新的計劃。

(3)士兵教育、峽區的公安兵、一共三中隊、分住在區屬各場，他們經常的工作、共分軍事，警察，地方經營、民衆教育四大項目、所以民衆教育的推行、本來便是他們自身的工作、而他們自身的教育、也當然不應成爲問題、不過、一則、新兵時有補入、補入的新兵、就不一定能識字、再則、他們既負有推動民教的責任、而且又係站在最前線、那所需要的學識、就不僅止於識字而已、因此、我們便擬定了士兵教育計劃草案一種、以作實施的根據。

附：士兵教育計劃草案

(一)對於士兵教育的要求

第一步——在極短期間、掃除士兵文盲。

第二步——提高士兵文化水準。

第三步——要求士兵直接參加普及教育運動、作文化運動最前線的戰士。

(二)對於士兵教育的步驟

第一步——調查士兵文盲眞確的數目、籌劃限期掃除文盲的的辦法。

第二步——分兩組進行：

不識字組：在三月內讀完士兵千字課。

識字組：在三月內能用簡單文字發表意見。

第三步——以即知即傳的精神、在做當中學、在教當中學、——以士兵爲原動、推廣識字教育、擴大公民教育。

(三)對於士兵教育的辦法

1,運用組織教學——採用兩重組織、由隊長教班長、由班長教士兵；由上及下、由知的教不知的、(把不識字的分成若干小組、由識字的分別担任教導)。即利用軍事本身組織、施行教育。

2,運用機會教學——一切隊中應用文件、由士兵自己動手寫、在可能範圍內、須用口說的、却寫出來教他們自己看、自己唸、須用口報告的、却教他們自己寫、不會的、馬上問人。

3,運用實際教學——要照料人守秩序、講淸潔：士兵自己首先便該明白秩序淸潔的道理、要照料人實行新生活、士兵自己首先便該熟悉新生活的條文、一面做、一面學、學會了、馬上做、做了、馬上把牠記下來。

(四)對於士兵教育的檢閱

1,考試——當場抽試、隨時抽試、讀完一册、全考一次。

2,競賽——有獎懲、好的記功、壞的記過、扣餉。

3,壁報成績(或在嘉陵江日報副刊上發表文字)。

4，社會服務成績。

（五）士兵教育應有的科目

1，公民講話（包含政治常識及新生活運動綱要） 2，應用文 3，士兵千字課（文盲士兵用） 4，醫務常識 5，音樂 6，習字 7，談話訓練（開會） 8，民教大意

（六）士兵教育施行的時間

1，儘量利用原有的活動時間、滲入教育的意義。

2，經常講授、每日至少一小時。

這一個計劃草好之後、即呈請區署核准、交由各公安隊的官長去實施、到了期間、經我們的考察、除了新補入的士兵在繼續作掃除文盲的運動而外、我們所要求的標準、確是已經做到了的、現在各場的文化推進工作、如像圖書館的管理、各項建設事業的宣傳、民衆會場的照料、……處處都可看見士兵的活動、這與士兵教育、是有肅相連的關係。

（4）職工教育　實驗區署各機關的勤務伕役、與同當地各機關的勤務伕役、合計起來、數目約在六十人左右、這一羣民衆、有過半都是識字不多、也有幷不識字的、我們便把他們集合起來、施以教育、依程度共分兩級、爲避免荒廢業務、又輪流分爲兩組、每晚教一組、時間爲一小時、科目有民衆千字課、常識、音樂、算術、習字幾種、教授到現在、不到兩月、（每組不到一月）預定的課程、已教完四分之一、進行還算相當順利。

關於民衆學校、上面四種係其大者、此外因時、因地、因人、有在訓練壯丁的時候、施行民教的——如北碚——計劃中所指的國民軍事訓練、我們已全從壯丁訓練中去表現、而勞動服務、除了各場的勞動服務團外、大部份服務的工作也是由壯丁隊担任的）、辦法則於每日壯丁必須科目操練之後、由義務校教師及小隊附用小黑板提示重要的生字而加以十分至二十分與訓練有關的談話（識字教育與公民教育融合一起）這種工作、經濟有效、不過因担任的人能力不同的關係、尚不曾普遍、又有在冬防守卡的時候、施行民教的、——如澄江鎮——晚上守卡、是集合民衆一個很好的機會、天冷火熱、大家正好夜談、在相對無俚的時候、讀書可作一種消遣、也正適合需要、因勢利導、那可說是一個很好的教學機會、燈油無須另備、有一個教師、準備幾件教具、就可實施起來、也可說是極經濟有效的、不過、這於地域有限制、一時也不會普遍。

II小先生教學　民衆學校、在我們計劃中的徵學制不會實施以前、設立無法普遍、文盲也就無法肅清、這問題的困難是顯然的、鄉間成年的婦女、害羞不肯讀書、怕說閒話不肯讀書、這一個難關、已不容易打破、成年甚至於將成年的男子、爲了要哄肚皮、多看幾天人世、不能不過度的出賣其勞力及時間以求得最低限度的生活代價、因此那還有讀書的時間？更那有讀書的興趣？這一個關頭、又算不易打

破、徵學制最後是必出於强迫、强迫、除了金錢上及體力上的懲罰而外恐怕再沒有別的辦法、在這天災頻仍、饑饉薦臻的今日、大多數民衆、連飯也無法吃飽、那還有可罰的錢？一天到晚、出賣盡了牛馬氣力、然而依然不能糊口、那還有可罰的體力及時間？因之、我們計劃中的徵學制、便把牠略加改變、而從這幾方面去活動、一、壯丁的訓練、二、民衆學校的活動、三、小先生教學的進行、小先生教學、在我們試行起來、覺得牠確實可以解決民教中的許多困難問題、如婦女教育與窮苦教育、以小先生去推動、牠雖然不能完全解決、但却能得到部份的解決、即以我們這半年來說、（小先生教學、在去歲的八月才開始）、在北碚三十三保、作了一個小小的實驗、也便得到了好幾種可靠的答覆、同時、在各場均有此項活動、活動的情形玆分述如下：

（1,）推進的方法：我們覺得民教與義教、必須台一、中國的教育、才有辦法；中華民族也才有出路、因之、峽區的義務教師、及小學教師、都必須負起推動民教的責任、保甲長是鄉村建設的基本人員、更應以全部的力量貫注到鄉村的教育建設、以此我們的小先生教學、便以區立校及義務校的教師爲推動核心、利用保甲組織及保甲長爲推動的主力、我們推動的方法、第一步、在宣傳、用文字宣傳、（擬有「爲施行小先生制勸學生家長」、「怎樣勸窮苦的人讀書」、「怎樣勸農村婦女讀書」、……幾種宣傳品、請參看北碚月刊五期「怎樣施行小先生制」一文。利用機會宣傳、（曾在每次保甲長會議、及壯丁訓練、民衆會場開放的時候、對於小先生教學之利益、作透闢詳切之談話）、個別宣傳、（以牧師傳教的精神、逢着人便說、有甚麼疑問、馬上與他解決疑問；有甚麼困難、馬上與他解決困難、極想做到勸一個、信一個）、宣傳的結果、是增加了推行上的無數便利、第二步是組織、使學校間有聯絡、使學生間有紀律。使保甲更發生效力、第三步是推廣、以場爲中心、而放射到四鄉、以學校爲中心、而放射到周圍各地、關於組織及推廣、以後即依次敍述：

（2）小先生的組織：小先生的組織、先由學校起、各校有兒童團、是爲小先生的預備隊、隨少年團員見習各種教育活動、社會活動、則少年團即係衝鋒陷陣的健兒、於每天一定的時候、四處活動、以組織共學處、是爲先鋒隊、我們曾擬有小先生教學條例及組織共學處辦法、以作實施的標準、均附列於後：

## 實驗區屬各小學及義務校實施小生教學條例

爲促進學校與社會之聯繫、暨增進教育之效能起見、特制定小先生辦法如左：

（一）凡區屬小學及義務校、均應於學生中組織少年團及兒童團、實施小先生教學。

（二）小先生教學、係學校固定工作之一。

（三）凡小學及義務校三年級以上之學生、均爲少年團基本團員、三年級以下（卽一二年級）之學生、均爲兒童團基本團員、以十五人至二十人爲一隊、舉正副隊長各一、兩隊至四隊爲一團、舉正副團長各一。

（四）小先生所教之學生、爲普通團員、至少以十人爲一隊、至少以四隊爲一團、其組織如第三條所定、但各地得斟酌情形、先後組織之。

（五）兒童團不足規定人數時、得併入少年團訓練之。

（六）普通團員、如年在十六歲以上、得別組靑年服務團。

（七）各校少年團及兒童團、視組織之繁簡、須聘請本校之教師一人或數人爲顧問。

（八）担任教學之小先生、由少年團之年齡較大、成績較優者、選擇充任之。

（九）小先生教學、應列爲學校正式課程之一、時間由四十分至六十分、均在午後放學以前、如屬兩級小學、則由教師輔導小先生同時出發、同時回校、如係義務小學、則可任小先生自動延長其教學時間、由教師流動視導。

（十）小先生於學校規定時間以外、能自動找出相當時間教學、以增加其效率者、學校得特別提出獎勵。

（十一）小先生教學之教本、每校由區署教育股發給範本一套、至學生所用之教本、則于該校較高年級担任書寫、於每日習字課中謄寫課本、定爲固定工作。

（十二）小先生教學之地點、不拘簷下階前、石場樹陰、均可教學、工具、石塊可作黑板、紅泥可作粉筆、由各小先生多方利用、由各顧問多方指導。

（十三）小先生教學、義務小學、暫定國語、音樂、常識三種、國語教學、則分頭教授、常識音樂、則集合教授。

（十四）實施小先生教學之學校、每日應舉行朝會、每週舉行團隊長會、及週會、以訓練小先生及考察小先生教學之成績。

（十五）小先生教學成績之考核標準暫定如下：

1，每月教會一人、學會規定之教本一冊者記一分、二冊者、記二分、多類推。

2，每月教會二人學會規定之教本二冊者記二分、教會三人記三分、多類推。

3，小先生一人、每期至少須有十分、始算足格。

4，小學生教學成績之等第、以各色之證章分別之、最優者、臂紅色證章、其次臂黃色證章、其次臂藍色證章、不及格者不臂。

（十六）小先生教學之對象、應偏重年長失學之成人、其教材全區一律、由區署核定。

（十七）小先生證章上、以金星顯其教學之歷程、小先生之學生、又教有學生者、算已發展一代、加一金星、二代、加二金星、餘類推。

(十八)推行小先生教學之學校、其低級課程、可由高年級小先生教授、以移出教師直接教學之時間、努力於社會教育。

(十九)本條例經區長核准後公佈施行、如有未盡善處、得隨時報請修正之。

## 實驗區組織各保共學處辦法：

爲肅清文盲、輔助農村建設之推行、增進民衆生活之福利、特制定組織共學處辦法如左：

(一)凡已施行小先生制之各保、均須於每甲組織一個或一個以上之共學處。

(二)凡保內未滿十八歲之失學男女、未入義務校者、均須入共學處就學。

(三)各共學處教學、以小先生爲主、該區內已曾受教育者、有輔助施教之義務。

(四)各共學處區內之已曾受教育者、應向小先生借閱書報、以求上進。

(五)各保共學處、每週應舉行聯合週會一次、全體學生、必須參加、其開會程序另訂之。

(六)各共學處優秀之兒童或少年、應加入各保組織之兒童團、或少年團訓練之。

(七)區署頒發之「義務校實施小先生教學條例」、本辦法仍適用之。

(八)本辦法如有未盡事宜、得隨時呈請修正。

(九)本辦法經區署核定公佈後施行。

在這一年來、五場的小先生、一共有一百三十二人、北碚七十一人、黃桷鎮十一人、澄江鎮十七人、二岩鎮三十五人、全區小先生所教之學生共計三〇八人。

(3,)教學工具的來源：識字教育雖非小先生教學課程之全部、但書本却不得不爲經常的骨幹、因爲鄉村一般民衆、都以爲讀書必須要有書本、如果上了學幾天之內還不發書、他便不來了、然而、這種書本的需要量非常之大、既不能向書局購買、又無錢自己印製、在萬分無辦法中只好回復到上古的時代去、全用手抄、這雖是返本還樣的辦法、但在現時代中也有它豐富的意義、它告訴了你、如何謂之社會總動員；告訴了你、一人出一分力量、卽對於社會多一份幫助、告訴了你、集體組織的力量和集體組織的需要、不過、在這個運動的結果、覺得還有許多缺點：第一是格式不一、第二是錯誤太多、第三是太小太擠、第四是最初正楷、漸次潦草、以至於到末後的不能辨讀、所以爲求有所改進起見、定了一個辦法：

㈠凡區屬各校初級六冊以上之學生、均須一律利用習字時間及習字紙筆、改抄民衆教本。

㈠學生所抄教本、篇幅之格式與大小、及字之位置與大小、均須與範本一致。

㈡範本由民教委員會發給、不足者由各教師依民教會範本複習。

㈢凡能抄寫之學生、每人發範本一頁、每寫一篇後、再互相交換

㈣每個學生每日至少須抄寫三篇、並由教師逐日收集檢閱、校對正確。

㈤抄寫錐畫、始終均須恭楷端正。

㈥每篇須注意塡寫課本名稱、頁次、及抄寫者姓名於中央一行。

㈦抄寫紙張、最好以毛邊紙(亦稱水紙、每碼四百張値洋五角或八角)六裁、以資一律。

㈧各校所抄課本、除本校小先生所需要外、每週淸好送交聯保助理員轉民教處備發。

㈨學生抄寫成績、卽作爲習字課成績、各校抄寫成績、卽作爲各校考成標準之一。

有了書本還不够、因爲學生讀起來、往往一課課唄得很熟而不能認、或者在這裏認得、在另一處又辨不淸了、如果要使對於每一個字的構造、筆畫、弄得很淸楚熟悉、就需要學寫、在鄉人眼光中、「讀」「寫」「算」、亦同爲頂重要的三門功夫、所以雖然都買不起紙筆墨硯、但也不得不打寫的主意。

小先生們不能向媽媽要錢來幫助窮朋友寫字、但他們却能盡量向自然的母親取得所需要的紙筆來幫助窮朋友、這些紙筆因所在而各有不同、有的用瓦塊在石板上寫、有的用木炭在灰墻上或土牆上寫、有的用樹枝在泥土上或沙盤上寫、還有的用水在棹上寫……雖然簡陋一點、却到處都有用不完的工具。

(4.)訓練及活動:對於小先生所需要的訓練、除了團體生活的意識和紀律外、重要的是要有普及教育的興趣和能力、而這種實際的訓練是需要從實際的行動中產生的、所以我們盡量想從各種活動中含寓着豐富的訓練意義:

文化的野外演習:兒童是極愛好自然的、況小先生教學又是不擇地方、只要受教的人便利、牆角、簷邊、樹蔭、坟坡……無論甚麼地方都可以、所以雖然不打仗、仍然要爬山越嶺、雖然不射擊、仍然要利用地形地物、因此、在教之前、就常常率領着兒童多和自然接觸、和自然親切、指導他們怎樣在自然界教書、和習字、這種文化的野外演習、對於小先生教學、足以引起很大的樂趣。

生活之一頁:小先生動作之敏捷、紀律之嚴正、精神之振作、態度之活潑、……這些良好習慣的養成、都是須從日常生活中培養起來的、在早上起來的時候、便集中在學校操場裏、有十幾分鐘短跑、再升旗、舉行朝會、唱小先生歌、五分鐘精神講話、作日課問答:

『我們的目標是甚麼?……救亡救苦!

我們的工作是甚麼？……即知即傳！
我們的訓練是甚麼？……用腦用手！
我們的精神是甚麼？……愈難愈前！』

會後、做柔軟操、行深呼吸、或上自習、早飯後、舉行整潔檢查、上課時、作示範教學、於有關學科中、訓練當日小先生課程、及研究傳習之方法、習字時、抄寫課本、午後課餘、就分組出發活動、根據課文的內容、或講故事、或教唱歌、或畫圖畫、或演幻術、或領導實習、待全課文字都認得、懂得、寫得起了、一兩點鐘之後、便紛紛返校、各報戰功、填學生劃到表、日記週報表、待各項問題、稍加整理後、便開會將各問題逐一提出檢討、解決、計劃、準備、降旗後、再把今天做的事和信條、戒條、反省一下、晚上自習時、記上自我批判表上。

歡迎教我們：當教師到各共學處視導時、他們看清了、常常在還離得很遠的當兒、就唱着「歡迎歡迎教我們！」的歌、雖不很和諧、却表示了非常誠懇的迎意、在一個個共學處視導完畢之後、天色已將近傍晚了、但還時時聽得到清朗的書聲、在牛背上、在竹籬邊、人兒去遠、書聲也逐漸消失於暮色蒼茫中。

活動的勁兒：有的小先生、吃了飯就把盌一擱、就教書去了、有的上半天担了煤炭回來、下午還是興致勃勃地去教、天氣漸漸地到了嚴冬、空中飄着雪花、刮着呼呼的北風、下着密密地冷雨、他們還是踐踏着濘泥的道路、向前進行、衣服沾滿了泥漿、脚趾冷得像針刺、大人們以為他們是着了魔、其實、他們正在努力覺醒勞苦大衆之自救咧！

聯合週會中：這是一個集體訓練的最好機會、在每一週或兩週中舉行一次、每個小先生都把他所有的學生帶到指定的地點集合、由小先生自己指揮隊伍（訓練立正、稍息、看齊、報數、轉法、步法、及清點人數依報告等基本軍事動作。）由小先生自己佈置會場、（黨國旗的借製及懸掛、）由小先生自己舉行儀式、（推任司儀及主席、）由小先生自己出席報告、目前推行的建設、下週的中心活動、再由學生報告意見、教師測驗成績、當中也夾雜些唱歌或遊戲、或舉行幾種活動的比賽、以增進人羣集會的快樂。

(5)問題是在指導者的本身：小先生制、經這半年來的試辦、雖然、困難的問題還很多、値得研究的亦復不少、然而對於普及教育之力量、確亦顯示了它的鋒芒、在一般人腦筋中徘徊着的幾個疑問：「小學生宜否當小先生？小先生制是否行得通？普及教育中是否需要小」先生制？現不妨以客觀的標準、實際的事實、從反正兩方面來作一個根本的澈底的理論底檢討：

### A小先生制能否推行？（即是小學生宜否當小先生）

**反**

因兒童和成人的需要不同、故課程亦異、小先生除了學本身課程之外、還須加學「教」的課程、則須學兩套、於兒童腦筋有傷。

鄉村兒童、除學習學校的全部課程外、放學後還要幫助家庭工作、已感很吃力了、如再在加上社會活動、必致發生兩種結果：

㈠工作過勞、妨礙身體健康。

㈡課程涤擊、影響考試成績。

因兒童認識膚淺、易受不良社會之誘掖和薰陶。

**正**

㈠在初小課程中、亦有許多科學常識爲鄉村民衆所不知而又必須知者、當然可以即知即傳、並不須學兩套。

㈡即使所教課本不同、因係文盲所用、亦必簡單淺顯、內容、文字、多爲小先生所學過、生字既少、於腦自然無傷。

㈠如從家庭起、則教學亦爲幫助家庭工作之一、還可使小先生瑣務減輕。

㈡小先生工作爲活動的、生趣的、正以調節學校呆板枯燥之生活。

㈢因要準備教人、更促起用心學習。

㈣所學經過應用、智識更深刻實際。

㈤所教多爲民衆生活所需要、因而更先學會許多謀生的技術與方法。

㈠雖不當小先生、亦不能禁絕兒童和社會隔絕。

㈡增加觀察機會、使對社會上一切現象有所瞭解、增加認識的明確、不致誤入歧途。

㈢由與人羣的接觸、增進社會應付的經驗、啓示改革社會的意識。可使明瞭辦事的手續和步驟。可使獲得工作的方法和能力。可藉此養成如左之忍耐力：

㈠能忍耐社會惡劣環境、而謀所以改善之。

㈡能忍耐人之不良待遇、而謀所以感動之。

㈢能忍耐事之艱苦挫折、而謀所以完成之。

### B小先生制能否推行（即是小學生能不能當小先生）

**反**

㈠兒童發育未全、不能即知；要教民衆的許多事物、小先生本身就不容易了解、那裏還能教？

㈡兒童發表力弱、不能即傳；即使瞭解、多因口頭說不清楚、文字也寫不清楚、不能使人懂得、更說不上觀察需要、抓住機會、實施生活教育。

**正**

那知即傳之可能；

㈠教材力求具體化、通俗化、教法力求適合兒童心理及教學原則、小先生自易了解、學會甚麼、即可教甚麼。

㈡心思愈用愈靈、手頭愈做愈能、故發表力亦是可培養起來的、況小孩的口吻態度、更易使人接受，

| | |
|---|---|
| ㈢兒童所知有限、易受問難：必將減少小先生之自信心及民衆之信仰。 | 相教相學之互惠：<br>㈠依「會者教人、不會者跟人學」之原則、若小先生不懂得而學生懂得的、可以向其學生學、打破知識私有的觀念、相教相學、則無所謂問難、且更易維護成人學生之自尊心。<br>㈡如果有小先生與學生都不能解決的問題、可以參考書籍或轉問朋友與教師。<br>㈢解釋宇宙一切問題、任何人亦不能盡知、只其多少深淺有別耳、則可鼓勵向前研討學習。 |
| ㈠兒童意志不堅、遇難輒止：<br>㈡兒童情趣無常、冷淡極易：<br>小先生在最初試行時、因為好奇或一時情感所衝動、自然興高彩烈的去幹、但一經過相當時間、便易因下列問題而冷淡下來：<br>㈠受家長的斥責阻止。<br>㈡遭學生的反對不滿。<br>㈢未見成效、感覺困難。<br>㈣每天如是、覺得很苦。<br>㈤「不過如斯！」感覺無味。 | 這是指導者的方法與技術問題：茲略舉數原則於後：<br>㈠導師隨時指導幫助小先生困難問題的解決。<br>㈡多鼓勵小先生從：<br>成績上求快慰（欣賞成績贊譽成績）<br>進行上求樂趣（利用好奇好動心理）<br>㈢多用宣傳功夫、取得家長和社會人士的同情。<br>㈣要求不可超出其可能範圍以外。<br>㈤利用種種方式、比賽成績、維持興趣。 |
| ㈠鄉村義校至初小而止、小先生修業期滿、必須往他處升學或做事、則鄉村民衆文化水準、最多亦至初小而止、僅此、能否閱讀書報、能否有用、還成問題、（因大多數小先生尚不能也。） | ㈠我們要求民衆只要有自學能力即已足、以後可憑其能力自求上進。<br>㈡據初小全部課程看來、頗能滿足此需要。<br>㈢多編淺近民衆讀物、聯絡巡迴書報指導閱讀。 |
| ㈠教師每日要上六七點鐘的課程、晚上還要改閱一兩百本卷子、還要抽時照料學生自習和活動、或填報一些表格文件、再也分不出精力和時間、來籌劃小先生制的推行、指導小先生的訓練。 | ㈠小先生的訓練、盡量聯絡各科於授課中行之、無須另多加時間。<br>㈡小先生制的推行、由民教機關詳籌具體辦法、供給需要材料、教師只按步實施、無須另多分精力。 |

小先生制需否推行（即小學生需不需當小先生）

| 問題 | 傳統教育 | 小先生制 |
| --- | --- | --- |
| 教師缺乏 | ㊀最大限度每保設一個義務教師只能教四五十人、如學生增多又必須再增加教師、似難每保辦到、則保內失學者無法盡量容納<br>㊁如以政治力量強迫公務員或他種職業之智識分子每天抽一兩點鐘義務担任民衆教育、但（一）成人各爲其事業及生計忙。（二）鄉村中此種人才亦少。 | ㊀如以各校學生總動員做小先生、則該區域內普及教育之教師問題、可以不感缺乏。<br>㊁即使大先生不感缺乏、如再加上小先生卽知卽傳的幫助、普及教育必更易收效。 |
| 經費枯竭 | ㊀關於教師之生活費、學校之燈油費、設備費、學生之書籍費、文具費、當此政府財政拮据、地方經濟枯竭的時候、無力籌措 | ㊀小先生未負家庭生活責任、不須薪資。<br>㊁不設學校、不印書籍、不買文具、（因另設辦法、見前）無須籌措經費。 |
| 招生困難 | ㊀鄉村民衆、無論大小、都要忙於生活、不能丟了工作、餓着肚子來上學。<br>㊁鄉村婦女因家庭事務的牽掣、因禮教觀念的束縛、不便向男先生求學、而女教師又沒有。<br>㊂離開學校太遠了感覺麻煩不便。 | ㊀小先生教學不拘地方、在你工作場所亦可來教、時間很短、教了仍然各做各的活計、等於休息一會、並無妨礙。<br>㊁小先生年齡幼稚、天眞爛漫、易與婦女親近、無授受不淸之嫌。<br>㊂學生就自已所在的地方讀書、無往來不便之麻煩。 |

從上面的幾種比較對照起來、我們可以得到一個意念：小先生制是可以推行的、因它對於兒童幷無妨礙、小先生制是能够推行的、因它的困難並不足以阻礙、小先生制是需要推行的。因它的優點確可解決許多普及教育的重要困難。雖然有些問題、似近乎推行的缺點、然而、還是可以人們的努力而克服它的。問題是在我們本身、尤其是當局的本身、有不有決心、持不持毅力、一定要去推行它、一定要去把它推行成功。至於能力、是可以從做當中培養起來的、經驗是可以從「做」當中去增進起來的。

## 乙，民衆讀物：

是專爲「教育民衆」、及「民衆教育者」而編輯的幾種讀物、如下：

Ⅰ農民週刊：是以農民爲對象的刊物，可作小先生活動的教材、民衆學校的教材、識字農民的補充課程及進修讀物。內容分五欄：

（1）「談天」——各種對於農民有積極性之談話屬之。

（2）國家大事——國內外重要新聞時事簡述。

（3）三峽建設——峽區建設工作的歷程和當前的要聞。

（4）豆棚瓜架——鄉村文藝、如小說（至多三百字）故事、詩歌、農諺……等。

（5）有話大家說——收集農民的來稿、最初佔全篇幅四分之一、以後逐漸擴充至四分之三。

文字力求通俗化、大衆化、如有生字超過民衆課本單字範圍者、必另加注音和解釋、每期用十六開新聞紙出版一張(四頁)、有特別需要、得出專號特刊、每期僅定價法幣兩百文、全年七千二百文。故極適合民衆之需要。現在已出至二十六期了。內有五個專號。——「保甲」、「家畜防疫」、「壯丁檢閱」、「農村婦女」、「植樹」、——及四個特刊——「國慶」、「元旦」、「一二八」、「救災」、——重要文字、則有峽區事業介紹十四篇、救災及救荒十二篇、合作及家畜保育十三篇、詩歌九篇、農民故事四篇、農村故事二篇、農村學生投稿九篇。

Ⅱ教育園地：是爲全區教師們、在嘉報副刊特闢的一幅園地、每逢星期三六出版。這裏、除了教師相互間報告新的工作的意義、工作的辦法、工作的精神、工作的問題、工作的成績、以求相互之聯絡與影響外、並提供義教與民教合一之具體辦法、及所需要之材料、（如教育言論、教育新潮……等）其次是介紹解決教學上訓管上、或課外活動上的各種實際問題的方法。在已出三十四期中、除了登載民衆課本講義外、有各區立校來稿五篇、編撰教育論文十一篇、轉載教育名著十餘篇。

Ⅲ課本講義：民衆課本的編輯、在民衆教育中、是一個極重要而較難的工作、在小先生教學時我們是採用的老少通作兒童課本、以其讀起來、不但淺明易懂、且更是情趣橫生、有時尤令人笑不可抑、極適合兒童之心理與程度。不過、讀起來許多封建思想較濃厚的家庭却極不贊成、甚至阻止子女繼續讀書、因爲：1,有些課文、偏重文學的欣賞、他們就認爲「青菜湯湯、豆腐湯湯」、沒有嚼頭。（指意義）2,有的話句、如「老公怕老婆、」「到了夜裏毛對毛、」……認爲太鄙俗了。婦女讀不出口、家長也不准讀、3,他們認爲這些課文是挖苦他們的諷刺話、如「養女如養豬、」「農人重債討老婆、」……等。尤其「算命先生的眞心話、」更予做算命職業的一種重大打擊。讀到這裏連看也不好意思再看。所以在以後招學生的時候、都說：「不讀你們那些新學！」

因此、對於課本的編輯、不得不加以審愼。覺得內容方面：1,須適合地方環境。2,不離實際生活。3,富於民族意識、……技術方面、興趣的吸引、課文的分配、生字的選擇、複習的編製、文字的應用、在在都須精密的致慮。我們就依此原則、選擇較宜的課本、加以相當改編。兒童課本是採用老少通、不過把太鄙俗的字句刪改去了。民衆課本是根據山東鄒平編「鄉農的書」改編的、婦女課本是根據江蘇省立教育學院及江西特種教育處研究部婦女課本改編的、後兩者則偏重於內容的意義。同時爲闡發其意義與便利教師之教學起見、更全部編出講義來、除課文外、大體分談話、故事、及注意事項三項、陸續在嘉報副刊「教育園地」欄內登出、已編完民衆課本講義九十課、婦女課本講義編至四十五課。不過因時間匆忙、人力不濟、許多地方、還很不滿人意、想待實地應用後、再根據實際情形、重來修改過。

丙，新知廣播：我們整個國家的要求、是要趕快將這一個國家現代化起來；我們整個鄉建事業的要求、是要趕快將這一個鄉村現代化起來；同樣、我們整個民教事業的要求、是要趕快將這一區民衆現代化起來、使他們有現代的認識、現代的訓練、去創造現代化的物質建設和社會組織。

要使民衆作現代化的創造、首先就要使民衆有現代化的認識、從口頭上、文字上、尤其要從環境上、增進現代化的認識、舉凡現代國防的、交通的、產業的、文化的種種活動、我們都盡量想從各種環境佈置中如：介紹本區事業內容的指引牌、報告各個國家乃至於各個地方現代活動進展情況的簡報牌、描繪各種現代事業現況及成績的廣告和圖片……把這些表現出來廣播到各個市場和鄉間的民衆底心裏去！

## 四，關於人民娛樂

藉娛樂施行教育、在峽區已有數年的歷史、人民對於游藝的欣賞、已具有相當的程度、教育對於人民的要求、已收有相當的成效、這一年來我們最大的努力、就是訓練游藝人才、充實娛樂內容、擴大娛樂範圍、憑藉娛樂方式、把教育滲入社會各種活動、各級人羣去。

### 甲，游藝人才之訓練——游藝學生

I訓練之意義　我們爲甚麼要訓練游藝人才、（是根據以往的經驗、有四點理由；）因爲：

（1）約請別處人員、有許多不便：如（一）不受分配、不受訓練、（二）時來時去、破壞我們的計劃、（三）化費很大太不經濟。（四）爲生活而表演、是職業的、不如自己訓練的人、爲民教而表演、是教育的。

（2）推廣娛樂教育、須有民教信心、及服務社會精神、必須我們自己訓練成功的人才做得到。

（3）休閒教育是民衆教育中極有意義、勢力極大的一種、可以借此召集民衆、感化民衆、組織民衆。

（4）教育是成整的、經常的、自己訓練的人、有系統、有團結、有主旨、不像以表演爲職業的人、那樣散漫、無教育意義、並可阻礙我們的教育計劃。

Ⅱ招生及開學：因這幾種需要、所以我們便決定訓練了、擬了一個訓練游藝人員計劃大要、呈請區署核准後就發出廣告招收學生。

## 民衆休閒教育游藝學生班招生廣告

一、目的　訓練能推行民衆教育的游藝人才、暫從幼童起。

二、名額　第一期男生十名、女生三名。

三、年齡　男生十二歲至十六歲、女生十歲至十三歲。

四、招生標準　略識字或初小畢業程度以上之幼童聰明活潑性情善良無惡劣嗜好及身體健强者。

五、報名　從卽日起在北碚民衆教育委員會辦事處報名、至六月二十日截止。

六、考試　分口試、筆試、隨到隨考。

七、入學手續　覓取妥實舖保、塡具保證書卽可入學。

八、學習科目　國語　作文　習字　數學　各科常識　國術　公民　公民　音樂　體育　舞台實習

九、待遇　火食及洗衣剃頭諸雜費、暫由民教會供墊、視學習成績的好壞酌予津貼、一年後成績佳者、酌議薪餉、畢業後依能力高下定薪。

十、畢業　兩年畢業、如中途退學者賠費。

十一、服務　畢業後卽繼續在民敎會服務、暫定爲三年、服務期間仍繼續受較高深之藝術教育。

廣告一出、遠至重慶合川等縣、近如歇馬與隆等場、便有不少學生、陸續前來應考、（截止二十五年六月底止）考取男生九名、女生五名、七月一日開始訓練。

管理與學習：學生招來了、便確定專人、訓練學科、術科、管理日常生活。

1,學科方面：（有國語、常識、音樂、圖畫、算術、公民、習字、日記八種）國語以韻文及文藝、應用文爲主、常識除自然常識、社會常識外、偏重於戲劇常識、每天以半日爲講授時間、半日爲技術訓練、現在優秀學生已能作淸順暢通之日記、及普通之廣告畫。

2,術科方面：除學習拳術及戲劇常用之武功外、以舞台經驗爲訓練之最重要部份、一年來已學熟川劇五十種、話劇一種。

3,日常生活：飲食起居、一律採用軍事管理、以養成規律的習慣、敏捷的動作。

Ⅳ課外生活：對內：則利用空地、佈置花壇、種植菜蔬、去歲試種瓜類、蘿蔔（已有相當收穫）本年又種植大批洋芋、瓜豆、從勞作上、以養成刻苦勞動的精神。

對外：則幫助民衆書寫信函、雜件、幫助各機關搬運物件、遞送報紙、傳達信函、同時又利用課餘時間、組織讀書會、每晚

報告讀書心得、由學生自已照料開會、輪流報告、互相批評、最近又出席民衆會場、報告時事、出席週會、報告工作。

V表演材料改良運動：我們對於舊劇的改良、是從原有劇本着手刪改俚俗詞句、配以合理動作、只要有積極意義不帶迷信色彩、即訓練學生、練習表演、先由小幕而大幕、再由改劇而創劇、這樣按步就班、去實現改良的計劃、學生學熟五十齣的川劇、經過我們的刪改和審核、內中尤以盧作孚先生創編之「救定遠」。博得觀衆贊謝不少、他們除了經常出席北碚民衆會場表演而外、並先後應合川車慶峽區各場及溫泉公園之邀請先後出席表演九次。

## 乙，游藝活動之場所：

I民衆會場：它是各場施行社會教育的中心地點、每次開放、號召了成千以上的觀衆、動員了各機關所有的職員、影響是非常之大、事務是相當的煩、爲要充實教育的意義、加深民衆的印象、所以事先不得不充分的準備、不得不分頭的聯絡、因此對於會場的開放、也不得不有一個具體開放辦法；

（一）開放日期

（1）固定的　每週開放兩次、星期一晚表演舊劇、星期四晚表演新劇及其他游藝。

「附註」如遇售票募捐時、則星期一之舊劇即行停演。

（2）臨時的　表演期臨時公佈。

（二）活動節目

1，報告：有時事、常識、新知識等報告、與故事及講演。

2，游藝：有舊劇、（川劇、京劇）新劇、（話劇）、歌舞、國術、雜玩（評書、雙簧、口技、金錢板）幻燈。

3，電影

4，無線電擴音

5，音樂

6，其他

（三）担任團體

（1）固定的

一、報告　擬定報告輪流表、由區署各機關輪流担任。

二、游藝

甲、川劇　由民教會所訓練之游藝學生班、及教授川劇老師、每週出席表演一次。

乙、新劇及其他

（一）約請兼善中學、北碚小學、女子家事職業校、每月各担任表演一次。

（二）集合區署各部有游藝興趣之同志、組織游藝團體、每月担任表演一次。

(2)臨時的

㈠約請來碚旅行之旅客或旅行團體

㈡約請崇友。

㈢敦請對於某種藝術有專長者

㈣聯絡民衆參加。

㈤聯絡科學院、三峽廠、及北碚其他各事業機關參加。

(四)活動材料之選擇及支配

(1)每次活動材料、由担任團體預定後、交民教處轉呈區署核定。

(2)輪流報告表、由民教處列好後呈區署核定分發、報告材料、由各担任團體自行擬定報告大綱、交民教處登記、以備查考。

(3)民教處有代選材料供給各機關之責任。

(五)會場之經常負責人

(1)民教處常務委員籌劃及監督之責。

(2)借物保管除表演團體自行決定之人而外卽由區署指定之人負責

(3)會場秩序及佈置由公安隊負責。

(4)舞台管理及監督、由各表演團體自行選定。

(5)關於接洽燃料各項由民教會游藝組負責人及臨時指定之人負責

(6)表演時必要之消耗、由各團體商同民教處事務負責人共同辦理、每次消耗標準、不得超過三角、過三角以上、卽須請示區署核准。

(六)宣傳

(1)以文字及圖畫(對於活動內容作簡單之介紹)

(2)幻燈、將活動內容先行介紹、或於活動時簡略介紹。

(3)在嘉陵江報上發表活動之結果。

(七)整理

(1)每次活動後、邀請各主管人及富有興趣之同志作切要之批評。

(2)製活動紀錄簿、紀載每次活動經過。

(3)每月作活動報告。

2,實施經過:從民國二十五年四月一日起、至二十六年三月底止、民衆會場一共開放了一百二十六次、內有七次、完全由外來旅行團體担任游藝節目、至於參加節目、出席講演、票劇、串劇、則隨時皆有旅客參加、倘在開放時間、偶有旅行團體、則借此舉行歡迎會、偶有學者專家、則借此舉行講演會、有時、也有民衆利用會場開放、舉行結婚典禮、有時、遇着特殊活動、也酌量情形、改變時間、如選種運動、除麥黑穗運動、家畜防疫運動、戒煙運動………為要專對農民作普遍宣傳、便改開放時間、在場期白天舉行。

II露天會場　在北碚施行民教的第二中心地點、是露天會場、地址在平民公園進口處、前臨嘉陵江、後倚火焰山、環境優美、形勢天然、山光水色、交相輝映、暑天我們便在這裏活動。入夜則微風習習天氣涼爽、燈紅葉綠、興緻昂然、一年來共開放了十八次、參加民衆約一萬二千人左右、主要節目：是話劇、雜技（歌舞、雙簧、國術、魔術、音樂、評書、京川劇清唱）講演、幻燈……等、表演團體、是區屬各機關、小學教育研究會、義務教師研究班、後來因研究會和研究班告了結束、於是不得不動員區署全體職員了、他們中間：能演劇的、便担任演劇；能說書的、便担任評書；能打拳的、便表演國術；弄得來笛子口琴的、便演奏音樂……：這樣分工合作、會場就不缺乏節目了、活動內容也不感覺單純了、同時各機關主管人員、也組織了一個批評會、在每晚散會後、抽出一部份時間．來討論表演的劇材、是否合乎民衆的口味、研究報告的常識、是否合乎民衆的需要、這樣一來、一晚的活動比一晚考究、一晚的觀衆比一晚踴躍、不但娛樂了民衆、而且也訓練了目己。

Ⅲ民衆俱樂部　在我們施行社教的第三種地方、是民衆俱樂部、裏面有三種經常的活動：

（1.）評書　材料須要沒有鬼怪迷信的意味、能激動民衆愛國愛羣的熱情、向上向善的精神、先經過我們一番審核、然後才對民衆宣講、有時也由我們選擇「東北事件」、「民族英雄」、「鐵血忠魂」……等一類的愛國小說、作爲宣講的材料。

（2.）玩友　在民衆會場不是開放的晚上、我們常常邀約職員、市民、在俱樂部打玩友、並穿插時事報告、常識講演、鑼聲一起、屋子便擠滿了百餘民衆、前來消遣娛樂。

（3.）書報圖畫　俱樂部四壁、佈滿了防空掛圖、交通掛圖、合作掛圖、歷史掛圖……又陳設各種書報雜誌、每月更換一次、隨時派員解釋掛圖、報告講演、不知不覺中、給與民衆常識不少。

Ⅳ民衆茶社　它不是普通的茶館、帶有俱樂部的性質、在區屬各場、因財力人力的限制、所以一律成立民衆茶社、陳列書報、掛圖、間或也說評書、打玩友、施行休閒教育。

## 丙　季節活動

季節是中國社會集合民衆的大好機會、也是組織民衆、訓練民衆、教育民衆的大好機會、在這些機會中、不僅集合了峽區四鄉五六萬乃至十餘萬的民衆、也集合了渝合各地許多來看熱鬧的旅客、北碚市街、萬頭攢動、平民公園、遊人如織、嘉陵江畔、人山人海、他們看完這裏、又忙到那裏、這是多麼有趣的事呵！我們那能放鬆這良好的時機呢？所以我們不但動員了本部的人員、而且動員了全區的人員、而且邀請了渝合的朋友、大家來參加這集體的娛樂：來籌劃這集體的娛樂、要求：隨處都有教育和運動的意味、每一個活動、都有嚴密的組織；每一種競技、都有公正的批評；每一個人、都能遵守秩序、時間、紀律、到處皆有教育環境的佈置、到處皆有新聞常識的廣播、到處皆可去參觀、遊覽、到處皆有人引導、解說、因此、我們的籌劃、不得不充分；分工不得不細緻、應付不得不週詳。

一年來曾經舉辦了春節活動、夏節活動、秋節活動、國慶活動、活動的內容也隨着季節的性質、和環境的需要、各有不同、春節：感覺災荒的嚴重、便偏重於防旱、救災、合作等運動的宣傳、又因饑荒而引起匪風的猖獗、應嚴密保甲的組織、便檢閱全區的壯丁。夏節：要使勤苦的農民、在此農村經濟破產、農民生活凋蔽……景象中、喚醒向上意識、領略人羣樂趣、便舉行全區龍舟競賽、秋節：因覺國難嚴重、國民太不注意健康、吾人應利用舊有活動、施行體魄鍛鍊、便舉行球類比賽、國術比賽、國慶：因覺民氣銷沉、建設不易、為發抒民族意識、注意健康身體、努力地方建設、便舉行盛大慶祝會、老人健康比賽會、(敬老會)。

在這些季節活動中、雖然利用了種種方式、來娛樂民衆、來教育民衆、然而收效最大的、却是下列幾項玩意：

I 電影　映放的是珍貴名片、它能吸引幾萬民衆、去觀賞、去領略使人心向神往、使人歡喜欲狂。

II 無線電廣播　它能指揮羣衆、報告各種活動時間、介紹各種活動內容、廣播各項常識講演、同一時間、它能打動幾萬人的心坎、提起幾萬人的注意。

III 幻燈　它能映放立體的實物、風景、畫片、報告活動成績、介紹事業常識、(各種季節活動中、它佈佔着重要的地位。)

IV 交通模型　它是一個希奇古怪的東西、中立鐵柱、高約九尺、上有飛機盤旋、下安直徑八尺的圓盆、內有輪船往來、盆外裝大木盤一個、敷設鐵軌、上有電車奔馳、此模型有專人管理、專人解說、鄉人來此、百看不厭。

V 戲劇雜耍　為吸引人羣之中心玩意、節目繁多、美不勝數、悲壯時使人聲淚俱下、精彩時則全場掌聲如雷、至於歌舞雜玩、無一不趣味橫生、快樂無涯。

## 五，關於民衆服務者

### 甲　引導

引導旅客參觀峽區事業、是峽防局政治股、民教處舊有的工作、直到去年四月一日、實驗區署成立、始將是項工作劃規民衆教育委員會辦理、在這新的局面展開之後、峽區事業、好似一部添加了馬力的機械、工作的人們異常的興奮活躍、各種救愚救窮的工作、都在百忙中活動了起來、於是關心事業的朋友、愛好建設的學校、來此遊覽參觀者漸多、間或日有數起、我們為要多得旅客的指教、多盡服務的職責、在旅客踴擠情形下就擬了一種接待旅行團體的辦法、來應付這不常有的情況、并通知各機關、切取聯絡。

實驗區民衆教育委員會服務組接待旅行團體辦法

(1,)凡區署任何部份或任何個人接到旅行團體通知時應立即通知民教處服務組。

(2,)各團體到達時應請到民教處接洽或通知民教處派人接洽。

（3,）旅行團體到達時民敎處服務組應有如下之登記：

一、團體名稱性質及所在地

二、領導人及團員數目

三、組織

四、參觀程序及時間

五、暫住地點

六、其他

（4,）對於旅行團體應幫助之事項：

一、代爲接洽住地

二、代爲計劃參觀遊覽日程及旅行中之種種活動、如有欲作較詳細之考察者服務組得與詳細商討、以期能達所預期之目的。

三、引導參觀

四、介紹認識各機關主管人

五、代徵集各事業機關之刊物及印刷品

六、其他

（5,）對於旅行團體應觀察之事項：

一、旅行意義（爲甚麽到這裏旅行、爲參觀、爲遊覽、爲考察、爲研究……或爲其他）

二、紀律（精神行動服裝運動……及一切起居）

三、參觀興趣……一般的與特殊的

四、暇餘活動

五、對於各事業的批評

六、一般觀感

七、其他

（6,）按日介紹旅行團活動於報社並將報紙所載活動介紹於旅行團體。接待旅行團體的辦法公佈了、旅行團體與旅客、固然感受到不少的便利、可以在峽裏盡情的遊玩、參觀、考查、可是有時旅客太多、竟分不出人引導、甚或有些客人、不願有人引導、只悄悄地一個人到各機關去細細緻緻地考察、遊玩、於是我們又繪製了許多北碚各事業機關路線圖、張貼在各旅食店的牆壁、各街口的揭示處、因此、就可經濟旅客的時間、免去找頭無路的麻煩、要想參觀甚麽地方、只須看看圖、就可達到目的了。

一個機關的事業、並不是一個人担負了全部的工作、所以較大的機關、往往這一部份工作的人員、不十分清楚那一部份的工作、旅客到了要參觀的地點、找不着人引導解說、心裏異常失望、我們爲補救這種缺憾、才商量各機關、確定一個引導解說的人員、來担任接待的工作。并幫助旅客解決臨時發生的一切問題。

臨時發生的問題中、最多最嚴重的是「食」「宿」問題。因爲北碚是一個小小的市鎭、沒有規模較大、設備較好的旅食店、舊有廟宇、現在都設立了機關、如果驟然間增加大批的旅客、食宿當然無法解決、而旅客經過了長時間的跋涉、宿食每又必須先爲解決。所以又才商量各機關、讓出一部份地方、作臨時的需要、幷商定幾個旅食店、作長時間的預約、同時在峽區各場也作同樣的準備、從此這食宿的問題、就迎刃而解。

來峽參觀的朋友、多是有建設興趣的人們、來峽旅行的同學、多是力求上進的青年、因此我們不能不親切的接待、誠懇的請教、所以商洽各機關確定了幾點優待的辦法：凡旅行團體到溫泉、歡迎沐浴一次。開飯每棹一元、住宿以房間大小、酌定宿費；到北川鐵路、歡迎坐車來回；到北碚看戲、歡迎免票入場。這些意思雖小、但我們的誠意很眞。

我們不僅注意旅客的食宿、還幫助旅客計劃遊覽日程、代雇船隻、介紹特產、告訴峽區消息及遊覽應注意事項、所以賓主間有如至交的好友、有如一家的親人、彼此可以毫無顧忌的傾談暢述。這種相見以誠、相待以禮的和樂情形、眞使人流連忘返、所以有很多來賓常常這樣的批評：「四川是中國復興的根據地：北碚是四川的靈魂」、但也有不少的旅客稱贊：「北碚是世外的桃源」。但這些奬飾逾垣的愈使得我們慚愧不安、因而只有更加努力。

本年度來峽的旅客、據我們登記引導的、計旅客九十四起、男二八四人、女六九人、團體六十一個、男二八八七人、女七〇七人。他們雖然有各種各類不同的職業、居住在各省各縣不同的地方、但他們都有一夥同樣的心、就是愛好建設、希望在北碚能够看到一些新興的事業、新興的辦法、所以有些來此參觀的朋友、看了峽區事業之後、異常的感嘆！異常的驚奇！因爲這些窮幹苦幹的精神辦法、都是超出他們想像之外的、又有許多朋友看了峽區事業之後、竟不顧忌地赤裸裸地說出他們對於此間事業的意見和辦法、我們除了十分感激之外、並且極端的採納接受、因爲建設鄉村的工作、是要集思廣益才能加速的進展呵！

## 乙 代筆問事

幫助人解決一樁疑難、書寫一件信雜、他就會對你發生莫大的敬仰、引起非常的好感。一年來單就民委會、已代人寫信二百六十三封、雜件三百一十八件。問事則隨時俱有。至於義務校、雖然沒有打出問事處、代筆處的招牌、許多教師們、却隨時隨地在爲鄉農排難解紛、書寫信函、書寫雜件、早已實行了問事代筆工作。我們爲擴大服務範圍幫助更多人民、便印製了民衆問事處辦法、代筆處辦法、民衆問事須知、代筆須知、各種簿據、各種表册、散發各學校、各公安隊、一週內成立了問事處、代筆處五十所、這工作也深入了偏僻的農村。

## 丙 職業介紹

我們爲幫助人民介紹職業、指導職業、特別設立了一個職業介紹所聯絡峽區各事業機關、他們需要甚麼樣的人、我們便代爲徵求、要求職業的人、來所登記、想做甚麼樣的工作、我們便代爲介紹、把徵求和介紹的消息、在新聞簡報上公佈、在民衆會場報告、只要合乎雙方的要求、就通知雙方、約定時間地點、接洽商量。一年來介紹了十五人的職業、雖然內中都是些伕役、奶媽、大娘一類的人物、對社會沒有多大的幫助、然而總算解決了十五人失業的問題。

## 六，結語

「明日工作的計劃、須根據今日工作的成績」、今天我們檢討了一年來的工作之後、深感覺究竟沒有好多切實的成績！雖然我們工作的時間、從沒有實驗區署以前三四年做到有了實驗區署以後又整整一年了：工作的範圍、由辦公室做到市街、由市街做到鄉村、由一個場擴大到五個場、曾經幫助了一八三〇民衆讀書識字、幫助民衆代寫了二七五〇件的信和雜件、舉行了三九二次游藝宣傳、十餘種生計訓練、佈置了五百餘張掛圖、畫報、照片、作了十餘次的擴大民教運動、然而這就是我們的成績麼？一般窮苦民衆的生活、是否因了這一些幫助、這一些活動、而得到了解決？得到了改善？這是值得我們深省而今後應急切努力的。

因爲民衆教育是要切合民衆實際的需要、今天民衆急切需要的是布衣淡飯、所以我們會盡量地從事生計的宣傳、小先制之推行、民衆讀物之編輯、教育環境之佈置、游藝活動之表演、季節運動之擴大……各種活動的各種機會中都滲入民衆教育的意義、幷對各個階層和各個生活的內容、都滲入教育民衆現代生活的方法與如何生活於現代的能力、今後我們仍須認淸現代的世界、針對中國的問題、努力當前的工作——訓練民衆以建設鄉村、幫助國家、同時感覺到訓練應在實際的事業上、事業應在生產的建設上、建設應在國家的需要上。所以今後更準備由百業教育的推行、以促進生產事業之發展、農村經濟之復興、不過進行問題正多、困難在所難免、在此誠懇地盼望閱者批評我們的錯誤、指導我們的方法。

### 嘉陵江三峽鄉村建設實驗區全區戶口統計

保甲——共一百保，一〇〇九甲，一一六八九戶。

人口——男三四九九〇人，女二八八八三人，共六三八七三人。

學童——(六歲至十二歲)男六三一〇人女四六三一共一〇九四一人。

文盲——男一三九八四人，女一七〇六四人，共三一〇四八人。

壯丁——(十六歲至四十歲)男一一二七二人，女一〇二〇五人，共二一四七七人。

有業——男一八六八五人，女七九九八人，共一九四八四人。

無業——男七三八人，女三三人共七七一人。

# 市政評論月刊

## 第五卷　第四期

### 要目




訂價　零售每册一角全年連郵一元
發行處　杭州將軍路淪豐里餘全國各大書局

課堂上
不問收獲
只問耕耘
「劳作」
在椰林的一幕（吞色）
三人一数
那管頭痛
腰又酸—
「技術訓練」

往何處去！
碰碑激子
怒忿
彈出心裏怒—「昭君和番」
小英姿
交鋒
(救定遠)
起程

# 一年來的文事整理

趙仲舒

大凡文書事宜、在一個機關裏面、都占着很重要的地位、但是這種職務；如像「擬稿核行、繕校用印、收發歸檔」等手續、做來很呆板、而且相當的麻煩；稍不仔細、就要弄出錯誤、這種錯誤的結果、大可以釀出很嚴重的事體、小亦要遭受到申斥或貽人笑柄。這種例子很多、祇要稍有書記經驗的人就知道、不必列舉來徒費紙墨，眞有「差之毫厘、失之千里」的危險。因此身負文書責任的人、在工作上就不能不有所審愼、而加以注意了。於是我們必在每天上辦公室的時候開會、注意下列三點：

一、檢討上日的事務：上日分配給各個人做的事、就要逐一淸問他、做完沒有、倘若不是一天做得完的事、就查考他做到甚麼程度、限他那一天做完、催促依限完成、若是有了貽誤、或事實上發生障礙、就要設法救濟、或予以處分。

二、辦理本日的事務：當天應做那些事、如何做法、細細緻緻的加以商討、然後分別先後緩急、交給各個人、分頭負責去做要依時做好、要做得毫無遺憾。

三、計劃將來的工作：想一想明天應該辦些什麼事、下週應該辦些什麼事、下月應該辦些什麼事；如像一週完結、要擬週會報告、一個月完結、要造收支計算、一個年度將完、要先編造收支預算等等。把他預先計劃出來、以便屆時照辦、免得臨時倉惶。

上面說的這三點、要持之以恆、不憚煩勞的天天照着幹、在事業上才可以說與日俱進。

工作進行、旣已有了上面這一點推動力、然而如何提高效率、又是我們最關重要的問題了。我們常常感覺欲要工作有效率、就先要人員有訓練、如果人員的技能、沒有訓練成熟的話、那嗎？縱使管理的人、終日不離左右的指揮着、督促着、也是沒有用的。一定要弄得「焦頭爛額」、走到「越想辦好、越辦不好」的境地。我們爲了要解決這個問題、才決定將區屬各機關的書記人員、分別加以訓練、和實習、訓練的方法如：

一、編配

1,本署書記人員、在每日的辦公時間、注重實際的實習、個別的指導、在夜間讀書的機會、注重理論和方法的講討。

2,署外各機關和公安各隊的書記。規定至少每月來署在祕書室實習五天、時間在月終事繁的時候、須將最切要的手續和應用技衛學會爲上。

3,各聯保辦公處的書記、規定在每月下旬來署在祕書室實習一天、時間在二十五日以後、任擇一天、最重要在研討文事上的聯絡、和一切手續的劃一。

二、修養

1,養成守時的習慣、有恪遵公共規定的精神。

2,研究新式公文程式及其標點符號。

3,選讀古今最佳的書牘、如陸宣公奏議；曾左奏稿之類、至少須讀熟十篇。

4,留心當代掌故、法令章則、並多讀關於現代知識的書籍、和報章雜誌。

三、技術

1,斟酌程度分配輪流學習撰擬上行平行下行各種文稿。

2,每日必練習寫字、以寫得最好最快、每小時能寫到一千小字爲標準。

3,學習各種文件印的用法。

4,學習收發文件的手續、須照下列各項處理：

(一)收發文件、必須詳細登記；發文要限時到達、收文須立即送閱。

(二)無論收發文件、務須注意檢查附件、有無缺失。

(三)發本地文件、須寫送件簿、或粘收據於封桶上、令收件者蓋章、如係交郵之件、須在回執上註明案由、以便萬一郵政有失誤時、執以查詢。

(四)收發所掌一切登記簿、如文件登記、郵費登記等、須逐日送閱。

5,學習管理檔案、用管理圖書的方法、來整理文卷、辦到人人可以檢卷、一檢即得。

6,隨時研究如何提高工作效率的方法、務求時有改進、絕不一得自足。

如果能够把工作人員的技能訓練成熟、同時又能建立秩序、則工作效率自然可以提高、所以我們對於這一點、非常注意、而且各個人員在文書上所需的各種技能、還要使他平均發展、事事求備、以防萬一有所調動、或特別事件發生的時候、可以相互代替、不致爲難。其次在署外各機關的文書人員、我們要訓練他的最大目標、第一就是要崇尚品格、整齊步代、劃一公文格式。誰都知道、在前的鄉鎮公所、對於這些是毫不講究的、文卷散亂、甚致於沒有文卷、辦事不按手續、其實有很多人也不知手續、若說要講道有好的精神、好的品格、那就更不足責備他了。因此我們就想道把些小事情、也來實驗改革他一下、如此一來、都能够照着辦、都互相比賽着、誰的辦得好、誰的辦得快、我們才知道各鎮鄉的辦事人、是很有辦法的、不過以前是苦於沒有人提倡好的風氣、指導好的辦法、罷了！我們深感覺今日社會之改良、是在有好的模範來影響人、好的辦法來指導人、人們絕對樂於接受、摸倣、若說怕他不同情、那是不足慮的、有時我們怕他們辦事的精神不貫徹、不持久、或者今天守時辦公、事是辦好了的、文件是按着一定的手續歸了擋的。但明天又不這樣、又隨便了起來、那種妨害公務的進行、比什麼還大。我們才於每月聯合視導時、對於他們的精神和秩序、切實加以考核和批評、以矯其失、幸好在這初步整理的時期中、都能自愛自奮、尚無有什麼不好的問題發生。

第六卷第十四期目次

鄉村建設半月刊

四月一日出版



定價：預定全年國內連郵一元六角半年九角國外全年加郵費二元每期零售一角合刊或專號不定此例
定閱處：山東鄉村建設研究院出版股

# 黃埔

## 第七卷　第三期

中華民國二十六年三月十五日

要　目



定價　每册二角　半年六册一元

全年十二册一元八角（郵費在外）

中央陸軍軍官學校政治訓練處

黃埔月刊社發行

# 我們的人事管理

吳定域



## 第一，職員之任用

甲、試用、

I 試用意義、

一、人對於其職務是否相宜、
二、人對於其人能否相處、
三、機關對於其人之行爲能力、是否相宜、
四、人對機關之環境、及待遇是否滿意、

II 試用時期、

一、辦事員分隊長以下、試用期在一個月以下、
二、主管人員、負責重大、試用期間在一月以上
三、試用期間一律酌給津貼、

III 試用手續、

一、體格檢查、

A, 在內務股取體格檢查表、往地方醫院檢查、
B. 視其人之體力能勝其職否?
C. 有傳染病否?

附體格檢查表:

體育測驗及體格檢查總紀錄表

註冊號數 姓名

| 綱目 | 分項 | 實數 | 等級 |
| --- | --- | --- | --- |
| 體格 | 實足年齡 | | |
| | 身高(百分米) | | |
| | 胸圍(百分米) | | |
| | 體重(磅) | | |
| | 體重相差多少 | | |
| | 肺量 | | |
| | 肌肉 | | |
| | 姿勢 | | |
| | 測量項目 | 成績 | 分數 |
| 體力 | 引體向上 | | |
| | 吊走平梯 | | |
| | 攀緣吊棒 | | |
| | 肋木舉腿 | | |
| 技術 | 一百公尺 | | |
| | 鐵球 | | |
| | 跳高 | | |
| | 跳遠 | | |
| 體育總分數 | | | |

| 綱目 | 分項 | 實數 | 等級 |
| --- | --- | --- | --- |
| 人體測量 | 體重 | | |
| | 體高 | | |
| | 上體之高度 | | |
| | 胸圍 | | |
| | 胸深 | | |
| | 胸寬 | | |
| | 視力 | | |
| | 聽力 | | |
| 姿勢檢查 | 肩 | | |
| | 背 | | |
| | 脊柱 | | |
| | 肩胛 | | |
| | 胸部 | | |
| | 腰部 | | |
| | 膝(下肢) | | |
| | 足部 | | |
| 醫學檢查 | 牙齒 | | |
| | 鼻 | | |
| | 咽喉扁桃腺 | | |
| | 眼 | | |
| | 耳 | | |
| | 甲狀腺 | | |
| | 心臟 | | |
| | 肺 | | |
| | 淋巴腺 | | |
| | 皮膚 | | |
| | 營養 | | |
| | 血壓 | | |
| | 驗血清 | | |
| | 包莖 | | |
| | 疝氣 | | |
| | 大小便 | | |
| 備註 | | | |

中華民國　年　月　日　檢驗者　簽字

二、試用通知、

A.區長條令、內務股登記、

B.內務股通知本人、該主管機關及財務股、

附通知書樣式：

**嘉陵江三峽鄉村建設實驗區署試用職員通知書存根**

茲由

區長派　君在

試用即希

査照

啓　年　月　日

試字第　號

**嘉陵江三峽鄉村建設實驗區署試用職員通知書**

茲由

區長派　君在　試用

已於　月　日派往　月　日起薪任用月薪

元即希

査照此致

財務股

內務股　年　月　日

試字第　　號

嘉陵江三峽鄉村建設實驗區署試用職員通知書

茲由
區長派　　　君在
試用卽希
查照
內務股啓　年　月　日

試字第　　號

同前

茲由
區長派　　　君在
試用卽希
查照幷於　　君到職時引至內務股辦理到職手續
爲荷
內務股啓　年　月　日

試用職員登記簿樣式

| 號數 | 姓名 | 到職 年 | 到職 月 | 到職 日 | 試用期 | 考語 | 派定何機關職務 | 薪額 | 起薪 月 | 起薪 日 |
|---|---|---|---|---|---|---|---|---|---|---|
| | | | | | | | | | | |

C' 試用職員之姓名到職兩欄內由內務股填就、

D. 試用期欄送請　區長核填試用期限、

E. 試用期滿送請主管機關填具考語、

F. 最後送請區長派定職務、核定薪額及起薪月日通知財務股。

乙、到職

I 委任登記

一、試用期滿、職務既經確定、卽由祕書辦理令委、

二、內務股登記核令委呈准日期登記表內、其表式如下：

| 號數 | 姓名 | 呈報專署 年月日 | 呈報專署 發文號數 | 專署令准 年月日 | 專署令准 收文號數 | 區署委派 年月日 | 區署委派 署令號數 | 備考 |
|---|---|---|---|---|---|---|---|---|
| | | | | | | | | |

II 到職須知

一、職員到職後、卽先至內務股填具職員調查表、幷留具印鑑及簽字式樣、

二、在渝合市場、或本區五鎭鄉、取具舖保、及繳呈四寸半身像片、

三、職員受委後、卽到內務股領取編號之職員證、胸臂章、到財務股持條往三峽廠打制服、

四、取消各種頭式、若未曾受軍訓者、應受短期(約兩星期)之軍事訓練、使習於集體之動作、使具備自衛之能力。

五、未有家庭在辦公地附近者、須一律在辦公處所食宿、以便生活上之砥礪砥礪。

正面

嘉陵江三峽鄉村建設實驗區署職員調查表

| 姓名 | 性別 | 籍貫 | 省　縣 | 年齡　歲 |
|---|---|---|---|---|
| 現在住址 | | 現在通信處 | | |
| 永久住址 | | 永久通信處 | | |
| 學歷 | | 經歷 | | |
| 到任年月　年　月　日 | 機關 | 職別 | 月薪 | |
| 簽字樣式 | | 蓋章樣式 | | |

| 歷次加俸進級 | | | |
|---|---|---|---|
| 年　月　日 | 年　月　日 | 年　月　日 | 年　月　日 |

背面

| 家庭狀況 | |
|---|---|
| 父存殁　母存殁　兄　人　弟　人　姊　人　妹　人　已未婚　子　人　女　人　僕　人 | |
| 同居家屬　本人是非獨立生活　夫妻有無職業　子女已未婚嫁　子女已未就學　子女已未就學　房屋自有或租佃 | |
| 本身像片 | |

| 獎懲 | 請假 |
|---|---|
| 年　月　日（八欄） | 年度病假事假　年度病假事假　年度病假事假　年度病假事假 |

| 調任職務 | |
|---|---|
| 年　月　日調（九欄） | 退職日期　年　月　日　退職原因　職員證號數　臂章號數　保人姓名　備註 |

註：右表分正背兩面，一律爲活頁之卡片、

# 第二　退職及調遣

## 甲、退職

### I　退職原因、

（一）明令記三大過者、及三次降級者。

（二）不盡職責、屢戒不悛者、

（三）患傳染病不堪任職者、

（四）因本身有非常的困難、萬分不能留職者。

### II　退職手續

（一）職員退職、先須經　區長核准、

（二）必須交代清楚、塡具退職書交內務股存査、退職書式樣如下：

嘉陵江三峽鄉村建設實驗區署職員退職書

| | |
|---|---|
| 姓名 | 機關　　職務 |
| 退職事由 | 年　月　日准 |
| 以下各款均以點交蓋章爲憑 | |
| 借閱圖書 | 檢交　點收 |
| 保管室繳職員證章裝具 | 檢交　點收 |
| 經辦文件 | 檢交　點收 |
| 經管表單簿據 | 檢交　點收 |
| 備考 | |
| 財務股支存薪洋 | 元　角　仙整 |
| 內務股存査 | |
| 中華民國 | 年　月　日 |
| | 退職職員〇〇〇 |

乙、調遣

I 調遣辦法

(一)區署為在職務上必須調動時、則依條令調動之、

(二)職員有萬分困難不能在原地服務時、經 區長核准後亦可調動之、

(三)職員調動、憑區長條令內務股登記分別給以職員調動通知單按時到職、

(四)職員調動到職后、由內務股通報各機關職員。調動通知單式如下;

嘉陵江三峽實驗區署職員調條

茲奉<br>
區長條令調　　君到　　任<br>
職限於　　月　　日到職<br>
中華民國　　年　　月　　日

存根

調字第　　號

嘉陵江三峽實驗區署職員調條

茲奉<br>
區長條令調　　君到　　任　　職<br>
限於　　月　　日到所調地點此致<br>
財務股　台照<br>
中華民國　　年　　月　　日　　內務股啓

調字第　　號

嘉陵江三峽實驗區署鄉村建設職員調條

茲奉<br>
區長條令調　　君到　　任　　職<br>
限於　　月　　日到職此致<br>
台照<br>
中華民國　　年　　月　　日　　內務股啓

此聯通知原任機關

調字第　　號

嘉陵江三峽實驗區署鄉村建設職員調條

茲奉<br>
區長條令調　　君到　　任　　職<br>
限於　　月　　日到職此致<br>
台照<br>
中華民國　　年　　月　　日　　內務股啓

此聯通知新到機關

調字第　　號

嘉陵江三峽實驗區署鄉村建設職員調條

茲奉<br>
區長條令調　　君到　　任　　職<br>
限於　　月　　日到職此致<br>
君台照<br>
中華民國　　年　　月　　日　　內務股啓

此聯通知本人

## 第三 考勤

甲、辦公

（Ⅰ）職員應準時上下辦公室、不得遲到早退、

（Ⅱ）辦公室應嚴肅作事、不得作無意之言談嘻笑、

（Ⅲ）若一時工作完畢、可參考關於職務內有關之書籍、

（Ⅳ）無論上下午辦公完畢、各員應將自用之筆墨文件、拾於抽盒內、不得狼藉案上、

（Ⅳ）職員每日到署辦公、上午下午各劃到一次其劃到簿式樣如下：

| 月 日 星期 | 上午 | 點 分 | 區長 |
|---|---|---|---|
| | 下午 | 點 分 | 區長 |
| 月 日 星期 | 上午 | 點 分 | 區長 |
| | 下午 | 點 分 | 區長 |

一、處理劃到要點如下、

A 劃到簿每日使用一本、每次劃到於開始辦公后、寬放二十分鐘、恐於在外寄食人員中途發生臨時情勢自可不作遲到論、

B 於寬放二十分鐘滿時、則於最後簽名之人、蓋上「點廿分」戳填明鐘點、又蓋上「區長」戳、以後續到者、均簽名於后作遲到論、

C 劃到不得由他人代簽、其簽名書法與到職時簽書法一律不用別號、

D 簽到必須依次按行填寫、不得跳行亦不得佔用兩行以便查考統計、

E 為便於查悉每日辦公人數起見、規定一統計表、着日統計、記入職員考勤月報表（表附后；）

劃到簿

| 月 日 星期 | 本署現有職員共 人 |
|---|---|
| 上午 | 簽到 人 |
| | 遲到 人 |
| | 請假 人 |
| | 公差 人 |
| 下午 | 簽到 人 |
| | 遲到 人 |
| | 請假 人 |
| | 公差 人 |

考勤月報表

| 職別 | 姓名 | 本月應辦公日數 | 請假日數 病假 | 請假日數 事假 | 辦公日數 | 公差日數 | 遲到次數 | 早退次數 | 備考 |
|---|---|---|---|---|---|---|---|---|---|
| | | | | | | | | | |

F、員因私事早退時應填書面報告否則以曠職論共表式如下：

嘉陵江三峽鄉村建設實驗區署職員早退報告表

| |
|---|
| 早退事由 |
| 早退時間 時 分自 點 分起至 點 分止 |
| 區長鑑核 |
| 中華民國 年 月 日 早退人 |

G職員辦公遲到者、應由內務股填具下列遲到通知書、送達本人作爲警告、其式樣如下：

逕啓者　月　日　午
執事到署辦公已逾規定時刻　區長諭令轉達注意以後務必準時
劃到辦公此致
先生
內務股　年月日

## 乙、請假

### I、請假須知

(一)職員請假應於事前填具假單、一日以上須經主管人證明呈　區長核、一日以內經各部主管人核准、報告　區長。

(二)職員事假、以必要之事故爲限、應酬迷信、盡力免除、

(三)職員病假須經地方醫院、或本署中醫之證明方能生效、但半日以上者、必須具正式假條、

(四)職員發生臨時事故或疾病萬分不能備具請假手續者、應以電話或其他最迅速之方法、報告區署、事後仍須補具假條、

(五)職員續假、除病假外、以一次爲限、每次不得超過原請假期之半、

(六)職員假滿到職、應卽報告主管人及區署內務股

(七)職員請假准後、應將經辦之事務文件、鑰匙或銀錢公物交與代理人。

(八)職員請假、經　區長核准後依次交與財務股及圖書館蓋章、查核其交代是否淸楚、然後將假條交內務股存査、若係遠道須給予正式假據、

嘉陵江三峽鄉村建設實驗區署　報單　(須於署字下面填明請假或公差)

| 名稱/類別 | 所屬機關 | 職別 | 姓名 | 事由 | 日數 | 離職日明 | 復職日明 | 通信處 |
|---|---|---|---|---|---|---|---|---|
| 者 | | | | | | | | 現在 |
| 代理者 | | | | | | | | 永久 |

注意
1，此單須由代理人蓋章
2，經辦事件未完者應詳細交與代理人
3，其他辦事手續應詳明白告知代理人

內務股轉呈　財務股　蓋章
區長　鈞鑒　圖書館　蓋章
中華民國　年　月　日　主管人　蓋章

正式假據

存根

嘉陵江三峽鄉村建設實驗區署　爲
發給假據事茲有　因　事
請假　日到　限　日回署此據
中華民國　年　月　日

假字第　　號

假據

嘉陵江三峽鄉村建設實驗區署　爲發給假據事

茲有本署　　因　　事

請假　　日到限　　月　　日回署此據

區長　唐瑞五

盧子英

中華民國　　年　　月　　日發給

　　　　　　　　　月　　日繳銷

（九）請假核准登記後、由內務股給該管機關以通知書其式樣如下：

逕啓者

君請　　假　　日從　　月　　日

起至　　月　　日止茲由

區長批准特此通知至希

查照爲荷

內務股　　年　　月　　日

## II 請假扣薪

（一）照政府職員給假條例規定、每一年內累計每人得准事假兩星期、病假三星期、超過此限度、一律扣薪。

（二）每個月終由內務股造具表冊、呈 區長核定分別轉知。

（三）職員請假逾限、未經續假者、除扣薪外、并須記過、逾限一日者存記、二日者記小過、三日者記過兩次、四日者大過、五日者兩大過、六日者受停職處分、至扣薪辦法不足一日者、以每日八小時計算、平時用簿登記、屆期彙報之。

嘉陵江三峽鄉村建設實驗區署職員請假登記表

| 機關 | 職別 | 姓名 | 事由 | 請假日數 | 續假日數 | 起止日期 | 逾限日數 | 扣薪日數 | 備考 |
| --- | --- | --- | --- | --- | --- | --- | --- | --- | --- |
| | | | | | | | | | |
| | | | | | | | | | |
| | | | | | | | | | |

附：職員考勤月報表其式樣如下：

謹將　　年　　月份各職員請假事由日數暨早退遲到次數等開列報請

區長鑒核　　　　內務股主任

| 姓名 | 職別 | 事假 事由 | 事假 日數 | 病假 事由 | 病假 日數 | 本月請假總數 | 連前月請假總日數 | 遲到次數 | 早退次數 | 備考 |
| --- | --- | --- | --- | --- | --- | --- | --- | --- | --- | --- |
| | | | | | | | | | | |
| | | | | | | | | | | |
| | | | | | | | | | | |

附：通知單如下表　　　此聯交財務股

嘉陵江三峽鄉村建設實驗區署職員請假逾限扣薪通知單

逕啓者奉

區長諭

請假逾限　　日　　小時應於月薪內按日扣薪

等因卽希

查照爲荷

財務股　　　內務股　　年　　月　　日

此聯交主管機關轉本人

嘉陵江三峽鄉村建設實驗區署職員請假逾限扣薪通知單

逕啓者奉

區長諭　截至　月　日止先後共請假　日　小

時依照給假條例規定計逾限　日　小時所有逾限日數

應照章扣薪等因特此奉告即希

查照轉知爲荷此致

內務股啓　年　月　日

（四）製職員請假損失計薪表、半年或一年統計之、在公家可計其損失、而定准假之寬嚴、在個人可引起其反省。

| 機關 | 職別 | 姓名 | 月薪 | 每日薪額以三十日計 | 每小時薪額以每日八小時計 | 年薪額以十二月計 | 備考 |
|---|---|---|---|---|---|---|---|
| | | | | | | | |

| 機關 | 職別 | 姓名 | 請假日數 | 每日薪額 | 請假時數 | 每時薪額 | 請假時間內總支薪數 |
|---|---|---|---|---|---|---|---|
| | | | | | | | |

其他辦法

（一）全年不請事假者給以半月之月薪并記大功、成績顯著者更特別陞級。

（二）不假擅離職守者分別情節之輕重議處、在普通曠職一日者記小過、二日記大過、三日停職、如遇特別情勢或因曠職而貽誤要公累及社會者、則特別議處。

丙、公差

I、職員公差須知；

一、職公差應先覓妥人代理、塡入公差簿、主管人員經區長核准、辦事員經主管長官核准、但一日以上者、須經報請區長核准。

二、職員公差、應將職務內應辦事項詳爲交代。

三、公差服裝須着制服者、特別注意整潔、若須便服、須帶各種證件、以免誤會。

四、公差任務、須無絲毫通融、而言語態度須相當和平、以不失禮貌身份爲度。

五、公差回署、應將情況塡具報告書、簡單之事務、得用口頭報告。

六、公差津貼、另有詳細規定玆列于後：

本署公差津貼暫行條例

第一章　總則

第一條　凡本署官兵職員奉命出差到距本署三十里以外者得照規定津貼伙食。

第二條　奉命出差者、在未出發前、須通知該管機關、管理伙食人員停止伙食、以作出差伙食之補助、但公畢返署時、仍須通知繼續伙食。

第二章　津貼

第三條　個人津貼規定如左：

1, 士兵每日每人三角（提出伙食者津貼二角）

2, 職員（區長以至辦事員）每日每人五角（提出伙食外津貼三角五仙）

3, 在渝合可在有關係之事業食宿者例外核算。

第四條　部隊津貼規定如左：

1, 部隊演習無論地域遠近均無津貼。

2, 部隊（由營大組起）公差應自帶給養。

3, 部隊在區外宿營者、士兵每日每人津貼五仙。

4, 部隊在出差地方長住工作、每日每人津貼二仙五星、凡在短期駐防者、不在此例。

5, 部隊通夜行軍以一日計。

6, 帶隊官長隨軍運動者：

A 中隊長每日每人五角。

B 分隊長司務長錄事每日每人三角。

7, 其他隨軍運動者臨時酌定。

### 第三章　獎勵

第五條　凡屬公差勤務成績優異、應予獎勵者，依發餉手續、由內務財務兩股聯合核辦。

### 第四章　懲罰

第六條　出差到各地採購伙食物品、應照價付給、不得賒欠或累及地方、否則查出、罰本人月薪十分之二、如被人告發、更從嚴懲處。

### 第五章　報銷

第七條　出差一切開支、須依規定手續、報署核銷。

第八條　報賬時間須在公畢後一週內過期不得核發。

第九條　其他各費（如船資洋油紙張電池棧費）不上五元者、由該所屬機關公費開支、否則報署核發。

第十條　凡招待來賓、須事前請准方可照行、如係特別情形、須相機辦理者、其開支得報請追認、經核實後、方得照支。

第十一條　本條例已經區長核定發生效力

公差登記簿　注意　1, 主任人員須經區長核准

2, 辦事員須經主管人員核准但一日以上者須經區長核准

| 姓名 | 職務 | 事由 | 時間 | 出勤後之代理人 | 核准者簽字 | 附註 |
|---|---|---|---|---|---|---|
| | | | 起 月 日<br>止 月 日 | | | |
| | | | | | | |

公差報告書

| 報告書　字第　號　報告人　年　月　日 | |
|---|---|
| 事由 | |
| 地點 | |
| 時間 | |

| 事實 | 出勤務者意見 | 主任按語 | 區長批示 |
|---|---|---|---|
| | | 年 月 日 | 年 月 日 |

乙、塡寫報告注意

1，本署職員公差、如調查、視察、參預會議—審查案件等、應於回署塡寫書面報告、以備查考。

2，報告內容較多、原有地位不敷分配時、可粘附他紙。

3，報告普通者、統由區長批閱後、交由各該主管機關保存、關係重大者聽命另錄一份、附入區署卷宗。

丁、輪值

II 辦公日之輪值

一、凡辦公之日、依名册派出主任一人、辦事員一人、傳令勤務兵各一人、辦理署內照例事項、其職務另詳訂之。

二、凡值日人員、晚間須住宿署內、處理晚間臨時發生事件、

三、值日人員有確實事故、須請人代理時、值日主任須經區長之許可、值日辦事員須經值日主任之許可、傳達勤務兵須經值日辦事員之許可。

四、值日主任及辦事員職責列後；

值日主任職責

1，維持全署清潔秩序

2，處分職員辦公遲到早退缺席

3，稽考職員之工作勤惰

4，核准職員傳達兵伕外出或夜假

5，核轉職日辦事員日記

6，接洽參觀來賓及團體

7，每日午前十鐘約集主幹會議

8，每日午前十一鐘三十分、督促值日辦事員與重慶民生公司對準時間後、由區內各事業機關查對時鐘。

9，管理職員讀書及娛樂生活。

10 監視職員兵伕按時起居。

11 晝夜必須任守署內應付臨時事機如因事故有必要離職之時、務須請人代理並誌於日記上備查。

12 每日須有日記略記當日之事跡呈請 區長查閱

13 交代時間定爲每日午前十鐘、同時須向 區長報告本值日中全體辦公情節、有缺席或遲到早退等須受處分者、應特別陳明。

附日記事項暫定如下；

1，天候　2，命令　3，訓誡　4，通報　5，新規定　6，事件　7，公差
8，給假　9，人員　10賞罰　11其他

值日辦事員職責：

1，晨起督飭勤務兵伕傾洗痰盂、洒掃地面、揩拭桌椅、玻窗件櫃等物。
2，值日牌於每日交代前、即將接收各級人員、寫好懸佈。
3，交代前須將日記寫好、交與下屆值日、並請其代爲呈閱。
4，每日午前八鐘、即派值日勤務持辦公劃到簿、送請各職員簽到、如未到者應追究其原因爲何、立即報請值日主任處分幷註明劃到簿上及日記上備査。
5，轉呈幷登記職員傳達勤務兵伕外出或夜假如經核准即請其登記黑板上。
6，稽査勤務兵出洗衣物數目幷開攜出條據。
7，署內一切器物如有零亂失次者須即飭兵或代爲整理之。
8，隨時注意維持署內一切清潔秩序。
9，凡有客人見訪本署人員適值其人不在時須代爲接待之。
10照料署內住客生活。
11每日午前十一鐘半、與重慶民生公司對準時間後、復向區內各事業種關査對時鐘。
12工作時間以外如有收發事宜而值收發人員不在時可幫助其工作、待收發人回署時立即交其登記。
13照料傳達勤務兵伕工餘生活。
14清點職員自習及住宿人數幷將情節呈報值日主任査考。
15費夜必須住守署內照料一切事物、如因事故有必要離職之時須呈請值日主任核准幷須託人代理。
16担任值日之第二日晚及第三日晨即繼任升降旗之司儀。

附註：

1，交代時間定爲每日午前十鐘幷將「值日辦事員日記」「職員住宿點名冊」「職員診斷簿」「值日帶」「口令單」等作交代淸楚。
2，交代時上下班皆須同讀本職責一遍。
3，値日須服裝整潔身佩標識帶

II非辦公日之輪值

一、非辦公日之輪值、以星期日例假日及特假日爲限。
二、值日人員、凡署內職員一律輪流担任、以另表排列之、傳達勤務、各列表輪值。
三、每屆值日上午下午各輪一人、每次輪值時間、爲四小時。上午八點至十二點下午一點至五點。
四、如遇特別假日僅半日者、兩人同時輪值、以昭公允。
五、值日人員到職時、應於簽到簿上簽名。
六、特假值日人員之任務如下：

1, 辦理接洽或處理臨時發生之事項。

2, 遇緊急重要事件、一面報呈長官、一面應有臨時之處置。

3, 傳遞外來重要文電。

七、每屆輪值人員由內務股先一日通知本人揭佈之。

八、輪值人員如因確實事故不能到值時、應託人代理、并於事前報告內務股。

輪值人員表

| 次數 職員姓名 時間 | 上午八時至十二時 | 下午一時至五時 | 備註 |
| --- | --- | --- | --- |
| | | | |

輪值人員通知單

月 日星期 午時至 時依照本署第 次職員假期輪值表應

請

執事輪值除揭布外特此通知

內務股啓 年 月 日

輪職人員揭布單

月 日星期 值日人員如下：

上午 八時至十二時

下午 一時至五時

內務股揭布

III特別輪值

本署除平日之辦公時間及假日之輪值時間之外、無形中更有內務股之保管室職員編押室職員輪流常川住署、以補不足、該職員等則不加入其他之輪職、以昭公允。

## 第四 懲獎

甲、獎勵方面

I本署獎勵職員計分五種：

(一)嘉獎 (二)記功 (三)記大功 (四)加薪晉級 (五)獎勵旅行

II記功一次加發月薪十分之一、記大功一次加發月薪十分之三。記功三次等於記大功一次、三大功則加薪一次。

VI每年六月十二月底對全體職員詳加考核、對各方面條件皆完備者、得獎勵旅行。其條件列后：

1,行為正大能隨時隨地幫助他人者。

2,工作不但負責、且能精益求精力圖改進兼顯有成績者。

3,勤於進修且喜於助人修學者。

4,志趣蓬勃有未來關係者。

5,關切社會而能勇於服務者。

甲 懲罰方面

I本署職員處罰計分六種：

一、勸誡 二、存記 三、記過 四、記大過 五、降級減俸 六、停職

II存記三次得記過一次。

Ⅲ記過三次等於記大過一次。

Ⅳ記大過三次則降級、三次降級則停職。

Ⅴ記過一次、扣月薪十分之一、記大過一次、扣月薪十分之三。

## 第五　職員須知

一、職員平時皆着三峽廠所作之黃色制服、佩帶證章並注意整潔。

二、於夏日炎暑之時、得臨時許可穿白色襯衣、黃色短褲

三、職員頭髮指甲、必須隨時修剪。

四、會食時、須用分食或公箸、以重衞生。

五、用餐時、不得喧嘩或高聲談笑。

六、菜飯不得狼籍棹上或地上。

七、職員非有家庭在區署附近者、槪行在署內住宿。

八、寢室內之衣具鋪被須整齊清潔。

九、就寢以後、不得高聲談話或玩弄樂器。

十、起床睡覺、須遵守規定時間。

十一、各機關每日辦公時上下、均以號音(或搖鈴爲號)并遵守時間、及辦法。

十二、取用公物、依規定手續領取、須十分愛惜、切戒浪費、非經許可、不得攜出。

十三、本署印刷物、非經許可不得擅自贈送與其他私人或機關。

十四、職員有病在地方醫院、得免繳醫藥費。

十五、本署各機關職員、於星期一下午、往溫泉沐浴、得免費歡迎、其他時間照常買票。

十六、乘坐汽船、無論遠近、均須照規定買票。

十七、公共場所、不得吸煙進食。

十八、痰吐盂內。

十九、不得隨便拋擲紙屑果皮。

二十、職員不得染有酗酒嫖賭及鴉片等不良嗜好。

二十一、新來職員、未受軍訓者、得受兩禮拜之軍事訓練。

二十二、凡下級對於上級、室內外均按陸軍禮節行禮。

二十三、職員對於本署一切行政事宜、或其他問題、如有應興應革之意見、儘可具備書面報告或口述、辦法一切公開檢討、不得竊竊私議、誘起暗潮。

二十四、辦公時間、非因公不得見客、若有必要事件、則時間亦須盡量縮短。

二十五、各職員晨間須參加升旗運動、下午須參加降旗、晚間須參加自習讀書。

二十六、每週星期一上午紀念週會、如非特殊重大之工作、不得與之抵觸、亦不得輕易請假。

二十七、週會之日、各機關必須留守勤務之人員、務須先日就電話上、報請核定、而後實行。

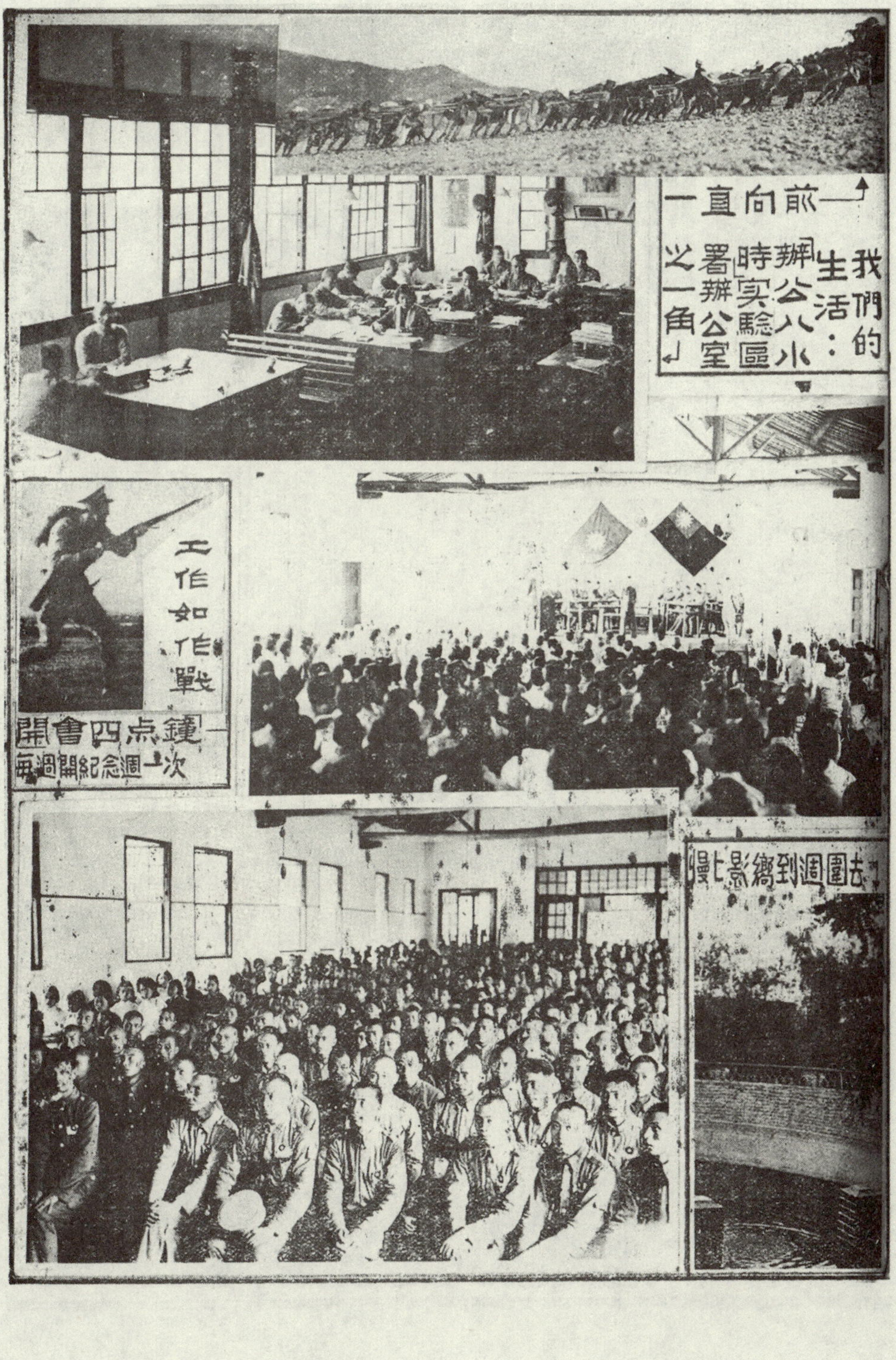
一直向前
我們的
生活：
辦公八水
時實驗區
署辦公室
之一角
工作如作戰
開會四点鐘
每週開紀念週一次
去團週到總影七攝

書報晚間看」
驗區署職員
書報情形→

晨間運動」
驗區署職員,學
官兵,晨間運動
情形

努力向前→

前北碚市民
運動情形→

盡全力」

# 我們的生活

黃子裳

我們的生活、從有峽防局以來、十年如一日、直到去年峽防局改組爲實驗區署、仍然沒有兩樣、先略舉其小者；如穿的短服是黃色的布、吃飯站着而且分食；並且伙食費每一個人一月自開辦至今祗規定用四元錢、婚、喪、壽、不請客、不送禮、不賭錢、不飲酒、不吸煙、至今規定不改、而一切照常、至於其大者如工作、會議、讀書、運動、及遊戲等稍稍有點與一般習俗不同、現在分開來說牠：

第一是工作：

甲、集中大辦公室：區署有大辦公室、全體人員在一室辦公、機關有辦公室、全部人員在一室辦公、其目的有三：

1,便於切取聯絡。

2,便於照料全部。

3,便於提起辦事精神。

乙、工作中應守的規律：

1,每部須將：

(一)本部職責以內的事列爲表。

(二)本週應辦事項及前週已辦事項按週列爲表（此表每週送呈主官核閱）

(三)本日應辦事項及前日已辦事項、按日列在黑板上、並記入辦事日記上、（此日記每日送呈主官核閱）

2,每人須將：

(一)自已職責以內的事列爲表。

(二)本週應辦事項及前週已辦事項、按週列爲表。（送本部主任核閱）

(三)本日應辦事項及前日已辦事項、列在辦事日記上。（日記每日送本部主任核閱）

(四)無論何人、一切事項交來、必須立刻辦理、不得擱置多時、多種事項同時交來、必須依先後緩急列爲程序辦理、在一人辦理完成後、必須立刻交與應辦理之人立刻辦理、底於完成後爲度。

(五)辦公室內除辦事外、只許參考與自已職務有關係之圖書及文卷。

(六)辦公室內不許談笑、即商量事務亦須低聲以免防害他人。

(七)保持辦公室內及其一切器物之整潔、不許吸煙及拋棄紙屑、絕對不許吐痰地下。

(八)逐日檢討：

子、今日的工作、盡力做完沒有？

丑、每一工作在事前確定計劃沒有？

寅、每一工作在事後整理清楚沒有。

卯、工作的成績、比昨日進步沒有。比他人落後沒有？

辰、事務上有懸着沒有解決的問題沒有？

巳、有一錢一物的浪費沒有？

午、事業得着我們的幫助沒有？

未、社會得着我們的幫助沒有？

(九)逐日填寫生活日報、記載關於讀書及其他各種事項同辦事日記、交由主任幷轉主官核閱、並不因休假日期而有所改變或中斷。

丙、辦公時間之釐定、目的在求人與事的經濟和相互連絡及相互幫助的利益。

1,時限：

(一)每日整八小時

(二)每日午前八鐘、由區署建設股固定職員用電話査對各機關之鐘點務使一齊正確

(三)春秋季午前八鐘起迄十二鐘、午後一鐘起五鐘止、夏季午前七鐘起迄十二鐘、午後三鐘起午後六鐘止。

2,劃到：

(一)一切人員在開始辦公以前到達機關、一到辦公時間齊入辦公室。

(二)設置人員專司或兼司劃到幷設有劃到處。

(三)各部主幹人到辦公室其司本部劃到者即將已到未到人員請假人員列報主幹人査核。

(四)主官到辦公室、其專司全機關人員劃到者即將各部已到、未到、請假人數列報主管査核。

3,退席：

(一)全部人員到辦公時間滿後退席。

(二)如辦公時間已滿、尚有緊要事項未辦完畢、則須待辦理完畢始能退席。

(三)辦公時間有因事、因病必須退席者、須先向主幹人員或幷轉報主官核准後始能退席。

丁、工作之整理：

目的：達到無錯誤與堆積的弊病、考察進度或改進的根據、幷爲計劃的或考成的根據。

(一)登記：

1,辦事立刻有登記。

2,進出款項立刻有登記。

3,交付物品立刻有登記。

(二)條據：

1,一事的交付有條據。

2,一錢的交付有條據。

3,一物的交付有條據。

(三)表式：

1,錢必有預算及計算。

2,物必有統計。

3,事有可資統計者、亦必加以統計。

戊、辦事的程序：

(一)根據：

1,調查：調查狀況方法及其數量。

2,統計：統計調查所得之事項與數量。

(二)進程

1,計劃：在調查統計後、開始舉辦之前、擬具切實之計劃、横分為許多部門、期有統系；縱分為許多步驟、期有程序。

2,進行：中間不斷的排除障礙、不斷的積極進行、一直到完成而後已。

3,清算：事可告一段落時、或已告完成時、或者每日工作終了時、均須有精密的清算、一次的清算有一次的心得、有澈底的清算、乃有最後的成功。

第二是會議：我們為策勵工作之前進、事業之推動、辦法之親切、提高成績之相互影響起見、非常重視會議。

甲、定時的：

一、每日的：

子、一工作部門之事務會議。

丑、一機關之主幹會議。

二、每週的：

1,時間：少至五分鐘多至兩點鐘。

2,性質：討論本日應辦事項、整理前日已辦事項。

子、各事業機關主任聯合會議：每週星期五晚間舉行、本會議之性質如下：

甲、主席報告特殊事件并檢點前日決議案。

乙、討論新提案件之於各機關有關係者。(依一定程序)

丙、各機關提出之中心工作問題循序討論。

丁、由各機關出席之主幹人輪番充當主席。

丑、本署公安會議：每週星期五舉行、由區長、內務主任、及各公安隊隊長、司務長、書記、區屬各聯保辦公處助理員、共同出席、會議程序如左：

甲、整理舊案、尤注意未辦結果之議案。

乙、各隊報告上週重要工作、尤其與全部有關之工作慨況與成績之機關與人名以示不忘。

丙、提商問題範圍：

一、軍事警察。 二、社會教育。 三、地方經營。

四、士兵之訓練：

1,上週學術教練成績。

2,下週學術科目。

3,讀書生活及遊戲

4,新智識。

5,軍風紀與賞罰。

五、其他地方問題。

寅、署務會議：由本署及所屬機關及各隊全體人員出席在星期日舉行、會議要點如左：

甲、主席報告特殊事件、及本週主任聯合會議議決錄。

乙、檢討前週決議錄。

丙、討論新提案及臨時動議案。

丁、議員席次依機關集團序列之、以便各部分人員在會場有相互低語磋商之機會。

戊、決議案在週會報告。

己、職員（除主幹人外）全體分別輪流練習主席

庚、決議案之富有重大意義者、特別公諸報章、並附以創造該案之機關與人名以示不忘。

辛、討論議案完畢、如有餘時、即作職員之讀書報告。

卯、週會由本署各機關職員官兵一律出席、在星期一紀念週行之、除舉行紀念週儀式外、必作下列報告：

甲、主席作政治報告。

乙、署務會議之主席宣讀主任聯合會議議決錄及署務會議議決錄

丙、各部份各機關各隊循序作一週來的工報告。

丁、公安會議之書記作公安會議決議錄之報告。

戊、由公共講評。

己、主席講評。

庚、實驗區區長最後講評。

（專家或學者名人特約之講演或偶於會內舉行之）

三、每月的：

子、財務會議（五號十五號廿五號舉行）由各機關主幹人及會計員出席。

丑、教經會議（十號廿六號舉行）由區署財務教育兩股人員暨區屬各鎮教育經費收支員出席。

寅、全區小學教育研究會議、由區長或有關係之主幹人員、暨教育股主任、區立各小學校校長、教師出席、開會程序有下列之規定：

1, 延請專家或特殊工作人員爲教育、經濟、農業技術各項問題之講演（以切於學校實用者、協助地方建設者、或合於師資修養者爲限。）

2, 各校報告三週來的教學工作：

3, 整理舊案。

4' 提商問題。

一、關於經費者：

二、關於設備者。

三、關於組織者。

四、關於教學訓導之方法者。

五、核閱各校之一切記錄。

卯、全區義務教師會議、由區長或有關係之各主幹人暨教育股主任全區各保義務小學教師出席。

開會程序：

1, 與全區小學教育研究會議同。

2, 各校教師報告一月來的教學工作。

3' 整理舊案。

4, 討論：

一、教學實施。

二、訓導方法。

三、學生生活。

甲、集會訓練。 乙、社會服務。 丙、勞動服務。

丁、學校清潔。 戊、休息時間。 已、其他生活。

四、健康訓練。

五、其他。

四、每年的：

區地方會議：本署區長副區長祕書及各股主任、設計委員、各級學校教師、各公私事業之領袖出席。

乙、非定時的；

（一）兩個部門以上、或兩個機關以上之聯合會議、

（二）某一部門或某一機關特殊事項之專門會議、如全區水利輔導會議、賑務會議、團、學、建、財、視導會議。

第三 是讀書；

1, 目的：提高辦事的興趣、提高辦事的能力、堅定爲社會爲事業的志向、擴大爲人的事業的眼光、參考許多辦法可以建設共同社會的理想、美滿的前途。

2, 時間：

一、辦公以外的時間。

二、每晚一小時。

3, 內容：（書報及雜誌）

一、與本身職務有關的。
二、關於科學問題的。
三、關於經濟問題的。
四、關於政治問題的。
五、關於社會問題的。
六、關於身心修養的。

4,地方：

一、辦公室、各部份自行集中職員、限制閱讀。
二、圖書館、各機關職員在所餘時間、各往圖書館自由閱讀。

5,筆記；

一、每人有讀書筆記。
二、每日記載讀書的起訖及其概括的、簡略的、大綱的、批評的意見。

6,選擇：

一、由各人自由選書或選定一書之某章節後、商請主幹人審訂而後閱讀。
二、由主任人代為選書、指定閱讀、或代為選擇一書之某章某節、限時閱讀。
三、由區長核定各職員必讀之新聞或報上之副刊文章、交教育股固定之職員於每日午前在電話上告知各機關主管人轉促職員實施。

7,閱讀：(集體的)

一、研究一個問題、由全體人分項閱讀。
二、閱讀一個項目、由全組人分節閱讀。
三、某種專門問題之書籍、由全體人共同分担閱讀、或輪翻閱讀。

8,報告：

一、个人讀書的經過。
二、問題的內容及其錯綜各點。
三、讀書的心得、書本上感到的心得、讀書方法上所感到的心得。

9,講演……常舉行講演會

一、講演問題：
子、本機關人員之生活。
丑、所轄各事業之生活。
寅、本機關或所轄機關、對於地方之建設事宜。
卯、鄉村的建設問題。
辰、一般的社會問題、專門的科學問題。
二、講演人員：
子、本機關人員。

丑、特約之專家或學者。

第四 是遊戲：

目的在强健體魄、恢復精神、增進人們優美的表現和優美的接觸、提高人們的生活興趣和勇氣、代替人們不良的消遣嗜好和行為。

1,運動

一、設備：

子、運動場所

甲、在北碚有大的運動場所。

乙、在各鎮鄉有合用的運動場。

丙、在各保逐漸設有民衆運動場。

丑、運動器具

甲、各項運動器具、就財力之可能、儘量設備。

二、項目：

子、球類——有籃球、足球、排球、網球。

丑、田徑賽、有長短距離徑賽、及跳高、跳遠、高欄、低欄、鐵餅、鉛球、標槍等。

寅、國技

卯、團體運動

三、時間：每日午前拂曉起床、全體齊集運動場點名後、組合運動與自由運動各半小時、午後辦公完畢、再作運動半小時。

四、比賽：

子、相約比賽、如遇其他運動團體來峽、即相約比賽。

丑、運動會比賽、於召集運動會或參加運動會時行之。

2,音樂：

一、設備 子、音樂室 丑、音樂器具。

二、種類 子、中樂 丑、西樂 寅、收音機。

三、演奏 子、於暇餘時間演習 丑、於集會時間演奏、

寅、收音機每晚在民衆會場開放。

3,戲劇：

一、戲劇 已有新劇、川劇。

二、電影 過去在大的集會、臨時就渝租用影片影機到峽映放、今後擬自行設置、經常映放、幫助教育。

三、幻術。

4,其他：

一、遊園之提倡。

二、郊遊之提倡。

三、划船游泳之提倡。

四、騎馬之提倡。

五、游獵之提倡。

我們覺得生活太平淡了、太簡單了、但也有時我們爲要擊匪、便全體武裝起來、便黑夜間出發、常時是「摸夜螺螄」山險的道路是崎嶇不平的、正如人心一樣、一不小心、便要跌交子、如果天雨路滑、那更難免吃苦頭、然而就是這樣、我們也偶然把民衆的敵害擒住或者驅散了、可是我們的力量是太微弱、除了始終繼續生活於太平淡太簡單之外、實在沒有甚麼。

(完)

## 現代評壇

### 第二卷　第十四期

——目　錄——



民國二十六年四月一日出版

# 四川嘉陵江三峽鄉村建設實驗區署概況

一、組織

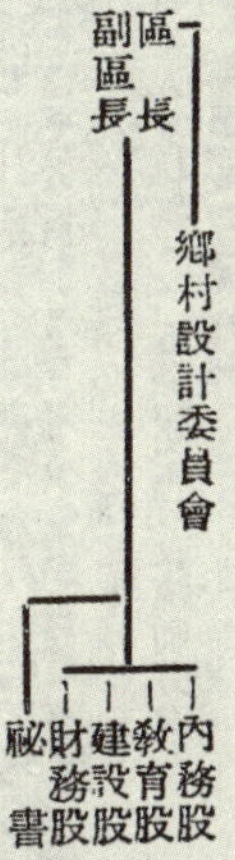


二、事業

文化方面

1民衆敎育委員會　2區立小學校　3博物館　4圖書館　5平民公園　6鄉村電話交換室　7北碚月刊社　8嘉陵江日報社　9地方醫院

治安方面

1公安第一隊　2公安第二隊　3公安第三隊　4調解處

三、人員

正副兩區長祕書內務敎育建設財務各股主任等暨各事業職員辦事員共九十六人各隊官佐兵伕約二百二十名

四、經費

1,收入

A四川省政府月撥五千元年計六萬元

B各方事業補助費月約五百元年約六千元

2支出

A經常費月約五千五百元年約六萬六千元

B臨時費月約三百四十元年約四千元

附註—1署內不存現金收入悉存農村銀行凡屬開支經核准後憑支票領取上列支出預算區署薪公月約佔一千五六百元治安費月約佔二千五百元其他建設事業費月約佔一千三四百元

五、任務

努力鄉村建設作敎養衛三方面之各種實驗

六、實驗區域

1,巴縣屬之北碚鄉

2,江北縣屬之文星鎭黃桷鎭二岩鎭

3,璧山縣屬之澄江鎭

以上共五鎭鄉

七、生活

1,每日黎明依三峽工廠放甭起床辦公八小時讀書兩小時運動一小時娛樂一小時

2,職員有生活日記讀書筆記每週有讀書報告運動比賽

3,各部有辦事日記工作週報工作月報工作年報每年有計劃書

八、會議

各部每月有事務會議逢五有財務會議(五號十五號二十五)每週有民衆教育會議星期五有公安會議星期六有職員全體會議星期舉行週會報告一週間工作成績每週北碚各事業機關開主任聯席會議一次每三週開小學教育研究會一次每月開聯合週會一次義務敎師月會一次又召開鄉村設計委員會議區政會議各一次每年召開區地方會議兩次

九、特殊事項

幫助實驗區以外調查戶口點種牛痘修築道路佈置公園幫助嘉陵江疏濬河流

1,全區人人皆受敎育皆有良好行爲

2,全區人人皆有職業皆有良好的生活

3,區內各場皆有完全小學民衆敎育機關圖書館博物館俱樂部運動場公園醫院救濟組織等

4,區內各場有各種合作組織有工廠有郵遞電話及相互通達的馬路

5,區內各場皆有鄉村警察皆無盜匪皆漸廢除雇傭制的警察而以民丁輪流代之

6,區內各場一切事業皆能完全自動經營皆能突飛猛進

# 汗血月刊

第八卷 第六期

中華民國二十六年三月一日出版

## 插圖

1, 德國柏林市警察、於該警察節列隊遊行時之警服沿革化裝表演、頗具有國防文獻展覽之意味。

2, 來華訪問之德巡洋艦愛姆登號全景、該艦載有海軍學生多名、作航線之實習。

3, 法國飛行場爲增加共力量起見、於場中建築瞭望樓一所、規模極大、以視敵機之行動。

4, 日本駐鄭特務機關外景、曾密謀暴動、被我方破獲。

5, 綏遠前線上一個由空中擲下而未炸的炸彈、我們不相信此彈終不爆炸。

6, 華僑捐款二百餘萬、購機廿八架、呈獻國府、爲蔣委員長祝壽、華僑維愛祖國與領袖之心理、是何等緊張！

## 爲建設與國防而求人材之集中……劉百川

## 非常時期鄉村工業建設……陳啓天

引言（一）鄉村工業的衰落過程、（二）各國鄉村工業在國民生活中的地位、（三）日本鄉村工業概況、（四）德國鄉村工業概況、（五）鄉村工業與農村經濟、（六）鄉村工業與非常時期的關係、（七）中國鄉村工業的衰落、（八）絲茶出口失敗之原因、（九）高陽寶坻綿業的衰落、（十）中國鄉村工業之現狀、（十一）服務之供給、（十二）家庭工業對於鄉村之經濟成份、（十三）副業收入對於主業收入之比較、（十四）組織制度、（十五）中國鄉村工業之建設、（十六）鄉村工業與國防資源。

## 國民經濟建設聲中我國主要工業之概況……李夢霽

（一）我國工業發展之迴顧、（二）燃料工業、（三）五金工業、（四）化學工業、（五）纖維工業、（六）食品工業、（七）建築材料工業。

## 國防與新聞事業統制芻議……趙占元

（一）新聞檢查新聞登記與新聞電報管理、（二）新聞宣傳與通信社之統制、（三）言論制統方案、（四）新聞事業人才統制、（五）報業行政統制方案。

## 戰時人民須知……林智清

引言（一）日德防空防毒之實施、（二）防空、（三）防毒、（四）救護指導、（五）戰地救護、（六）戰地傷兵搬運法、（七）戰時消防、（八）難民教養。

定價：零售每册 國幣二角 預定全年 共十二册 刊費二元 郵費三角

上海 汗血書店 出版

地址：上海白克路同春坊卅七號

鄉村防疫隊下鄉工作

地方醫院門診處

待診室之一角

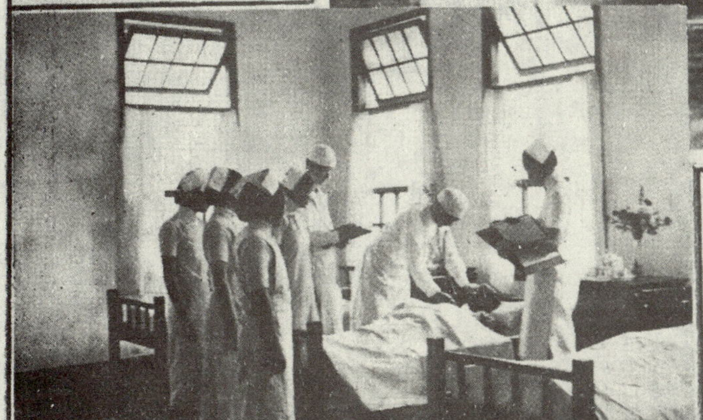

病房——檢查患「迴归熱」之病者

第一屆「江湖」外科人員訓練班↓

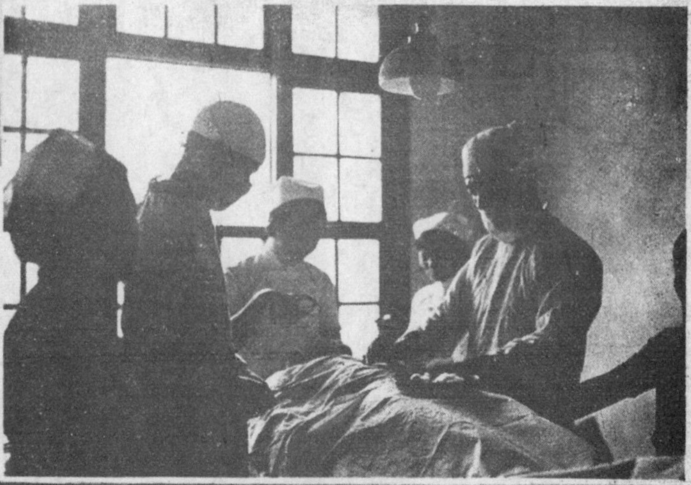

↑手術室之工作者

地方醫院後門門景↑

第一屆產婆訓練班

峽區第一屆兒童健康比賽

促進峽區兒童走上健康之路

參加健康比賽之兒童整隊遊行

第一屆嬰兒健康比賽

嬰兒健康之優勝者→

母與子

# 一年來的衞生工作

左立樑

## 一，前言

在鄉村辦理衞生工作、是一件困難的事、因為一般鄉民、因襲的傳統的觀念和習慣、這在我們衞生工作的進行上、常遭受到極大的阻礙、尤其是在這旱災流行、民力凋敝的年頭、要想鄉村衞生工作有長足的進步、實非忍耐着長時間不斷的努力不為功、北碚是一個鄉村、北碚地方醫院、專幹着鄉村衞生的工作、中間尤以醫務的工作為主、現在我們特別把這一年的經過、簡短的作一個檢討、獻給辦理鄉村衞生工作的同志、希望因此而更得到正確的批評和指導。

## 二，沿革及組織

民國十七年以前、北碚尚無正式醫院的組織、僅在北碚成立了一个診療所、後來就醫者甚衆、乃租天上宮廟宇、正式成立地方醫院、添聘醫生、擴充院址、增置大批醫療器機及病理模型標本、二十二年春、因深感護病人才缺乏、乃於院內附設護士學校、招收男女護士七名、二十四年再招收男女護士十四名、一并添聘男女護士長各一名、嗣以醫務日益擴充、乃發起募捐籌建新院、先後募得捐款七千餘元、適巴縣女子職業學校新修校舍接近平民公園、環境優美宜於養病、而該校又值停辦、遂議賣醫院、當即於廿五年九月遷入、稍事佈置、尚合需要、原來醫院舊址、即作為門診處、以資便利一般鄉民。

本院係隸屬實驗區署、除醫務、護病同事務三部的職員外、尚有服務生、是超普通醫院組織的一種職員、即等於軍中的看護兵、性質係接近於普通醫院的衛生員、是應這裏鄉村的需要而任各場鎮分診所的治療工作、玆將本院的組織列在下面：

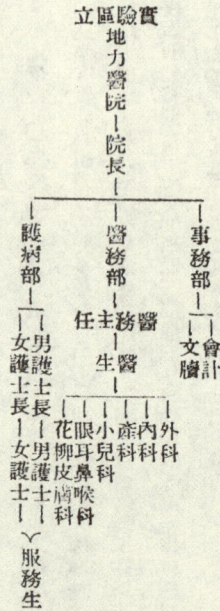

實驗區立地力醫院—院長
- 事務部
  - 會計
  - 文牘
- 醫務部—醫務主任—醫生
  - 外科
  - 內科
  - 產科
  - 小兒科
  - 眼耳鼻喉科
  - 花柳皮膚科
- 護病部
  - 男護士長—男護士
  - 女護士長—女護士
  - 服務生

## 三，衛生方面的幾種特殊活動

在鄉村辦理醫務工作、是不限於診療的技術、而應增進鄉民的衛生常識、以減少致病率、廿世紀的預防醫學、不是正在突飛猛進嗎、甚督敎的經典中說：「有病的人才用得着醫生」這句話在現在有些不穩固了、醫生最大的職務是應該轉移到未得病的人身上、要怎樣使他人不致患病、本院員生一年來皆深體念此旨、所以常在診療的時間中、抽出餘暇作種種醫務方面的特殊活動、玆略舉幾種於後：

甲、普及健康敎育：

種族的强弱、能決定國家未來的命運、果爾則國民之健康與否其重要性眞有不可思議之處、是健康敎育之實施誠不容緩、我國人民體格素有東亞病夫之稱、試觀今日之東西洋民族、率皆體魄健壯、精神飽滿、究其原因實由普及衛生敎育所得的結果、歐洲怪傑希特拉頒定德國學校敎育目標、以健康列爲首智識道德次之、英國不及四川大、人口不及四川多、每年用於全小學健康敎育經費達一萬萬鎊之鉅。約合華幣十七萬萬元、這都是深謀遠慮爲次代國民及國家的命運上打算、我以爲在這死氣沉沉人鬼不分的社會裏、應該先造起普及健康敎育的運動、造起這運動的責任應由國內七千正式的醫師共同担負、藉以促起政府作普及全國健康敎育的打算、本院人力財力均皆有限、然而一想到造起這普及健康敎育的風氣、是個個醫務機關責不容辭、我們便也不量力的做了下面的幾種健康運動會：

(1)峽區第一屆嬰兒健康比賽會

在鄉村中嬰兒死亡率很高、無知識的母親、是不會知道替她的嬰兒底健康留意的、我們在做完峽區第一屆家庭訪問之後、細細的調查淸楚、北碚全市在一歲以內的嬰兒、共有一百一十名左右、他們的住址以及姓名性別年齡等。都有詳細的登記。上面說過、我們的人力有限、所以只擇定北碚一處派員生分赴各嬰兒家中說明健康比賽意義、幷勸其踴躍報名參加、一次二次甚至三數次、盡力敎請勸導、又用文字或標語宣傳、逢場期幷又用鳴鑼方式、廣告多方面設法引起市民對此事之興趣。比賽會報名登記處又替各戶嬰兒編組。以規定比賽會前之健康檢查。時間在比賽會前十日每日午後檢査嬰兒十名、臨到檢査的時候派人到各家去催母親把嬰兒抱到檢査處來我們不是已經說過嗎？鄉村中有育兒常識的母親眞算是鳳毛麟角、她們對自己子女的生死都是聽天安命、談到鼓起勇氣來赴健康比賽會、談何容易、又何況這運動在峽區是創舉。正値着初春的天氣、寒威未減、一般母親皆以嬰兒出外易傷風得病爲詞、而逐處規避、亦有檢査體格後而臨到開比賽會的時候不出席、尙有一部份的母親因家事所累或饑寒所逼、天天做着勞役的工作而不能分身。所以在三月廿六號、兼善禮堂的比賽會中欣欣然抱着嬰兒來參加大會的母親僅有五十五名、我們引導他參觀嬰兒食品陳列部。嬰兒衣履製作陳列部。育兒常識圖表、並解說衛生常識各種圖表、選出五名健康嬰兒與大衆介紹、頒發獎品、凡赴會的均有一個小小的禮物、攝影後並在北碚市街遊行。把五名健康嬰兒及他們的母親介紹給大家認識、把鄉下的婦女列成隊伍在大街中遊行、這玩笑未免開得太大了、只須看他們遊行時靦覥不自然的情狀便可測知一二。在鄉下開辦健康比賽會同城市中所辦的健康比賽會性質迥然不同、鄉下赴會的貧苦者居多、他們是靠着先天本質的健全取勝、在城市中貧苦的嬰兒要想參加比賽會便萬難辦到、作算有錢繳付報名費又有誰去勸他們入會、入會後要想與富戶嬌養的嬰兒比賽、這不是等於癡人說夢嗎？稍稍明瞭城市健康比賽會情形的人不會以爲我這句話過火罷。而然貧苦的嬰兒竟是佔着社會中的極大多數。從經濟的立場說爲國家將來的命脈計、誠摯的希望在城市中舉辦嬰兒健康比賽會的主持人們、不要常把比賽會的機會辦在幾個有錢的富足子弟身上、應該轉移目標顧及到許多不能赴會的貧苦嬰兒、而且擴大的逐戶搜求敦勸、一次辦不了再舉行一次務使個個嬰兒都有機會參加、我們在北碚辦這次比賽會的時候全院員生合計還不上十名、醫生護士長均只有一位、也想藉此使人知道在人力小的當兒、還是可以不顧艱阻的辦去也可獲得相當的成效。我們還覺得在比賽會中不僅選出健康嬰兒便算完事、還當藉重比賽的機會指出大多數普通嬰兒的缺憾何在、最好的更個別施以宣傳、使他的母親、知道他的嬰兒健康、達到如何的程度、我們比賽時所用的記錄紙、是一種卡片形式茲抄於下：

正面

峽區第一屆嬰兒健康比賽會健康檢査記錄卡片

| |
|---|
| 嬰兒姓名 |
| 母親姓名 |
| 住地 |
| 年齡(月數) |
| 性別 |
| 報名日期 |
| 檢査日期 |
| 身長　　體重 |
| 身長與體重比率 |
| 血色測驗 |
| 營養狀況 |
| 皮膚清潔 |
| 動作並姿態 |
| 發育程度 |

背面

檢驗醫生之姓名

| |
|---|
| 呼吸道 |
| 消化道 |
| 神精方面 |
| 心肺部 |
| 皮膚疾病 |
| 泌尿生殖部 |
| 口腔部 |
| 眼部 |
| 咽喉部 |
| 鼻部 |
| 耳部 |
| 畸形 |
| 骨骼發育部 |
| 內分泌異常 |
| 總評成績 |

檢驗完畢、我們把結果列在下面

皮膚不清潔并皮膚疾病——十二名　血色不足并營養不良——十一名
體重不够標準數目——八　名　呼吸道疾病——三　名
因肥胖引起體過重——三　名　慢性中爾炎——五　名
沙眼——二　名　急性鼻炎——一　名
口腔炎——一　名　消化不良——四　名
健康嬰兒——五　名

我們根據五十五名嬰兒——這太小的數目字——不能列出百分率、但由上面數字也可測知鄉村嬰兒疾病的一個大概、比賽完畢以後、我們曾幾次分組携帶藥品及宣傳材料到有病的嬰兒家中個別宣傳和施治、這裏特別說明的——是凡參加這次比賽會的並未花費一文錢、我們也未收甚麼報名費、而且醫院方面也僅僅才用去卅元左右便完成了這一個運動。

（2）峽區第一屆兒童健康比賽會

辦了嬰兒健康比賽會接着辦兒童健康比賽會便比較順利得多了，第一是一般民衆懷疑的逐漸減少。第二是兒童在五六歲以上者能自動的來參加比賽會、這五百多兒童中除了在北碚以及北碚四鄉徵求的而外。便全是在學校的初級部兒童、例如北碚兼善小學黃葛鎮黃葛小學、樹人小學等、他們的教師都樂於引導他們來參加。也可算是他們各個學校的體格檢査、我們把赴會的兒童分成四組、一歲至五歲男女各一組、五歲至十歲男女各一組、這不過是為了方便檢査的關係、并沒有根據甚麼醫學方面固定的界限、每組選出健康兒童三名、到了比賽大會那天、除了宣佈優勝兒童十二名姓名與大衆介紹外、我們是注重一般體質方面有缺憾的兒童把普通缺點當衆報告、又把有疾病的兒童分類勸告他們；并勸告隨着他們赴會的家裏人、依照一定的時間到醫院謀矯治的辦法、我們也曾在撮影後遊行。當兼善中學童子軍樂隊大奏音樂做嚮導進行的時候。早已驚動北碚全市的民衆、爭先恐後要看是那些兒童入了選、代表北碚二十五年度的健康兒童、根據這次比賽會半月來的檢驗結果我們發現通常兒童有下面的疾病：

| | | |
|---|---|---|
| 沙眼 | 三二九名 | 估全部70% |
| 牙病 | 一四一名 | 估全數30% |
| 皮膚病 | 七五名 | 估全數16% |
| 營養不良 | 九八名 | 估全部19% |
| 普通眼病 | 一二名 | 估全數5·6% |
| 包皮 | 三二名 | 估全數6·8% |
| 扁桃腺腫大 | 七五名 | 估全數16% |
| 肺病 | 五名 | 估全數1% |
| 心病 | 二名 | 估全數0·4% |
| 耳膿溢 | 二五名 | 估全數5·3% |
| 體重不够標準 | 八五名 | 估全數18% |
| 畸形 | 二名 | 估全數0·4% |

在這裏我們要引用幾個調査表以便與上面的數目字相比較。

表一　中國學生體格缺點統計表（民國十八年至二十三年）

包括南京上海北平青島威海衛杭州蘇州吳興等處之中小學校。

| 缺點分類 | 患者百分比 |
|---|---|
| 眼病 | 9•3 |
| 牙病 | 55•0 |
| 扁桃腺病 | I4•80 |
| 營養不良 | I4•20 |
| 耳病 | 0•7 |
| 鼻病 | 12•60 |
| 肺病 | 6•1 |
| 心病 | 1•1 |
| 整形外科病 | 0•7 |
| 神經系病 | 0•6 |

表二 美國學生缺點統計表（一九二四年紐約市衛生局之調查）
——受檢查學生爲二九九・四三三人——

| 缺點分類 | 檢查人數 | 有缺點人數 | 患者百分比 |
|---|---|---|---|
| 沙眼 | 126 283 | 65•824 | 52•1 |
| 牙病 | 124•253 | 51•207 | 41•2 |
| 扁桃腺腫大 | 126•283 | 31•679 | 25•1 |
| 淋巴腺腫大 | 45•243 | 8•330 | 18•4 |
| 營養不良 | 126•283 | 17•982 | 14•2 |
| 視力障礙 | 96•251 | 13•225 | 13•7 |
| 皮膚疾患 | 99•507 | 9•080 | 9•1 |
| 包莖 | 41•453 | 3•544 | 8•5 |
| 聽力障礙 | 65•960 | 4•554 | 6•9 |
| 其他耳病 | 95•113 | 6•408 | 6•7 |
| 貧血 | 34•592 | 1•740 | 5•0 |
| 鼻病 | 43•764 | 1•552 | 3•5 |
| 其他眼病 | 45•243 | 1•326 | 2•9 |
| 其他疾患 | 89•399 | 1•888 | 2•1 |
| 疝氣 | 38•073 | 639 | 1•7 |
| 脾腫大 | 41•107 | 585 | 1•4 |
| 肺病 | 126•283 | 1•667 | 1•3 |
| 心病 | 126•283 | 1•242 | 1•0 |
| 辨色力失常 | 5•214 | 34 | 0•7 |
| 整形外科病 | 40•834 | 261 | 0•6 |
| 甲狀腺腫大 | 39•462 | 185 | 0•5 |

表三 日本學生之平均身長體重統計比較表

| 體格 | 年度 | 七歲 男 | 七歲 女 | 十五歲 男 | 十五歲 女 | 廿五歲 男 | 廿五歲 女 |
|---|---|---|---|---|---|---|---|
| 身長（公分） | 明治卅三年 | 一〇七・〇 | 一〇四・八 | 一四七・〇 | 一四三・〇 | 一六〇・九 | 一四八・一 |
| | 昭和七年 | 一〇八・五 | 一〇七・三 | 一五一・三 | 一四八・〇 | 一六三・三 | 一五二・三 |
| 體重（公斤） | 明治卅三年 | 一七・〇 | 一七・〇 | 三八・〇 | 三九・〇 | 五一・〇 | 四七・〇 |
| | 昭和七年 | 一八・〇 | 一七・四 | 四一・七 | 四一・七 | 五五・五 | 四七・八 |

吾國兒童體格方面的缺憾、實在較比美國爲多。峽區兒童的沙眼幾達到百分之七十、這實在是一個驚人的數字、我們在檢查體格時、所用的表格如下：

## 峽區地方醫院健康檢查單

姓名　　生地
家族歷史　　親屬患吐血症否
曾患何病（註明時間）　　現時健康情形
吐血　瘧疾　痢疾　　頭痛　眩暈　易感冒
其他熱痛　種痘　割症　　咳嗽　消化不良　精力減少
生殖器病　腸熱症預防針　　呼吸困難　踝節浮腫　大便疼痛
　　眼痛　耳聾　月經情形

體格檢查—
（1）年月
（2）年齡
（3）體高度
（4）實得體重

(5) 應得體重
(6) 胸圍
(7) 血壓
(8) 運動時之反應
- 脈膊
  - 運動前
  - 運動後兩分鐘
  - 運動後三分鐘
- 呼吸

(9) 體溫度
(10) 全身營養
(11) 肌肉發育程度
(12) 畸形或缺點
(13) 腱反射
(14) 皮膚
- 寄生虫或黴菌
- 其他病症

(15) 生殖器
- 流液
- 其他缺點

(16) 肛門疾病
(17) 腹部
- 腫瘤
- 觸痛
- 赫尼亞

(18) 胸部
- 形狀並功能
- 肺
  - 肺尖
  - 肺根
  - 肺底
- 心
  - 外界
  - 心聲
  - 韻律

(19) 口部
- 頰淋巴腺
- 牙齒
  - 齲齒
  - 其他缺點
- 口腔衛生

(20) 鼻咽
- 阻塞
- 扁挑腺或淋巴樣質
- 其他缺點

(21) 眼
- 視力側驗
  - 右眼
  - 左眼
- 沙眼
- 結合膜炎
- 其他缺點

(22) 耳
- 聽覺
  - 右耳
  - 左耳
- 中耳炎
- 其他缺點

(23) 實驗室檢查
- 尿
  - 蛋白質—顯微鏡檢查
  - 糖
  - 比重
- 糞
  - 顯微鏡檢查
  - 目力檢查
- 血—血色蛋白測驗

(24) 醫院囑行之事項

## 3, 峽區第一屆敬老會

要把健康教育辦到老人的身上去、不是一件容易的事、但鄉下老人抑有不少是很健康的、他們其所以健康、在他們過去的生活中必有獨到的特性、而決不是偶然的、爲了要他們老人的健康生活及他們過去的生活方式、而值得青年效法的、介紹與大衆起見、所以纔舉辦峽區第一屆敬老會、也可算是峽區第一屆老人健康比賽會、在雙十節開會的那天、參加赴會的老人共一百九十八名、皆年在七旬以上、男性九十三名、女性一百零五名、龍鍾白髮、一堂壽星、在値峽區各學校檢閱遊行場中別具風趣、青年病夫見了該要生些感覺罷、老人中有一名陳元慶先生來自瀘縣、年齡已是一百三十二歲、這次敬老會、因人力時間之限制、本院竟自沒有做到健康的體格檢查、所有一切召集引導以及招待種種工作皆是民教委員會以及圖書館公安隊共同用力始辦到這些成績。

利用健康比賽、以提倡健康教育、本是一個很好的步驟、我們還打算在不久的將來接着再辦一次峽區第一屆成人健康比賽、不過這工作較以上三種比賽活動還困難的多、大困難是報名的不少、而我們的人力太有限、天天還要顧及到我們經常的診療工作

乙、防疫運動。

推行防疫運動、是比甚麼醫務工作還來得迫切、我們把過去這一年已經作過的防疫工作選擇幾種寫在下面；

(1)峽區各場普種牛痘

鄉村天花流行、比較城市厲害得多、因為鄉民不知天花是可以用簡單的手續、用有效的方法、使其不至發生、這是一般鄉村的現象、本院普種牛痘、預防天花、方法因甚簡單而容易普遍、故效果非常偉大、恐怕在預防醫學中要算第一了、不過四川鄉村中有許多地方還沒有人提倡、或是有人提倡、僅及於附近城市的地方而不能大規模普及於四鄉、若是我提及四川防疫的歷史、任何人該不致於忘記民國十四年在成都由盧先生作孚創始的普種牛痘運動罷、是為四川普種牛痘的濫觴、整整這十餘年中普種運動的風聲、播在這四川的鄉村裏、不知救活若干萬兒童、本院是由盧作孚先生創辦、這運動在成立醫院八年中逐年的到峽區的鄉村中每家每戶普遍送種、每年春秋兩季送種一次、每季約接種兩萬人、合計這十年、共送種人數三十萬人、這真是一個可喜的數目字、這自然是十年來種痘工作人員之努力、這偉大的工作過去是由峽防局職員擔任、現在則由實驗區各部職員擔任、醫院僅負訓練種痘技術的責任、各辦事員皆能嚴守消毒手續、十年來並未聽見發生甚麼不好的現象、自然痘苗非常新鮮、每次由上海當購大批、本院同時在門診處及五處分診所種放、并逐年到各學校施種、鄉民因見工效偉大信仰逐年堅固、凡峽區各處無不家喻戶曉、一屆種痘季節鄉民不拘遠近有來自三十里路以外者、本院門診處遂至門庭若市。

(2)預防時疫

本院預防時疫只限定於預防霍亂及傷寒、所以逐年組織的鄉村防疫隊也只限於這兩種病、其實霍亂不常流行、最主要的還是預防傷寒的工作、因為要皮下注射疫苗、注射後還有相當的數日觸痛、疫苗的價值又不及痘苗相因、而且每星期注射一次要連注射三針、有此種種不便要想在鄉村普遍接種、自然不免比較困難。

(3)預防急性傳染病

a,痢疾：特別是阿米巴性痢疾、我們所能做到的工作是重在平時的宣傳、而最要的、還是發現了痢疾馬上勸他們入院、使與普通一

般人隔離、具有治痢疾的特效針藥本院每年購買的不少。

b,流行性腦脊髓膜炎：俗話說天災之後、必有瘟疫、今年峽區旱魃出現、在鄉村流行此病是我們意料中的事、我們無意中在北碚三十保發現一名五個月的嬰兒、患很重的腦膜炎、當時經多方的勸導、方才入院、施以隔離、鄉人未明瞭自已患病時對羣衆應有不傳染他人的義務、以前是不輕易入院的、幸好治療時這嬰兒結果很好、我們以後倘還陸續發現兩名、所幸今年腦膜炎尚未流行成災、僅僅散發而已、在公共集會的場所中、我們也盡量的宣傳、宣傳時特別注重預防的方法。

c,白喉：峽區的中醫曾多次發現白喉病、等到病人入院、經我們的檢查後、方知皆係急性扁桃腺炎、沒有在一個病案中尋出白喉桿菌、所以僅在報上投過一次宣傳白喉的稿。

丙、保健工作之推行

峽區的面積很寬、實驗區所屬五場縱橫也有幾十里的距離、談到鄉村保健工作的實施、我們不能不選擇一處來試辦、爲接近醫院計、便擇定北碚三十三保做過下面的工作。

1,擇北碚三十三保爲試辦區、我們在過去曾用一月的時光細細調查、三十三保逐戶的狀況　凡是人事家庭經濟職業全保醫藥現狀、都派人逐戶的去訪問調查做過逐戶的家庭拜訪攜帶藥品臨時治療、攜帶痘苗挨戶施種、又組織宣傳隊每次逐戶宣傳一種常見的疾病、把一種病宣傳完畢再預備第二種病的宣傳材料、計已宣傳過的有四種：結核病、傷寒、痢疾、霍亂。

2,以各保義務校爲中心做該保之簡易治療工作　本院利用每月一次在區署舉辦的義務教師月會散發普通治療藥品、向各保教師說明藥的用途、委託他們做簡易的治療工作、又希望他們常與當地土著鄉民做好聯絡工作并將該保疾病狀況、隨時通知醫院。

3,組織鄉村防疫隊　由本院將員生編組赴北碚各保實施防疫工作。惟目前僅能辦到預防天花工作。

4,組織鄉村衛生宣傳隊　宣傳隊常與防疫隊共同出發、主要的是向鄉民灌輸衛生常識或集鄉民於一處講演或分頭赴各農民家中宣傳、宣傳材料即以在該地或該家實地發現的問題做起點、同時我們尚宣傳下面兩種重要的事項。

a,孕婦保健表　本院斟酌本地情況、以能便利使用、故費盡了思想製成一孕婦保健表、全表分產前臨產及產後三大段、共採孕期事項四十條、逐條加以說明并附列應行注意事項、并逐條說明忽略衛生的危險、在一切保健表中允稱上乘曾刊於工作月刊第三期。

b,嬰兒保健表　此表係中華慈幼協會富文壽醫師編訂經本院加以增補、北碚鄉間因種種之原因孕婦常自行生產、只要於孕婦有益。我們都添上保健表內、所以除了富醫師編的關於哺乳發育預防疾病等常識四十六條外我們還添入所生嬰兒之料理計十條本表亦曾刊於北碚月刊第五期。

丁、推行戒煙工作：

戒煙本是一種很緊急的工作、從病人的健康前途及他將來在家庭與社會的命運上來說都是應該迫切推行的一種工作、在能出錢的病人我們也只收普通住院費、家境貧寒的一切都免費、我們深恐因爲些少許金錢的障礙而阻止了癮民來院戒煙的雄心、過去這一年自動到院戒煙的不過百名左右、事既非出於强迫又加以癮民可以登記而公開吸食所以數目字不見得多不過在過去曾幫助下面兩處成立戒煙所而且由醫院供給技術人員、成效確有可觀、原因是他們採取勒令戒除的辦法。

1，成立文星鎮戒煙所——這是天府北川公司顧及到煤工染入黑籍的太多、於去年九月商同本院設立、十一月一號開所勒戒、不出兩月癮民安然脫癮者一百九十八名、後因經費關係工作稍停、合計戒除者迄今近二百五十名。

2，成立永川戒煙所——永川的範圍比較寬廣自去年六月成立爲時不過一年僅由本院派去人員二名至今安然脫癮者將近兩千名。

戒煙本是一件精神及肉體雙方都有痛苦的事、本院係採取全國通行一致的血清戒煙法佐以抗煙藥水之伺服、究竟說來也不見得是怎樣痛苦的一件事、爲求經濟起見我們所用的發泡貼用膏藥如下：

| | |
|---|---|
| 斑蝥蟲粉 | 二五・七瓦 |
| 俄利乏油 | 六四・三四四 |
| 凡士林 | 四五・〇瓦 |
| 黃蜂臘 | 四五〇瓦 |

## 四，全年治療近況

甲、門診

本院門診是設在北碚街上舊醫院內、凡實驗區屬五場、皆有分診所、由本院派人常駐分診所替民衆治療、本院門診逐日診療人數、至少平均五六十人逢場則達八九十名、當病人多時例如七八月份逢場多則達一百八九十名少亦百一二十名、每月診療至少三千五百多有達至七千者、全年診療總數連同五處分診所共爲五萬四千一百十五名。

1，成人疾病之分類

外科病佔百分之六七・五、內科病佔百分之三二・五、外科病中以普通外科之潰瘍創傷爲最多、次則爲沙眼耳病皮膚病花柳病婦科病又次之內科病以普通內科傷風肺結核腸胃病爲最多、關節病心臟病及腎炎又次之。

2 幼孩疾病分類

外科病佔百分之七五・〇內科病佔百分之二五・〇外科以皮膚病爲最多、皮膚病中最多者爲髮癬及濕疹、次則爲普通外科病慢性中耳炎及普通眼病、又次之內科病首推腸胃病腸胃病中以寄生虫病爲最多次則爲傷風及枝氣管炎先天性梅毒又次之。

乙、住院病人

全年合計住院病人二百九十八名因分類太雜茲從略。

## 五，尾聲

本院這一年的概況、我們已介紹了、不過在鄉村辦理醫務、尤其澈底的衛生運動、本不是一件容易的事、逐處謹慎、猶不無殞越之處、年來國內辦理鄉村服務、稍有成效的如何北之定縣清河、南京之曉莊湯山……等處每仰賴於充足之財力人力、我們把推行鄉建以及鄉村衛生工作、統統責成一般普通醫院、或甚至開業的醫師去辦理、這自然有些苦人所難、我們第一希望政府對於推廣鄉村的醫務以及保健的工作先要有澈底的認識、然後來一個整個的計劃同實施、第二希望負責辦理保健工作的同業同志不要尚把工作做在城市中該顧及到佔全國人口百分之八十以上的農村同胞、第三希望同業同志不要擠集城市認定推廣鄉村醫院爲畏途、要背埋頭苦心勞力的到農村來、第四我們能力有限、經驗幼稚、熱忱的希望關切我們的朋友、給我們的指示。


國本半月刊

第一卷第九期目錄

二十六年四月一日出版

國本論壇
今後之西北改造問題
德意在中歐之角逐
日本對華外交不能改觀
菲律賓提早獨立問題

論根絕赤禍……哲之
從中國民族性觀察民族復興……春水
國防前線的察綏經濟資源……梁子材
蘇俄抗十六國武裝干涉戰爭(續)……黃震遐
『中外僑務問題草案』平議……王勁白
從日本經濟考察團檢討中日經濟提携……柏思
『西北近影』質疑……陳之良

文藝　法蘭西風格之優勝……王生譯
柏林閒話(續)……王健秋
通訊　嘉興縣的民衆訓練……應古先
四川的天地人……仲羽

語錄
(一)『仁親以爲寶』　(二)『握手』與『磨拳』
(三)『親善爲最好的商標』　(四)『搶的不談、要的合作』
(五)提携之又一解　(六)提携與討債
(七)『殊爲遺憾』　(八)烈士墳爲民族復興基礎
(九)『夢魂東四省、血淚大青山』

發行者：國本半月刊社
地址：南京西華門二條巷柏園
定價：零售每冊一角
半年一元一角　全年二元

普通閲覽室之一角→

參考室中↓

借書請繙卡片↓

典藏室↓

圖書出納↓

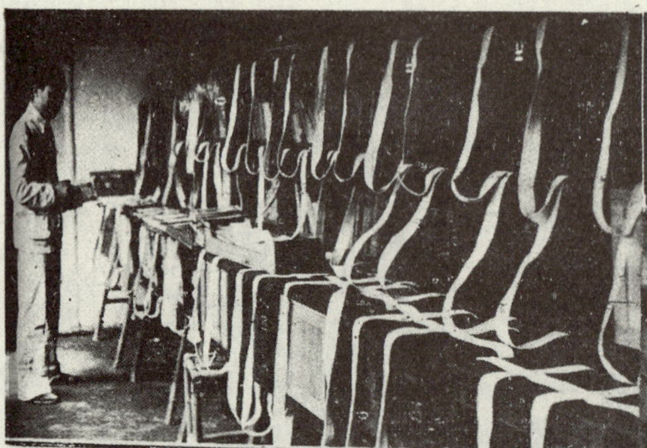

整理巡迴文庫←

成人閱報室↓

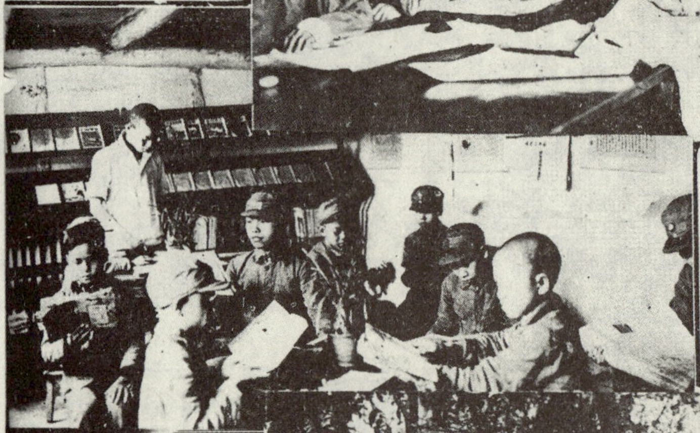

兒童閱覽室↓

書架←

深入民間的——巡迴圖書担↓

# 一年來的民衆圖書館

張惠生



## 一，沿革及組織：

### 1,小史

檢查現在不能不追溯過去、因爲現在是從過去來的。本館創始至今、一面是値得誇耀！一面也感到有些酸苦！因爲經過無數艱難的奮鬥、而始有現在之規模、這一年來在實驗區署管理之下、雖然也做了不少的工作；然而、經費困難、究竟進展不大、想到過去奮鬥的情形、對於我們未來的激勵、確很不少！本館成立於民國十七年、原名峽區圖書館、係由峽防局創造經營。開辦之初、僅佔關廟的一個角落、幾間小屋、權充了館舍、每日到館閱覽的人數、不過三四人而已；而藏書也只有四百冊。後來向各方宣傳和運動、書報漸漸增多、到館閱覽的人數也漸漸由每日八九人幾十人增至百餘人、民十八年擴充到北碚下游二十里江北之水土沱、北碚上游二十里璧山之澄江鎭、各設分館。本館的館址亦曾一度移至鞍子壩上、綠槐夾道、青籐滿簷、假如曾經有人在那裏去過來的、一定會心領神會到那幽靜的環境。二十二年五月本館以業務擴大了、即併入中國西部科學院辦理、使其性質漸近耑門。二十三年、舊爲三峽染織工廠之地之關廟、因該廠新屋落成、已行移出、遂將關廟全部讓與本館。於是因勢便闢一可容八十人之閱覽室、因欲其更能接近民衆普及并深入到社會去的關係。又由中國西部科學院交由實驗區署管理。

### 2,現況：

本館自二十五年四月迄二十六年三月、在此一年中、我們曾協助本區夏溪口、文星鎭、黃桷鎭、二岩鎭及白廟子等處、先後設立民衆圖書館五所、以使區屬各地的文化運動得到平均的發展。因此本館的工作在一年來已是日趨繁複、除設管理員一人主持全部館務而外、關於館內的組織共分編目、文書、庶務、蒐求、流通、期刊、出納、外借、典藏、參考、修裝、閱覽十二組。目前有辦事員四人、分任各組事務、視工作之繁簡也有一人兼數組職務者。另有服務生五人分派到各組學習和協助、去年十二月、並增設輔導員一人、專任圖書技術上的一切責任、以經費而論、目前每月經費預算共為二百元、舉凡職工薪俸、書報購買文具印刷燈油等均在內。以此除了職員薪俸而外、所剩下來的事業費、那就有限了、這項經費全由實驗區署開支、以實驗區署的經費萬分支絀的狀況之下、因感到文化運動的重要、但在這一年中仍隨時額外撥款、盡量添購書報、同時又感各方之源源贈送、於是珍本奇書、新籍舊典、以一年來統計、所增加的、雖不見多、究已不少。至於本館推動詳情、擬分別介紹於次：

## 二，藏書與編目

1,藏書：

本館圖書，一部份是購置的、另一部份是各方捐贈的、在峽防局時代圖書購置費、已嫌其少。在中國西部科學院時代、圖書購置費一項、不但不能維持經常、有時竟等於虛設。因中國西部科學院本身的經濟狀況、常常感到拮据的緣故。在這種窮蹙經濟狀況之下、圖書專靠購置、無論如何、是沒有多大希望的。所以本館對於圖書捐贈運動的工作、頗有相當的努力。從去年四月一日起、至本年三月三十一日止、本館圖書增加的數字分述如下：一、承各方面關心本館事業的熱心朋友贈送本館的圖書、共有五千二百二十四冊。雜誌刊物、共有一千七百一十三冊、二本館購置的新書、共有一千五百八十二冊、雜誌刊物八百二十九冊、連同舊日蒐藏的圖書、共一萬零三百六十八冊、連同舊目雜誌……

2,分類編目

本館藏書向依杜定友世界圖書分類法略參新碼類分大綱為普通、哲學、教育、社會、自然、應用、美術、語言、文學、史地十類、過去編目工作已完成四種目錄：一為分類目錄、二為書名目錄、三為著者目錄、四為書架目錄、去年秋間本報為管理便利、及閱覽人找尋參攷資料容易的關係、特將歷年所藏雜誌刊物二百零五種、編成目錄、依漢字筆畫排列起來、閱覽人找尋參攷資料在時間上較前經濟多了。

## 三，閱覽的推動：

1,兒童節與兒童閱覽室：

吸引讀者推動閱覽是圖書館兩個困難而重要的工作、我們要完成它、除圖書館本身的設備充實佈置完美外、尤應利用季節集會去宣傳聯絡、去吸引誘掖、而做到圖書館的積極意義上去、去年本館改組的第四天恰是兒童節、因此本館一面感到紀念兒童節的重要、另一方面對於北碚的兒童教育亦負有相當的責任、在這種機會之下當然不輕易放它過去、所以本館要使對於一般的兒童、多少有一點供獻、遂連夜籌備起來。特闢紀念兒童閱覽室一間、及兒童教育參攷室一間、本館對於兒童閱覽的書報雖然有一些蒐藏、但究竟有限。至於兒童所用的小棹小橙、向無此種設備。匆忙中乃向兼善兒童圖書館借得一部份棹橙備用、再將關於兒童閱覽的書報千餘冊全數陳列在兒童閱覽室內、四週滿貼着適合兒童心理掛圖及照片、市街上都貼了兒童節紅紅綠綠的標語。同時盡量蒐集對於兒童教養有關的書籍、陳列在兒童教養參攷室內。到了兒童節日、嘉陵江日報上登載着本館籌備紀念兒童節及兒童閱覽室開放的消息、館門口也大寫作「紀念兒童節」「歡迎兒童到館閱覽」等廣告。意料不到這天閱覽室裏面竟擁擠着一大批天眞活潑的大兒童小兒童們笑眯眯的翻着各種畫報、兒童教養參攷室裏面也有好些兒童的父母和熱心教育的先生都在那書架上求解決他們教養兒童的問題。這個活動本來準備開放一個星期的、後來因兒童閱覽的人數、一天一天的增加起來、於是才感覺得這個兒童閱覽室、不但要繼續下去、而且還要盡量的充實內容、記得去年秋間賀國光先生的夫人和女公子到館參觀。他們看到兒童閱覽室內許多閱覽書報的兒童們、都十分活潑快樂、他們又感覺得室內的書報還少、於是賀夫人歎息着對館員說：「北碚這個地方眞好啊！我們看了不少的城市建設、很少像這個地方建設的完備、而且有這樣好的兒童圖書館、我們相信這是大家努力的結果」。於是賀夫人女公子慨捐大洋二十元與兒童閱覽室。本館替他購幼童文庫一部共計二百冊、紀念他們的盛意。現在兒童閱覽室裏適合兒童看的報紙有七種、兒童讀物、畫報等、每月都在繼續努力的蒐集。

2,端午節與人之一生展覽室：

北碚過端午節那天、仍然照社會的舊俗、看龍舟競賽的玩意、不但街市的人整個都到河邊去活動、就是鄉村的農人、也趁這個機會趕來一飽眼福、過去的峽防局、以爲要移風易俗、就要利用民衆自由團結活動的機會、造起許多新的活動、新的意義、去吸引他們教育他們、自然現在鄉村建設實驗區署也本着這個意義在辦、去年端午節那天、本館把全館的閱覽室及參攷室、都遍懸着關於現代知識的各種新掛圖、而且佈置了一個圖畫展覽室、內陳列了各種新舊圖畫。而且本館預先擬定一個計劃、趕着佈置一個「人之一生蘼展覽室」這個室內陳列着滿棹滿架的圖書、由上午至下午整天開放、這天來館參觀的民衆、大都是戴着軍帽穿着草鞋的的農夫和農婦、他們進了「人之一生展覽室」、館員替他們解說這些書都是依着一個人的年齡次序排例着的、因爲一個人由小孩到成人、到老年、他一生的生活在甚麼時期、就該讀一定的書籍。農人們一面聽着一面去翻書看畫、可惜因屋子容量有限、如果你有多五分鐘的留連、自然而然會被後來的人把你推到另一個區域去了。而且各個閱覽室和參攷室、都一樣的有一個館員、很起勁的替他們解說讀書和人生的關係、統計當天來館參觀的民衆、計爲一千五百人：

3.佈置與陳列：

原來本館有閱覽室一間、可容八十人閱覽、室內陳列着常到雜誌一百一十六種。各方面贈送的共有六十三種、省內外訂購的共有五十三種、省內外日報十二種、贈送的三種、訂購的九種、自然還些書報還不算多。但每日閱覽人數、最多六百餘人、最少一百餘人、從這裏看來、可以估量北碚文化水準。閱覽室內、每到午後幾乎有人滿之患、因此之故、乃另闢一同時可容八十人之閱報室一間、設備精雅、閱覽舒適、舊閱覽室內除原有雜誌刊物百餘種外、又陳列有萬有文庫、及新書多種、並陳列新詞典極多、不但可供閱覽、而且參考也較前便利。

4. 閱覽及出納：

統計自去年四月一日起本年三月三十一日止、本館閱覽人總數、爲十萬零六千九百二十三人、市民佔三萬零八百三十五人、學生佔三萬四千七百五十二人、職員佔一萬六千一百五十七人、童童佔二萬四千二百七十九人、本館新書既能隨時增置、對於流通方面、當亦力求推廣、本館除館內各閱覽室自晨至暮整日開放外並盡量散發個人借書證、以便閱者借出閱覽、統計一年來室內借閱共有三千九百七十次、室外借閱共有九千零五十二次、至於學術團體事業機關特別借書、尚不在此數之內。

5, 臨時書報閱覽處：

本館利用團體集會空隙時間、特派館員選擇適當書報、先期遄赴會場佈置「臨時書報閱覽處」。供給閱覽、所謂團體集會係指實驗區校長教師會議、義務教師月會、及保長會議等、本館購置新書、或約名人介紹、或請專家指導、及每次新書到館後、亦必須將新書目錄、或名著題要等項、編成書訊、排印成册、公開介紹、一般人如選讀有益的書、足不出戶庭、即可在書訊上一索而得。

## 四，圖書的流通：

1, 巡迴圖書担

圖書流通的目的、是使一般不能來館閱覽的大衆、都有接近圖書的機會、收效非常普遍。本館雖經費有限、不能不勉爲籌備、增加圖書流通的力量、辦理巡迴圖書担、本來打算做二挑木箱、把書裝在箱內、挑到街上去、挑到鄉村去、挑到每個農家去、但挑些什麼書呢？這眞是一個困難的問題、要知道、全國教育家、文學家、出版界、對於一般勞苦大衆知識上的供獻、是非常缺乏的、今天本館要供給他們實際上的需要、眞是大成問題、乃於困難中、勉强蒐集些淺易常識讀物、因爲經濟上的關係、不能設圖書担、只好用兩個手提籃、選派兩位青年工作人員、每天攜着書籃、挨戶勸人讀書、宣傳讀書的好處：並勸人登記、他們只要登記了姓名、每次便可借兩册書去閱讀。借書的手續是和館內一樣、三天以後、本館一面把書送上門去、同時他們就可以還書。如果他們沒有讀完的話、也得續借一次、如果他不曉得要讀什麼書或有不認識的字、及有不明白的地方、館員都能爲之解答、或者遇着他們要寫信、或解決一個困難問題、館員乃能替他們代寫和解決。目前這個工作、雖然不免有些麻煩和困難、同時也得到了許多感謝的話。總之眼前北碚四週的鄉間已經不斷的有本館館員們的足跡、統計七個月以來、共借閱九千八百四十五次；

2, 巡迴文庫：

本館舊有巡迴文庫六個、供給公安各隊士兵閱讀、現并巡迴各鎮區立小學閱覽、因此不够分配。至各保義務校、亦紛紛來館索取、此時雖想添造大批文庫、但因經費不敷、有志莫及。適重慶李果生先生將珍藏圖書數千冊捐贈本館、得着書箱數十口。不過壞的較多、只好把較為好的書箱選出二十五個、略加修補、即變成功了文庫二十五個、獲得廢物利用之效率。至實驗區署各鎮民衆圖書館、因成立時間不久、經費困難、藏書甚少、故本館或為選購書報、或為選擇相當圖書、或選擇新書經常巡迴。又本館與他圖書館互借圖書、有重慶民生公司等處、又實驗區以外鄰近各場、亦常有人來館接洽、商請配發巡迴文庫、但終於因經濟關係、愛莫能助。

## 五，設置參攷室：

三峽既為鄉村建設實驗區域、工作人員對於鄉建工作、當然有研究參考之必要。而一般民衆、對於鄉村建設的意義也需有澈底的明瞭或加研究、本館乃適應環境的要求、乃特設一個同時可容八人至十二人之「鄉村建設參考室」一間、凡關於鄉建的圖書報紙、蒐羅極為豐富、經常開放、任人觀覽、鄉建工作人員整天在內握筆揮毫、怡然自得、同時實驗區署公安各隊其任務不但維持目前治安、而且更謀將來進步、乃至地方經營、民衆教育、無不一一注意、使其走上新興之軌道、所以本館為之設警務參考室一間、室內陳列圖書大都關於警政與保甲方面的、以為身負有公安責任者之一助、而公安各隊工作人員、亦可經常在內閱覽、本館雖已有幾個閱覽室、並參考室兩間、因感不敷社會的要求、而且一般學術團體和社會人士、來館作整日蒐集參考資料工作、常苦無適當地方、以致諸多不便、又為增設普通參考室一間、室內遍懸地圖、架上羅列參考圖書、且四週盆花分佈、寂靜怡人、又因去年自秋狙冬、旱魃為虐、飢民嗷嗷待哺、一時人心恐慌、已達極度、而實驗區署對於防旱救荒工作、幾乎全體動員、所以本館又臨時籌備旱災問題參考室一間、於雜誌刊物報紙中盡量蒐集關於救濟旱災問題的參考資料、以備瀏覽研究、至普通參考資料、舉凡理化地質農業礦業工業衛生教育、乃至家畜保育等等、經常所需之參考資料、無不分門別類、逐日蒐集、編成索引、按日個別通知、以促進各事業機關工作上之效率：

**讀書格言五則**

△學海無涯、惟勤是岸。——希勵
△良書即是良友、始終不易。——脫藩
△學問貴細密、自修貴勇猛。——陸九淵
△用功不求太猛、但求有恆。——曾國藩
△人生至樂、無如讀書。——蒙養正

## 民間意識

### 第四卷第四期

君欲取得 ▲復興根據地帶之理解！▲民族鬥爭意識之參證！▲邊疆社會史料之要點！ 不可不看

**本期要目**

新風節論與革命鬥爭之基礎……劉三戶
客觀檢討四川全境農村災情要點……施居父
個人出川去國之所致力者……傅雙无
蠔子肉與人肉合論……仲子
四川天災很有長進……力齋
民族被壓迫的滋味……佛耶
文化膏藥行市估價……一民
放賑日記……達夫
殖民地吟壇……雙无

▲優待訂戶章程函索即寄▼　▲每份三分全年六角▼

特約代售舉要＝成都開明書店書生書店重慶開明書店北平北京大學出版部南京中央書局上海雜誌公司等

民間意識社最近出版　社址：成都文殊院巷十二號

## 田家半月報

### 第四卷第八期

**本期目錄**

新聞
言論（二則）
國內名人傳略——陳調元錢大鈞
政治常識
讀者園地
公道在那裏？
鄉村迷信
聖經中的模範人物——腓力
勿拜泥胎歌
耶穌受難給我的教訓
家庭禮拜
因花柳病所得的幾種膿眼病（完）
腦膜炎的預防法
醫藥問答
傅作義主席的祭文
一個工讀的牧童
媽媽哭甚麼？
電池是怎樣造的？
懸賞揭曉
地址——山東濟南齊魯大學內田家社
出版機關——華北基督教農村事業促進會文字部

# 火燄山平民公園一瞥

火焰山之春 ↑

兩行梧桐夾『之』字 ↓

蹣跚地走上公園路 ↑

博物館風物陳列室之一部 →

# 火燄山平民公園一瞥

↑火焰山全景

倚欄看馬熊↓

↑欲求解放

愛湖

湖之弧線爲柳、直線爲芙蓉、湖右有迷園、湖左有旁觀亭↓

# 一年來的民衆博物館

劉選青



## 甲　緣起

本館設於北碚市近郊之火燄山頂、右臨嘉陵江、四週爲平民公園之地址、形勢天然、環境優美、山光水色、交相暉映、館舍原係東嶽廟舊址、民國十九年三月始搗毀偶像、加以培修作爲峽區博物館、由峽防局補助經費四百元、科學院撥款四百元、合計開支八百元外、前後工作六個月、至十九年九月始克完成、自廿五年四月嘉陵江實驗區署成立即撥爲管理、更爲今名、並將動物園平民公園納入範圍、而完成其規模焉。

## 乙　組織

本館設管理一人、助理二人、服務生工人若干人、分掌陳列室動物園平民公園各部事務。

## 丙　經費

本館經費除臨時建築不計外、常年開支爲二千七百六十元。

## 丁　工作

本館工作分陳列室、動物園及平民公園三部份、茲依次分述於下：

### 1，陳列室

A　整理陳列品　本館收集陳列品、計有四千餘種之多、隨時更換、每有混雜陳列者、若不分門別類加以整理、不但遊覽者難清眉目、即管理亦多不便、茲將各物之分類陳列及其數量分述如左：

a，峽區物產陳列室——收集峽區所有天然及製造各種物品、共三一九件。

b，地質標本陳列室——有各種地質標本五九件。

c，煤鑛陳列室——搜集峽區所有煤鑛、裝入玻璃陳列匣，再加圖表說明、計共四大匣。

d，園藝陳列室——有各種園藝一三七種、新式園藝器具六種、新式花盆三十樣。

e,動物陳列室—有由國內外交換寄贈各種昆蟲標本四盒、水族浸製標本四號。

f,衛生陳列室—有生理病理標本模型、共五七件。

g,工業陳列室—有製造電氣應用化學各種工業標本共二〇五件。

h,美術陳列室—有東北照片十六匣、各地風景及事業照片五八一張。

i.風物陳列室—有漢、唐、宋、元、明、清、及現代之風物、而在地域上、又有南洋、康藏、涼山各地之不同、共五〇六件。

j,貨幣陳列室—有德國馬克、法國佛郎、紅軍布鈔、及其他國內外貨幣一五一件。

k,其他—有自流井之鹽場模型赤區內之碉堡模型、合計一大間。

B清潔及保管　本館陳列室及器具、每日須掃除塵垢以謀清潔、并於陳列品加放炭酸丸、以防虫蛀、貯藏者時加拭刷、或風晒以免黴爛、并製清潔表以資考核。(附表)

博物館清潔檢查表

檢查者　No　清潔者

| 檢查科目 | 清潔狀況 | 賞罰情形 | 備註 |
|---|---|---|---|
| 地面 | | | |
| 壁牆 | | | |
| 屋頂 | | | |
| 窗格 | | | |
| 玻璃 | | | |
| 陳列櫃 | | | |
| 陳列品 | | | |
| 玻片匣 | | | |
| 地封方 | | | |
| 桌布 | | | |
| 門簾 | | | |
| 痰盂 | | | |
| 欄杆 | | | |
| 門 | | | |
| 桌 | | | |
| 椅 | | | |
| 凳 | | | |

二十　年　月　日第　週星期

符號：　C,示清潔　C,M,示最清潔
d,示不潔　d,S,示最不潔

C巡迴展覽　本館為擴充參觀起見、特於春秋二季舉行峽區巡迴展覽、誘導各方人士、多得科學智識之灌輸、以為社會教育之補助、再於每週三、六、利用民衆會場陳列有關物品、對民衆加以口頭之解釋、及文字圖表之指導。

D出納教材　本館陳列物品、有自然及社會科學有關係者頗多、凡區屬各學校、對於教材須實物引證者、本版無不盡量借出、以補學校課程理論之佐證。

E交換陳列品　本館為擴充範圍、增加物品起見、特與重慶之青年會、及合川之民衆教育館、互相聯絡、將各有之陳列品、每半年彼此互換一次、以藉謀普遍、而刷新耳目。

F徵集峽區物產　本館陳列品、因多係異地風物、少有本區出產、故特於去年雙十節與區署建設股共同開辦一峽區物產展覽會、在開會後、即將所徵得之物品、闢室陳列、並將各類物品、生產制作情形、標識明白、以引起遊人研究興趣、而達共同改進之目的。

G裝置古碑　本區東陽鎮上壩、現為蠶絲改良場購買、最近建築房舍掘獲古碑一塊、不但字跡可觀、而其文意亦奇、玆錄於後、以瞻前代風俗一之般。

督撫軍門喬

示諭軍民人等知悉凡婦人不幸而亡其夫再嫁者聽其自便不許指以撫子當差為名生業招夫市棍鄉毫亦不准墳方入贅明充首州土舍安堯臣以青年入贅鎮雄府土官隴源老婦不久併謀殺其三子遂欲篡奪爵土流禍甚慘可為明戒今後敢有等等入贅者許地方鄰親族首告官司以犯論重責枷號究罰斷難容隱不舉者一一體連坐不貸

萬歷三十五年三月初八日　立

註：碑文字跡因甚模糊故錯誤之處難免

H統計參觀人數　本館為明瞭參觀人數之多少、及社會人士之觀感計、特於登記處置登記簿幷批評簿各一本、既以徵求意見、且謀改良進步、玆將二十五年四月一日起至本年三月三十一日止之參觀人數統計、團體八〇三個、共三三一四人、個人男佔三三〇八八人、女佔七七五一人、共四〇八三九人、全年合計共四四一五三人、以參觀人職業分、計僧尼一六四人、政界三三二三人、軍界三九四七人、學界七八五七人、商界九六一六人、工人九三七九人、農人六三三三人、紳三五三四人。

2, 動物園

A繁殖仔畜　本園所飼卯用之意大利雞、肉用之北平鴨、毛用之復興兎、均屬優良品種、除供觀賞外、復加意繁殖、其仔畜且與本地之雞鴨兎作雜交試驗、結果成績頗佳、業將所產仔畜、推廣于鄉村農家、以資提倡副業、而發展農村經濟、計廣推意大利雞三十六隻、分佈十一家、北平鴨九十二隻、分佈二十五家、復興兎十二隻、分佈六家。

B節省飼料　本園所飼動物、每月飼料、在平常計算為八十元、自去夏稚旱、物價高漲、若照原來之品質飼料購置、則必增三倍以上之價值、而本園經費有限、無法補充、乃籌一救濟辦法、將各肉食動物酌參麥米豆類、食米麥者酌加糠粺麥麩仍於相當之數量、業行之數月、亦無異狀、若將來物價稍跌、倘能節省一部份之經濟。

C交換動物　本園原飼養之金錢豹三隻、經民生公司之介紹、頗獲上海博物館之歡迎、致函本園、願以袋鼠鴛鴦灰雁各一對、交換金錢豹二隻、惟該豹裝箱不易、費數日之時間、用黑室熏煙法、始將二豹誘入箱中、搭民生公司輪船、直航到滬。

D防治病疫　去年冬季雞瘟流行、農家雞鴨罹此病者甚多、本園所飼之意大利雞、亦受影響、攷其原因、雖由氣候激變有以致之、但事前預防、亦有周未到處、故本園對預防雞瘟辦法、頗爲注意、其辦法有下列數點：

a，環境清潔：本園所有之獸窟鳥籠、雞鴨畜舍、每日將所有污穢之物、掃除淨盡、舍內牆壁、再以石灰水臭水洗之、幷燃燒硫磺松柏枝條熏殺病菌、以免傳染、舍外運動場、所有一切污泥、卽行掘出、另補新土、以期清潔。

b，飲食消毒：各種動物每日所食飼料、常有剩餘殘渣留存、致飼具污穢、瘟病原菌、卽在此寄生、若再喂動物飲食、病菌乃由消化器侵入、急性者兩三日、漫性者六七日、卽行死亡、故本園對於飼具、特別注意清潔、每日至少洗滌一次、不讓殘渣絲毫存在、尤其是對於飼料有腐敗者、概不購用、至所取飲水如混濁者、務使沉至二十四小時後始用之。

c，動物個體之清潔：各動物之羽毛、爲藏垢納污之所、亦足使病菌繁殖、本園對於獸類常用梳篦刮去其塵垢，鳥類或散佈硫磺、以滅殺其病菌、格外不分鳥獸常請家畜保育所汇巴實驗區注射防疫針。

d，癘病雞鴨之處理：動物瘟疫、一旦發生、常由少數傳染全體、由極小之損失、釀成極大之損失、雞瘟傳染、亦不例外、故一遇雞鴨有病狀者、卽行隔離、另飼一舍、如認爲不可救、則立刻殺斃、並將病屍體與木柴合放一起、用火焚燒、或將病屍體埋葬果樹下、以充基肥。

E新製表格　本園所飼動物、共計獸類十二種、鳥類二一種、每月所需飼料費爲八十元、幷擬製動物飼料數量表、飼料價目表、生活概況檢查表、產卵登記表、每日詳細記載、以資考核。(表附後)

（一）動物園動物一覽表

| 名稱 | 類別 | 數目 | 飼料 | 產地 | 備註 |
| --- | --- | --- | --- | --- | --- |
| 金錢豹 | 哺乳類 | 一 | 肉類 | 璧山 | |
| 馬熊 | 同 | 一 | 飯菜根 | 西康 | |
| 猓粒貓 | 同 | 三 | 同 | 北碚 | |
| 狐狸 | 同 | 一 | 肉飯 | 合川 | |
| 刺豬 | 同 | 一 | 包谷菜根 | 貴州 | |
| 山羊 | 同 | 一 | 菜蔬 | 合川 | |
| 豺狗 | 同 | 一 | 飯肉 | 貴州 | |
| 長尾猴 | 靈長類 | 三 | 飯果 | 新加坡 | |

| | | | | |
|---|---|---|---|---|
| 復興兎 | 囓齒類 | 二〇 | 麥麩菜蔬 | 土耳其 |
| 美國兎 | 同 | 二 | 同 | 美國 |
| 本地兎 | 同 | 五 | 同 | 北碚 |
| 雜交兎 | 同 | 四 | 同 | 北碚 |
| [illegible]陵鳥 | 鳴禽類 | 一 | 小米菜蔬 | 美國 |
| 洋化眉 | 同 | 一 | 小米 | 貴州 |
| 黑老鴉 | 同 | 一 | 同 | 北碚 |
| 鴛鴦 | 游禽類 | 二 | 谷飯菜蔬 | 合川 |
| 北平鴨 | 同 | 三 | 同 | 北平 |
| 雜交鴨 | 同 | 四 | 同 | 北碚 |
| 鳳鴨 | 同 | 一 | 同 | 上海 |
| 灰雁 | 同 | 一 | 同 | 上海 |
| 斑鳩 | 鳩鴿類 | 五 | 谷米類 | 北碚 |
| 中鴿 | 同 | 七 | 同 | 上海 |
| 家鴿 | 同 | 一 | 同 | 北碚 |
| 吐綬雞 | 鶉雞類 | 一 | 同 | 美國 |
| 珠雞 | 同 | 一 | 同 | 安南 |
| 藍馬雞 | 同 | 一 | 同 | 鬆藩 |
| 意大利雞 | 同 | 三 | 同 | 意大利 |
| 絨毛雞 | 同 | 一 | 同 | 荷蘭 |
| 竹雞 | 同 | 一 | 同 | 北碚 |
| 本地雞 | 同 | 一 | 同 | 北碚 |
| 矮雞 | 同 | 一 | 同 | 上海 |
| 雜交雞 | 同 | 一 | 同 | 北碚 |

(二)動物生活狀況檢查表

| 名稱 | 類別 | 數目 | 飼養 | | | | 生活狀況 | | | | | |
|---|---|---|---|---|---|---|---|---|---|---|---|---|
| | | | 飼料 | 每日幾次 | | 每日飼量 | 飼料之變更 | 健康 | 住地是否清潔 | 活潑 | 疾病 | 其他 |
| | | | | 午前幾次 | 午後幾次 | | | | | | | |
| | | | | | | | | | | | | |

(三)產卵登記表

| 產卵日期 | 種別 / 產卵紀錄號數 | 每日合計 | 備考 |
|---|---|---|---|
| 1 | | | |
| 2 | | | |
| 3 | | | |
| 4 | | | |
| 5 | | | |
| 6 | | | |
| 7 | | | |
| 8 | | | |
| 9 | | | |
| 10 | | | |
| 11 | | | |
| 12 | | | |
| 13 | | | |
| 14 | | | |
| 15 | | | |
| 16 | | | |
| 17 | | | |
| 18 | | | |
| 19 | | | |
| 20 | | | |
| 21 | | | |
| 22 | | | |
| 23 | | | |
| 24 | | | |
| 25 | | | |
| 26 | | | |
| 27 | | | |
| 28 | | | |
| 29 | | | |
| 30 | | | |
| 每隻產卵的總數 | | | |

3, 平民公園

A 培植花木　本園自開辦以來、於南京上海及其他各地所徵集花木計一百二十九種、草花分春秋二季、播種園地共八畝、其在園內道旁栽植者、目的在遊人賞心悅目、至在八畝內栽植者、則以供區署各機關及市民培植盆花和插瓶花之用、此外於果樹者亦頗注意、如葡萄桃子之類、亦栽植不少、茲將其類目列表於後：

a 草本花卉一覽表

| 名稱 | 科屬 | 播種期 | 開花期 | 繁 |
|---|---|---|---|---|
| 百日草 | 菊科 | 春季 | 七、八、九月 | 實生法 |
| 地陽菊 | 菊科 | 秋季 | 三、四、月 | 實生法 |
| 西番菊 | 菊科 | 春季 | 七、八、月 | 實生法 |
| 金盞菊 | 菊科 | 秋或春 | 五、六月九十月 | 實生法 |
| 萬壽菊 | 菊科 | 秋或春 | 七、八、月 | 實生法 |
| 除虫菊 | 菊科 | 春季 | 四、五、月 | 實生分支 |
| 矢車菊 | 菊科 | 秋季 | 四、七、月 | 實生法 |
| 蛇目菊 | 菊科 | 春季 | 七、八、月 | 實生法 |
| 熱菊 | 菊科 | 春季 | 七、八、月 | 實生法 |
| 愛德蓮菊 | 菊科 | 秋季 | 三、四、五、月 | 實生法 |
| 乾秋菊 | 菊科 | 春季 | 七、八、月 | 實生法 |
| 金鷄菊 | 菊科 | 春季 | 七、八、月 | 實生法 |
| 鳳仙花 | 鳳仙花科 | 春季 | 八、九、月 | 實生法 |
| 鷄冠花 | 莧科 | 春季 | 八、九、月 | 實生法 |
| 美國石竹 | 石竹科 | 秋或春 | 五、六、月 | 實生法 |
| 灰色石竹 | 石竹科 | 秋或春 | 五、六、月 | 實生法 |
| 水仙花 | 石蒜科 | 秋季 | 二、三、月 | 分植法 |
| 飛燕草 | 毛茛科 | 春或秋 | 夏秋之交 | 實生分植 |
| 牽牛花 | 旋花科 | 春季 | 七、八、月 | 實生分植 |
| 蔦蘿 | 旋花科 | 春季 | 夏秋之交 | 實生分植 |
| 茅草蘭 | 蘭科 | 春或秋 | 春季 | 分植法 |
| 金邊蘭 | 蘭科 | 春或秋 | 春季 | 分植法 |
| 玉簪花 | 百合科 | 秋季 | 三月、十一、月 | 實生法 |
| 棋盤花 | 錦葵科 | 春季 | 六、七、八月 | 實生法 |
| 金邊棱蘿 | 百合科 | 春季 | | 分植 |
| 含羞草 | 豆科 | 春季 | 八、九、月 | 實生法 |
| 美人蕉 | | 春季 | 五、九、月 | 實生分植 |
| 中心菊 | 菊科 | 春季 | 四、五、月 | 實生法 |
| 晚香玉 | 石蒜科 | 春季 | 七、八、月 | 分植 |
| 荷蘭草 | | 春季 | 七、八、月 | 實生法 |
| 滾冰紅 | | 春季 | 六七八、月 | 實生治 |
| 滾冰白 | | 春季 | 六七八、月 | 實生法 |

| | | | |
|---|---|---|---|
| 矮雪輪 | 七八月 | 春季 | 實生法 |
| 苕花 | 春季 | 七、八、月 | 實生法 |
| 羽衣甘藍 | 七八月 | 春季 | 實生法 |
| 繡球花 | 秋季 | 四、五、六月 | 實生法 |
| 月見草 | 春季 | 四、五、六月 | 實生法 |
| 菊花 | 春或秋 | 秋季 | 分植法 |
| 太陽花 | 春季 | 三、四、月 | 實生法 |
| 小陽禾 | 春季 | 七、八、九月 | 實生法 |
| 蘇小薊 | 秋季 | 三、四、月 | 實生法 |
| 龍口花 | 秋季 | 三、四、月 | 實生法 |
| 猩猩目 | 春季 | 七、八、月 | 實生法 |
| 藿香薊 | 春季 | 七、八、月 | 實生法 |
| 洋蝴蝶 | 秋季 | 三四、月 | 實生法 |
| 日日草 | 春季 | 八、九、月 | 實生法 |
| 撒本乃利 | 秋季 | 三、四、月 | 實生法 |
| 五月菊 | 秋季 | 三、四、月 | 分植法 |
| 釣鐘花 | 秋季 | 三四、月 | 實生法 |
| 鳳尾 | 春季 | 八、九、月 | 分植法 |
| 氣球葡萄 | 春季 | 七、八九月 | 實生法 |
| 夜歡花 | 春季 | 三、四、月 | 實生法 |
| 鐵蒿苣 | 秋季 | 八、九、月 | 實生法 |
| 神仙花 | 秋季 | 三、四、月 | 實生法 |
| 厚皮菜 | 秋季 | 三、四、月 | 實生法 |
| 虞美人 | 秋季 | 三、四、月 | 實生法 |
| 苦蒿苣 | 秋季 | 三、四、月 | 實生法 |
| 大金鷄 | 秋季 | 三、四、月 | 實生法 |
| 小金鷄 | 秋季 | 三、四、月 | 實生法 |
| 紅青菜 | 秋季 | 三，四、月 | 實生法 |
| 馬蘭 | 春季 | 七，八、月 | 實生法 |
| 蓼花 | 春季 | 七、八、月 | 實生法 |
| 月月草 | 春季 | 七、八、月 | 實生法 |

b 木本花一覽表

| 名稱 | 科屬 | 繁殖法 |
|---|---|---|
| 茶花 | 山茶科 | 接木法 |
| 海棠 | 薔薇科 | 接木法 |
| 梅花 | 薔薇科 | 接木法 |
| 芙蓉花 | 錦葵科 | 插木法 |
| 杜鵑花 | 石楠科 | 分株法 |
| 茉莉花 | 木犀科 | 分株法 |
| 紫薇 | | 分株法 |

| | | |
|---|---|---|
| 臘梅 | 臘梅科 | 分株法 |
| 芍藥 | 毛茛科 | 分株法 |
| 玫瑰 | 薔薇科 | 分株法 |
| 石榴 | | 分株法 |
| 夾竹桃 | 夾竹桃科 | 插木法 |
| 紫金 | 荳科 | 分株法 |
| 黃栒蘭 | | 接木法 |
| 黃楊 | 黃楊科 | 分株法 |
| 桂花 | 木犀科 | 分株法 |
| 梔子 | | 插木法 |
| 筆柏 | 松柏科 | 插木法 |
| 側柏 | 松柏科 | 插木法 |
| 蘇瑞香 | 瑞香科 | 插木法 |
| 羅漢松 | 松柏科 | 插木法 |
| 垂柳 | 楊柳科 | 插木法 |
| 翠柏 | 松柏科 | 插木法 |
| 法國梧桐 | 紫葳科 | 插木法 |
| 四季柑 | 芳香科 | 接木法 |
| 青楊 | 楊柳科 | 實生 |
| 美國楊柳 | 楊柳科 | 實生插木 |

| | | |
|---|---|---|
| 蘇州柏 | 松柏科 | 實生法 |
| 水晶葡萄 | | 接木法 |
| 西馬拉利松 | 松杉科 | 實生法 |
| 洋槐 | 荳科 | 實生法 |
| 拂手柑 | | 插木法 |
| 南天竹 | | 分株法 |
| 蝙竹蘭 | | 插木法 |
| 六月雪 | | 插木法 |
| 洋櫻桃 | | 插木法 |
| 拂銀梔子 | | 插木法 |
| 壽心柑 | | 接木法 |
| 筆桃 | | 插木法 |
| 茨柏 | 松杉科 | 插木法 |
| 銀春 | | 插木法 |
| 猩虞 | | 接木法 |
| 梧桐 | | 插木法 |
| 紅月季 | 薔薇科 | 插木法 |
| 洋月季 | 薔薇科 | 插木法 |
| 櫻桃 | | 插木法 |
| 海李子 | | 分株法 |

| | | | |
|---|---|---|---|
| 兜雪梅 | | | 分株法 |
| 鐵鏽 | | | 分株法 |
| 茶樹 | | | 實生法 |
| 材柏 | 松柏科 | | 實生法 |
| 林金 | | | 插木法 |
| 波羅 | | | 分株法 |
| 文杏梅 | | | 接木法 |
| 西湖柳 | | | 插木法 |
| 楓樹 | | | 實生法 |
| 薔薇 | 薔薇科 | | 插木法 |
| 珠蘭 | | | 接木法 |
| 金錢柑 | | | 接木法 |
| 馬尾松 | 松杉科 | | 實生法 |
| 孔雀松 | 松杉科 | | 實生法 |
| 玉蘭 | | | 接木法 |
| 冬青 | | | 實生法 |
| 蘋果 | | | 蘋果接木法 |
| 黃香 | | | 插木法 |
| 七里香 | | | 插木法 |
| 櫻桃 | | | 插木法 |

B園庭設計　本園一向有幫助各機關園庭設計之責任、本年內於民衆教育委員會、圖書館、公安三隊、運河公園、區署、北碚小學、民衆體育場。設計佈置花壇三十個、或爲立體、或爲平面、或圓、或方、或長形、或帶形、配置各色花草、成爲冷色調、或爲熱色調、五花八門、曲盡其妙、於本園亦新作有花壇四個、爲扇形、三角菱形、四方形等、并將陳列室內之天井設計佈置、成爲一花木展覽地、於各道進口之處、用海棠及蘇瑞香紫荊等盤成天然門道、以壯美觀。

C墾荒造林　區署後之馬鞍石及馬鞍溪一帶、均屬荒蕪隙地、計十畝以上、於此栽植洋槐垂柳白楊等樹、以配風景、計共一千二百株、本園之後、亦有廣大荒地、乃督飭工人全數開闢、栽植馬尾松、三桷楓、共一千五百株、現已欣欣向榮、一望青葱、風濤松聲、秋山紅葉、不但點綴風景、更足增加遊人興趣。

D擴地育苗　本園所轄區域擴大、除栽種草木花卉以外、餘地約七八畝、並商三峽廠、將其所有之空地、全數交與本園、作育苗之用、本園爲應求區屬各地造林及青北馬路行道樹之需要、特將以上各地闢爲苗圃、插美國白楊二萬五千株、梧桐三萬三千株、龍爪垂柳共四千五百株、另播有法國梧桐青杠、青楊、華蔴子、苦楝木、望海松、共地一畝、并在本區各場購有優良桐子一石、播種於馬鞍石苗圃、將成苗時、以供本園荒山植桐之資。

E指導育種　北碚小學之農場、於二十五年秋開始農事實習、區署建設股於南京金陵大學購回二十六號小麥、并於科學院農場徵集美國玉皮麥、北碚旱麥及北碚晚麥、擬於該場試種、特請本園指導、其高級試驗方法、由北碚小學學生担任工作、成爲三部、共襄斯舉、茲將其技術分述於後：

a選種：用水三斤、鹽一斤、溶解水中、然後將麥傾入水中、輕則上浮、重則下沉、籽實不充者、亦浮水面、然後將沉水底之麥、放入清水中、使去其鹽質、則發育不致受害、並加以解釋。

b整地：將試驗之地、先行耕耙均勻施肥、然後用木製之劃行器、劃定行間、矩離爲一市尺、行長爲十六尺之帶形區段、每兩區段間、作二尺之通道、以便工作。

c播種：每行播種十六克、用條播式、每品種三行爲一區、每兩品種一標準行、其種籽以本地之優良品種北碚旱麥充之、惟限於地、只重復四次。

d記載生長情形：內分幼苗期、分蘖期、開花期、成熟期、其結果南京小麥二十六號、較之玉皮麥、本地旱麥、本地晚麥爲佳、穗長結實多、無黑穗病、莖桿勁硬、抵抗風力頗强、富於耐旱性、現未成熟、無以計其產量、倘維得最終之結果、若將來收穫豐盛、改良全區麥作、以增加農村經濟、外附高級試驗種植排列圖、田間視察記載表、種植計劃表各一份。

(一)田間視察記載表

| 來源 | 本地 | 南京 | 本地 | 本地 | 農場 |
| --- | --- | --- | --- | --- | --- |
| 名稱 | 北碚旱麥 | 京大二十六號 | 北碚晚麥 | 東陽鎮紅花麥 | 美國玉皮麥 |
| 種植行數 | 1—3 | 4—6 | 7—9 | 13—15 | 16—18 |
| 田間視察記載 幼苗期 | 播種十月下旬 | 十月下旬 | 十月下旬 | 十月下旬 | 十月下旬 |
| 分蘖期 | 二月中旬 | 二月中旬 | 二月中旬 | 二月中旬 | 二月上旬 |
| 開花期 | 三月中旬 | 三月中旬 | 三月中旬 | 三月中旬 | 三月上旬 |
| 成熟期 | | | | | |

(二)各種小麥品種高級試驗種植計劃表

| 品種名 | 種植區數 | | | | | 備考 |
| --- | --- | --- | --- | --- | --- | --- |
| 標準區北碚旱麥 | 0 | 7 | 14 | 21 | 28 | |
| 金大二十六號 | 1 | 8 | 15 | 22 | 29 | |
| 北碚晚麥 | 2 | 9 | 16 | 23 | 30 | |
| 標準區北碚旱麥 | 3 | 10 | 17 | 24 | 31 | |

| | | | | | |
|---|---|---|---|---|---|
| 東陽鎮紅花麥 | 4 | 11 | 18 | 25 | 32 |
| 美國玉皮麥 | 5 | 12 | 19 | 26 | 33 |
| 標準區北碚早麥 | 6 | 13 | 20 | 27 | 30 |

F採集種子　本園爲各地造林之需要、所插之法國梧桐、美國白楊、及其他各種苗木不應供求外、乃於廿五年秋季、在縉雲山雞冠山北川鐵路西山坪各地、採集多數種子、計側柏、望海松、青杠、青楊、苦楝木、華藏子、烏臼、洋槐、搖錢等、並於西山坪徵集西瓜種子十六種。

G劣樹改良、本園之桃樹果品惡劣、故於秋日落葉後、截去其側枝之全部、留數主枝用良種之接穗、行高接法、於各主枝端接口縛以麻線、用泥塗之、使其他物品、不致傷害、發芽時、每枝留頂端二芽、餘去之、落葉後、將枝條先端剪去、免風害之吹損、次年仍如前行之、即能生產豐量之良果。

H老樹更新法　凡果樹達相當之時際、則樹勢衰老、生產減退、如不加以改良、必枯萎而死、若於秋季落葉後、將本園各種枝盡行剪除、望粗壯之側枝數十株、并施以重量之人糞尿、次年各側枝均發芽、仍能回復其固有之生產。

I分贈樹本　本園數年來繁殖之森林苗木最多、二十五年九月起至本年三月止、分贈各機關苗木列表於後：

(三)分贈各機關樹木一覽表

| 分贈地點 | 樹木名稱 | 贈集數量 | 贈給時間 | 備考 |
|---|---|---|---|---|
| 公安三中隊 | 白楊 | 一四〇〇株 | 植樹節 | |
| 公安二中隊 | 白楊 | 四〇〇株 | 植樹節 | |
| 三峽工廠 | | 一九五株 | 三月二十日 | 白楊一二〇株楊槐七五 |
| 地方醫院 | | 三三〇株 | 三月廿八日 | 白楊二〇〇楊槐一〇〇法國梧桐三〇 |
| 公安一中隊 | | 一四〇株 | 植樹 | 楊槐一〇〇株法國梧桐四〇株 |
| 民衆體育場 | | 五四株 | 三月二十六 | 法國梧桐五〇七果香二木荊花一楊柳一 |
| 家畜保育所 | | 八〇株 | 三月九日 | 楊槐三〇株法國梧桐五〇 |
| 西山坪農場 | | 一五〇株 | 十一月七日 | 白楊五〇株楊槐一〇〇 |
| 北碚小學. | | 一九三株 | 十一月二日 | 楊槐一二五梧桐六八株 |

澄江小學、法國梧桐 一〇〇株 三月廿八日

民衆教育委員會 五一株 三月廿一日 白楊二七法國梧二四

合計 一三〇九三株

J出售擺花、本園爲增加收入、提倡美化、將培植之草木花卉、供給全市人民機關之賞玩、以悅心目而陶性情、特出售擺花、分插瓶、盆栽、地栽三種、規定每瓶每盆每株、每月均收錢二千文、分期更換、在人民則以最經濟之待價得無限的鮮花、所以玩賞購訂者多、自二十五年四月至二十六年三月此一年中、增加擺花之處所、計機關八處、私人十二處、共一百五十盆、增加本園生產收入不少也。

# 康藏前鋒

## 第四卷第六期要目

個個的身體都鍛煉成鋼

一樣安在社會的鋒刃上

北碚舊歷年節的兩種比賽 自行車賽慢↓

自衛訓練↑

農工商學兵化裝徑賽↓

羣的快樂——北碚夏節活動↑

先生作學生——實驗區小學教師練習團體操——↓

三年制銀盃比賽的優勝者

端午節龍舟競賽↓

市民國術教練←

# 一年來的民衆體育

陳年邵



## 一，小引

本場前身便是北碚公共體育場、創始於民國十六年；創始人則為前峽防局長　盧作孚先生。至民二十五年四月、峽防局改為實驗區署後、公共體育場也易為今名。為求實符其名起見、所以盡量設法在農村民衆的身上去做工夫、即以本場為中心、盡力推行到區內五鎮去、務使各種運動、而成為多數民衆的運動、現在所要敍述的、是本場和區內五鎮、自民二十五年四月至本年三月之體育概況、玆分言之：

## 二，組織

本場既以民衆為體育訓練的對象、所以組織也偏重在這方面、如：講演或報告、是要求和一般民衆發生關係、文字或圖書、是要求和智識的民衆發生關係。各種球類比賽、除提高各參加團體的運動效率外同時是為引起民衆的興趣為事、尤重要的像器械操裏之鞦韆、浪橋、天橋、及滑梯、滑板等、民衆都有玩弄的趣味、及樂而忘返之概！茲將組織系統表列後：

民衆體育場

- 場長
  - 總務組
    - 會計事項
    - 衛生事項
    - 場務行政事項
    - 文書事項
  - 指導組
    - 田徑賽
    - 球類賽
    - 團體操
    - 器械操
    - 游泳
    - 國術
    - 婦孺運動
    - 其他
  - 研究組
    - 體育推廣
    - 體育調查
    - 體育編輯
    - 體育刊物發行
  - 宣傳組
    - 內容
      - 體育方面的新知類
      - 體育方面的修養類
      - 講演或報告
    - 方式
      - 書面的（文字、圖書）
      - 個別的或集體的
      - 定期的或不定期的

## 三，人員

本場因經費拮据關係、刻只暫設場長一人、管理一切事務。場丁一人、担任保管器物及清潔工作。其會計員一人、則由公安一中隊之司務長兼任、但不兼薪。

## 四，經費

每月由實驗區署支出經常費洋一百九十元。除地和月支四十元薪

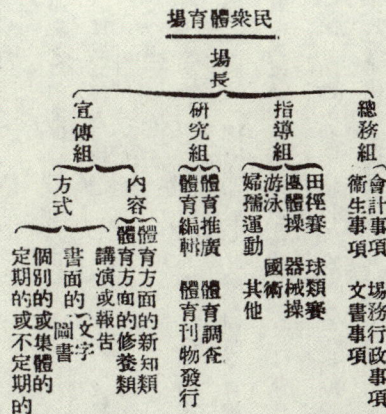

餉月支五十元外、其餘經費都用作設備購置球類及其他各種消耗開支

## 五，設備

當去年由公共體育場改爲民衆體育場時、全場計共有一百二十公呎長、八十公呎寬。其設備計有籃球場三個、排球場兩個、足球場、網球場、田徑賽場、及兒童游戲場各一個、以及浪橋、鞦韆平台等。以上算是舊有的設備。

至去年新設備的、其最大者則有民衆體育場事務處之新建修。因工作範圍擴大、沒有地方辦事、故有此呈請；區署乃准將舊圖書館地址撥歸改建、並發下洋一百四十元、作爲建修費、計有室內游藝場、辦公室、體育圖書閱覽室及水房、浴室、男運動員更衣室、女運動員更衣室各一間。運動器具存放室二間。格外還新設備有足球、排球各一只、籃球、鐵球及鐵餅各二只、標槍二支。網球網子一付、跳高架及排球網子各二付、籃球網子三付、跳欄十四架、乒乓球器具全套、九種聯合運動器械一座、及一切應用器具等。

## 六，一年來各種活動事項

在去年一年來、因工作範圍擴大、固不僅事務突增、且活動次數亦從而加多、玆述之於下：

1,夏節活動　計去年參加人數約三千餘人。

A球類比賽、計有籃、足、排、乒乓等球。參加團體、計有民生公司與兼善中學球隊、及工人義勇隊、體聯隊、聯軍隊、公安隊、少年隊、協進隊、青年隊等十餘隊。

B游泳比賽　計參加團體有民生公司、體聯、聯軍、兼善中學及少年各泳游隊。以及個人參加。

2,雙十節活動計參加團體有七十餘個、約五千餘人。

A球類比賽　計籃球參加團體、有兼善、體聯、北碚小學、黃葛小學各隊。

B佈置場地、以備全區義務小學檢閱。

C幫助舉行敬老會、招待一百三十六歲之老人陳元慶先生、並宣傳健康之方法。

上述夏節活動及雙十節活動、都是去年的。以下則爲今年的。

3,元旦活動　關於籃、排兩球比賽、計參加團體、有兼善中學球隊、及區署職員球隊、區立四小學學生球隊。

附、舊歷元旦活動　我國民族保守性强、故對舊歷過年仍有興趣、北碚民衆亦不例外、因此本場藉此機會、提倡大衆游藝，促成團體娛樂、所以仍有活動、計參加者有市民男女職員學生兵伕等六百餘人、活動共有四項：一爲五十公呎與百公呎徑賽、二爲百公呎自行車比賽。三爲毽子比賽、分長毛與盤踢。四爲百公呎士、農、工、商、兵五種障礙競走。

4,銀盃比賽

A本場爲使體育普遍深入民間增加努力興味起見、乃募集銀盃七只、組織三年制銀盃比賽會、計分男女兩組、男子分籃、排、足、網四項比賽、女子則僅分籃、排、網三項。

B參加團體、計有北川鐵路公司球隊、天府煤礦公司球隊、北碚市民隊、黃鎭市民隊、黃桷隊、白廟子市民白字隊、體聯A隊、體聯B隊、兼善中學隊、女職隊、公安隊等共十二隊。

C比賽經過　去年六月中旬、始將所募銀盃收齊、至六月二十三卽開始比賽、計第一屆報名男子組有籃排足三項、在比賽一週後、正逢七八兩月、天氣太熱、故暫停止。延至九月、又繼續比賽、直至十月、始將男子籃足排三項結束、所有勝利、都爲兼善中學球隊取得。至網球因無人參加、故未舉行、女子亦然。

附募盃啓事

我們常常聽到有兩句流行的格言說：「有一分精神始有一分事業」因此就注意到大衆的業餘活動、有的人與其在業餘作不正當的娛樂、浪費精神。妨害事業；何如提倡體育、興奮精神、多爲社會做事。我們旣因了上述意義、參加運動、倘若一曝十寒、是不成功的、單是自强不息、想把自身煆煉成如鋼一般的健强、也不濟事、最好是要有組織、彼此互助合作砌磋砥礪的求上進、才算達到運動的眞意義、因此才有三年制銀盃比賽之發起。

我們旣組織了運動。又非隨時比賽、不足以增進興趣、而提高運動之效率、但比賽有勝負、而優勝者不可無物以紀念、因此募捐銀盃卽以爲優勝者之紀念品、可促成運動者、日求技術進步有突破世界最高紀錄之雄圖。

運動原以促進健康、但誰都知道僅有一部份人健康終無用、須全社會人健康方始有用、詳言之吾人提倡體育、固不僅歡迎任何一部份人士來參加比賽、且歡迎全社會人士都來參加比賽、更進一步、還歡迎全社會人士來一同提倡與鼓勵、當此强鄰壓境、金甌巳缺之日因知社會不乏有心人士、必能傾囊相助、此公益之活動使吾人所希望之銀盃、如願以成也。

銀盃比賽簡章(見本刊一卷二期六四頁)

5,統計區內各機關職員運動情勢與來場運動之民衆數目。自廿五年四月一日起至廿六年三月止、玆分記如下：

本年度除七、八兩月盛暑及雨天停止運動外、計來場運動者、有學生、市民、士兵、各機關職員、及來峽旅行團體等共男女成人及幼童爲二十一萬六千五百一十六人、平均每月共一萬八千零四十三人、每日共五百八十一人。

至人的類別、計男子成人佔百分之七十。婦孺佔百分之三十。學生佔十分之五、市民佔十分之三、機關職員佔十分之二。

至各種比賽在一年來之統計、則籃球比賽佔一百五十七次、乒乓球比賽佔七十九次。小足球佔六十四次。足球佔二十三次、網球佔八次、毽子佔三次。國術游泳及划船各佔一次。

6, 幫助區立地方醫院舉行嬰兒、幼童及老人健康比賽各一次。

## 七，推廣與調查

本場爲要達到普及體育深入民衆之目的、因此、首先便調查全區體育場究有若干、然後用領導的方式、施行推動的方法、務使各鎮體育、隨歲月之推移而都有進步、今將程序列下：

1, 調查設計佈置區屬各場之民衆體育場、計現已設置成功者、有澄夏、黃葛、二岩、文星、白廟子、水嵐埡、及溫泉等地。

2, 視導全區各場各保體育場前後共十三次，

3, 組織運動團體表演各項運動、以引起民衆運動之興趣。

4, 藉各種會集時口頭宣傳體育的意義與效能；并于嘉陵江日報上作文字宣傳。

5, 徵求省內外各著名體育刊物、陳列事務處閱覽室。

6. 聯合體育人才、研究運動規則、及應與應革之事宜。

7, 教授區立各校教師以體育教材、教學法、及體育建築與設備。

8, 教導各保義務教師以體育教材、教學法、建築設備、及如何担任民衆體育指導。

9, 訓練保甲長以幫助義務教師、辦理鄉村體育事宜。

10 藉雙十節全區學校檢閱時、集合各保小學生、教授體操十二節、以求普遍。

11 教授縉雲寺漢藏教理院學生以體育課程、每週兩小時爲限。

12 教授北碚區立小學生之體育、每週五小時爲限。

13 每月參加區署聯合視察團一次、視察各場各保民衆體育場、義務小學、及保甲、水利、並種種借貸、種苗生長等。

14 凡來峽旅行之團體、代爲交涉並介紹與區內運動團體比賽。

### 一九三六年世界徑賽新紀錄

| | | | | |
|---|---|---|---|---|
| 百米 | 十秒二 | 歐文思 | 美 | (世界新紀錄) |
| 四百米 | 四十六秒一 | 威廉士 | 美 | (仝右) |
| 二千五百米 | 三分四七秒八 | 拉夫洛克紐 | | (世界新紀錄) |
| 五千米 | 十四分廿二秒二 | 赫克特 | 芬 | |
| 高欄 | 十三秒七 | 甯斯 | 美 | (世界新紀錄) |
| 二百米 | 廿五秒 | 歐文思 | 美 | (仝上) |
| 八百米 | 一分四九秒七 | 克銀漢 | 美 | |
| 三千米 | 八分十四秒八 | 赫克特 | 芬 | (世界新紀錄) |
| 一萬米 | 三十分十五秒四 | 沙魯米年 | (芬) | |
| 中欄 | 五十一秒四 | 哈丁 | 美 | |

# 一年來的嘉陵江日報

高孟先



## 一，本報進化的歷程

報紙是傳達新聞的工具、北碚之有新聞紙、始於民十五年夏、此間因峽防局和四川民聯會兩機關、欲謀團務上的改進、乃發起「峽江通信社」用油印不定期出版、每期約五千字、出至八十期、因經費困難、即於是年冬間停刊。

繼「峽江」之後的爲「峽聲」篇幅稍大、印刷改爲石印、內容亦較前充實、自十五年冬間發行、隨峽區民治促成會而始終、到民十六年夏、民治促成會解體、遂改名「民聯特刊」甫出至五十餘期、因四川民聯會經費發生變化、該刊即停、時在民十六年秋冬間。

峽江、峽聲、民聯、三種新聞紙、每次發行由二百餘份加到三百五十份、全是贈閱、峽區銷的最多、其內容多偏於團務消息、社會新聞極少。

民十六年冬盧作孚先生長峽防局、舉辦學生隊、同時發行學生週刊、專載學生生活及社會服務消息、約出三十期而止、民十七年二月四日乃成立「嘉陵江」三日刊、同時附刊「新生命」畫報、每期出版爲五百份、用淺顯白話文介紹社會新聞及鄉民應用的常識、每期分贈峽區各場及張貼於各么店子地方、至此該項新聞紙、已成爲峽區民衆之讀物矣！當時該刊的任務是：

一、告訴民衆知道應該知道的事。

二、幫助民衆說出想要說出的話。

民十七年十月「嘉陵江」旋改爲間日刊「新生命」畫報至十九年遂停刊。二十年一月一日更改爲日刊、二十三年五月十六日、本報獨立經營、乃由石印而改爲鉛印、每期出版一中張、除交換贈閱外、現有訂戶　　戶、領有內政部及中宣會登記證、去年四月峽防局改組爲實驗區署、本報亦劃歸管理、迄今已一週年、吾人應將一年來之工作經過與未來改進報告各方、請求指導和批評。

## 二，本報全部的輪廓

報紙是世紀的一個廣大鏡面、纖潔無塵地照映着時代的眞景、社會的醜惡或優美、都由鏡面如實的反映出來、而且牠的任務；還不止記於述和說明社會底現象、同時還應相當批評舊有的現象的優劣、和新的未來的動向的指引、又西方報人有句名言：「報紙是一般社會的導師、牠不用重大的報酬，卽能同時授人以高級，低級、各班不同門類的課程」因此、本報的內容：在新聞方面、注重介紹：

1,現代的國防消息、 2,現代的產業消息。

3,現代的交通消息、 4,現代的文化消息。

在副刊方面、則注重介紹：

1,現代的新發明、 2,現代的新發見。

3,現代的新知識、 4,現代的新活動。

星期三、六、副刊「教育園地」由全區各學校來稿、區署教育股編輯，其內容則爲介紹：

1,教育新潮、 2,教育名著。

3,教學與訓導新的方法、 4,民教與義教合一的具體辦法。

5,各校生活及教運成績、 6,全區教育進展消息。

至本報與一般新聞紙所不同者、有四：

1,每天必有國防、產業、交通、文化的消息。

2,每天必有峽區事業的進展消息。

3,常有中國西部科學院在邊地的採集通訊。

4,常有國內外重要都會的特約航空通訊。

此外積極提倡鄉村文化的建設、宣傳地方當前的中心運動、尤爲本報目前的唯一使命。

## 三，本報一年的經過

本報因經費困難的關係、故只設編輯、採訪、校對兼發行各一人、因此特聘請渝合及峽區有關各事業中之職員、爲本報義務編輯、採訪、特約通訊等，新聞每日每人供給一篇、通訊每週一次、渝合新聞採訪、則於每日晚間用電話向本報通告重要消息、此外之材料來源：則爲剪編當日之渝報、航空大公報。（因經費問題、祇訂半年卽未續訂）通訊社稿及本報自設之無線電收音機、重要時局消息、每多與渝報同日出版。

至於本地新聞、平時則由各事業及本報訪員經常採編、凡遇當地當前之各種社會活動、本報每出特刊專號、介紹其活動經過和成績、如夏節運動、國慶紀念、元旦活動、壯丁檢閱……等、本報均曾全部動員、特出簡訊專號、一日之中有出版至六次以上者、工作最忙時、常由區署派員臨時襄助、這集體的力量、常使我們工作效率增高、擴大。

本報經費：年支二千五百元、（印刷薪工全部在內）現除有少數訂費及廣告收入外、不敷之數、全由實驗區署補助、將來如何辦到經濟獨立、此爲吾人今後努力之標的、本年在發行方面：除本區各保保長、各學校教師、各機關職員等已辦到爲當然訂戶外、對外訂戶、則極力設法增加、如每期出版對於訂戶儘先發送、并印續訂單、函催期滿訂戶繼續訂閱、此種辦法於營業上頗有幫助、今後擬於續訂單上向各訂戶報告下月關於改革版式充實內容的消息、而所宣傳者、並務於下月一定辦到、如此、則效果當更大。推銷方面：本報曾印有宣傳本報優點之廣告、與國內各大報交換登載、此種辦法、頗收效果、去年冬季之訂戶、廣告刊戶及交換報紙、都較前大有增加、而京滬一帶以專函寄來登載廣告者頗不少。且於去年十一月曾接紐約「新歷史社」(New Hislory Society)由美寄到邀請本報參加世界論文競賽章程及公函共三件、這不能不歸功於宣傳的力量、至于本報零星銷售、則於每日派報丁在上下之汽船上宣傳推銷、最少亦可銷到百份以上。

此外為本報承印之印刷社、因資本有限、設備不甚充實、而工人技術亦差訓練、故於本報之印刷、難免不有錯誤、模糊之感、這是同人深引以為遺憾的、此點本報已澈底改進、在最近的將來、必有一個新的面目展開在大衆之前、這是可以預告閱者的。

## 四，本報今後的改進

本報過去因人力、財力、種種關係、故未能充分地實現我們預期的理想、今後必須重新估量的、首先是責任問題、約言之：即在如何使這報紙成為大多數民衆需要的讀物。在這個大前提下：

(一)本報應當充分標準小型報化、力求短小精幹、而且尤應表現出地方報紙之特色。

(二)記載力求翔實有系統、尤注重於與民衆有實際生活關係之資料的介紹。

(三)關於鄉建運動之宣傳、尤應力求有所整個的中心的介紹。

(四)文字力求通俗、務使每一個識字的人都能看得懂、而且報價低廉、使窮苦的農民大衆、都有購買的能力。

以上祗是一個原則、至於內容與編輯、印刷與發行、如何改進？茲分別言之：

1,內容

A除刊載現代國際、國內、省內、峽區、的文化、產業、國防、交通等消息、(要求簡明有系統——分類)而外、並選載簡明通俗之有名時論及當地當前社會中心運動之特寫。

B應與大衆的實生活打成一片、要輔導大衆的生活、替大衆解決生活上的問題、促進他們過一種較為合理的生活。

C應常插畫、畫是生動的表現出某一件事實的片段、或諷刺着某一事件、關於時事動態、同時刊出地圖等有關的畫片。

D另闢一個地位、專門供給讀者自由發表他們的意見、還隨時舉行徵文、鼓勵大衆寫作、使這報紙成為大衆的園地。

E每日所記載的事件中有一篇提要、這提要是比較精確的解釋那些事件的相互關聯和它的必然性、幫助讀者更深切的了解每一件事。

F新聞事實應有系統的敍述、因為每日片斷的電訊、讀者是不易將事實連繫起來、有一個明確的意象的；所以在新聞欄內、應該幫助讀者、每日用簡明的文字將事象的發展客觀的敍述出來、藉便明瞭、以提起讀者不斷閱讀的興趣。

G副刊方面：除已有之「教育園地」外、擬盡量的出編科學、農業、工商業、鄉建、醫學、婦女、小學生、新知識、新發明……週刊、其他文藝、遊記、戲劇、通訊以及三峽風景、古蹟、新歌、故事、趣文等、亦兼收并蓄、此外在篇的容量上更設法間天發載一篇非專門問題（週刊）和非文藝品、無論是哲學的、佛學的、倫理的、心理的、家庭的、衛生的、婚姻的……各種論著與批判、均可廣爲搜羅。然而中間我們必須注意以下幾個原則；

（一）要積極的有創造性的。

（二）要實際的富社會性的。

（三）要現代化有生氣的。

2,形式

A對於編制取分類的、使大衆容易閱讀和識別事件的屬類、編排是活動的、不固守定則、並不是呆板的一成不變。

B篇幅是一種小型的、便于攜帶和翻閱、一中張共四版、應該是重質不重量。

C本報全部四分之一爲國際、國內、省內重要新聞簡明消息、四分之一爲地方新聞消息、（峽區新聞、在量上必須增加、在質上必須充實）四分之一爲副刊地位、四分之一則刊登廣告及專論特寫等。

3,編輯

A新聞材料供給：須力求迅速、正確、完善、豐富。

B文字：須力求通俗、簡明、生動、有力、切忌冗長。

C編輯技術：宜採精編主義、并對於一個較爲複雜的新聞或問題、必須先加以研究然後編輯、使讀者在短時間內、看了一遍、便能得到很豐富而扼要的內容、和很明確的了解、此外如遇某問題發生、即須有某問題的參考材料、用很有系統的敘述、撰著專篇和有關係的新聞同時發表。總之：編輯新聞、須如編輯課文、一篇新聞、即如一篇大衆講義。

4,發行

本報今後應兼採營業主義、以期達到經濟獨立自給自足的地步。除本區內各學校各保之外、應託渝合等有關事業及個人代爲推銷、并請讀者經常介紹推銷、以期普遍深入到民間、必要時另訂獎勵辦法、如免費贈閱等、至區屬各市集、則託各公安隊按期將本報張貼於各公共處所、任人閱覽、俾資宣傳。

5印刷

本報承印之印刷社規模很小、兼以紙粗字劣、使讀者常感到討厭！讀來常弄到錯誤顛倒；一般識字很少了解程度低下的人們、更就不會懂了。所以我們今後必須改進、字體必須新鑄、設備必須充實、工人必須訓練、總之報紙力求其清楚整齊、潔白。至於圖畫、彩色要濃、結構要緊、並能暗示出一種「力」！

最後、我想本報改進的地方還多！這是要希望愛護本刊的閱者予以建議和指示了。

# 北碚的消防演習

1，公安隊維持秩序
2，全市土木工作拆御隊
3，全市挑水夫力夫作運水隊
4，地方醫院全體醫生作救護隊
5，全市壯丁作運輸隊

運輸水龍情形↑

運水隊挑水情形↓

調查戶口↓

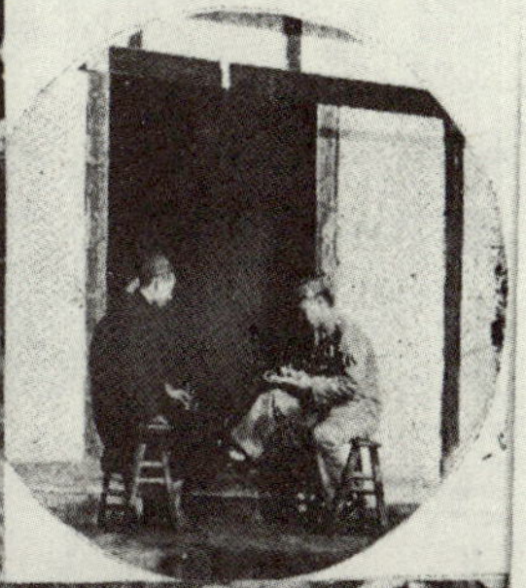

異動登記←

公安隊士兵燒石灰取原料情形→

北碚市勞服團第一屆訓練完畢——↓

『榕樹掩高樓』——公安隊在澄江鎮輔設之圖書館——←

北碚市勞働服務團第二屆訓練完畢↓

公安隊手創之白廟子民衆會場（市民出款官兵出力）↓

公安隊輔助建造之黃桷小學（由士兵担任挑土運料燒石灰等工作）

# 一年來的公安概況

梁崙



## 甲，屬於軍事者

一、官兵訓練

本年度各隊的訓練、都採實用主義、我們訓練的目的、是為工作的需要。譬如我們為了警察工作上的需要、特編印警察概要、違警罰法大要、巡邏服務須知、偵探學、消防學等各兩百冊、分發各隊官兵、（官兵每人一本）又商請民衆圖書館警設務參考室、供作官兵警察知識更深的研究、新生活運動綱要、公民常識、都是警察知識訓練選授的中心教材、我們為了參加民衆教育工作、除學校教育另選參考書外、士兵方面、選擇了時事研究法、讀報常識、讀書常識、演說學大要、峽區事業常識、區署工作計劃大綱、北碚月刊、農民週刊、嘉陵江報、為了軍事行動的需要、曾將軍事學科步兵操典、野外勤務、射擊教範、夜間教育及防空、防毒、軍語、旗語、衛生急救等常識摘要教授、為了要肅清兵伕的文盲、曾經補授士兵千字課各科常識珠算音樂及習字等。

術科方面的制式教練很少、我們偏重在游擊與巡邏服務及官兵體育的訓練。游擊的訓練是夜間動作露營長途行軍、各種地形地物之搜索及對抗演習、巡邏服務的訓練是兩月的集中雜技訓練—拳術、刺槍術—和平時演習便衣追蹤術、爬竿爬繩、鐵杠、平台、天橋等、體力方面的訓練、是徒手體操球類和田徑賽運動。

上面所述的訓練情形、僅就各隊工作、知識與技術訓練分別完成之犖犖大者而言、至於各隊為特殊任務之需要而訓練、（第二隊有鐵路警察任務第三隊有礦場警察任務）與乎官兵各種生活的指導與精神訓練（如訓練每人均有忍苦耐勞的好學好做習慣、自動自治的精神等）尤爲訓練方面的中心目標。

二、隊務整理

官兵服務的情形好壞、有成績考核以評定其優劣、官長半年考核一次、（六月與十二月終各一次）士兵每月考核一次、均以工作、勤務、讀書、品格四項爲標準、成績好者則升級或加薪（官長一元士兵一角）成績最壞者則反是。

## 乙，屬於警察者

一、治安

治安工作、首重戶口淸查、本年度各隊隊部所在地、每月都實行異動查報、茲就三隊所在地的戶口作一比較表如左—此表數字爲二十六年二月底確數。

| 隊別 | 地點 | 戶數 | 人口總數 | 男 | 女 |
|---|---|---|---|---|---|
| 第一隊 | 北碚 | 九四二戶 | 四三八九人 | 二四一八人 | 一九七一人 |
| 第二隊 | 黃桷 | 五九八戶 | 二四六四人 | | |
| 第三隊 | 澄江 | 四六六戶 | 二五五八人 | 一四九〇人 | 一〇六八人 |

本年度的戶口北碚方面、曾做兩件整理的工作、第一：是全市街的戶口用卡片登記、現在已經整理就緒準備二十六年度要用卡片管理全鄉三十三保的戶口、（市街祇有六保）進行辦法、正計劃中。第二：由峽防局時代的少年義勇隊實行戶口調查、以至於現在北碚市街的戶籍人口變遷情形、作了一個比較的工作。歷年變遷數字如下：下列數字至二十六年二月底止。

| 年別 | 戶數 | 人口 | 男 | 女 | 調查機關 | 備考 |
|---|---|---|---|---|---|---|
| 民國十八年 | 四七五 | 一五九五 | —— | —— | 峽局少年義勇隊第一隊調查 | 男女人口統計表上未註明 |
| 民國十九年 | —— | —— | —— | —— | 本本年無調查 | |
| 民國二十年 | —— | —— | —— | —— | 本年無調查 | |
| 民國廿一年 | —— | —— | —— | —— | 本年經峽防局特務隊調查但統計表遺失 | |
| 民國廿二年 | 七五一 | 三四〇九 | 一九九二 | 一四一七 | 峽防局特務隊調查 | |
| 民國廿三年 | 八一八 | 三五三七 | 一九七五 | 一五六二 | 同右 | |
| 民國廿四年 | 七八五 | 三七三五 | 二一五一 | 一五八四 | 同右 | |
| 民國廿五年 | 八四五 | 三八七四 | 二一八四 | 一六九〇 | 實驗區署公安隊調查 | |
| 民國廿六年 | 九四二 | 四三八九 | 二四一八 | 一九七一 | 同右 | |

註：上列數字經半月功夫搜集材料、辦理統計、因十八年至二十三年辦理戶籍無專責人員、故調查統計表式、與乎工作方法、不能一律、致有少許遺憾！特此註明。

北碚、黃桷、澄江三鎮市街的戶籍、公安隊均用劃街編戶的方法管理、本年度除第二隊隊部新駐黃桷鎮、將街道戶號編定外、北碚、澄江兩市亦重新整理街道指引牌及門牌號數一次、以求盡美盡善。

三隊共破獲的治安案件、（盜匪、賭博、拐逃、無照吸煙等）共計有一百二十五件、中有比較奇特者如第一隊破獲溫泉公園住客失去皮箱、測量儀器、照相機等一案、經該園電告公安隊後、三小時內、破獲盜竊捕獲正盜三名、失物全部清還原主。失物者以破案迅速而返原璧、當奬洋貳拾元、隊中辭以責在保護區內住民旅客堅未收受。

二、秩序

第一隊添設派出所於金嗣碑、第二隊移隊部於黃桷鎮、第三隊添設派出所於二岩鄉、三處都是新設、隊伍到達後、各種市場—如煤炭、米糧、小菜、—…及河邊船隻的秩序、就有嚴密的規定、工作的方法、是預先考察、然後召集各業開會、然後就督促實行。

本年端午節的「夏節龍舟比賽會」、和元宵節的「全區壯丁總檢閱」、都是幾萬人參加的場合、會聚集三隊之力、負維持秩序的責任、使幾萬人安然無地在一塊活動、至於各場趕集各市場的秩序、仍照常的維持。

三、衛生

衛生方面、最致力者爲公共廁所之改良、第一隊改建五處、第二隊改建一處、第三隊改建兩處、在未改建以前、均經地方醫院左院長親臨設計製圖、改建共通的原則、是要求空氣流通、光線充足、蒼蠅無法飛出、儲糞池隔離幷嚴加封閉、以免臭氣外洩、坑高八吋至十吋、以濾汚水幷減臭氣、地位加寬以免擁擠、經費最多的是六十幾元；最少的是八元。建築費通由市民自出、各隊負指導與監工之責、暑天滅蠅、也是各隊的中心工作、本年共發出蠅拍八百八十五把、收蠅數字如下：

| | |
|---|---|
| 北碚 | 五二三五兩 |
| 黃桷 | 三八一〇兩 |
| 澄江 | 五三二七兩 |

上面的數字如果隨便看去、本來很平常、然以當地的人口數字作一對比、那就驚人了。況且上面的數字、僅限於有奬所收之蒼蠅、各市民自動撲滅而未來隊登記領奬者、尙在數外、爲了整理市面的清潔、第三隊定做菓屑箱二十個、痰盂二百二十個、除市面安置外、各旅食店每家指定購買菓屑箱一個、痰盂二個、各旅食店的清潔、仍然三日檢查一次分別奬懲。

## 丙，屬於保甲者

一、保甲編組：

十月份(二十五年)奉 區署命令、劃各隊所在地之市街各保甲、由公安隊直接管理、其餘各鄉保、公安隊仍須負指導贊助之責、各隊乃商同各聯保辦公處、北碚劃六保、黃桷劃六保、澄江劃四保、立即實行戶口異動之查報、并酌予改編、工作情形已按月表報 區署、茲不詳述。

二、保甲訓練

各市街保甲長之訓練、其教材與訓練方法、統由內務股辦理、公安隊依法執行、無另行報告之必要。

各鄉鎮壯丁訓練、以街保比較認眞、無論實到訓練人數、與乎訓練成績、均較鄉保為優、然而街保戶口較密、召集較易、個別經濟力量平衡、缺席人數較少、亦為一大原因也。

北碚方面有勞働服務團之組織;團員為商店店主掌櫃及士紳之青年子弟、第一期有團員共五十人、訓練行將結束、(三個月訓練期滿即告結束)正準備六個月之社會服務、訓練科目除壯丁受訓科目外、特加授新生活運動綱要、保甲問題之研究、民眾教育實施法、急救法……等學科、以作將來服務之參考、第二期正在徵集團員中、(現報名者達六十餘名)擬於四月份正式成立、同時開始訓練。

三、保甲運用

本年度的保甲運用、以防治匪盜、保護地方安寧成績為最好、如北碚之第三四保十六保、澄江鎮之第九保、均破獲重要案件、(經過情形已另文呈報區署)餘如各保破獲細微盜案、共計不下一百起、民眾自衛之成效、較諸昔年、尚有進步。

## 丁,屬於教育者

一、學校教育

民眾教育方面、最致力者要算第三隊、本年度在澄江鎮、夏溪口、黃葛溝、新門洞、二岩鄉等處都辦有學校式的教育。如半日校、夜課校、工餘校、船夫校、計六所、學生人數共有五百三十七名、其次是第二隊在黃桷鎮、文星鎮、白廟子三處、各辦夜課學校一所、共有學生一百八十八名、辦理的期間。最長的是四個月、最短的是一個月(船夫學校為一個月)半日校夜課校均以識字教育為目的、課程是識字、習字、音樂、體育。船夫校、工餘校、是以公民訓練為主、以識字訓練為輔、所以教授的課程除半日校、夜課校所授課程外、還加授軍事訓練與乎公民常識、九所學校的教師、純由公安隊及熱心教育的地方人士義務担任、所有燈油書籍等費的來源、亦由地方人士樂捐、除工餘學校由燧川公司專款辦理、船夫學校由第三隊開支經費外、餘共支出洋二百零二元四角正。

二、社會教育

社會教育方面的工作、分圖書館、新聞簡報、問事處、俱樂部、各種宣傳、第二三兩隊、均有圖書館之設、共藏書、與現訂雜誌、報張、及閱覽人數如下表:

| 隊別 | 地點 | 藏書 | 現有雜誌 | 現有報張 | 備攷 |
|---|---|---|---|---|---|
| 第二隊屬 | 黃桷鎮 | 二〇六五冊 | 一三種 | 八種 | 藏書以平民讀物及小學文庫較多 |
| | 白廟子 | 二〇五冊 | 二四種 | 四種 | 藏書以史地較多 |
| | 文星鎮 | 七二〇冊 | 一〇種 | 五種 | 藏書以平民讀物較多 |
| 第三隊屬 | 澄江鎮 | 三四五〇冊 | 八種 | 四種 | 藏書以教育文學平民讀物較多 |
| | 二岩鄉 | 三二五冊 | 五種 | 四種 | 藏書以平民讀物較多 |
| | 合計 | 六七七五冊 | 六〇種 | 二五種 | |

閱覽人數統計表

| 地點 | 全年人數 | 每日平均人數 | 備攷 |
|---|---|---|---|
| 黃桷鎮 | 三六五一人 | 一二人强 | 設館僅十個月 |
| 白廟子 | 二七八五人 | 八人弱 | |
| 文星場 | 二七一三人 | 八人弱 | |
| 澄江鎮 | 六九九五人 | 二三人强 | 中有兩月遷移館址無人閱覽 |
| 二岩鄉 | 四四五五人 | 一五人弱 | 設館僅十個月 |

上列五個圖書館之設立、係由公安隊倡導、地方人士熱心捐款以助其成、管理人員、亦由公安隊派遣。

各隊隊部所在地及各分所、均按日公佈新聞簡報、登載國內外省內及區內重要消息。（此項簡報材料由區署教育股供給）

第二三兩隊、均設有民衆問事處全年代人解釋疑問、及代寫書信、條據、統計如左表：

| 地點 | 寫信件數 | 條據張數 | 契約張數 | 普通問事 |
|---|---|---|---|---|
| 黃桷鎮 | 七五件 | 八四張 | 三五張 | 一二九件 |
| 澄江鎮 | 三一二件 | 三三一張 | 八六張 | 二二〇件 |

各地組織俱樂部、亦爲提倡正當娛樂之中心運動、黃桷、文星、白廟子、澄江、二岩等處、均由駐在該地之公安隊倡導、聯合地方人士及學校教師學生共同組織、現已組織就緒者以川劇、新劇、爲主要活動。

過去廢歷年節、各地民衆有請客送禮之風氣、各隊爲改善習俗本年曾經擴大宣傳、送禮請客者、較諸往昔大減、并有民衆自動捐輸應消耗之款一部份、作爲賑災者。

三、特種教育

爲促進餐旅館清潔運動并協助當地治安、第一二隊曾召集北碚、澄江兩地之茶房僚館、施行特種訓練、教材爲茶房須知、招待須知、新生活運動綱要、簡易偵探術……等。

北碚各旅食店爲求同業合作、自動組織同業公會、第一隊幫助擬定組織簡章并指導組織方法。

註：北碚民教工作由區署民衆教育委員會直接負責辦理故第一隊缺此項工作。

## 戊，屬於地方經營者

一、市政

北碚於三年前成立市政管理委員會負北碚市政經營管理之責。澄江鎮亦於本年應該地之需要而成立、黃桷、文星等處尚在籌備中。本年度屬於市政方面的工作、北碚、黃桷兩處、會整理全市汚水道（即陰陽溝）北碚、黃桷、澄江三處、共建標準厠所八個、三隊均擇定市外公共地點植林、共植樹四千一百株、本年度第一隊新設派出所於金崗碑、第三隊新設派出所於二岩、兩地市容均特別加以整頓。

二、建築

黃桷鎮區立校建築新校舍、第二隊幫助代募捐款、幷派兵代運磚六萬三千疋、瓦五萬二千疋、樓板五十園、木料八百五十節、又撤毀舊碉、坪新校舍地基幫工二千五百五十個、澄江鎮區立校建築新校舍、第三隊派官長一員、担任監工、幷派兵十名幫助坪地基、做三合土、編竹籬、築土牆、共二十五天完工、第二三兩隊爲求生產補助地方建設經費、均用兵工燒磚、瓦、石灰等、生產情形如左表：

| 隊別 | 品名 | 數量 | 共售洋 | |
|---|---|---|---|---|
| 第二隊 | 石灰 | 二一五〇挑 | 四二〇元 | |
| 第三隊 | 磚 | 三〇〇〇〇疋 | 二一六元 | 以上共售洋七五四元 |
| | 瓦 | 五〇〇〇〇疋 | 五四元 | |
| | 石灰 | 三〇〇挑 | 六四元 | |

註：上列產品、幷非全數售賣、除各方捐贈者外、售洋如上數。

共餘如第一隊幫助兵工六百個爲女子職業校建築籃球場、第二隊在黃桷鎮建碉堡一個、在文星鎮建圖書館一所、在白廟子引用山間之自來水建工人浴室一所、可容十人沐浴、第三隊在澄江鎮補修鐘樓及火藥堡碉樓。

三、交通

第一隊建北碚清和路路面八呎、路長四十餘呎、（補修一段在外）第二隊構通黃桷鎮至水嵐埡之電話、第三隊隊部添設十門電話總機一部、構通草街鎮、二岩鄉、雙石鼓、七塘、八塘等五處之專線、夏溪口渡船碼頭、商准民生公司設置囤船、便利水上交通。

## 己，屬於慈善者

一、賑災

各隊在舊歷年關、各地募賑情形如左表：

| | | |
|---|---|---|
| 北桷 | 計募米 | 三十一石八斗五升 |
| 黃碚 | 計募米 | 一十石零七斗七升五合 |
| 文星 | 計募米 | 二十一石八斗正 |
| 澄江 | 計募米 | 二十五石零四升九合 |
| 二岩 | 計募米 | 八石八斗五升 |

放賑情形如左表

| 地點 | 極貧人數 | 次貧人數 | 合計人數 | 合計放米數量 |
|---|---|---|---|---|
| 北碚 | 六四九五人 | 二九一一人 | 九四〇六人 | 二十六石六斗四升 |
| 黃桷 | 一六二二人 | 七六五人 | 二三七二人 | 一十石零三斗九升五合 |

| | | | | |
|---|---|---|---|---|
| 文星 | 二九五六人 | 二六八七人 | 五六四三人 | 二十一石八斗 |
| 澄江 | 二〇八四人 | 二五六〇人 | 四六四四人 | 廿石八斗一升 |
| 二岩 | 七五四人 | 一八〇人 | 九三四人 | 六石二斗八升五合 |

註：各場募集多而散放少之原因、係由於除數撥交災民收容所。

二、施診

第二三隊駐在地之黃桷鎮、水嵐埡、文星鎮、澄江鎮等處均設有送診處、前三處完全免費送診、澄江鎮則酌量病人之輕重及病人之經濟情形、收取四百或二百銅元之掛號費、但免費診斷之苦力、仍佔絕對大多數、幾處診斷人數比較如左表：

| 地點 | 全年診斷人數 | 每日平均人數 |
|---|---|---|
| 黃桷鎮 | 八四九五人 | 二三人強 |
| 水嵐埡 | 一二七五五人 | 三五人弱 |
| 文星鎮 | 七六四五人 | 二一人弱 |
| 澄江鎮 | 一一四一五人 | 三一人強 |
| 合計 | 四〇三一〇人 | 一一〇人 |

欲知四川嘉陵江三峽鄉村建設實驗區署進展情形者

請訂閱 之嘉陵江日報

紀載翔實 副刊活潑

訂報價目

一月 三角六仙 半年 一元九角

三月 一元 一年 三元六角

外埠訂閱郵費在內 社址：四川巴縣北碚

江蘇保甲

第三卷第一期

要目

保甲訓練之研究……邢防

如臯縣保甲之現狀及改革意見……張淵揚

丹陽縣一年來保甲工作之檢討……呂師尚

質疑二則……編者輯

通訊四則……編者輯

專載：江蘇省各縣鄉鎮保甲長推選補充辦法

江蘇省各縣整理保甲辦法

本刊二卷要目索引

廿六年二月一日出版 江蘇民政廳編行 每冊五分

# 現代青年

## 春季增大號

第七卷第一期目錄

中華民國二十六年四月十五日出版



**定價**

每期售洋一角
預訂全年（廿四冊）二元
半年（十二冊）一元

**優待直接訂閱辦法**

（一）凡直接向本社訂閱者、普通訂戶按定價八折、學生六折；
（二）經舊訂戶訂介紹者、普通訂戶按定價七折、學生五折；
（三）凡同時介紹全年訂戶每滿五份者、對於介紹人贈閱全年一份；
（四）舊訂戶續訂者、仍得依照徵求基本讀者辦法、享受優待、即普通訂戶按定價七折學生五折。

北平宣內抄手胡同現代青年社發行

# 軍法室工作概况

李綱

## 一，緣起

本署位於嘉陵江南岸、跨江巴璧合四縣交界邊區、當渝合孔道、羣山環峙、南有縉雲；北有華鎣；東有雞公山；西有西山坪；地勢極爲險要、在昔盜匪充斥、商旅裹足、交通梗阻、自江巴璧合峽防局成立後、一面淸剿、在前盧局長作孚任內、一面呈准國民革命軍第二十一軍司令部、照懲治盜匪暫行辦法處理盜匪案件、匪患乃告肅清、二十四年上項處理盜匪之權、奉令停止、匪風又復大熾、人民環請照舊審理盜匪案件、乃又呈請　四川省政府轉請國民政府軍事委員會委員長行營核准、於二十五年十月九日、委本署區長以兼行營軍法官、特權處理盜匪事項、遂於署內設軍法室、委任承審員一人、進行審理軍法案件。

## 二，組織

如下表：

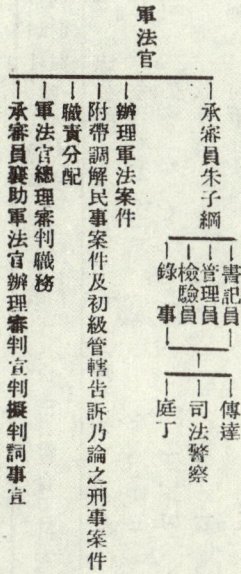

- 軍法官
  - 承審員朱子綱
    - 書記員
    - 管理員
    - 檢驗員
    - 錄事
      - 傳達
      - 司法警察
      - 庭丁
  - 辦理軍法案件
  - 附帶調解民事案件及初級管轄告訴乃論之刑事案件
  - 職責分配
    - 軍法官總理審判職務
    - 承審員襄助軍法官辦理審判宣判擬判詞事宜
    - 管理員管理羈押人犯
    - 檢驗員檢驗屍傷
    - 錄事掌管繕寫及編整擋案
    - 傳達送達傳票及文書
    - 庭丁站庭維持庭務
    - 軍法警察護送人犯及取保事項

## 三，工作

查各縣兼軍法官審判之案件除遵照　國民政府公布之懲治盜匪暫行辦法之規定辦理外、則爲：㊀現役軍人犯罪。㊁非軍人違犯軍事法令。㊂地方奸宄擾亂治安案件。㊃禁毒案件。㊄禁煙案件。㊅法令規定、應歸審判者、有拘捕審判之權外；否則本屬無可受理、此爲法律所明定者也。本署依組織規程、係直隸　四川省第三區行政督察專員公署與各縣府同一待遇、組織旣同縣府、則本署除軍法案件外；關於本區行政案件、當有直接處理之權外；餘如民事訴訟、及初級管轄、告訴乃論之刑事案件、事屬輕微、當事人間苟有就係爭執之法律關係、彼此甘願讓步停止爭執、聲請調解、本署本息事寧人之旨、又不能不設民事調解處、爲之調解也。則本署軍法室除軍法案件、爲固有任務外；幷附帶辦理本署之行政、與及民刑調解案件等、溯自成立迄今、爲時五月、所有辦理案件、玆分別統計如下。

審理軍法行政及民刑訴訟調解案件五月來已經結案者統計如左：

| 項別 類別 | 月別 案由 | 廿五年十一月 | 十二月 | 廿六年一月份 | 二月份 | 三月份 | 合計 | 備考 |
|---|---|---|---|---|---|---|---|---|
| 軍法 | 强盜 | 六 | 九 | 七 | 四 | 一一 | 三七 | |
| 行政 | 交代 | 一 | 二 | | | | 三 | |
| | 公款 | | | 二 | | 二 | 四 | |
| | 教育 | 二 | 二 | 一 | 一 | | 六 | |
| | 妨害公務 | 一 | | 四 | | | 五 | |
| 刑事調解 | 輕微傷害 | 三 | 一 | 四 | 一 | 一 | 一〇 | |
| | 離異 | 二 | 一 | 一 | | | 四 | |
| 民事調解 | 經界 | 二 | 一 | 五 | | | 八 | |
| | 債務 | 三 | 五 | 八 | 四 | 一 | 二一 | |
| | 租佃 | 四 | 五 | 五 | 一 | 一 | 一六 | |
| 移轉管轄 | 竊盜 | 三 | 三 | 二 | | 二 | 一〇 | |
| | 殺人 | | | 一 | 一 | 一 | 三 | |
| 合計 | | 二七 | 二九 | 四〇 | 一二 | 一九 | 一二七 | |

再本署辦理各案、皆係依據訴訟程序：以及法律之規定爲依歸、爰將辦理軍法案、及行政案件、判決、處分、文件：與調解案件成立之調解筆錄：分別各載一份於後、以資參考。

甲、軍法案件判決書

嘉陵江三峽鄉村建設實驗區署審理軍法案件判決書法字第二號

判決

被告龔玉林、年三十八歲、江北觀音寺人、挖炭。

汪金山、年十八歲、鄰水銅鑼鎮人、挖炭

右列被告强盜一案、經本署審理判決如左：

主文

龔玉林汪金山等、結夥共同强盜一罪、各處無期徒刑褫奪公權終身。

事實暨理由

緣龔玉林汪金山等、向傭工區屬之文星鎮、天府公司、於本年四月初十日夜間、夥同鄧光云及在逃之周子清、卿六、廖海廷、謝海清、楊海清等八名、持械前往文星鎮陳錫清家、毀門入室、將告訴人之弟陳海雲細縛、刼去銅元衣物等件、分贓受用、當經被告訴人之弟陳海雲、當即認明被告係天府公司工人、與陳錫卿訴請本署公安第二中隊派隊前往拿獲被告、并搜得龔玉林刦去被條一床、汪金山刦去換洗衣服一包、由該隊訊明、當庭交與事主陳錫卿認明領去、所有龔玉林汪金山鄧云光等、一併解送來署、除鄧云光前已打監格斃、曾經具報有案不計外、訊據被告供認搶劫、分贓受用屬實、但稱在外、并未入室云云。然查告訴人之弟陳海雲當庭指證、被告於搶刼時、將伊綑縛、以火燒其臉部、以及目睹被告於櫃內、搶劫雞蛋等、言之確鑿、歷歷如繪、則其所謂在外一節、純屬逅飾之詞、昭然如揭。

綜上論結、本案被告龔玉林汪金山、自屬本案實施强盜之共同正犯、毫無疑義。何能諉其狡展、而卸刑責：惟查被告因生活窘迫、智識薄弱、躲之犯罪後：情狀實堪憫恕、不無原情酌輕處斷之餘地、移其行爲應依剿匪期內懲治盜匪暫行辦法第四條第一款、刑法第五十七條五十七各款及刑法第五十九條、第二十八條、第三十七條、刑事訴訟法第二百九十一條之規定、判決如主文。

中華民國　年　月　日

區長兼軍法

軍法承審員

中華民國　年　月　日

本件證明與原本無異

本判決自送達之翌日起、於五日內、提出辯訴書。

書記員

乙、審理行政案件處分書。

嘉陵江三峽鄉村建設實驗區署審理行政案件處分書　行字第一號

處分

原告、易位之、年三十六歲、現任澄江鎮聯保主任。

被告、梁澤霖、年三十九歲、前任澄江鎮鎮長。

右列兩造因移交公物事件、本署審理處分如左：

主文

着梁澤霖賠償澄江鎮聯保辦公處、公物損失洋六十一元二角正。

事實

緣原告起訴要旨、略謂原告於本年四月二日、接任區屬澄江鎮聯保主任、所有由前任鎮長梁澤霖移交單內損失之公物槍彈等件、前經開列名單經區署審查、其可原情者、予以核銷免議、關於武器子彈等類、實不可敷衍者計賠償修理之價洋六十一元二角、命令被告負責賠償在案。乃被告藐抗法令、迭經催促、玩延不理、是以訴請責令被告照令賠償云云。被告答辯要旨、略謂被告任內、對於經手公物及武器子彈、前任鎮長張敘之移交民時、係屬如此、原告接事時、即行移交清楚、原告接收後、予以損失、民何能負賠償之責、請求撤銷原案、并飭原告與民出具清收總結云云。

理由

本案被告對於澄江鎮聯保辦公處損失之槍彈、應否負責賠償、及修理之責任、當以被告接任接收時、對於原告所謂請求賠償之槍彈是否如此、及此槍彈於被告移交後是否係原告所損失以爲斷。査民國二十四年、四月一日、被告接收前任鎮長張敘之移交公物表內、對於連槍之掛簧、抓簧、彈筒、九子槍之發彈絲、筒箍、絲釘。土造鈎兒槍、改良新槍之通條、單響槍之機柄、機床、并未損失、所有連槍彈亦係一百零四發、并非六十七發、五子彈六十七枚、亦非六十八發、是被告於接任接收對於原告所請求賠償之槍彈、并非如此、已可概見、復査被告移交之期、爲本年四月八日、原告於接收後、當即造具接收公物相差對照表、聲明在案、其間原告何由損失、更可知原告所請求被告賠償損失之槍彈、并非於被告移交後、爲原告所損壞、復可斷言、原告告訴請求被告賠償損失之槍彈、既係被告任內之事、被告對此、本署核定之損失、依法應負賠償之責、實屬無可狡賴。

綜上論結、本案被告應負賠償澄江鎮聯保辦公處槍彈損失洋六十一元二角、爰特依法處分如主文。

中華民國　年　月　日

區長

承審員

中華民國　年　月　日

書記員

本件證明與原本無異

不服本處分、得於收到之翌日起、三十日以內提起訴願狀、訴願狀得由本署代轉并記。

承審員

丙、民事調解案筆錄

嘉陵江三峽鄉村建設實驗區調解離異案件筆錄　民字第一號

筆錄

聲請人高曾氏、年二十四歲、渠縣宋家場人。

相對人張子高、年三十七歲、巴縣北碚場人。

調解人劉汝林、年二十歲、巴縣北碚場人。

右列兩造因離異事件、經本署召集到案調解成立茲筆錄其內容如左；

(一)調解內容

甲、高張氏與張子高夫婦因不堪同居、所有婚姻關係、經兩造當庭同意、着予離異。

乙、除張子高前給予高曾氏路費洋二十元外、再由張子高給予高曾氏生活費洋十元正。

丙、兩造於離異後、所有男婚女嫁雙方均不相涉。

(二)調解成立年月日

中華民國　年　月　日

(三)調解之當事人

聲請人高曾氏押

相對人張子高押

調解人劉汝林押

中華民國　年　月　日

嘉陵江三峽鄉村建設實驗區署

書記員

承審員

中華民國　年　月　日

本件證明與原本無

書記員

二、羈押室之設置——本署向無羈押室、係於前峽防局時期內設有禁閉室一間、縱橫約有丈餘、可容三十人之譜、軍法成立以來、即以作爲羈押匪犯之用、祇以室地狹小、不敷應用、兼之判決一案、先之以偵察審判、繼之以呈請核定、動經數月之久、是以室內盜犯有加無已、每覺人滿爲患、本應設法重加整頓、無如本署經費向形支絀、對於軍法室之職員薪餉、與羈押之囚糧、以及移轉管轄人犯之費用、均屬就署內省府每月補助費項下開支；故對該羈押室實屬無法可設、惟有因陋就簡、暫維現狀而已。

以上各點、係就軍法室成立之經過及五個月來辦理之概況、略加敘述至本室辦理案件、無論爲軍法與附帶辦理之行政及調解事件、均係隨呈隨批、隨傳隨訊、俾期早日結束、免資拖累、共有呈文用紙及各傳達傳案、送達訴訟文件、亦無私毫費用之徵收、即間有道途遙遠者、其食宿費一切、概係區署開支、蓋期免除一般舊來司衙之惡習、以達澄清舊有腐敗之吏治也。


有志於農林事業者

請訂閱 資格最老！！定價最廉！！材料豐富！！消息翔實！！的

農林新報

每十日出一期 全年三十六期

預定全年大洋一元正 半年大洋五角五分 零售每期四分

國外全年三元正 半年一元五角

定購處：南京金陵大學農林新報社

農林新報第十二、三年合訂本 內容豐富裝訂精美

平裝每冊大洋一元八角
洋裝每冊大洋一元四角
（郵費在內掛號再加八分）

十二三年同時合購 精裝兩冊三元三角 平裝兩冊二元六角

# 國本半月刊

## 第一卷　第十期

## 目錄



發行者：國本半月刊社　地址：南京西華門二條巷柏園

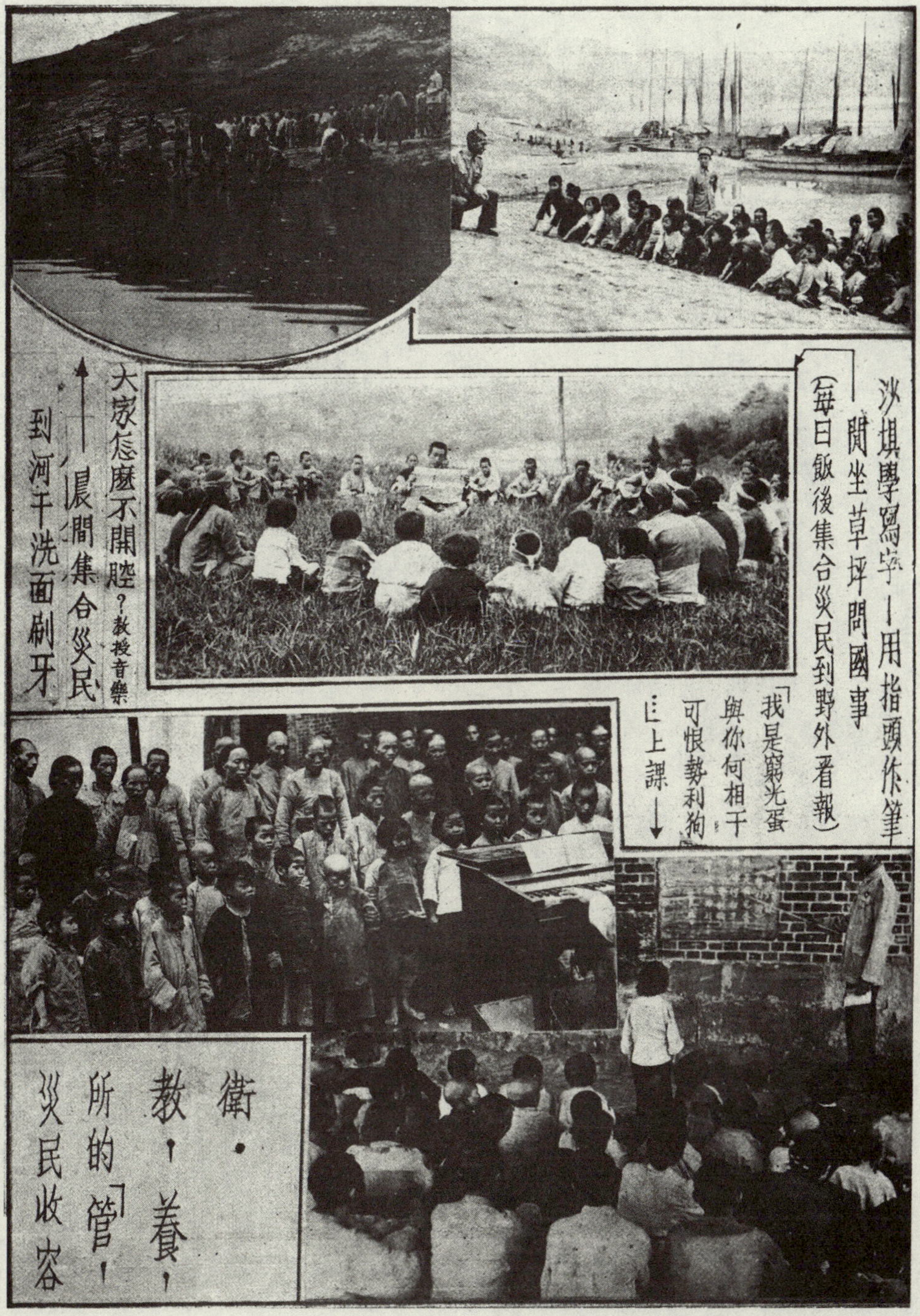

沙塡學寫字—用指頭作筆

閒坐草坪問國事

（每日飯後集合災民到野外看報）

「我是窮光蛋 與你何相干 可恨勢利狗」上課↓

大家怎麼不開腔？教授音樂

↑晨間集合災民 到河干洗面刷牙

災民收容所的「管，教，養，衛」

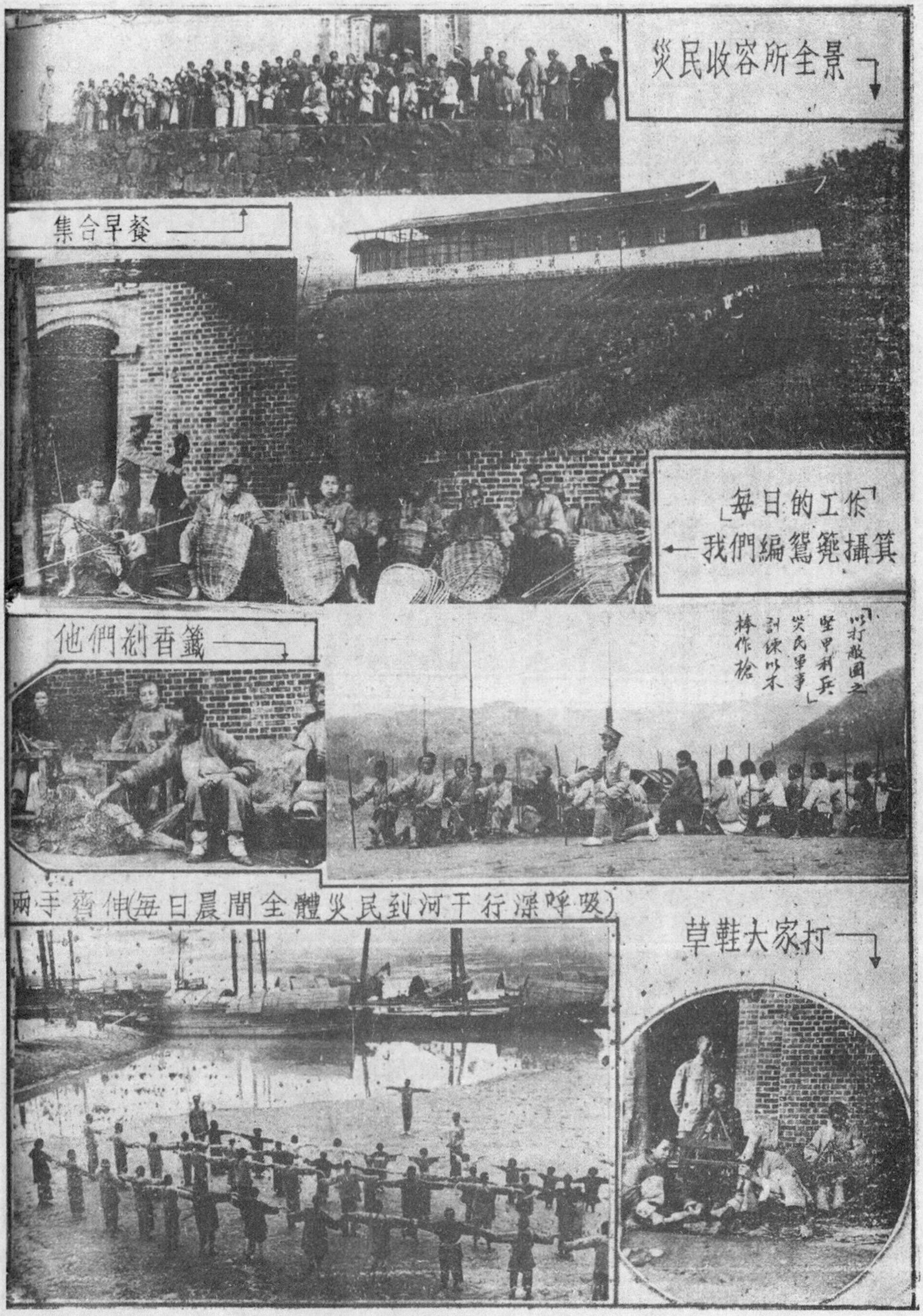

災民收容所全景
集合早餐
每日的工作」
我們編鴛篼攝箕
他們刮香籤
「以打敵國之堅甲利兵」災民軍事訓練以木棒作槍
兩手齊伸(每日晨間全體災民到河干行深呼吸)
草鞋大家打

# 兩月來的災民收容所

黎繼光

甲，緣起
乙，組織
丙，管理
1.出入管理
2.住所管理
3.粥食管理
4.健康管理
5.一般管理
丁，教育
1.文字教育
2.衛生教育
3.行爲教育
戊，訓練
1.談話訓練
2.軍事訓練
3.技術訓練
己，工作
1.運輸組
2.炊爨組
3.洗漿組
4.手工組
5.勞作組
6.清潔組
7.看守組
庚，統計
1.收容人數統計
2.食米收支統計
3.現金收支統計

## 甲 緣起

峽區山多田少、地瘠民貧、向來出產、供不應求、去年遭受空前旱災、一般饑民、多以白泥、樹皮、草根等爲食。其有顚沛流離、慘不堪言、甚或離鄉逃流、死無定所。尤以廢歷年關、饑民麕集市街求乞者、到處皆是。實驗區署爲力謀安定社會秩序、救濟無家可歸之災民起見、特商賑務分會籌設災民收容所、凡由賑分會募得之捐款、全數供給收容所開支。乃於二月九日由實驗區署召集各部主幹人員、及各鎮聯保主任、紳耆等開會籌備。次日覓定夏溪口燧川煤礦公司之炭坪爲所地、正式成立、開始收容、至二月底止、入所災民已達一百四十餘人、本所對於災民教養均極注意、管理訓練純軍事化、茲將本所之組織及管理訓練情形略述於後；

## 乙 組織

1,本所直隸屬嘉陵江實驗區賑務分會
2,本所設所長一人、主持所內一切事務、設管理員二人、執行所中規定一切應辦事件、料理賬目、指揮組長、管理災民等、管理員全盡義務、未另支薪、但住宿由所中供給。
3本所舉辦之事項及一切開支均受賑分會之指揮監督及稽査。
4,本所純採集團動作、集團生活方式、不使一人有個別之特殊行動。
5,本所因災民人數達一百四十餘人之多、爲管理訓練分配工作便利計特分運輸、炊爨、洗漿、手工、勞作、清潔、看守、七組。

6, 每組設有組長一人、就災民中選任之、担任本組管理災民、整飭清潔、支配勞作、稽查出入、盤查奸細之責任、如該組容留匪類組長亦受連坐處分。

7, 本所組織表列後：

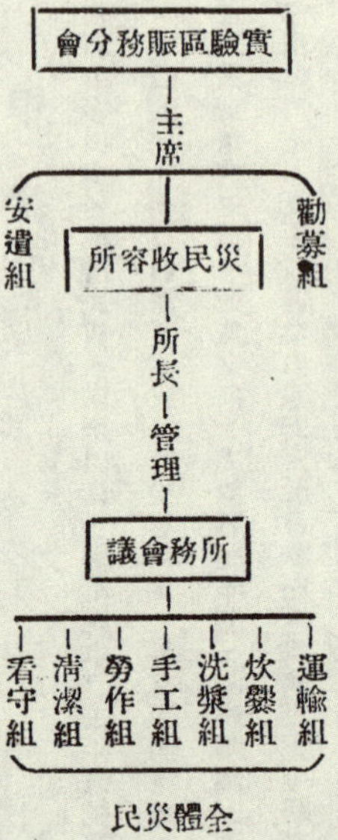


## 丙 管理

1, 出入管理

一、限於本區赤貧、不能繼續生活之災民、幷須有保甲長之證明、給與證明證向該管聯保辦公處換取正式入所證、然後經本所管理員登記、所長核准後始能移入。

二、凡因故及自願出所者須向管理人報告經所長核准後始能移入或移出。

三、暫時出入須向組長報告事由、幷自限回所時間、有攜物出入者、亦須報告組長幷受其檢查。

四、災民有客來訪、須先通知組長、如留宿者須經管理員許可始能容留、去時亦須報告。

2, 住所管理

一、災民之位置、以每戶爲一號、依戶口之編制、並受管理員之支配與調動。

二、所中供應之物、或多或少、管理人有決對處分權、災民不得爭多論寡、或聚衆要挾。

三、住屋內不得燃火炊爨、並隨時留心火燭、以防火災。

四、住屋內不得便溺涕唾滿地、喧嘩叫罵吸烟聚賭等不法行動、舖被器物、亦不准狼藉滿地。

五、起床睡覺、均有規定時間、除過老與有病外不得長日在舖內鼾睡或作無病呻吟。

3, 粥食管理

一、本所因人多之故、以一甕稀粥、所能養給之人分成大小組、編成組後不能自由變更。

二、由災民中選出健强任伙伕厨房、一切用具及飲料食品之清潔、均由組長指揮監督。

三、飲水食品小菜之運輸、統由組長派災民担任。

四、所中未受粥賑之災民本所亦另行編組、並指定地點、遵守所中一切規定與調遣、公用之炊爨器具、不能拉用。

五、本所之飲食、皆能適合營養條件、每餐食品、以粥米爲主、並隨時食葉綠素之蔬菜如波菜、青菜等。

六、每人每日可得兩餐稀粥、每餐每人食米四兩、略加有食鹽及蔬菜、煮熟後可得稀粥三碗、每人日食六碗、故可算具備營養條件、不滿六歲之孩童、減半發給。

七、每餐給粥由發粥者製一標準飯瓢、一次給予整量、未滿六歲孩童、給於半量。

4,健康管理

一、每日天明起床、齊集點名、天晚亦必點名熄燈就寢、秩序井然。

二、不分老幼每日舉行集團式游戲一次、或郊外散步一次二次、藉以活潑軀幹、强健體魄。

三、每日聚集全所災民講演時事、或談故事、以解愁苦、益其精神。

四、每週集合全體災民、舉行大掃除一次。

五、注意災民臥具衣服身體之整潔、亦隨時令其洗滌。

六、所中災民、有傳染病及癖好者、隨時令其醫治或戒除。

5,一般管理

一、注意所中有無流行傳染病之媒介物、隨時預防取締。

二、注意所中災民、不使發生盜竊行爲。

三、注意所中災民、不使發生擾害公共秩序强暴姦淫等之行爲及一切無聊之表現。

## 丁 教育

1,文字教育

一、識字、老少通、千字課、全所災民、現皆能識認清楚。

二、習字、每天到河干沙壩練習寫字一點鐘以減省筆墨之消耗。

三、衛生教育 每日講演衛生常識一鐘。

四、行爲教育 隨時改善災民不良之品格習慣。

## 戊 訓練

1,談話訓練 除平時聚集談天練習口才外、並訓練災民出席區署紀念週會報告工作。

2,軍事訓練 一、從不動姿勢、操至各種步法行進、及立定、並一切行動皆軍事化。二、曾作十六里路之遠距離賽跑。

3,技術訓練 每晨教授普通操及拳術等一小時。

## 己 工作

本所災民工作之分配、純以災民之體力年齡性別及技術分爲下列七組：

1,運輸組 担任全所工作所需之材料及米炭水等之運輸。

2,炊爨組 由災民婦女中選出健强者担任廚役炊爨事項。

3,洗漿組　由災民歸女專任全所洗漿事項。

4,手工組

一、篾兜　所內能任此項工作者、現有二十六人、平均每人每日以三挑為準、編成三挑、每挑即獎銅元二百文、售出每挑則可値洋一角、所用材料、多由勸募而來、所出之貨品推銷於白廟子炭窰及天府煤礦公司。

二、拖子　本所能作此項工作者現有六人、每日每人可編拖子二個、每個値洋五角、銷售峽區各炭廠、現有存品七十餘個。

三、草鞋　現有草鞋架六個、可供十二人之工作、每人每日可編草鞋四雙、亦極牢實、已出草鞋二百三十五雙。

四、香籤　編拖子篾兜等所餘之黃篾、即用以剖作香籤、此工作係不能担任重工作之婦女及幼孩担任、一萬香籤、可値洋二角餘、本所每日可出香籤兩萬根。

五、其他如攊篾篾席棕繩等亦常編製出售增加生產。

5,勞作組　包挑堰塘、包平地基、開鑿溝渠等類工作。(曾助三峽工廠平紗廠地基、用竹圓籮及挑河沙等)

6,清潔組　由災民幼孩担任全所清潔。

7,看守組　執行衞兵任務。

以上各組、每日工作、純軍事管理與指揮、秩序井然、近來以編篾兜拖子為中心工作、往後即準備為人修路築塘、不計工資、僅求伙食自給、本所期以將來辦到濟經獨立、對災民不僅止於救濟的意義、更訓練每人均有健康之體格及謀生之技能。

## 庚　統計

1,收容人數統計

從二月九日起至三月卅一日止、前後共收容災民三百四十六名、其中因自願及安插遣散者共二百一十八名、現在留所災民共一百二十八名、計老年男女十六名、壯年男女六十四名、幼孩男女四十八名。

2,食米收支統計

區屬五場去歲年關募得濟米、均提五分之一作本所食米、計北碚三石、澄江四石九斗四升、黃桷一石七斗五升二合、二岩一石、蔡洪發罰米一石五斗、縉雲寺捐米四斗、統計共有十二石五斗九升二合、截止現在、共食米九石一斗一升八合、尚存食米三石四斗七升。

3,現金收支統計

收入賑務分會洋八十元、公費菜蔬共去洋五十元〇三角七仙三星、尚存現金二十九元六角二仙七星。

**川災！**(受災情形及賑款分配)

一等二十六縣、災民五・七二七・八〇六人、配發賑款八八五・〇〇〇元、二等災區四十六縣、災民一二・九七七・七六〇人、配發賑款九九〇・〇〇〇元、三等災區六十九縣、災民一一・四八三・九一二人、配發賑款二五〇・〇〇〇元合計災區一四一縣、災民三〇・一八九・四七九人、共撥賑款二・〇九〇・〇〇〇元。

# 嘉陵江三峽鄉村建設實驗區署第一週年大事記

廿四年六月　峽防局長盧作孚卓就改組峽防局為嘉陵江三峽鄉村建設實驗區署計劃大綱電呈　四川省政府鄧祕書長鳴階轉呈　行營楊祕書長永泰劉主席甫澄察核復電報可。

七月　盧局長擬定實驗區組織規程并令黃主任子裳趙主任仲舒會擬計劃書、收支預算書（月支約一萬元）經赴渝請示辦法一再修改由盧局長商函　四川省主席審核。

廿五年二月五日　奉三區行政督察專員公署令發實驗區組織規程飭令峽防局改組。

二月廿五日　奉省政府委任唐瑞五為實驗區區長、盧子英為副區長、同日由區長召集峽局各主幹人員開第一次改組籌備會議。

三月八日　區長召集峽局各主幹人員開第二次改組籌備會議內定各股人員調派隊伍指定駐地。

三月十三日　唐區長瑞五黃子裳赴江北巴縣璧山各縣政府接洽改區事宜。

三月廿三日　區長召集峽防局各主幹人員籌商區署成立事宜決定四月一日開成立大會舉行就職宣誓典禮。

三月廿六日　呈三區專員公署派員蒞臨監誓并咨呈江巴璧三縣縣府及函達巴縣一區江北四區璧山三區區長來署指導。

四月一日　實驗區署正式成立禮堂設兼善大禮堂三區專署派張科長昌祈蒞臨監誓來賓中有江北縣長范英士巴縣余科長璧山宿科長士麟川江航務管理處長何北衡及五鎮聯保主任紳耆各學校校長等一百餘人參加。

四月五日　呈三區專員公署轉呈　省府委任本署祕書趙仲舒內務主任吳定域建設主任黃子裳財務主任胡天則奉令照委。教育主任則請暫以袁伯堅代理。

四月五日　遵照　軍事委員會委員長行營頒發修正剿匪區內各縣查編保甲戶口條例由區長躬率職員分赴區屬北碚黃葛文星二岩澄江五場開始調查戶口編聯保甲至六月十五日統計完結共編為一百保。一萬二千四百七十七戶、六萬五千二百八十四丁口。

四月八日　函中國西部科學院請將博物圖書兩館移交本署代爲管理得復照辦卽日派員接收。

四月十四日　舉行峽區第一屆嬰兒健康比賽會參加嬰兒五十名。

五月九日　派教育股暫代主任袁白堅赴江北縣謁范縣長英士商討黃葛文星二岩三鎭教經移交事宜。

五月十日　在北碚民衆俱樂部開峽區鹹菜展覽會晚在民衆會場給獎。

五月十三日　奉省府令將本署二十四年度預算案另造呈核。

五月十四日　奉省府頒發本署關防遂於是日啓用並繳銷前峽局舊關防。

五月十六日　保安隊改名爲公安隊刊發鈐記。

五月十九日　合川縣屬雙鳳場翠云寨被大股匪徒搶劫、令胡主任天則率帶公安一二中隊暨工人義勇隊前往兜剿大搜索羊子溪一帶三日與匪激戰兩小時、擒獲正匪李玉書等多名

五月廿六日　本署鄉村設計委員會聘訂委員如下：

主席　何北衡　副主席　盧作孚

委員　黃雲龍　鄧少琴　張博和

盧爾勤　李雲根　戴立生　常隆慶

李樂元　曲桂齡　守而慈　李賢誠

熊明甫　鄭璧成　宋師度　彭瑞成

鄭東琴　周雁翔

五月廿七日　派教育股暫代主任袁白堅赴渝向巴縣縣長商洽整理北碚教育問題、及教經統籌辦法。

五月卅日　刊發黃葛、文星、二岩、澄江、各鎭聯保辦公處木質圖記。

六月十六日　據合川草街鎭商民謝銀州等請求派隊駐紮該鎭維持治安當函達合川縣府轉令該鎭聯保主任知照、隨派公安三中隊分隊長蔣燚率兵一分隊前往駐紮並整理市政。

六月廿八日　唐區長瑞五赴永川參加七月一日第三區專員公署第二次行政會議。編纂本署四、五、六各月工作報告並戶口調查圖表攜往査核。

七月　愼遴全區各鎭保甲長。

七月一日　成立北碚婦女會、計到會會員九十五人來賓一百餘人有重慶教育學院及省教育廳之視察員蒞會訓示。

七月七日　公安第一中隊在金剛碑設置派出所。

七月九日　奉省令轉飭黃葛鎭經收員王蔭槐、將該鎭過道肥豬捐撤銷、旋據呈復於七月十一日裁撤。

七月十一日　呈三區專署轉呈　省府懇將本署組織規程修正以利

進行。

七月 督促成立峽區煤業同業公會

七月廿五日 招考義務教師與考者一百八十餘人。

八月一日 設立小學教師研究會義務教師訓練班集中各員受訓至八月三十日結束。

八月四日 函請北碚私立兼善中學將小學部份劃歸本署辦理、作爲區立中心小學之實驗、復函照辦、當即派員接收。

八月八日 呈請省府飭令巴縣縣府將北碚小學移交本署接辦。

八月十一日 呈請省府明令江、巴、璧、三縣縣府從七月一日起將區屬各場學校及經費交由本署接管以專責成。

八月卅日 奉三區專署轉發 省府修正本署組織規程。

九月一日 委任區立各校教員及全區各保義務教師、分別調查各保學齡兒童、限九月十五日一律開課。

九月一日 發行工作月刊自第五號起改爲北碚月刊。

九月四日 呈請省府明令巴縣縣府將北碚各小學校劃歸本署接管並照撥經費、以利進行。

九月十五日 抽調全區保長及小隊附共計二百名集中北碚訓練、一月完成。

九月十八日 奉省府訓令爲蠶絲業管理局負責征收東陽鎭上壩土

地爲蠶絲改良場。當由區長偕建設股主任會同江北縣代表蠶絲業管理局川東分場技士前往該地召集各地主開會商討進行、幷成立購地委員會、進行購買

九月十八日 呈請 省府將區內私立北碚兼善小學、併入區立北碚小學。請予註銷前案。

九月廿三日 江北合川及本署會剿大茅坪股匪一次。

九月 地方醫院遷設北碚女子職業學校校地、該校移設民衆教育委員會內。

十月一日 呈省府爲奉令負責代爲征收江北東陽鎭上壩土地合組購地委員會繕呈議案報懇鑒核。

十月十日 舉辦峽區物產展覽會

十月十日 舉辦峽區第一屆敬老會、計到男女會員一百九十八名。

十月 派員分赴區屬五鎭調查本年旱災情形統計結果、計受災戶數爲三五四四戶、損失糧食爲一九五六石、實收爲一九〇二石。

十月十一日 試辦小先生制教學、選擇北碚三十一三十二三十三保爲實驗地。

十月十三日 奉三區專署轉 省府訓令轉奉 行營令

十月十八 舉行第一屆全區義務教師月會、規定以後每月開會

一次。

委唐區長瑞五兼軍法官并飭設承審員一人。

十月廿六日 商洽北碚農行借款二千元購備秋季種糧散借全區農民點種。

十一月一日 訓令各聯保主任即日開始訓練各保壯丁

十一月一日 文重場戒煙醫院正式開幕。

十一月一日 呈報三區專署本署派隊到大茅坪白峽口等地搜剿大股匪徒經過。

十一月一日 舉行第一屆區立校校長教師月會、規定以後每月開會一次。

十一月九日 民衆教育委員會刊行農民週刊

十一月十三日 派遣各機關職員分赴全區各保作保甲教育建設等聯合視導一次。

十一月十五日 召開第一次保甲月會計到保甲長小隊附共一百八十五名

十一月 辦理全區自衛槍炮烙印登記、計有手步槍一千三百四十四支子彈一萬三千三百八十八發。

十一月 北碚設立短期小學一所、各鎭設立民衆學校二十二所。

十一月 組設共學處計在北碚試辦小先生制教學之三十一、三十二、三十三保。共設十三處。

十一月十九日 沈專員鵬、來區視察區屬各機關主幹人齊集區署辦公室分別報告工作并請 專員指示今後工作方針。

十一月二十五日 令五鎭聯保主任速組倉儲委員會儲谷備荒。

十二月一日 奉令召集五鎭聯保主任、開會商討興修塘堰進行事宜。

十二月一日 派員復査全區戶口一次費時一月

十二月四日 函邀江北合川兩縣長於本日在區署會商設置江合三峽實驗區聯防辦事處事宜

十二月六日 本署成立水利研究班訓練水利輔導員二十名限時半月完成。

十二月二十五日 訓令五鎭聯保主任成立鄉鎭公款清理委員會。

廿六年一月一日 派水利研究班水利輔導員二十名編爲十組分赴區內各保督促興修塘堰開始塘堰工作。

一月一日 舉行區立各小學畢業會攷。

一月十日 幫助中國農本局調査本區農村經濟作設置合作社之根據。

一月十一日 區立各小學期終試驗。

一月十九日 派員分赴區屬各保義務學校舉行期終考試。

一月廿七日 本署成立賑務分會電請 省政府省賑會及中央賑務

委員會撥款賑救災黎、蓋因區內災情慘重草根樹皮掘剝迨盡、棄兒賣女、餓死道旁隨地可睹也。

一月卅日　佈告區屬五鎮禁止廢歷年節送禮宴客。

二月八日　成立本區臨時災民收容所、收容本區災民一百四十五名。

二月九日　四川禁煙總局委任盧區長子英爲實驗區禁煙分局局長。

二月九日　接蠶桑改良場川東分場通知本日在東陽鎮上壩正式成立。

二月廿四日　舉行全區壯丁總檢閱計到官長二百三十四員、壯丁二千三百餘人、三區專署派代表渠視察員爲檢閱官

三月一日　公佈借種洋芋辦法、派員採購洋芋一萬斤發給區屬農民種植。

三月四日　公佈開放水田借作秧田辦法令區屬農民遵照辦理。

三月十日　青北段馬路開工建築。

三月十二日　派員參加家畜保育所、江巴實驗區成立峽區畜產改進會。

三月十六日　成立嘉陵江三峽鄉村建設實驗區禁煙分局。

三月十七日　令五鎮聯保主任設立貧民工廠收容災民。

三月十八日　規定各保保甲長每值場期集中聯保辦公處受訓、從三月二十二日起開始訓練定期兩月。

三月二十日　舉行本區中醫考試應考者二十餘名。

三月廿一日　會銜江北縣府呈報　省府收買東陽鎮上壩土地全部完成。

三月廿七日　區屬五場開始推行新度量衡器江北巴縣令派檢定員來區指導。

三月廿八日　令區立小學五鎮聯保主任各保義務校、督促農人實行麥田選種。

三月廿八日　呈三區專署奉令開鑿塘堰現已完工計截至二月底止完成新舊塘堰水庫八十五個。

附收發文件統計表

| 項目 \ 年月 | 二十五年四月 | 二十五年五月 | 二十五年六月 | 二十五年七月 | 二十五年八月 |
|---|---|---|---|---|---|
| 收入　呈文 | 28 | 47 | 50 | 78 | 83 |
| 收入　公函 | 26 | 26 | 38 | 18 | 33 |
| 收入　指令 | 7 | 14 | 19 | 14 | 14 |
| 收入　訓令 | 22 | 91 | 50 | 62 | 65 |
| 收入　代電 | 1 | 10 | 8 | 5 | 2 |
| 收入　密令 | 4 | 7 | 6 | 3 | 4 |
| 收入　扎件 | 22 | 28 | 30 | 20 | 28 |
| 發出　呈文 | 11 | 25 | 29 | 42 | 33 |
| 發出　公函 | 47 | 22 | 25 | 33 | 18 |
| 發出　指令 | 4 | 21 | 20 | 48 | 68 |
| 發出　訓令 | 14 | 28 | 18 | 36 | 52 |
| 發出　批迴 | 17 | 17 | 10 | 13 | 3 |
| 發出　扎件 | 31 | 22 | 21 | 21 | 22 |
| 合計 | 234 | 358 | 324 | 393 | 429 |

| 二十五年九月 | 二十五年十月 | 廿五年十一月 | 廿五年十二月 |
|---|---|---|---|
| 129 | 134 | 98 | 72 |
| 19 | 21 | 26 | 34 |
| 18 | 8 | 14 | 17 |
| 67 | 59 | 42 | 82 |
| 3 | 7 | 6 | 11 |
| 6 | 3 | 1 | 6 |
| 31 | 18 | 22 | 16 |
| 24 | 20 | 22 | 30 |
| 15 | 28 | 26 | 55 |
| 70 | 77 | 68 | 60 |
| 55 | 31 | 37 | 40 |
| 10 | 1 | 1 | 0 |
| 25 | 25 | 23 | 35 |
| 462 | 432 | 386 | 458 |

| 二十六年一月 | 二十六年二月 | 二十六年三月 | 合計 |
|---|---|---|---|
| 97 | 73 | 80 | 969 |
| 36 | 31 | 53 | 351 |
| 17 | 12 | 9 | 153 |
| 53 | 66 | 43 | 702 |
| 4 | 7 | 4 | 68 |
| 3 | 7 | 1 | 51 |
| 27 | 23 | 18 | 283 |
| 34 | 20 | 31 | 321 |
| 43 | 27 | 30 | 369 |
| 78 | 36 | 81 | 658 |
| 53 | 10 | 35 | 409 |
| 0 | 0 | 1 | 73 |
| 26 | 23 | 85 | 213 |
| 471 | 362 | 421 | 4730 |


# 新世界半月刊

## 第七期要目

歡迎周船長……
我對本公司過去的感想和未來的希望……
英國航海家對商船學校學生演說……
馬可尼式無綫電報機與航運……
第十二屆股東大會歡迎記錄……
第十二屆股東大會記錄……
特艙服務人員須知……
勸……

子冀　志林　施世銓譯　孟格　李桐先

## 第八期要目

四川的旱災……
悼甘襄理南引……
回到農村去的縮影……
中央銀行之使命……
對於宜昌民生新村之管見……
船舶之失事多因信心太過……
法船諸蠱底之一切……
我的船生活記述……

周仁貴　汪受益　何宴平　刁培然講　周仁貴記　冉慶之等　施世銓譯　施世銓譯　張忠賢等

地址：重慶第一模範市場民生實業公司
定價：全年一元五角半年八角每期八分

# 北碚月刊

本刊已呈請內政部及中宣會登記

中華郵政特准掛號認為新聞紙類

## 第一卷第九·十期

民國廿六年六月一日發行

編輯者 嘉陵江三峽鄉村建設實驗區北碚月刊編輯部 四川巴縣北碚

發行者 嘉陵江三峽鄉村建設實驗區署

印刷者 國民印刷股份有限公司代印

分售處 各埠大書局

### 定價

每月一冊 一日出版 全年十二冊

| 訂購辦法 | 零售 | 預定全年 |
|---|---|---|
| 冊數 | 一冊 | 十二冊 |
| 價目 | 二角 | 二元 |
| 郵費 國內及日本 | 三分 | 三角 |
| 郵費 澳門香港 | 八分 | 九角六分 |
| 郵費 國外 | 二角 | 二元四角 |

郵票代價十足通用

### 廣告刊例

| 等第 | 地位 | 全面 | 半面 | 四分之一 |
|---|---|---|---|---|
| 特別 | 底封面外面 | 四十元 | | |
| 優等 | 前後封面之內面及對面 | 三十元 | 十六元 | |
| 上等 | 圖書前後及正文首篇對面 | 廿五元 | 十四元 | 九元 |
| 普通 | 首篇以外之正文前後對面 | 二十元 | 十二元 | 八元 |

詳細廣告刊例函索即寄

### 北碚月刊 徵稿條例

一．本刊以記述農村實況傳達鄉建實施方法研究農村改良技術等為主旨歡迎投稿其範圍如下：

1. 農村社會實況
2. 鄉村建設之理論及實施
3. 各地鄉村運動之消息及現況
4. 鄉村事業之調查及報告
5. 時代知識之介紹學術問題之商確
6. 寫實的文藝作品國內外旅行實紀等

二．本刊暫分論著調查計劃報告科學教育文藝通訊隨筆等欄

三．來稿須繕寫清楚幷加新式標點符號如用洋紙忌寫兩面

四．來稿以每篇自一千字至一萬字為限過長者不收文體不拘

五．本刊暫不收譯稿

六．來稿如不願增刪修改者須先聲明

七．來稿署名聽作者自便但須將眞姓名及通訊處寫明以便通信

八．凡須將原稿退還者須預先付足郵票否則無論登載與否概不退還

九．來稿登載後酌致薄酬如左：

1. 每篇二十元左右
2. 每千字一元至五元
3. 贈本刊若干期或其他名著、刊物等

十．來稿交四川巴縣北碚三峽鄉村建設實驗區北碚月刊社

招登廣告　敬請批評

用力的「拉」
盡量的撐
嘉陵江上的船夫
勞働者的一佪
典型
強臂忍得粗繩頭
努力「搏鬥」

北碚
第一卷 第十一期
二十六年 七月號
家畜保育特輯
四川嘉陵江三峽鄉村建設實驗區署發行

# 畜產改進運動

峽區畜產改進會

——全體理事——

病豬內臟檢查——肺部潰爛

峽區畜產改進會、

——全體大會——

羊舍之前——乳用山羊

(Saanen goat)

防疫人員訓練班

——全體師生——

# 北碚月刊

## 第一期要目
廿五年九月一日出版



## 第二期要目
二十五年十月一日出版



## 第三期要目
廿五年十一月一日出版



## 第四期要目
廿五年十二月一日出版



## 本刊第一卷一至八期要目

## 第五期要目
廿六年一月一日出版



## 第六期要目
二十六年二月一日出



## 第七期要目
廿六年三月一日出版



## 第八期要目
廿六年四月一日出版

民國廿五年創始

# 北碚月刊

第一卷第十一期目錄

民國廿六年七月一日出版

## 家畜保育特輯

## 定戶須知

**1，改址** 定戶通信處如有更改、遠地皆須先期一月。通知本社。否則因此遺失、恕不賠補。

**2，補寄** 本刊每月一日出版、至遲可於五日交郵寄出．逐戶驗寄、從無遺漏。但郵途有時不免遲滯。萬難準期遞到、有時因故亦不免遺失、定戶可淸驗收到日期、如逾應到日期一星期後．則可附郵票五分、向本社索補本期、如當月不發信索補、過時許久始函索補、則恕不遵命。

**3，續訂** 本刊預定一年、國內連郵費只須二元三角、國外運費只須四元四角。舊定戶續定、每年遞減一角、即國內第一次續定只須二元二角、第二次續訂只須二元一角、第三次續訂只須二元、以後類推、減至每年一元爲止。國外舊訂戶續訂亦每年遞減一角、減至每年三元而止、但續訂之訂費、不能交與郵局及書局代定、只能交銀行或郵局直接匯與本社。

## 歡迎分銷

本刊發行以來，內容方面，力求精進充實，幸蒙各界贊許，銷行日廣，茲爲便利各地閱者計，擬廣設分銷，倘荷賜予提倡、概允担任寄售，無任歡迎，詳章函索卽奉，茲將國內已設分銷及代訂處列下：

北碚分銷處：嘉陵江日報社　北碚温泉公園
合川分銷處：新新書局
成都分銷處：中國圖書雜誌公司　開明書局
重慶分銷處中國圖書雜誌公司　北新書局　今日出版社
長沙分銷處：金城圖書文具公司
廣州分銷處：新明書社

## 本刊代售章程

一，本刊代售處除承担零售外，幷得代辦定閱。
二，代售處代辦定閱，每份照訂價扣除百分之二十爲佣金，款到本部後，開給定單，直接寄書，以省手續。
三，代售處每期銷數在五十册以下者給予佣金百分之三十(卽七折)一百册以上者，給予佣金百分之四十(卽六折)在一百册以上者，給予佣金百分之五十(卽五折)
四，代售處每季結賬一次，將每次所銷數目連同扣淨售款一併開單，逕交本刊發行部，遇有不淸，除停發書外，並以合法手續追繳欠款。
五，凡代售本刊，每季在十册以上者得自行刻製『北碚月刊特約代售』印章及懸牌於門首。
六，繳款須用法幣，郵票代洋以一角以下者爲限，外埠匯款匯水與郵費，概由寄者負担如有中途遺失情事本部亦不負責任。
七，代售處於代售本刊，應負保管愛護之責。
八，承担代售者，爲謀增加銷路起見，所有自爲之宣傳費用，歸代售者自己負担。

北碚月刊社訂

# 本刊第一卷

## 第九・十期合刊要（廿六年七月一日出版）

—嘉陵江三峽鄉村建設實驗區署成立週年紀念專號—



價目：每册售洋四角

---

一國家興亡，匹夫有責。一欲圖國家富國强，惟有從速訂閱倡導復興農村之

# 農林雜誌

第二卷 第六期

目錄



價目：月出一期每册一角全年一元二角郵費在內國外加倍
社址：浙江餘姚新建路七十八號
代售處：各地大書局

注意 徵求基本定戶一萬份在未滿額前訂閱全年者各贈「葡萄栽培法」一册以示優待

# 家畜保育運動

編者

本區位居三峽，山嶺重疊，地多乾燥，且天然牧場，爲數不少，頗宜畜牧，據四川家畜保育所梁正國技士調查報告：（二十五年六月）全區共有水牛三，一一九頭，黃牛三七四頭、豬二四，五七九頭，其他山羊，馬，騾，鷄，鴨，鵝，兎等計四九，九二一頭，論價值全區家畜計約值五十萬元以上，祇以品種不佳（豬每年平均不過生肉七八十斤，鷄每年產卵一隻僅有五六十枚）管理不善，疫獸流行，每年牛，豬，鷄，罹病死者達三萬餘頭（卽以豬一種言，年約死亡一千八百餘頭，每頭平均以五元計之，則每年損失亦在八萬元左右）農民受損，殊爲不貲，尤以年來旱災影響，畜產數量爲之大減，致使農村經濟加速破產！

本區當局鑒於復興農村經濟，必先提高農產品之生產量、故除辦理農作物產之改良推廣外，乃特與四川家畜保育所三峽實驗區合作，以謀本區家畜生產之提高，及死亡率之減低，藉以挽救凋蔽不堪之峽區農村。

三峽實驗區成立、僅及半年、曾作全區畜牧初步調查，關於畜種之優劣、獸疫之流行，牲畜之販賣屠宰等均有實際數目之記載、祇以人力經濟關係，乃先選一小範圍試驗，以作表證，半年以來、全部工作人員之埋頭實幹、如種畜之推廣，獸疫之防治，各項工作之聯絡及防疫人員之訓練等，率皆不遺餘力，至畜牧改進運動在本區已蔚成了風氣，目前尙在努力推進中。

本期編選『家畜保育特輯』其主旨除促起一般農民努力家畜保育運動外，同時尤希畜牧獸醫專家，共同努力，迅速將此運動推廣普及全川，乃至全國，此不僅農民大衆獲益匪淺，卽農村經濟亦有復蘇之希望也。

本期各篇文字的作者，皆爲努力家畜保育運動之同志，其內容除一部份專爲訓練防疫人員所編之教材外，餘均係三峽實驗區半年來實際活動之經過，玆特介紹、以供從事牧畜獸醫運動者之參考，幷該所之工作精神與方法、於此，亦可得見一班焉。

# 家畜保育制度推行問題的檢討

焦龍華

「推行家畜保育、到如今還沒有一種極妥善的制度實驗出來」、這是使一般畜牧獸醫界的領袖、感到困難而煩悶的、這問題確很值得討論、個人看來、這問題并不嚴重、我們只須把原因找到、跟到把它糾正、就可解決。

家畜保育這運動在今天幾乎全國都在推行、難道還沒有找到一個推行的制度嗎？不是、現在我要把這問題分做三段來說。

推行的制度、也可說就是推行的辦法、推行家畜保育的事情、誰說沒有辦法？借農民有的東西、很關重要的東西、來同他說話、同他想辦法、還不好麼？他還不接受麼？當然是有辦法的、而且辦法很多、在各種形形色色不同的場合、可以因地制宜用不同的方法來試、我們看到各省各地已在推行的家畜保育辦法、互不相同、這證明推行家畜保育是有辦法、有很多辦法、制度是有了的、不生問題。

其次、我們就要討論到、方法儘管有、但不妥善、所以就要專門來說「妥善」兩個字了、其實、所謂妥善與否、不是方法本身的問題、制度的本身、無所謂妥善不妥善、妥善與否、是以推行的人材爲轉移的、儘有好制度、不得其人、也不能妥善的、制度或是方法、本來是人造的、人想起來的、有妥善的人、自會運用起妥善的方法、甚至創造出方法來、再不然、如果承認了你今天已有妥善的推行制度、沒有妥善的人、交給够不上資格的人去做、那他運用了那制度沒有？充分利用那方法的優點沒有？他也許反被制度桎梏了！所以我們該一致的認爲推行幹員的訓練、是本問題的中心、例如大家說、「主義」很多、而「主義」的本身沒有壞、這、一般人都認定、是人錯了、什麼也不難、「自古才難」。

其實、「才」也不難、把訓練的期間加長并注意訓練者材料、受訓者也自動留意、人是可以受環境教育而養成的、認清家畜要普遍推行、畢竟是農村工作的一部份、服務農村工作人員、必先能認得「農村」和「農民」是什麼東西、要有很豐富的常識、特別是農業上的經驗、這、決不是住一二年馬馬虎虎的學校或訓練班所能擔任的、不管你能認得英文字或是會打針、只能在門裏替人家做做工、例如防疫的時候、農民不能了解、爲什麼豬好好的沒有生病、硬要驚擾他的豬、替它打針、在某種政治力量指揮之下、即使做到了這工作、但事實上農民未接受、這工作就沒有澈底、如果有時反會發生反感的話、這工作就更顯得沒有意義了。不如不做、對這問題、我們的要求是第一要這個幹員本身已確認自己是「爲農民的」而農民能認他是農民中間的一個、是不可缺少的一個、第二、在病沒有來之前、周圍的農民多遠近紛紛底來請求打防疫針、而他呢、就更充分地利用這機會來充實農民以防疫教育。

現在假設、辦法有了、妥善的人也有了、是不是人家就會說這是妥善了呢？還不、人家批評的妥善與否、是根據下很少的成本要得很多的產品的經濟原則來斷定的、這就是效果好歹問題、所以最後一段、我們就來討論效果問題。

效果的發生、是在乎我們工作的對象、我們工作直接的人事對象是農民、效果從農民口中說出、從農民間要發生好反應、那就好了、就是妥善了、要農民發生好反應、我們還要分做「事」和「人」來說：我們不僅是把「事」做得好、「人」應該先做得好、農民心目中是看「人」的成分比看「事」的成分多、因為農民的本身是大多以「人」來轉移「事」的。譬如你說替他做好「事」、他根本不很信任你這「人」。他就不答應你、你有什麼辦法？所以這裏、推行的幹員、就得認清、要由教育開始、使農民認得「事」、從此、就又要牽連到其他複雜的問題了、因為教育農民而有反應、是要依種種文化的、政治的、經濟的環境而有差異的、農民根本就不容易一下變成現代化呢。

四川的家畜保育所、直屬於省府建廳、為要推行家畜保育的事業、就設四個實驗區、分佈在交通比較方便的地點、每一區的最小範圍是兩縣、原來的意思、很想做些精密而集約的工作、再影響周圍、爭相仿做而慢慢地普遍幹起來的、所以竟就極小的範圍——一保——來做起、試給人家看。每區每月的經常費是二百多圓、畜牧和獸醫的幹員四五個、薪水另由所中支發、我們再看一下江西的制度、江西分防疫區、一個防疫員管一區、一區是兩縣、那末、當然他只單管防疫一樁事情、同四川的辦法來比、似乎只抵工作的一半、但是、如果四川的制度、實驗區內的幹員沒有照原意去充分發展、使有教育意義、宣傳工作、例如「打針」怎樣「打針」？為什麼要打針？何以只能打針等等、都要使它大衆化、工作雖在一保、影響至少要希望它及於兩縣。如果帶有教育的意義和宣傳的工作、事做在第一保、只影響到這一百家左右的人、二百頭上下的豬、和十來隻牛、其他保的人、還像不知其此事的話、那末制度上、應再加研究檢討的、甚至爽快地講、竟可利用政治的力量、強迫實施直接遍及兩縣當較經濟而有力的多。

四川家畜保育所

主要工作

防治家畜病瘟
製造獸疫血清及預防液
研究家畜疾病之病理及防治方法
調查全省獸疫流行情形
檢驗各種病理標本

特製預約獸疫預防液及血清
增進家畜生產效率
改良畜種
改進家畜營養
改進家畜管理方法
提倡民間畜牧事業
提倡家畜及畜產之衞生運動

本所所址：成都南門外漿洗街
華陽實驗區：華陽縣中和場
榮昌實驗區：燒酒房三聖宮
三峽實驗區：北碚文星灣
南充實驗區：南充蓮花池公園
新都實驗區：新都

# 家畜之重要傳染病

焦龍華

## 一，獸醫通論

獸醫學起原甚早、惟其發達而廣爲應用者則近世事耳、我國有獸醫、尤在各國之先、如禮記爾雅後、又有齊民要術相馬論等、對於獸病治療、均有記載、惟乏病原之觀察、故無進步耳。

獸醫有二大效用、一爲保障優良種畜、促進畜牧事業之發達、二爲防除牲畜瘟症、減外爲害人類健康之危險。

### I 疾病與其類別

疾病、卽違反健康之意也、如器官組織、發生變異、致生障礙各器官之營養、機能、形狀、數目、大小及位置失其常態有害健康者、謂之異常、全體或一部之形狀呈先天之變異者、乃曰畸形。

凡硬結、軟化、毀傷、脂化浮腫變化等者、謂之解剖的疾病、凡血中之蛋白質或水分減少及纖維、糖分、尿素、胆汁等成分之增減變性於血液及尿中者謂之化學的疾病、凡爲疼痛、痙攣、組織之變化尙未發見者、謂之官能的疾病。

胎內已受疾病、産時卽現病變者謂之先天病害、父母曾患之病傳之於子孫、初生時卽發作者、卽曰遺傳的病害、生後外襲之原因而發病者、名曰後天性疾病。

又如鉛、汞、砒、阿片等無機物、或有機質毒分、吸收於血中而發者、名曰中毒、再如牛瘟炭疽羊痘等能由一畜傳至他畜者謂之傳染病。另有依器官系統分者、依病狀分者病原分者、及內外科之分者。

### II 疾病之診斷

診斷之類別——問診、望診、接診、視診、測診、觸診、打診、聽診、嗅診、檢診。

診斷要點——一、問病史、二、記錄相貌、種類、毛色、特徵、雌雄、年齡、血統、用途、三、體質、營養狀態及稟性、四、皮膚、毛絨、溫度、乾濕、變狀、寄生物、五、結膜、六、脈搏、心跳、心音、七、體溫、八、聽視覺能力、呼气气味、粘膜、淋巴、喉腫、咳嗽、九、口腔、咽喉、粘膜、色嗅气、食餌、飲水、嘔吐、糞便、十、尿道、膀胱、陰戶、乳房、陰囊、十一、體勢、肢勢、擧動、步行、癱瘓、痙攣、十二、神經中樞、五官、十三、血液、分泌物、十四察病的接種。

### III 疾病之分期

病之發動、有極爲迅速者、有臟器破裂、卒中創傷、急性中毒之類是也、若進行不甚迅速、則能窺見其次序、如在將發病之初、全身進和、疲憊、食慾減退、不安等之徵、此名前驅期、其次卽爲發病之期名曰序期、病勢增加亢進之時、則曰進期、病勢達極度時、則曰極期、當病勢減退之期、則曰退期、達於將愈之期復其舊態、則曰恢復期、傳染病由病毒感受之時、以至發病之間、則曰潛伏期。

Ⅳ. 病因論

疾病之原因、大別爲素因(又曰內因或遠因)及誘因(又名外因或近因)二種

素因包括遺傳、年齡、性別、品種及體格、毛色、種類、與特異素因等。

誘因包括食物、飲水、地勢、地質、空氣、寒熱、勞働、寄生虫、細菌、毒素、毒品及器械損傷等。

## 二，傳染病之分類與病原微生物

Ⅰ 傳染病之分類法

1,依家畜種類分 a,馬、b,牛、c,羊、d,豬、e,家禽。

2,依病原物來分 (一)細菌病(二)原生動物病(三)毒素病

3,依畜體系統來分 (一)呼吸系統、(二)消化系統、(三)循環系統、(四)排洩系統(五)生殖系統(六)神經系統。

4,依大小、性別、病狀等、或疾病之緩急來分。

Ⅱ 病原微生物

一、細菌與疾病、1,有益、2,無關、3,有害。

(一)有害之原因、1,繁殖充積、2,消耗腐敗、3,本身有毒、4,分泌毒素。

(二)細菌之侵入 1,皮膚、2,呼吸、3,飲食、4,交配。

二、細菌之形態構造、與環境及其檢査法。——培養與消毒意義。

三、病毒 1,不能見、2,不能培養、3,能穿過陶土濾過器、4,接種於動物體——如豬瘟牛瘟是。

Ⅲ 免疫論

病原微生物、侵入動物體內、未必能致病、因動物各具固有抵抗力、惟各類自有强弱而已。

免疫種類；

(一)1,先天免疫 a,種類免疫性——如牛瘟不傳人、淋病不傳畜、鼠不得炭疽病、b,族類免疫性——如牛瘟區域內之牛、抵抗牛瘟之力大。,c各個之抵抗力——注射病原物於體重相等之動物體內、而其發病之輕重不一、卽證各個之免疫力不同也。

2,後天免疫性 a,自動、b,被動

(二)免疫血清及萬克辛

1,血清——動物之血、流出體外、移時卽凝結、沉於底下者卽爲紅血球血纖維之血餅、浮於上部之黃色者卽血清。

2,免疫血清——天然免疫或人工免疫之動物之血清卽謂免疫血清

一免疫血清內、含有免疫素、如牛瘟免疫血清卽爲治療牛瘟之特效藥、將免疫血清注射至動物體內卽增加其抵抗力、病原微生物、無從活動、免疫原理係一八九二年德人貝林所發明者。

萬克辛（Vaccine）——或稱菌苗、注入動物身體後、能刺激動物身體、發生免疫性。

免疫血清注射後、可使動物立卽發生抵抗力、萬克辛注射後、則須於七日至九日後方能產生抵抗力、但血清預防期間短、萬克辛則較久、故免疫血清用於治療及已發生該傳染病之區域、萬克辛則用於普通預防。

## 三，牛之主要傳染病

### I 牛瘟（Rinderpest）

牛瘟爲急性傳染病、黃牛水牛均能傳染、中國何時開始有牛瘟、無從查考。

1，病原　牛瘟係病毒、能穿過陶土濾過器、最高倍顯微鏡下尙不能窺見、不能培養。

2，病狀　病原由消化器入體內、潛伏期四至九日、體溫高至三十九度至四十度、呼吸及脈搏增加、略帶咳嗽、飲食減少、反芻停止、鼻孔眼角有粘性液流出、結膜發紅、先閉結後腹瀉。糞有粘性物如爛腸、氣臭有時糞中有血唾液增加、牙床潰爛、母牛陰戶、有粘性物流出、孕牛患此、則常流產、有病狀緩者甚難診斷、發現病狀後四日至十日卽死、若發病後三日而體溫下降者、則有恢復可能死亡率約四十至九十。

治療——無適當藥品、發病初、可注射「抗牛瘟血清」

注意一般傳染病預防法。

### II 牛炭疽病（Anthrax of Cattle）

炭疽病爲獸疫中最猛烈者、任何家畜都能感染、牛能傳於豬、犬可傳於羊、更能害人類、草食獸最易得此病、卑濕處較高原處多。

1，病原——爲炭疽桿菌、此菌能生芽胞、故抵抗力大、攝氏一百三十度乾熱三—五分鐘能殺死、濕熱非五分鐘不死。

2，病狀——桿菌由飲食、呼吸與皮膚破傷處傳入、又有一種吮血之虫、亦能爲媒介、潛伏期一——十日、喉部血管內、易於停留繁殖、發生水腫、淋巴腺紅腫、脾腫大數倍、血液不結呈黑色、病菌常繁殖而閉塞血管、此病外部病狀、可分三類：

1，最急性——無所謂病狀、死亡甚速、能於工作或休息時突然倒斃。

2，急性——體溫增高、飲食減少、反芻停止、稍臌氣、腸口鼻有血液流出、或尿中有血、二三日卽死。

3，慢性——站立不願走動、頭下垂、瞳仁放大、各部溫度不一、脈搏快而輕、呼吸增加而困難、粘膜藍紅色、、有出血點、大便初祕後瀉、體浮腫、七八日死、亦有愈者。

治療——無任辦法、初病期、用抗炭疽血清、靜脈或皮下注射、或用六〇六或九一四靜脈注射、大牛每次約二、七克、氣服時用百分之一來沙而水內服、大牛每次二〇—三〇西西、小牛十五西西。萎頓者給以興奮劑、如樟腦酒三十至六十西西、亦可用百分之五之石炭酸、消毒腸胃、每日五十西西。

預防——注射炭疽病菌苗、並注意一般家畜傳染病預防法。

Ⅲ 牛黑腿病（Blackleg of Calf.）

此病多發現於卑溼之處、天氣炎熱之時最易發生、小牛得此病者多、半歲至四歲則尤多。

1,病原——黑腿病桿菌（Bacillus Sarcophysematos Bovis）能生芽胞、故抵抗力强。

2,病狀——病菌由傷口及飲食傳入牛體、潛伏期自三日至五日、最初體溫增高、飲食減少、四肢硬直、病處肌肉呈黑紅色、厚處尤顯、如腿之上部後臀等處、初熱不痛、繼即發冷、漸變黑而硬或腐爛、以手壓之、有破裂聲、割開腫脹、初呈紅色液體、流出後則爲不潔之紅色、雜有氣泡、其附近之淋巴腺發腫、同時呼吸困難、脈搏弱而快、有時腹痛、最後倒臥、將死則體溫下降約二至八日死。

3,治療——無特效藥、開割病部、施行消毒、或搽以碘酒、或用百分之三石炭酸水洗滌、此外則注射抗毒血清

4,預防——施行預防外、可先注射抗毒血清及黑腿病菌苗或侵敵素。

Ⅳ 牛破傷風（Tetanus）

本病溫帶常有、寒帶爲少、牛之外各畜均能傳染。

1,病原——此病之病原菌、爲破傷風桿菌（Bacillus Tetani）及其所發生之毒素、均由皮膚或粘膜之傷口傳入、使神經系中毒、此菌能生芽胞、故抵抗力强、各處均易附着寄生。

2,病狀——潛伏期爲二—五日、病初倦怠懶於行動、四肢硬直甚或發抖、頭伸直、耳豎直、有痙攣現象、病重則全身堅硬、足分開不動、瞳大、口閉、流涎、强行則臥倒、呼吸淺速、體溫不增、增高則雜染他病如肺炎等是、食慾强雖嚥下或吐、舌上有灰色物便祕尿少。

3,治療——消毒傷口、飼以易消化之飼料、常使飲水、注射破傷風血清。

4,預防——注射破傷風抗毒素。

## 四，猪之主要傳染病

Ⅰ 豬霍亂（Hog Cholera）

豬霍亂爲急性傳染病、夏秋爲多、死亡率高、小豬易感。

1,病原——此病毒在腐敗之血中能生存數月、冷箱中能生存二月、攝氏六十度十分鐘可殺死。

2,病狀——潛伏期四至二十天普通九天、最急性者突然死、急性者七日死慢性者二十日死、溫高攝氏四十至四十二度、精神萎頓怕冷

停食、喜伏臥、驅之則拱其背、耳上及腹部皮膚、發現紅眼膜發炎、有黃色物排出。大便先結後瀉。

3,治療——豬瘟無特效藥治、在初期可注射豬瘟血清、其次則用百分之二福爾馬林牛乳二十至三十西西、內服及百分之二來沙而八百西之洗腸。

4,預防——用血清血毒同時注射、我注射萬克辛、注意其他預防法。

## Ⅱ 豬肺疫(Swine Plagve)

豬肺疫或名豬出血性敗血症。不論何時何地及任何大小豬均能感染。

1,病原——為豬敗血病桿菌(Bacillus Suisepticus)此菌能生外毒素、常由消化器傳入豬體、病原菌平時常存留各器官口、肺、胃、腸、內均有之、一俟豬體稍有不適、抵抗力衰弱時、則病菌繁殖而致病。

2,病狀——嘔吐厭食、倦怠嗜眠、眼紅便祕、胸之下面及四肢內側發大點之紅斑、初淡紅、漸藍赤、漸大則合連相併、此病則可分最急性、急性、慢性三種。

此病與豬霍亂分別頗難、惟豬肺疫之病狀及病痕以喉肺與胸最顯明、潛伏期較短、腸壁無潰爛。

3,治療——用甘汞〇、一至〇、五克內服以消毒腸胃、並飲以白蘭地、興奮之、最好病初注射抗豬肺疫血清。

4,預防——注意傳染病預防法及菌苗注射。

## Ⅲ 豬丹毒症(Swine Erysipelas)

豬丹毒為急性發熱傳染病、在溫熱帶較多、夏季尤盛、三四月之小豬最易感染、一歲以上之豬、抵抗力較强、此病毒可傳于人而致皮膚發潰瘍。

1,病原——丹毒桿菌、多由飼料或飲水經消化器穿過腸壁而入血、或由皮膚傷處傳入、此菌抵抗力强大、在陽光下可活一日、在腐敗肉中可活四至六日。

2,病狀——潛伏期三至五日、發熱、減食、精神萎頓、病狀又可分如下列三種：

(一)紫紅色皮疹——面、頸、腿、體旁發生充血紅腫、體溫增至四十至四十一度、口渴、吐嘔、便祕、或半身痲木者。

(二)敗血性——與豬霍亂相似、停食、不喜動、體溫四十至四十一度、作吐、便祕、繼則腹瀉、四肢內側有紅斑、呼吸困難、二日至七日即死。

(三)慢性心房瓣膜炎——病期有一二月者咳嗽、脈速、心跳快，呼吸速、常如狗坐地、逐漸後部痲痺、全身消瘦終至衰弱而死。

豬丹毒與豬霍亂不同之點即在霍亂之咽喉部生假性粘膜腸壁成紐扣狀潰爛、豬丹毒則無之。

3，治療——豬丹毒可注射丹毒血清、其他藥少有效力、惟可用瀉鹽（六十克）及百分之一之來沙爾一百西西消毒和清洗腸胃。

4，預防——可用三四個月之小豬、預爲注射菌苗、以資預防。

## IV. 豬炭疽病(Anthrax of Pig.)

豬炭疽病與牛炭疽病大致相同。

病原——炭疽桿菌(Bacillus anthracis)能生芽胞、抵抗强、不易消滅、在土中可經年不死。

病狀——由飲食及皮膚裂處侵入體中、病狀爲全身違和、體溫增高、食慾減退、粘膜出血、皮膚浮腫有紅色斑點、呼吸困難、喉部生漿液水腫、漸及腮頸等部、肛門口鼻流血、亦分最急性急性與慢性三種。

治療及預防——可注射炭疽病血清并注意一般傳染病預防法。

## V. 豬破傷風(Tetanus)

破傷風爲急性傳染病、人及家畜均能傳染。

1，病原——破傷風桿菌(Bacillus Tetani)、能生芽胞、寒帶甚少、溫帶則多、大都由皮膚及粘膜之傷口傳入。

2，病狀——精神倦怠、懶于行走、繼則腿直硬難提、口難張、流涎、難食、重者腹部肌肉收縮、痙攣而全身發硬、出汗多、呼吸急、吸氣少、粘膜缺乏養氣而成藍色、體溫不增、便祕尿濃。

3，治療——傷口施以消毒、並注射豬破傷風血清于皮下。

4，預防——注射破傷風血清並注意傳染病之預防法。

# 五 雞之重要傳染病。

雞病徵狀：

1，肉冠色彩呈暗黑色或收縮者。

2，喜蟄伏睡眠、行動無力、垂翼縮頸。

3，羽毛乏光澤。

4，不時仰空長息。

5，口鼻有粘液流出。

6，糞便現黃、褐、綠、赤、等色者。

## I 雞霍亂(Fowl Cholera)

雞霍亂爲雞之急性傳染病、死亡迅速、爲害最烈。

1，病原——氣候陰濕、飲食料腐敗、因之雞霍亂桿菌易於侵入。

2，病狀——病狀可分爲最急性、急性、慢性三種、普通糞便黃色、繼有腹瀉隨之變綠、紅或棕兼有粘性、羽毛鬆亂、精神萎頓、食慾停止、能飲水、口中有粘液流出、體溫昇至攝氏四十二度至四十三度半、三日卽死。慢性則體態消瘦、外粘膜發蒼白色、上冠肉色變暗黑色、口渴異常、體溫增高帶腹瀉、亦有關節發炎而變强硬者。

3，治療——無藥、可焚殺之、貴重者、可試用腸胃消毒藥如百分之一硫酸鐵、百分之一高錳酸鉀等作飲水、初期可注射免疫血清、

4，預防，——早晚檢查雞舍、病者取出殺之、焚之、或埋之。

二、移健康者於別處。

三、鄰近有此病發現、則謹防麻雀鴿貓狗等往來而為媒介、飲水則加千分之一過錳酸鉀。

四、雞舍及一切用具、用百分之三來沙而或百分之三石灰水消毒。

五、新買來之雞、須隔離。

II 雞疫(Fowl Pest)

雞疫或稱雞黑死病、為雞之急性傳染病、死亡率自百分之五十至一百、我國各地均有此病發現。

1,病原——為一種濾過性病毒、為最高倍顯微鏡所不能觀察亦不能培養。

2,病狀——類似雞霍亂、病雞失其食慾、不喜走動、口渴常飲水、體質軟弱、兩翅及頸部肌肉失其效用、故致翅下垂、冠肉腫而黑、體溫增高但較雞霍亂為低、眼部流粘液、致眼粘閉不能開、鼻孔亦被阻塞、甚至氣管亦阻塞、而呼吸困難、常見雞搖其頭、欲脫其粘液者、同時又發怪聲、有時腹瀉、糞污中混以血絲、死前常戰慄、普通二三天即死。

3,治療——藥物無效、免疫亦不妥。

4,預防——病雞立即殺之、其他。

III 白痢病(White diarrdea)

白痢病為雞之急性傳染病、出殼後四十八小時之小雞最易傳染、死亡率甚高約百分之四十至九十。大雞則抵抗力強。

1,病原——白痢桿菌(Salmonella Pullorum)傳染法有數種、最普通者由蛋殼附帶、其次則孵卵器及育雛室。

2,病狀——得病後滯呆、雙翅下垂、站立不穩、食慾減少、腹瀉、排泄物為白褐色並夾有泡沫、排泄次增多、刺激直腸、故排泄時發出痛苦聲音、附近肛門之羽毛為排泄物所粘住、排泄物不能外流、因之腹部脹大、急性者不久倒斃、若病延長、則足部腫脹、站立不動。母雞之白痢病、可分急性慢性二種、急性者精神萎頓、食慾減少羽毛亂、冠與垂肉蒼白、常生腹瀉、一日至數日即死、慢性者病狀不顯、卵之生產量減少。

3,治療——無善法、謹慎調養、或可致癒、但復原之雞、不易長大、且為痢菌之媒介。

4,預防——飲水中加百分之一之高錳酸鉀、卵須選自健康之雞羣、孵卵器及育雛室未用之先行消毒、病已發生、立即施行隔離、死者深埋或焚燒。

VI 鷄白喉(或鷄痘Avian diphtheria and Pox)

1,病原——為一種能濾過之病毒。

2,病狀——白喉病為傳染病之一、鼻腔眼角有發炎性滲出物、同時口部發生假膜、頭之外部生小結子(痘)病原同是一種病毒、依侵入之途徑如飲食、傷口、及粘膜、而其病理變化不同。

通常病狀分三種、(一)純粹粘膜病、(二)純粹皮膚病、(三)皮膚及粘膜混合病、病初鼻腔有粘性液體流出、阻塞鼻孔、同時眼發炎流粘性液、眼被蓋住、滲出物不能外流、致眼部腫大、病鷄精神萎頓衰弱、站立一隅、人近不驚、體溫高、粘膜炎及咽喉及氣管、則呼吸困苦、舌乾硬、嘴張開、粘膜上生假膜、色黃白、惡臭異常、數尺外卽能嗅之、間有忽然倒斃者、卽因咽喉爲假膜阻塞、不能呼吸、窒息而死。

痘之發生常在羽毛稀少之部、如冠與垂肉嘴邊等、大小不一、約八分之一至四分之一吋、初爲小白點、後漸增大至五六日變黃棕色、

3,治療——鼻腔之分泌物、以手擠之、再用消毒藥水洗、最簡單之方法、將頭浸入百分之二高錳酸鉀半分鐘、每日二次、洗浸時、使口張開、若口內有假膜則小心括出、塗以碘、甘油、或百分之二石炭酸、眼部腫脹、用刀割開、將黃物擠出、用普通消毒藥水洗之、眼炎則注以百分之十之阿久羅(Argyrol)

痘之治療、可用 酒、或百分之二石炭酸油膏、或高錳酸鉀濃液等塗布、亦可注射半西西之雜脫維兵(urotropin)

,4預防——注射鷄痘菌苗可資預防、其他方法與霍亂同。

V 鷄之球虫病(Coccidiosis)

球虫可傳染於各種家禽及野鳥、鷄較烈、小鷄尤甚。

,1病原——球虫爲一種原生動物(Eimeria avium)

,2病狀——病鷄衰弱、羽毛零亂、翅下垂、常昏眠、食慾停頓、排泄物爲白色液體、雛雞則帶血色、數日死亡、大鷄多爲慢性、病鷄多聚集一處、不喜走動、鷄冠蒼白、食慾如常、病鷄多延至二三星期者、死前常呈昏迷狀態、一月內之小鷄染此病復原者少、卽使復原、生長亦緩慢矣。

,3治療——球虫之抵抗力極强、治療甚難、祗有將粗兒茶磨碎溶於飲料中、每加侖水加入一茶匙、飲後如發生便祕每次可給瀉鹽三分之一茶匙。

六千分之一昇汞、或五百分之一高錳酸鉀亦可用。

,4預防——注意消毒隔離、其他預防法與鷄霍亂同。

Ⅵ 鷄炭疽病

炭疽病爲各種家畜均能感染之傳染病、故鷄食有炭疽病之死體者、常發是病、能於二十四小時內死去、病狀爲體溫增高、體弱無力、排泄物爲粘液而帶血色、鷄冠垂肉及足部生水腫、治療無良法、惟有注意消毒隔離等預防而已。

## 六,其他重要傳染病

馬鼻疽病(Glander)

鼻疽爲單蹄動物最易感染之病、豬羊甚至人均能染及、牛則不患此病、馬患者特多、爲惡性傳染病。

1 病原——馬鼻疽桿菌(Peifferella mallei)、由皮膚或呼吸器侵入。

2 病狀——本病分急性和慢性

（一）急性 發寒戰大熱、體溫昇至四十二度、呼吸器粘膜潰爛鼻孔泄膿、末期更排血、鼻膜全部潰爛、鼻中生小結瘤、同時呼吸迫促气喘、有兼發皮疽者、皮膚腫潰、淋巴腺亦腫、食慾減少、難下嚥、下痢、消瘦、數日即死。

（二）慢性 鼻流灰白或灰黃之粘液、混有血液、鼻孔中亦生小結瘤、全身羸弱、咳嗽頻發、末期則四肢浮腫、關節陰囊睪丸並腫、全身結核、大如胡桃、小者如豌豆、頗痛苦、顎下淋巴腫、漸結核、中心潰爛而生黃水、結成瘢、久則衰弱而死、經過緩慢、有數日至數年者。

皮疽則於前胸、肩、腹、四肢、或其他部位之皮膚及皮下組織生小結瘤、初則硬固疼痛、漸則變軟、破潰流黃液、漸則淋巴腺亦腫、到處有佛珠狀結瘤、久則衰弱而死急者三四日慢者六七年。

3 治療——輕者可塗水銀軟膏於患部、重者屠殺之。

4 預防——馬之鼻疽皮病菌、能傳染及人、慢性病狀不顯、可用馬鼻疽試驗液檢驗之、法以液點眼、二十四小時後眼角有無膿狀排泄物。或將試液注射於眼皮下、患者即二十四小時眼皮腫脹、有膿狀排泄物。

羊出血性敗血症

羊出血性敗血症、為羊之傳染病中為害最烈者、小羊尤甚、大羊則多屬慢性、低溫之地易流行。

1 病原——羊敗血病桿菌(Pasleurella ovisepticus)

2 病狀——分急性、亞急性、慢性三種

（一）急性：體溫增高、精神萎頓、食慾停止、口渴腹痛、呼吸困難、肌肉發抖、二日至五日即死。

（二）亞急性。體溫增高、胃口減低、體態衰弱、初有漿液由口鼻眼流出、後變膿、此外尚有肺炎、胸膜炎、腸炎等雜於內、如有腸炎者、則排泄物初為黃綠色、且有異臭、後則色黑、唇及附近有潰腫、舌腫且黑、走動不穩、肌肉不自主、三星期即死。

（三）慢性、大羊染慢性、實亦由急而變慢者、病狀為咳嗽、喘气、鼻孔有膿性液體流出、病羊消瘦、關節發腫。

3 治療——可用血清注射。

4 預防——注射血清施行免疫、以增抵抗力、低濕之地、不宜放牧。

III 羊痘與羊炭疽

羊痘為羊屬固有之熱性傳染病傳播羊群有損羊毛。

1 病原——病毒

2 病狀——潛伏期六至八日、冷天較遲、病初體溫增高四十至四十二度。精神倦怠、食少、垂頭、呼吸增加、發抖、脊椎痛、眼膜、眼瞼炎腫、有粘液流出、鼻孔亦然、呼氣惡臭、口膜全部、或全部發紅、便秘尿少、皮有紅點、生殖孔及腿之內側最顯明、紅點增大、內有黃液、漸周身腫、體溫至此減退、六七日痘熟、此後痘漿渾濁、乃變膿疱、呼吸咳嗽迫促、皮膚發氣臭、終則痘變黃白色、漸乾小變棕紅、不久脫落、故痘完全發出後則漸癒。

重症者由多數之痘、湊合大塊而化膿、如此症候熱度頗高、口腔、咽喉、氣管及角膜、亦均發痘、淋巴腺、繼續化膿、故能發敗血症及膿毒症、常有轉患肺炎而死、有時病羊常羸弱、全身脫毛、甚有失明、或跛行者、遇出血性痘瘡、凡皮膚粘膜處所、恆出血腐敗・死亡率百分之十至二十惡性者百分之五十。

,3治療——病初用免疫血清注射、重衛生、注意飼料、天晴則放牧。

4,預防——預爲種痘。

羊易感染炭疽病、前已言之。

1,病原——炭疽桿菌

2,病狀——忽然昏迷、行動不穩、磨牙、數分鐘即死、死前發抖、天然孔流血、血不凝而汚黑、輕者、病期較長、初則不安、呼吸困難、行動不便、有紅色排泄物及唾液、全身痙攣、有時體亦發少量水腫。

3,治療——用血清注射。

4,預防——用炭疽菌苗或炭疽攻擊素注射。

17 狂犬病(瘋狗病)——Rbies

狂犬病爲一種犬之固有傳染病、由狂犬咬傷、能爲害人類及其他家畜、

1,病原——病毒

2,病狀——潛伏期三週至六週、短者數日、長者數月、本病可分噪狂與鬱狂二種、病狀各不同、噪狂因病毒侵腦、鬱狂則專侵脊髓、但噪狂有時變爲鬱狂、鬱狂亦能變噪狂、且另有一種介於二者之間者、但狂犬病爲急性症、終必歸於死亡。

(一)噪狂 噪狂可分三期、即前驅期、刺激期、麻痺期是也。

(1)前驅期——爲半日至二日、病犬突然獰惡、執拗憤怒、驚愕、有時卒然跳起、罕有順從溫和者、咬傷處感異癢、恆自舐或自咬、味覺亦變、常好舐寒冷物、呑噬藁桿、土石、木片、碎玻璃等物、又好喫自己之糞便、或不絕嗅吮自己或他犬之生殖器、此期已有輕度痙攣、大便祕結、且有嘔吐意。

(2)刺激期——現狂亂痙攣不安。往往咬斷柵欄鐵鏈、或破壞門窗而逃逸、在戶外作無目的之奔走、時發咬癖、呈眞發狂之狀、常自咬尾肢、不問人畜、一遇即咬、其咬力之大、往往至破碎其牙齒、吠聲則完全改變、常發粗嘶聲、蓋爲聲帶之麻痺也、此亦診斷時之一

大要徵、若不現狂亂狀而現沉默憂鬱遁居於一角、凝眸虛視、向空中作捕蠅狀、不絕吠鳴者則甚少。

（3）痲痹期——爲狂犬病之末期、消瘦、毛粗竪起、眼球陷沒、咽喉痲痺不能下嚥、流涎、下顎痲痺、舌常伸出、終則後肢尾、直腸膀胱、亦發癱、三日至三星期卽虛脫而死。

狂犬病之體溫、往往昇至攝氏四十度而突然下降。

（三）鬱狂　狂犬無剌激、狂亂時期、或其期極短、惟常發下顎痲痺。

3，治療——無善法、可早期注射血清。

4，預防——宰殺病犬、嚴行消毒、已被狂犬咬過之人及衣服或家畜之任何都分、不論輕重、速卽注射血清。

## 附錄

I 用藥的途徑和用量：

一、從口中灌入　二、從直腸灌入　三、皮下注射　四、靜脈注射　五、氣管注射、附用量表——依牲畜之種類大小年齡及施藥方法而異、惟可按下列之比例給量：

（一）吃法

由口——一　　皮下——十分之一至二分之一

由直腸——一・二　　靜脈——五十分之一至二十五分之一

氣管——二十分之一

（二）種類

馬——一　羊——五分之一　狗——十分之一

牛——一・五　豬——五分之一　貓——二十分之一

家禽——二十五分之一——五十分之一。

（三）牲畜之大小

六歲馬——一　一歲馬——四分之一　三個月之馬——十六分之一

三歲馬——二分之一　半歲馬——八分之一　一個月之馬——廿四分之一

II 牲畜發情期

| | 馬 | 牛 | 羊 | 豬 | 犬 |
|---|---|---|---|---|---|
| 產後第一次發情 | 七—九天 | 十八—二三天 | 七個月 | 四—八星期 | 十二—十四星期 |
| 前後發情相隔期 | 三—四星期 | 十八—二三天 | 三星期 | 二星期 | 十二—十四星期 |
| 發情期 | 八天 | 二—三天 | 二—三天 | 二—四天 | 十—十四天 |

Ⅲ 懷孕期

| | 最少 | 最多 | 平均 |
|---|---|---|---|
| 馬 | 三一〇天 | 三八〇天 | 三四〇天（四八—四九星期） |
| 驢 | | | 三八五天（五十二星期） |
| 牛 | 二四〇天 | 三二〇天 | 二八〇天（四十星期） |
| 羊 | 一四五天 | 一五五天 | 一五〇天（二一・五星期） |
| 豬 | | | 一二〇天（十七星期） |
| 犬 | | | 六三天（九星期） |

| | |
|---|---|
| 貓 | 五六天（八星期） |

IV吸乳期

| 馬 | 羊 | 牛 | 豬 |
|---|---|---|---|
| 十二—十六星期 | 八—十六星期 | 六—十六星期 | 四—八星期 |

「註」豬和牛生下之後即可分開教其吸乳。

V孵化期

| 雞 | 土綬鷄 | 鵝 | 鴨 | 鴿 |
|---|---|---|---|---|
| 廿一天 | 廿六—廿九天 | 廿八—卅三天 | 廿八—卅二天 | 十七—十九天 |

VI家畜體溫、脈搏、與呼吸

| | 體溫 華氏 | 平均 | 每分鐘心跳 | 每分鐘呼吸 |
|---|---|---|---|---|
| 馬 | 九九·五—一〇一·四 | 一〇〇·四 | 二八—四〇 | 八—十六 |
| 牛 | 一〇〇·四—一〇三·二 | 一〇一·四 | 四〇—六〇 | 一〇—三〇 |
| 羊 | 一〇三·二—一〇四。九 | 一〇三·九 | 七〇—八〇 | 一二—二〇 |
| 豬 | 一〇〇·四—一〇四 | 一〇二·二 | 六〇—八〇 | 八—一八 |
| 狗 | 九九·五—一〇二·二 | 一〇〇·八 | 七〇—一二〇 | 一〇—三〇 |
| 貓 | 一〇二·二—一〇四 | 一〇一·四 | 一一〇—一三〇 | 二〇—三〇 |
| 家禽 | 一〇六·二—一〇八·五 | 一〇七·六 | 一二〇—一六〇 | 四〇—五〇 |

VII華氏溫度表與攝氏溫度表換變法

1，攝氏變華氏　將原有度數乘一·八　加三十二。

3，華氏變攝氏　將原有度數減三十二　除以一·八。

VIII發情年齡表

| 馬 | 牛 | 羊 | 豬 | 犬 | 貓 |
|---|---|---|---|---|---|
| 十二—二四月 | 十二—十八月 | 八—十二月 | 四—五月 | 七—十月 | 八—十二月 |

IX家畜每日排洩量

| | 糞量 | 尿量 |
|---|---|---|
| 馬 | 三四·八磅 | 十二—十四磅 |
| 牛 | 五十六磅 | 五〇—六〇磅 |
| 羊 | 二·八磅 | 一—二磅 |
| 豬 | 一磅 | 二—三磅 |
| 犬 | 半磅 | 一—二磅 |

参攷書目：


| | | | |
|---|---|---|---|
| 獸醫學教科書 | 上海新學會社 | 秦氏細菌學 | 博醫學會 |
| 畜產學 | 上海新學會社 | 豚病學 | 博醫學會 |
| 獸醫學 | 商務書館 | 注射新法 | 博醫學會 |
| 最新養羊法 | 商務書館 | 實驗養蜂學 | 商務書館 |
| 普通畜牧學 | 商務書館 | 萬有文庫（畜牧部） | 商務書館 |
| 畜產學 | 正中書局 | 解剖學大意 | 商務書館 |
| 實用養鷄學 | 商務書館 | 解剖學提綱 | 商務書館 |
| 實驗養鴨法 | 商務書館 | 微生物實驗法 | 商務書館 |

| | | |
|---|---|---|
| 家畜飼養學 | 黎明書局 | |
| 實用藥物學 | 商務書館 | |
| 家畜傳染病學 | 商務書館 | |
| 家畜傳染病學 | 中央大學農學院 | |
| 養兎法 | 商務書館 | |
| 消毒法 | 商務書館 | |
| 家畜管理 | 商務書館 | |
| 醫學常識 | 商務書館 | |
| 養羊法 | 商務書館 | |
| 注射淺說 | 商務書館 | |
| 各種淺說 | 成都家畜保育所 | |
| 畜牧獸醫月刊 | 成都家畜保育所 | |
| 畜牧獸醫季刊 | 中央大學農學院 | |
| 農家副業 | 商務書館 | |
| 養牛法 | 商務書館 | |
| 養豬法 | 商務書館 | |
| 養雞法 | 商務書館 | |
| 養鴨法 | 商務書館 | |
| 養蜂法 | 商務書館 | |
| 浙江畜牧 | 浙江塘雅 | |
| 獸醫月報 | 南京軍政部獸醫學校 | |
| 家畜保育週刊 | 成都新新新聞報 | |
| 各大雜誌之畜牧獸醫專號 | | |
| 西文參考書甚多、不及備載 | | |

# 四川的家畜及畜產品

據民國二十二年中央農業實驗所的調查、四川的家畜數如左：（單位一千頭）

| | 水牛 | 黃牛 | 馬 | 騾 | 驢 |
|---|---|---|---|---|---|
| 產額 | 二、二四七 | 一、一二五 | 一八七 | 一一〇 | 八七 |

水牛佔全國第一位。主要畜產品有牛皮、山羊皮、豬毛、羽毛等。成都爲黃牛皮及水牛皮的著名產地、牛皮年產約八、九千担至一萬担上下。重慶、成都等地產山羊皮、多黃黑色、白色極少、僅萬縣一帶出產、據專營羊皮業者之估計、川省羊皮產量、恆在二萬担以上、近年由重慶輸出數量、平均每年有一萬八千担之譜、由萬縣輸出者亦有數千担、與估計之數量、頗相符合。羊皮出口計約值一百萬兩左右。羊毛以來自灌縣、茂縣、松潘等邊地爲最多、每年出口約值二三百萬兩。

此外豬鬃亦爲主要出口品之一、有黑鬃白鬃野鬃三種、黑鬃各地皆產、白鬃以川南爲多、野鬃則多產於山地。每年出口約值三四百萬兩。

（註：申報年鑑一畝＝〇・九二一六市畝、一担＝一・一九三六市担）。


民間意識社最近出版各書

| 書名 | 書價 | 郵費 |
|---|---|---|
| 四川匪禍科學紀錄 | 八角 | 四分 |
| 四川農村崩潰實錄 | 八角 | 四分 |
| 四川工商社會苛雜概錄 | 一元二一 | 六分 |
| 四川農村社會苛雜概錄 | 九角 | 四分 |
| 鬥爭的民族意識形態 | 一角 | 一分 |
| 民族鬥爭運動 | 工本 | 一角 |
| 民族的被剝削論 | 二角 | 一分 |
| 科學社會主義科學批判 | 二角 | 一分 |
| 民族意識發凡 | 三角八 | 二分 |
| 四川人口動態及其資料 | 一角 | 一分 |
| 中國經濟認識論決疑 | 二角 | 一分 |
| 四川人口數字研究資料 | 一元 | 五分 |
| 貪污土劣與四川農村 | 二角 | 一分 |
| 被侵略之川江航權史料 | 印刷中 | |
| 民間意識一年全卷合訂 | 八角 | 四分 |

社址：成都文殊院巷十二號

# 約克縣猪之介紹

羅文信

## (一)引子

「呀、洋豬到了！看呵、八個人抬一隻豬！」小孩們這樣的吵鬧着跑了攏來。有的說「這是一隻山豬」、有的說是一隻「野豬」、也有的說這豬是個「狗肚子」(按：鄉人稱腹部不下垂的豬爲狗肚子豬)更有人說：「這豬是拿在火焰山公園去陳列的……」民衆體育場、一時就圍了很多人在這大豬籠的四周、帶着驚異的口氣互相猜測地問答着。男男女女比看「西洋鏡」還熱鬧。這是家畜保育所三峽實驗區種用公豬——大約克縣公豬——運攏北碚的第一天、大半的人是不明白牠是那里來的？叫什麼名字？什麼用處？還有什麼特點？何以用牠來改良本地豬？因這個原故、我們就不得不寫這篇東西來介紹一吓：

## (二)品種

豬的樣子、可以分爲兩類：一爲脂肪式豬(Lard Type)、一爲醃肉式豬 (Bacon Type)、脂肪式豬、身體肥胖。脂肪的成分多、所以適宜於鮮肉用、如波中豬(Poland China)、盤克縣豬(Berkshire)、杜落克節西豬(Duroc—gerseh)、白切斯特豬 (Chester white)、漢浦縣豬(Hampshire)、小約克縣豬(Smael yorkshire)等是、醃肉式的豬、身體較緊湊堅實而且瘦些、精肉多、所以用來製火腿、臘肉、香腸等是很好的。大約克縣豬(Large yorkshire) 便是屬於這一類。這次我們買的這一頭公豬、就是屬於醃肉式的大約克縣豬、這篇要與各位介紹的、也只是大約克縣豬這一種、普通人所稱的約克縣豬、也就是指這一種。

## (三)來源

在家畜有名品種的成立、必有其育種經過的歷史。在二百年前、歐美人對於家畜育種的事情、就很注意了。有些專家畢生研究一種家畜品種的改進方法、也有國家或私人組織的各種家畜的改進會或社、擬定品種的理想標準、登記種畜、每年按期舉行展覽會、使社會人士互相觀摩、又可以鼓勵飼養家畜的興趣和努力。如一八七五年、美國成立盤克縣豬育種協會(American Berkshire Swine Breeders Association)、一九〇五年、密西根大學倡辦的乳牛改進協會 (Dairy Herd Improvement Association)、一八八四年、丹麥成立了乳牛合作育種社、此外還有兒童會(Boys and girls club)、勃其郎(Percheron)馬育種會、荷蘭牛 (Holstein—Friesian)協會等等都是。約克縣豬呢、當然也是有牠祖先的歷史的。

大約克縣豬的大原產地、是在英國約克縣(Yorkshire County)地方。當時的人稱爲大白豬(Large white Hog)、牠的最早的歷史、無從查考。據一般的推測、牠的祖先都是大形種、骨粗、腿長、毛色白、十九世紀中葉、才開始大大的改良、用拉斯脫豬(Leicester)與老約克縣豬(Old yorkshire)雜交。拉斯脫豬也是大形種、頭小、耳直立、毛細緻、骨骼小、雜交的結果成績非常良好。杜勒(Josepvh Tvey)是改良約克縣豬最早的一個人、在當時飼喂這種大白豬的人很普遍、而且價值也比普通的豬高、對於老約克縣豬的肥育趨勢、尤有極大的改進、現在一般育家種還是精細的選擇育種、以謀進一步的改良。

現在飼喂大約克縣豬的、在歐洲方面、丹麥、英格蘭、愛爾蘭都很盛行。在美國是極有名的品種、尤其是在Illinois, Missouri, Indiana, Texas, ohio等洲爲最多。加拿大、澳洲和日本、也喂得有。中國輸入却還不多、在江蘇、廣西、河北及上海、大規模的農場、間有由美國或日本買幾頭作育種試驗的。本所(四川省家畜保育所)去年成立後、曾向美國購回約克縣公母豬共四頭、今年春季又由美國運回六頭。本區(家畜保育所三峽實驗區)這一頭、便是這次運回六頭中的一個。

## (四)形態與特徵

(1.)體形　約克縣豬的體形與本鄉的豬完全兩樣、體形非常優美、鼻長適中、面微凹、耳豎直而稍向前傾、年老則耳有下傾趨勢、頸長、肩峯稍向上凸、頭、頸背接合端正、背較狹但較本地豬則寬得多、背平直或向上呈弧形、身材比本地豬高大、肋骨長而彎曲、腹下成直綫、臀部長而平滑、四肢端方强健、後腿尤共發達、睪丸亦頗發達、故爲醃肉式豬中最好的一種！

(2.)毛色　約克縣豬的毛色與我們四川的隆昌豬一樣、全體都是白色、沒有一根黑毛、但隆昌豬要是頭部或尾部沒有黑毛、就是雙子、而這個豬就不是如此、牠純粹是白色、如發現有共牠的顏色、反證明牠是不純、就要加以淘汰、不能留作種用！

(3.)大小　本種在醃肉式中身材最大、初生時體重約二斤、成年的豬可到六百斤。初生時每窠體重及每頭體重均比我國豬强、茲將本所試驗的結果、選列於左：

種畜生產記錄表

| 畜別 | 號數 | 生產頭數 | 幼畜性別及數目 雄 | 雌 | 每窠體重(公斤) |
|---|---|---|---|---|---|
| 約克縣豬 | 三〇三 | 九 | 五 | 四 | 九、九 |
| 內江豬 | 一七二 | 六 | 三 | 三 | 六、五 |
| 內江豬 | 一五八 | 三 | 一 | 二 | 三、五 |
| 榮昌豬 | 一四五 | 七 | 四 | 三 | 七、七 |

(4.)生長　約克縣豬生長較四川豬快。且消耗飼料亦較少、据本所試驗報告、約克縣豬比四川的內江豬、榮隆豬、宜賓豬、雲南山

豬、江蘇如皋豬、浙江金華豬生長都來得快、請看下面的表就知道了

一二兩月份種豬生長率比較記錄：

| 種別 | 頭數 | 平均每頭每日增加體重（磅） 二十六年一月 | 二十六年二月 |
|---|---|---|---|
| 約克縣豬 | 三 | ○、八一 | 一、二八 |
| 內江黑豬 | 五 | ○、四 | ○、七一 |
| 榮隆豬 | 二 | ○、四八 | ○、二七 |
| 宜賓豬 | 四 | ○、五八 | ○、六二五 |
| 雲南山豬 | 八 | ○、五九 | ○、二三六 |
| 金華豬 | 六 | ○、五一 | ○、六四八 |
| 如皋豬 | 二 | ○、八○ | 一、○五 |

至於每單位增重所需之飼料與品種之好壞大有關係、品種愈好、所需飼料愈經濟、反之則耗費較多、但中間差別很大。中國普通豬每增一百磅體重約需飼料五百磅、甚至有到八百磅的；外國豬耗費飼料較少、每增一百磅體重所需飼料約四百磅、美國愛沃畦農場試驗約克縣豬肥育之結果、每增一百磅所需飼料爲三百五十八磅、英國某養豬場報告、甚至只需二百磅飼料！由此說來、約克縣豬生長之迅速、就遠非我們峽區農家的豬可比了。

（5,）肉質　約克縣豬的肉質、大概地說來、有下列四個優點：（a）瘦肉多肥肉少；（b）腿部肌肉特別發達；（c）肌肉纖維細嫩、脂肪分佈均勻、製成火腿、臘肉、有特別的香味；（d）皮薄無皺紋。

## （五）採購的理由

我們爲甚麼要遠隔重洋到美國去買這種豬呢？要解答這個問題、我們先來談談我們峽區種豬交配的情形吧。我們鄉間的豬、近幾年來、逐漸的退化、這退化的原因、雖然是一方面因管理與飼養不得法、但最重要的還是對於種用豬不知道選擇、尤其是對於種用公豬不知道選擇的緣故。

公豬與母豬、對於後代都有同等遺傳的關係、而公豬的遺傳、還比母豬來得重要。但對於這一點、峽區喂母豬的人、都不注意。不管公豬的好壞、祇要找到一隻公豬來與母豬交配一次、能懷胎就算了。

但是他們爲什麼這樣、不考查公豬的好壞、不管公豬每天交配次數多寡呢？一方面是因爲他們不知道育種的常識、另方面還是他們找不到養公豬的人。就北碚場來說、縱橫五六里的面積、母豬有八九十頭、可是公豬只一頭、而且只有二三十斤重！因大家都以爲喂公豬是一件頂倒霉的事、認爲是下賤游民的職業、這樣傳統的相沿下來、就成了信律、所以大家都不肯喂公豬。因此農家喂的豬、大半是由市上買回小豬或架子豬來喂、專喂母豬的人也只有去找那又小又壞的公豬來交配、專喂公豬的人、又的確是貧窮得無辦法、當然他就只打算買一隻價錢頂便利的豬來喂起賺錢了。這樣的公豬、那裏會有好品種呢?!又怎麼不使我們峽區的豬一天天地變壞呢?!

說起這種喂公豬過生活的人、他總想一天多交配幾隻毋豬可以多

拿錢、照理、一隻公豬交配的次數、春秋二季每天可交配一次、其餘的時間可隔一二日再行交配一次、這樣對於公豬纔無妨礙、再說喂公豬的人所給公豬的飼料、是不合衞生和生理要求的、每天只要公豬肚飽就算了、有時連不飽的也有。他們每次收的交配費、自二角至三角、以路途之遠近而定(大約依一斤肉价或半升米价)有時一隻二十斤左右的公豬、一天要跑幾十里路、還要交配四五個母豬、這樣的結果、當然更不堪設想了。以上的話、我們把他歸納起來、就有三個很大的缺點：

(a)交酌次數無定、有礙豬的生理。

(b)交配的時期過早、各部發育不健全。

(c)路程遠的地方、跑路時間過長、至交配時精神疲勞不堪。

我們再假定鄉間一隻公豬、很合理的每季只配三十頭母豬(實際尚不止此)、一年也要配六十隻母豬、假定平均一隻母豬產生十頭仔豬、總計就要產生六百頭仔豬、設這一隻公豬是瘦弱的、有病的、那末、這六百頭仔豬都要受牠的影響；這一隻公豬、是優良而健康的話、那末、這六百頭小豬都會變好起來。你看、一隻公豬的影響是好大呵！這樣說來、要改良豬種、非從改良公豬着手不可！

用約克縣公豬來與我們本鄉的母豬交配所生的仔豬稱爲雜交種、第一代雜交種(即第一代級進種)具有優異的雜種勢力、爲生物界普遍現象、且爲一般學者所公認。外國養豬的人、用約克縣公豬與他種母豬施行雜交繁殖的很多、雜交種生長壯健、肥育容易、常兼具二品種之優點。並且約克縣豬的遺傳勢力强大、肉的價值也較高。在我國農業生產技術落後、農村經濟破產的今天、改良豬的品種，如果從我們本地原有的土種着手改進，必需時間久長、而希望也不多；但如果直接由外國買回純種來飼喂、恐怕不能適應本地的風土、二來不是我們經濟能力所允許。所以必須一面注意選擇本地優良的土種母豬、一面利用外國人經過百數十年的心力育成的純種公豬來施行雜交以達到改良豬種、增加生產的目的。這就是我們要輸入約克縣豬的理由了。

## (六)雜交種的利益

雜交種的利益、在前面已略略提及了、現在再分別說明一下：

(1)體形　約克縣豬的遺傳勢力很强、所以產生的雜交種、體形有近於約克縣豬的趨向、頭、頸、耳、鼻等均與約克縣相似、我國土種豬的體形最大的缺點就是背太狹而又向下凹陷、腹部太鬆寬下垂、皮粗厚而有皺紋。關於這幾點、雜交種都有絕大的改善、背變寬、背綫較平、體邊變深、腹線亦較直、皮薄、皺紋漸少、甚至沒有皺紋肩部臀部豐滿、後腿較長而發達、足爪健壯、形勢美觀、都不是普通土種豬所能提得到的呵！

(2)生長率及肉質　豬是一種短期飼養的肉用家畜、我們育種最大的希望、就是要求消耗較少的飼料、在最短期間能變成最多的美肉、雜交種的生長力比原種高、這是我們預期得到的事情。本區及成都總所約克縣豬與四川豬交配所生之雜交種。因時間不久尚無確實報告。據南京中央大學農學院於民國二十二年用金華豬和盤克縣豬雜交的第一代與南京土種豬生長比較試驗、其結果雜交種的確是比土種好、雜交種平均每日增重一。三三二磅、土種日增一。二四四磅、又據該校民國二十四年畜牧獸醫季刊報告、金華豬與盤克縣豬所生的雜交種、與南京土種豬相較、亦有極顯明之差別、在同一年齡同一環境下飼養、在七個月內、雜種豬每頭可較土種豬多增肉量三十餘磅。又據本所約克縣與盤克縣豬之生長記錄比較、二十六年二月份約克縣平均每頭每日增重〇。五八〇六公斤、盤克縣豬只有〇。二六八一公斤；三月份約克縣豬平均每日增重〇。五六三三公斤、而盤克縣豬只增〇。〇六四六公斤、這就可以證明盤克縣豬還不及約克縣豬生長迅速、那末、約克縣豬與本地豬雜交恐怕也要比較盤克縣豬雜交所生之雜交種要長得快些。我們就假定只多增三十磅吧、據本所調查報告（見本所出版之畜牧獸醫月刊第二期）、全峽區農家所喂之豬、共有二萬四千五百餘頭。假設我們都能喂雜交種、以每頭多增三十磅肉計、則每年便可增加肉量七十三萬五千多磅、照現在市價合算每磅值洋兩角、則所增的肉可值洋一十七萬六千四百多元。這個數字是如何的驚人、這對於峽區農民生活的改善、教育、建設……的經費、又是好大一個幫助呵！至於雜種豬之肉質、則與約克縣豬相似、瘦肉特多、脂肪分佈均勻、皮細薄、味鮮嫩、這也是土種豬所不及的。

## （七）結論

年來天災人禍、農村破產、外患日促、危機殊深、瞻念前途、實令人起無限的隱憂！復興民族的聲浪、雖遍於全國、然要談復興民族就必先復興今日破爛的農村、必須使農民之經濟收入增加、增加農民之收入、不外兩端：（一）改良農業、使作物生產量增加。（二）使農民從事副業生產、以副業之收入、補正業之不足。就四川天然環境言、適宜於農牧並進、加之吾川天然牧場很多、各種家畜、無不適於繁殖、所以農家以養豬為副業者、已成普遍的現象、榮昌、隆昌一帶的養豬、幾有由副業轉成正業的趨勢。據中央農業試驗所的估計全川有豬二千四百四十五萬頭、平均每中等農家有五頭、為全國養豬最多的省份、如果一般農民、對飼養、管理及豬種的好壞、加以注意和選擇、適合於近代科學原理、大家來採用約克縣公豬、利用牠的雜交種的生長勢力、儘量繁殖、則將來無形中一定能增加大可驚人的一筆收入！而且間接還增強了國家的基礎！所以個人深望峽區的農友們、個個都能利用這種雜交種、使優良的雜交種能早日普及於農村、所以特別在此介紹一下！可是有一點要聲明、雜交種切不要拿來做種！同時更盼畜牧專家、能運用新智識、新技術、將四川的豬種問題、也加以究研注意、作進一步的改進、則將來吾川的養豬事業、一定有無窮的希望了！

附一：

## 四川省家畜保育所三峽實驗區種畜場公豬交配規則

1,凡母豬來本場請求配種者、概須向本區辦公處取得許可證、填寫聲請書、再經檢查認可後、方得配種。

2,本場公豬概不外出、且每日限定祗交配一次。

3,本場公豬配種、不取交配費。

4,由本場公豬配種所生之仔豬、本場負責下列各項：

a,成績優良者、能得獎。

b,介紹出賣、價格決不低於行市。

c,不出火印。

d,仔豬不致會死胎流產、及畸形。

來場配種之母豬、須受檢驗事項：

1,無皮膚病(如疥癬等)者。

2,無體外寄生虫者。

3,無傳染性疾病者。

4,無流產症者。

5,母豬本身不太劣(如下列條件)者：

a,生後須滿八個月。

b,體重須有八十觔。

c,年齡須在八年以下。

d,勿骨瘦如柴。

e,無惡癖。

選購或定訂定種用豬的標準就個體(即本身)來說：

1,頭宜小而多肉。

2,母豬體須長乳頭多、以十二至十六個爲標準。(生殖器官發達)

3,身體年齡勿過小。(以滿兩月者)

4,春季生者、較秋季生者爲佳。(秋生只可作肉用)

5,同窠數宜多——須十个左右。

6,種豬勿過肥。

7,胸圍須大。(呼吸器官發育)

8,耳薄毛細而多。

9,膝或背頂不屈彎。

10背須平而寬、腹不下垂。

11頭勿長。(鼻長中等)

12四肢勿過長。

附二：

請求配種書

住　　鄉　　保第　　甲地名　　　　茲有母豬

頭前來　貴場配種請予檢驗爲荷此致

四川省家畜保育所三峽實驗區　鑒

檢查結果

年　　月　　日

約克縣豬之介紹

# 爲什麽要預防猪丹毒？

劉茂修

## （一）緒言

據本區去冬的調查、北碚鄉第三十三保共有豬隻一百九十五頭、而最近調查、祇有九十三頭了、如此的減少、豈不驚人！時間不到半年、減少在二分之一以上、其他地方、因受同樣旱災、同樣的農村破產、豬隻當也同樣相當減少。這樣、這減少而可寶貴的豬、當然再經不起發瘟了、這是沒有疑義的。因此家畜保育所、三峽實驗區的工作、就應該更緊張、專門替農友們預防豬瘟、其方法除了告知農友們注意飼料和豬舍清潔、及勤洒石灰水外、還要替他們的豬、打一打預防針、因這是預防豬瘟極有效的方法、現在我們要替北碚鄉第七保的豬、注射抗豬丹毒血清和菌苗，就可以使該保內的、這豬絕對不會發生豬丹毒病了！

## （二）什麽叫做豬丹毒？

豬丹毒最顯明的病狀、就是豬的皮膚上、發生很多紅疤、鄉間信神的農友們、呼爲「瘟神打火印」、這是中國幾千年來、牢不可破的迷信、根據近年來獸醫界的研究、豬的皮膚上打了火印、是一種細菌、由於皮膚的創傷、和不潔的飼料、侵入豬的身體內、在血液內繁殖、充塞了血管、以致豬的皮膚上、發生顯明的紅塊、就成爲火印、那裏是瘟神作怪呢？使豬患豬丹毒病的細菌、科學上稱爲豬丹毒桿菌（Bacillus Erysipelatis Suis）、我們的肉眼不能看見、如果將打了火印的豬、在牠的耳上、取出血液一滴、製成血片、放在顯微鏡下檢查、就可以把豬丹毒桿菌辨別出來、有些像一段一段的斷白墨、牠的形狀有時是直的、有時稍彎、總之、打火印這種病、農友們的腦子裏印象很深、每年都有最大的損失、所以是他們認爲最可怕的一種傳染病。

## （三）爲什麽不預防其他傳染病，而偏要預防豬丹毒呢？

我們既然明瞭了豬的皮膚上打了火印、不是瘟神、是豬丹毒桿菌侵入牠的體內、那麽我們就應該設法防止豬丹毒病的發生、西諺有云：「一磅的預防、遠勝於數磅的治療」、可見治療的效力小、預防的效力大、要如何預防才能發生較大的效力呢？用抗豬丹毒血清和菌苗、同時注射在豬的皮下、就可以使豬有抵抗豬丹毒病的能力、縱有豬丹毒桿菌侵入牠的體內、牠的身體可以戰勝這種細菌、不致有火印發現了！所以預防的效力、莫過於打針、豬的傳染病頗多、爲什麽不預防豬霍亂和豬肺疫、硬要預防豬丹毒呢？這是本段文的中心問題、豬霍亂和豬肺疫病狀的區別、不甚顯明、容易互相混淆。而且豬霍亂又同腸炎很相似、因而一般農民不能辨別清楚、如果我們預防豬霍亂、但是豬肺疫還是防不到、那末、牠就偏偏發生豬肺疫或是腸炎、農友們不能辨別的緣故、反轉要懷疑到我們預防注射的沒有效力了、預防豬肺疫、也是一樣的道理、假如這樣做下去、決不能顯出我們的效力、怎能引起農友們的信仰呢？豬丹毒病、是豬的皮膚上要現火印、這是顯而易見的病狀、一般的農友都很清楚、決不能和其他病相混、也不要我們去强辯、農友們是很老實的、自然他們自已就會承認、注射豬丹毒血清和菌苗、可以担保半年不發火印、如有火印發生、病豬死亡、照價賠償、而且我們注射一隻、當時就要發給一張保證書的、這樣一來、大概可引起農友信仰了、等到有了信仰、來年再施行豬霍亂和豬肺疫的預防注射、當然暢行無阻了！這便是本區要施行猪丹毒預防注射的第一種理由。本年的春天完全過去了、炎熱的夏天、漸漸的來了、打火印的瘟症、就在這炎熱的夏天發生、並且流行得厲害、不管架子豬也罷、肥豬也罷、只要死了一頭、滿數完全要死、甚至一鄉不留一根、農民的損失、數字甚大！七八年前、峽區曾大流行一次、留給農民的印象、是痛哭流涕、幾乎不敢養豬、直到現在、提起火印、還是搖頭縮舌、我們要挽回這種損失、不得不在這炎熱的夏天、實施打火印的預防注射、這又是本區要施行猪丹毒預防注射的第二理由、川省的瘟症、據各地的報告、流行最盛、死亡率最高、莫過於打火印的病症、所以我們首先的工作、就要掃除這打火印的瘟神—就是豬丹毒桿菌、這更是本區要施行猪丹毒預防注射的第三種理由。

## (四)預防猪丹毒的步驟

預防豬丹毒的理由、上面已經說過、這裏要談的；是預防豬丹毒的步驟、鄉下人看到打藥水針、多帶着驚奇的神情、當然一方面是爲了已往沒有看到過、也沒有聽到過、而且以前對這樣下賤的豬根本沒有人醫治的；現在反突如其來的說要替他好好的豬來打針、打了針不發瘟的話、又誰肯相信呢？所以我們必要把這些預防步驟的理由和手續說明一下：

一、聯絡保甲長：本區的工作人員均是從別處來的、替他們的豬打預防針、他們總是不願意、沒有收他們的錢、他們還是懷疑將來要抽稅。雖然盡量的解釋、有多數的農友們還是不相信。這也怪不得他們。一方面因爲農民的智識太低、墨守成法、不能接受新的科學。二方面因爲從前的政府、多是欺騙人民、不能得着人民的信仰、例如糧稅的預征、國防的暫借：種種不好的印象、在他們的腦子裏、永久不能消滅、現在要替他們辦種種的新事業、好到如此地步、他們却只有更懷疑、尤其是我們異鄉的人員、來替他們辦這件事、他們更懷疑是騙子、保甲長是當地行政的領袖、對當地農民談話、比較容易引起他們的信仰、所以這次我們在未施行豬丹毒預防注射以前、我們想先聯絡保甲長、請他們到我們這裏來吃茶點、講豬丹毒預防注射的道理給他聽、再請他們盡量的幫忙宣傳、詳細的解釋給他們的鄰舍聽、以後進行、比較便利。

二、訓練小學生：小學校的小學生、是當地農家的子弟、我們要盡量的訓練他們、使他們能夠將這種為農家謀幸福的事業、告訴他們的家長、破除種種的懷疑、也預備在五月二十日以後、集合表證區內三個義務小學學生來我們種畜場看洋豬、也講預防注射的道理給他們聽。

三、發給保證書：實施豬丹毒預防注射的豬、我們首先要發給保證書、担保注射後半年內、不得發生火印、倘若發生了火印、除我們盡量醫治外、倘有不得已而死了的話、那就照價賠償。

經過了以上的三種步驟、我們才在表證區第七保內、開始豬丹毒預防注射、預料將來的進行、不致有什麼困難。

## （五）結論

今年的農友們、處在旱災困苦的環境裏、此次施行豬丹毒預防注射、可以減少豬隻的死亡率、小則足以改良他們的生活、大則足以增加川省的富源、關心農村問題的人們、請多多協助罷！

梁漱溟先生著
（一名「中國民族之前途」）
**鄉村建設理論**
每冊定價 普及本一元八角 精裝本三元
**五月內售特價** 普及本一元三角五分 精裝本二元二角五分 （郵費在內）
梁漱溟先生自民國十六年倡導鄉村運動訖今已滿十年、十年之中除口授於學生者外、均不過斷片的發表、其全部之理論與策劃以文字發表此為第一次、先生從來對於外間批評質難、概不置答、即以尚未全部發表之故、今則於中國當前政治問題之解決、經濟建設之進行、均有詳確指示、國內外有心人士不可不一讀之。
總發行所 山東鄒平 鄉邨書店

# 家畜傳染病的起因

余聖任

南充第一區第卅三保有一位老農說：「我們這個地段、每年七八月間、豬的瘟症很多、要算火印這個症候最厲害、得病之後十個裏面九個是不得活的。」又說：「火印在我們鄉間、是莫辦法的、病豬的皮膚、起着一大塊一大塊的紅疤疤」又說：「這類症候早年是不多聽到看到的、近年來很多、差不多每年都有、這是因爲抽肉釐金的緣故。」自然鄉間農友們、對於病源的所以然、是不會明白的、他們對於這麼大的痛苦、沒有辦法可以挽救、更不知設法防患於未然、痛恨之餘祇歸怨於命運、以爲鬼神的作祟、上天的責罰、從不會想到有人爲的力量、可以挽救是項頹運、及到近代、雖然有許多科學家、從事於病源病因的探究、但是總離不開神怪天命等的觀念存在、殊不知世界上、除開吾人肉眼所能察見的較大生物外、還有一種非借諸顯微鏡之類、不能窺見他們的形態和活動情狀、甚至還有多種、不能用目前倍數的顯微鏡、可以窺見的細微生物、各種傳染病的發生、都是細微生物的作祟、例如：川省各地流行的瘟症、如豬丹毒——打火印——是因豬丹毒桿菌侵入豬的身體裏面所致、牛炭疽病——摸心癀——病源爲炭疽桿菌所致、農友們、對於這些病不曉得消毒、預防、隔離等的簡單防疫方法、致使旋轉蔓延、疫勢擴大、按諸四川省家畜保育所調查估計、川省各項牲畜的總價值、最低亦有兩萬萬元。又知道通常牲畜每年因害瘟症的死亡率、爲百分之三十、換句話說：就是川省單以牲畜每年因瘟症流行死亡的損失、達六千萬元之鉅、以吾全川五千萬人口來計算、則每年每人都要攤派一元二角的損失、這種驚人事實、大家知道嗎？這豈不是陷於今日中國農村衰頹的一大原因？是以目前要談復興農村、提高國民經濟地位、增進國家富强、普及家畜保育常識、撲滅獸疫死亡損失、也是一條最好的途徑、下面就是報告一點關於家畜傳染病發生的原因、及其傳染的途徑。

## 一，傳染病的原因：

自從十八世紀法國科學家巴士德發明細菌可用人工培養的方法後、於是各國科學家競相探究。發明了顯微鏡、可以窺見細菌的形態和活動狀況、醫術一道、遂有端緒、近百年來、更爲突飛猛進、對於家畜傳染病之病源細菌的研究、和預防接種的成功、更有相當的報告、我們知道、任何地方、都有細菌的存在、隨時隨地都能侵入人畜身體裏面而致病、或人畜的相互傳染、因爲帶有傳染病的動物、或病愈未久的動物、牠的分泌物、及排泄物裏面、往往有病源微生物、或帶病動物所接觸過的東西、和吃剩的飼料、都是疫病傳染的媒介。

## 二，傳染的途徑：

傳染病的起因、既然為病源微生物、侵入動物身體內部組織所致、微生物要穿入動物身體、必需一條通路、方才可以進門而入、因為動物的身體外表、有一層保護的利器——皮膚。當健康沒有破傷的時候、是極不容許任何病毒侵入體內的、那麼、傳染病究竟怎樣上身呢？現在分別簡單的說一說：

（一）消化器官——「病從口入」、這一句話、在老大的中國、是應用久遠的了、現在科學的發明證明是很合理的、不但通用於人類、而且適用於牲畜、因為牲畜飼料、或飲水裏面、常附着有病源微生物、及寄生虫等、同時如未經充分消毒、病毒即乘機侵入、經食道胃臟穿過腸壁、生長繁殖而致病、如家畜的炭疽病是、間或有多種細菌經食道到達胃臟後、因胃酸的作用、殺滅牠們、不過這種機會是太幸運了、是以家畜飼料飲水的清潔注意也是必要的。

（二）呼吸器官——大家都曉得呼吸器官最重要的部分、就是肺臟、與外界的通路、就是鼻孔、根據種種的證明、到處都有細菌的存在、空氣裏面、當然不能例外、家畜行呼吸作用的時候、同時就將空氣裏面的病源細菌、隨氣流而吸入鼻腔、因有纖毛的阻隔、可免得細菌經鼻腔支氣管而到達肺臟、但如鼻腔不清潔、或組織不健康時、鼻腔的纖毛和粘膜、就失去保障的作用、細菌就可直趨支氣管肺臟以致病、如肺結核病是、所以鼻腔清潔與健康的保持、也是很重要的。

（三）生殖器官——如牛之傳染性流產病、馬之媾疫等、都是因為不清潔的交尾所致、因為生殖器不清潔、就容易有病原菌的寄生繁殖、如雌的有病、可因交尾的接觸、傳染給雄的、同樣雄的有病、可以傳給雌的。

（四）皮膚裂處——前面講過、皮膚是很好的保護器官、當皮膚沒有破傷而且健康的時候、一切細菌是沒法穿入、但是如有病傷或破裂時、就是細菌侵入的大道、經淋巴管入血循環而致病、如破傷風等是、所以皮膚的破裂是不能輕視的。

我們既然明白了上述的種種傳染病的起因、進步去設法避免了這種種發病的因子、就可以減少許多傳染病的發生、也就是減低農村經濟的損失了。

**津南農聲改名華北農聲啓事**

啓者：因本場事業發展、業將「津南」改稱「華北」、茲經本場編審委員會決議、將本刊「津南農聲」改為「華北農聲」、並自二卷三期起、移於正定本場管理處出版、以前未滿期各定戶、即以華北農聲遞補、此後如承訂閱、交換、投稿、希逕與本場管理處接洽為荷。

通訊處：河北正定華北農村生產建設實驗場管理處

# 記家畜防疫人員訓練班

羅文信
郭耀宗

## 一，緣起

獸疫流行、不僅危害農村經濟、且影響及人類健康、一般農民、平時對於家畜之飼養與管理、既未講求、又不識家畜瘟疫之由來和預防方法、一遇瘟疫流行、動輒死亡纍纍、無法醫治、甚且傳遍一村或竟至一縣、農民惟有忍淚吞聲、委諸天命、以爲鬼神爲祟、無可逃避、因是多耗金錢於迷信、作無謂之犧牲。本區自去歲十月到峽成立以來、一方固謀增加家畜數量、改良家畜品種、而一方則特別注意獸疫防治、減少家畜死亡、據調查所得、峽區農家二十四年度因家畜罹疫死亡者、平均每戶達八元之鉅、以全區五場計一萬二千五百戶、一年內之損失、則達十萬餘元、爲數殊足驚人、欲謀補救是項損失非積極普及家畜防疫常識並實施獸疫預防注射不爲功、故對於防疫人員之訓練刻不容緩、乃與實驗區署經數度之會商、遂決定合辦一家畜防疫人員訓練班、由區署選調峽區各保義小教師十五名來班受訓、訓練班之課程、技術、實習、藥品、儀器等、均由本區負責。但各義小教師、均各負有繁重之責任、故於商討時、即決定以最短之時間、而能獲得最大之效果爲原則。遂規定訓練期間爲一星期、教材內容絕對要求實際、爲求讀者更爲明瞭起見、玆特將辦法大綱列後：

家畜防疫人員訓練班辦法大綱

第一條：嘉陵江三峽鄉村建設實驗區署與四川省家畜保育所三峽實驗區爲造就推廣家畜防疫常識起見、特合辦家畜防疫人員訓練班、選擇實驗區屬之各保義小教師若干名、分期入班受訓、以期達到各保均有家畜防疫之幹材、指導實施防疫工作、而達到改進畜產爲目的。

第二條：訓練班之技術訓練、由家畜保育所三峽實驗區負責。

第三條：訓練班訓練期間、第一期暫定爲一星期、自民國二十六年四月十日開始至四月十七日止、必要時得繼續召集第二期訓練、以增進其學識、熟習其技術。

第四條：訓練班課程、分講授及實習二部份、特別注重於基本防疫常識之灌輸。

第五條：訓練班訓練期間需用之儀器及藥品之消耗、均由家畜保育所三峽實驗區供給之。

第六條：訓練班學員期滿後、仍各回其原校服務、受家畜保育所三峽實驗區之指導、担任獸疫報告及實施推廣家畜防疫運動等工作。

第七條：訓練班訓練期間學員之食宿費、由區署設法、被服用具及文具等由學員自備。

第八條：本大綱必要時、由兩機關會商後修改之。

## 二，籌備經過

A選定教材：

(甲) 講授

| | |
|---|---|
| 1，家畜傳染病大要 | 十二小時 |
| 2，家畜育種常識 | 二小時 |
| 3，家畜飼養常識 | 一小時 |
| 4，家畜管理常識 | 一小時 |
| 5，家畜傳染病預防常識 | 二小時 |
| 6，細菌學概要 | 二小時 |
| 7，家畜預防注射法 | 二小時 |
| 8，免畜血清之原理與製造用途及保存 | 二小時 |

(乙) 實習

| | |
|---|---|
| 1，消毒實施 | 四小時 |
| 2，預防注射 | 九小時 |
| 3，獸病診斷 | 四小時 |
| 4，解剖實習 | 一小時 |

B佈置住地：本區房舍狹窄、住地困難、如教室設在場上、則教授人員諸多不便、於是乃同實驗區署商議、教室與會食地點、仍竭力設法在本區辦公處內、至男學員寢室設在新營房內、女學員則回家住宿、決定之後、遂派人佈置教室、搬運桌凳、借賺用具、區署又派劉運隆君來區協助籌備、四月十日一切均佈置完妥。

C通知學員：開學前兩日、由區署發出通知、飭令受訓各義小教師於四月十日到班報到、至受訓者之學校代理人問題、均先期辦理完善、如期紛紛報到、除原定十五名外、臨時請求受訓者三名、共計十八名、十一日午前七時三十分開始授課、此籌備經過之概況也。

## 三，訓練實施

一切籌備工作結束、遂於四月十一日開始訓練、課程完全由本區負責分別担任、編撰講義、由受訓人員分担繕寫及油印工作、上午八至十二鐘講授課程、下午一至四鐘實習注射、消毒、診斷等、均由本區工作人員負責指導、由各學員親自動手實習、各學員均感極大興趣、晚飯後則整隊至區署新營房宿舍自習、由劉運隆君領導、茲將學員姓名年籍校址列後：

學員姓名年籍校址表

| 姓名 | 性別 | 年齡 | 籍貫 | 校址 |
|---|---|---|---|---|
| 劉一萍 | 女 | 二五 | 北平 | 北碚鄉第八保 |
| 邱競華 | 男 | 二五 | 永川 | 北碚鄉第十一保 |
| 王滌思 | 男 | 二〇 | 合川 | 北碚鄉第十二保 |

| | | | | |
|---|---|---|---|---|
| 吳素樸 | 男 | 二五 | 巴縣 | 北碚鄉第十四保 |
| 洪君輔 | 男 | 二五 | 巴縣 | 北碚鄉第十九保 |
| 王興誠 | 男 | 二〇 | 合川 | 北碚鄉第三十保 |
| 舒君瑞 | 女 | 一九 | 綦江 | 北碚鄉第卅三保 |
| 黎　浣 | 男 | 二〇 | 璧山 | 澄江鎮第十保 |
| 馮壽康 | 男 | 五六 | 璧山 | 澄江鎮第十一保 |
| 劉璧光 | 男 | 三六 | 璧山 | 澄江鎮第十九保 |
| 何謹修 | 男 | 二三 | 江北 | 文星鎮第九保 |
| 祝繼珍 | 男 | 二三 | 江北 | 文星鎮第十二保 |
| 郭進修 | 男 | 三七 | 遂溪 | 文星鎮第十七保 |
| 周鳴淵 | 女 | 二三 | 江北 | 二岩鄉第一保 |
| 陳致中 | 男 | 二三 | 江北 | 二岩鄉第四保 |
| 顏士咸 | 男 | 二九 | 巴縣 | 黃桷鎮第十一保 |
| 劉學濂 | 男 | 一九 | 江北 | 黃桷鎮第十六保 |
| 周緝熙 | 男 | 三七 | 巴縣 | 黃桷鎮第十九保 |

## 四，結束

自四月十一日開學以來、轉瞬一週、各學員擬請延長一週、但以時間關係、除六天正式上課外、特再延長一天、乃於四月十七日舉行結束考試、考試結果、各學員之成績尙屬圓滿、茲將考試科目及各學員成績、依分數次序分別列表於後：

| 姓名 分數 科目 | 細菌學 | 消毒法 | 診斷學 | 血清處理 | 育種學 | 家畜飼養與管理 | 防疫常識 | 預防注射 | 傳染病綱要 | 總分數 | 平均分數 |
|---|---|---|---|---|---|---|---|---|---|---|---|
| 王興誠 | 97 | 100 | 96 | 88 | 96 | 98 | 99 | 95 | 79 | 848 | $94\frac{2}{9}$ |
| 劉學濂 | 96 | 85 | 97 | 94 | 84 | 98 | 99 | 98 | 75 | 826 | $94\frac{7}{9}$ |
| 陳致中 | 95 | 72 | 86 | 90 | 98 | 96 | 93 | 95 | 100 | 825 | $91\frac{6}{9}$ |
| 周鴻淵 | 92 | 92 | 95 | 97 | 86 | 96 | 98 | 90 | 88 | 824 | $91\frac{5}{9}$ |
| 舒君瑞 | 95 | 100 | 96 | 83 | 87 | 90 | 80 | 88 | 83 | 802 | $89\frac{1}{9}$ |
| 邱競華 | 78 | 84 | 95 | 94 | 89 | 100 | 92 | 88 | 71 | 791 | $87\frac{8}{9}$ |
| 顏士咸 | 100 | 100 | 74 | 93 | 86 | 78 | 90 | 96 | 60 | 777 | $86\frac{3}{9}$ |
| 周緝熙 | 88 | 90 | 82 | 80 | 84 | 94 | 90 | 85 | 80 | 773 | $85\frac{8}{9}$ |
| 劉一萍 | 80 | 99 | 96 | 60 | 97 | 65 | 100 | 88 | 87 | 772 | $85\frac{7}{9}$ |
| 郭進修 | 90 | 85 | 84 | 73 | 76 | 92 | 98 | 78 | 69 | 743 | $82\frac{7}{9}$ |
| 劉璧光 | 99 | 75 | 98 | 45 | 84 | 80 | 88 | 81 | 82 | 732 | $81\frac{3}{9}$ |
| 洪君輔 | 70 | 90 | 60 | 60 | 88 | 98 | 88 | 70 | 89 | 713 | $79\frac{2}{9}$ |
| 吳素樸 | 65 | 70 | 62 | 90 | 72 | 76 | 86 | 86 | 60 | 667 | $74\frac{1}{9}$ |
| 祝維珍 | 92 | 72 | 80 | 40 | 80 | 70 | 93 | 60 | 76 | 663 | $73\frac{6}{9}$ |
| 王滌恩 | 99 | 85 | 66 | 40 | 40 | 80 | 99 | 90 | 60 | 659 | $73\frac{2}{9}$ |

| | | | | | | | | | | | |
|---|---|---|---|---|---|---|---|---|---|---|---|
| 馮壽康 | 60 | 65 | 76 | 88 | 88 | 80 | 78 | 60 | 60 | 655 | $72\frac{7}{9}$ |
| 黎浣 | 92 | 99 | 66 | 60 | 76 | 70 | 85 | 65 | 41 | 654 | $72\frac{6}{9}$ |
| 何謙修 | 85 | 60 | 40 | 40 | 20 | 88 | 82 | 80 | 74 | 569 | $63\frac{2}{9}$ |

## 五，同樂會演說

十七日午後、就本區辦公處舉行同樂會、由本區略備茶點、區署除派劉遜隆君參加外、又有教育股主任吳定域先生蒞臨、當推吳主任定域主席率領全體學員行禮如儀、即席報告、略謂：「今天區長派個人到這裏來代表向大家一談、因爲過去對於牲畜的疫病不知防治、損失很大、一般農民、沿用土法、往往收效甚微、現在省政府成立家畜保育所、由所派焦主任到這裏來成立實驗區、爲牲畜謀保障、爲農人謀幸福、這是對人民有莫大之利益、現在辦這個防疫訓練班的意義，就是因政府的人力財力有限、對峽區防疫工作、實難做到普及、所以才調各位到此受訓、我想你們雖然受訓僅短短幾日、而得到的防疫常識一定不少、蓋足以應付急要的防疫工作了、願你們照着所學得的常識切實地去幫助農人、向農人宣傳和推廣、努力做給他們看、使他們眞正的得到好處、農人得到了好處、一定要歸功於你們的、也就是你們服務的成績、我們對你們希望大、峽區的農人對你們希望更殷切、將來峽區的改良畜種和防治獸疫的工作、大部分就靠你們去推動、還希望你們和家畜保育所密切地聯絡、實現你們來受訓的使命。同時個人代表全體向家畜保育所三峽實驗區全體工作同仁謝謝！」繼由焦主任龍華說明今後各學員與本區聯絡的意義和重要並方法、各學員均深感需要、次即㈠散發兒童家畜保育團簡章、請各學員回校主持、由各該保義小學學生自動組織。㈡散發牲畜調查表、由義務教師抽暇調查。㈢散發獸疫報告表、由受訓義務教師（即獸疫報告員）照表列各項在月會時塡交本區孜核。㈣散發防疫歌、由義小教師教各該校學生歌唱、引起農人防疫之興趣。四時散會、全體合攝一影、繼各學員分別撮有七張、各學員熱心宣傳、主張大衆藝術、決再假民衆會場表演新劇、其節目爲——養豬婆婆——（劇情另載）午後七時開演至九時閉幕、觀衆約千人、頗爲有趣、演畢觀衆歡呼而散。

## 六，受訓以後

本區工作人員僅三人、如欲管轄全峽區之防疫工作、似難做到普遍週到、是以不得不賴稍具有防疫常識之大批人員協助進行、此亦開辦防疫訓練班之動機、然則受訓後之進行辦法又如何？是亦不得不預告大衆。

受訓之各義務敎師、本身工作已感繁重、然須有督促之機構、而給以物質及精神上之獎勵、此亦絕不可少也。

本區有鑑于受訓各員十之八九均感興趣濃厚、頗盡力效勞、是故於情於理、不得不明訂奬勵辦法、至於獎勵之實施、擬分兩種：

一、商准實驗區署施行之。

二、由本區直接辦理之。

此辦法定名為「獎勵獸疫報告員暫行辦法」附刊於後：

## 附一

四川省家畜保育所獎勵獸疫報告員暫行辦法

第一條 本辦法依據四川省家畜保育所民衆協助家畜保育工作獎勵辦法制定之

第二條：本辦法所稱獸疫報告員係指本所推廣委員會、各實驗區、或家畜保育辦事處特約之獸疫報告員、其報告及獎勵、均依本辦法之規定辦理之。

第三條：本辦法所稱之獸疫、暫以牛豬為範圍、分下列六種：(1)豬瘟、(2)豬肺疫、(3)豬丹毒、(4)牛瘟、(5)炭疽、(6)口蹄症。

第四條：各報告員如發現家畜罹病時、應立即將家畜之特殊或劇烈之病狀、詳細填入報告單、向本區報告。

第五條：豬、牛、因病死亡時、報告員應將其患病及治療經過情形詳細記錄、按月送本區備查。

第六條：如發現當地獸疫流行時、各報告員應指揮飼養家畜各戶實施消毒隔離、及尸體處理方法。

第七條：農民對預防獸疫有所問詢時、各報員應即詳細答覆之。

第八條：為工作便利起見、現暫劃各報告員所屬之一保為單位、於必要時得擴大之。

第九條：各報告員所需之調查表、報告單等、概由本所各實驗區製發、報告員不得向農家徵取任何費用。

第十條：各報告員之工作成績、每半年統計一次、優良者由本所各實驗區會同當地行政機關酌發獎品、暫定為獎狀或獎章二種、均由本所製發。

第十一條：本辦法得商請當地行政機關協助施行之。

第十二條：本辦法如有未盡事宜、得由本所隨時修改之。

第十三條：本辦法經本所制定後、交由各實驗區或家畜保育辦事處公佈施行。

## 附二

四川省家畜保育所民衆協助家畜保育工作獎勵辦法

第一條：本所為增加本所推廣工作效率獎勵努力協助之民衆起見特製定本辦法。

第二條：獎勵辦法分下列四種：

(1)嘉譽 (2)給獎章 (3)給獎旗 (4)獎匾額

第三條：凡民衆有左列之協助工作者、本所按照本辦法第二項各種獎勵之規定酌予獎勵之。

(1)熱心協助本所各項調查工作而具有成績者。

(2)熱心協助本所改良畜種而具有成績者。

(3)熱心協助本所改進家畜管理方法者。

(4)熱心協助推廣本所一切進行工作而具有成效者。

(5)熱心協助本所提倡家畜及畜產品衞生運動者。

(6)熱心協助本所提倡民間畜牧事業者。

(7)熱心協助本所工作廣爲宣傳者。

(8)熱心協助本所防疫事宜著有成績者。

(9)辦理疾病報告迅速而確實者。

(10)誠懇接受本所指導辦法者。

(11)參加本所各項畜牧獸醫訓練而成績特優者。

(12)協助各地畜產改進會或防疫委員會之進行事宜特別努力而具成績者。

(13)其他協助本所各項工作者。

第四條：各縣民衆之獎勵事宜由各實驗區主任或本所推廣工作人員簽呈意見送呈所長核准施行並由本所轉呈建廳備案。

第五條：本辦法如有未盡事宜得隨時修改之。

第六條：本辦法自呈請四川省政府建設廳核准後公佈施行。

## 附三

四川省家畜保育所三峽實驗區

月份獸疫報告表

鄉　保第　甲地名

畜別　患病數　病名　防治方法

勸其報告求治　勸其隔離消毒　勸打預防針　備考（攷）

報告員　年　月　日

汗血月刊

第九卷第二期

民族精神國防專號

廿六年五月一日出版

精神國防與民生自給……劉百川
民族精神的總動員……李鶴行
國防聲中中國文化的檢討和出路……王經魁
論中華民族衰落第一期的文化和國防……庸盦
列强文化侵略的深刻化與民族文化的建設……莫寒竹
國防文化之重要與實施……周承考
新聞文化與國防……陶滌亞

南僑文化建設……朱博能
中國國防教育之建立……范師任
國防教育實施方策……張景瑞
非常時期江西之國防教育……一洋
廣東防空研究與實施……蕭莫寒
新出版物介紹……編者
中國與世界的動態……編者

零售每册二角　預定全年連郵二元三角

上海 汗血書店 發行
上海白克路同春坊卅七號

國內外各埠大書局均有代售

# 半年來的家畜保育所三峽實驗區

郭耀宗

十一月十五日、副主任余玺任到職、十六日本區補行成立典禮、宴請峽區各事業機關主官及士紳等、即席將本區目的與使命向來賓作概略報告、述明本區工作、純以農村爲服務對象、以改良牲畜品種、減少牲畜死亡爲中心、各方允爲協助宣傳、此本區籌備經過之大概情形也。

一、籌備經過　　六、獸疫防治
二、區內設備　　七、宣傳
三、人員分配　　八、聯絡
四、進行調査　　九、訓練
五、種畜推廣

## (一)籌備經過

二十五年十月、四川省家畜保育所應嘉陵江三峽鄉村建設實驗區署之約、設三峽實驗區於北碚、派焦龍華主持其事、焦氏乃於十月十八日、由蓉偕辦事員郭耀宗首途赴渝、當即晉謁盧廳長、請示一切、二十五日由渝到碚、廳座召開會議時、曾與焦主任向各事業機關次第介紹、囑予協助、越日參觀峽區各建設事業、承各方熱誠招待、印象頗佳。

二十八日、由區署建設股主任黃子裳先生陪同覓定北碚鄉文星灣新橋蔣家院內住宅爲辦公處、又佃宅外旱土一百五十方丈、爲種畜場址、共計押金二十四元、年租九十六元、翌日即開始培修辦公室、一週後遷入正式辦公。

## (二)區內設備

本區成立之初、所佃辦公處房舍、改闢九間、計分辦公室會議室各一間、職員寢室三間、食堂、儲藏室、廚房、廁所各一間、重要器具有藥品儀器櫃、文件櫃、辦公棹、圖書架、掛鐘、鬧鐘、電話、椅凳等、藥品重要者有豬霍亂、豬肺疫、豬丹毒、牛瘟、雞霍亂等血清及預防液、並有其他中西藥品五十餘種、儀器重要者有豬牛注射器、消毒器、聽診器、檢溫器、解剖刀、出診箱、標本瓶、及零星小儀器三十餘件、書籍有本所出版之畜牧獸醫月刊、畜牧獸醫淺說、畜牧獸醫西書、畜牧獸醫參考書、省內外畜牧獸醫雜誌及專號等書、共四十餘種、畜牧場有豬舍一座共八間、另有一座五間計分兎舍、羊舍、貯藏室飼料室、工人寢室各一、建築費共五百八十圓、豬舍外有運動場以備種豬遊動、此外之設備、待有需要時、再斟酌擴充之。

## (三)人員分配

本區成立伊始、工作紛紜、全部職工、各有專責。茲述其分配情形如下；

主任焦龍華、負改進及推廣優良種畜、幷改進牲畜飼養與管理方法、下設種畜場、派有工人一名管理之。

副主任余聖任、負獸醫方面責任、如施行預防注射及治療家畜疫病、提倡畜舍衛生等工作、亦有工人一名協助。

辦事員郭耀宗、負文書、會計、庶務等各項責任、另僱廚役及小工各一名兼顧雜務。

本年三月二十四日、余副主任、奉調南充、所遺獸醫工作、乃由焦主任兼顧、本所於三月二十日派出練習生羅文信、劉茂修兩君來區工作、當卽分配任務、共策進行。

科學院西山坪農場於本年三月中旬、鑒於獸醫之重要、特派范藻如君來區實習獸醫技術、時雖未久、成績尙佳、至如本區工作得有今日之順利進行者、峽區各事業機關之盡力協助、當有關係。

## (四)進行調查

以往工作、頗重調查、調查之重要者、爲表證區之挨戶調查、本區爲求表證起見、乃劃北碚鄉第七、八、三十三等三保爲表證區、於二十五年十一月十九日開始調查、直至二十六年一月底完成此項工作、調查事項有保甲戶口、牲畜種類、牲畜頭數、牲畜飼養者之經濟狀況、牲畜之大小與價格、牲畜之飼養狀況、飼料之種類及價格、牲畜之生產效率、喂豬與數家經濟之關係、喂豬與職業關係、牲畜之管理、牲畜之來源及買賣、牲畜傳染病之種類、獸疫流行之時期、獸疫死亡之經濟損失、牲畜死亡百分率、牲畜疫病之狀態及土法治療、尙有肉店屠場調查、種豬產地調查、各縣獸疫調查、茲擇其重要者列表於後、藉資參考。

表證區戶口與牲畜數量之價值統計

| 保別 \ 數目 \ 項目 | 全保戶口 | 豬 | 牛 | 雞 | 羊 | 鴨 | 鵝 | 備考 |
|---|---|---|---|---|---|---|---|---|
| 第七保 | 105 | 171 | 23 | 256 | 5 | 39 | 0 | |
| 第八保 | 90 | 126 | 22 | 293 | 21 | 61 | 1 | |
| 第卅三保 | 99 | 195 | 11 | 222 | 2 | 37 | 2 | |
| 三保合計 | 294 | 492 | 56 | 771 | 28 | 137 | 3 | |
| 估計牲畜單價 | | 7 | 33 | 0,3 | 2 | 0,6 | 1 | |
| 估計牲畜總價 | | 3444 | 1848 | 231,3 | 56 | 82,2 | 3 | |

說明
一、表證區三保牲畜共計值洋五千六百六十四元五角
二、表證區三保戶口共計二百九十四戶平均每戶二十元零六角七仙
三、牲畜價值係以大小各種價格平均之

表證區戶口與經濟狀況

兼中學生代本區調查各縣獸疫情形、調查地點有巴縣、綦江、合川、武勝、南充、江北、南川、璧縣、潼南、長壽、璧山等十一縣、獸疫統計表列後：

| 保別＼戶口項目 | 全保戶口 | 農家戶口 | 下力戶口 | 地主戶口 | 佃農戶口 | 種田戶口 | 種土戶口 | 養豬戶口 | 養牛戶口 | 養雞戶口 | 備考 |
|---|---|---|---|---|---|---|---|---|---|---|---|
| 第七保 | 105 | 63 | 36 | 7 | 66 | 22 | 58 | 63 | 19 | 88 | |
| 第八保 | 90 | 51 | 32 | 6 | 55 | 27 | 69 | 59 | 17 | 82 | |
| 第卅三保 | 99 | 78 | 37 | 5 | 83 | 15 | 86 | 72 | 11 | 80 | |
| 合計 | 294 | 192 | 105 | 18 | 204 | 64 | 213 | 194 | 47 | 250 | |

表證區牲畜死亡百分率

| 項目 保別 | 畜別 | 牲畜總數 | 現有數 | 死亡數 | 死亡百分率 |
|---|---|---|---|---|---|
| 第七保 | 豬 | 217 | 171 | 64 | 21,2% |
| | 牛 | 24 | 23 | 1 | 4,1% |
| | 雞 | 312 | 256 | 56 | 17,7% |
| 第八保 | 豬 | 176 | 126 | 50 | 28,4% |
| | 牛 | 22 | 22 | 0 | 0 |
| | 雞 | 338 | 293 | 45 | 13,3 |
| 第卅三保 | 豬 | 208 | 195 | 13 | 6,3% |
| | 牛 | 13 | 11 | 2 | 5,4% |
| | 雞 | 327 | 222 | 105 | 32 |
| 合計 | | 1637 | 1319 | 318 | 19.4 |
| 備考 | | | | | |

表證區牲畜疫病死亡經濟損失估計（單位元）

| 畜別 | 死亡頭數 | 每頭單價 | 總價 |
|---|---|---|---|
| 豬 | 199 | 20 | 2180 |
| 牛 | 3 | 40 | 120 |
| 雞 | 206 | 0,5 | 105 |

損失總價2403元

每戶平均損失8•173元

| 畜類別別 | 病症名稱 | 患病頭數 | 死亡頭數 | 死亡百分率 | 備考 |
|---|---|---|---|---|---|
| 牛 | 牛瘟胆癀炎 濤水症卜址癀 | 89 | 46 | 51% | |
| 豬 | 清水症豬瘟 打火印等九種 | 357 | 239 | 66% | |
| 馬 | 癀症 | 5 | 3 | 60% | |
| 鵞 | 清水症 | 7 | 5 | 70% | |
| 鴨 | 野鴨症 | 124 | 38 | 30% | |
| 兎 | 痧症 | 8 | 5 | 62% | |
| 犬 | 瘋症 | 19 | 17 | 89% | |
| 雞 | 雞瘟雞白痢 | 288 | 259 | 87% | |

此外尚有各種調查結果之表格、限於篇幅、不克備載。

附表三種：

附表式（一）

四川家畜保育所江巴實驗區種用豬調查表　　年　月　日

鄉第　保保長姓名　住址　調查者

1,貴保裏有沒有脚豬（種用公豬）　有幾隻？

2,貴保裏共有母豬幾隻？

3，我們預備供給你們改良的種用公豬！要不要？

4，給你們公豬之後就要設一個公共交配所的地點、方便許多喂母豬的人、這個地點、應該設在那裏？并且歸那一個負責保管喂牠？（保管人仍可取交配費、惟每次不得超過二角）

5，有沒有傍的意見？

註：請聯保主任發給保長、請保長塡寫後、再交與聯保主任送還區署。

附表式（二）

四川省家畜保育所三峽實驗區

牲畜疾病調查表

調查地點　縣　區　聯保地名　牲畜種類

當地病名　患病頭數　患病時期　死亡頭數

患病時期病狀如何？

本地有何方法可以預防？有效驗否？

本地有何方法可以治療、有效驗否？

那個時期病最多？

府上喂有幾隻豬（指現在）　幾隻牛　幾隻雞？

備考

「註」本表係請學校同學回家時調查

民國二十　年　月　日　調查者

附表式（三）

牲畜調查表

鄉第　保第　甲姓名

母豬　隻？脚豬　隻？架豬小豬共　隻？

去年死過豬沒有？死　隻？

牛　隻？

備考

塡表員　年　月　日

## （五）種畜推廣

本所種畜推廣、以成都總所所育成之良種爲材料、初步僅以豬爲中心、其他如兎羊等均爲附帶工作。本年五月十日先運到純種約克縣公豬一頭、重二百四十斤、毛色白、用與榮昌母豬配後所生仔豬、生長率甚佳、自五月二十日開始與當地四週農民所養之母豬交配、完全免費、以資推進改種之工作。另又有榮昌白豬五頭、以其毛質優良、名聞國外、故用作純系育種之試驗、又有安古拉毛兎十八頭、其毛長且細。用織貴重毛製品、价甚昂、約六月底可以三四對向農家推廣。

附種畜場事務日誌項目

豬大　頭中　頭小　頭共　頭

混合飼料　磅

青飼料　磅

羊大　頭中　頭小　頭共　頭

飼料　　磅

糞　　挑

疾病　　頭

情形

管理人　　年　　月　　日

## (六)獸疫防治

本區劃定北碚鄉第七。八。三十三等三保爲表證區、表證方法係以第七保爲豬之普遍預防注射、並嚴行畜舍衛生、第一期已於四月內施行豬霍亂預防注射、共注射豬三十八頭、第二期於五月底施行豬丹毒(即打火印)預防注射、注射後由本區發給保證書、以資保險、但該保農人對於此項工作、似尚欠明瞭、全保豬隻、并未能完全注射、本區除盡量勸告外、亦隨農民之自願、至於第三十三保僅施行畜舍衛生、不爲其施行預防注射、每週清潔檢查一次、如有依照本區辦法實行之農家、按其清潔程度給獎、以資鼓勵。尚有第八保、僅調查牲畜頭數與過去疫病死亡之數目、不予以預防注射、亦不督促實行清潔、以資將來在此三保中作爲對照、究竟注射與不注射及清潔與不清潔、所得結果如何、即比較其發生瘟疫與死亡之程度如何、用事實來表證與一般農人觀看、期樹立起預防的信仰、此即劃表證區之意義也。

本區自去年十一月底起、開始治療病畜以來、業將六月、惟查牲畜遭罹疫病者、在不知傳染病發生之原因。或初起病時、漫不經心，以致病勢沉重、始來請求診治。是故常有不能治愈者、爲求減少疫病起見、每於診治時、充分向畜主說明畜舍清潔之重要、與消毒隔離之方法、甚有貧農無餘資購買石灰消毒殺菌者、本區亦酌予贈送、至診斷畜病、概不取費、所需藥品、亦均奉送、有請求診治離本區辦公處遠在二十里以上之路程者、亦親往出診。玆將計半年來所診治牲畜、今統計列表如下：

| 項目／數目／畜別 | 治療數 | 痊愈數 | 死亡數 | 死亡百分率 |
|---|---|---|---|---|
| 豬 | 115 | 92 | 23 | 20% |
| 牛 | 9 | 9 | 0 | 0 |
| 雞 | 33 | 21 | 12 | 36,4% |
| 兎 | 10 | 3 | 7 | 70 |
| 羊 | 1 | 0 | 1 | 100 |
| 馬 | 1 | 1 | 0 | 0% |
| 犬 | 1 | 1 | 0 | 0 |
| 貓 | 1 | 0 | 1 | 100 |
| 共計 | 171 | 127 | 44 | 25,7 |
| 備考 | | | | |

斃畜屍體、亦爲檢驗病根之重要材料、遇有病重而斃者、本區商承畜主、解剖檢驗、共計解剖豬二頭、羊一頭、兎七頭、均製有血片、腸、胃、肺、球虫、寄生虫等標本、分别陳列於辦公處。

## (七)宣傳

附宣傳品四種：

## 宣傳品第一種

### 四川省家畜保育所成立江巴實驗區告農友書

農友們：

你們聽到過嗎？今年三月裏、省政府很起勁地在成都辦了一个家畜保育所、什麼叫家畜保育所呢？我來慢慢講給你們聽、這完全是爲的你們。

你們在鄉下不是都種田麼？種田不是都養着豬、牛、羊、鷄、鴨、鵝、這些東西麼？這些豬、牛、羊、鷄、鴨、鵝等等的畜牲、就叫做家畜。

家裏養的這些畜牲、你們都知道。除開用牠們的糞尿來做肥料以外、自然、你們也都希望牠長得快、長得大、可以多賺些錢、還希望牠好好地不生病、牛、很順利地來替你們耕田做工作、鷄、鴨、鵝呢、不但要牠長得大個些、並且還要牠多生些蛋、是不是呢？

但是、你們都有這種經驗、一根肥豬、總要養到十五六个月、一隻鷄、一年生不到一百个蛋、尤其是每年到了二三月間及七八月間、各種家畜都發瘟、死一大羣、毫無辦法、非常可惜、死一隻鷄、倒還小事、要是死一隻豬或牛、一戶小小的農家、不是糟了嗎？

現在省政府、爲你們着想、看到一年一年、你們遭的損失很大、就特別開辦一個家畜保育所、裏面有很多畜牧獸醫的人才、是專門來替你們牲畜想辦法的。譬如、像你們的豬長不大、替你們改良、使牠能長得快些、大些、發瘟的時候、你們只要趕快報告、就會來替你們預防着、使好豬不被瘟豬傳染到、還有其他各種飼養家畜的問題、只要你們肯來商量、肯照着做、多竭力幫忙的。

江北和巴縣、農民養的牲畜很不少、所以家畜保育所就特別在北碚設一个江巴實驗區、趕到這兒來還就你們、還希望你們認淸楚、我們不是來抽錙金的！不要你們錢！不吃你們飯！初初不相信、以爲是生人、共實我們以後常見面、就可知道不是騙子、專門來爲你們服務的！等到你們一天得到了好處、你們自然會認我們是好朋友了。

四川省家畜保育所江巴實驗區印發

辦公處北碚西部科學院側近文星灣

「附註」本區自廿六年四月已正式奉令改名爲三峽實驗區、將工作範圍縮小、力求週到精密、致能名符其實。

## 宣傳品第二種

### 農友們：請快加入「畜產改進會」

峽區畜產改進會成立了、關於牲畜各種問題、都可以到會去詢問、如能入會、更有很多的利益。報名地點：北碚鄉聯保辦公處

# 家畜保育

四川省家畜保育所三峽實驗區印發

區址：北碚

## 養母豬的農友們看！

1，家畜保育所、外國公豬到了、你們可以把母豬送來交配、不要錢！

2，同外國公豬配了之後、還是一樣四個月就生小豬。

3，和外國豬配了生出來的小豬、長得快、肉也嫩。

4，來和外國豬配的母豬、和牠生的小豬、我們可以保險不發瘟。

5，用外國豬配了以後生的小豬、可以得獎！

6，和外國豬配了生出來的小豬、我們可以介紹出賣。

7，外國豬的喂法是和中國豬一樣的。

8，和外國猪配了生出來的小豬、不要拿來做種、都拿來喂架架兒、或是肥豬好了。

北碚：文星灣—新橋

家畜保育所外國公猪到了！喂母豬的；快牽來配種！不要錢！

## 怎樣挑選種豬？

1，做種的豬、要春天生的纔好、肥豬就要選秋天生的纔好。

2，做種的豬、身體要長乳頭要多、背不要凴下去、肚皮拖到地的不好、

3，做種的豬、身體要健康、頭細緻、各部不要有大皺紋。

半年來的家畜保育所三峽實驗區

4, 在同一窠裏、寧願選大的、不要挑小的、并且要揀牠的同窠、頭數至少要十個。

5, 母豬有吃小豬或其他的惡癖的、要不得。

6, 無論種用公豬或母豬、生下來至少須滿八個月纔可使其交配。

## 你們的豬牛發瘟麼？

1, 打預防針、可以少發豬瘟！

2, 打預防針、可以少發牛瘟！

3, 豬牛發瘟、可以請家畜保育所想辦法、不要錢的！

4, 家畜保育所打預防針、不要錢的！

## 家畜「防疫」問答

問　什麼叫做「防疫」？

答　「防疫」就是防制瘟疫的意思。

問　爲什麼要防制瘟疫呢？

答　因爲瘟疫能傳給其他牲畜、死起來幾十幾百、損失很大、所以我們要把他防制淸！

問　爲什麼一定說要「防疫」、不好說「防病」嗎？

答　當然、牲畜能連病都不生是頂好、但是我們防只防疫而不防病。

問　爲什麼呢？

答　因爲牲畜的病是很多的、只是瘟疫頂可怕、這裏「疫」指一般傳染病說的。

問　只是傳染病可怕嗎？

答　是的、傳染病蔓延起來太厲害了、從一隻死到全鄉、從全鄉能死到全省、普通不是傳染性的病呢？它害死一根、旁的牲畜沒有關係、當然用不着去防它了。

問　那末、這倒有趣了、爲什麼有些病能傳染、有些病不能傳染呢？

答　這講起來太多了、我告訴你一些吧、傳染病所以能傳染的原因、是因爲有一種病原物(病原物又叫病毒)很微小、眼睛看不到、害了瘟病的牲畜、身體裏、血液裏、和排泄物裏很多、凡經他接觸了之後的東西、好的牲畜也發起瘟來了。

問　這樣講來、防止瘟症並不難、我只要把畜舍常常打掃乾淨、在四週人家都發現了瘟症的時候、我不放牲畜出來、也不叫他家牲畜和人到我家來、同時我再多注意一些喂料、不與害瘟的牲畜接觸、對不對？

答　對了、不過還有一點、你家裏已發瘟的牲畜、也要想法、不要傳給別人家、再害旁人、譬如、你有一隻瘟雞、不要明曉得瘟雞還拿到場上去賣給別個。

問　那我不賣怎麼辦呢好不好自已殺了吃呢

答　那不行！賣給人家、就傳到人家、害人家、頂好自已也不殺、也不可再想吃他的肉、簡直把那瘟雞深埋了、或者架些草、把雞和雞的雞毛雞糞、統統放在一起燒了、再用石灰水到處洒過、等過一兩個月、再喂雞。

問　要是我有三個雞、只有一個雞發瘟、其餘兩個、就該怎樣？

答　趕快把兩隻好雞搬開、不要再叫好雞病雞混在一起、住的地方(當然關起來)和吃的東西、也不叫他碰到。

問　這一套手續、說說很麻煩、做做實在簡單的、有一個簡單的名字來替代他麼？

答　有的、這套手續就叫做緊急隔離法、還有、隔離還不够、還須在隔離之後、跟到就消毒、就是在好雞病雞分開之後、隨手再把好雞和病雞的行動的四周統統洒石灰水？

問　爲什麼用石灰水？

答　因爲石灰能殺滅病原物、而且很便宜、差不多每家戶都有、用起來很方便、一百斤水用五六斤石灰就好了。

問　這些都容易辦到、那末、這全套手續就叫隔離消毒法麼？

答　是的、而且其他的牲畜瘟症的預防、也是同樣的辦法。

問　所謂「防疫」工作、除開上邊所說的、

畜舍講究衛生與緊急的隔離消毒法之外、還有旁的辦法沒有？

答 有、「防疫」工作、有一個機關專門替我們負責、這個地方、在北碚新橋、叫做家畜保育所、他是成都家畜保育所分到這兒來的、這里就叫三峽實驗區。

問 三峽實驗區怎樣替我們防疫呢？

答 裏面有四五个人、是專來替我們這三峽裏面的牲畜想法子的、他們除賃給我們好的豬種外、還要叫我們怎樣去喂、並且還特別替我們家畜來防疫！

問 家畜保育所的防疫方法是怎樣？

答 他們來替我們「防疫」、是打「防疫針」！

問 什麼叫「防疫針」？

答 防疫針、又叫預防針、也叫保險針、經過他們來打了預防液之後、牲畜就不發瘟能夠担保的、所以又叫「保險針」。

問 他們要不要錢呢？

答 不要錢、決不要錢！

## 爲家畜防疫告農友多賺錢的法子：

親愛的農友們：

你們家裏都喂着牛豬雞等的牲畜嗎？最討厭的就是要時常發瘟、不但死一個、瘟一羣、常有全村的牲畜都染遍了的、損失不是很大嗎？眞可惡極了！你們要知道、牲畜的發瘟、并不是天災的降臨；也不是瘟神的作祟、實在是你們自已招來的禍害、要牲畜不發瘟、應該實行下面的幾個辦法：

第一：要講衛生、畜舍內外要天天打掃乾淨、不要近糞坑、更不應該架於糞坑上面、要明亮通空氣、不可喂腐敗的飼料、食槽要清潔、不要剩留飲水或飼料在裏面。

第二：要預防牲畜發瘟、可以打預防針、只要來報告家畜保育所、就可以替你們牲畜打針、可以長久不發瘟、完全不要錢。

如果牲畜已經害了瘟症怎樣辦呢？

一・發現牲畜發瘟症的時候！立刻報告家畜保育所、來替你們想辦法。

二、畜羣裏如有一二頭發瘟、其餘的牲畜要立刻與病畜隔離、把未病的牲畜完全遷移另外安全的地方、以免傳染受害。

三、曾經發過病的畜舍內外地板牆棚、要用石灰水（水百斤加石灰五斤）澆洒消毒、用具要用開水泡過、以免剩留病毒。

四、病死牲畜、不可屠殺買賣、要深埋土中五尺、以免病毒傳染給人家的牲畜。

五、害病的牲畜不要任意放出外面、以免蔓延擴大。

六、病畜吃過的飼料、未經煑過、不可給健畜吃。

七、有病畜的人家、應該暫時的少與來往、以免將病毒帶入自已的家裏來。

上面所講的都是預防牲畜發瘟的好方法、如果你們能夠切實的做去、牲畜就很少發瘟了、牲畜不發瘟、那就可以多賺幾個錢、不是很好嗎。

## 「防疫」一談

甲 爲什麼家畜也講「防疫」呢？

乙 牲畜發起瘟來、毫無辦法、一死就死幾十個、莊稼種不起、哭也沒用、那末、家畜怎能不講究防疫呢！

甲 我聽到瘟症並不止一種、什麼打火印呀、清水症呀、格搔症等等、不是很難防麼。

乙 是的、瘟症的種類確是很多、預防的方法和原理却是一樣的、各種瘟症、都可以打預防針、不過打針所用的藥液是不同、譬如說、打預防火印的針、那末、就保險不發火印、清水症就防不到。

甲 把各種預防液都打過、能不能防止各種瘟症呢？

乙 可以的、不過錢化得太多了、只要先調查清楚、那一種瘟症發得最多、就專門預防那一種瘟症好了。

甲 其實、這瘟症何必預防它呢？等它發生了之後、治療不好麼？

乙 治療、也是可以的、打血清針、可以治療。也可用在短期間預防、但是我們希望老早預防在先、而且要使預防效率長久、治療工作、不是根本辦法。

甲 何以呢？

乙 等到牲畜發了瘟、就很麻煩、一來是牲畜的病種類多、診斷很難、因爲家畜不會說話、二來是瘟症死起來很快、沒有等到你看清楚病狀、就死去了！所以我說、打預防針、才是根本辦法。

甲 人打預防針、地方醫院倒會替我們做好事的、這牲畜打預防針、又有那一個來替我們做呢？

乙 北碚場新橋有家畜保育所來做這個事情、聽到過沒有？

甲 他們要不要錢？

乙 不要錢！

## 雞瘟預防應注意的幾點！

一、早晚檢査雞羣、凡有病的雞應當急即拿出來。

二、如發生雞病、即將未病的雞遷移於別處安全的地方。

三、死雞立刻燒掉、或深埋於土中。

四、鄰近人家如有雞瘟發現、要小心防備鴿麻雀貓狗等、因爲他們都可以帶來病毒、做傳染的媒介。

五、鷄舍及一切用具、都用百分之五的石灰水消毒。

六、瘟死的雞、不可在河裏洗滌、更不可以任意亂拋、必須燒掉深埋。

七、有雞瘟的地方、不可將雞羣散放外面。

八、新買來的雞、須隔離半個月、才可與家裏原有雞混合一起。

小朋友們

你們喜歡養兔麼？請加入

兒童家畜保育團

## 宣傳品第三種

### 防除猪牛瘟症歌

奉勸農友們、畜舍要衛生、你養豬牛羊、最怕是發瘟、豬睡糞坑上、牛圈黑沉沉、不管豬難受、不管牛發瘟、豬尿隨處流、牛糞滾一身、這樣待畜生、誰保不發瘟、牛是你家本、豬是你家命、要是瘟死了、是你大犧牲、快聽我們勸、預防要認真、預防的方法、可以分幾

### 防疫七禁

一、病畜房舍、禁止任人出入。

二、病畜人家、禁止隨意往來。

三、病畜糞尿、禁止隨便亂拋。

四、病牛豬雞、禁止任意外放。

五、患病牲畜、禁止賣給人家。

六、牲畜瘟死、禁止隨便宰殺。

七、病死畜肉、禁止上市買賣。

### 防疫七要

一、畜舍內外、要每日打掃清潔。

二、畜舍內外、要常使通風明亮。

三、牲畜有病、要快將健畜隔離。

四、病舍內外、要用石灰水消毒。

五、死畜屍體、要送荒地深埋之。

六、牲畜發瘟、要報家畜保育所。

七、預防畜瘟、要請求打預防針。

層：

第一要清潔、日常重衛生、畜舍要常掃、尿糞須除勤。不但見不到、硬要臭不聞、日光須充足、空氣要清新、臥處須稍斜、臥草宜乾淨、污泥滾久了、也能起濕疹、食料忌霉爛、飲水忌殘羹、食槽要常洗、處處要當心、虱子常常捉、使牠不要生、或用菸葉子、煎水洗牠身、或用豬油搽、封閉虱氣門、是否在發燒、每天摸豬身。留心牠吃料、是否減幾層、尤其是夏天、三天水洗身、并用石灰水、十天一次淋、石灰家家有、價錢亦相因、百斤冷清水、石灰用五斤、如此攪勻用、包你少發瘟。

講到第二層、打針最得行、每年發瘟期、月前先打針、打針用什麼？菌苗和血清、家畜按體重、打在皮下層、血清防一月、菌苗一年零、兩物那裏有、我向你說明、家畜保育所、你去請一聲、北碚文星灣、新橋是地名、替你們打針、并不取分文、預防注射後、保你六畜寧。

還有第三層、說來更要緊、如果遇瘟症、好的隔離分、莫到人家去、格外要小心、他家有瘟症、來人休進門、發瘟的牲畜、不要買進門、亦不上街賣、免得害別人、自己瘟死的、拿來埋地坑、坑深要五尺、淺了不得行、上蓋石灰粉、又把土填平、再把欄洗淨、石灰水來淋、一桶冷清水、石灰要三斤、若無石灰水、草灰也得行、燒鍋滾開水、草灰攪均勻、畜舍都洒到、也免再惹瘟。

此外有一點、你們要聽明、豬牛發瘟症、不是遇瘟神、不是天罰你、是你不當心、得的傳染病、一個傳一群、死去快得很、醫都醫不贏、如要斷禍根、快照上法行、倘使你不信、死得無一根、莊稼大斷本、想起硬傷心、不但你們苦、政府也關心、家畜保育所、重在預防瘟、我們為啥子？都是為你們、農是國家本、牧亦富鄉民、六畜少瘟症、農村得安寧。

## 宣傳品第四種

F調　勸打預防針歌　2/4

6 5 6 | 2 1 2 | 5 6 5 3 | 2 1 2 |
防豬瘟　先打針　打針之後　不發瘟
防牛瘟　先打針　打針之後　不發瘟
5 3 5 | 2 3 2 | 6 2 1 6 | 5 0 ||
豬肥大　多賺錢　好過快樂　年
牛強壯　多耕田　好過快樂　年

## （八）聯絡

本區聯絡事項、可分下列數端：

1.每週各職員輪流出席聯合紀念週、報告各該週工作大要、時或用作宣傳機會。

2.每週由焦主任出席主幹聯席會議。討論各方面之工作進度與進肥法去做，在天氣熱的幾個月中。只要三——四星期就可以成功。并且做出來的糞，肥力高的多。那也無異乎增加了好多肥料。

元平式速成堆肥法，是規定在茅草棚下或是在糞房裏去做，地基比較高，不積水的地方，在地面上預先排列石頭，上面再用竹桿架成縱橫五六尺方的格如第一圖，或是用些石頭排列在地上都可作爲堆肥的地基，這樣才可以通氣，可使過剩的水份流去。

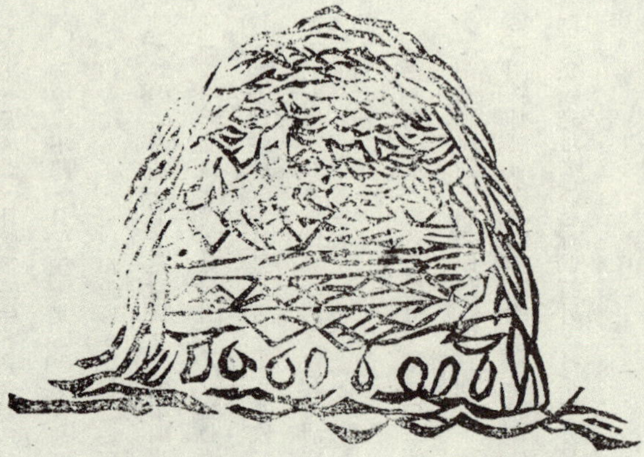

第三圖　堆積的樣子

如果所用的材料是谷草，須預先丟在水塘裏泡一天，才撈起堆積，渣滓要淋水浸濕。就是把谷草等物鋪在竹子架上，厚約兩尺的光景，淋糞水一層。糞水挑裏預先倒入些元平菌種，攪勻，又堆一層。又淋糞水，大約每二千斤材料用四川省農業改進所元平菌菌種一罐，糞水四挑至八挑，一直堆到五尺至六尺高時爲止，用脚踩緊，不要太鬆。堆子上面就鋪草一層免乾燥。

兩三天堆子內便會發熱，三四星期後退熱，堆內的材料，拿出看看，如果變黑黃色，手一揉就可成團，晾乾可以用手揉爛，這就是腐熟了。

在這堆積期間注意加水，不可太乾，也不要太濕，使有水從下面漏出。堆積完成之後，用釘鈀把堆子耙開，攤在地面陰乾，打碎，把磚頭瓦塊同未爛的東西篩過，堆在糞房或可以遮雨水的地方，等候使用。

做成的堆肥也含有不少的菌，可以留作下次作堆肥使用，照以前方法混糞水，淋在堆積的材料上，堆積四——五星期即可腐爛，不過糞尿要用多些，這種堆肥代替菌種也要多用些才好。

## 製造速成堆肥特別應該注意事項

(一)堆積的時候必須在有遮雨的地方舉辦，例如草棚牛房等都可以用，否則不但不能腐熟並且損失肥效。

(二)加糞水愈多愈好，每千斤材料最少要加三担以上。

(三)加糞水時必須均勻，否則變成有的腐熟和有的不腐熟的危險。

(四)堆積完妥後，最好再加些汚水使充份濕潤，再加稻草或麥草覆蓋以防表面乾燥。

(五)腐熟後的堆肥，把表面遮蓋的草除去，晒乾打碎，不能腐熟的東西如石子，瓦片，木塊，蔗皮，花生殼等用大孔篩篩過不要，篩過的可立刻施用，如要儲藏的話，則更須晒乾不可淋雨。

(六)倘若用稻草谷椿或其他雜草等做堆肥，未堆積前必須用水浸濕一夜，每堆積一層，須洒上一層谷草灰或泥土粉後，方可加糞水，否則糞水向下流走，同時每層要壓實，加糞水要均勻，堆四五星期後，容積縮了大半，濕時可搓成球形，用太陽晒乾，可打成粉碎狀態，這就算腐敗完全了，麥草比較難於腐爛，四個星期之後要翻一次，重新再堆過，加糞水。

(七)若用青草，須預先晒兩天，晒乾水氣，草皮須把泥土打落，不可混有泥土太多，粗硬些的包谷桿要斫斷。

(八)每堆積一次，至少要有材料一千多斤，愈多愈好，否則不易發熱。

# 元平式速成堆肥法

彭家元
陳禹平

## (甲)堆肥的意義：

把糞尿，草稈，落葉，汚泥，草木灰，渣滓，與乎農家一切廢棄物，除有傳染病之動植物外（註：有傳染病的動物屍體或有病蟲害的植物，須用火化，然後可作堆肥。）都可收集堆積起來，使其腐爛，變為肥料，這類東西叫做堆肥。通常在使用前再把粗硬的磚頭瓦塊木片石頭等或未經腐爛的篩去 便得一種黑褐色的碎粒堆肥。在秋冬播種小麥、菜子、胡豆、紅苕等等的時候，用之為基肥，為一般農家最良好的肥料。

## (乙)堆肥的重要

堆肥是農家最經濟最易取得的肥料，雖堆肥所含有的植物食料——淡，燐，鉀——頗不一致，依堆積時所用的材料而不同，却是一種富於有機質而容積大的肥料。除供給四要素——淡，燐，鉀，鈣之外，最主要者是有機質。因為富於有機質，所以有下列的效用。

土壤因耕種關係，細菌容易繁殖，養化作用亦較甚，故有機質之消耗甚速，大凡土壤之富於有機質的，土色灰黑而鬆軟，保水力強。一般經驗皆以黑色土壤為沃土之表徵，在東三省及察綏省放墾土地以黑土之深淺定土地之深淺定土地之等級，不謂無因，然農民往往貪圖目前小利，以為不必施用肥料亦可豐收，久之由黑色者漸變為灰色，以至於灰白。鬆軟深肥者變為堅硬瘠薄，潤澤者變為乾燥難耕，終至所得不償所失，不能不放棄而任其荒蕪。這種情形在地曠人稀的原始農業頗為常見。這種辦法，猶如開鑛；地力掘盡之日卽為農業凋敗之時。我國內地各省土地有限，人口稠密，在一定面積之土地，不但求其能生產衣食住行之原料，以應目前之需要，千年萬世之後，亦賴此一片土地以生以養，決不可隨意損耗，當特別珍視以維持久遠。

內地各省農民對於有機質的施用，如利用糞尿，草稈，落葉，汚泥，等物以為堆肥，或凡可以為肥料者不惜辛苦艱難，以加入土壤，歐美學者頗為稱道，美國金教授有何話說：「美國有許多地方耕種不到百年其生產力已大為減退，中國耕地常有超過千年，現在還是很肥沃而可以支持多數人民衣食的需要，其原因不能不歸功於中國農民的善用有機質肥

# 爲什麼不推廣種雞？

焦龍華

大家都說：「雞在農村上是頂重要了、因爲每戶農家都有雞、推廣雞種、特別能引起農村婦女們的興趣和信仰的！家畜保育所爲什麼不推廣種雞呢？」

我們聽到這些話、婉爲解釋、而且將來慢慢自會做到這一步的、事實上還有許多人問、仍舊是有人不明瞭、所以再來說一下：

養雞雖是一件小事情、但仔細做起來、要考究又要合理的話、那倒是一件頂麻煩頂化錢的事。否則要是同農家一樣地喂、一樣地做、必然沒有效果、所以總所裏也就把養雞的事情擱到第二步工作去了、所以各實驗區也不拿種雞來推廣、實際上推廣又是一個問題了。

我們先來看一下、關於雞育種的兩個原則、一是要選擇產卵量最高的種雞、保存牠、繁殖牠。一是使產卵雞在秋冬時候的環境春季化。這兩個原則、說給農友們聽、也不難明瞭、然而要叫農民就照着去做、那簡直辦不到。我們曉得、要農民能照着做的事、那是另一問題、如像第一條、要選高產卵量的種雞、就要預先普及選種的常識、用來航雞實行雜交、來航雞那里來呢？農民自己去買嗎？那至少不是目前的事、再說第二條要使產卵雞的秋冬環境春季化、就要有溫暖的設備、多晒陽光、多給動物性飼料、農民如何辦得到呢？不單是窮困的農民沒有錢可辦、就是他有錢來辦到、那他爲了幾隻雞化了那樣多的錢是不是上算呢！即使很多大規模養雞的人和養雞場、都還不過是說說罷了。七八年前國內各處養鷄場的設立、誠如雨後春筍、他們都是鑒于養鷄容易幹、容易賺錢、而且是頂普遍的農家副業、當然他們是更明瞭這種科學上的原則的、然而事實與理想是相反的、不到二三年、這些養鷄場、一個個都倒閉了、停頓了、什麼原因呢？全羣瘟死了。

今天農家對於改良鷄種的重要問題、是：一、怎麼去找到會生蛋的鷄？二、怎樣保存會生蛋的種鷄？至於說「環境春季化」、叫不會生蛋的多生蛋、本來生得多的叫牠生得更多、却是問題的第二部分哩！

因爲有這些關係、所以我們要等過相當宜傳與訓練的時間才來推廣種鷄。

民間意識四卷五期出版了

君欲取得：

△復興根據地帶之理解！

△民族鬥爭意識之參證！

△邊疆社會史料之要點！

不可不看。

社址：成都文殊院巷十二號

每份三分全年六角

# 家兎的病害

焦龍華

養兎、可以說是很有趣很容易也很能賺錢的、然而要是兎子起了病、那簡直和雞一樣、死得快的很、沒有多大辦法、因而這里我要來特別介紹一下兎病和挽救的辦法。

廿六年一月、實驗區署、爲了毛兎很貴重、每頭本錢二十元、又很容易死、特別交給我們替她保養、然而事情也是一樣的危險、現在先把疾病方面的情形、闡述一下：

兎之健康狀態——健康的兎子、在給飼料的時候、跳躍動作非常活潑機警、耳朵是立起的、眼睛是渾圓光亮的、皮毛清潔光順、糞圓而硬、一如羊屎、鼻部清潔乾燥稍帶濕潤、前肢掌乾燥、肛門左近之毛清潔不沾糞便、其正常體溫爲華氏一〇一度。

兎之生病狀況——兎如不健康。不願走動、不活潑、似厭惡牠周圍的一切、給以新食物、亦不能引起其興趣、耳朵很少是直立的了、皮毛變粗鬆、眼力遲鈍、失其胃口、如在小兎、就常去試吃、有時將頭偏於一旁、或時搖其頭。鼻上沾有有汚液、前足潮濕、口邊亦濕、肛門處有稀糞。小兎時期、尤顯鼓腹、減輕體重、消瘦。

發現病兎如何辦？

凡發見前條所述情形時、即證明兎已得病、速將好兎與病者隔離、從速考査其生病之原因、參考書籍、找出病症及醫治方法、立即處理之。

一般書籍上之錯誤

一般養兎書籍上、關乎疾病之記載、其最大錯誤、即將各種病狀、列成表格、依病狀即分作某種病症、例如口有白沫、即認作爲球虫病、其實口流白沫、有時可爲球虫病、但大半是指消化道生變故也。

提起球虫病、乃是養兎者最畏懼最想嚴行防治之一種病症。特別是小兎害了這種病死亡率來得高、其中原因、多半由於一個健康之母兎帶了病傳給她的全窠仔兎的。

有些人看到兎子鼻子塞了、或是流鼻涕時、就說兎是傷了風、受了涼、但問何時受了涼、何時遂流涕、則不知也。實則兎流鼻涕、係鼻型球虫病、病原由呼吸道傳入、且與敗血症同時發生、在鼻液中、即有球虫存在。

最近還有人研究把「鼓腹」列成一種病、專給一種藥、而事實上、「鼓腹」這現象、在小兎確係肝型或腸型的球虫病的一種病狀。再有「花肝」——即肝上現斑點也、列成一種獨立病、在肝上顯着小白塊、這實在又是一種惡性的球虫病。

總上各點、充分顯示我們今天對於家兎的病症、尙未能充分明瞭、欲求有補於事、自待乎將來之研究。

茲列數端重要之預防原則如下：

,1西諺所說「一兩的預防等於一磅的治療」、常保持兎在健康狀態、如果初購入之種兎、必選其十分健全者、雖稍多費金錢、亦屬合算。

,2常使兎房或通常兎箱乾燥而淸潔、因多種病係由於不潔之兎箱所傳者。

,3關於飼喂方面之注意、兎子尙屬強悍動物、牠的病還沒有雞那樣容易生、有大部分的病、卽可利用上述三原則而預防。

兎病中最値得討論的有兩樁事、第一打噴嚏、有時卽流有鼻涕、亦未必卽爲「鼻塞」實際上幾種病都有這種現象、第二、兎中最大病害卽球虫病、許多書上就依地的病狀而列成幾種病；如「鼓腹」「流涎」及「花肝」等是。

似上所說的、只能指明兎子已在生病了、叫喂兎的人注意、若眞的就根據他病狀名之爲何種病、而給以何種藥、那就相差很遠！我們相信兎病中十之八九是球虫病、所以我們就把它列成第一項來討論。

## 一，兎之之球虫病 Eimeria Stiedae

病狀　小兎子患此病、則懶於行動、遲吊、少感覺、少吃、皮粗糙、或肚皮稍鼓氣、隨卽有下痢現象、消瘦、四肢失其支持常態、震動而死。發現病狀後、有於數小時內卽死者、有於數星期之後、方屈服、用牠的糞便來作顯微鏡檢査、常可發現有球虫之存在。

成熟的球虫是卵形、外有硬壳、在小的一端有一小孔、這東西祇能用顯微鏡才看得到、當雌體(macrsogamete)與雄體(microgamete)受精之後、這卵形體的原形質就向中心聚集（見圖示）此期卽名卵組體(Oocyst)、是在肝上的最後一期、就是在這器官上不能再進行多步的變化了、經過胆管(Bile duct)—(用病兎的胆來鏡檢、就見到很多這些卵組體）而至小腸內、於是很多就從糞中排泄出來了、在體外每個卵組體的原形質發育而變成四個胞子、每個胞子又分成兩個、於是就成爲八個胞子 (Sposozoites)體、它們外面所包圍着的壳襲就叫做胞組子 (Sposooyst)它的形成、約須三日至四日、傳播亦全在這胞組子時期、胞組子形成所需要的適宜條件是溫暖和潮濕。

所以、我們已明白、倘使小兎只吞入卵組體 (Oocyst) 那麼、這種微生物它是無從發育、但是如果小兎食物中附着了胞組子 (Sposocyst)而吞下了（由於兎舍之不潔、不常常打掃、如三四天才打掃一次者）又如此兎舍前係居過患此病之母兎與其仔兎者）、胞組子的外壳就被消化液溶解、它的原形質就跑出了、那些胞子體就很活躍做它們的工作、鑽向消化道的皮膜細胞了、當一個胞子體走進了一個皮膜細胞後、它就將該細胞的核擠在一旁、而自身形成球形、這一時期就名之爲分裂(Sehizont)原體、每一個分裂原體就進行它的無性繁殖、由一個而分成很多個含核的小體、這些小體又繼續着分裂、於是就形成了很多的節虫子(merozoite)這些節虫子、在小腸中游動、有的是死了、有的又繼續鑽進皮膜細胞形成分裂原體、再事分裂繁殖、於是許多細胞就現病狀、一般小兎子也許被害了。

如果此病只限在胆管的皮膜細胞、這就叫做肝型球虫病、倘使這種侵害輕微、兎子可終身被染到而不顯嚴重徵候、如在腸內侵蝕過甚(卽名腸型球虫病)小兎顯了以上所說的病狀、不久就死亡。

患了球虫病、兎子的糞沾了在健兎的鼻上、就從鼻腔侵入、結果物起始就打噴嚏漸成慢性而劇烈的咳嗽、鼻中分泌物、由稀薄而濃厚成粘液狀、前肢掌與胸部常被此分泌物所沾污、體溫增高至華氏一〇四度或一〇五度、呼吸困難、最後驚厥而死。如此情形商得氏他稱爲「鼻型球虫病」「惡性加答兒」或「鼻塞」。

附圖如左：

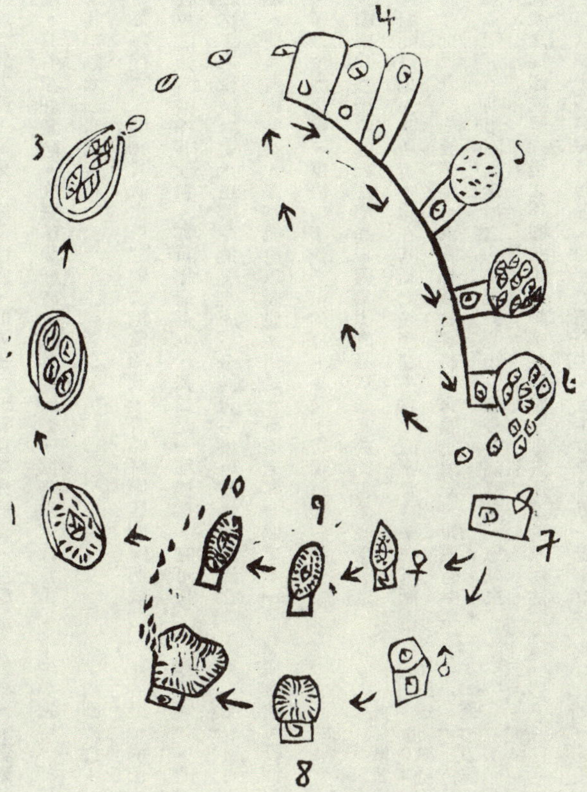

說明：兎之球虫病病原物生活史

1,2,3,由受精之雌體變成胞子體(3係破裂之胞組子)。

4,5,6,係胞子體侵入兎消化道之皮膜細胞而形成節虫子(merozoite)

7,由節虫子再變成大小配偶子(Gamete)

8,形成小配偶子(microgametes)

9,形成大配偶子(mecrogametes)

10大小配偶子受精、復成卵組體(Oocyst)

處治的方法——兎子鼻子已塞、則大半已證實爲球虫病了。所謂處治、只有重在預防、在買進兎種時决選其健康者、同時須常注意兎舍及其走動處之清潔。

每隔幾天、即在其飲水中加數滴鐵質酒液、普通將過錳酸鉀調成淡紅色之水溶液作其飲料、亦可稍有補助、鐵質是一種補劑、它可使動物吃了之後減輕寄生虫襲擊的憂患、或令該兎另換一乾燥而清潔之兎籠、使多食靑飼料、多空處給以運動。但是、事實上、一個兎子一經害了球虫病之後、就决辦不到全部治療。小兎子害了這種病在氣候溫暖處總比寒冷處的死亡率高、因爲濕的綠草適宜於此病之發生、患球虫病的母兎、其所生小兎在其斷奶後應速另置一籠、有時即在未斷乳前、母兎乳頭亦能傳染、或在生產前、將產房澈底消毒、如遇籠中有潮濕情形、則用石灰粉撒之、小兎分開後、勿令各籠混亂、患球虫病致死之屍體或解剖後之遺體、須深埋或焚毀之、卽其所遺糞及所沾染之蓐草等、亦必同樣處理、勿使隨便亂拋、致生意外、每一兎籠中所用之飼料及食盆、均須固定、勿能互換、飲水須清潔。其中勿混入草、勿使吃得太飽、見其有剩餘食料時、立即減少之。

## 二，兎之出血性敗血症(Bacillus cuniculicida)

此病菌傳染之方法、與球虫病相同

病狀——大半與球虫病相似、病重者、對於四周各物不感興趣、耳垂、眼鈍、毛鬆亂、不喜食、並瀉痢、發現上述病狀後數時至一天即死、愈者殊少、如由鼻道傳入、則現肺炎病狀、漸變惡性加答兒或「鼻塞」、如現肺炎病狀則流鼻液、呼吸急促而困難、體形消瘦、一週內即死亡。

此種病菌、亦同Eimeria一樣、卵形、据商得氏染色的結果、兩端着色深、任何時期不能活動。

處治——根本辦法、只在預防、預防手續與前述同、有兎之敗血症血清可資注射。

## 三，兎之梅毒

此症雌雄兩性均可發生、它的特點、即爲外生殖器出濃狀物、傳染迅速、嚴絕交配。

醫治方法、可用百分之一之過錳酸鉀液注入生殖孔內洗之、每日二次、同時可內服Hexamine四分之一克、直至不流粘液爲止。

## (四)兎之腿痛病

兎若處於汚濁兎籠中之濕糞堆上、阿母尼亞能使腿發炎而腫痛、救濟辦法、除預防重在清潔外、可在其所痛之腿上用溫熱之肥皂水洗過、再敷鋅類軟膏。兎舍籠底墊以清潔之蓐草鋸木屑或穀草亦可。

## (五)兎之蚤利虱

嘤兎如果處處注意清潔、本不致有蚤虱相擾、其如不幸已發蚤者、則用除虫菊粉噴撒全身可也、撒後用刷子週身刷之、將刷下之寄生虫以及所有蓐草集攏一起焚燒之、兎籠則用沸水澆洗之。

如有虱亦應用驅虫粉撒之、對於虱子、可以海綿醮醋拭兎、隨即用細齒梳子梳之、每隔一天即行一次、自可清除餘、將蓐草及兎房均焚燒之。

## (六)兎之疥癬

此病之寄生虫可分數種、普通症狀、即患部皮腫突剝落、毛亦脫落、該處且蓋有白色皮屑、受染者應速謀隔離、以免傳染、受染之兎箱、亦須同樣施行消毒、硫黃油膏、用擦患處、(未擦前、應將其周圍之毛剪去)、每隔四五天即行一次、約行三次至四次即可痊愈、在未搽油膏前、須先用溫熱之肥皂水洗過。

## (七)兎之耳中膿瘡

此病甚爲普遍、如果及早注意、則不致嚴重、否則亦能致死、此亦疥癬之一種故又名耳疥瘡、它的病原是一種小蜘蛛、類於皮型疥瘡之病原、此同樣之病原、即能傳之於馬、也能由馬傳之於兎。

病狀──生瘡之耳常下垂、并搖其頭、似覺甚痛、檢視外耳殼之內、則可見似松香而軟之黃棕色塊狀皮屑、如由其蔓延、塞滿全耳、此時、病兎飲食減少、身體消瘦、不久即死。有時即名此病狀爲「曲頸」──因病兎常將頭彎於一旁、四肢運動往往不隨意、步伐不穩

醫治──常常視察所養之兎有否此病、在早期、可用下法醫治之、先用過養化氫洗而消毒之、候乾後、滴入數滴下法配合之溶液:樟腦油一份、安息油一份、克利蘇脫 (Creosote) 數滴、直至皮屑不復現時再進行數日後即可。

另有一法、即在以過養化氫(即雙養水)洗後、即噴入硼酸粉或硫黃粉亦可、又等分之安息油、與硫黃粉滴入耳中(四五滴即足敷及耳內全面)。

## (八)口流垂涎

此爲一種病狀、非病也、初現此狀、速即糾正飼料與飼量、小兎現此狀者、應予隔離、并在嘴邊搽以食鹽、或引少許於其口中及其前肢掌。飼以少量蕪菁片及胡蘿蔔後、在二十四小時內不給食料、飲水中加過錳酸鉀、使成桃紅色即可。如在短期間醫不好、即棄却此兎可也。小兎患此較大兎多、根本原因係起自消化道。其外露症狀爲口旁之毛濕而沾汚、約由腸胃之柔弱期中而食以多量不良之飼料所致。

當小兎吃奶不足、本來即虛弱、或母兎奶量不足、患病或生子兎太多、均其原因也。如母兎以子兎過多奶量不足而致此病者、則淘汰數小兎、留下她所能養活或奶量足供給之數可也。

## (九)兎之肺炎

任何病影響於呼吸器時、即生肺炎症狀、患肺炎者、救治之希望殊少幸而此病尚不多見。

## (十)瘍瘡及膿腫

瘍瘡可用刀割開、將膿汁擠出、傷口可用中性消毒藥水如雙養水洗之。

如遇膿腫、卽大塊腫漲、內積膿漿、時間經久、卽成頑性、此種膿腫、一般觀察、似有遺傳之傾向、如一老母兎患此病而其子兎亦顯此病者、則其肉不可食。

膿腫的醫治法與瘍瘡同、惟其旣成頑性者、則其患處擴延頗大、勢必殺而埋之、

## (十一)兔之眼炎或眼痛

此病吾人信爲遺傳者、故不必爲兎籠之不潔所誘發、大兎甚少見、小兎患此、則一目緊閉(甚少有雙眼同遭害者、在眼瞼閉縫中有膿汁流出、病兎不易得食物、故營養狀況不良、因之生長遲緩。

治療法乃先以溫熱牛奶洗之再以硼酸溶液、病重者殺之爲上策。

## (十二)瘋癱

此病係指兎之後腿失其效用

治法——以樟腦液內服、時或有效、又在一杯牛奶中加一匙白蘭地酒內服也能有效、不過此等藥物、均宜用於初期。

兎置於淸潔、乾燥及安適之兎籠內、可減少此病之發生。

## (十三)傷風

此症係感受賊風、潮濕、或天氣寒冷所致、與人之感冒相同、本病可分爲二類：一爲輕度者、輕度傷移兎至溫暖處所卽可告愈、一爲傳染性者、得病後、呼吸困難、鼻爲靑色鼻涕乾塊所塞、打噎流涕、呈蛋白色、常以前爪搔鼻、在初現傷風時、可在飲水中、四五日之飲水量一千西西中加四滴烏頭。另找一二種藥液滴在鼻中。

## (十四)創傷

創傷起於打架或其他原因、可以雙養水或過錳酸鉀水洗之、或以硼酸粉及碘方末敷撒之。懷孕母兎及剛生產子兎者、須避用上述收斂藥、遭傷者須行隔離。

總上所述、兎病若全數說出、則其種類當亦不少於家禽之病害、然隔離消毒、淸潔衛生宜認爲上策。

## 附　四川省家畜保育所三峽實驗區家兔借種推廣暫行條例

第一條　峽區農民及各小學校兒童家畜保育團團員得享受本條例之權利

第二條　飼養本區之兎每借一頭須先繳納押金如毛兎一元美國兎五角雜交兔三角本地兎一角始得借與將來還兎時發還押金

第三條　本區供給之數目每家以公母各一頭爲限

第四條　借兎飼養之時間每期以一年爲限期滿後以子兎二頭歸還本

區餘均歸畜主所有如無子兎者仍以原兎歸還

第五條　凡來本區借種時須先請該保保長或兒童家畜保育團理事長塡具介紹保證書並簽名蓋章始生效力其保證書之樣式由本區另定之

第六條　借種者如過期不還或不供給小兎者除沒收其押金外并責成保證人追還種兎否則照押金加倍納費借種人繼續請求者得續借一期

第七條　本區所借之種兎如發生病症時立卽報告本區以便免費派員診治

第八條　種兎病死須將屍體送還本區以便解剖檢驗所繳押金概不退還、如病死無屍體退還者每頭照押金數目另處一倍罰金

第九條　飼養種兎管理不嚴致被野獸或牲畜傷害而死者亦照第八條罰金元之規定辦理之

第十條　凡飼養本區種兎之農民或兒童家畜保育團團員對於飼養與管理方法均可商請本區技術人員辦理之一切生產利益概歸飼養者所得如兎毛兎皮兎肉將來大量生產時本區代爲集體籌劃組織合作社共同經營生產運銷利用等事本區不取任何佣金

第十一條　本條例如有未盡事宜得由區主任呈請本所修改之

第十二條　本條例經家畜保育所核准後交由本區施行


# 中外問題

第十八卷第六期要目

民國廿六年四月廿日出版

日本議會解散後林內閣之危機……余謙
佐藤外交之透視……秋郎
各强援助西亂的眞諦……汪宴
葡萄牙的新姿態……林予
中歐危機與捷克問題……吳明
希臘內政的一斑……恕鳴
法西斯失愛於芬蘭……夢予
法西斯之不列顚……夢予
黃埔軍校敎導團東征記……羅夫
談輓聯……過客
談新的果報說……高無風
林和靖陶思瑾與纜內一元……白蘋
德國間諜保美士特之經驗談……譯叢

每冊零售國幣一角

通訊兼總經售處
上海新光書局總發行所
白克路同春坊卅八號

# 半年來農民給我們的回聲

焦龍華

我們到峽區來工作、整整半年了·這半年之中、我想五場內的農民、應該有三分之一是知道北碚場有個醫牛醫豬的機關了、但是、每次總想把「家畜保育所」五個字叫出去、常常是行不通、因爲一方面這五個字不容易唸、二來會唸了倒反不曉得是什麼東西、名字和做的事情不能聯在一起·

有些、很有趣、很好笑的、在我、凡是門診或請出診的機會、總要給他或她一番認識、這里叫什麼地方？什麼機關？你怎麼會知道的？聽到旁人說過沒有？別人怎樣說？要不要錢？醫得好麼？等等這一貫的問題、然後再問豬病的情形、以及其他的閒談。

綜合人家的答語、我就叫回聲、從這里可以看得出一般人對我們的印象、也可以說就是成立了三峽實驗區後的影響。

鄭全江說：『我豬病了兩天、昨天在街上、我那「舅子」王大爺、他在街上河壩住、他說：他有一個豬兒、也是你們幫他醫好了的、我們這些乾人兒、經不起死一個豬啊！你們先生幫我們醫好了、我總幫你們「傳名」就是了！』

廖春庭那老頭兒說：『我家裏在年都要喂三四個豬、今年天乾得這麼厲害、沒有豬草、所以只喂兩個、這兩個豬倒已經上前月替我們醫好了的、我今天來是爲的我那牛有點不大好、背上一條二三尺長四五寸寬、皮發紅、而脫下、毛也落下、吃草工作還是一樣、看有沒有辦法？……我拿藥水回去、下場我再把瓶子送來。』

王森林說：『你們先生做好事、幫我們醫豬不要錢、自己跑來、還送我們藥、昨天看了、今天又來替我們看、謝謝你們先生、我們豬「鬆和」些了、今早上牠已要吃了、噯呀！你們先生眞好！』

黃葛鎮第十九保的劉銀清說：『我只曉得你們這裏叫新橋、不過、我還是找不到、我在街上問了來的、大家都說你們先生醫豬得行、又不要錢。』

黃葛鎮第十三保一甲李紹虞說『今天請你們先生來、又淘了神、實在感謝不盡、今天無論如何、請在我這裏吃飯、沒有菜。』

北碚第七保第八甲李華寬說：『你們天天來幫我們看豬、看豬棬、替我們說法子、幫我們醫豬、豬棬叫我們打掃。』

黃葛鎮第四保第二甲張丙全說：『他們都在說、北碚場有個醫豬的、但是我還是找不到、幸而我還認得字、場上那些俱樂部門口一塊牌牌上寫到有「家畜保育所」在新橋蔣家院子、我就走到廟嘴區署那裏、又問了一下兵、那些手槍兵對我說、跟到這條路進去、沿路都有路牌的、你去請他們好了、硬是得行、醫一個好一個。」

北碚場的袁太太田慧明說：「從成都一直下重慶、沿途只見是「家畜保育所」的標路、你們這裏、那一陣就聽得袁主任說、只有這裏還值得看一看！」

北碚八保一甲蕭劉氏說：你們橫順是做好事的、看我這下牙巴爛得這個樣子、還有不有藥、請替我醫一下吧！這個年稔、我們這些乾人、吃的沒有、那還有錢去醫病啊！噯喲！死又不死、死了倒好、場上火焰山醫院、雖不要錢、但是還要六百錢、扯牌牌呢！」

關吉祥拿了八百錢從他家裏追出來、跟到我們後邊、伸出手來說：請你們拿了渡河錢吧！啊喲！這怎麼對得起呢！跑了路、送了藥、還連渡河錢都倒貼、怎麼好呢？」

五月十九日夜深一時餘、本區辦公處被竊、出診箱一只、內裝檢溫器、藥品十餘種、血清三瓶、注射器二付、針頭十餘枚、二時餘、因大雨驚醒、發覺有偷兒、無法追尋、翌晨打開後門看時、一皮箱張開、鎖匙已破壞、而其中所裝的聽診器等、全數未動、七保四甲甲長袁麗生及艾綠籬走來、哈哈笑道：賊娃子也知道你們是做好事的機關、所以他不安心把這箱子拿起走！」

北碚卅二保嚴西谷來請醫豬、先問他、「你怎麼知道我們醫豬的？」他答道：「我看到你們到處都貼得有廣告、廣告上說得有。」

邵家場有個邵昌吉、他說他是從義務教師那邊得來的消息：「前月份洪老師不是來你們這裏學過嗎？他告訴我們些法子倒是很對、但我去請他替我醫豬、他說他還沒有學會。」

北碚卅三保九甲熊純蓀、新死兩個豬、跟到又買一個回來、也病了、他就找賣主萬炳林、萬炳林又來找我們說：「我的豬是你們打過防疫針的、決不致發瘟。是不是？那末、就請你們代我向熊家說明罷！「我們就趕到熊家院子、據熊家老太婆說：「我那兩個豬死得快而且怪、大致不到兩個鐘頭、幾跳就死了、所以那天沒有時間來通知你們、這一個豬買回來時候、還是一樣吃、好好地、這兩天就不大吃了。我們就告訴她：「不該把新買回來的豬立刻就放到病豬的豬欄裏去、因為豬欄裏還留有病毒能夠傳染給好豬、你買回來的豬、本來沒有病的、就是回來之後、才得病的、「她那聰明年輕讀過書的媳婦在說：「啊！對了！這是傳染病、早些沒有聽到、照着他們的辦法做！」、

北碚卅三保劉志雲說：「你們那立耳朵的洋豬、一天長好重？聽說還只有十個月，我看怕有二百卅斤了？長是確實長得快、喂料比我們好、而且那毛怕不值錢吧？」

北碚第卅一保和卅三保兩個老太婆、年紀大而且脚有病」走不得路、她們都先後坐了滑竿到種畜場來看洋豬、來的時候、由她們的孫兒媳婦扶持她解釋給她聽、她們都點頭稱「好！」

# 家畜傳染病之普通預防法

劉茂修
焦龍華

## 一，家畜傳染病預防之重要

家畜傳染病、爲發展畜牧事業之唯一障礙、每逢獸疫流行、牲畜成羣死亡、農家損失不貲、策劃復興農村、首宜喚起一般人士注意獸疫之防治。如能減少一頭牲畜之死亡、農民即多一頭牲畜之利益、小之有裨國民生計、大之可助人羣健康、所關匪細、不容稍忽也。且事前之預防、遠勝於病後之治療、所謂『宜未雨而綢繆、勿臨渴而掘井。』是矣。惜吾國民智固陋、既不講究家畜之衞生、於家畜傳染病之預防、更置弗論、惟不講求衞生、固爲一端、而不知預防之方法、亦爲一因、茲述最通俗而易辦到之預防法於後：

## 二，家畜之衞生

欲預防家畜之傳染病、必常注意家畜之衞生、家畜之日常生活清潔、則傳染獸疫之機會當可減少、其主要之點、約有下列數端：

(1)畜舍——畜舍地位須高燥、光線務求充足、空氣務求暢通、排泄物和髒草時常運出、舍外舍內及牆壁、常用百分之三石灰水刷洗、以免各種病菌繁殖寄生、外來人畜、勿使隨便出入畜舍、因多數傳染病、係由人畜傳染而來。

(2)飼料及飲水——平時飼料及飲水、務使新鮮清潔、不可有變敗情形、以免病源微生物侵入牲畜體內、如泔水等、當煮沸後始用、對於一切殘餘之物、尤宜慎重取捨。

## 三，家畜傳染病流行時應注意之事項

(1)家畜放牧、勿與他人家畜混在一起、以減少傳染機會、在傳染病流行厲害時、最好禁止放牧。

(2)購買家畜、須細查家畜之來源、該地有無家畜傳染病等之問題。

(3)新到之家畜、須經二週之隔離給養、候檢察無病時、始與舊有家畜共同飼喂、傳染病未流行時、此項手續、亦不可少。

(4)曾經發瘟之畜舍、及一切用具、概用百分之五石炭酸水、或用百分之二來沙而(Zysol)水消毒、或石灰水和開水亦可。(百斤水和三斤石灰)

(5)病畜睡過之蓐草及排泄物、均用火焚燒之。

(6)常牽引病畜或搬運病畜屍體時、如中途有排泄物遺留、當連土剷去、並撒布石灰、病畜污染之土、以生石灰撒布之、病畜污染之金屬器、用火燒過、木器用開水煮過。

(7)瘟死之家畜、應當用火燒掉、或埋六七尺深之土中、上再蓋以石灰、用土填平、萬不可賣給他人或屠宰、以免增多病毒之傳染機會。

(8)看護病畜之人、及屠宰瘟牛之人的衣服、均須用開水煮過。

(9)炭疽病等、可傳染於人，管理家畜者、尤宜注意、皮膚之創傷部與病死畜體接觸、即可由獸傳人。

(10)染及劇烈傳染病之家畜、宜早爲屠殺、將屍體掩埋或燒去、以免蔓延。

(11)一畜舍中、如有一畜發瘟、其他未病者、應立即隔離、而將病畜繫於原舍、原舍中並行消毒手續。

(12)病畜與健畜、所用之器具、宜各別配置、不可混用。

(13)病畜食餘之飼料、不可再轉給與健康牲畜飲食。

(14)水源地方、或其流域有傳染病發生時、不可就其下流取水而作家畜之飲料、及洗滌器具等用。

(15)管理病畜之人、最好勿入健畜之場舍、如必須出入時、應事先嚴密消毒。

(16)凡病畜發生之處、人畜等均應斷絕往來。

## 四，防疫法令

防疫法令、由政府頒佈、以政治力量執行之、其原則之最要者、可分列爲十二條；

第一條：凡牲畜患傳染病、或有傳染病之嫌疑時、畜主或保管者、及担任診斷之獸醫、應立即報告區公署、由區公署呈報縣府、縣府再應立即報告家畜保育所、如牲畜載運在飛機、輪船、汽車、或火車內時、該船主、或駕駛員、或鐵路當值人、應於最初停止時、向停止地之村鄉、或區公署、或縣政府、或防疫機關報告、一切獸疫報告、須用最迅速方法辦理之。

第二條：獸疫流行時、保甲長或聯保主任、或區公署、應以流行地點、性質、病畜之數目、死亡之損失、牲畜之病態、每週呈報縣府、縣府應即轉報家畜保育所、不得稽延、報告格式、由家畜保育所擬定之。

第三條：畜主或保管者、運輸牲畜之船主、駕駛員、鐵路當值人、應受防疫員、或獸醫技士之指揮、施行消毒隔離、撲殺瘟畜、處置病畜屍體、及傳染病毒之物品、注射防疫血清、及菌苗預防液、與其他防疫上之必要管理、非經獸醫督察及防疫員之許可、不得將瘟畜或疑患傳染病之牲畜移動、買賣、或宰殺。

第四條：縣政府宜嚴督各區力行防疫工作、其協助不力者、獸醫督察或防疫員、得請縣政府處罰之。

第五條：患傳染病牲畜、於必要時、獸醫督察或防疫員、得隨時撲殺之。

第六條：獸醫督察或防疫員得酌量情形、選擇幽僻地點、定爲疫畜埋葬場、此種場所、非得獸醫督察或防疫員之許可、不准人畜接近、更不准發掘畜屍。

第七條：獸醫督察或防疫員、於施行防疫時期、得劃定境界、禁止牲畜之出入、或聚集、及其產品、屍體、或染毒物品之搬運、於緊急時、得於一定時期內、斷絕該區內之一切交通。

第八條：接觸或疑接觸瘟畜之人或物品、應受獸醫督察或防疫員之指示、嚴行消毒。

第九條：獸醫督察或防疫員、認爲必要時、得於瘟疫流行之附近、禁止牲畜之集市、或其他集合家畜之設施。

第十條：爲預防家畜傳染病起見、家畜保育所得施行牲畜正副產品檢驗。

第十一條：爲防疫便利起見、得辦理牲畜登記。

第十二條：違犯本法令或不受獸醫督察及防疫員之指揮者、由獸醫督察或防疫員、請縣府拘辦一月、或處一百元以下之罰金。

專爲關懷民衆教育服務之月刊

教育與民衆

第八卷第八期目錄

△民衆教育論壇
在未戰之時當作戰時設想……高踐四
民衆教育學術之研究與實驗……陳大白
普及民衆教育之路……儲志
世界教育旅行後之感想……雷賓南
△各國成人教育特輯（下）
英美德法的博物館與展覽會……莊澤宣
丹麥成人教育之檢討與展望……鄧峻璧
十年來美國成人教育之發展……祝雨人
蘇聯成人教育之新設施……王倘
瑞典的國民高等學校……王旭
印度成人教育概觀……陳劍恆
日本之鄉村建設及農民教育……顧復
法國的工人高等學校……龔道熙
歐洲各國的靑少年教育……蔡有常

從文字學上認識國防教育之重要……劉紹楨
△民衆生活
民衆食堂（插圖）……韓天眷
民間百貨商店（插圖）……韓天眷
上海的碼頭工人……菊林
江蘇金山衞鹽民生活散記……華光
魯北民風一瞥……心土
現階段中國土地問題之檢討（上）……古楳
民教情報（九篇）……編者
一月來民衆教育論文分類索引……本院圖書館
△社會動態
各省市受中教人數及經費數
各省市職教學生歲估經費數
全國各省市初等教育統計

本刊月出一期、暑期停刊、全年十冊、定價二元。特別優待、直接向本院訂閱全年、加贈「現代學術鳥瞰」一冊。

（地址：江蘇無錫新社橋）
定閱處：江蘇省立教育學院刊物發行股

# 家畜育種常識

羅文信
焦龍華

## 一，緒論

(一)家畜育種之目的：

1,改良家畜品質。　2,增加生產效率。

(二)選擇：

家畜育種之失敗與成功、視育種者之選擇能力而定。故選擇非常重要。選擇分天然選擇和人工選擇二種、玆所述者僅指人工選擇而言。

人工選擇時、應注意下列幾點：

1,標樣——要能代表其品種。例如豬須頭小、背寬、體健康、各部無皺紋、肋骨深彎等。

2,要經濟——如豬消耗飼料少、產肉多、長得快等。

3,繁殖力要強——每窠須在十頭以上、生長要平均、大小不要相差太遠。

4,雌與雄的特徵要顯著、須無怪癖。

5,須知品種之譜系、即考査其祖先、是否有名、生產力如何、有無傳染病等。

6,注意個體之優劣、即個體合乎該品種之標樣者。選作種時、須選一窠中之大者健者。

7,注意後代之生產記錄、即行其後裔試驗。

舉例：種用豬之實際選擇法：

A種用公豬：

1,性的特徵：

(1)頭較長大、充分表現雄性特徵者。

(2)幼公豬生長時、頭漸增大。成熟時、犬齒應銳利發達。

(3)頸部要強壯而厚。

(4)公豬之皮膚應較粗較厚、毛亦應粗長硬。

(5)生殖器官要發達、睪丸在大腿間要很顯著、左右二睪丸應相等。

2,性情：

(1)要活潑。　(2)不要太神經質。　(3)要很有威風。

3,大小：

(1)公豬應較母豬大。

(2)品質要好。

(3)幼公豬身材應有相當的大、否則成熟較遲。

4，骨骼：

（1）骨骼應稍粗、體部尤應粗。

（2）脂肪不應太多。

（3）肌肉須堅實。

5，品種特徵；

如盤克縣（Berkshire）豬、面凹、耳大豎立、背寬略向上呈弧形、毛除面部、尾尖、四足為白色外、餘均黑色、如不合此標準、則不好或非純種。

B種用母豬：

1，性的特徵；

（1）頭要細緻、頸須稍薄。

（2）奶頭要多而發達。

2，性情：

（1）要安靜。 （2）不要太神經質。

3，大小：

（1）愈大愈好。

（2）能達六百磅最好、但因品種而有不同、普通只有四百至五百磅。

4，骨骼：

（1）要較大、可多生小豬。 （2）肋骨要深。

（3）身體要平整、（4）不要太肥、

5品種特徵、與種用公豬同。

## 一，近親育種

（一）定義：血統較近的家畜、互相交配、稱為近親育種。

例如：1，同胞仔豬之交配。

2，父母與子女交配。

3，表兄弟姊妹之交配。

4，叔伯父母與姪兒女之交配等是也。

（二）利益：

1，阻止外來血統之加入、使變異減少、品種特性容易固定。

2，根據門德爾（Mendel）氏分離律、使家畜好因子可永遠保存遺傳下去。

3，集中好血統之相同因子、如高莖豌豆與高莖豌豆交配而產生純粹高莖豌豆種是也。

（三）缺點：

1，身材縮小2，生活力減退3，繁殖力減退。

## 二，雜交育種

（一）定義：用兩個不同的純種交配稱為雜交育種。

例如：（1）同種不同系的交配、如姓張的與姓王的結婚。

（2）純種雜交、如盤克縣豬與約克縣豬之交配。

(3)不同品種交配、如驢與馬交配產生騾是也·

(二)目的：

1,引起變異；選擇所需要之變異而純化固定之、或變成新品種：

(1)增加體格(2)增加生活力·

2,雜交種之利用：

(1)供給市場之需要·

(2)產生新的品種、如林肯羊(Lincoln)拉斯脫羊(Leicester)與美利奴美(merins)雜交產生科雷地羊 (Corriedale) 是也·

(3)介紹新血統·

(三)優點：

(1)可產生優良家畜以供市場之需要·

(2)引起變異為造成新品種的基礎·

(四)缺點：

(1)頗不經濟、私人經營、很難辦到·

(2)第一代之雜交種、身材大、長得好、農家易留作種用、因因子分離關係、會產生許多劣種·

(3)雜交種往往不能繁殖·

## 四，級進育種

(一)定義：用優良純種公畜與普通母畜交配、所生之畜、謂之第一代級進種、在此第一代中又選擇母畜之優良者、再與親代之純種公畜交配·如此經過數代以達改良家畜品種之目的·是謂之級進育種·

(二)原理：

| 代數 | 父系 | 母系 |
|---|---|---|
| 1, | 50 | 50 |
| 2, | 75 | 25 |
| 3, | 87,5 | 12,5 |
| 4, | 93,75 | 6,25 |
| 5, | 96,875 | 3,125 |
| 6, | 98,4375 | 1,5625 |
| 7, | 99,21875 | 0,78125 |

(三)優點：

(1)改進速度很快、又比較經濟·

(2)好的級進種、與純種雜交所生之第一代有同等價值·

(3)可淘汰壞公豬、對家畜改良上貢獻很大、

(四)缺點：

(1)鄉農不知育種原理、往往亂行交配、致品種愈形複雜、

(2)農人易將第一代級進種留作種用、

# 家畜飼養與管理

羅文信
焦龍華

## 一，家畜飼養法

飼養家畜之方法大別有五、茲分述如下：

一、幼畜之飼養　幼畜飼養時、一則欲維持其生命、一則欲促進其生長、此時消化力尙弱、宜選取容易消化富於養分之飼料，依一定次數、給以適宜之量、及其漸長．遂擇給以營養比例率（註一）廣大之飼料、初以母乳爲宜、漸次以滓乳。穀實、糠、麩皮、青草、乾草等飼之、此時成長極盛、骨骼之原料、時虞不足、（大概豬以此種情形爲最）故不可不取碎骨（骨粉）、燒骨、磷酸、石灰等之粉末混於飼料中、以補給之。

二、維持的飼養　成長之家畜、如無使役榨乳等之勞、但以維持健全爲目的、此種飼養、曰維持的飼養、而今毛用之羊、肥用之牛、以及他種動物之冬季飼養、均行是法、不損動物之體勢、費最少量之飼料、以乾草稿桿爲主、滋養分少營養比例率廣、結果方爲良好、否則體量減而不利。

三、役畜之飼養　役畜以勞動爲務、體質分解特盛、筋骨損壞亦易、當給以良好之飼料、輕役之牛可給粗劣飼料、以少許之谷實糠麩等加用之、如使役重大須增加精料、以營養比例率狹小之飼料爲宜。

四、乳牛之飼養　乳牛因逐日分泌乳汁、而消耗多量之養分、若營養不足之時、有損於乳量與乳汁、雖日後再行改良飼料、亦難恢復其原狀、乳汁中之養分、由體內蛋白質化成、故乳中之飼料以營養比例率狹小之飼料爲宜、其飼料在夏季給青草、冬季最好給以乾苜蓿、或淸潔乾草、根菜等、此外再附加適宜之麩皮、糠、大麥、豌豆、黄豆、豆餅、酒糟等、

五、肥育之飼養　肥育者、卽使家畜在短時期內加以特別之管理、如不使運動等、給以精料、肥滿其身體之謂也、肥育之家畜以牛羊豬鷄爲主、以保持其身體之健康及不變其體勢爲要務、瘠瘦之家畜、於肥育前之若干時期、給與營養比例率狹小之之飼料、使其體勢恢復、此飼養名曰預備階段如、豬雞幼時卽行肥育、但當與成長飼養、同時並行、

「註」可消化蛋白質與脂肪及炭水化合物量之此例稱爲營養比例率、求法如下：

$$營養比例率=\frac{脂肪\times 2.25+炭水化合物}{蛋\quad 白\quad 質}$$

營養、比例率在六以下者曰狹比、六至八者曰常比、九以上者曰

寬比、營養比例率狹、卽蛋白較多、飼料之價値高、營養比例率寬則反是、

## 二，家畜之管理

家畜之健康悉藉飼養之適宜、及管理之得法、玆就管理上要項分述如下：

1,宿舍及舍內之設備

平常家畜、以舍飼者爲多、故畜舍之優劣與家畜之健康、大有關係、畜舍要以空氣純潔、溫度適當、換氣佳良、光綫得宜、容積合度、備有相當用品爲主要條件、

畜舍之位置、以乾燥稍高爲宜而尤要與他種建築物不相連接、門戶平常南向、其餘溫暖地東向者有之、畜舍之大小依家畜之種類頭數而定、平常於牛馬羊高約一丈左右、於豬可稍低、每馬一頭以廣六尺長一丈、牛一頭、以廣四尺、長九尺、羊一頭以二尺見方、豬一頭以五尺見方爲合宜。又種牡及姙畜所居之舍、宜稍廣、地面須墳高尺許、乾燥而不滲透者爲宜、須平而向後稍傾斜、以便挑除糞尿、導出舍外坑中、地上鋪以柔軟褥草、保護蹄部舒適畜體、且吸集尿糞、但應時常更換以保清潔、牛馬每日一次、豬每星期二次、羊每月二次、畜舍之前後、宜設窗開閉自由、一面可入光綫、又可隨時加減氣流、舍上幷宜設換氣裝置、畜舍前面須備運動場、其大小須視畜數之多寡及家畜之大小而定。飼槽宜時常清潔、石或水泥製者均可、飼槽之構造、以四角彎圓不殘留飼料、便於食飼者爲上。槽緣離地面之高度、馬三尺、牛一尺五寸、羊豬可平置地上。

鷄舍內應有之種種設備。

（1）棲木可用寬三寸、厚二寸之木條裝置之、高低須視鷄體大小而定、體小而輕者稍高、體重且大者宜低。

（2）鷄糞板（卽棲木）下所設活動之板、以承載鷄糞、其位置離棲木五寸至七八寸。

（3）雞巢設於稍暗之處、以便產卵。

（4）盛水器裝滿清水、以便雞飲。

（5）給餌器分乾濕兩種。

（6）沙礫介殼箱內分四隅、一裝木炭使雞食之、以吸胃酸液、或胃內之菌、一裝介殼、使雞食之、免產軟殼卵。一裝沙礫、使雞食之、助其磨碎食物、一裝食鹽、使雞食之、助其消化。但食鹽宜有限制、以免食之過多。

（7）沙浴箱盛清潔之沙備其沙浴、以清潔其體。

2,畜體之梳刷及清洗

（一）皮膚梳刷　清潔皮膚、於健康上、頗爲重要、體上塵垢汚積、有妨水分之蒸發、皮膚之作用、爲之弛緩、宜用毛刷、及鐵梳、每日梳刷一次、如是家畜之利用力、及乳肉之生產上、均可得增進。

（二）蹄之洗刷　家畜之蹄、要有相當之整理、與清潔、苟不清潔和整理、而任其踐踏糞尿、蹄質必損壞、而發生各種蹄病。

# 細菌的概義

劉茂修
焦龍華

## 一，緒言

細菌爲病原微生物之一種與毒素有別細菌能在顯微鏡下檢査其形態毒素則不能檢視惟後日繼續研究毒素亦不難能與細菌同樣之在顯微鏡下觀察也

## 二，細菌之分類及構造

就細菌之形態而論可大別爲三類

1，球菌　狀如圓球大小不等因其球數之多少以及集合之狀態可別爲單球菌雙球菌四連球菌八連球菌連鎖球菌葡萄狀球菌等

2，桿菌　爲圓柱狀小桿大小長短種種不同

3，螺旋狀菌　因其形得名而其捻轉次數之多少並不一定

細菌本身爲一單細胞中間有核外面有皮皮外又生有一條或數條鞭毛如蝌蚪之尾細菌藉皮以吸收養料藉鞭毛以資運動細菌又能生芽胞如環境不適宜時則生芽胞此芽胞抵抗力較細菌爲强境遇適宜又成細菌細菌之繁殖係將身體自行分裂先將身體擴大至雙倍然後分裂爲二如是由二分四四分八環境適宜約半小時分裂一次

## 三，細菌之傳染

### I 傳染之方法

細菌傳染之方法可分下列六種

1，接觸傳染　接觸後方能傳染如梅毒是

3，空氣傳染　如肺癆菌是

3，水傳染　水中有細菌飲之則能傳染如傷寒赤痢等病是

4，土壤傳染　土壤中多含有細菌之芽胞如家畜皮膚破傷則易被傳染如炭疽病是

5，食物傳染　食不潔之食物則帶病菌入體內

6，昆虫傳染　如蚊蠅等是

### II 傳染之途徑

細菌傳入之途徑有四

1，消化器　由飲食傳染

2，呼吸器　呼吸時傳入肺中

3．生殖器　由於兩性交接而侵入

4，皮膚裂處　皮膚破裂細菌易由傷口侵入由血液循環全身

## 四，細菌之檢查法

細菌之檢查與診斷有密切之關係細菌之檢查法日益進步傳染病之

診斷愈能正確如某一動物發病其病狀不甚明顯難於決定病名時即可檢査細菌以定病症其方法多於活動物之耳部用針刺出血液一滴塗於玻璃片上用顯微鏡觀察或將該血液一滴置入培養基內使其細菌繁殖然後塗抹於玻璃片上而於顯微鏡下檢査之於屍體解剖時則取其心內之血及其他內臓中之液體塗抹於玻片而檢査之普通所用檢査細菌之方法如下：

1，普通細菌檢査法　即將細菌或含有細菌之液體置顯微鏡下檢驗之

2，懸滴細菌檢査法　即將細菌置於蓋玻璃上加減菌蒸溜水或生理鹽水一滴調勻蓋玻璃之四週塗以凡士林再將一凹載玻璃片罩上反轉而用顯微鏡檢査如係活細菌可觀察其運動，

3，細菌之染色檢査法　爲檢視明晰起見細菌可染以顏色如復紅Carbolfuchsin梅青 merhylene blue龍胆草素 gentian violet等將上列色劑溶於水或酒精中細菌塗佈載玻片後將色劑滴滿載玻片經若干時間—時間之久暫因染料之力而異普通一二分鐘—用水冲去俟其乾後即鏡檢或再染他色而後鏡檢之用各種染色檢査法可細菌染之鞭毛莢膜芽胞等應用細菌染色檢査法可鑒別各種細菌故染色細菌檢査法於傳染病之診斷最爲重要。

## 五，染色法

I 普通染色法Ordinary staining method

1. Carbolfuchsin uchisn 1 min. (minute)
2. Gentain Violet 1.1/2 min.
3. Methylene blue 2 min.

II 鑑別染色法 gram'S Staining method

1. anilin gentain violet 2 min.
   wash by distilled water
2. gram S Jodine solution 3 min.
3. Decolorize by 95% alcohol 5 sec.
   wash by distilled water
4. Counter Stain by 10% Safranin 1 min
   wash by distilled water

【附】1. anilin gention violet：

a. (anilin oil 5C.C.+ dist $H_2O$ 125C.C.)取108C.C.

b. Saturated alcoholic solution of gentian violet 12C.C.

2. gram'S Iodine solution

a. Iodine 1 gm.

b. potassium Iodide 2 gmS

c. dist $H_2O$ 300C.C.

## 六，細菌之培養

對於人類有益之細菌，吾人常設法培養之，農產製造應用尤廣如釀酒製醋等，然對於人畜有害之病原細菌，爲便於研究起見，亦常加以培養其方法則將需要培養之細菌，給以牛肉汁蛋白百布聖Peptone

及洋芋 Pstato 洋菜 ager agar 等飼料置入保溫箱內使溫度保持三十七度、經四十八小時後、則細菌可由一個繁殖到幾百萬、而成一集落。

## 七，細菌之消滅

病原除菌除供研究之用外、當盡量消滅之、普通滅菌之方法不外下列數種：

1，日光 細菌遇見日光便停止發育抵抗力弱者祇數分鐘或數小時卽消滅。

2，高熱 細菌最忌高度熱力攝氏百度以上之熱力數分鐘卽完全消滅。

3，乾熱 用火燒細菌立卽殺死

4，藥品 用殺菌劑如 70 火酒 5% 石炭酸 2% 來沙而 3% 石灰水或硼酸水等亦可將細菌殺死。

## 八，普通病原菌

屬於陽性者 Positive 有破傷風桿菌 Bacillus tetanus 炭疽桿菌 Bucillus Anthracis 白喉桿菌 Bacillus diphtheriae 結核病桿菌 Vtuberculosis 豬丹毒桿菌 Bacillus Erysipelatis suis 屬於陰性者 Nagative 有傷寒桿菌 Bacillus typhasus 馬鼻疽桿菌 Pfeifferella mallei 巴期得屬桿菌 Pasteurella group（豬肺疫桿菌 B, Suisepticus 包括在內）等


中外問題

第十九卷第一期

要目

日本新黨運動之展望…………柳倩之
法郎貶值以後之法國經濟…………鑒湖
意南協定與小協約國…………聖舞
資源爭奪戰與日本…………吳明
革新中的士耳其…………鐘襄
希特勒要求歸還殖民地問題…………秋郎
盧興邦印象記…………長風
纓綿小記…………李敦
談犯罪的因子…………佐神
談結婚及其矛盾…………史尚謨
德國間諜保美士特之經驗談…………鑛叢
一個女間諜及其說走…………譯叢

通訊兼總經售處
新光書局總發行所
上海白克路同春坊卅八號
民國二十六年五月十日出版
每冊零售一角正

# 消毒法

劉茂修
焦龍華

## 一，清毒之意義

散佈於空氣中之微生物甚多、其有害者、若一旦侵入牲畜之受傷部分、則從而毒性發作、輕則傷口化膿、重則生病致死、微生物侵入傷口之途徑有二、有在受傷之時、直接侵入者、例如受傷之牲畜、臥在地下、牲畜之身體上、以及泥土中之微生物、皆可直接傳入傷口、有在受傷之後間接侵入者、例入受傷之牲畜、吾人施行手術時、所用之器具及手臂等不潔、帶有微生物、即可由器具或手臂間接傳入傷口、故吾人最要注意之事、即爲設法殺滅此種微生物、是謂之『消毒』

## 二，消毒之分類

消毒法可分爲三類：

（一）對本身消毒法；（二）對牲畜消毒法；（三）對用具消毒法。

以下即按此程序分述之。

## 三，對本身消毒法

對本身消毒法者、即獸醫師於施行手術前對於自已手及指施行消毒之法也、種類甚多、述其要者如次：

（一）孚耳林格爾氏法（Furbringer' Sch methode）此法之程序如次：

1,剪除指甲、去盡指甲間之污垢。

2,在曾經沸騰殺菌之水中、因無菌毛刷及石鹼、刷洗十分至十五分鐘。

3,在七〇至八〇%之酒精中、因毛刷將手臂刷洗三分鐘。

4,再在千倍昇汞水（務用熱液）中、用毛刷將手臂刷洗三分鐘。

（二）密庫利芝氏法（Mikulicz Sche method）此法在皂精中、用毛刷將手臂刷洗五分鐘、後用殺菌水洗滌之。皂精之製法先用鉀皂、七〇〇克橄欖油六〇〇立方糎、九十六至九十八%酒精七十五立方糎、調和振盪、放置一星期或十日後、再加八〇%酒精二二五立方糎蒸溜水一七〇〇立方糎、混和振盪後即可用以消毒。

消毒既畢、乃着已經消毒之手術衣戴帽及手套、以備施行手術。

## 四，對牲畜消毒法

對牲畜消毒法者、乃於牲畜手術部之皮膚或粘膜上施行消毒之法也。

牲畜於施行手術時、宜行全身溫浴、俾身體清潔、但身體特別衰弱者、發熱者、及有創傷者、不在此限、手術部附近之毛髮、須蘯行剪短或剃去、先用酒碘遍搽於手術部、再以酒精搽之、凡既經消毒者、不可再觸及未經消毒之物。

黏膜消毒不易、除器械之清潔法外、別無良法、通常係用碘酒濕布、再用三%過氧化氫液或三%硼酸水、或一%來沙而水洗滌之。

## 五，對用具消毒法

對用具消毒法者、乃施於手施器械、玻璃器，繃帶材料等之消毒法、因物品之不同、可分爲數種、述之如次：

（一）手術器械　手術器械之消毒法、常用者有三種：

1，煮沸消毒法　最普通者、將手術器械、裝入盛水之消毒箱內、用酒精燈煮沸後約五至二十分鐘、凡經煮過之手術器械，須用消毒紗布擦淨、并包裹之、如無消毒箱時、用尋常鍋釜煮之亦可、惟須清潔無油漬。

2，藥物消毒法　本法極易、祇將器械浸於五%石炭酸水中即可、惟消毒結果、不如前法之確實可靠、刀針等物可用七〇%至八〇%之酒精消毒、昇汞水殺菌力雖强、但有腐蝕金屬之弊、故不宜用。

3，燒灼消毒法　刀尖針端等、如欲急用時、可置酒精燈火焰上燒灼之。

（二）玻璃器類　將玻璃器投於熱水中、最易破裂、故宜先入冷水中、而後加熱、方可免此弊、注射器消毒時、宜先將內管拔出、而後煮沸、若非急於使用、可置於二%石炭酸水中約30分鐘、亦有將注射器吸射酒精或石炭酸水數次、此尙非完美之消毒法、器之大者、可充藥液、以行消毒。

（三）繃帶材料類　繃帶、紗布、脫脂棉、手術衣手套等之消毒法、以用高壓消毒器爲佳、如無高壓消毒器、可於普通之鍋釜內煮沸消毒、惟皮手套不宜行之。


鄉村建設

半月刊

第六卷第十六期目次

中國之經濟建設（續完）……梁漱溟

利用合作經營論自序、……秦亦文 尹樹生

棉花運銷合作社銷售問題之研究……馬資固

現階段中國土地問題及其解決途徑……項天及

鄒平的成年教育（續完）……宋樂顏

△鄉運通訊▽

記農村合作教育協進會……楊駿昌

兩年來之湖口走馬鄉實驗區工作概況……蘇郁圃

黎川實驗區建設農村的幾個基本原則……徐寶謙

定價：預定全年國內連郵一元六角 半年九角 國外全年加郵費二元每期零售一角合刊或專號不在此例

定閱處：山東鄉村建設研究院出版股

# 家畜傳染病預防注射法

劉茂修
焦龍華

## 一，預防注射之意義

預防注射、係將血清或預防液、注射於動物體內、使該動物有抗病能力、或自行產生抵抗傳染病之抗體、注射某種預防液後、在某時間內、即可防止某種傳染病之發生。此時期內、即稱免疫。

## 二，各種傳染病之預防注射法

### I 豬霍亂預防注射法

(一)血清注射：分量多少不定、若干體重之豬、應注射若干西西之血清、在血清瓶上有詳細記載、免疫期只有二三週。

(二)血清與血毒同時注射：免疫期一年、或一年以上、甚至終身免疫。

(三)血清血毒分期注射：第一次注射血清，三週後注射血清與血毒。

第一法頗安全、惟免疫期太短、普通豬瘟在陽曆五月至十月、瘟疫期未過、而免疫力已消失。

第二法免疫期頗長固佳、但亦有缺點：

1，危險：若血清效力不佳、血毒效力頗强、有時可致豬之死命。

2，免疫期與第一法同：若血清效力頗强，而血毒效力頗弱、則注射之血毒等於零、在吾人理想中、以為此注射後有較長之免疫期、而實際只等於注射血清之免疫期。

第三法比第二法較為安全、因第一次注射血清後有免疫力、第二次注射血毒時、可以減少反應。

### II 豬丹毒預防注射法

豬丹毒可用活菌法預防、為巴斯得氏(Posteur)所發明、其法係用豬丹毒桿菌注射一西西入兎體中、一週後即死、取其心血、純粹培養、再用一西西注射入第二兎體中、不到一週即死、再取出培養、注射入第三兎體中、為時更短即行死亡、因毒力增加故也、至最後一兎將死時、取血注射豬身上。

菌苗有兩種：第一種毒力較弱、第二種毒力較强、第一種在兎體上多注射幾次、第二種在兎體上少注射幾次、先注射第一種、十二天後注射第二種、預防很有效、不過有危險性、因細菌能力雖已減低、但豬之抵抗力各不相同、若豬之抵抗力低則易生病、故現今多主張血清菌苗、同時注射較為安全、且只須注射一次、故亦較便利。

### III 豬肺疫預防注射法

豬肺疫預防注射、可分下列三種：

（一）用熱力將豬肺疫桿菌殺死、用死菌液注射入豬體中。

（二）用(Aggessin)侵敵素注射入豬體內。

（三）用活菌液注射入豬體內。

用侵敵素較好、但無論何種、以複性爲最佳、因毒力之强弱懸殊過甚也。

IV 炭疽病預防注射法

注射血清免疫期較短、長期預防、有以下三種：

（一）用 Posteur Voccine 法、即用炭疽桿菌在攝氏四十二度、培養十二天後、將致病能力減低、十二天後、再在三十七度培養。（兩次均在保溫箱內）然後分爲二組：

第一組：對豚鼠和兎不能殺死。

第二組：對豚鼠可殺死、對兎不能殺死。

前者在皮下注射、用四分之一西西、十二天後、用第二組注射四分之一西西。

（二）侵敵素：用馬或牛使生炭疽病、先注射菌苗、使心包瘀之心包液增加、將死時、取出其心包液、用陶土濾過器濾過、此心包液中有毒素能免疫、在病流行厲害時、不可以用。

（三）細菌芽胞同時注射： 細菌芽胞用一西西、血清用三十至五十西西同時注射、比較安全。

V 牛瘟（爛腸瘟）預防注射法

牛瘟預防注射、可分四種：

（一）血清注射：大牛用一百西西、小牛用五十西西、免疫期三週至一月。

（二）血清與血毒同時注射：每牛用一至二西西血毒、一百西西血清、免疫期一至二年。

（三）胆汁注射：用四十西西瘟牛之胆汁、注射於皮下、免疫期爲半年。

（四）臟器苗注射：此法簡單經濟而安全、惟免疫期短、每牛注射十五西西。

## 三、各項注射時應注意之事項

注射時消毒最爲重要、如消毒不嚴、其他細菌、或其他病原微生物、容易侵入牲畜體內、預防注射、即失其功效。反能引起其他疾病之發生、甚至使牲畜死亡、故注射時、對消毒事項、均須嚴格注意、茲舉注射時、消毒之手續於后：

（一）所用之針及針筒、在盛水之消毒箱內、煮沸約二十分鐘。

（二）針及針筒消毒後、再將紗布浸入消毒箱內、約十分鐘。

（三）將消毒後之針及針筒鉗子取出、再用消毒後之紗布擦淨、然後將針浸入酒精內、針筒用消毒後之紗布包着。

（四）插針在血清瓶上、取血清時、血清瓶之瓶塞、應用棉花浸酒精擦洗之。

（五）牲畜注射處、在未注射前、當用棉花浸碘酒摩擦、在注射後、亦應摩擦之。

（六）所用之棉花、須經消毒而最清潔者、用時再浸酒精。

（七）所用針筒、在未裝入血清時、當用5　石炭酸水灌洗其內部、注射後、亦應用5　石炭酸水洗淨之。

（八）裝血清入針筒內、盡量避免空氣中其他雜物或細菌混入。

（九）施行手術者之兩手、及被注射之動物身上於注射處、須事先用酒精及　酒分別消毒。

## 附一，本所推廣委員會會議決定各實驗區對猪傳染病之預防注射法

一、決定僅實施豬丹毒預防注射

二、時間—候本所訓令到時再行開始大約在五月二十日左右（現正進行豬丹毒血清菌苗之效力試驗）

三、標記—注射後應有一種標記用本所前發之剪耳鉗在豬耳剪定標記

四、注射豬隻—體重以三十斤以上者爲標準、三十斤以下不注射

五、注射範圍—在可能範圍內應以表證區中之一保之整個保爲注射範圍拒絕接受者、聽便、不必勉强、惟須極力勸導、該保以外不施行注射。

六、保證問題—經預防注射豬隻給予保證書、保證書格式由推廣委員會擬定呈所印發各實驗區、如經預防注射之豬隻有確實證明因豬丹毒而死者、由實驗區呈明本所核辦保險期、自注射之日起以半年爲限賠償應有條件條件由推廣委員會擬定之、賠償價格標準由推廣委員會擬定、凡賠償之豬屍體由實驗區負責處理。

七、以上各種辦法不適用於豬肺疫豬霍亂等預防注射。

## 附二：

### 四川省家畜保育所
### 注射記錄

字第　　號

三峽實驗區

主人姓名：

住址：　　縣　　區　　聯保　　保　　甲　　戶

地名：

| 動物號數 | 記號 | | | | | | 注射品 | | | | | | | | | | 備考 |
|---|---|---|---|---|---|---|---|---|---|---|---|---|---|---|---|---|---|
| | | | | | | | 血清 | | | | | 毒素或菌苗 | | | | | |
| | 種屬 | 性別 | 年齡 | 毛色 | 體重 | 體溫 | 月日 | 名稱 | 量c.c. | 來源 | 號數 | 月日 | 名稱 | 量c.c. | 來源 | 號數 | |
| | | | | | | | | | | | | | | | | | |

附註

T.—Temperature　E.—Edema
S.—Symptoms　Inf.—Infiammatirn
C.—Congh　NE.—Not eating
D.—Diarrhes　EL.—Eating Little
Sw.—Swolling

中華民國　年　月　日　負責獸醫

**民間意識** 第四卷 第五期

本期要目

▶如下◀

私忿撲滅論
客觀檢討四川全境農村災情要點（續）
世界大戰與金融機構
四川農村全盤崩潰
放賑日記
四川新刊述評
建設四川經濟的總法則在那裏
四川刊物產業經濟資料索引
▲優待訂戶章程函索即寄▼
社址：成都文殊院巷十二號
價目：每份三分全年六角

編 居父 變光 仲弓 達夫 炳文 變光 居父


附三：

注射後反應情況

| 月日 | T S | | 附註 |
|---|---|---|---|
| 月 日 | ·T ·S | | |
| 月 日 | ·T ·S | | |
| 月 日 | ·T ·S | | |
| 月 日 | ·T ·S | | |
| 月 日 | ·T ·S | | |

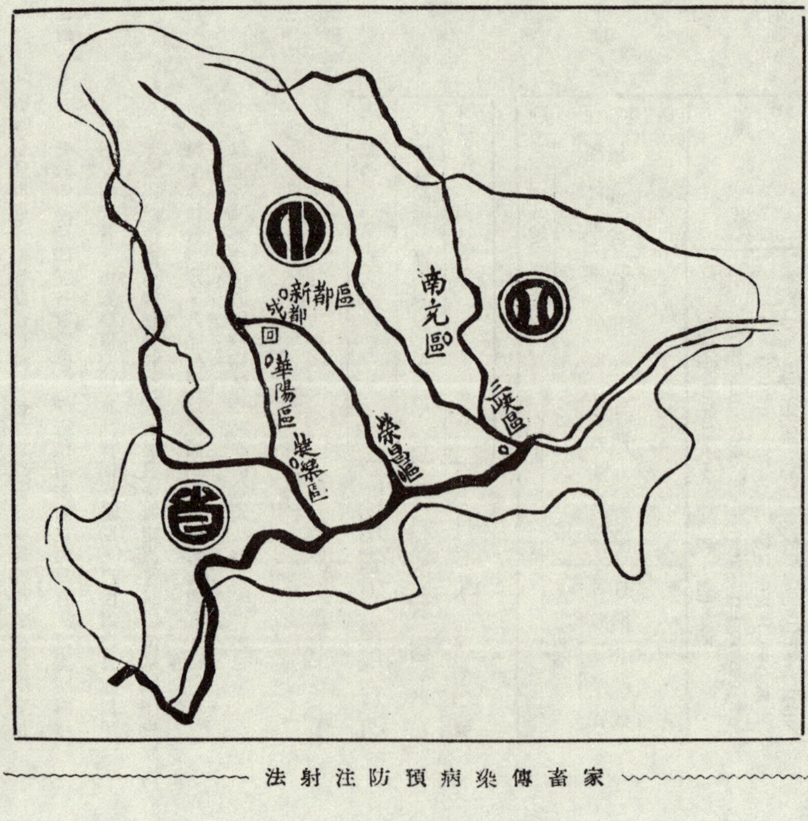


四川省家畜保育所所址及各實驗區所在地

# 血清及預防液使用法

焦龍華

各血清製造所、所出之血清、其效力互有差異、但其使用方法與使用分量均於其所裝瓶粘有標籤上說明之、但所謂差異者當亦不至大相徑庭、凡裝類血清、任取何地之出品、其施用法大致可以作參考、茲將本區所用之預防液及血清等施用法抄錄於下、以供有興于此者之觀摩：

## 一，豬霍亂血清

抗豬霍亂血清 anti-Hog cholere Serum 用以治療與預防猪霍亂

血清與血毒同時注射預防法之血清注射量。

吸乳豬———十六西西、

體重十五斤至三十斤————一六至二四西西、

體重三十斤至六十斤————二四西西至二八西西、

體重六十至九十斤————二八至三六西西、

體重九十至一百十斤————三六至四四西西、

體重一百十斤至一百三十斤———四四至五二西西、

體重一百三十斤至一百五十斤——六十西西、

體重一百五十斤以上每三斤注射本血清一西西、

治療法

已被傳染而未發病之猪、其注射量宜增加預防量百分之二十五至百分之五十、初發病之豬其注射量增加預防量百分之二十五至百分之五十以靜脈注射收效最速、連續注射三次、每日一次、限於獸醫用。

## 二，豬霍亂預防液

豬霍亂濾過血毒——Hog-cholera Filtered Virus

限於血清及血毒同時注射預防之用。

本血毒係以患純粹豬霍亂症之豬之血液、以白克菲氏陶土濾過器"N"(Berkfield filter)濾過、用無菌蒸溜水浸淡、再經無菌檢驗及準確病力試驗等手續、其中含有生命之病原微生物(Living Virus)、用時應特別注意、勿使之散佈、剩除血毒、切不可隨便放置、以防傳染於無病豬者、皮下注射、須嚴密消毒、其注射量大豬一西西．小豬半西西。

容量　血毒號數

有效日期

限於獸醫用、并保存冷處爲要。

## 三，豬肺疫血清

高度免疫抗豬肺疫複性血清

Hyperimmune Anti-swine Plague Polyvalent serum

用以治療與預防豬肺疫

本血清取自高度免疫水牛、免疫手續爲經過多次注射以大量複性雙極染色桿菌與豬肺疫病原菌、再經嚴密之無菌檢驗與準確之效力試驗、加以千分之五之石炭酸防腐劑、故具治療與預防豬肺疫之效力極高、若保存於冷處、可於二年之中、不致大失效力。

預防量——豬每體重十市斤注射一西西、皮下注射、必須嚴密消毒。

治療量——豬每體重十市斤、注射二西西、每日一次連續二日。

容量　血清號數

有效日期

上海翔殷路獸疫防治所製E Pizootic-Prevention service

## 四，豬丹毒血清 Swine Erysipelas Serum

本血清係經無菌檢驗、效力試驗等手續、保險應用、其中並加入千分之五之石炭酸、用以防腐、如藏置於冷暗處、則可保存一年、亦不失效。本血清係淡黃色而稍帶血色、放置時間較長、亦不致生混濁或發現沉澱、用以治療、效力甚著、吸收甚速。

預防用量

體重三十公斤以下、用血清三西西。

體重三十至四十公斤用血清四西西。

體重四十至五十公斤用血清五西西。

體重五十至六十公斤用血清六西西。

二百公斤以下、每增十公斤則增加血清一西西。

體重超過二百公斤者亦作二百公斤算、祇注射是項血清最多量二十西西。　治療量即根據上表加百分之二十五。

## 五，豬丹毒預防液

豬丹毒病原菌培養液 Erysipelas culture

豬丹毒培養液、有使豬致病而自動免疫之功效、因此其致病力及免疫力均預爲嚴密試驗、而其效力、亦有一定之期間。此項培養液在使用前、須將瓶振盪、使沉澱得散布於全液中、一次開瓶應用後、祇限該瓶在一天內用完、剩餘藥液、祇可毀滅拋棄。

與血清同時預防注射量：

凡健康之豬隻、不論其年齡大小、每豬均用〇、五西西、惟有一例外、凡抵抗力較弱者、則可用〇、二五西西作一單位。

凡體重在二百公斤或二百公斤以上之肥豬及小豬不滿二月者、均不注射此培養液、又懷孕母豬及三十市斤之小豬、祇限用血清。

## 六，牛瘟血清

高度免疫抗牛瘟血清 Hyperimmune Anti-rinderpest serum

用以治療及預防牛瘟

製造法——抗牛瘟血清、係由高度免疫牛之血製成、經嚴密之無菌檢驗與準確之效力試驗、其故品質優良、加以千分之五石炭酸、以防腐敗。

貯藏——此血清須放置於無日光之地、尤以冷度至冰點最佳注射量——可依牛之身體體重爲定、用以預防（血清血毒同時注射法）每體重百磅注射血清十五西西、用以治療、每體重百磅二十西西、但須接續二日或三日。

效力——治療之效力、以初病時用之最佳、若病已殆、則甚少效力、故用此血清愈早愈妙、注射法有靜脈皮下之分、病輕可用皮下注射法、病重則用靜脈注射、則收效較速。

## 七，鷄霍亂血清Fowl-cholera Serum

用以治療及預防鷄霍亂

製造法——抗鷄霍亂血清、係取自免疫之馬或羊、免疫手續爲經過多次注射以大量雞霍亂病原菌、馬或羊之體內產生抗體、乃取其血以製血清、再經嚴密之無菌檢驗及準確之效力試驗、加以千分之五石炭酸防腐劑、故其治療初病之雞及預防雞霍亂之效力極高。

貯藏——此血清須放置於無日光之冷處。

注射量——以大雞爲標準、每雞注射二西西、用以治療則按數增加百分之二十五至五十。

## 八，鷄霍亂預防液

雞霍亂病原菌培養液 Fowl-cholera Culture

將雞霍亂病原菌培養於牛肉汁培養基中、候其繁殖二十四小時、再將細菌殺死、將此培養液、即可作爲預防之用、每雞不論年齡大小、總爲其注射一西西、注射地點、在胸翼之間。


現代評壇

第二卷第十七期

目錄

封面：晉綏旅京同鄉捐贈綏省府之救護大汽車

東北整理問題……社公

發展西北教育……本飛

建設與救災……公玉

北平今年的紀念「五四」……梟眞

現行中央稅制弊得失之研究……朱子仞

改進我國土地利用芻議……范振鵬

德意兩國的外交活動……王志新

美國當前國際關係的展望……放之

中立足以招致戰爭……丁鈐譯

蘇聯農業集體化運動史的過程……簡齋

讀「春秋董氏學」（續）……邴公玉

——文藝——

一具瘦小的死屍……庭棕

華北的消息

補白：「五七」與五九「五卅」慘案應牢記的數字

民國二十六年五月十六日出版

定價：全年一元 半年五角

地址：北平西單興隆街十一號

# 免疫血清

羅文信
焦龍華

（I）概論　從前的人、不知有什麼傳染病、更不知各種傳染病有各病的不同。傳染病原物、一遇瘟疫流行的時候、總以為是自然的災害、絕想不到有可用人力挽救的一回事。迄至十九世紀、有法人巴司徒 Pastenr 氏繼續研究、乃造成細菌學之一大基礎。

1890—1892 年間德人貝林（Behring）氏觀察得白喉細菌注射到動物體內、卽能產生抗毒素、而動物本身不致再受此毒力、并且他試驗後知道若將此種已經免疫動物之血清注入人體內、則有治療之效。這樣、就引起了製造免疫血清的開始、他們之所以有此種觀察、其原因也由於細菌傳染病的病程得來。傳染病的病程可分為下列四期：

1，傳染時間——病原物自外界侵入體內。

2，潛伏期——病原物在體內繁殖。

3，決定期——如抵抗力戰勝病原物、則病狀日漸減輕、以致完全恢復原來狀況。如病原物勝利則病原反是。

我們由上面這種研究、就發現一極有價值之問題、能夠痊愈、一定由於體內一種能夠殺滅毒菌之質、或者可以說、有能中和毒菌之素質存在、并且許多動物患過某病一次以後往往不再患、此種抗力有時不但能暫時維持、甚或能永久維持、但此種抵抗力、究竟在身體內那一部之問題、就引起人們去試驗、血清內究竟有無抵抗體之存在、而血清療法的起源就得以確定。

（II）製造　各種傳染病均有其固有的傳染病原物、某種傳染病的免疫血清、卽為預防及治療是項傳染病的特效藥、因各傳染病所用免疫血清之不同、則其製造手續亦不免稍有差別的地方、現在概要分述如下：

1，傳染病原物——徵集病原物時、以種數愈多愈好、因為傳染病以各種環境及地方的不一、往往就造成有地方性的、如能收集各種環境之中的病原物、自較更好。

2．選擇動物——選擇動物的標準。

一、要健康而無疫病之動物。

二、性情要溫和以便施行手術。

三、產血量要多。

四、要經濟。

3，免疫手續。

一、初步免疫：

（1）血清單獨注射法。

（2）血清血毒同時注射法。

（3）用預防液注射。

以上三種法子、任採一種、就可達到初步免疫程度。

二、高度免疫——初步免疫後、用血毒單獨增量注射、注射多次後、可達到高度免疫程度、卽可採血、以製血清。

4,採血——將高度免疫動物採血、以製血清、牛馬由頸靜脈取出。豬則用斷尾法採血。

5,取血清：

（1）取血清——沾在器皿四周、若血塊凝住玻璃器、則血清取出時其量甚少、再血塊上加以重量使榨出多量血液、這樣行去可以取得血清5%。

（2）取血纖維——使血不凝結、用遠心沉澱器使白血球及其他因醫沉澱於下、血清卽浮於上、用此法手續稍繁、但可得6%。

6,加防腐劑——將防腐劑加入取出的血清中、以防腐敗。

7,濾過——血清內如有沉澱或凝有細菌時、就當用濾過器濾過。

8,細菌檢驗——以上手續後、再須細菌檢驗、看有無雜菌、無菌的血清、方可應用。

9,效力試驗——各種免疫血清、或預防液都必須要經效力試驗、決定該種血清的效力後、才可以知道用量、普通可用八個動物、分爲四組、每組二隻試驗之。

第一組只注射血毒或細菌。

第二組注射血毒或細菌外、再注射血清。

第三組注射血毒或細菌外、血清加量注射。

第四組注射血毒或細菌外、血清量更加多注射。

例如：牛瘟血清的效力試驗：

| | | | | |
|---|---|---|---|---|
| 8,隻牛 | 2 | 2 | 2 | 2 |
| 注射血毒（每100#爲單位） | 10,C, | 1,C,C, | 1C,C, | 1C,C, |
| 血清（視體重而定） | | 5C,C, | 10C,C, | 15C,C, |

設第一組發病而死、第二組溫度增高或死、第三組溫度稍增、第四組溫度不增、則第四組可作防治之用。

分裝備用——各種手續完畢後分裝以備應用。每瓶裝100C,C,或500C,C, 瓶單上註明預防治療之用量、次數及有效時期等。

（Ⅲ）用途、免疫血清的應用、是要使牲畜獲得相當時期的免疫力、卽經某種血清注射後、能增加牲畜對於是項傳染病的抵抗力、或不感性、其免疫期之久暫、則視各種血清及注射法而定、至於用量須照標籤所載記之說明用之。用時還要注意消毒和本畜個體的強弱年齡等。

★ ★ ★

# 診斷實習

羅文信
焦龍華

(一)定義：診斷者、係根據醫學之原理、利用吾人之五官及輔助器具以考查病畜之外部情況而判定其各部病情且與以名稱之謂也。

(二)診斷之簡單方法：

1,查問病史及習慣。

2,觀查環境、管理、飼養、步行、及動作等現狀。

3,檢驗皮毛、粘膜、體溫、脈搏及呼吸。

4,特別檢查循環、呼吸、排泄、生殖神經各系統。

5,注射試驗液、如「鐵勃固林」(Juberculin)等。

6,檢查血液及淋巴腺。

7,注意局部、全身及特殊症狀。

8,解剖病畜檢視內臟之變化。

9,用聽診器聽心跳音及呼吸聲、是否異常。

10用手捫畜體各部、有否特異或反應。

11發下列問語：

a,何時發病？

b,病中飲食及看護如何？

c,大小便情形？

d,有否特別症狀？

## 一，豬霍亂(Hog cholera)

豬霍亂爲急性傳染病、夏秋最多、死亡率很高、有百分之八十、小豬最易感染、病原物爲可穿過陶土濾過器之微生物、顯微鏡下亦不能窺看出來、至今尙未發明培養之法。

(一)病狀：潛伏期爲四天至二十天、普通爲九天、急性者約七日死、慢性者約二十日死、病初體溫增高、約攝氏四十到四十二度、精神萎頓、怕冷停食、喜伏臥、驅之則拱其背、耳上及腹部皮膚發紅、眼膜發炎、有黃色膿質物排泄、大便先秘結、而後排泄黃或灰色物。

豬霍亂可分爲四類

1,純粹豬霍亂—病豬現上述病狀。

2,腸型豬霍亂—除上述病狀外、更有下痢帶血。

3,肺型豬霍亂—除上述病狀外、更現氣喘、咳嗽、鼻腔流膿質液體、稍動則氣喘更烈、常伏地以胸部緊緊着土。

4,混合型豬霍亂—以上三種病狀兼而有之、爲豬瘟中最烈者、大約起初爲純粹類、繼則雜染他類混合而成。

(二)病痕：

1,純粹類|體內各部爲普遍之充血、或腎上出血點最多。皮膚外表呈紅色斑點、尿道腫脹、腸內物質帶血液、心內膜大塊出血、淋巴腺腫賬而出血。脾間或出血。

2,腸類|大腸及盲腸之病狀最爲顯明。顯圓形黃色或灰色潰爛點。甚或蔓延至小腸黏膜下層。慢性症之腸內有紐扣狀潰爛。胃黏膜現出血性發炎。腸系淋巴腫賬或充血更顯明。

3.肺類|肺血液浸潤、有紅色肝化塊、氣管淋巴腫大、肺滲出液體。

4,混合類|卽上列三類混合而成。

## 二，豬丹毒症(Swine Erysipelas)

豬丹毒爲急性發熱敗血性傳染病、在溫熱帶爲多。夏季尤盛。三四月之小豬最易感染、一歲以上之豬、抵抗力較强。病原物係丹毒桿菌。多由飼料或飲水經消化器穿腸壁而入血、或由皮膚傷處傳入。

病狀：潛伏期約三五日、本病分下列三種、普通病狀爲發熱減食、精神萎頓。

1,紫紅色皮疹|病初豬現不安、繼則面、頸、腿及體旁皮上發紅色或紫色斑點。大如銀元。此斑點逐漸突起、中變蒼白、或發充血紅腫。同時體溫增高至攝氏四十或四十一度。腫處破裂、卽流黃膿水。口渴便祕。易發嘔吐。紅疹發現後、眼角發炎、甚有半身麻木者。紅疹發透後、則體溫下降、病狀亦退。

此病之紅腫、因病菌充積於小血管、使血液不能流通所致、故以手壓之、則不紅。不壓、則又紅。此則爲與出血性紅腫不同之點。此種爲豬丹毒之最輕者、死亡率甚低。

2,敗血性|普通豬丹毒多爲敗血性、此病與豬霍亂相似。忽然停食。不喜走動。體溫增高至攝氏四十至四十一度。作噁欲嘔。大便初祕結、繼則腹瀉。眼蓋紅腫、眼膜充血。皮膚寬鬆有紅色斑點。漸延及腹部及四肢內側。粘膜蛣紅色、呼吸困難。約二三日至七日死。

3,慢性心房瓣膜炎|病期較長、有一二月者、有時發咳嗽、脈搏微速、呼吸快而短促、心之動作增加。病豬常如狗之坐地，逐漸後部痺痳、全身消瘦、衰弱而死。

豬丹毒之病豬、皮膚較豬霍亂之紅腫爲烈。豬丹毒症之潛伏期較豬霍亂爲短(豬霍亂潛伏期爲七八日：豬丹毒則三四日)。豬霍亂之咽喉部生假性粘膜腸壁生紐扣狀潰爛、豬丹毒則無之。

## 三，豬肺疫(Swine Plague)

豬肺疫或名豬出血性敗血症、爲急性出血性敗血及散發性之傳染病、不論何季何地及任何大小之豬、均可感染此病、病原爲豬敗血病桿菌、常由消化器傳入豬體。

病狀：嘔吐厭食、倦怠嗜眠、眼紅便祕、胸之下面及四肢內側發大點之紅斑、初淡紅、漸變藍赤色斑點、漸大則合連而相併、此病可分爲最急性、急性、及慢性三種。

1,最急性—體溫增高至攝氏四十一度以上。身體柔弱。食慾減少、不喜走動。强使其行、則步態不穩。身體各部發紅點。喉部發炎痘病狀之腫脹。蔓及胸頸等部。腫脹處紅而熱。粘膜藍紅色、數小時即死。

2,急性—體溫增高。咳嗽短而乾燥。且爲陣發性。手按胸部、即現苦楚、有膠性液體、從鼻孔流出。眼膜發膿性炎。心之作用快。咳嗽漸烈、則呼吸困難。大便初祕結、而後腹瀉。排泄物紅色、約二三日即死。

3,慢性—病畜常現咳嗽及呼吸困難、胃口反常。有時且發慢性關節炎、日漸消瘦、將死時則有腹瀉、排出粘液狀之糞。

豬肺疫與豬霍亂分別頗難、惟豬肺疫之病狀及病痕以喉肺與胸最顯明;潛伏期較短及腸壁無潰爛。

## 四,牛瘟(Rinder—pest)

牛瘟亦名爛腸瘟、是一種急性傳染病。黃牛和水牛均能傳染。病原是一種能穿過陶土濾過器之微生物。經世界上許多有名獸醫專家之研究、在最高倍顯微鏡之下、不能觀察、亦不能培養。

(一)病狀:病原物染入牛體、大多由於消化器、潛伏期普通四五日、最多八九日即現病態、體溫增高自三十九度至四十度。呼吸及脈搏增加、略帶咳嗽、飲食減少、反芻停止。鼻孔同眼角都有無色粘性的液體流出。此流出物、漸變成膿性灰色或棕色。鼻膜眼膜都發紅、因爲腸有病、所以頭幾天大便祕結。糞乾黑色、漸腹瀉糞變稀薄而帶黃綠色、糞裏夾有粘性物質如爛腸一樣。氣味惡臭、因腸之粘膜潰爛而生假膜、隨糞而出故也。假膜排洩後、腸壁常出血、故有時糞中常有血液流出。口腔內生顯明之變化、唾涎增加、從口角流出、夾有氣泡。黏膜變紅、圓柱狀肉刺和牙牀更顯明、發現潰爛。母牛之生殖器、常發炎有膿性液體流出。乳牛染瘟、乳量突減。孕牛染瘟、則常常流產。以上所述、爲普通一般之牛瘟病狀而言。倘有病狀緩慢、非有經驗之專家不易診斷。亦有病牛無特異之病狀、而解剖屍體則牛瘟之病狀顯明。發現病態後、大約十日即死、快者三五日即死。若發現病狀後、過二三天體溫下降、則有痊愈可能。死亡率甚高、約百分之四十至九十。從無牛瘟之地死亡率高、常有牛瘟之地、因牛之抵抗力較强故死亡率低。

(二)病痕:外部身體消瘦、眼睛同鼻孔都有液體流出。眼同鼻膜充血。肛門鬆弛、口膜有潰爛。內部損害顯明者如下:

1,第一二胃無變化、第三胃內物質乾燥、第四胃現有粘性液及潰爛。

2,胆囊腫大二三倍或三四倍。

3,小腸充血、腸膜紅腫、大腸雖同較輕。

4,淋巴腺腫大發紅。
5,肺充血有時發炎。
6,心柔軟、心內膜有小點出血、血黑紅色。
7,母牛陰道發炎、且有小點出血。

## 五，鷄瘟—鷄霍亂 Fcwl cholera

雞霍亂爲雞之急性傳染敗血病、死亡迅速、爲害最烈、一經發生、養雞場則每日死亡輒數百隻、在農村中、則不數日可將全村之雞完全瘟死。病原爲雞霍亂桿菌、因氣候陰濕、飲食料腐敗之細菌侵入而起。

(一)病狀：可分爲三種：
1,最急性—卒然倒斃、或夜間死於雞舍中。
2,急性—初排洩物變黃色、繼有腹瀉、排洩物之顏色亦隨之而變綠色、紅色、或棕色、兼有粘性、羽毛零亂、精神萎頓、食慾停止、但能飲水。口中有粘液流出。體溫昇至攝氏四十二度、至四十三度半、普通約三日即死。
3,慢性—病雞不活潑、體態消瘦、外粘膜發蒼白色。上冠肉色變暗黑色；口渴異常、體溫增高、或長帶腹瀉、或間歇腹瀉；亦有因關節發炎而變强硬者。

(二)病痕：胸部及腹部皮膚、常發紅色。雞冠現紅或蒼白色。內臟血管充血、心有小點出血、而內有淤血而長大。心包有膠性滲出物。十二指腸出血。腸內物紅棕色、且有凝血。肝面有無數壞死小點。口鼻咽等腔、常有粘性液體。肺充血、氣囊有漿液性滲出物。腎略腫脹。

## 附錄：

家畜正常體溫表

| | | |
|---|---|---|
| 馬 | 37,5—38,5C | 99,5—100,5F |
| 牛 | 38—39,5C | 100,4—109,F |
| 羊 | 39—40C | 102,2—104F |
| 豬 | 39—40C | 100,4—104F |
| 犬 | 37,5—30C | 99,5—102,2F |
| 禽 | 41,5—42,5C | 106,3—108,5F |

家畜每分鐘呼吸次數表

| | | | |
|---|---|---|---|
| 馬 | 8—16 | 犬 | 15—20 |
| 牛 | 10—16 | 貓 | 20—30 |
| 羊 | 12—30 | 雞 | 40—50 |
| 豬 | 10—20 | 兎 | 48—55. |

家畜每分鐘心跳次數表

| | | | |
|---|---|---|---|
| 馬 | 30—45 | 犬 | 60—120 |
| 牛 | 40—50 | 貓 | 110—120 |
| 羊 | 70—80 | 禽 | 120—160 |
| 豬 | 70—90 | 兎 | 140—160 |

# 北碚場之肉店調查

劉茂修

北碚場位於嘉陵江左岸、爲三峽鄉村建設實驗區署所在地、交通便利、人煙稠密、肉店貿易、較峽區內其他各場爲盛、其貿易狀況、本年四月份內先後調查三次、茲將調查結果、分述如左：

(一)店主姓名及全年屠宰數—肉店店主共有十人、全年約宰豬隻一千零三十頭、茲將店主姓名及全年屠宰數、彙表列後：

| 店主姓名 | 全年屠宰數 |
|---|---|
| 王德芳 | 一百六十頭 |
| 袁炳成 | 同右 |
| 劉正明 | 同右 |
| 萬榮發 | 九十頭 |
| 周光普 | 同右 |
| 劉海全 | 同右 |
| 袁少華 | 七十頭 |
| 楊炳軒 | 同右 |
| 袁興順 | 同右 |
| 許德成 | 同右 |

(二)每頭平均體重—八〇至一二〇斤

(三)肉價—每市斤售洋二角二分

(四)豬肉品質—瘦肉較多

(五)皮厚—二分

(六)肥豬來源—附近農家及沿江各地

(七)售肉地點—均在北碚場和睦路

(八)屠場—該場屠場有王德芳劉炳章二家、王德芳之屠場在和睦路肉市街、劉炳章之屠場在金佛路二六號、一切用具、柴炭、以及屠宰之工人等、均由屠場場主供給、屠宰後之血、脾、小腸、腦髓等、則歸屠場場主所得。

(九)肉厘—該場肉厘、係會俊承包、全年包額豬隻一九二〇頭、每頭納稅金額一元五角七仙、該場所屬之長灘、金崗碑、天生橋、狀元碑、樓房崗、觀音峽等地所宰之豬隻、概在包額以內。

(十)其他捐稅—每頭豬隻、買賣二家各付卹金一角、由中間人獲得。

據調查所得、北碚場全年屠宰豬隻、總計僅一〇三〇頭、攷其原因、由於人民之生活困難、食肉之機會最少、間或上市購肉、必擇其較肥者、市上所售之豬肉瘦肉較多、不合人民之需要、故豬肉之品質尚須改良也！

# 家畜管理述瑣

鄉儒

家畜之管理方法、雖不外其使有適當之運動、合宜之飼料、充分之新鮮空氣及光線等、然有時因家畜之種類不同、而其管理方法亦異、如種畜、役畜、幼畜、孕畜、乳畜等、俱各有差異之處、茲分述如次：

（一）種畜　種畜身體不可過肥、尤宜有相當之運動、以維持其健康、除交配期外、不必多給濃厚飼料、恐過肥而失其生殖力。應常給清潔之飲料、及食鹽等、牝牡兩不可同居、或同場牧放、宜遠離、恐任意交配過早、其弊害甚大、惟雄性者每舍一頭、恐散失精子、此尤爲重要也。

（二）役畜　以普通情形而論、每日之工作須有秩序、飼料飲水適宜、休息有定時、如以上三者、得其合宜則役畜之能力可以發展、且其有用年限亦較長矣。

（三）乳畜　乳畜者、以牛羊爲主、而乳牛尤爲重要、使體清潔、不受外界之騷擾、待遇亦須慈和、應常運動、運動可增進食慾、亦便於洗滌牛舍、并可在運動場內刷毛。（刷毛每日一次）使其皮膚清潔而健康、但宜在擠乳前一小時舉行、刷時不可過重、亦不可太輕、重則傷其皮膚、輕則毫無感覺。而羊亦如斯、且榨乳須有定期、不可使之過於勞動、恐對於產乳量有妨礙、不可不注意也。

（四）孕畜　家畜當妊娠之期、其管理宜特別注意、腹部忌衝突更宜禁止跳越、畜舍須清潔、以免有流產之虞、若役畜妊娠、尤宜令其任輕役、不可使之過勞。近於分娩時、當令其居於安靜之處、畜舍宜用柔軟之褥藁、至分娩時、妊畜所在處、宜避强光、其濕暖或太冷、均宜設法避免。管理者須酌量情形時常查驗、但行動宜輕、遇有難產之時、可以人力助之、若馬與牛有難產時、如仔畜先出後脚、則從旁助理、最好請專門獸醫師治理之。又仔畜之臍帶、如不自行斷離、則宜於適當之處、紮結而後斷之、產後宜令母畜休息片刻、再使仔畜哺乳。

（五）幼畜　幼畜出世以後、即當哺乳、惟哺乳之法、普通由母畜哺之、如母畜分泌乳量甚少、亦可用人工榨取母畜之乳、以飼之。但其乳汁須新鮮方爲合宜、有時恐仔畜飲乳過多、當使與母畜分居、於一定之時、驅至母畜處哺之、又家畜分娩後之乳、其所分泌之乳汁與常乳之化學成分不同、適於幼畜之營養、兼能淸腸胃故也。此等乳汁必須用以哺仔畜。仔畜經一定之時期宜斷乳、其時期亦因種類而異。如仔畜欲留種用役者、哺乳期較長、肉用者次之、乳用畜爲時均較短、普通馬約六月、驢騾五月、牛四月、羊二月、豬二月、如欲家畜馴和、全在飼養者於其幼時之愛撫、待之溫和、不可粗暴、幼馬之馴練、更爲重要、一歲半漸加羈蹄、二歲時則可羈勒。其他畜類之訓練、則因種類而異、牛一歲穿鼻、役用者、二歲時加以訓練、亦有斷其角者。羊(綿)生後一星期、須斷其尾、此外尚有因識別之便利、系統之記載、於畜耳部鉗刻以號數者、牝牡畜如不留作種用者。則於其幼時施行閹割、宜早行之、蓋在幼時割閹、傷口易於復原、且功效亦大、通常皆在春秋二季行之。馬約一歲至二歲、役用牛六月至一年、肉用家畜則在斷乳期前爲最佳。

(六)交配　家畜之交配、年齡、時期、妊娠、及每牡能配頭數等各有不同、茲分述如次：

(一)交配之年齡　家畜交配之適當年齡、因種類、牡牝之特性等、而有差異。茲列衣如次：

家畜交配適當年齡表

| 種類 | 適期 牝 | 牡 |
| --- | --- | --- |
| 馬 | 三—一四歲 | 三—一〇歲 |
| 牛 | 二—一〇歲 | 二—八歲 |
| 羊 | 二—七 | 一—五 |
| 豕 | 一—八 | 一—四 |
| 犬 | 一—六 | 一—七 |

(二)交配之時期　家畜之交尾、有一定時期、謂之交配期』交尾之長短、視其種類而有不同、大概以二三日爲常、此二三日內必有特徵、生殖器充血有粘液流出、可以知牝畜發情、常有交尾後而不受孕者、然經一定之時期、必再發情(如牛則四星期、羊三星期、豬二星期)可再令其交配、至交尾期宜在何月、須按妊娠時期之長短並察經濟之情形及參養之方法方可決定、如馬牛宜於春夏之交、羊豬宜夏冬二季、待分娩時、正牧草茂生、可利用飼育仔畜也。又乳用牛羊、倘農場中需乳、而不得間斷者、則宜多養、以便分期遞次受胎、以產仔畜、而得牛乳也。

(三)一牡畜配種之頭數　一牡畜應配若干頭、亦視種類與年齡而不同、牡馬一頭每年可配三十至六十頭、惟一日之間不可超過二頭、亦不可連日舉行。牡牛一頭、每年能配三十至五十頭、全年勻配者可達七十頭、豬約五十至七十頭、羊則四十頭、最多不過七十頭、山羊亦然、每雄雞一羽可與五羽母雞同居。至多不得過八羽、犬三十次至四十次。

(四)妊娠　自受孕以至分娩、稱曰妊娠期、其時間之長短因家畜種類而不同、且牝畜之體個亦有差異、茲列表如次、以便預算分娩日期：

家畜妊娠日期表

| 種類 | 妊娠日期(日) |
| --- | --- |

| | |
|---|---|
| 馬 | 三三〇——三四〇 |
| 牛 | 二七〇——二八五 |
| 羊 | 一四五——二八五 |
| 豬 | 一一二——一一八 |
| 驢 | 三四八——三六〇 |
| 犬 | 五八——六五 |

(五)產生仔畜數　通常馬、牛、驢、騾、綿羊等均產一仔、山羊則產二至三仔、豬則產六仔至十四仔。

(七)長肥　家畜屯肥、以豬為最多、惟肥育時期、每日給食應有定時和定量、禁止運動、住居安靜、不受外界驚嚇和擾亂、長肥較易。返之、則大有害於發育矣。

(八)畜舍　畜舍內空氣宜流通、光線須充足、溫度要適宜、最忌過於溫暖、或過於寒冷。舍之方向宜南、或東南、宜避强風、須擇乾爽之地、至畜舍之構造、因種類而不同、惟畜舍而與其他房舍相接、牆以方磚較佳。土牆次之、木板及竹籬更次之、牲畜所睡之地宜用石板築之。嚴寒天氣宜鋪木板、或藁草類、、但草宜常換新、木板須常曬乾、保持乾燥、後方宜有小溝、舍內宜常掃除、門宜向南、窗宜多、畜舍之高度依種類用途而不同、普通須高八尺至十尺、舍之寬廣亦依牲畜之種類而不同、以體重論、普通每重一千磅、則須佔空地位、五百至一千立方呎、寬廣之面積、以牛論則長須十五至二十尺、寬三尺至四尺、牲畜之飼槽、可以石或木板製之、其長短、大小、高低、視種類及頭數而不同、所給食之青草、乾草、亦宜置於木架內、高低與飼槽相同。

(九)勞力之分配　勞力分配均勻、亦為牧場管理之一重要部分、所謂均勻者。即一日應做之事、分配妥貼、一年中應做之事、亦應預為措置。茲將關於勞力分配上應注意之事項、分述如次：

(1)飼養掃除有定時　此乃關於每日勞力之分配、凡獸畜每日之喂養、須有一定次數、及一定時間、又掃除畜舍、洗刷畜體、亦皆有定時。

(2)分配農事與牧事　此乃關於每年勞力之分配、例如夏日農事甚忙時、牲畜於日間可放於牧草之地、則其需要管理為時甚少、可利用此餘暇、以從事田工、冬日則田事較少、而牧草不生、則可移其力、以注意於牧事。

(3)記錄之重要　舉凡牧場之事、皆應記錄、以便於考查。此於分配時間最有關係者也、例如關於交配期、若有記載、則可預算其生產日期。其他如田事、何日下種、每畝種數若干、肥料多少等、不可不記錄之、以備查攷。

(4)運輸及市價之研究　關於牧場管理法、尤應注意者、則為運輸方法之籌劃、及畜價之高低、飼料肥料之購售問題、均須一一詳悉、以便謀經濟上之發展、故今日之農家、並非僅有農業上之常識。與技能即可、此外尚須兼有其他之智識也。

(十)尾語　本篇所述、關於乳畜之管理方法、係根據其他書籍雜誌而來、其他所見所聞、尚多未善、希我同道諸君指正、幸甚！

# 兼善中學學生獸疫調查總報告

焦龍華
羅文信

本年一月、兼善中學放寒假時、乘各同學回家之便、本區發出牲畜疫病調査表二千份、每人發二十份、藉明各地鄉間最易發生之傳染病、計分當地病名、患病時期、患病頭數、死亡頭數、及該地之治療與預防方法等項、本期兼中開學時、諸同學已紛紛到校、有三十二人交來調査表一百六十張、調査地方、有巴縣、綦江、合川、武勝、南充、江北、南川、瀘縣、潼南、長壽、璧山等十一縣、茲將其調査結果、統計如下：

| 種類 | 當地病名 | 患病頭數 | 死亡頭數 | 預防方法 | 治療方法 | 患病時期 |
|---|---|---|---|---|---|---|
| 牛 | 牛瘟（痧症） | 六二 | 四〇 | 無 | 灌草藥、靈芝水、或用針刺腿、無效。 | 夏季最多 |
| 同 | 牛胆膜炎 | 八 | 二 | 無 | 以百味散研細、調水灌之、據說有效。 | 夏季最多 |
| 同 | 清水症 | 三 | 二 | 無 | 用甘草桂枝搗爛泡水灌之、據說有効。 | 夏季多 |
| 同 | 撲地癀 | 一六 | 二 | 無 | 用鷄或鴨截去頭、插入牛口中灌血、效不多。 | 夏季多 |
| 豬 | 清水症 | 一八 | 一三 | 無 | 無 | 夏秋多 |
| 同 | 豬瘟（痧症） | 一四三 | 九〇 | 無 | 用靈芝水、鴉片煙灰泡水、或用「破網巾」草熬水服均不見效。 | 夏季多 |

| | | | | | | |
|---|---|---|---|---|---|---|
| 同 | 打火印 | 九四 | 五六 | 隔離、豬頭上捆紅繩、石灰水洒豬舍、紙蓋官印粘豬舍柱上間有效。 | 用針刺耳、注射預防針。 | 夏最多 |
| 同 | 軟足病 | 一九 | 一二 | 無 | 石灰水敷、用針刺尾、或灌草藥、很難見效。 | 夏季多 |
| 同 | 瘋癱病 | 一 | 一 | 無 | 無 | 冬季有 |
| 同 | 豬癩病 | 一四 | 一〇 | 無 | 用藥水洗 | 冬季多 |
| 同 | 水[illegible] | 不詳 | 不詳 | 不食冷物 | 無 | |
| 同 | 母豬症 | 四六 | 四二 | 無 | 無 | 夏秋最多 |
| 同 | 豬蚤症 | 二一 | 一五 | 用火燒 | 用生大黃 | 夏秋最多 |
| 馬 | 癀病 | 五 | 三 | 無 | 以米和菜油喂之 | 夏季多 |
| 鵞 | 清水症(痧症) | 三 | 三 | 無 | 無 | 夏季多 |
| 同 | 扯筋 | 四 | 二 | 無 | 無 | 夏季多 |
| 鴨 | 野鴨症 | 一三 | 二九 | 隔離 | 打針 | 夏季多 |
| 同 | 羊癲瘋 | 一二 | 九 | 喂乾淨的草 | 放痧 | 冬天多 |
| 兎 | 瘟症(痧症) | 八 | 五 | 無 | 無 | 冬天多 |
| 犬 | 瘋病 | 一九 | 一七 | 以菜油和飯喂之 | 無 | 春天最多 |
| 鷄 | 瘟症 | 一〇七 | 九九 | 病鷄與好鷄隔離 | 生姜胡椒和菜油喂、或灌鹽之藥水、或用熱灰烘足、效很少。 | 夏季多 |
| 同 | 白痢 | 一八 | 一二 | 喂豆豉麵 | 蒜頭和桐油喂之 | 秋天多 |
| 同 | 清水症 | 一六三 | 一四八 | 桐油和米喂 | 蒜頭和菜油桐油喂、據說有效。 | 秋天多 |

# 猪的編耳號設計

焦龍華

凡經本區種畜交配之母豬、與其所生之子豬、及經預防注射者、均須記以符號以資識別。查豬之編號辦法、以剪耳號爲最普遍而易行者、惟在一區域內、預防注射及種豬推廣、全用剪耳法、恐有混雜及其他困難發生、如家畜保育所目下之編法如圖：

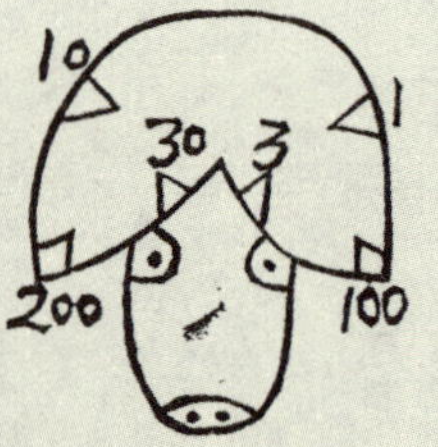


將來全區之編定數字、必不在小、僅種豬方面、每年或將近千數以上、預防注射者當爲一千數百、如爲一千五百、則照上圖辦法、亦無從下手、或將全耳剪完、不特畜主心痛、卽施行者亦難辨識、旣費手續。又費時間、或曰；將耳穿孔、卽作干號、然則穿孔對於畜主、尤爲心痛、因孔小則易於閉塞、孔大則流血過多、且穿孔器與該器之臨時消毒、又生問題、此其實施時困難之一也。

又如編耳號編法、畜種推廣方面之編號、與預防注射之編號、須同時進行時、則生混淆、其號數之排定、當須分別、各有起止、如排定種畜推廣號由一起、防疫由一千起、則一年或二年後、種畜方面之號數、豈能保持不達一千、此其困難二也。

有上述二大實施時之困難、本區卽另設新法、用特公開發表、使大家明瞭、可以區別、亦足供各區之參考、尙祈指正！

茲將辦法述後：

一、種畜推廣方面編號辦法—照舊進行、惟從一號起至四九九號止、五百號卽用小銅絲一根、（長約三寸）穿左耳環結之、是後每五百卽用小銅絲一根、推廣至三年卽行更新、換言之卽再由一號編起。

二、防疫方面、不記其號、僅用一物標識之、其辦法乃以小鐵絲作環、穿掛於豬耳、用以辨別何者爲已注射。何者爲尙未注射、並已注射幾種、均能一目了然、祇須稍記其部位卽可、左耳外作豬霍亂、左耳內作豬肺疫、右耳內作豬丹毒。

茲更圖示如下：

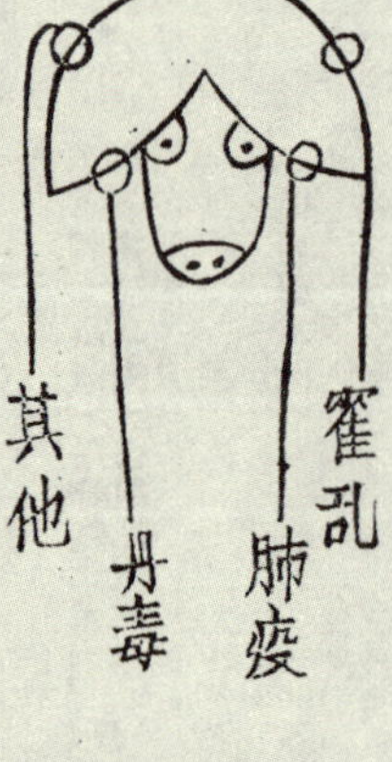

# 養猪婆婆「劇情説明」

焦龍華
郭耀宗

有吳興發者、務農、小康之家也、其妻陳氏、誠樸强幹、治家有方、立業有道、實一賢內助也。年逾四旬、生有一子、名新民、肄業某中學、每年所需學費與雜支、賴所養豬隻之贏餘作補助、一日家中所喂之四豬內、有一隻忽告停食、精神萎靡、氣喘不堪、盤踞一角、陳氏驚謂興發曰：「瘟神降吾門、奈何？汝須延請豬太醫診治、吾可去瘟神廟許愿、求免我等罪愆。」言次、新民返家、其母即告之曰；「豬害瘟、奈何？」「汝可代乃父請王太醫、我去許愿！」新民搔首良久曰：豬病耶？莫急、此非瘟神；亦無須請王太醫。兒在校曾聞老師言、豬之瘟、由於管理者之不慎、並無瘟神此物、亦莫請豬太醫，今者北碚文星灣新橋、新成立有一家畜保育所、專治豬牛病症、兒可前往請來一診、既不要錢、復送藥液。」陳氏聞言、思之良久乃曰：「兒弗胡言、速請王太醫為妙！天下何來如此好事?不需錢復送診、事非騙人！」新民乃為再三解釋、其母始入於半信半疑狀態、乃言曰：「怪事也！新事物多半騙人、恐仍暫時請本地豬太醫為妙！」新民復辯、其母生氣、新民不得已乃去照請豬太醫、其母仍自行往瘟神廟許愿！無何、新民偕豬太醫來家、太醫為其診治、斷為「火結」、取筆墨開一藥方、上列芒硝大黃等土藥、交與新民、索取診斷費五角而去。二日後、豬死、興發將死豬自行宰殺、低價賣與他人、存有腸腑、傾入近鄰豬舍旁之糞坑中。不五日、前買瘟豬肉及其左鄰等家、其所飼養豬隻均染同樣瘟病、都來吳家爭吵、怨其瘟豬害人。其時新民適又返家、聞家中因瘟豬肉賣錢而起糾紛、祇得上前勸解、衆人未允罷休、强欲退回原價、新民無奈、復邀請保長來家勸說調解、結果仍將原價全部退還買主、並償其左鄰十元之損失費、自此新民重行解釋豬傳染病發生之原因及傳染之途徑等、並進言瘟豬亦不宜再事屠宰而賣錢。其母至此、稍能明瞭、惟仍自認晦氣、由於命運不佳所致。是以終日沮喪、仍從事焚香點燭之老花樣。然禍不單行、日內忽報所存其餘三豬又都告停食、其狀如前、陳氏驚惶失措着急益賸於前、口中喃喃有詞、昕夕朝天跪拜、惟祈天公瘟神恕罪！其面色慘淡而蒼白、至誠可憐、亦復可笑！新民適又返里、乘機再提談家畜保育所、陳氏亦無法可想、只姑聽其一試、新民始延引家畜保育所獸醫來家、問明病狀經過、並細密考查診斷、為之注射血清、用以治療、同時即向吳氏全家及鄰近來此之觀衆、宜傳畜舍衛生、消毒隔離等預防方法、並述明畜病重在預防、購回新豬一週後、須先行預防注射、其理由一若小兒之種痘、衆皆微點其首、均認為奇事異聞、亦一做好事之機關也。然不敢輕易嘗試、良以豬爲農家之本副業、若偶有差失而死、必致小農傾家、故均俟此次病豬注射後影響如何爲斷。不三日、吳家病豬告愈、再半月、興發又購進二小架豬、興發與陳氏亦均聽其子新民之勸。由半信半疑而引起相信。再請家畜保育所施行預防注射、後果相安無事、陳氏竟全信。乃大爲宣傳、四周農民展轉傳說、亦引起信仰、爭先請求爲其豬隻預防注射、結果概未發生任何意外、以後凡屬家畜保育所所行工作、農民莫不額首稱慶、大爲贊助！且有合贈家畜保育所「豬瘟絕迹」四字之匾額一方爲證。

備攷：民國二十六年四月十六日排演於防疫訓練班。十七日試演於三峽實驗區辦公處。十八日第一次公演於北碚民衆會場、觀衆一千餘人、印象頗深。

★ ★ ★


# 現代青年

第七卷第二期目錄

中華民國二十六年四月三十日出版

卷頭言—輿論界應當怎樣領導社會……郭飛
北方學運之思想批判……海風
洛陽軍校生活……廖達民
最近英吉利之青年運動……澤道
讀書爲什麼失了興趣……謝宗琦
我的創作經驗……果夫
青年消息集錦……編者
青年問題解答……編者
名言與軼事……編者
現代知識……編者
蘇聯體育事業之鳥瞰……何其島
從醫病說起……李殊
獻給新青年的幾句話……李拓天
青年轉變的形態……周介人
日本空軍底發展……佩琳
重屬聯立高級中學素描……思凡
半月一人—民族英雄鄭成功的偉績……李鳴雷
異域的故鄉（下）……趙倜

△定價
每册售洋一角
預訂全年（廿四册）二元
半年（十二册）一元

△優待直接訂閱辦法
（一）凡直接向本社訂閱者、普通訂戶按定價八折、學生六折；
（二）經舊訂戶介紹者、普通訂戶按定價七折、學生五折；
（三）凡同時介紹全年訂戶每滿五份者、對於介紹人、贈閱全年一份；
（四）舊訂戶續訂者、仍得依照徵求基本讀者辦法、享受優待、即普通訂戶按定價七折、學生五折。

北平宣內抄手胡同現代青年社發行

# 答北碚鄉義務教師邱競華問

焦龍華

一、毒素之來源及其製造法如何？

所謂毒素、乃一種微生物也。凡在最高倍顯微鏡下尙不能窺及其形迹之病原微生物、即名之爲毒素。故毒素即來自患毒素病害之動物體內、如豬霍亂之病原即是也。製取豬霍亂毒素、即取患霍亂之豬之血、使血中纖維與紅血球等凝結沉澱而分離濾過、濾液再經無菌試驗後、即成豬霍亂血毒、可以備用矣。

二、家畜掛圖、何地出售？其價若干？

着色之家畜掛圖、現國內尙無出售、須求之於國外、惟其價格必高。

三、家畜保育方面之參考書籍有幾？何者較好？

畜牧部分、渝市各大書局、尙有較淺近之小叢書出售、價亦不昂、普通每本均二三角而已。國外西文書籍則頗多、不克備述、殆亦無此需要也。獸醫部分、則商務書館尙有兩小本。一名獸醫學（初級農業學校用）、一名家畜傳染病學、價均三四角耳。

## 黃埔月刊社徵求「各國軍備現勢」稿件啓事

本刊擬於第八卷第一二期合刊各國軍備現勢專號、以供校內外同志同學之研究與參考、敬希各軍事學家各作家、勿吝珠璣、踴躍賜稿、以光篇幅、是所盼禱、玆將徵稿範圍規定如次：

一、現代軍備機構之研究
二、最近軍擴中全體戰趨勢之檢討
三、最近軍擴聲中戰略原料資源之檢討
四、戰後各國軍費增加之趨勢
五、世界重要地區之軍備現勢
六、戰後各國軍備之演進
七、各國陸海空軍軍備概況
八、各國新兵器裝備概況
九、各國化學戰裝備概況
十、各國軍隊機械化裝備概況
十一、各國軍需工業之現狀
十二、其他有關軍備之研究

# 答楊芳松君問牛發痧症

羅文信

芳松君鑒：承幫忙調查、非常感謝、表中所云「發痧」乃牛的一種病的表現、非病名也、因所述病狀、不十分明瞭、未敢加以臆斷、但據所述各情推測、大約是牛瘟、此病亦名爛腸瘟。茲將其發生原因及治療與預防方法、條綴如下：

（一）發生原因——此病的病原、係顯微鏡下尚不能窺見之微生物、直接由患牛瘟之牛所傳染、間接由糞、尿、淚、涎等排泄或分泌物及飼料爲媒介物所播及。

（二）治療——此病之治療方法、目下尚不可能、應急辦法、只得用消毒藥水灌腸、稍可減少腐敗之毒、在病初起時、注射免疫血清一百西西（立方公分）有治療的功効。用瘟牛胆汁二十至一百西西注射、亦能奏効。

（三）預防：

1，免疫血清——皮下注射免疫血清八十至一百西西、可保護牛於二三星期內不患牛瘟。

2，胆汁——皮下注射瘟牛之胆汁五十至一百西西、可保護牛三四星期不患牛瘟。

3，血清與血毒同時注射——血清量八十至一百西西與血毒量一至二西西可保護牛一年左右不患牛瘟。

4，臟器苗——注射量之多少、依各製造所之出品而不同、均於裝瓶上之說明單記載之、可保護牛六月至一年不患牛瘟。

以上注射手術、均需獸醫方能行之、若注射不當、反而引起牛之疾病、甚至死亡、故不可不愼也、此外用隔離、消毒及埋藏或燒滅屍體等辦法、亦可斷絕傳染、附寄預防牛瘟（爛腸瘟）的方法一冊、用資參考。

康藏前鋒

第四卷第七期要目

川康藏交通之重要性
對喜饒嘉錯氏的兩點期望
敬悼黃慕松先生
苗夷與漢族之混合及文化
西康羊毛輸出衰落之原因及今後改良羊種之辦法
改進西康畜牧事業之再度商榷
對西康的觀感

文張馮浮姜蕭
俊雲　仲
霖璧德仙生明東

班禪佛事蹟　安欽呼圖克圖
康東考察記　馬俊榮
川康甘青分界點「緯期甲隸屬問題」　警民
西康各縣匪災調查概況　警民
光榮的勝利　王玉主
一月本之康藏　洪康輯
社務報告

民國廿六年三月號

# 四川省家畜保育所實驗區組織規程暨辦事細則

## 一·組織規程

第一條　本規程依據四川省家畜保育所組織規程第八條之規定制定之

第二條　四川省家畜保育所為求畜牧獸醫事業之實驗與推廣起見得斟酌實際之需要及實驗之便利於四川境內選擇適當地點設立實驗區至實驗區分期設立地點區域範圍及工作範圍由所長決定之

第三條　實驗區應辦事項如左

（一）推廣優良種畜

（二）實施防疫工作

（三）推進畜牧獸醫教育

（四）改良家畜飼養方法

（五）其他之畜牧獸醫之實驗推廣工作

第四條　實驗區設主任一人必要時得增設副主任一人由本所畜牧獸醫技術人員兼任之承所長副所長之命兼商承各科主任辦理全區畜牧獸醫實驗事宜

第五條　實驗區得設技術員一人至五人練習生一人至五人辦事員一人承區主任副主任之命辦理區內一切事務

第六條　實驗區之經費照預算由本所撥發之

第七條　實驗區辦事細則暨會議規程另定之

第八條　本規程如有未盡事宜得隨時修改之

第九條　本規程自經所長核准呈請　省府備案於公佈之日起施行

## 二·辦事細則

第一條　本細則依據四川省家畜保育所實驗區組織規程第七條之規定制定之

第二條　四川省家畜保育所實驗區（以下簡稱本區）職員辦事除遵照組織規程及有關法令外並依據本章程辦理

第三條　本區職員工作須逐日填具工作日報呈區主任核閱全區工作每週報告一次於星期日繕就星期一寄呈所長核閱

第四條　本區辦公時間遵照保育所規定實行遇必要時得臨時斟酌更改補所備查

第五條　本區文件須經區主任核閱蓋章後始得繕發

第六條　本區職員辦公時間劃到與劃退均依照保育所辦事細則第六條之規定辦理之

第七條 職員請假須經區主任核准其請假辦法均遵照保育所辦事細則第七條之規定辦理之區主任請假須呈請所長核准後方可離職

第八條 本區每月報銷應於次月七日以前造具收支對照表附屬表及單據粘件冊等呈所鑒核備查

第九條 本區辦事員一人由所直接派員辦理受區主任之監督指導

第十條 本區零星支用款項由辦事員保存但數目以五元為限

第十一條 本區職員因公需用物品不屬於日常應用者應先填具購物通知單由區主任審核後交辦事員採購

第十二條 本區支付款項在一元以上者其單據由區主任核章在一元以下者由辦事員核章

第十三條 本區職員領用公物須填領物單經區主任核章後向辦事員領取但所領公物除必要時外祇限於辦公室內使用不得攜出區外

第十四條 本區公物應由辦事員分別造冊登記屬於消耗部份者應按日按旬按月將消耗數量分別列表交區主任核閱

第十五條 本區因推進事業上之需要得自訂各項條例規則或計劃呈請所長鑒核施行但此項條例規則或計劃以與保育所頒佈各種法令不抵觸為原則

第十六條 各區負責人員每年至少舉行聯席會議二次暫定於每年一月及七月在各區輪流舉行

第十七條 本細則如有未盡事宜得隨時呈所修改核行

第十八條 本細則自呈准保育所核准之日起施行

新書出版預告

各國成人教育近況

是從事民衆教育研究教育學術者必備的參考書！

△全書四百餘頁，洋洋三十萬言。

△國別有英、丹、美、蘇、德、法、意、日、土、波、捷、比、印、瑞典等國。

△內容有個別系統的敘述，有各國比較的研究。

△著者：王倘 甘豫源 孟憲承 周葆儒 邱椿 俞慶棠 馬宗榮 徐旭 莊澤宣 陳子明 陳劍恆 喻任聲 董渭川 雷賓南 劉季洪 魏更塵 鍾魯齋 羅廷光

定價每冊一元二角 優待預約祇售八角四分（如欲掛號請附掛號費八分）（郵票通用）

歡迎預約

預約時期—自即日起至六月二十日止

出版日期—本年六月廿五日

預約地點—江蘇無錫新橋社江蘇省立教育學院發行股

# 三峽實驗區兒童家畜保育團簡章

第一條　本團定名爲三峽實驗區□□小學校兒童家畜保育團

第二條　本團以改進畜產提倡獸疫防治對農家負責宣傳指導爲宗旨

第三條　本團附設於□□小學校內

第四條　凡贊助本團工作之同學均得爲本團團員

第五條　本團設理事五人並由學校校長兼任理事長

第六條　理事由團員大會選舉之理事任期一年得連選連任

第七條　理事職權如下：（一）執行團員大會之議決案（二）處理日常事務（三）召集團員大會

第八條　本團每週舉行理事常會一次必要時得召開臨時會

第九條　本團團員大會於每月開會一次開會時以理事長爲主席

第十條　本團受四川省家畜保育所之指導辦理左列業務

（一）對於團員家長戚友宣傳畜產改進之方法（及畜種交配規則）（二）調査農家畜牧獸醫情形報告實驗區（三）担任附近農民畜牧獸醫咨詢工作（四）担任農家畜舍消潔及消毒隔離工作（五）報告家畜疾病死亡狀況於實驗區（六）籌備養豬比賽會（七）參加畜產展覽會（八）對於家畜飼養管理之科學方法加以宣傳

第十一條　本簡章如有未盡事宜得由團員五人以上之提議修改並報告區署備案

第十二條　本簡章自呈請區署核准之日有效


## 現代評壇

第二卷第十六期

目錄

民國二十六年五月一日出版

簡評

奮鬥的五月……聿飛

關於天津的浮屍……聿飛

熱僞軍向察移動……聿飛

中日關係的前途……公玉

近數月來的學生行動……公玉

國民經濟建設之基本方向……關星三

兩年來之中日外交的攷察（下）……張聿飛

現階段的學生運動及其展望（續）……馮先民

日本對華外交政策之轉變……紫駿譯

中國先階級社會史自序……吳澤

讀「春秋董氏學」……鄭公玉

文藝

磨工……李維精

詩二首……秋丹

華北的消息

補白：法國報紙論中國現代化　國聯衛生專家旅華觀感

定價：全年一元半年五角

地址：北平西單興隆街十一號

# 峽區畜產改進會簡章草案

## 第一章 總則

第一條 本會定名為峽區畜產改進會。

第二條 本會提倡民間畜牧事業及運用科學方法，改良畜種、預防獸疫、及改善牲畜之飼養與管理為宗旨。

第三條 本會會址、暫設於四川省家畜保育所江巴實驗區辦公處內

## 第二章 組織

第四條 本會由四川省家畜保育所江巴實驗區發起、聯絡當地各機關長官、各團體主持人、及有關人士組織之。

第五條 凡贊助本會工作之當地人士及自願參加者、經本會認可後、均得為本會會員。

第六條 本會由會員大會推選理事七人組織理事會、理事會互選一人為理事長、對外稱會長、負本會一切責任、下分六組、每組設組長一人、由理事兼任每組視事務之繁簡、得設幹事若干人、處理日常事務、各組名稱如下！

（一）總務組（辦理文書會計庶務事項）

（二）訓練組（辦理訓練各學校及各團體受訓者加以畜牧獸醫訓練事項

（三）宣傳組（辦理本會一切應向各界民衆解釋畜牧獸醫工作事項）

（四）調查組（辦理本會一切有關於調查及組織聯絡等事項）

（五）畜牧組（辦理育種推廣事項）

（六）防疫組（辦理清潔防疫事宜）

茲將組織系統圖列后

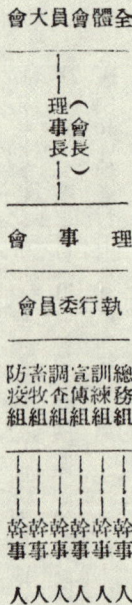

- 全體會員大會
  - 理事長（會長）
  - 理事會
    - 執行委員會
      - 總務組——幹事人
      - 訓練組——幹事人
      - 宣傳組——幹事人
      - 調查組——幹事人
      - 畜牧組——幹事人
      - 防疫組——幹事人

第七條 本會於必要時、就峽區各場成立分會

## 第三章 事業

第八條 本會事業範圍如左：

（一）獎勵優良畜產及畜產品、並盡量予以協助。（二）代理民衆選購畜種。（三）代理設計建造經濟合理畜舍。（四）負責推廣四川省家畜保育所改良之種畜。（五）預防家畜瘟疫。（六）實施畜牧

獸醫教育。(七)牲畜與畜產品之調査及統計。(八)提倡家畜與畜產品之展覽會及競賽會。(九)其他畜牧獸醫改進之工作。

第九條 本會全體會員大會分春秋兩季每季舉行一次、理事會每月舉行一次、各組幹事均得出席與議、由理事長召集之、遇必要時得開臨時會議。

## 第四章 義務與權利

第十條 會員有協助推進會務之責任、并得享關於改進畜產之各種優先權利。

第十一條 本會會員、每年納常年會費四角、分三九兩月、每次繳納二角、其不敷之數由峽區內各機關酌量補助或設法募捐之

## 第五章 任期

第十二條 理事之任期爲一年、連選得連任。

## 第六章 附則

第十三條 本簡章如有未盡事宜、得由會員五人以上之提出經由會員大會議決修正之、并呈准有關機關備案。

第十四條 本簡章自呈准所在地之最高黨政當局之日起施行。


公餘月刊

第二期

要目

民國廿六年二月二十八日出版

國內外大事概觀……一鷗
今後國民努力之途徑(續)……
歐洲不安的癥結……東帆編譯
軍擴競爭下列國經濟之動向……沈光懷譯
日本外交政策之基礎……周兆駿編譯

各科講話
哲學講話：希臘哲學……陳少魯
自然科學講話：自然科學的性質範圍及目標……陳範予
政治講話：現代憲政……周兆駿
經濟講話：我們所流通的貨幣(二)……漢聲
國際現勢講話：日德協定國際政治的動向……宸國欽
教育講話：談成人教育……徐敍賢
戰時經濟講話：日本戰時食糧問題及食量品工業……陳東帆
都市政策講話：現代住宅政策……東瀛

書報介紹~~社會保險之理論與實際……甘漢生
現代中國及其教育……徐敍賢
現代人物~~斯達林和托洛斯基……鶵凡
科學叢談……左治
新名詞釋義
雜誌論文摘萃(十一篇)
各界消息
時評選輯
國內外大事日誌

定價：每月一冊零售每冊一角
預定：半年六冊六角(連郵在內)
全年十二冊一元二角(連郵在內)
編輯兼發行處：福州北庫巷福建省縣政人員訓練所編輯課

# 防治打火印「豬丹毒」的方法

四川省家畜保育所編

豬的瘟症很多、列如爛腸瘟(豬霍亂)清水喉(豬肺疫)等等、不過在四川還要算「打火印」最普通、損失最大。

豬的打火印、照例的總要一年一度的在川省各處發現、這種痛苦、是每一個做莊稼的和喂豬的農友們、所親切感受到的。

在從前、農家的豬得了「打火印」、簡直沒有辦法、現在省政府辦了一個家畜保育所、負責辦理保育家畜的工作、當然要首先想辦法去消滅這一種瘟症、不過有些人始終懷疑着這火印是瘟神攝取時蓋過的印、難道竟能有辦法不成?現在本所可以爽直地告訴各位農友:這個瘟症在國內其他各省還沒有發現過、還是本所在本省第一次發現、因此費了許多人力財力、收集了各種材料加以研究試驗、現在纔得到確實的結果、原來就是在科學上的名稱叫作「豬丹毒」。

豬丹毒究竟是什麼東西?怎樣會使豬遭瘟?原來這種病的病原物、就是丹毒桿菌、是一種細長的桿形細菌、并不是什麼神鬼、這種細菌由豬嘴跑到腸胃裏、再跑到血液裏、就可以傳達到全身、身上起的一塊塊的紅疱、就是因爲這種細菌在那裏繁殖、把血管破壞、使血滲出血管壁、積聚在皮膚上的一種現象。還有、豬得過火印之後、就是不死、亦不容易催肥、同時四隻脚幹脹大起來、站不穩、這是什麼原因呢?這就是這種細菌一部份在心臟內繁殖、把心臟破壞、引起慢性心臟病、另外一部份細菌、在四肢的關節裏繁殖、引起急性或慢性關節炎、既然這樣、這豬那能養得肥呢?現在把防治打火印的辦法、簡單的說一說:

(一)治療打火印的方法、除了注射抗豬丹毒血清之外、恐怕沒有再好的方法。有些人因爲豬得了打火印後發燒便閉、用大黃芒硝萬金油等來醫來、這是一種頭痛醫頭足痛醫足的方法、有時或能挽救一二、但是結果總是死的多、勸告各位農友:不要以爲有了萬金油、就可以有恃無恐、因爲這不是根本的辦法。

(二)預防方法、除了注射血清菌苗之外、還可施行消毒隔離等方法、前面已經告訴各位?這種瘟症是有一種一定的傳染物、那末就該先把這種物質殺死、或不使牠與豬接觸、既然沒有這種病原物、那豬當然不會害瘟了。

(三)消毒的方法、不但凡是與病畜接觸的物件、要嚴行消毒、豬舍亦應平時時常冲洗、洒敷石灰、陽光要充足、空氣要流通、曾經養過病豬的豬舍、更應澈底消毒、不然、就是過了今年、明年還是有害瘟的危險。

（四）隔離的方法、在平時購進新豬、應該在另外一個圈裏面飼養、不要立時放入原有豬羣、在瘟疫流行的時候、豬不要放出去、同時不准外來的人畜進入豬舍、萬一有一根豬得了火印、應當趕快把好豬另外關在一處、免被傳染到。

農友們、要是大家都肯照上面所說的方法去做、你們的豬一定不容易得到「火印」、萬一發現了這種病、請馬上告訴本所或是本所的各實驗區、就會派人來替你們醫治、而且是不要一個錢的。


# 現代青年

## 第六卷第五期目錄

中華民國二十六年三月十五日出版

□封面畫□ 日本女學生郊外習攝影
□底封面畫□ 政治浪花中之日本三首相
卷頭語—對於青年訓導者希望……汪運坤
英國青年軍官團之組織及其訓練……呂方
現代青年對於中國經濟應有的認識……李鳴雷
現代青年文學家之使命……朱玉珂
日本林內閣的登台與中國……澤民
師範大學論……高蘋年
青年消息集錦……編者
青年問題解答……編者
名言與軼事……編者
現代知識……編者
悲慘的生……伴雪 送露西赴英……林慰君
最近國際局勢與世界和平……高明朗
再造唐室的郭子儀……郭淨秋
蔣介石偉大之由來……孫雲章
一九三六年世界田賽總評……譚邦傑
非洲土人的性生活……孫明梅
〰讀者園地〰 蘇俄的出版事業……趙鐵英
思親……征夫
師大附中生活……影浪
檢秋婦（小說上）……李曼霖

### 定價

每期售洋一角
預訂全年（廿四冊）二元
半年（十二冊）一元

### 優待直接訂閱辦法

（一）凡直接向本社訂閱者、普通訂戶按定價八折、學生六折；
（二）經舊訂戶介紹者、普通訂戶按定價七折、學生五折；
（三）凡同時介紹全年訂戶每滿五份者、對於介紹人、贈閱全年一份；
（四）舊訂戶續訂者、仍得依照徵求基本讀者辦法、享受優待、即普通訂戶按定價七折、學生五折。

北平宣內抄手胡同現代青年社發行

# 四川省家畜保育所各項建築及試驗說明

## 甲 畜牧獸醫館

本館爲所內之中心建築、全體職員分科聯席辦公處及各研究室技術室在焉。茲將各部逐項說明如左：

（一）樓下右側屬畜牧科

1,畜牧科技術室—畜牧科職員辦公及研究用、各種畜之譜系及本科儀器、均存此室。

2,化學研究室—飼料分析、豬鬃羊毛漂洗研究。

8,豬鬃羊毛研究室—豬鬃羊毛物理學上的研究。

4,畜產品陳列室—陳列各項畜產品之原料及其製品。

（二）樓下左側屬事務科

計有主任室、文書室、會計室、庶務室、圖書室及編輯委員會等室。

（三）樓上全部屬獸醫科

1,技術室—爲獸醫技術人員聯席辦公處、俾便於辦理公文、兼可逐日報告或研究有關學術工作之各項問題。

2,病理室—供研究家畜各種病理之用。

3,寄生虫室—供研究家畜寄生虫之用。

4,防疫室—據本所華陽縣之調査、牲畜總值一百二十餘萬元、每年牲畜瘟疫損失達三十餘萬元、佔四分之一强。以全省估計、則每年損失達四千五百萬元。當此農村衰落、經濟破產、此種鉅大損失、亦爲促成農村衰落之一重要因素。且耕牛豬隻、爲農家衣食之所資、及農村主要之動力、若一旦瘟死、農事因此廢弛、農產爲之減少、其損失之大、可想而知。豬牛如此、其他牲畜亦然。國計民生、幷遭巨挫、挽救之法、厥爲防治獸疫、蓋亦減少農民經濟損失、復興農村、福國利民之良策也。故本所有防疫股之設立、專司其責。今後之工作、先調査全省各地瘟疫之種類、分佈情形、流行狀況及經濟損失等、以爲防疫設施之張本。同時於最近期間、在成都華陽兩縣、先施行初步防疫工作、如宣傳家畜衞生、防疫常識及免費預防注射等、幷由本室協同各實驗區逐漸推廣防疫辦法、以期普及全省、撲滅瘟疫焉。

5,細菌室—供研究各種細菌之用。

6,免疫室—爲製造血清人員辦公及存卷處。

7,貯藏室—貯藏本科各種儀器物品及一切化學藥品等。

8,更衣室—供各技術人員在工作前後更換衣服及盥洗消毒之用。

9.消毒室—「消毒」卽殺滅一切有生命之細菌或其他毒質、使其不能生存。本室之工作專司消毒、卽消滅一切病原菌之傳播。凡各研究室之儀器藥品以及衣物、均須經消毒手續而後應用。消毒方法約分乾熱、濕熱、及藥品消毒三種。

10冷藏室—專爲貯藏各種血清、菌苗、及其他不能經熱之物質。尤其是各種藏器菌苗須保藏於寒度以下、方不失其效用。

11濾過室—製造絕對無菌各種免疫血清時、難免雜有渣滓或空氣中雜菌、故須在本室經無菌濾過器濾過之手續、倘有應用或試驗用之血毒、須經此項手續、方能接種畜體、俾獲較爲精確之效果。

12分裝室—各種免疫血清、預防菌苗、經製就後、卽在本室用無菌手續、按量分裝。

13包裹室—包裹本所各種出品、如免疫血清、預防菌苗等、經製就分裝後、卽在本室密封、粘貼標箋或包裹裝箱。

14培養基製造室—「培養基」爲培養細菌所應用之基本物質、亦卽細菌之養料。本室專門製造各種培養基、以備細菌室研究細菌時應用。然細菌種類甚夥、故培養基之種類亦甚多、本室所製分普通與特別兩種、各種培養基之製法、視其應用而隨時規定之。

15磨碎室—本室專供製造各種臟器菌苗之用、如臟器之修剪及磨碎等工作工作時須盡力避免雜染空氣中一切塵灰及各種雜菌。

16小動物試驗室—飼養各種小動物、備作各室各種病理研究或試驗診斷之用。

17狂犬病預防菌苗製造室—準備自製狂犬病預防菌苗之用。

18炭疽病預防菌液製造室—準備自製預防炭疽病菌液之用。

## 乙　血清製造室

### (一)血清製造之重要

西諺有云:「一磅之預防、遠勝於數磅之治療、」可見治療之效力、遠不及預防也。普通疾病如此、於傳染病更不待論矣。而傳染病之預防或治療、尤非藥石所可奏效、因藥石僅能治普通疾病於瞬時、不能使動物產生免疫能力、以防患於未然、此乃因傳染病之病原皆屬細菌性、濾過性毒素或寄生虫、加之病原體均能侵入血液或分泌毒質被血液吸收而隨血液循環於全身、以破壞神經系統或內臟組織、而動物因以致死。細菌或稱微生物、決非肉眼所能窺見、然傳播之力量極强速、殆有防不勝防之苦、故傳染病往往足使全羣、全鎭、全縣、全省、或甚至於全國之牲畜死滅於一時、爲害之大、可以想見、醫學界之悉心研究各種傳染病之預防與治療、亦卽因此。經百數十年之研究、始知血清具有偉大之功效、能防止傳染病於事前。因血清內含有藥石不能及之免疫素、若將血清注射於動物體內、能使動物體內、自行產生抵抗該傳染病之抗毒素、因以制止侵入病原體之生長繁殖。但血清保藏之時間甚暫、在一定時間後即失却效力、又血清遇熱、亦易失其效用、故普通須保存於零度以下、且價值昂貴、兼之運輸不便、本所爲保全人類之健康、食肉之衛生、以及保障農民之利益起見、因有血清製造室之設立也。

(二)血清製造原理

1,免疫

A免疫即天然或病後獲得之「不感性」之謂。

B先用極少量血毒注射於動物體內、使動物產生對該病之抵抗能力、是謂之初步免疫。然後每隔數天逐漸增加血毒分量直至最大分量亦不致發生疾病時、此種動物即爲高度免疫動物。該動物之血清內含有抵抗該病之物質、此種動物之血、可以製造血清。

2,血毒

A血毒即含有毒素之血液之謂。

B毒素即濾過性病毒或超顯微鏡病毒之謂。此爲一種微生物、能通過最微細間隙之濾過器、且現在最精細之顯微鏡猶不能察見、亦不能於試驗室內培養。

C毒素不能人工培養、故須用動物培養之。將血毒注射於動物體內、使該動物發生同樣疫病後、採此血毒作免疫之用。

(三)血清製造之方法

1,將高度免疫之動物繫於架內、如牛則自頸靜脈放血、豬則斷尾而放之、或用抽心血法。

2,將血液任其自然沉澱後、用離心器或用去血纖維法除去血球及血纖維。

3,加防腐劑於血清中、以防血清之腐敗、

4,用顯微鏡或培養法檢驗血清內有無混入雜菌、完全無雜菌始可適用。

5,效力試驗、將完成以上各步工作之血清注射於健畜體內試其效力、有效者始可應用。

6,分裝於玻璃瓶加以密封以備應用。

(四)本室之主要工作:

1,普通工作

A.牛瘟血清之製造。

B.牛瘟臟器菌之製造。

C,豬瘟血清之製造。

D混合性豬瘟血清之製造。

E.牛瘟血毒之製造。

E.豬瘟血毒之製造。

2.研究工作

A，豬丹毒血清之製造。

B，豬瘟臟器苗之製造。

(五)本室附設以下各室

1，採血室—爲採取高度免疫動物血處。置有大動物採血架及豬採血架。工作之前須充分消毒室內空氣、方可防止空氣中雜菌之混入。

2，血毒室—爲採血毒處、置有採豬血架。血毒傳染普通動物即發生同樣傳染病。故普通均嚴密隔絕、以防止危險。即管理工人亦不能與他室工人來往。工作室內亦須充分消毒。

3，預備室—注射或採血用之動物體均須清潔、方能免除攜帶雜菌至工作室、是以事前皆在此室加以充分洗刷。

4，整肉室—經高度免疫之動物肉、毫無害於人類、如全部廢棄實屬可惜、故將採血後之畜肉在此加工製成食品、以求充分利用。

5，毀屍室—解剖後之屍體、均在此毀滅、以便斷絕其遺害、且可利用其副產品。

6，解剖室—爲剖驗外界送請檢查之屍體及本所各種試驗動物之斃體處。

7，技術室—技術人員於工作前後之預備及整理處。

8，工人室—爲管理該部之工人休息處。目的爲便於禁止與其他部分工人來往、以期隔絕之週密。

丙 免疫牛舍 飼養免疫牛隻之房舍。

丁 免疫豬舍 飼養免疫豬隻之房舍。

戊 血毒牛舍 飼養血毒牛隻之房舍。

已 血毒豬舍 飼養血毒豬隻之房舍。

庚 診療院

本所工作之對象、固屬着重農村、惟城市之家畜、爲數亦不少、其疾病對於市民之公共衛生、殊有莫大之關係、而疾病之發生、常無時間性或地方性之限制、往往驟然發生。又可隨時發現或徵集各種傳染病或非傳染病之材料、以供研究股之研究及防疫股之參考。故有診療院之設立。其工作與普通之醫院相似、診治各種牲畜疾病、以爲市民服務。

本院爲適應各種需要起見、暫有左列各室之設備：

1，候診室。

2，診斷室。

3，配藥室—配製藥物。

4，大動物手術室—供大動物施行手術之用。

5，小動物手術室—供小動物施行手術之用。

6，大動吻及小動物療養室—供大小病畜住院療養之用。

## 辛 隔離畜舍

製造免疫血清及預防菌苗用之豬牛購進後、須在隔離畜舍飼養相當時間、並須以藥液或其他方法診查是否健康或雜有其他急慢性之傳染病、以定去留而昭慎重。

## 壬 畜牧場

（一）種畜—種畜數量因隨時增減、未便述及。

1,種豬

A,約克縣豬（白）Yorkshire

B.盤克縣豬（黑）Berkshire

C.四川本省豬（成華、隆昌、內江、彭山、眉山、榮縣，筠連、南溪、宜賓等地豬種）。

D.雲南山豬（購自雲南彝良縣）

E.浙江金華豬

F.江蘇如皋豬

2,山羊

A.本省山羊（成華、江北、巴縣、綦江、遂甯、宜賓）

B.雲南山羊

C.瑞士撒冷 Saanen 種乳用山羊

3,綿羊（即將運到）

A.美利奴羊 Merino B.郎比力羊 Rambouillet C.河南寒羊

D.松潘綿羊E.雅安綿羊

4,兎

A安哥拉毛兎 Angora B.成華種兎C.隆昌兎D.廣漢兎

（二）飼料配合—根據營業原理、家畜飼料過於單純、難獲優良結果，故本所參照各國最新飼喂標準之規定、現暫用左列各種配合法、惟各種飼料售價變異甚大、故不免隨時修改。

1,種豬飼料配合表

玉米20%麥麩20%米糠20%菜油枯20%豆腐渣20%

每一百磅配合飼料加骨粉一磅、食鹽一磅半、另給青食（如青菜、苕子、蘿蔔等）。

2,山羊綿羊飼料配合表

大麥（或玉米）25%麥麩25%菜油枯25%米糠25%

每一百磅配合飼料加骨粉及食鹽各一磅，另給青食或放牧。

3,種兎飼料配合表

玉米20%大麥20%黃豆或豌豆10%麥麩20%

每一百磅配合飼料加骨粉及食鹽各一磅另給青食。

（三）畜舍及其他建築

1,豬舍

A雙列式大豬舍 一座（在建築中）計十二間

B單列式豬舍　四座（每座八間）

C A形木製豬舍　三十座

D肥豬草舍　一座

E改良簡單豬舍　一座

2,羊舍

A雄羊舍　一座分三間

B雌羊舍　一大座分三大間另附產房六小間

3,兎舍　一座（內行兎籠十二個）

4,擠乳室　一座（計二間）

5,飼料室　一座（計三間）

6,場工宿舍　一座（計三間）

## 癸，進行中之各試驗

（一）畜牧部分：

1,四川豬之純化試驗：

2,四川豬與外國著名豬種改進育種試驗。

3,豬之抗病育種試驗。

4,豬之農家習慣飼料與改良飼料飼養比較試驗。

5,山羊育種試驗。

6,彌羊育種試驗。

7,毛兎育種試驗。

8,牧草試驗。

9,飼料分析試驗。

10豬鬃羊毛漂洗試驗。

（二）獸醫部分：

1,豬丹毒桿菌毒力試驗。

2,寄生虫之採集及分類研究。

3,本省各處病原菌致病力之研究。

以上各試驗大部分均已開始進行參觀諸君如對某試驗或某項工作發生興趣須垂詢之處、請與各該科試驗或工作負責人商談爲荷！

嘉陵江日報四大特色

（一）每天必有國防交通產業文化的各種消息

（二）每天必有峽區事業的進展消息

（三）常有中國西部科學院在邊地的採集通信

（四）常有國內外重要都會的特約航空通信

…訂報價目…

| | | | |
|---|---|---|---|
| 一月 | 三角六仙 | 半年 | 一元九角 |
| 三月 | 一元 | 一年 | 三元六角 |

外埠訂閱郵費在內

社址：四川巴縣北碚

# 嘉陵江三峽鄉村建設實驗區 廿六年三月份工作報告

趙仲舒

## 甲，內務方面

一、訓練全區保甲長、月來糧食恐慌、匪風四起、本區爲安靖地方、防患未然計、擬定保甲長訓練辦法、派員分赴各鎭、將所有保甲長編定班次、分期訓練、以期整頓保甲、達自衞目的、玆將訓練辦法分述於下：

(1)訓練地點、設於各鎭聯保辦公處、每逢場期、訓練一次、每次授課二小時、期間暫定爲兩個月。

(2)教材、有保甲必讀及關於教育建設家畜保育等科、均列成大綱教授、中以保甲爲重要科目、其餘佔全部時間三分之二。

(3)各鎭保甲長、按編定秩序、一律依次受訓。

(4)期終考試、成績及格者、給予受訓證明書、不及格者、延長訓期。

二、壯丁訓練、本月正值農忙時期、恐于農時有違、特減少壯丁訓練次數、規定各鎭市街壯丁甲乙組、每十日操練一次、鄉村甲乙組、每月操練一次、惟因匪風正熾、仍照常守夜、以防不虞。

三、軍事訓練

(一)公安一中隊

1,幫助訓練北碚市內六保壯丁、合編爲三分隊、從三月一日起、復加訓練、以求精進。

2,考核士兵成績一次、淘汰工作不力士兵五名、成績良好升薪者十二名。

3,繼續訓練北碚第一期勞動服務團、并籌備開辦第二期勞動服務團。

4,集中新兵嚴加訓練。

(二)公安二中隊

1,督令士兵讀書習字。

2,早晚督令士兵繼續傳習大刀、及刺槍術。

3,因匪氛突起，集中各派出所士兵、於中隊部訓練五日、以增進其防禦能力、訓練科目爲班之防禦及攻擊。

4,警備訓練黃桷鎭勞動服務團調查團員。

5,月終考核士兵成績一次。

(三)公安三中隊

1,每晨訓練士兵繼續練習拳術、及爬竿爬繩兩小時、晚間讀書習字兩小時。

2，本月八日派官長三員率領士兵兩分隊至璧山、八塘一帶、清匪一次。

3，月終考核士兵成績一次。

(四)賑濟災民

I，去歲隣縣年底、區屬五場、以災情嚴重、糧食恐慌、曾就地籌款、賑濟貧民、所有籌賑情形、前經具報在案、玆將各鎮籌募賑款收支數目統計如下：

| 籌賑機關名稱 | 賑款類別及數量 | | 賑濟極貧人數 | 散發賑米數量 | 賑濟次貧人數 | 散發賑米數量 | 撥交災民收容所數量 | 折耗數目 | 合計賑濟貧民總數 | 合計 | | 備攷 |
|---|---|---|---|---|---|---|---|---|---|---|---|---|
| | 募賑米 | 募得賑款 | | | | | | | | 米 | 款 | |
| 北碚鎮聯保辦公處 | 31,850石 | 14元 | 64715人 | 21,78石 | 2911人 | 4,86石 | 3,石 | 4,6升斗 | 9406人 | 31,850石 | 無 | 補發臨時濟米一石七斗五升共如上數發完無存十四元尚存未發 |
| 黃桷鎮聯保辦公處 | 10,775石 | 47,6元 | 1622人 | 8,100石 | 765人 | 2,295石 | 洋47,6 米3斗8 | 無 | 2387人 | 10,775石 | 47,60一 | |
| 文星鎮聯保辦公處 | 21,8石 | 無 | 2956人 | 無 | 2687人 | 無 | 無 | 無 | 5643人 | 21,800石 | 無 | |
| 二岩鎮聯保辦公處 | 4,85石 | 139元 | 754人 | 6,275石 | 180人 | 1,225石 | 1,000石 | 350斗 | 934人 | 8,850石 | 無 | 以捐款購米四石去洋一百四十八元尚不敷九元由該鎮士紳墊付俟募得賑款時歸還 故合計數爲八石八斗五升 |
| 澄江鎮聯保辦公處 | 3,56石 | 756,5元 | 2084人 | 12,192石 | 2560人 | 9,618石 | 4,940石 | 425斗 | 4644人 | 27175石 | 無 | 賑款七百五十六元五角 購米廿一石四斗八升九合內有二石一斗二升七合係陸續募得解收容所故散發有超於原收入也 |
| 說明 | 北碚賑米因臨時不敷散發借米三石方足三十一石八斗五升之數尚待募捐填還。 | | | | | | | | | | | |

2，誌謝方法、此次對捐助賑款人士、除登在嘉陵江日報公開鳴謝外、并個別寄函致謝、以引起後來捐款者之熱忱。

3，急賑會議本月召集第二次賑務會議、決定今後募捐如有急需不能維持時、由各賑務委員負責預墊、計將賑務委員分爲特等及甲、乙、丙、丁、五等、除特等視其能力暫墊無定額外、其餘甲等每人百元、乙等六十元、丙等四十元、丁等二十元、此項墊款俟募得後、即行歸還。

五、考試中醫

1，區屬中醫、多迫於生活、藉作糊口之計者居多、十之七八、皆無學識、難免不誤人性命、因此遵奉上峯明令、舉行中醫考試、以資取締、先於二月內布告區屬各場、中醫齊到各鎮聯保辦公處登記、隨即邀請區內素負盛名之醫生、易紹安、易雍南、劉雅瓊、楊恆冰、及本署醫生熊建勳等為考試委員、籌備考試事宜、定三月二十日在區署舉行考試、二十四日舉行口試、玆將考試經過分述如下：

2，考試題目

一、論文題、甲、『冬不藏精春不病』溫論、乙、『存津液論』、（兩題任作一題）

二、學科題照通令規定應考科目如婦科概要、兒科概要、疫瘟科概要、溫病概要、內經概要、傷科概要、古方概要、本草概要、眼科概要、喉科概要等、各擬為測驗題五道至十道、每科題目、先由專門負責者擬定、經考試委員共同審核認可後、再交專人負責祕密印刷編號彌封、臨時由監考人發交應考各醫生、用填空改錯及用加減符號等辦法、填寫試卷。

三、口試情形、此次考試誠恐有經驗而無寫述能力者、徒重筆試、掩蔽其長、故兼重口試、將應考之內外科醫生二十名、越日個別口試、詢其籍貫、年齡、師承何人、行醫年限、長於何科、及所得經驗等詳加查詢、兩場試畢、評閱成績、以喻耀成、李浩生、申回春等三名、其餘尚須研究、擬將來組織國醫講習所、令其入所研習、以資造就、至考試及格之喻耀成等三名、正擬照章呈請給證中。

六、案件統計

（一）屬於軍法者：

1，已判決强盜案十一件。 2，未判決强盜案六件。

3，刑事案一件。 4，傷害案一件。 5，竊盜案二件。

6，侵吞公款案一件。 7，民事案一件。 8，租佃案一件。

（二）屬於公安一中隊者：

1，賭博案四件。 2，竊盜案三件。 3，嫌疑案三件。

4，竊盜案一件。 5，扒手案四件。 6，債務案五件。

7，鬥毆案三件 8，婚姻糾紛案三件

（三）屬於公安二中隊者：

1，債務案五件 2，租佃案三件 3，糾口訴紛案二十四件

4，强盜案四件 5，竊盜案五件

（四）屬於公安第三中隊者：

1，解送區署處理匪盜及雜案二十一件

2,調解口訴糾紛二十七件

以上統計一百三十九件

## 七、公安狀況

(一)屬於公安一中隊者：本月春荒嚴重、盜匪蠭起、特召集北碚各保長及小隊附開會討論治安問題兩次、決定事項如下；

1,壯丁訓練、前因大檢閱後暫停訓練、現仍每十日操練一次、以備必要時補助公安隊之不足。

2,北碚各隘口仍繼續守夜、以防宵小侵入。

3,本隊如完全出發擊匪時、後方治安即交由本市壯丁隊担任。

4,馬鞍石碉樓駐兵、完全撤回隊中、晚上該處警戒暫由第一保壯丁担任防守。

(二)屬於公安二中隊者：

1,每晚派兵一班、到田壩子區立小學担任警戒、每逢場期派兵一班到尖嘴一帶担任警戒。

2,謊店子白廟子一帶加派士兵一班警戒、嚴密防範、俾免滋生事端。

(三)屬於公安三中隊者：

1,召開保甲長會議、討論治安問題、澄夏兩鎮距離頗遠、本隊兵力不敷分佈、附場隘口、由壯丁担任防守、補助公安隊之不足。

2,黃炎溝、二岩鎮、草街子等地、均由本隊各派兵一班分隊長一員、分配各地、防範匪盜、維持治安。

## 八、警察任務

(一)屬於公安一中隊者：

1,規定全市一律搭蓋過街篾棚、以資蔭蔽陽光。

2,召集市民開會、討論北碚消防問題、派兵逐日檢查、取締引火物件、沿街設置儲水缸、幷市民水缸、每日均須灌滿、以防不虞、以後每月舉行消防演習兩次。

3,檢查旅食店清潔十二次。疏通陰陽溝渠一次。

(二)屬於公安二中隊者：

1,集合黃桷鎮災民(無衣食職業者)造册送交區署災民收容所、以免散佈四鄉沿門乞討。

2,代災民收容所募谷草一百四十個，作打草鞋之用。

3,大檢查全場清潔一次、檢查旅食店清潔十次。

4,本月捕獲小偷竊盜六名、扒手二名、分別處理驅逐出境。

(三)屬于公安三中隊者：

1,疏通澄夏兩鎮壅塞不通之陰陽溝、士兵與市民合作、費時五日方治告竣。

2，本月二日召開保甲會議一次、決定在澄江鎮第一保安設街燈五盞、二保四盞、三保四盞、四保四盞、燈費由各保長負責、分甲、乙、丙、丁、四等、攤派市民、按月收繳。

九、考試書記戶籍員

區屬黃葛鎮戶籍員、澄江鎮書記員、長假離職、本署特於三月二十四日公開考取、免致濫竽、當日考試情形分述於下：

1，國文試題：「保甲對於社會國家的關係」

2，保甲試題：「怎樣編查保甲？試擬保甲規約內容」

3，戶籍試題：「怎樣查報戶口異動？一人居住兩處之雙重戶口應如何塡寫？試舉例以說明之」

4，公牘試題：「佈告人民切實辦理戶口異動」「呈報調查戶口經過情形」考試結果以萬時清、劉伯尊二名、文理通順、保甲事項亦頗熟悉、特予錄用、以萬時清爲黃桷鎮戶籍員、劉伯尊爲澄江鎮書記員分別委令供職去訖。

十、整理職員保單

本署職員、到差須覓得舖保、担負虧空銀錢及拐逃公物等項之賠償、手續方稱完備、本月特將新舊職員及義務教師保條、整理一次、凡原有舖保已失担保能力及尙未覓保者、均發給保條、限十日內覓取妥保交署、以防不虞、而符規定。

## 乙，建設方面

一、防災工作

1，借種洋芋　本年繼續乾旱、春糧難以播種、本署乃撥款四百元、派員到巴縣磁器口新發場一帶採購洋芋一萬二千斤、貸與區屬農民播種、以資補救、此事先經派員調查登記、凡極貧佃農無資購種者、均可借予、借貸手續、先由佃戶塡立保條、覓當地保甲長担保、卽照數借給、定收獲後歸還、每十斤加收利息一斤。

2，調劑糧食　本月來米價上漲不已、召集區屬各機關財務人員、開糧食調劑委員會、籌商辦理糧食平價事宜、決定由農村銀行、向重慶中國銀行、低利借貸現款二萬元、在合途一帶採購大批食米設立運銷合作社、調劑市場、業將借款手續辦妥、定期三月、正陸續採購食米中、區內米價已逐漸下迭、每斗至四元以下。

3，辦理合作秧田　區屬各鎮自去歲荒旱以來、今春又久無大雨、因此水田甚少、爲救濟無水田播種者起見、規定合作秧田、凡有水之田、自用種秧有餘者、可以借給他人、凡播一斗者、則納租谷一斗、以免無水之家有向隅之歎、另訂有租佃辦法、訓令各鎮聯保辦公處轉飭各保長遵照辦理。

二、水利工作

1，查勘高坑岩堰水　本月派建設股主任黃子裳、前往巴縣歇馬鄉會同該鄉聯保主任、查勘該地高坑岩堰水、該堰溝長有七里、水頭高出河面四十二米、可灌田谷五百石、若另築堰溝啣接北碚地面須增長十八里、可多灌田谷一千石、現正調查受水農家商籌進行。

2，籌備電力抽水灌田：本月以天久不雨、擬利用三峽工廠電力機抽水、由區署後面馬鞍山水池引水直達北碚水嵐埡、幷設總水庫於此、計可灌北碚七八兩保、及廿保、天生橋附近一帶田谷、約千餘石、業請青北段馬路工程處劉段長派員測量完竣、刻正擬具計劃召集該處受水農家、籌商進行中。

三、協助工作

1，派員幫助青北段馬路辦事處租佃辦公地點、幷代備測量杆、及辦公用具等。

2，協助蠶絲改良場購買江北東陽鎮上壩土地、本月已全部買好、約有地一千五百畝、共去洋六萬餘元、業已會同江北縣府將經過情形、備文呈報　省府。

3，協助四川省家畜保育所三峽實驗區、組織畜產改進會、並代計劃安設電話事宜、所需電桿電線及電機等費預算共需八十元、正函民生公司電申購買電機中。

四、指導植樹及農村育種運動

1，舉行植樹紀念、本月植樹節區屬北碚、澄江、二岩、文星、黃葛五鎮、及區屬各機關學校、所需苗木、概由本署平民公園苗圃供給、先期分發樹苗派員馳赴各鎮指導栽植方法、俾期全數成活、計是日區屬各地共植樹一萬四千餘株、業經本署佈告區屬民衆、妥爲保護、如有故違損壞或拔棄者、即由當地居民，負責賠償。

2，小麥育種試驗：去秋本署曾購南京金陵大學二十六號小麥種、發給區屬表證農家、分區試驗、現已出穗、較本地麥有下列各項優點：麥穗與本地麥穗、較長五分之一、顆粒較多、無黑穗病、麥桿堅硬、能抗巨風。

3，玉蜀黍育種試驗：普通植物育種、均育純種、惟玉蜀黍係雌雄同體、宜雜交育種、其種子方較優良、本月特派員到農村宣傳此種辦法、以兩樣不同種子相互間行種植。

4，種桐：購買桐子一石、就署後馬鞍山一帶、荒地播種、共約五萬五千穴、以資育成桐苗、作將來栽植桐林之用。

五、編擬宣傳文字

1，製嘉陵江六年來水位變化表

2，編嘉陵江防旱救荒運動文一篇交北碚月刊發表

3，編好建設股二十六年度計劃大綱

4，編印麥田選種傳單

5,編印植樹節傳單

六、征集峽區物產運省展覽

本月四川省政府開物產展覽會本署奉令搜集峽區物產計二十二類一百五十九件共裝四大箱運省、陳列品名如左；

| | | |
|---|---|---|
| 1,甜茶——一件 | 2,麵——三件 | 3,棕繩——三件 |
| 4,草帽——三件 | 5,白礬——八件 | 6,鐵——八件 |
| 7,玻璃——二件 | 8,土紅——三件 | 9′方電池——五件 |
| 10炮菜——三件 | 11紙筋——一件 | 12火紙——四件 |
| 13紙殼——二件 | 14陶器——廿件 | 15峽石——三件 |
| 16草鞋——四件 | 17銅——四件 | 18安古拉兎毛一箱 |
| 19水手工藝—44件 | 20照片——34張 | 21織造——二件 |
| 22西瓜種—一大包 | | |

七、民衆博物館培植苗本工作

1,試種洋芋、於兎園前估地約計一畝。

2,撒種草本花卉種子三十種。

3′播植苗木種子、青杠、青楊、法國梧桐、油桐、苦楝、雲南望海松、側柏等、估地約一畝五分。

4,播種西瓜十六種、一千四百餘粒。

5,修剪被飢民剝皮之梧桐、計補插七百四十餘株、又插白楊一千三百餘株。

6,試種玉蜀黍以兩樣不同種子相互間行種植、以便雜交、計播種籽三升、佔地面積五畝。

7,播種南瓜種子四合、絲瓜二合、冬瓜三合、海椒半合、茄子半合、以上各種均係育苗、至苗生一二寸時、卽行移植。

八、地方經營

一、屬於公安一中隊者。

1,整理北碚市街各處陰陽溝、釁搭全市街棚。

2,兵工補修全市馬路。

3,開闢金鋼碑附近官山作爲農場、本月播種西瓜四百餘窩、將來擬栽植花木育苗造林。

二、屬於公安二中隊者：

1,繼續派兵到窪店子運木料、作建修黃葛鎮碉樓之用。

2,植樹節前派兵到北碚平民公園取白楊四百株、栽植於黃桷小學附近、屆期集合黃桷小校學生、及聯保辦公處職員、與本隊官兵開會行禮。

3′在白廟子各石灰廠、募得石灰五百餘挑、作建修碉樓及整修聯合辦公室之用。

三、屬於公安三中隊者：

1′本月十六日全隊動員、整理澄江鎮圖書館內花園、并添築花台四個、園中道路另行改建、現已全部完成。

2,接洽重慶民生公司派水手二名、管理澄夏囤船事宜、所有從前規定由搭客每人出錢六百、作水手開支一事、卽行取銷。

3,本月因匪風甚熾、接洽寶源、燧川、兩煤礦公司、在新門洞黃炎溝兩派出所、各安設電話機一部、以資靈通消息。

## 丙　教育方面

一、民衆教育

1,編輯教育園地六期、農民週刊兩期、嘉陵江日報副刊五期。

2,抄寫民衆課本、第一冊十五本、第二冊五本、第三冊四本、第四冊四本、兒童課本第二冊三本、發給短期小學、無錢購書之貧民學生讀用。

3,繪製北碚各事業機關路綫圖六張、張貼通衢、俾便遊客參考。

4,繪製「遊覽接洽處」指引牌一塊、豎立河邊、以便來碚參觀團體接照前往接洽、由該處派員引導參觀、本月共領導「合川女中」重慶「淑德女中」「酆都民教館」參觀團體三個、又省內外參觀遊客八名。

5,擬具改良私塾辦法、呈請專署轉報省府核准施行。

二、學校教育

1,視察區立小學、及各義務校、本署爲明瞭各校成績起見、乃於三月六日派員分赴區屬各鎮、各區立小學、各義務學校視察、關於各校課程之教授、是否遵照本署規定辦法施行、考查學生之成績是否優良、敎員之敎授是否盡職、並留意於敎室之光線是否充足、及學生人數之增減、學生課外之活動等、至三月九日止、前後視察三日、考察結果、各校敎師學生均尚努力、惟有義務校五所敎室狹小、光線不足、四週空氣、亦不清潔、當地保長會同敎師設法修整、或遷移矣。

2,伕役夜校、本署曾於上月將各事業機關之勤務傳達、伕役等編定甲乙兩組分組授課、每夜敎授二小時、本月繼續辦理、有學生三十名、除緊要工作可以缺課外、無故缺席須受懲處。

三、民衆圖書館

1,淸理新知識圖表一百〇五張、送四川省建設廳圖書館陳列。

2,本月爲便利及機關對於所司職務有所裨益起見、特發出參考資料個別通知單七十六張計八百七十七題、又以本省旱災嚴重、特設旱災問題參考室一處、彙集旱災問題、書籍三百〇十種、俾資參考作拯救旱災之研究。

3,配備巡迴文庫四個、分送公安一、三、兩隊、及黃葛、澄江、兩鎮小學敎師閱讀、換回舊文庫。

4,巡迴圖書担、在本市第一保、第七保、及三十三保、義務小學登記一百〇一十三人、送書十七次。

5,閱覽情況：本月份開館三十一日、閱覽人數爲六千另四十一人、計市民佔二千四百六十二人、學生佔二千五百八十四人、職員九百一十九人、室內借閱七十六人、兒童閱覽為八百九十五人——館外借還一千一百六十九次——巡迴書租借還一千三百四十次。

## 丁 地方醫院

一、籌備訓練產婆

1，為取締區屬穩婆、保護產婦安全生產起見、特籌設一短期產婆訓練班、業將區內接生婆、派院中女護士下鄉調查、逐一登記、如不願參加訓練者、則停止其接生、業於三月三十一日、集合到院開始訓練、計到有穩婆八名、以住醫院生產之產婦為實施教材、訓練期間、定為兩週、所有訓練經過情形、俟下月將報。

2，點種全區義務小學學生牛痘、派護士張良文、明蜀、等赴區屬各保義務校點放牛痘、並隨點人民小孩、共計點種二千五百餘人、且在沿途石壁橋樑、等處、用白膠水寫衛生宣傳標語、使人民注意衛生、防止時疫流行。

二、治療人數

1，本月份醫治女病人乳腺膿腫病一名、戒除煙癮四名、診斷區署內外病三〇七名、黃葛、文星、澄江、等四分診所治療二千三百名、治療普通病人一千另四名、合計全月治療、共三千六百一十六名。


現代青年

第七卷第三期要目

中華民國二十六年五月十五日出版

卷頭言—中國人要愛中國 …… 王泊儒
青年思想之動向 …… 陶希聖
英國青年戰時動員的訓練 …… 呂方
二次大戰前夕之國際局勢新陣容 …… 戴進
華中大學學生生活 …… 端方
最近暹羅的青年運動 …… 澤民
青年消息集錦 …… 編者
青年問題解答 …… 編者
名言與軼事 …… 編者
現代智識 …… 編著
怎樣養成讀書的趣味 …… 謝宗琦
外人操縱下的外蒙青年教育 …… 鄒友正
我國今後青年訓練的檢討 …… 戴寸識
紀遊潭拓戒臺二寺 …… 汪冷洋
廣州貴族化的學校—培正中學 …… 從正
半月一人—愛國詩人陸放翁 …… 孫明梅
從北平到大同 …… 果然

定價

每冊售洋一角
預訂全年（廿四冊）二元
半年（十二冊）一元

優待直接訂閱辦法

㈠凡直接向本社訂閱者、普通訂戶按定價八折、學生六折；
㈡經售訂戶介紹者、普通訂戶按定價七折學生五折：
㈢凡同時介紹全年訂戶每滿五份者、對於介紹人、贈閱全年一份；
㈣舊訂戶續訂者、仍得依照徵求基本讀者辦法、享受優待、即普通訂戶按定價七折學生五折。

北平宣內抄手胡同現代青年社發行

# 峽區要聞彙誌

羅柱

三月一日起
四月廿日止

## 一，文化類

1川建廳廳長盧作孚氏、於三月一月來函、向本區徵求峽區特產、以供蓉市花會展覽。

2科學院生物研究所、應川建廳征求之標本、三月一日運蓉、計動植礦三類標本一〇六一件、尙有玻璃標本瓶六十個。

3科學院理化研究所、採集礦產標本各員、於四月十三日返所、共採標本二十二件。

4北碚小學開學迄今、截至三月六日止、實到學生已達四五一名、較之去年下期、已增加五分之二。

5區立北碚小學施行保甲組織、以期學生未出社會前、亦能養成自治習慣。

6北碚短期校教師爲明瞭學生家庭狀况起見、特於每日午後休息時間、親赴學生家庭訪問、以後斟酌施敎方針。

7區立澄江小學校學生、實行勞働服務、每逢場期、卽分赴街頭、向民衆宣傳『合作秧田』『旱稻』及植樹等運動之重要意義、俾教育與民衆發生密切關係。

8區立澄江小學修建新校址、李承源捐五百元興工、至所需磚瓦等則函請藍紹呂李星北捐助。

9區立文星小學、於近日成立學生自治會、作學生課外活動。

10區屬縉雲寺漢藏敎理院學生、三月十五日起、開始勞作訓練、以期煉成强健之體魄、及提倡勤儉風氣。

11區屬縉雲寺漢藏教理院、將增設女生部、並聞僧隆樹願將石華寺借出、爲該院女生部校址、借約、合同、茲已在溫泉訂定。

12區署改良私塾、擬定辦法十二條、佈告本區各私塾遵照。

13民衆圖書館、爲應目前社會人士需要、特闢旱災參考室一間、供人參考。

14民衆圖書館之一月份閱覽人數共六一一七人、其中以學生市民爲最多、區署職員次之。

15民衆圖書館、巡迴圖書担將擴大工作範圍、前往第八保活動。

16民衆博物館三月份參觀人數、共二七九八人、中以學界佔多、商人次之。

17本區施行小先生教學制、已由兒童授於成人、民敎會爲適應環境計、着手修訂課本章句。

18三月二十日區署召開義務教師月會、商討推行小先生教學法、務使小先生足跡稍遍窮鄉僻壤。

19北碚小學訓練小先生教學、第一步工作在訓練小先生與組織小先生着手、其組織方法、則按照保甲組織、層層監視、以免小先生進行不力、訓練方法、在注重如何吸引學生、如何登記、如何組織學生等。

20民教處爲增加小先生效率與克服困難起見、特組織小先生通訊網俾相互間發生聯繫、且研究工作方法。

## 二，政治類

1本區禁煙局長、總局委盧子英充任。

2區屬各鎮保甲經費征收辦法、區署又重新擬定、茲悉此項辦法、業已擬具完善、而各鎮征收員、亦已紛紛下鄉工作。

3本區各保甲長、三月二十四日起即開始訓練、每逢揚期、由區署派員、分赴各鎮、召集甲長、授以保甲、防旱、及家畜防疫等常識、定兩月完結。

4白廟子籌組勞働服務團、以期造成保甲幹部人材、現報名者、已達三十餘人。

5北碚勞働服務團第一期訓練已告結束、第二期已開始訓練。

6區署前奉第三區行政督察專員公署、轉省府發下之旱災區域播種秧苗互助辦法一份、已轉令本區各聯保遵照。

7本區爲預防邊境匪患、已聯合合川、江北、積極籌組聯合辦事處、俟稍有頭緒、即行正式成立。

8北碚二十四保保長、郭茂生、因抗匪殉難、區署特於四月十二日開追悼會、以資紀念。

## 三，經濟類

1本區各鎮塘堰工作、現暫告一段落、計已成新舊塘堰八十七口、可灌農田約五〇五六石、以月前市價計、共值洋一萬一千六百二十八元八角正。

2本區五鎮鄉糧食調查已於本月(四日)竣事——計共存谷二六九五、四五石、玉蜀黍四二、七七石。

3實驗區署公佈救旱種秧辦法四種、1,開放水田、便利附近農家借作秧田、2,合作秧田、大規模合作整批育成秧苗分散附近農家栽植、3,闢旱秧田、4,直播種。

4實驗區署爲救濟春荒特購買大批洋芋分發區內農民栽種、共發出一萬餘斤。

5本區災民調查竣事——計吃白泥、芭蕉頭、樹皮、草根充飢者達二三〇〇〇人、決設法救濟。

6地蠶簡單捕殺法、區署已印製傳單、散發各鎮農民、俾便依法捕殺。

7水稻乾田直播法、區署日前已派員下鄉指導、并訓練各鎮聯保辦公處遵照辦理、以期早日達到目的。

8 川蠶桑指導所、已於三月二十七日、遷入北碚大沱口對岸白姓洋房新所址、正式辦公。

9 春蠶飼養法、蠶桑改良場已派員出席小學教師月會講演、藉便各教師向各校附近農民宣傳。

10 川家畜保育所三峽實驗區、已將七、八、三十三、三保表證區調查完竣、發現該區近來豬霍亂流行、乃於三月一日、在七、八兩保召集當地婦女、宣傳家畜防疫常識、並決四月份普遍注射防疫針。

11 川家畜保育所三峽實驗區、三月來之工作成績——計經過家畜保育所診斷者共九十頭、痊癒者五十八頭、醫治無效而死者、有二十七頭、繼續醫治者、有五頭。

12 本區各機關籌組畜產改進會、已於三月十二日召開成立大會、計到會員四十餘人、期根本改良畜種。

13 家畜保育所三峽實驗區、舉辦家畜防疫訓練班、由區內義務教師中推選十七人、受訓一週、(四月十一日起、十七日止)擴大家畜保育運動。

14 家畜保育所、江巴實驗區、更名三峽實驗區經總所批准。

15 本區縉雲山甜茶、將在巴黎萬國物產展覽會出現。

16 實驗區署爲保護森林、佈告民衆切實保護。

17 實驗區署爲整理本區財務政、特召集各場紳士、籌組財委會、遴選公正資深者爲委員。

18 科學院農場所聘技術三人、業已抵場、並帶來北方山羊三頭、以作該場改良畜產之用。

19 實驗區署於四月十一日派大批職員調查區內農村經濟。

20 北碚植樹典禮、在馬鞍溪舉行、計到各機關職員學生市民共一千餘人。

21 澄江鎮前舉行植樹典禮、計到學生市民共五百餘人。

22 中國植物油料廠長劉瑚、來峽調查本區土質氣候、以備將來大量植桐。

## 四，社會類

1 本區中醫檢定委員會、開第二次籌備會議、商討中醫考試辦法、議決考試及格者、給以證書、不及格者、須傳習後再檢定、已於三月二十日舉行、考試應考者二十人、取錄三人。

2 青北公路段已於本月六日正式開工、聞全路分三區修築、並限六月底完工。

3 青北公路築路士兵、在天生橋附近掘出古銅八塊、計重百餘斤、已送科學院理化研究所考驗。

4 地方醫院訓練產婆、伙食各項費用、概由該院負担、計到院受訓者達八人、已於四月八日畢業。

5 本區度量衡於四月三月開始檢定。

6本區災民收容所、入所災民已達百四十名、除每日訓練災民講衞生、及各種常識等課程外、並授以軍事操、期造成健全之國民。

7本區災民收容所之災民、於三月八日編隊分配工作、計有少壯、婦女、老弱、兒童、五隊。

8夏溪口災民收容所、以近日氣候酷熱、除所中災民發生怪症、特請地方醫院院長前去打防疫針以資預防。

9三四月來峽旅行參觀之學校團體計：

A合川縣立女子中學、三月二十一日來峽旅行、參觀峽區各事業機關、並在溫泉演習露營。

B重慶淑德女中、三月二十三日來峽旅行、住溫泉公園丙。

C渝證券交易有限公司主任及職員一行二十餘人來碚參觀各事業機關。

D巴中教師學生二十餘人於三月二十八日來峽旅行、住兼中校、次日往縉雲寺。

E合女中校於三月三十日來峽旅行師生共二百餘人、次日參觀各事業機關、并實施露營及夜間演習。

F瀘縣中學來峽考察本區各種建設。

G川師校博物組師生二十餘人來峽採集標本、工作極為忙錄。

H四月八日巴縣女中來峽旅行。

I重慶南渝中學來碚旅行、并參觀各事業機關、此間兼中校、特備盛大歡迎會歡迎。


## 現代評壇

第二卷 第十三期

目錄

陝甘問題解決（社公）
王外長就職（聿飛）
西方文化與中國
國民經濟建設之基本認識（續）
針鋒相對的歐洲現勢
蘇俄威脅下之強制勞動
中國古代原始民主政治考略
四行四篇
春節
綏遠抗戰與民族復興
死有重於泰山
人生最光榮最慰快的利器
華北的消息
追悼民族的英魂（聿飛）

馮先民 闕星三 浩川譯 配延閎 與澤 融穀 公玉 張聿飛 大公報社評 北平晨報社評 編者

民國廿六年二月十六日出版

預定全年大洋一元半年五角郵費在內

北平西單興隆街十一號現代評壇社發行

歡迎訂閱

本刊已呈請內政部及中宣會登記

# 北碚月刊

中華郵政特准掛號認為新聞紙類

## 第一卷第十一期

民國廿六年七月一日發行

### 定價

| 訂購辦法 | 冊數 | 價目 | 郵費 國內及日本 | 郵費 澳門香港 | 郵費 國外 | |
|---|---|---|---|---|---|---|
| 零售 | 一冊 | 二角 | 三分 | 八分 | 二角 | 每月一日出版 |
| 預定全年 | 十二冊 | 二元 | 三角 | 九角六分 | 二元四角 | 全年十二冊 |

郵票代價十足通用

編輯者 嘉陵江三峽鄉村建設實驗區北碚月刊編輯部 四川巴縣北碚

發行者 嘉陵江三峽鄉村建設實驗區署

印刷者 國民印刷股份有限公司代印

分售處 各埠大書局

### 廣告刊例

| 等第 | 地位 | 全面 | 半面 | 四分之一 |
|---|---|---|---|---|
| 特別 | 底封面外面 | 四十元 | | |
| 優等 | 前後封面之內面及對面 | 三十元 | 十六元 | |
| 上等 | 圖書前後及正文首篇對面 | 廿五元 | 十四元 | 九元 |
| 普通 | 首篇以外之正文前後對面 | 二十元 | 十二元 | 八元 |

詳細廣告刊例函索即寄

招登廣告

敬請批評

### 北碚月刊徵稿條例

一．本刊以記述農村實況傳達鄉建實施方法研究農村改良技術等為主旨歡迎投稿其範圍如下：

1. 農村社會實況
2. 鄉村建設之理論及實施
3. 各地鄉村運動之消息及現況
4. 鄉村事業之調查及報告
5. 時代知識之介紹學術問題之商確
6. 寫實的文藝作品國內外旅行實紀等

二．本刊暫分論著調查計劃報告科學教育文藝通訊隨筆等欄

三．來稿須繕寫清楚幷加新式標點符號如用洋紙忌寫兩面

四．來稿以每篇自一千字至一萬字為限過長者不收文體不拘

五．本刊暫不收譯稿

六．來稿如不願增刪修改者須先聲明

七．來稿署名聽作者自便但須將眞姓名及通訊處寫明以便通信

八．凡須將原稿退還者須預先付足郵票否則無論登載與否概不退還

九．來稿登載後酌致薄酬如左：

1. 每篇二十元左右
2. 每千字一元至五元
3. 贈本刊若干期或其他名著、刊物等

十．來稿交四川巴縣北碚三峽鄉村建設實驗區北碚月刊社

# 畜牧與獸醫

家畜保育所總所
——牧場進口——

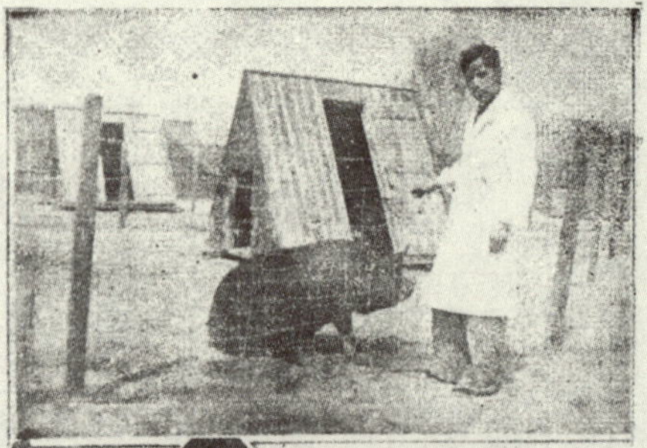

總所畜牧場
——A形豬舍——

本區西山坪農場之綿羊

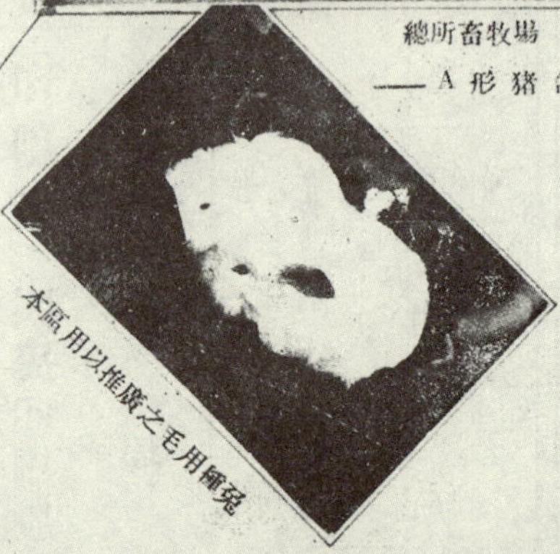

本區用以推廣之毛用種兔

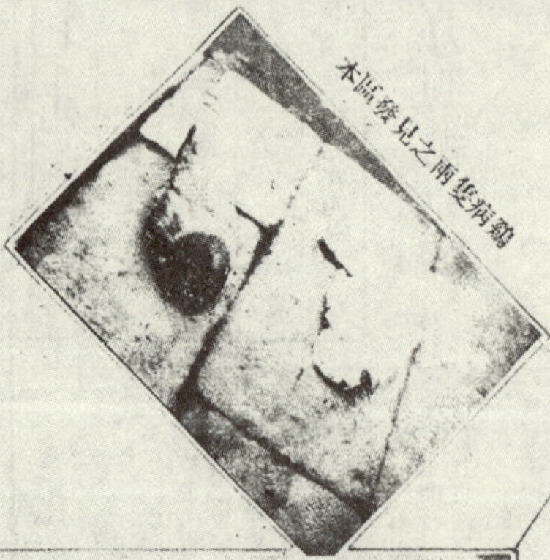

本區發見之兩隻病雞

本區西山坪農場之羊羣

羊場一角

種羊草架

# 北碚

第一卷 第十二期

二十六年八月號

四川嘉陵江三峽鄉村建設實驗區署發行

# 歡迎
# 鄉村運動專家梁漱溟先生

梁先生下船時與歡迎人員握手為禮

梁先生（有×者）偕歡迎人員上岸

在歡迎的行列中

江干迎候之隊伍

民生公司水手隊

及兼善中學北碚小學

學生代[illegible]

# 北碚月刊

## 第一期要目

廿五年九月一日出版



## 第二期要目

二十五年十月一日出版



## 第三期要目

廿五年十一月一日出版



## 第四期要目

廿五年十二月一日出版



## 本刊第一卷第一至八期要目

## 第五期要目

廿六年一月一日出版



## 第六期要目

二十六年二月一日出



## 第七期要目

廿六年三月一日出版



## 第八期要目

廿六年四月一日出版

民國廿五年創始

# 北碚月刊

第一卷第十二期

民國廿六年八月一日出版

目錄

# 定戶須知

**1，改址** 定戶通信處如有更改、遠地皆須先期一月。通知本社。否則因此遺失、恕不賠補。

**2，補寄** 本刊每月一日出版、至遲可於五日交郵寄出。逐戶驗寄、從無遺漏。但郵途有時不免遲滯。萬難準期遞到、有時因故亦不免遺失、定戶可淸驗收到日期、如逾應到日期一星期後。則可附郵票五分、向本社索補本期、如當月不發信索補、過時許久始函索補、則恕不遵命。

**3，續訂** 本刊預定一年、國內連郵費只須二元三角、國外運費只須四元四角。舊定戶續定、每年遞減一角、即國內第一次續定只須二元二角、第二次續訂只須二元一角、第三次續訂只須二元、以後類推、減至每年一元爲止。國外舊訂戶續訂亦每年遞減一角、減至每年三元而止、但續訂之訂費、不能交與郵局及書局代定、只能交銀行或郵局直接匯與本社。

# 歡迎分銷

本刊發行以來，內容方面，力求精進充實，幸蒙各界贊許，銷行日廣，茲爲便利各地閱者計，擬廣設分銷倘荷賜予提倡，概允担任寄售，無任歡迎，詳章函索即奉，茲將國內已設分銷及代訂處列下：

北碚分銷處：嘉陵江日報社
　　　　　　北碚溫泉公園
合川分銷處：新新書局
成都分銷處：中國圖書雜誌公司
　　　　　　開明書局
重慶分銷處：中國圖書雜誌公司
　　　　　　北新書局
　　　　　　今日出版社
長沙分銷處：金城圖書文具公司
廣州分銷處：新明書社

# 本刊代售章程

一，本刊代售處除承担零售外，并得代辦定閱。

二，代售處代辦定閱，每份照訂價扣除百分之二十爲佣金，款到本部後，開給定單，直接寄書，以省手續。

三，代售處每期銷數在五十册以下者給予佣金百分之三十（即七折）一百册以上者，給予佣金百分之四十（即六折）在一百册以上者，給予佣金百分之五十（即五折）

四，代售處每季結賬一次，將每次所銷數目連同扣淨售款一併開單，逕交本刊發行部，遇有不淸，除停發書外，並以合法手續追繳欠款。

五，凡代售本刊，每季在十册以上者得自行刻製『北碚月刊特約代售』印章及懸牌於門首。

六，繳款須用法幣，郵票代洋以一角以下者爲限，外埠匯款匯水與郵費，概由寄者負担，如有中途遺失情事本部亦不負責任。

七，代售處於代售本刊，應負保管愛護之責。

八，承担代售者，爲謀增加銷路起見，所有自爲之宣傳費用，歸代售者自己負担。

北碚月刊社訂

# 鄉建的三大意義與智識份子下鄉

梁漱溟講演
王永政筆記

鄉村運動專家梁漱溟先生來川講學、備受全川各文化界及政府當局熱烈歡迎、六月二十六日梁氏來峽參觀幷指示一切、本區各事業同人特開會歡迎講演、共題爲「鄉村建設的三大意義」

本文內容提要：

一、內外溝通——智識份子下鄉——使外間的文化傳播到鄉間來、將內地的情形輸送到外間去。

二、上下溝通——智識份子下鄉——使政府知道農村的實際問題、使民衆明白政府的一切辦法。

三、宣達農民的疾苦——智識份子下鄉——將民間的問題、痛苦、災變等宣達出來（作民衆的「喉舌」。）將外間的新智識、時事等灌輸到農民腦裏、（作民衆的「耳目」）

各位先生、朋友、同學、兄弟剛才來到北碚時、承各位先生、朋友、同學、在這樣熱的天候來到江干歡迎、自已心裏很覺不安、並不敢當、因爲一個人勞動了一羣人、這是大家對我的好意、所以在此先要謝謝大家的好意（鞠躬）

剛才張（博和）先生對個人的介紹、說了許多過分誇講的話、希望各位朋友不要隨便聽張先生的話、願意大家直接地來認識我個人、可惜我們的時間太短、不能多在北碚盤桓、和多談話、沒有機會使大家更認識我、不過希望在短短的時間內、談幾句話讓大家明白我們現在幹的是什麼事？

我們現在努力的是鄉村建設、在山東的工作、全省推行鄉建的機關已成立起來、這邊北碚的鄉村建設實驗區、大家也是同一方向在努力、可是努力鄉建究是怎麼一回事、意義在那裏、它所希望是什麼？在這最短的時間內、我要讓大家更多明白這幾點。

鄉村建設是多方面的、今天我們只選出三點來說明鄉村建設。

鄉建運動的意義究在那裏？我想：

第一是內外溝通、我說的「內」是指「國內」「外」是指「世界」」再「內」指「內地」「外」指「中國沿江沿海各大商埠」鄉建第一要求的就是內外溝通。因爲中國從前是閉關自守、不喜與外交通、不但本身的不輸送出去、就外界的亦不讓它過來。近百年來世界交通打開了我們的閉關主義、這樣被動似的中國與世界才慢慢的交通起來、就影響到我們生活上發生許多變化、以致中國常在外交上軍事上……失敗、因此國人不能不有維新運動、革命運動……現在外國對我們也有好的印象——就是受到西洋的文化、確立我們新的教育制度、所謂新教育即是開辦學堂。從前是沒有什麼小學、中學、大學；這新教育制度已有三十多年的歷史、這種教育、實受着外國的影響、就是盡量吸收西洋學術文化到國內來、這種新教育制度、在本意上是很好的、可是所學西洋的結果、沒有成功、因世界文化很高、物質創造和享受也高、并且很特別、所以中國教育、開辦學堂、只受着西洋式的教育形態、僅染上西洋的生活習慣、既染上西洋的生活習慣之後、便與中國社會離開、如多學則離開社會愈遠、如學的更淸楚、則越是向外、離開內地越遠、離開農村更遠、所以他的生活、習慣。智能、就很難轉回頭來、中國新教育制度、三十年來之結果、反而將人才吸收到外面去。比較說：北碚的青年到了重慶、便不想再回來、重慶的青年到了上海、北平……也便不想再回到重慶了、這樣、內地的好子弟被西洋教育化外、便輸送出去不能回到內地、因此內地青年知識者愈漸空虛、農村即難受到外面的影響、當初用意是將西洋文化吸收到內地來、其結果內地的人反吸引到外面去、知識份子減少、社會便沒有變化、沒有進步、文化的本意所要求的結果不得、所以內地與外面無法溝通、流滯着仍與從前一樣、又因交通不便、農村亦是保持原樣、離現代化更遠。

至於中國根本最重的是農業、因社會生產、農民生活、大半靠農業、所以我們要在農業上求改進和進步。如中國在農業上經濟上生活上沒有進步、中國社會也沒進步、其原因乃是西洋文化對我們沒有好處、中國鄉村不進步乃中外文化沒有溝通！要溝通中外文化、要溝通內地與各埠的文化、只有智識份子普遍的下鄉、盡量與外面溝通、不斷的與外面連絡、將內地輸出去、外面傳進來、這樣、鄉村才能進步、中國也才有進步、但是內外不能溝通的原因、乃是中國八九十年來受西洋文化的結果、這是第一點意義。

第二是上下溝通：我說的「上」是指上層政府、有知識、有錢……的人、「下」指窮人、沒知識、無權的人、鄉村建設的意義即是使上下緊接、溝通。這是最大的一個問題、也是非常困難的一個問題、中國受西洋影響、刺激、………迭遭失敗、社會節節崩潰、在這幾十年中的失敗崩潰、原因并不是中國人不學好、而且倒是很想學好、試看中國淸末所謂辛亥革命、五四的新文化運動、北伐戰爭等、三年一個潮流、五年一個潮流、都是民族自「救」的運動、這卅年來新潮流的結果不但不有成功統統都是失敗、如辛亥革命、即想建設民國、北伐以後、想完成黨國、黨治、新文化運動後、希望工業、教育、科學……研究進步、發達、但是、中國幾十年來種種都沒有正面的成功、這最大原因；是自已太偏乎好、只憑外界的刺激、啓發好的思想、新的眼光、新的知識、新的意見、但都不切合中國內地實際問題、問題發生在上面、事實在下面、每每一切力量發動都在上面、如改造文化、這問題發生於上和人民沒有關係、政府雖然隱隱約約的知道一些下面問題、總是沒有方法、故政府的政命與鄉村實際情形、不相切合、所以無論甚麼維新運動、總是行不通的、中國如長此上下不相通、是永遠沒有辦法、如要中國前進使上下相協合、那就要把知識份子大規模散播到鄉下去、發動鄉村建設、將下面的問題事實能够宣達出來、不讓中國的知識份子往上走——政府。要知識份子轉到鄉村來、因知識份子到了鄉村、上下就能了解接近、上下才可溝通、鄉村建設才會日漸進步起來、這個問題與剛才所說的「內外溝通」差不多、目前中國最大的問題、就是上下不相通、尤其是在這國難期中上下不溝通最爲危險、比如同是中國人、彼此不相知不相關、上面生活很優、下面生活很壞、上下生活相差太遠、上不理下、下不說話、尤其在這民族國難危險期中、是最不應當的、可是我們非要求上下溝通不可。

第三是宣達農民的痛苦、農業問題、是中國整個的社會問題，農業與農民、支持了全部社會、因大家生活共同所倚賴的、是農業與農民、但是目前中國農民根本在痛苦中、農業亦在最大破壞裏、還有許多的問題、痛苦矛盾……埋伏在下面、不能表達出來、使社會的人士都知道、所以我們鄉建的第三點意義、就是要知識份子下鄉、將埋伏在下面的問題痛苦宣達出來、我們知道知識份子在都市雖到處充斥擁擠、可是就是一平常的份子到鄉下都覺得可貴希罕了。他們旁的雖不可作、但能將外面的消息灌輸在農民腦裏、使農民多知道一些時事，並且能不斷地將報紙雜誌……中國新的知識告訴給農民、這第一個作用就成了鄉人的「耳目」、還有第二個作用、就是成爲鄉民的「喉舌」因爲鄉村的問題、痛苦、災變、……鄉民自已喊不出來、更不會用文字寫出來、知識份子至少比較能用文字、能將實際的情形宣達到外面、能够爲鄉民吶喊。目前最不得了的、就是鄉民對一切問題、根本不理會、無認識、無感覺、鄉村的問題、常是蔭蔽着、知識份子依然往上走、下面的問題無法宣達、如此長久下去、一切問題擺不出來、不但大家不了、整個社會也不了、我們要救濟農民復興農村、那嗎就要知識份子下鄉。不過、近來有許多朋友感覺在鄉間的努力不見功績、因爲每每一件事、一句話、剛剛同農民說好、然而政府來一道命令、常是妨害農業或農民的、以至努力而無效、這是常有的事、因此許多努力鄉建的朋友、都嘆息、失望、因努力而無效、自然會煩悶、現在我要誠懇地告訴各位、決不要煩悶、煩悶就是糊塗！因爲我們還個運動在正面雖無效果、無作用、但最重要的意義還在副作用、如一種藥品吃下去要有效、每每是藥的反應作用、所以我們認爲鄉建工作、主要的是使其發生副作用、祇要智識份子下鄉就比較能擴大的宣通出來、如將一切痛苦、破壞情形。………全部擺出、還就有辦法了、如能將農民麻木、痛苦、……使其能醒悟能感覺。鄉建工作已經成功了。

自然北碚與鄒平目前都建設不出什麼來、並且這邊工作很苦、待遇很薄、未來之前、即已聽說、現在見着諸位創造的精神、我很欽佩！但我也明白、這邊的工作沒有結果、因為政府對農業與農民都無進步、無好交、而且破壞太大、當然不能建設起來、如要鄉建成功、除非內外聯絡、大勢轉移、其結果不會有效的、我們唯一的希望是要知識份子都下鄉、并擴大運動、結果有了辦法、一定會影響政治、大勢當非轉移不可、大勢轉移後即有辦法了、這才是建設的正面成功、現在我們從教育方面着手、努力求得副作用。即是如何去宣通農民實際的痛苦和一切埋伏着的問題、只要我們不失望、結果是會有希望的。

總括上面的三點意義、都是相連的、第一要內外溝通、第二要上下溝通、第三宣通農民的痛苦、都只一個意義——主張知識份子下鄉、如果內外不溝通。國與國間不生關係、沿海與內地不溝通、形成閻局面、都市與鄉村不溝通、失了聯繫、上下不溝通、祇有虛空的眼光、沒有實際力量、農民的痛苦不宣達出來、根本問題沒法解決、我們看這三個意思是不是必要？鄉村建設不要這三點行不行？

剛才黃子裳先生我們在船上的談話很有趣、他說：「我們在造反對嗎」當時我笑而未答、其實實在不錯、「造反就是革命」、我要告訴大家并希望大家要切實去「造反」、但從何處才可以造呢？就是要大局轉移、大局怎樣轉移、就是智識份子下鄉、擴大鄉建運動。求得真的工作効果、以後才有辦法。大家不要以在北碚作鄉運的眼光、就只於北碚努力、這是不行的、我們要將我們所有的工作同志、聯合起來、擴大起來、拚命地往前做。只要真已擴大聯合、我們的問題已將全部解決了、所以我們要一齊來中國才有救、否則沒有辦法。

好、今天太熱、有勞大家久坐、謝謝大家、（鞠躬）


現代評壇

第二卷第十八期

目錄

封面：浙江國民軍訓練

——簡評——

對於國大選舉的兩點意見……社公

汕頭青島兩案件……聿飛

當局與謠言……崇真

中國與外交……公玉

戰爭？和乎？……晨鐘

現行中央稅制利弊得失之研究（續）……朱子仞

都市勞動問題中「苦力幫」芻論……吳澤

日本强力政治之現勢……紫駿譯

日本膨脹論……徐日洪譯

談談「文化」……郝公玉

評「文學雜誌」創刊號……聞斯行

——文藝——

雜怪……野曲

一具瘦小的死屍（續）……庭棕

華北的消息

補白：列强空軍勢力比較

民國二十六年六月一日出版

定價　全年一元　半年五角

地址　北平西單興隆街十一號

# 中西文化的差異

## 應發揮我們人生向上、倫理情誼兩種特殊精神

梁漱溟講
葛向榮
劉文襄記

本文是六月二十六日晚間梁漱溟先生在溫泉茶話會中同嘉陵江三峽鄉村建設實驗區署各主幹人的一段談話。惟記者未將這篇記錄寄請梁先生改正、誠恐與原講不無稍有出入。特此附誌、並向梁先生致歉！

### 一‧中國政制決不能跟着西洋走

一般迷醉於西洋的物質文明及政治組織者、莫不想現成地把它搬運過來、以維持中國社會崩潰的情勢、這不但是不適合、而且也決不可能、因中西文化發生的背境、迥有差異之故。

西洋人團體生活、有兩種主義：一是個人本位、一是社會本位、這兩種潮流、完全是兩個時代社會生活之反映。

在中古時代、西洋人的文化純在宗教的迷信裏禁錮着、一切行爲是以「罪」「福」爲標準、嚴守着教條的規定。於是人的理性被蒙蔽、人的行爲被約束、養成有組織性—機械性的團體生活。然而人心怎能長此禁錮呢？所以在中古之末、就發生「宗教革命」「文藝復興」的運動。於人生觀遂有極大的轉變、與以前絕然相反。中古的西洋人、是否定現實的、只希望着修來世、升天堂、近世的西洋人、則是肯定現實的。追求目前實際的幸福、一切行爲是以利害爲標準：在政治方面：爲保障個人的權利、而圖謀團體的幸福、爲抬高個人的地位、參與一切權利的競爭、要求團體對個人的自由權、及個人對團體的參政權、這就產生近世民主政治的體制；在經濟方面：亦講唯利是圖的實利主義、和功利主義、絕對保障私人財產、主張放任自由競爭、形成近世資本主義的文明、這種以權利爲出發點、個人本位的自由主義、完全是因長時期宗教的禁錮而反動出來的、近世文明的大大進步、也確是因這種刺激的影響、而得以發展。

可是自由競爭之結果、不到五十年、一百年、卻處處發生流弊、尤其互相競爭愈趨劇烈、對團體組織愈要求擴大、對團體力量愈要求增强、所以到現代、又一反從前、主張社會本位、以社會團體的要求爲最高鵠的、完全看輕個人的自由。要求一切由國家統制、由一個黨

派或一個階級專政、實行獨裁政策、不管左傾的政府或右傾的政府都是這樣。

我們需不需要走西洋的路呢？我們有沒有走這樣路的背境呢？這——在中國人沒有經過嚴格的宗教團體生活、也沒發生過劇烈的自由競爭。自然不能產生個人本位的社會或社會本位的社會。然則中國社會文化的背境究是甚麼呢？

## 二·中國民族的特殊精神

我所謂中國民族固有的道德、是指兩點精神而言：第一是

**人生向上**

中國人是最講理的、俗話所謂「有理講倒人」、即是你所作的就是對的、就可使人折服。「有理走遍天下」、也是只要你講道理、就可處處受人尊重、得人同情、一切行爲均以是非」爲標準。凡是道理上講不過去的、就知爲「非」、就不敢亂爲、並不是怕死了要受罪。如果眞理正義所在、只要認爲「是」、更不惜犧牲一切以赴之。這種理性是向內的、所謂憑良心判斷、是在反求諸己。如宰我問「三年之喪……」孔子答以「食乎稻、衣乎錦、於汝安乎？汝安則爲之。」故思想的空氣非常自由、因理性的開發、更注重精神生活之開拓、四書上有句老話：「食無求飽、居無求安、」即是人不僅爲穿衣吃飯而生活、還有他更大的意義。所以下句接着又說：「咎有道而正焉、」是即「人生向上」或「人生向善的崇高精神、此爲西洋所不及。如果西洋人叫他飯也不吃飽、居也不求安、那他對甚麼事情就不想動了、第二是

**倫理情誼**

我們決不能離開人而生活、人生必有共相互關係之人、如父子、兄弟、夫婦、朋友、……是即天倫、並認識人生始終在相互關係中、而且在這種關係中必互以對方爲重。父慈、子孝、兄友、弟恭、……即是互相看重而來、最好的朋友、也就是最能爲朋友的朋友。由天倫骨肉乃至一切相關之人、莫不自然互有共相互之情誼、亦莫不自然互有共應盡的義務、倫理關係、即是義務關係、父「慈」是義當慈、子「孝」是義當孝……爲了對方而忘了自已、這是從感情出發而非從權利出發的。

如果人類在慾望中、即各以自已爲重、西洋人即是發展慾望、處處從自已權利出發、故看出來人與人間有相對之勢；如果人類在情誼中、即互以對方爲重、中國人即是發揮情誼、處處從自已義務出發、故看出來人與人間有相與之情。

中國幾千年來的社會秩序、就完全是「情」「理」維繫着、將社會標準放在各個人的心中、惟因各自消極節制、彼此調和妥協、缺乏團體生活、故發生「散漫」與「被動」兩種毛病。

## 三·怎樣解決兩種毛病？

現在談到建設鄉村、最重要的是組織鄉村、但是怎樣讓中國人能有力的參加團體生活呢？如果學西洋的民主政治、則這種個人本位的自由主義、是離心力的、只有愈使中國社會散漫、愈無組織；如果學

西洋的獨裁政治、雖是向心力的、然而却愈加深民衆被動的習性。

故要增進中國社會的組織、必須根據中國社會的習慣背境、發揮中國民族故有的道德：以倫理情誼的精神、互以對方爲重、個人要尊重團體、——先要有個人對團體的義務、以提高團體的地位；團體亦要尊重個人、——凡是團體的事情讓大家自己來幹。發展人生向上的精神、使大家自覺地積極參加團體的一切活動、故個人尊重團體、可治散漫的病、團體尊重個人、可治被動的病。

鄒平鄉學村學的宗旨、便是齊心向上求進步、使你明白：你對於大家是離不開的、大家的好壞、對于你的影響、非常之密切、你必需認識這種社會關係、尊重這種社會關係。我們要求個人及社會的向上，就必須將這種社會關係、更加密切起來、所以就必須組織團體。也只有團體組織的力量、才能解決各項問題。如要我的兒子不賭博、不是單靠嚴厲的打罵所能禁止、必須商量村衆全體、取消賭博場合。如要消滅土匪、亦必須大家聯合起來才容易。又如：開會一定要到、人家說話一定要聽、有了意見一定要發表、……這些都是對團體應盡的義務、不盡義務、就是沒有道理、便不應該、這些通通是發揮倫理的觀念。（佔在多數）鼓勵少數。）

所以我覺得、除了「人生向上」「倫理情誼」這兩點外、在中國老道德裏就難找出更好的東西了。所以我們應該發揮這兩種精神、來組織團體、運用科學、以創造新文化、建設新社會。自然人生幸福也在內、然而我們的目的却不只在幸福。（請參看我所著「中國民族自救運動之最後覺悟」及「鄉村建設理論。」）


**農學月刊**

每月一日準期出版　第四卷第二期要目

插圖　河北省之天牛

論著　戰時財政與糧食自給
西北畜牧業改進芻議
煙草立枯病菌之研究史略及防除法
農業倉庫與食糧統制

研究　銀耳、竹蓀及蘑菇之研究
米湯之成分及其對於米飯營養之影響
河北省天牛科初步報告

特載　多品種或品系比較試驗幾種分組方法比較

譯述　施用碘精化鈣對於土壤微生物之影響

連載　溫室園藝之研究（四）

講座　編輯後記

鄒明初　封志豪　黃惠望　趙建民　周齊侯　劉伯文　趙安雲　仝上　季士僩　林拔釗　羅貢凡　陳文敬　昌遠

**本刊價目**

每期二角、預定半年一元二角、全年二元、郵費在內、郵票代洋以五分一分爲限！

**發行者**　國立北平大學農學院農學月刊社

# 成都之行

盧子英

此次與黃主任晉省之任務、以述職爲主、而以懇請　省府解決過去峽局所負債務及請賑次之、聯絡各事業與參考辦法等又次之、由渝飛蓉日期、子英係於五月三十日、黃主任則於六月二日、機費公私約各負其半　、除六月六日赴廣漢新都一行外　、餘悉在省公幹　、計六月二日晉謁省賑會各委員、財廳等處、三日晉謁教廳蔣廳長、四日晉謁鄧祕書長、稽廳長、餘日先後參觀各新興事業並商洽公務者、計主要有水利局、稻麥改進所、家畜保育所等、迄於六月八日公畢、午前十鐘始專車東下　、深夜抵渝　、翌晨、即行返峽、甫卸征衫、即擬會同黃主任作一經過之報告、殊連日勞頓、竟患痢疾、經旬始痊、又因飛蓉之日、嘔吐過甚、身心大衰、休養又費多日、近來體力方漸恢復、爰爲追述梗概如左：

謁鄧祕書長

晉謁鄧祕書長之報告略謂

## 沿革：

實驗區署之前身、原爲峽防局、該局負有峽區二十餘場之治安責任、乃峽區保安機關、各場分隷於江巴璧合四縣、從前爲適應社會之需要、曾就力所能及者、創辦文化經濟等事業、但究屬個人之自由意志、迄於二十五年四月改組、始名正言順舉行實驗、所轄區域共有五鎮鄉、然無形中代負保安之責者、仍幾與峽局時代相同、對於建設力量、稍有分減。

## 戶口：

全區面積估計不足五百方公哩、約有一萬二千四百七十七戶、六萬五千六百四十八丁口、（流動的煤窩、紙廠工人、苦力、船伕、暨各新興事業職員與公務人員、外籍的中小學校師生等約近萬人、倘不在此數內）。

## 保甲：

全區改編爲一百保、一千雙零九甲、去年十月曾調集保長小隊附訓練一月、本年三月、復集中保甲長訓練、定期三月、每十日（在逢場之午後二至四鐘）受訓一次、（全期共到九次）敎以整理保甲、防禦匪徒、及家畜保育諸要項。

## 壯丁：

全區壯丁、約一萬一千二百七十二人、受訓者約六千人、實到檢閱約三千人、去年冬防終了、曾大檢閱一次、是日曾作民敎運動、將保甲、教育、水利、合作、衞生、家畜保育等項、各輯專刊圖說、分別派員宣傳、並由各主幹人運用擴音機分別講解。

**勞服團：**

各鎭鄉市街上之住民、對於地方工作、近頗樂於參與自動興起、曾因推進新生活及自衞計、於去年冬間組織勞服團、區屬各場俱已次第成立、北碚現正集訓第二期、約有百五十人、今後對於文化經濟等事宜之推進、有此機構、當更順利。

**救災：**

全區自去年春夏之交起、即遭荒旱、經調查結果、重災戶數約五九六二戶、二萬二千人以上（流動災民約三千以上猶在外）去年損失稻子約一萬一千石以上、雜糧三千五百石以上、共值約二十餘萬元、曾由地方熱心人士如：馮書舫、李會極、王爾昌、易雍南先生等、共募濟米約值二千多元、於年關發放急賑、區署人員更日食稀飯二餐、士兵則三餐節食、以助災民、並會同地方正紳、組織災民收容所、收容災民、在最多時有災民三百餘、旋因大雨之後、災民紛請回家耕種、乃每名發洋二元、遣散回家、中有小孩七名、由北碚李會極馮書舫先生籌辦災童收容所、施以教養、現已收有六十人、仍在收容中。

區內有半數農民、皆以充當礦工或挑炭爲副業、雖七八歲之兒童、七十以上之老翁、亦多賴此營生、今年川北鹽場、大半停業、煤炭銷路、遂成問題、炭廠紛紛歇業、即求爲牛馬之苦力、亦多不可得、因此逃散四方、飢餓以死者、較之鄰境爲多。

**剿匪：**

廣岳鄰大匪風猖獗、與江合邊境股匪遙相呼應、因此時來時去、時多時寡、且有新式武器、過去區署曾助江合協剿多次、刻因經費困窮、部隊緊縮、無力再似過去、獨當剿辦之任、去年因協助剿匪、先後負債計約四千餘元、至今無法清償。且該股匪徒、狡詐百出、兵力大則逃避、使部隊徒勞往返、若兵力小、不僅可以頑抗、并運用地利、以逸待勞、倘隨便用兵、殊難操勝算、在不久以前、有匪一股會攻廣安、又有兩小股企圖搶刦合川縣城、未果、正本清源、目前正待努力、然江合峽邊境倘將聯防辦事處馬上成立、匪無依據之處、當可逐漸肅清也。

**教育：**

全區文盲三一〇四八人、學童一一七九九人、教建力求合一、學校與社教亦求合一、區內有中學一所、係中國西部科學院私立、全區小學、去年九月接收、僅有七所、嗣即擴充義務小學爲七十五所、完全小學四所、等於學校增加了十倍、學生三千二百五十六人、增加了六倍、教師一百一十三人、增加了七倍以上、每年學校教經預算、需一萬八千餘元、在全區舊有劃撥者、約一萬四千餘元、不幸接收僅有半月、卽奉省府令將黃葛鎭過道豬捐裁撤、年約減少五千元、而巴縣縣府又較往年減少補助費四百餘元、實有教經不過九千餘元，倘幸整理之後、增加約及千餘、共可得一萬一千餘元、故年來負債幾達七千元左右、在區署以爲各校師生、（尤其教師）悉負有民教與協助地方建設之一切責任、非保有保學、一切新政不易推進、勢非多辦義務校不可、雖負債數千、祇要在服務的成績上有紀錄、能取得各方的同情、卽地方之各經濟事業、亦可以樂捐補助、渡過難關、不幸因經費太薄、相當師資、多感缺乏、而年來苦旱，煤業又萬分蕭條、故所有教經之負債、竟爾無由補償、大有非緊縮不可之象、其有按月應撥之糧契肉厘附加各費、又積欠有至七八月未撥、肉厘附加照收入每隻應撥八角者、又僅實領到二角、故卽每年可收之一萬一千餘元、勢亦諸多窒礙、且社教經費、如民教會及其一切附屬事業、刊物、圖書館、博物館、地方醫院、民衆體育場等、月須開支一千二百元者、俱係由實驗區署之本身經費內支付，刻下義校有歸併者、有因學生人數太多、而增加教師者、有經改良之私塾三所、年須給獎或補助經費者、教師與學生、男性較女性爲多、至義務教育委員會、現正籌備中。

## 農業技術改良：

全區地勢、山多田少、大宗產物爲：煤、石灰……、等礦物、所產糧食、不足供三月之用、大多皆賴外地供應、蓄田僅二萬石、土僅七千石之數也。

全區因財力人力之差、故對技術改良上、過去殊少貢獻、雖曾作選種除害等事、惜多屬枝節、更欠普遍、此固由於計劃與預備上欠功夫、以後當與省內省外專門事業專家、確取連繫 、以期成績有所表現。

## 水利：

水利工作、亦因無錢與專家之領導、僅憑職員之熱情與地方人士之經驗爲之、自本年一月一日、開始修築新舊塘堰、共爲八十七處、可灌田約六千石、因地方太窮、僅由區署借款一百五十元、貸與窮農、作爲修建費用、去年因災荒奇重、冬季曾貸種糧約二百元、今春約四百元、此皆區署節省或負債而來之款也、最近又商北碚農村銀行、借低利一分之款一千元、供給窮農、備作農具種糧之緊要開支、由區署協助、輔導成功之合作秧田、約三百多石、今春更勸導農戶、成功者約三百戶、養蠶、植桑、發出蠶種約七百張、每張可獲利四五元、明年當更可推廣。

## 合作事業：

供給、運輸、利用、消費、各項合作事業、本於一月初間、卽有農本局派來合川之張鵬翔先生、建廳之馮杞靖先生、前來進行、嗣因合作委員會與實業部、在連繫的辦法上還有不少問題、遂擱置、至今尙在商討中、否則地方上早有復興之象、（過去八年前、卽有消費合作之運動、惟因資金太感困窮、故成效不著）、現在閩農本局已專人來省協商、此間在最近或可得美滿結果也。

**經費：**

省府對區署每月補助五千元外、地方各經濟事業之補助費約四百餘元、然每苦於不能按月實收、今後地方之保甲經費、教經等、擬召集地方正紳共同經管、倣各縣金庫之組織、以資公開、祇過去峽局所負舊債、經省府核准者、尚有一萬八千餘元未發、應請示辦理。

又去年改組為區署後、教經負債、現尚無法彌補者、約近六千元、上年剿匪、（因經常費有嚴格之確定、而剿匪則每為臨時之開支、一剿匪、即需錢、用錢便負債）多次特別負債、又約四千、益以每月之照例、入不敷出、平均按月須負五六百元之債、又約六千元、共一萬六千以上、此本應嚴守預算、然實驗區特有苦衷、甚望省府有以扶助、至區署職員、多屬青年、一方面是志趣之結合、一方面有實習性質者亦多、故物質待遇、均極低薄、士兵又是月功加俸、最高可獎陞至月餉十四元、至全署主幹人之待遇、每月在四十四元以上者，僅三人而已、且正區長純盡義務、副區長亦祇實支月薪四十四元而已。

中間與最後、祕書長略有所垂詢、並謂：「峽中同人、有如此興趣、有如此苦幹精神、誠屬可佩、惟在北青路通車後、實驗區當漸繁榮、同時當更麻煩、望更努力、對峽區的一切積極發揚光大、所請之事、當盡力扶助、但尚望能自開經濟之源、乃更能多所成就云。

謁稽廳長時、除略同對祕書長之報告外、對於請償舊債各節、特別提商、均蒙慨許扶持、中間談話以關於保甲、治安事項為多、從廳長之談話中、始知全川為九萬多保、廳長擬定之新制度，因種種關係、聞尚未便推行。

第二、陳明收支計算書、皆係按月寄呈、多未奉核示等情、稽廳長曾諭今後應確守預算、省府預算亦有定額、償債一節、愛莫能助、蓋皆同感經費恐慌也。

謁蔣廳長時以義教補助費為請、亦蒙慨許、廳長關於電影教育、公共衛生運動、除垂詢外并略有訓示、尤期望於最近掃除文盲（以讀完民教課本為準）。并望特別造成社會確有踏實求精苦幹之風尚。

謁席主任祕書、（代財廳長行折者）多為財務問題、并請祈代為清理計算書、與扶助新預算之批准、均承慨許、此外趨建廳、謁早發六月份經費、彼乃窮窘萬分、無法立撥、遂請其多方籌措、以鄭祕書但科長之幫忙最多。

就各廳處訪祕書科長股長晤談者約二十餘人、教廳諸關係人、已承認幫助、將峽區之義教補助費、列入省府二十六年預算內、並促區署速備文請領民教課本云、或可通融追領廿五年下年度之教經部份補助之款云。

訪保安處欒科長、商彌補峽局舊債之一部份之辦法、甚承其關切。

謁省賑會邵主席、因欠安未辦公、盧子鶴先生屢錯過、僅得謁尹伊錫老先生、張表方先生、余中英先生、余先生僅中年人、頗有辦法、又有好的人格、關切地方疾苦、非常殷切、談賑務甚詳、除取得文事多件賑款確定爲二千外、因峽區地方狹小、而區署又向稱廉潔、故免派查賑長、此在今日之四川或屬創見者吧、歸途初計在永川應停一日以上、除晉謁專員報告與商承公務外並須觀光新建設、殊因包車不能久留、適專員又出巡下鄉、故僅拜訪吳祕書與張科長諸友、對專署之報告與商承者、以治安事業爲多、除商請轉懇上峯速剿鄰境股匪外、並特請其促成聯防辦事處、早日正式負責、江北合川當局與正紳俱可出錢與彈藥、合川更可出槍枝與兵丁、實驗區署在最近期間亦可勉力抽調部隊協助、出任游擊、聯防處成立後、須經常有一中隊以上之常備隊、紮在白峽口與大毛坪兩地、須各築一堅固之碉堡駐防、並宜嚴整保甲、當地人家、無論男女、凡出境者須報保甲登記、來客雖一餐一宿、亦須登記、且須由保甲彙報聯防辦公處。整飭壯丁、無論晝夜、皆須于要道略置盤查哨、夜間并由常備隊派手槍兵潛伏要隘、偵擊匪徒、且應出沒無常、行止無定、不可捉摸、同時更嚴厲取締自由夜行、凡夜行須每人有一燈火、更嚴禁三人以上同行、對於五戶切結之實行、尤須盡力辦到。

區署去年、曾單獨幫助鄰境剿匪、大小約廿餘次、臨時之開支、負債四千餘元、無法彌補、至於消耗彈藥、與受傷士兵、更無論矣、雖然、曾格斃匪徒多名、匪首徐北高負重傷、然究未辦到澈底消滅、蓋北碚之距匪巢、較有的縣城與匪巢相距尤遠、即使突如其來的行動、亦因匪巢地勢、山深林密、不易接觸、今年匪勢與廣岳鄰大頗多合股、人數時多時寡、又恃有地利、而實驗區署武力、年來因經費影響、又漸緊縮、故更無力可以多事過問鄰境治安、去年冬季、匪徒曾派三人、前來北碚、企圖刺殺本署兩個主幹人、而股匪中有一匪首周澄清、因區署曾於二十四年上年捕殺其叔周俊澄（亦有名匪首）、尤銜恨區署甚深、屢欲得區署之負責人而甘心、似此積怨既深、同時區署因經費之影響、拮据非常、兼辦禁煙、遂極致力於緝私以謀得獎金、藉資補助教育經費、不幸緝私尚未得手竟至開罪一二土豪、因緝私不但有礙其販毒、且有妨其臉面、故胆敢不時運動小報、造作謠言、不曰懼匪、或與匪互不侵犯、便云剿匪不力、甚或失利、以致顚倒黑白、淆亂觀聽、又區署之計算書、專署確按月轉報省府、據云即專署在過去九月前所呈報之計算、迄今亦有未奉到核銷之明令者、想係省府公務繁劇、爲一時所有之現象也。

請做金庫辦法、組織財委會、專署亦樂贊助。

參觀並擬聯絡者、建廳新成立之園藝場、未及前往、僅就省森林場略事涉獵、該場過去、似有腐化之嫌、今後聞擬請現任廬山植物園主任之秦任昌先生、前來負責改組一切、成灌成嘉兩線之風景區、亦擬力加經營、刻正籌備中、今後之三峽、亦應開發荒地或將就現有之園地經營、分類植林、並與省林場確取聯繫。

水利局訪邵吉安局長、鄧少琴科長多人、邵正派吳工程師等、出發作全川一週之水利考察、至重慶之水文測量。現正在改組與擴充中、下年可由該處分派水利人員、前來峽區、協助一切水利之建設。

稻麥改進所在川大農學院側、規模尙宏大、所長爲楊允奎先生、晤談時、曾商請派員協助峽區農業等事、據楊所長云、不久可派員來峽、並與合川確取聯絡、至二九〇五號之小麥現在該所實驗、已獲相當成績、每畝種麥約須七斤、可收穫約四百餘斤、此外之印度麥、本年正初試種中、稻的試驗、尙須有待、包谷宜混行種植（卽間行栽）包谷如混合黃豆麵吃更佳、洋芋已運合川試種、每年春分秋分下種爲良、產量亦高、營養較之紅苕爲高、包谷之害虫仍須經卵、虫、蛹、蛾四段、避免虫在用種上、輪栽上、冬耕上設法、地蠶用水澆、捉法較爲普遍、老農的研究經驗、尤合於農村現狀、該所現正注意沱、岷、流域之食糧調查、將來三峽之糧情報告、及有的農業調査、尙望區署多爲幫忙、峽區更承楊所長惠賜二九〇五小麥約一百斤、峽區農民增福不少、實多可感謝之處也。

家畜保育所所長汪汶堪先生偕吳主任引導參觀、各部一切設備與辦法皆現代化、尤以寄生虫之研究最爲有趣、使人一見不敢不注意於衛生、家畜之診療處儼如普通醫院、極有趣味、今後峽區之家畜保育實驗、決卽澈底調查畜產、尤其是母豬脚猪之改良與防疫事宜、大規模發動政教人員、逐場逐保、依次齊力推進。

農村合作委員會、總幹事湯允夫先生、已許將峽區合作事業、加入二十六年度預算、現全川已組合作社者有七十縣、約四千餘社、收款已二百萬元。

建廳所擬設之省博物館、現在所有之陳列品、尙齊寄陳於民敎館之大陳列室內、中間關於家畜保育之模型、與稻麥改進所之有的標本、圖說、最好由政府訓令各學校、將所作之圖畫、手工、各科功課、做製應用、聊供各縣鄉村敎育之助、一舉兩得。而學生用功更有意義矣。

## 姚石庵先生之談片：

平敎會有一位農業經濟專家、姚石庵先生、對於鄉建頗有成績、談定縣之經營、確如盧廳長所云、談法別開生面、據姚先生談、定縣文藝敎育之推行、以採用敎「語詞」之方式爲較有效、生計敎育係由實做上之施敎、盈餘全交農民、定縣之生活水準，約平均每戶年爲三百元以上、平敎會已幫助其提高約百分之三十以上、農場種棉者、已在百分之五十以上。

姚先生認爲運動農民、興趣之提起爲最要、從表證觀摩、可以變其觀念、表證並應比較其反應、祗要確能抓住農民生活之後、農民自能自發自動、定縣表證有表證專刊、且附以註音字母、至於植動物之技術改良、已略奏成效外、刻正注意工藝工程之推進、由手工以至於機械化。

此外亦正促進農場之合作經營、以謀逐漸解決土地問題、期山經濟統治權的轉移、以幫助社會統制權之確實轉移、定縣因境遇及受政權之限制、故自覺成績殊多未能實踐理想云。

稻麥改進所技正李賢坤先生、商談今後擬即辦理之件；（一）糧情報告、（栽培生長收穫）、（二）糧的產銷調查、（成本之收益及其組織、（三）糧的消費調查、（四）糧的市狀報告、（輸入輸出交易存儲價格）、李君曾笑謂：倘不取締官吏兼營私商業者・主持此種業務之主幹人、當可成大腹賈兒云。

建廳招待所、訪馮相靖先生、商談合作事業之問題、并請其根據半年前在峽所作之種種經濟調查、特寫專文、以充實北碚月刊、而資各專家之參考、蒙其惠允、欣然從事。

## 廣漢遊覽：

參觀廣漢公園、規模誠屬宏大、惜究係過去之建築、人工上不免稍欠現代化、祇地鄰孔廟、尚有古色古香之點綴、訪林縣長弗叢、始深知當地之富庶、農家副業、亦頗發達、即蒐業一項、有時一年蒐皮之產銷、可達百萬左右、故四鄉比較安靜、人民俱有欣欣之象、惟駐軍一部份、最鬧饑荒、地方當局且設法籌款以調協其食糧、藍罰士兵欠餉有達七月以上者也、該縣有電影院、現停業中、另有新劇團、在該處表演、新劇團中負責人率皆過去在北碚小住過者、青年朋友、男男女女、約廿餘人、大半還是浪漫、嘻嘻哈哈、倒似尚有快活之象、周蘭若冉孟竹一切如昔、祇洪光昭稍有病容、諸人久別重逢、心中頗覺暢然。

## 新都觀光：

到新都順路先遊寶光寺、該寺建築崇宏・綠林紅牆、插以高塔、頗富詩意、寺有五百阿羅漢、滿貼佛金、塑工尚佳、寺後楠木參天、修竹暢茂、清潔可人、進城遊桂湖、一切佈置多有古風、園中道路、曲折自然、樹林盈抱者最多、約兩人圍者較少、湖內荷花、已含苞欲放、沿岸垂陽掩映、綠蔭可掬、登城遠眺、滿目勝景、頓增依戀之情、同遊之蘇孟守兄。持攝影七八幀、以誌紀念。

訪新都陳縣長開泗、渠為晏陽初先生同鄉、中政校行政科畢業，歷任浙江金華縣長・頗有閱歷、據云：新都為五場又半、約二萬餘戶、十二萬餘人、產谷約十八萬餘石、年可剩六七萬石、輸出運小春、一歲可獲三季、收入除稻子外、種植以菸為大宗、養豬之風亦盛、每家養豬七八十頭者甚多、間有養至二三百頭者、陳先生為縣政、確實親近人民、特定督導制、即逢場之日、縣府則派固定之主幹人、分赴各場、料理鄉政、早去晚歸、儼若督察人員。

保甲擬改還舊制、較有力量、治安擬辦到警衛合一、且擬編制警察、管理城市、現組有軍警團聯合辦公處、故治安現已毫無問題、戒煙多由地方公款之預備費內開支、合作事業係與農本局聯絡、因農本局擬在四川設金庫十所、暫定每所之金額為十萬、但可透支多萬、息不過一分可惜、下年擬就新都各保（根據經濟地理爲主重新編制之保）、每保組成一社、地方經費、可開支於地方者年約十八萬、餘如辦到保安經費可以截留時、年又可得五萬餘元、省府按月補助舊日之縣府爲二千餘元、現爲七千餘元、計年約九萬矣（但可逐年減少）、地方因富庶關係、不甚感災象、陳先生極盼有機會到北碚一遊、氏之言論、很能扼要、很有服務精神、一切誠實可感、此次頗感歎然者、以有名之教廳實小（即後寨門小學）、未及觀光、徵求四川省通誌一書、亦未辦到也。

## 當前急待進行之工作

（一）澈底調查并策進農產與畜產訂定步驟强力執行。

（二）點燈寺荒地、速訂辦法、聯絡蠶絲製種場、即行開發、使三五年後得以集合一部師生、官兵、大舉養蠶、藉資充實教建經費基金、可借銀行款墊用。

（三）企圖人人皆能明瞭我們的工作苦況、以便取得同情與扶助、故今後之工作、務須經常定期專人負責整理、設法對外報告。

（四）今後須經常檢討、應即呈報之文事、預算、計算、決算、準期造報、列表督促一切工作之要求、嚴定時限完結之。

（五）報請上峯出售舊槍。

（六）北碚月刊與日報、每未寄到各處、尤其很少按期、此應急力改良者也。

（七）寄贈月刊、倘係特殊有關之人士、則並宜專函、以便介紹其必要意義所在之處。

（八）溫泉之來客、區署內務股應專人逐日查詢、登記及報告。

（九）今後重要之社會調查、區署祇須調查、凡統計皆請建廳扶助、建廳現備有計算機、有大學教授二人、大學卒業生九人、高中卒業生二十幾人、正埋頭工作者也。

（十）速即分別致謝、尤其是省府各廳處、各社會事業、同時有的並便敦促其所惠承幫助之事宜。

## 特殊見聞：

建廳與省府、全部同感受經費之恐慌、建廳在六月份。僅發職員四月份一部份借支而已、（據云：迄今七月初間、各廳處六月份應領之經費、僅得一部份而已）、此次在蓉、所見公務人員、無論其爲省府或軍校、皆能嚴守時刻、辦公時間、謝絕會客、士兵對客、亦頗有禮節、任何衛兵、倘對客有所詢問、總是先敬禮而後發言、各機關營地、幾盡有整潔肅靜風氣。

在建廳無論各級職員皆然、辦公時間、無論縣政府等、每日亦每在八小時之規定以上、宴客率在晚間、已非復往年之陋習矣。

## 當前問題：

再有即係全區工作應厲行調整、重新預定中心工作、訂定中心辦法、以便積極推進、同時人事與財務機構等、亦應有所調整、以利進行。

# 成都之行

黃子裳

我有十年不到成都了·這回因了公務、乃有機會往成都一行、爲着忙的緣故、去時由重慶乘飛機、計時一點零八分鐘抵蓉、歸來由蓉坐汽車、亦祗費十二點鐘就回到重慶、可也眞算得快了、計在成都住了五天、往返新都廣漢一天在內、除了整天辦理公務接洽有關工作人員及參觀必要之事業機關外、誠無餘暇以訪朋友、惜哉！

去的一天、是六月二日午前十一點鐘、在民生公司吃了提前預備的午飯、兩位靑年朋友——徐世銓、羅柱——送我一道搭公共汽車、出城過河到飛機場、這天適値粱漱溟先生由川外飛來、故機場候迎他的人很多、便中我也晤着了幾位熟人、並也附自已的名片、加入歡迎隊裏、惜乎飛機到後、歡迎的人、已將粱先生包圍起來、我因忙着上飛機、便祗有後期見面了。

第一在飛機上　乘飛機我算是初學見識的、在上之先、人是要過磅的、我知道了這規矩、見着有人在實行、我便接續一位瘦瘦靑年人之後、站在磅秤上面、指針指在一百二十五度、那就表明我的重量了、所帶的東西、大部份是書籍滿十五公斤、還多三公斤、經過一番交涉之後、免收每公斤一元的運費、這些行李交代了、照料飛機的工人、取得行李票、便上飛機覓了乘客坐位、息下聽着飛機發出炸烈的大聲、從玻窗外望送行的一般客人、往後倒退、知道已經起飛了、轉瞬間浮圖關已在機身下面出現、更不久而越過重慶大學、更俯視老鷹岩、也在下面很低遠的地位。

往復飛機循大足安岳方面前進、機身飛得很高、機翼常從雲霧琼過、從玻璃窗俯視地面、隱隱紅色小邱陵、綠色的田畝、絕少可見、這些地方旱災還很嚴重的

過了簡州、迅速望見龍泉驛山脈、越此卽入川西成都平原、機身特別降低、綠樹人家及靑葱的農田、悉映入我的眼簾、及抵省城、飛機繞道再往北門、而到鳳凰山飛機場降落。

下機後、換乘航空公司特備汽車入城、由重慶飛成都之一段旅程、至此告終。

第二到成都後

到成都後、把應辦理的事情、要同盧區長(子英)在很短的時間內辦完、其中最要緊的、値得記述的、是下面幾件：第一是請求賑款、因爲實驗區有災民五千五百六十戶、二萬三千零一十四人、向省賑務會請求配發賑款、結果省賑會分配急賑款兩千元、賡卽就要派人到區內來散發。

第二是請求義務教育的補助費、實驗區辦有義務小學七十五所、當中有一年制的義務小學十八所、因了本區教育經費不足的緣故、應向省府教育廳請求一筆義務教育補助費、是中央按年撥出了十四萬元、交到四川省府、省府又自籌了幾萬、用以分配發給各縣的、這回接洽的結果、是廿五年度業經配撥、二十六年即將本區加入分配、再如能有未分完之款、亦可斟酌分配少數、至於本區辦理剷除文盲工作、教育廳還可補助款子的。

第二請發舊欠　實驗區署接收前峽防局移交有三萬廿餘元債款、為從廿一年至二十五年、五年以來、歷年開支不敷、所積累者、歷經呈報上峯在案、去年并會由省府撥五千元、以資轉還各處債權、尚差一萬八千餘元、仍虛懸無着、這回一面呈報支還各債情形、并檢報粘據、一面即請省府撥發舊欠、以還了清積債、惟呈請結果、省府財政亦十分困難、責由區署暫行設法辦理。

第三是商辦合作金庫、在省合作委員會接洽、総幹事見在二十六年度內將本區列入預算、並派員一人或二人、到區指導組社、及領款貸放農民。

第四是種麥改進事業的聯絡、在四川省稻麥改進所取得二九〇五號小麥五十公斤、攜回本區內分散農民、對於種植此項小麥、在成都種植時、收穫是有百分之二十至三十的增加、預料下年全部種植起來、明年全區即可有一百倍(六千公斤)的產量、往後以之推廣民間、收效想極宏速。

第五是農作物病害防治的聯絡、此項工作、係與川大農學院約定、凡本區發現農作物病害、即將標本送往請其研究防除方法,以便依法防治。

第六是水利事業的聯絡、成都設有四川省水利局、這回乃與接洽本區應辦較大之水利工程、請其派工程師前來協助、計劃一切、現由該局派赴川東南考察水利之吳工程師到巴縣後、即來本區担任指導工作。

以下係要說到參觀的地方了

一家畜保育所　為四川省政府建設廳新辦八大事業之一、稻麥改進所、水利局、蠶桑改良場、棉作試驗場、甘蔗試驗場、省林場、度量衡檢定所……等、地址在南門外、房屋及各種設備一律新建、現時搜集有本省及省外各地優良豬種、飼養繁殖、據云:將以所育幼豬子、分送農家對照飼養、初年選擇表證、送以農家兩頭豬兒并不收費、但農人亦要自備本地豬兩頭、一同飼喂、看其結果、待農民一經知道優良豬種的好處、往後自己出錢來買豬、便不成問題了、該所現正作豬鬃漂洗研究、搜買國外(以德國及日本最多)、曰豬鬃標樣不少、與本省相比較、似乎本省的產豬粗長尤較過之、對於牲畜病虫害解剖、畜體得到大宗寄生標本,即將製印防治牲畜病虫害圖、以供宣傳、并指導各實驗區、轉告農民、共同防除云、我等參觀時間、在六月四日午後四鐘、是時適有小病豬兩頭、入所中獸醫院治療、院中並有大量醫療器械及藥品、亦如普通醫院然。

二華西大學　本校在四川早已馳名、尤以所辦醫科中之牙科、在中國載譽極隆、此回因了時間所限、僅得參觀其博物館、其餘各處、則僅從外觀上望望而已。就博物館說、搜羅頗富、尤以關各時代古物・石豹。鐵、瓷器、苗圃、由各族風陳列、最有意義。惜主其事者乃爲西人。

三新都實驗縣　在五月六日參觀了有名的寶光寺、及桂湖之後、即往實驗縣縣府訪問陳開泗縣長、詳談關於實驗縣一切情形、據云：該縣劃作實驗縣後、陳縣長到職才五十餘日、實驗縣經費、每月由省撥發七千元、用於行政費者二千餘元、其餘爲建設地方事業之費、因初時別無生產費、因祇有得自省府補助、將來到二年三年、此項補助費、即希望辦到逐年縮減、以至於不要省府撥款、至於地方舊有教育・。建設、各種款項、年約十八萬餘元、加上保安經費五萬餘元、共二十三萬餘元、合以省府補助費、每年近卅萬元之譜、該縣轄五個半場、有二萬六千戶人家、計十四萬八千人口、田約十五萬畝、土約三萬畝、地方因在川西平原、又得水利灌溉、頗稱富庶、在此全省鬧災荒之年、該縣尚有存谷七萬餘石待售（附近之廣漢亦有十萬石待售、出產除爲大宗谷米外、菜煙亦爲出口貨之一、人家養豬最多者、一戶可養至二百頭、尋養幾十頭豬者亦多由見聞所及、該縣新近有兩種變革、一爲縣府的形式上的改造、極不像一般縣衙門的老樣子、覺得另外有一幅新氣象、二爲行政擋案之改良、關於文卷保管極合現代方式、分類合乎科學、檢查取閱極爲便利、至於實驗工作、擬逐步辦到下列各事：

一、禁煙　估計全縣癮民約有五千人、但過去調查多不確實、擬澈底重新調査清楚發給癮民執照、煙民每人都要像片、即貼於執照之上、吸煙數量亦記在照上、限於本人使用、每隔三月換執照一次、照像費不要煙民出錢、而以禁煙手續費充之、不另增加煙民負担、并於衞生院中特設戒煙部、對於煙民、按照禁煙法令依年限大小令其戒絕、如到期未戒者、即勒令到戒烟部、山衞生院中供給藥品飯食、期於兩年內全部戒絕、辦到全縣庶民、更無一人吸鴉片煙。

二、衞生　於縣設衞生院、開辦費一萬二千元、即以省補助費開支、五鎮各設一戒煙所、開支及本院醫藥用品費、每年全部萬元、山地方款開支、因全縣有二百五十保、每保設一名警察、招考高小畢業者充之、每一名警察即設備一醫藥箱、內置可治十種普通疾病之藥物、警察隨時巡迴到府、或清查戶口異動、發見有病人民、即予治療、較重者送衞生所、如不能治療者、入衞生院、此項新招之警察、大致訓練四至六個月、除警察知能外、關於醫藥知識、特請醫生訓練、每年種痘期間、全縣警察即動員工作。

三、保安　縣設一警察局、原有之區署裁撤、而代以每鎮設一督導區、將全縣劃爲五個督導區、每區設一警察派駐所、除普通警察外、特設保安警察一百五十名、目的在平治盜匪、鎮壓反動、經常有三分之二、留三分之一、游巡全縣各處。

附保甲及壯丁訓練、將來對於聯保主任、及保長、集中於城訓練、甲長由各區自行在冬季集中訓練、壯丁分現役、後備、退伍三種、有多家之壯丁、集中作義勇警察、訓練時間、利用清晨暇時、以有壯丁、在冬季農暇時作利用警察訓練、即以做徵工築路、或興辦水利等義務工作、原有之小隊附、因其無給職、頗生流弊、故擬廢止而代之以警察、即負指揮壯丁之責、聯隊附則由巡官或警長担任、一切行政事務、悉由保甲推動。

四、教育　擬仿定縣辦理、於縣設一中學校、分成人中學部、及職業部、保設一保學、聯保設一完全小學、縣學校長由政府委任、完全小學校長、由聯保主任負名義、另設主任辦理一切、保學由保長負校董名義、另專人辦理一切、此項辦法係强迫兒童入學、及許多事務賴聯保主任及保長推動之故、將來更設甲學、舉行導生制、由保學學生辦理、至於社會教育、完全由學校負責、民衆教育館及圖書館、由縣學管理、中學校設職業班、招本縣中學已畢業者訓練、如家畜推廣員、叫聯絡成都家畜保育所担任訓練之責、煙草推廣員、(本縣出大宗煙草)與川大農學院合作派員訓練、學生畢業、即供本縣鄉村應用。

五、合作事業　該縣近擬商請農本局、派員在該縣設一縣合作金庫、資金定額十萬元、并可視需要情形、活動透支若干萬元、年利在八厘以下、農民借款期間、可長十年、農民銀行亦曾派員前往交涉、在該縣成立銀行、因無農本局上列優點、故未得成爲事實。

附實驗縣縣政機構、縣政府同一般之組織外、其第三科分劃爲三四兩科、專管教、建事宜、聯保主任發給縣府證章、可自由出入縣府、與祕書科長等接洽公務、各督導區設督導員、由縣府祕書及四科之各主任科員兼任、因縣境縱橫不過四十里、逢場時間、可朝去晚歸、督導區設辦公處、有書記及助理員各一人、常川駐所辦事、助理員月薪三十元、書記月支十六元、加上辦公費、每月亦不過五十元、經常開月會一次、預備午飯招待、所有督導區全部開支、以裁撤區署之經費充用、倘有餘存、作補助聯保辦公處經費。

## 三，對成都的觀察

這回從成都轉來、朋友問我：「你對於成都覺得怎麼？」我說：」我覺得成都十年如一日」春熙路照樣的是那般寬大、少城的大街小巷的馬路仍然凹凸不平、有不少的渣滓隨地擺着、這些在我十年前所見的、似乎與現在并沒有兩樣、但其中也看出一些改變、許多大公館在那候時、比賽新的建築、而盡都顯出老式的樣子了、又如民衆教育館、當中原來橫的橋現在變爲平的橋了、支磯石森林公園的樹木、被損不少、也被賣去了些、而今似在可遊不可遊的地位了、此外也有新的現象、卽如政治機關的辦公時間、都是每天八點鐘、而且來去都很守時間、宴會多致在夜間了、成都的人家、多稱公館、在少城一帶的特別有木樹花園、服務的人多在成都賃公館坐家、很適於公餘修養的、一般人來得安閒、表面看去不及重慶人忙、成都的氣候是很溫和的、食品的味道是很可口的、其餘我因住的時間太短不能多說了。

## 於飛機汽車中所見的旱災：

本來乘飛機坐汽車攷察水災旱災、那是政府査災專管的事、作者偶然得着一點、是在飛機汽車望望老百姓的機會、也就把自已的把關心旱災加以注意、在重慶到成都的天空中、我是緊靠玻璃窗子看着緩慢移動的地面、目光是沒有一瞬停止的。映在眼簾來的情形、是在重慶附近、那時是較多的水、插好的秧子了、雲山境內也有一半的水田、往上經遂寧、安岳、樂至、水田很少、到資、內、直像紅山濯濯、大地茫茫、連水也不容易看見、那現象眞是令我觸目心焦啊！簡州以上十分之六上的皆有水插秧、過了龍泉驛入川西平原、純是水盈盈、禾苗靑葱可愛、令人不感覺還有旱災的天下了——這是六月二日的觀察、同月八日、我坐汽車在成渝路上、汽車開得飛快、上龍泉驛、就轉彎倒拐、使人胆顫害怕、翻過山頂下一次陡坡、我覺得那坡度到了百分之五十吧：汽車似乎立起來了、成渝路上應以此一處坡爲第一陡峻、好些坐汽車由成都回來的朋友說：「龍泉驛上下山的馬路工程、不及老鷹岩修築的好」這話是很對的、沿線還是好多不應轉彎而轉彎的地方、亦是最初修築工程上欠斟酌之處、車經兩資（資陽資中）果然與在飛機上望下來的情形實際更爲顯然、田土龜裂很兇、秧苗都很少、更難得看到栽秧的田、尤其是從資中的迎祥街起到內江的椑木鎭一段七十里路程當中、並沒有一塊水田、馬路兩旁所見的農作物極壞、許多土也是荒起了的、慘哉！慘哉！汽車在椑木鎭過河之後、所見的情形變好了。田裏栽好秧子、土內的糧食靑苗、也長得很茂盛、受旱的時期已成過去了、往後一直經過隆昌、榮昌、永川、璧山、農田都栽插得很好、就是旁山之田也都插好了秧、怎樣幾天之內、變化這般的快呢、原來前幾天下了大雨、沿路看得出土中潤澤的痕跡、據更近由成都來的朋友說、兩資已得了大雨、十分之三四的田栽好秧、恐怕時間晚些、將來收獲要大折扣、四川的旱災、據各方面的記載、今年川南沿長江流域、可謂全無、川北就非常厲害、合川武勝以上、最近廢歷端節前後、乃得大雨、雖可插秧、但有的農田、竟然沒有秧苗、北過如閬中、順慶、及通南巴、今年也是乾得不可開交、最近嘉陵江小河才漲水、那一方面得雨、當然是很遲的了、四川的災沒有防、祗好救、作者亦望政府當道趕倒救、並且最要緊還是陸續設法來防、因爲防得好、便無須救、否則、祗有救也救不了。

廿六年、六、十八日

嘉陵江三峽鄉村建設實驗區署

# 教育視導暫行辦法

## 一，視導意義

2,視導爲教育行政之中心、爲週知地方教育情形、促進各種教育設施、提高教育行政效率。

## 二，視導人員

1,視導人員須對於教育行政、學校行政、教學方法、教育測驗、教育統計、視學要旨概有研究者、方得充任。

2,視導人數每組最好在兩人以上、一則遇事商榷辦理、可免操縱把持之嫌；再則二人視導之結果、當較一人爲可靠。但每組參加之主幹人、以一人爲準。

## 三，視導問題

1,視導時期：

A定期視導——每月一次。

B臨時視導——不定。

2,視導區域

A第一區——北碚一保至三十三保屬之。

B第二區——文星鎭一至十九保屬之。

C第三區——黃葛樹一保至二十二保屬之。

D第四區——二岩鎭一保至六保屬之。

E第五區——澄江一保至二十餘屬之。

## 四，視導職務

1,關於行政事項

A代表區署、並執行教育股指派事項。

B參與各種會議、建議、或報告一切。

C接見參觀人員及學生代表討論或報告關於教育事項。

D核查及判別教職員成績。

E助理學校籌劃經費、建築、設備……等事項。

2,關於輔導事項

A爲教職員領袖顧問及朋友。

B輔導課本及參考書之選用。

C開教師會議討論一切教學方法及一切問題。

D輔導及改良各教員之教學法。

E輔導教員之參觀。

F輔導地方教育行政事項。

G輔導學校行政管理事項。

H輔導訓練事項。

I輔導體育事項。

J輔導衛生事項。

K輔導圖書館事項。

L輔導各校用具儀器設備事項。

M引起人民對於學校之興味及信仰。

N測驗各種教育結果。

O輔導教員之自修。

3,關於視察事項

A教育法令實施狀況。

B輔導事件之實施狀況。

C地方教育行政狀況。

D學校教育狀況。

E社會教育狀況。

F義務教育狀況。

G圖書館狀況。

H褒貶學校及辦學人員之成績。

I審求各地方教育需要。

J查詢各校特別指派之事項

4,關於整理事項

A填寫視導表。

B編造各種報告。

C搜集各種報告及統計。

## 五,視導方法

1,明訪、2,暗查、3,參與實際生活、4,會議、5,試驗、6,講演、7,批評。

## 六,視導結果

1,呈報實驗區

2,抄送教育股及各學校。

3,送登工作月刊及嘉陵江教育週刊。

4,第二次視導須查詢第一次已視導事項。

## 七,留股工作

1,披閱各區視導報告。

2,指導各區視導工作。

3,研究各區教育狀況行政設施。

4,編撰訂製各場教育現狀各種圖表。

5,編輯各種教育書報。

教育視導員、爲教育股耳目所寄、耳目敏捷則心思靈通。此爲人所共知、是本區教育之進展何如。學校及學生之增減何如、經費之實際何如、教職員之優劣何如、本署囑令之從違與否、實有賴於視導員之考察指導、以爲改進發展之方;其任務實甚重大。

# 嘉陵江三峽鄉村建設實驗區署 聯合視導暫行辦法

▲內容綱目



## 一，意義

1,視導爲本署行政中心工作之一、監督輔導本區所屬各事業之進行

2,視導爲改進工作並提高工作之效率。

3,視導爲增進本區各事業之聯繫。

## 二，任務

1,凡關於本區之民、財、教、建……工作。視導員均須視察、輔導、報告。

2,凡本署各機關應行視導之事項與辦法、得由各主管機關分別製定視導須知。

3,各視導員先須明瞭自身任務然後根據任務、訂立標準等呈准主管機關核准施行。

## 三，範圍

1,本區所屬各事業機關

2,本區所屬各行政機關(各場聯保及保長辦公處)

3,本區區立小學及義務學校

## 四，組織

1,本署設一視導委員會、委員長由區長充任之。

2,視導委員會爲工作之便利、將設左列各組：

A視導組：

a,民政——設組長一人組員若干人。

（學校、社會、衛生、體育）。

b,教育……設組長四人組員若干人。

c,建設——設組長一人組員若干人。

d,財務——設組長一人組員若干人。

（衛生體育）

a研究—分別由各組辦理最後之編審由工作月刊編輯部代辦之。

b編輯—

c報告—

3,視導員除本署各事業機關主幹人外、另選資深職員若干人充任之

## 五，職權

1,視導員爲本署全權代表、對本署各事業機關學校皆有視察輔導之權。

2,召集權、必要時得召集區屬各校教職員、學生、普通或民政人員（保甲長）開會討論或報告一切。

3,試驗權、視導員應有考試權、隨時試驗學校學生及公務員之成績。以求正確之度量、而促事業之進步。

4,稽察權、對於行政機關及學校內容、表簿、文件、案卷、統計……必要時視導員得調閱或稽察之、以考察成績或解決問題。

## 六，設備

1,文具—紙、筆、墨……

2,表冊—視導需要之各種表冊、記錄簿……由各組自行擬製、交由會議審定後印製之。

3,其他

## 七，視導

1,視察（採取循環式）

A原則：

a.須有明晰的具體目標

b.須有嚴密的連繫（各組間）

c.須按一定的程序（依輕重先後緩急）

d.須歸劃一定的記錄

e.須動員宜多、次數宜多

f,須根據視導規程

g.須根據新定議案

h.須根據當前事實（客觀的標準）

B方法：

a.各種方法手續、須實際而嚴格。

b.須有系統之視察及談話。

c.須有綱目的調查。

d.考核測驗及批評之資料、應詳爲規定。

[illegible]

f,視察以事爲重、用法定之標準、以列視察之事實。

g.視察爲代表主權、依法之標準考核其功過。

2,輔導

A原則：

a.須根據視察事實。

b.須以視察爲手段、輔導爲目的。

c,須以被視導者的利益爲前提、予以積極的指示與輔導。

d.須採用科學的方法、調查、考核、指示、輔導、實驗、研究記載、報告等、均須有客觀的標準。

e,須抱有同情的態度、和氣迎人、善意待人、並設身處地爲被視導者着想。

f,須發展被視導者創造、自信、自立的能力和精神。

B方法：

a.於視察外、加詳密之診斷、予以同情之輔助、俟當事者樂就指導。

b,指導權對事之外尚須對人、人事旣洽、尤須期其成效。

c,輔導爲代表行政權、檢舉幷評其優劣。

d.對方法優良及成績顯著者、嘉奬、公佈、宣傳。

e,對徒勞無功用力多而收效少者、以建設之手段輔導、矯正…

f.對學識工作邁進者、予以奬勵。

g.對智能薄弱者、予以培養。

h.對學行不堪進益者、除當時予以講評鼓勵外、更就會議、特別研究善後之方。

3,問題

A已在當地解決之問題、回署時須與該機關連繫、以求一致、非常者更須通告修正。

B無時間性之問題、可用左列方法解決之、

a.視導員多用思維。

b,會議。

c,主管機關意見。

d.參考專書或向外徵集解決的辦法。

C可預料之問題、則須預設辦法。

D偶然之問題須因時、因時、因地、因人、因事制宜。

E爲求辦法完整精深、遇問題宜研究而後再辦。

4,注意

A不要流爲敷衍、具文、或武斷的態度。

B輔導不可如上級長官之訓令。

C視察不可如偵探之行逕。

D視導不可徒爲消極的批評。

5，修養——視導員必須有左列之修養

A體態：

a.身體健康　b.語言清楚

c，精神振作　d，舉動敏活

e，態度和藹　f，舉止大方

g，衣履樸素整潔

B學驗：

a.對某種學術有專門的研究和實在的經驗。

b.有豐富的常識。

c，有澈底健全的人生觀。

d.熟悉國家和世界的情勢。

e，了解公認的視導原則和標準。

f，有妥適的系統的視導方法和辦事方法。

g.有事事願虛心研究的精神和精益求精研究之習慣。

h.能介紹新學說新方法和出版的新書報於被視導者。

C品格：

a，性情懇摯　b，大公無私

c，富同情心　d，勤勞謹愼

e，操守廉潔

D才能：

a.精明幹練　b，熟悉世故

c，辦事整飭　d.長於記憶

e，有發表能力　f，有組織能力

g，能聯絡各方面　h，有攝影畫寫等技能

i，能指示人之優點劣點鼓舞人繼續努力或暗示改進的途徑。

6，整理

A視導時必須填寫視導表。

B視導後必須整理報告繳呈各主管機關及祕書室

## 八，時間

1，本署就全區至少每月須視導一次。

2，各機關有特別必須視導之事項必可臨時商呈區署決定之。

## 九，會議

1，視導會議定每週星期五午後一時舉行一次、商討左列事件：

a，整理報告經過及問題、評定視導成績。

b，討論一切進行計劃及視導中所發生之問題。

c，預備下次視導之事項組織及方法

d，審定各機關視導用之表冊等

e，評定視導員成績

2，視導員視導時、宜多就各地召集有關人員開會（須將議決案帶回本署）

## 十，附則

1，各組視導規程及計劃大綱另定之。

2，本規程有未盡事宜得由視導會議議決修改之

3，本規程經區長核定之日起施行。

# 教育視導大綱

## 一、意義

教育視導係依據視導的原則、標準和方法、對於教育的事業或教育的活動、作精密的視察、調查和考核；將教育實況上所有優劣、是非、存缺、輕重、難易等等現象、體查清楚、認識明白；根據所得、加以嚴密的考量、詳確的判斷、然後給予公允的批評、妥善的指示、同情的輔導、幷計劃積極的建設的改進辦法、使教育日在改造、擴充、伸張、進展的歷程中得以順利的達到發達、美滿完善的境地。其顯著的效用有如左：

㈠本區與各校藉視導做中介、可以溝通聲息、聯貫精神。

㈡教育法令的推行、教育政策的實現、視導有推動、策進的力量。

㈢視導可使教育行政統一或集、教育方法普及或整飭。

㈣視導可以提高教育標準、增進教育的效能、改進教育的制度。

## 二、原則

㈠教育視導應有健全的制度和組織——使有系統、有聯絡、有力量

㈡教育視導應認爲是一種專業。

㈢教育視導應以視察爲手段、指導爲目的。

㈣教育視導應採用分工合作的辦法。

㈤教育視導應有共同的目的。

㈥教育視導應以被視導者的利益爲前提。

㈦教育視導應採用科學的方法。——視察、調查、考核、指示、輔導、實驗、研究、記載、報告等均要有客觀的標準。

㈧教育視導應抱持同情的態度——和氣迎人、善意待人、幷設身處地的爲視導者着想、打算、計劃……

㈨教育視導應認發展彼視導者創造、自信、自立的能力和精神。

㈩教育視導應認爲是通力合作的工作、——一方希望被視導人員能遵從、接受、有所建議主張、更要希望行政當局能夠贊同採納、見諸事實。

## 三、制度

㈠本區所轄五場、設視導員五人、承主管長官之命專任視察及指導各該管區域內學校教育事宜。

㈡本區社會教育則由民衆教育委員會、民衆圖書館、博物館、體育場等分別專員視導。

㈢遇必要時、本署得派專門視察員視導或非專門視察員。

## 四。休養

(1)體態

A身體健康、毫無嗜好。

B面貌端正、感官健全。

C語言清楚、舉動敏活。

D精神振作、態度和靄。

E從容不迫、舉止大方。

F學者態度、無官僚氣。

G溫文有禮貌、衣履樸素整潔。

(2)學驗

A對於教育有深澈的研究和濃厚的趣味。

B.在教學訓管方面有實在的經驗，

C.研究過專門的學問、並有相當的造詣；

D.有豐富的普通常識。

E,有澈底健全的人生觀。

F.熟悉國家和世界的情勢。

G明瞭本國外國的教育狀況和現代教育思潮。

H認識本國教育宗旨和實施的原則方針。

I,了解期公認的視導原則和標準。

J,有妥適的系統的視導方法和辦事方法。

K.有事須具虛心研究的精神和精密的研究方法。

L.能介紹新學說新方法和新出出版的書報於被視導者。

(1)品格

A性情懇摯、至誠不欺。

B.宅心正直、大公無私、獎勵懲罰實賓元當。

C.富同情心能爲被視導者設身發地並以友誼的態度對待被視導者。

D.勤勞謹愼不因循怠惰、不操切疏忽。

E.堅毅忍耐、任怨任勞，負責到底不爲環境所左右。

F.虛懷若谷、不自滿足、謙恭下人、不自炫自大。

G.光明磊落無不道德行爲。

H操守廉介不受非分贈遺。

I,沉着踏實不張揚未成立之事。

J,有專業的自覺心、將視導工作認眞的做好、視導的成績充分的表現、幷力求進步。

(2)才能

A.精明幹練

B.能辨別是非曲直緩急輕重。

C.熟悉世故人情。

D.機警敏斷、辦事整飭。

E.注意周到並能持久。

F.長於記憶並善記載。

G.有發表能力。

H.糾紛事件善於調解處理。

I,能聯絡各方面通力合作。

J.能指示教師教學的優點劣點鼓舞其繼續努力或暗示改進的途徑。

K,有攝影、繪畫或書寫技能。

（3）其他

A,每日有一定運動時間鍛鍊身體。

B.摒絕一切不良嗜好、養成有規律和良善的習慣。

C.注意容貌、語言、精神和態度。

D.每日有一定讀書時間、新出版的教育書報雜誌、無論如何忙碌、總應抽空瀏覽。

E.參加各種學術講演會。

F.常與師友專家或視導同志通訊接談共同討論教育問題。

G,關於品格方面做切實的存養省察工夫。

H.應付措置多多歷練、并時時注意處處留心、使各種能力有相當的充實和增進。

## 五・職權

（1）職務

A督察各種教育法令之推行。

B,視導各區學校和社會教育機關之設施。

C.視導各校教學和訓育方法。

D,視察各校設備和衛生狀況。

E.輔導學校推廣事業

F,查核教經來源及支配。

G,考核教育人員服務之成績。

H,審訂各教育機關之設施計劃和應用圖表簿冊。

I,辦理各種教育研究、調查、統計、報告事宜。

j,建議各種教育事業之改進事項。

K,處理教育上和文化事業上發生之糾紛。

L.辦理主管長官特命或上級機關所委辦之事項。

（2）權限

A,有召集辦學人員開會討論之權。

B.有試驗學生考察教職員成績之權。

C.有調閱各項簿冊稽核收支帳目之權。

D.應編製報告、詳列興革獎懲事項呈主管長官核辦。

E.教育人員有違反法令事件得隨時糾正。

F,應留意當地人才。

## 六、工作

### （1）計劃

A.功用

a視導工作進行得有準則和程序。

b視導人員得藉此自行督勵和省察。

c教育工作人員得有整體一致的活動。

d視導人員得以取信於人見諒於人。

B要則

a視導的目的應簡切的規定。

b視導的要項應明白的條舉。

c視導的標準應賅括的訂明。

d視導的方法應愼重的設計。

e視導的時間區域和路線應妥善的籌劃。

f視導的人員和工作應妥適的分配。

g視導的工具和資料應充分的準備。

C步驟

a根據教育現狀找尋問題。

b根據問題解決視導目的。

c草擬簡明扼要的計劃大綱。

d.草案的修正。

e,正式計劃的印發。

### （2）視察的實施

A功用

a.教育法令之推行。

b.教育推行狀況。

c.教育人員學識之優劣。

d,作指示輔導研究報告工作之根據

e,尋獲教育原理之新應用及新原理。

f,激發教育人員奮勉踔厲研究改進并增加視導與教育人員的情感合作和信仰。

g,引起社會人士之認識和贊助的興趣。

B性質

a,對人的和對事的——工作人員、教育事務。

b,行政的和事實的——政策與計劃、設施的狀況。

c,普通的和專門的——社會、自然……科學、中學、小學和社會教育。

d,一般的和特殊的。

e,公開的和祕密的。

f,任意的和指定的。

g,定期的和臨時的。

h,團體的和個人的。

C注意：

a,事務的辦理——路程、舟車、用品、食宿、函報。

b,問題的探討——參考、研究、商詢……

c,人員的接談——與機關主管人接談參觀、索閱表冊。

d,程序的決定。

e,對象的認識。

f,時次的限度。

g,態度的修養——衣履整潔、和藹自然、戒高視闊步、不與教員作形式周旋、由後門出入、不妨學生視線、不說話、做摘紀錄、不現形行色。

c技術的練習——

如何在有限的時間、獲得代表全部活動的印象。

如何使視察的得材料能達到客觀正確完全等標準。

如何使視察不爲各方所蒙蔽並使各方不因視察而變其常態。

D要項：

a,學校視察要項。

h,教學視察要項（另詳）

c,社會教育視察要項（另詳）

d,地方行政教育視察要項（另詳）

（3）調查

A功用

a,表顯教育的眞象。b,保存教育的資料。

c,改進教育的設施。d,決定教育的計劃。

B種類

a,以區域分——全區、各場、各保。

b,就機關分——教育行政、教育機關。

c,就性質分——學校教育、社會教育。

d,教育事項分——學校行政組織、學生及教職員、課程及教法、教育經費、建築和設備、訓練與健康、課外作業、社會環境。

C步驟

a,事前的準備。b,材料的搜集。

c,材料的整理。d,結果的報告。

D表格

a,原則——劃一、正確、經濟、適用、美觀。

b,條件——審查內容、預先練習、加徵材料以資左證、每表應編列專號。

（4）考核：

A條件
a,定訂完密妥善的客觀標準。
b,公佈標準。
c,切當考核方法。
d,必須公平正確。
e,主要目的在增進教育效率。
B方式
a,核給評語。b,測量效率。
c,計算指數。d,檢驗成績。
C表式
a,問答式。b′選擇式。
c,評點式。d′分等式。

(5)指示
A準則(客觀)
a,根據持平的學理。
b,根據公佈的法令。
c,根據厘定的標準。
B時間
a,事前——計劃、預算、章程。
b,事後——實施、報銷、成績。
c,當時——計劃更改、糾紛解除、教材教法補充變更……
C方式
a,口頭的、書面的(條、函、令。)
D辦法——批評、會商、示範、參觀。

(6)輔導
A方針
a,以輔導區域的教育整個進展爲目的。
b,以中心問題爲出發點。
c,力謀教育合作精神同情態度和友誼觀念的進展。
d,使一切教育上的理論與實際問題得切實解決。
B事項
a,組織輔導會議。
b,訂定各種標準和式樣。
c,訂定各種教育進行的辦法或計劃。
d,舉行校長訓練。
e,輔導小學教師進修。
f,設立地方教育參考室。
g,舉辦教育巡迴文庫。
h,介紹優良的設施。
i介紹小學教師。

j. 舉行各種講演。
k. 進行各種聯絡工作。
r. 協助舉行各種活動集會。
n. 徵集各種資料。
m 協助編輯各種輔導刊物。
o. 調查統計全區教育概況。
p. 示範教學和指示參觀。
q. 實地輔導地方教育。

(7) 記載

A 內容：

a. 視導計劃中擬要色涵的要點。
b. 視察或調查所得的事實。
c. 考核所得的事實和擬下的斷語。
d. 被導視的意見和口頭報告。
e. 被視導者陳述的困難希望和亟待解決的問題。
f. 與被視導者、學生、家長和社會上一般人士談話的要點。
g. 對於教育事實上的意見——優劣及改進之點。
h. 準備指示的事項和指示時的特殊情況。
i. 準備輔導的事項和輔導的特殊情況。
j. 參攷研究所得的材料。
k. 在教育事實上發見的重要的問題。
r. 編製報告時其他一切有關的或必需的材料。

B 時間：

a. 計劃要點準備指示和輔導的事項可於事前從容記載。
b. 考核擬下的斷語和對敎育事實上的意見可於視察調查考核之後分別記載
c. 調查的事實談話討論的材料等可隨時隨地的記載。
d. 視察所得事實可於日間或晚間休息時記載。

C 工具：

a. 文具——紙墨筆。b. 表冊……

D 方法：

a. 文字的。b. 數字的。c. 記號的。(圖形速寫法)

E 格式：

a. 單張記載。b. 卡片記載。o. 簿冊記載、

(8) 報告

A 效用

a. 使本區教育工作人員、明瞭教育的實況、藉作各種教育事業措施和進行的根據。
b. 使被視的教育機關和人員、明瞭本機關或學校一切實施的成績、藉作改進的張本。

c.使被視導者知道視導人員對於他們的工作所評量的長處與短處、藉作省察策勵的資料。

d.使學生家長和社會上一般人士、知道地方教育實施的狀況和需要、有時可得到他們的同情和幫助。

e.使研究留心教育和一般從事教育工作的人們、知道某處的教育實況可作參考借鏡的材料。

f.使視導人員自己工作的經過和成績，在文字中表現出來、效率的考核和此後努力的方向都有所準則。依據。

B.材料

a.來源——記錄、報告、臨時搜集（專書、雜誌……）

b.保存——工具（書櫥、抽屜、卷宗）方法、（分類歸檔、編定號碼——以區域為標準、以學校為標準、以性質為標準（教育事業與材料）

C.步驟（編製）

a,檢閱需用的材料並摘列要點。

b.草擬一大綱、將所有材料約略安排一下。

c,草擬批評建議的意見、有時須與有關的人共同視導的商酌

d.動筆編製

e.初步報告寫成後、加以修改謄錄呈上。

D.種類

a.就報告時間分——學年終報告、學期終報告、月終報告、每次視導終報告、臨時或緊急報告。

b.就報告性質分——全區總報告、每場或每校分報告、各學科分科報告。

c,就格式分：表格式的報告、綱要式的報告、篇章式的報告

d,報告中必具的要素：

△教育事業的概況。

△教育事業的優點或劣點。

△考核的結論和建議改進的意見。

E.條件：

a.採取適當的報告體裁。

b.根據的確的教育事實注重統計的數字和具體事件之敍述。

c,文字力求賅簡、切實、條理。

d,意見着重積極的協助的建議。不可專事消極的或破壞的批評。

e,無論獎勵或懲責的評語宜求適切中肯、有分寸、切忌含糊籠統或過甚其詞。

f,在文字敍述中可參列統計圖表或圖形、藉引起閱者的興趣和注意。

g,編製報告時、不可遷延時日、最好在視導完時即分別着手進行、一則易於憶起實際情形、一則被視導者得先覩為快、沒有明日黃花之憾。

# 觀音米之化驗

黃治平



## 一，述言

近年吾川疊遭旱災之故、以致民不聊生、饑民遍野、一般人民、多覓掘觀音米（卽黃白泥）以爲食、尤以最近數月來、國內各報記載此項消息者、幾無日不有、余因學習理化、故常有友人詢以觀音米能否化驗分析、內含何種之成份、并可否作吾人之食料、余爲明瞭其究竟、與答覆友人之疑問計、特到鄉村作數度實地調査並取得饑民所食之觀音米、攜囘實驗室、經反覆之化驗、費月餘之時間、秏百餘元之費用、現將所得之結果、在百忙中抄寫出來、聊作答覆各友之疑問、並略供一般研究者之參考。

惟此次調査與實驗之結果、筆者純用普通常識之解釋、并非專門科學研究之報告、敬希閱者諸君、有以鑑諒是幸！

## 二，觀音米之由來

據調査一般饑民所食之白泥、統稱名爲觀音米、此米乃係一種白色粘質細膩之泥土、因產地與所含成份之不同、故其顯示之質料及顏色各異、其質粘細而色頗潔白者、名曰稻子米、質略粗而色稍黃者、稱爲小麥米、質粗砂而顏色帶紅者、則名高粱米、且有稱神仙米、包谷米、白鱔泥、黃鱔泥、白泥粑、黃泥粑、仙米、白泥、白土等種種之名稱、其所稱爲觀音米、純係一種迷信相傳說、因四川僻處西陲、地勢崎嶇、交通不便、文化落後、人民迷信頗深、一般無知之鄉民、咸謂此米之由來。係觀音菩薩見着凡界遭受災禍、飢民載道、哀鴻遍野、乃本大慈大悲、救苦救難之旨、以神力撒播此米、散發於大地、供飢民掘食、以救衆生、故有多數無知之鄉民、每於出發掘取此米時、必持齎香燭、至產米處燃點、拜謝觀音大士施米救命之恩、然後始掘泥而食、故曰觀音米。此卽其名稱之由來也。

## 三，川民食觀音米之起源

川民之食觀音米、究竟起源於何時、今不可考、余曾請教於北碚教老會中比較年高之老者數人、有謂在百年前卽有人食此觀音米者、亦有謂在六十年前始有人掘食此米者、其說不一、莫衷一是、但據本院七十老人郭慶餘先生談稱、謂據其母云、在光緒二年時川省天乾三載、人民餓死無數、當時卽有少數餓民掘食觀音米以充饑者、他家亦曾遭受旱災之影響、且亦曾掘食過觀音米、於此證明川民之食觀音米、當起源於六十年前而無疑、然究竟在六十年前之何時、則有待高明者去考證了。

至光緒三十二年、吾川復遭天乾、當時蜀人掘食觀音米者、日漸衆多、民國以來、蜀尤不幸、截至二十一年止輕重天災至十餘次之多、大小戰爭達四百七十餘次之巨、致農村經濟逐漸枯竭、農民生活每况愈下、而掘食觀音米者亦更多、無如一般社會人士、每多不注意民間之疾苦、且莫謂賑救、卽如報紙新聞亦頗少記載與宣傳、是以川民之痛苦顚連、國人尚不知之者、且亦非外人所能想像者。

## 四，川民食觀音米之現狀

最近數年、吾川旱災、連年不斷、形成空前之巨災、飢民遍野、餓殍載道、演成吃樹皮、吃草根、賣人肉、吃人肉之慘劇、同時掘食觀音米者風起雲湧、且當作家常便飯、近月各報均相繼登載此項消息、玆據各報最近所載及余調查所知者略舉一二、藉以明瞭川人食觀音米之現狀、去夏江北縣屬興隆場之杜家壩、飢民每日到該壩掘食觀音米者達千人、又縣屬古路鎮、兩岔鎮等地、每日飢民掘食觀音米者、亦各約四五百人、去冬岳池縣屬之復興、觀勝等場之飢民、紛向華鎣山、白子洞等地掘食觀音米者、盡日絡繹不絕、今春萬縣第五區市及該縣掘食觀音米者約四五萬人、且有遠在十數里以外之災民、亦到該區掘食者、又達縣馬埡口週龍場兩地飢民初發現觀音米時每日兩地掘取觀音米者達二三千人、璧山縣屬之源亭鄉掘取此米者往來塞途、富順永年鎭掘取此米者亦不下數百人、他如——榮昌、合江、巴縣、合川、涪陵、遂寧、順慶、潼南、蓬溪、武勝、岳池等縣、飢民掘食觀音米者、亦頗不少、更有甚者、去冬鄰水天池屬之高登山、飢民因爭掘觀音米械鬥打傷人命、今春資中斯盛鄉飢民掘取觀音米竟將地掘成一深洞、飢民正在洞掘米之際、上層岩石突然坍倒、當時壓倒數名重傷十餘名、由此觀之、吾川掘食觀音米之飢民據一縣之調查、至少在四五萬人以上、以全川一百四十八縣三屯一局計、至少都在五百萬人以上、且以最近吾川掘食觀音米之飢民、大有增加之趨勢、誠川人掘食觀音米極一時之盛也。

## 五，觀音米之成因

據余調查所得、關於觀音米產生之地、有在小山之頂者、有在山腹者、亦有產於山麓者、其分佈情況、有寬至十餘丈、厚達八九尺者、有寬約四五丈、厚達二三尺者、亦有寬不過數尺、厚不過數寸者、其層次多係平面層，間有斜行層、至其露頭處有在土面者、有在岩石之間者、亦有上下皆粘土、而中夾一層者、且亦有並無層次、成不規則之粒狀、或塊狀、被一層黃泥土所包圍而存在者、此爲調查產生地之大概情形。

觀音米本爲柔軟狀態、一經游離水份失去後、卽似碎石、其色有白灰、有淡黃、亦有稍帶淡紅色者、無光澤、爲不透明體、形不規則、略呈頁狀、切之易斷、擊之成粉、劈開而不整齊、斷口呈參差狀、無導電力、亦無磁性、用手撫摩、頗細膩、起油感、以指甲劃之、卽起條痕、其硬度在一至二度之間、放在舌上、卽與舌相粘貼、具有吸涎性、食之頗柔糯、有如所食之湯粑然、惟略有砂質、且滿塞口、並帶泥臭氣、略帶滋味、放入水中、卽沉澱如澱粉、可塑模型、可用以吸收纖物上之油膩、並有漂白之作用、綜合起來可如下之判別、以岩石分類學說、有火成岩、水成岩、變質岩、三大類、而觀音米則應屬水成岩之一種、又以史地學說、有太古代、古生代、中生代、新生代四代、故觀音米則尙屬中生、而中生代中又分白堊紀、侏羅紀、三叠紀、而觀音米當屬於中生代中之侏羅紀或白堊紀的一種灰色頁岩、白色頁岩等的一種、民頁岩爲火成岩中之長石等分解變化而組成、其所以成爲現在之觀音米者、因長石等礦物受大氣的作用、化學的影響、雨水的碰擊、冰雪的伸縮等破壞、使其變爲泥沙、冲瀉積沉於海底或湖沿、層層叠積、後因地殼變遷、或海湖變陸地、再經種種之破壞、乃露出所謂觀音米之白泥、且多爲平層。因長石爲白色、故觀音米亦白、有時因含有少量雜質、如鐵磷等在內、故觀音米間有呈紅黃等色、又因岩石受破壞時、有各種硬度質料之岩石、同時沉積、及流水緩速等關係、故此觀音米又有質料粗細軟硬之差別、此乃觀音米大概之成因。

## 六，觀音米之化學成份

吾人參閱前節之敍述、已知觀音米產生之地帶、狀態、與成因、以及內含之物質與各種物質含量之多少了、且凡爲一物品、旣作人類食品者、大都經過多數化學家反覆之試驗、證明該物品中含有何種之成份、與各成份含量之多少、觀吾川所產之觀音米產量旣豐、食者頗衆、確應化驗以證明該米內含有何種之成份、及各成份含量多少之必要、故余有此觀音米成份之分析。

余前返里時、於調查沿途觀音米之產地與狀況之際、曾順便採集有觀音米多種、均與攜回、本欲每種分別加以試驗、旣爲時間不許、加之消耗亦頗多、乃變通辦法以一縣爲單位、將每一縣所採數種觀音米、混合爲一種而試驗、以經濟時間與消耗、且此米均爲吾人所掘食者旣屬一類、混和化驗、當不致有若何重大影響與錯誤。

關於分析此種觀音米所採用之方法、則係應用分析粘土所常用之普通方法、固表面觀察、此觀音米類似粘土之故也、至於分析此觀音米時、實施之手續、頗屬繁瑣、限於篇幅、自不能一一詳爲寫出、故從略、且關於此類分析辦法——各專門分析化學書中、皆經詳載、閱

者如必須參考、可看此類書籍自明·

系因有經常工作關係、只能在每日工餘之暇、抽時作此分析、故時作時停、費月餘之時間、始將此工作完成、現將所得大概結果、列表如下：

觀音米化驗成份表（一）

| 成份／產地 | 燒失物% | 不溶物% | 鐵% | 鋁% | 鈣% | 鎂% | 鉀% | 鈉% | 硫% | 磷% | 合計 |
|---|---|---|---|---|---|---|---|---|---|---|---|
| 江北縣 | 九·九二 | 六一·一三 | 一·〇三 | 二一·一三 | 一·九八 | 一·八九 | 〇·八七 | 一·一三 | 〇·〇八 | 〇·二三 | 九九·三七 |
| 巴縣 | 一二·八七 | 五九·九八 | 一·八三 | 一九·六九 | 一·八七 | 〇·九九 | | 一·九一 | 〇·四八 | 〇·〇七 | 一〇〇·一三 |
| 璧山縣 | 一〇·〇三 | 五八·六一 | 〇·九九 | 二六·二〇 | 〇·九八 | 一·〇二 | | 一·三二 | 痕跡 | —— | 九九·一五 |
| 合川縣 | 一三·四三 | 六二·〇七 | 三·〇二 | 一八·二〇 | 一·〇九 | 〇·七九 | —— | —— | 〇·一二 | 搬量 | 九九·七四 |

（上表所化驗四種混和觀音米之結果、一部份自屬鄉人所掘食之觀音米、但其中一部份乃係余採集類似鄉人所掘食之觀音米、混入而化驗之、當中恐不無鄉人所食者、似不能完全代表鄉人所掘食之眞正觀音米所含之成份、為欲明瞭確實觀音米之成份計、余曾到北碚附近天星橋之一農人家中、徵求得彼家所食之觀音米二種、又於挨近之農家徵求得兩種、大別之、可分為三種、一種色白灰、一種色淡黃、一種色略紅、白者鄉人稱為「稻子米」、「又曰白鱔泥」黃者稱為「小麥米」又曰「黃鱔埿」紅者鄉人稱為「高粱米」、又曰「豬血埿」嚐試之、竟得白者質柔糯、黃者質細膩、紅者質粗砂、乃將此四種觀音米依其顏色質料分為三種、均予攜回、分別加以化驗、藉明鄉人所食觀音米眞正所含之成份、仍如上表化驗觀音米之方法行之、所得結果、約如下表：

觀音米化驗成份表（二）

| 名稱　成份% | 燒失物 | 不溶物 | 鉄 | 鋁 | 鈣 | 鎂 | 鉀 | 鈉 | 硫 | 磷 | 共計 |
|---|---|---|---|---|---|---|---|---|---|---|---|
| 稻子米（即白鱔泥） | 一一·一二 | 六〇·三一 | 〇·八九 | 二二·一四 | 二·〇三 | 一·九九 | 〇·四八 | 〇·六三 | 微量 | 微量 | 九九·五九 |
| 麥子米（即黃鱔泥） | 一二·一〇 | 六一·三三 | 一·四四 | 一九·〇五 | 二·八〇 | 一·〇四 | 一·三一 | | 〇·一六 | —— | 九八·八三 |
| 高粱米（即豬血泥） | 一〇·二一 | 五九·一一 | 三·三一 | 一八·九三 | 三·〇〇 | 一·四一 | —— | —— | 〇·三三 | 〇·三〇 | 九九·〇〇 |

上二表所化驗之觀音米僅僅七種、以吾川面積之寬度、觀音米產地之衆多、上列七種觀音米化驗結果之成份、固不能代表全川所有觀音米之成份、但至少總可以代表全川所產觀音米主要所含之成份及大概所含之份量。

上二表觀音米成份之含量、一般均是不溶物含量爲最多、其次爲鋁、再其次則爲燒失物、其餘如鈣、如鎂、而鐵、而硫、以至於鉀、鈉、磷等氧化物、含量均甚微、於此可知觀音米不獨四川始產、我國其他各省亦必廣產(即俗稱爲白坭或白土者)茲摘錄吾國其他省份所產之白泥數種以備參證：

白坭化驗成份表 (三)

| 成份/產地 | 燒失物 | 不溶物 | 氧化鋁 | 氧化鉄 | 氧化鈣 | 氧化鎂 | 氧化鉀 | 氧化鈉 | 氧化鎦 | 氧化錳 | 總計 |
|---|---|---|---|---|---|---|---|---|---|---|---|
| 浙江 | 三·四七 | 七六·四二 | 一六·八一 | ○·三○ | —— | —— | —— | —— | —— | —— | 九七·○○ |
| 福建 | 一一·三七 | 五四·八六 | 二八·九○ | 一·九五四 | —— | —— | —— | —— | —— | —— | 九六·六七 |
| 江西 | 六·三一 | 六七·三四 | 一八·五二 | 一·八八 | —— | —— | —— | —— | —— | —— | 九四·○五 |
| 宜興 | 六·四二 | 六五·一五 | 二二·四八 | 二·○○ | ○·七○ | ○·七八 | ○·八七 | 一·○六 | ○·○一 | | 九九·四七 |
| 福州 | 五·八四 | 五二·二四 | 三八·二九 | ○·四二 | 一·一○ | 一·一二 | —— | —— | —— | —— | 九九·○一 |
| 南京 | 一五·八五 | 四二·四四 | 四一·二三 | ○·四八 | ○·五八 | ○·○九 | ○·一六 | ○·○一 | | 痕跡 | 一○○·八四 |
| 同右 | 二八·六三 | 二六·一○ | 三九·五七 | 一·四八 | 一·九三 | ○·二六 | 三·○六 | | ○·○三 | ○·○一 | 一○一·○九 |
| 無錫 | 六·八七 | 五一·二二 | 三八·三七 | ○·九九 | ○·○四 | 一·○四 | ○·八八 | 痕跡 | —— | —— | 九九·三六 |

據上表可知我國江、浙、等省所產白坭之成份及含量、與四川所產之觀音米(白坭)、所含成份及含量比較、大約相同、無甚差別、是則吾人所食之觀音米、並無何種特殊不同之點、仍與各地普通所產之白坭無異。更進而言之。吾人掘食所謂觀音米之白坭與普通粘土亦無甚差別、茲特將各地之粘土、已經化驗分析之結果、摘錄數種、列表于下、以資比較。

粘土化驗成份表 (四)

| 成份<br>產地 | 熱減 | 鐵 | 鋁 | 鈣 | 鎂 | 鉀 | 鈉 | 總計 |
| --- | --- | --- | --- | --- | --- | --- | --- | --- |
| 秦皇島 | 一四・五二 | 四四・三六 | 〇・五七 | 四一・〇三 | —— | —— | —— | —— | 一〇〇・四八 |
| 蘇州 | 二〇・六四 | 四二・二六 | 〇・三一 | 三四・八四 | 〇・七五 | 〇・九一 | 〇・一七 | | 九九・八八 |
| 祁門 | 三・七一 | 七〇・八九 | 一・三六 | 二一・四二 | 〇・六六 | 〇・五五 | 〇・八四 | | 九九・四三 |
| 山西榆次縣 | 一五・五〇 | 四五・二〇 | 〇・六〇 | 三七・八〇 | 〇・四〇 | 〇・三〇 | 〇・六〇 | | 一〇〇・四〇 |
| 山西孟家井 | 一四・三〇 | 四四・八〇 | 〇・四六 | 三九・四〇 | 一・〇〇 | 無 | 〇・九〇 | | 一〇〇・八〇 |
| 四川江北縣 | 一二・一二 | 六八・一一 | 二・四一 | 一二・一〇 | 一・一〇 | 一・〇〇 | 〇・九〇 | | 〇・八四 |
| 四川羅泉井 | 八・七三 | 五六・七八 | 〇・四一 | 三二・九二 | 〇・一五 | 〇・三六 | 〇・五六 | | 一〇〇・六〇 |

粘土所含之成份與含量、確與吾人所食之白泥所含之成份及含量無甚差別、如此、吾人所食之觀音米與普通之粘土相似、不過與普通粘土之比較、質略細膩而柔軟、且顏色較爲潔白之分、粘土既爲長石經風變質而成、可知觀音米亦爲長石等經風變質而成、玆列舉數種長石類之化學成份於下、以與吾人所食觀音米之比較。

長石化驗成份表　（五）

| 成份<br>產地 | 燒石物 | 不落物 | 氧化鋁 | 氧化鐵 | 氧化鈉 | 氧化鉀 | 總計 |
| --- | --- | --- | --- | --- | --- | --- | --- |
| 浙江 | 〇・〇五 | 六四・四四 | 一九・八一 | 〇・〇九 | 三・七四 | 一二・〇二 | 一〇〇・一五 |
| 浙江漫洲 | 二・五四 | 七三・〇六 | 一・七三 | 一三・三五 | 四・二四 | 五・〇六 | 九九・九八 |
| 同右 | 九・三四 | 六八・八二 | 一七・〇〇 | 〇・八〇 | 一・三一 | 二・五八 | 九九・八五 |
| 湖南 | 四・五〇 | 七一・一〇 | 一八・八一 | 〇・三九 | 〇・五五 | 四・八八 | 一〇〇・二三 |
| 日本 | 〇・六七 | 七二・四二 | 一六・〇〇 | 〇・四七 | 六・六二 | 三・三九 | 九九・五七 |

上列白泥、粘土、長石三表所化驗結果之成份及含量並不如吾人所食之觀音米化驗結果所得之成份及含量完全相同、似不能謂吾人所食之觀音米即係上列白坭、粘土、長石三表類似之物質、這是因爲長石等礦物經風變質的夾入其他礦物岩石等雜質有多少之不等。故化驗所得成份之含量亦有高低之不同、又因化驗時某種成份或許有、但未經過測驗、某種成份或不含、乃因岩石變石未夾入、因此化驗結果之成份、觀音米或白泥所有者。粘土或長石間或無、故特提示此點述及、希讀者不要疑惑以爲白泥非觀音米或粘土之類、或此等泥土非長石等礦物經風化分解而來也。

總括言之、川人所掘食之觀音米經實地調查種種之檢驗、復經化學之分析、以及種種化驗結果之比較、可證明內含大部份之無機礦物質、確係長石等礦物經風化變質分解而成之粘土、是則吾人呼爲觀音米者、實爲一種粘土也。

## 七，人體構成及所需養料是否須食觀音米

上節之敍述、已知川民目前所掘食之觀音米、確係一種粘土而無疑。現論吾人身體究爲何種物質所構成、營養吾人之身體又須攝取何種物質作養料。再看四川所產之觀音米、是否爲構成吾人之身體所必需。與營養吾人之身體所不可少。因欲論人體所需何養料、必先知人體構成爲何物、欲知人體營養是否須食觀音米、必先知人體營養須何物、茲先討論人體爲何物所構成、次論人體所須何養料與是否須食觀音米。

宇宙間所有一切物質、種類雖多、名目雖繁、但將其分析至不能再分析的元素、據現已知者、亦不過八十餘種、其中存在最廣而又較爲重要者、尚不出三四十種、所以吾人身體之構成、自然亦不外係上述元素中之一部份耳、茲將構成人體之元素及大概之含量、列表如下。以備參考。

構成人體之元素含量表（%約數）（六）

| 元素名 | 含量 | 元素名 | 含量 | 元素名 | 含量 | 元素名 | 含量 | 元素名 | 含量 | 元素名 | 含量 | 元素名 | 含量 |
|---|---|---|---|---|---|---|---|---|---|---|---|---|---|
| O | 六五．〇 | C | 一八．〇 | H | 一〇．〇 | N | 三．〇 | Ca | 二．〇 | P | 一．〇 | K | 三．五〇 |
| S | 〇．二五 | Na | 〇．一五 | Cl | 〇．一五 | Mg | 〇．〇五 | Fe | 0．〇〇四 | 其他 | 微量 | | |

上表所列氫、碳、氧、氮、鈣、磷、鉀、硫、鈉、氯、鎂、鐵等十二種元素幾乎身體中各部份均含有、而爲構成吾人之身體所必不可少者、此假定稱爲第一類元素、另有一小部份元素、如氟、溴、碘、鋁、銅、錳、矽、鈷、鋅、等九種、雖非身體所必要、但爲參與構成身體者、又假定爲第二類元素、其皆在吾人之周圍。最容易相遇觸而便於攝取也、茲定門德列夫氏之週期律表中以求躋成人體各主要及參與之元素位置、列如下表、更增明瞭：

身體構成主要及參與之元素

| III | IV | V | VI | VII | VIII |
|---|---|---|---|---|---|
| B | C | N | O | F | |
| Al | Si | P | S | Cl | |
| Sc | Ti | V | Cr | Mn | FcCoNi |
| Ga | Ge | As | Se | Br | |
| Y | Sr | Nb | Mo | I | Rn RhRl |
| In | Sn | Sb | Te | J | |
| 稀土 | Hf | Ta | W | 一 | Os Ir Pt |
| Tl | Pb | Bi | Po | 一 | |
| Ac | Tb | Pa | U | | |

註：

大體字表示第一類元素、有十二種、即構成身體之主要元素。

小體字表示第二類元素、有九種、即構成身體參與之元素。

第五週期之III族稀土者、爲稀土類元素之略。

| 週期 / 族 | 0 | I | II |
|---|---|---|---|
| | | H | |
| 1 | He | Li | Be |
| 2 | Ne | Na | Mg |
| 3 | A ↔ | K | Ca |
| | | Cu | Sn |
| 4 | Kr | Rb | Rr |
| | | Ag | Cd |
| 5 | X | Cs | Ba |
| | | Au | Hg |
| 6 | Rn | — | Ra |

↕者、表示元素之順序相更換者。

根據上表可知構成人體之主要元素、及各元素大概之含量、再看上列第七表又知參與構成人體之元素、及各元素在週期表上所排列之位置、則更明白人體中各元素之含有量、以氧、碳、氫、氮、四元素爲最多、內佔百分之九十六，以身體之大部份爲水與有機物也、鈣、磷、鉀、硫則次之、均爲百分之四、鈉、氯、鎂、鐵更次之、四者總共含有量猶不到百分之一、此爲人體構成大概之情形、現在若討論人體須要何養料、各養料與在人體中有何種之作用、及吾人是否需食觀音米。

吾人日常營養身體所需之養料、約可分爲三大類、即有機營養素、維生營養素、無機營養素是也、玆分別略述於後：

（一）有機營養素

1，蛋白質——蛋白質爲動物成份中重要之化合物、亦爲動物之重要有機營養素、其種類甚多。皆爲氨基酸之結合而生成、大概爲碳百分之五十、氫百分之七、氧百分之二十二、氮百分之十六、硫百分之零點三、磷百分之零點四所構成、亦有隨蛋白質之種類如何、而含有糖質或鐵者、在人體筋肉內、約含百分之十九、其在人體中之作用、爲熱能之資源、又行生活機能之調整、而其主要任務、則在身體組織之構成、與消耗物質之補充、常人一日約需七十五克。

2，脂肪質——凡脂肪酸之化合物皆屬之、亦爲動物體成份及營養上所必不可少之物質、爲碳、氫、氧三元素所組成、其作用亦爲身體組織之構成、與消耗物質之補充、又爲供給熱能之資源、與貯藏物質而備他日之使用外、尚有其他生理上之作用、如近於體表之脂肪、或防止體溫之發散、或以對外力影響而保護臟器、或愼空而整飾容姿者、常人一日約需二十公分。

3，碳水化合物——碳水化合物又稱爲糖質、爲、碳、氫、氧三元素所成、其最簡單者在化學上爲醇、同時而兼有酮或醛之性質者、故有氧化作用或還原作用、在人體主要之任務、爲供給熱能之最大根源、常人一日約需四百五十七公分。

以上三種有機營養素多存在於動植物體中、其分佈甚多、故吾人日常用作營養身體者、可於動植物食品中攝取、不能取自觀音米、玆舉數種吾人日常所食之動植物及所含之有機營養素和份量、表列如下、以證明吾人所需之營養、不在掘食觀音米。

食物成份含量表 （八）

| 成份含量／食物名稱 | 水份 | 蛋白質 | 脂肪質 | 無機鹽 | 碳水化物 | 發熱量 每百公分（卡） | 發熱量 每百斤（卡） |
|---|---|---|---|---|---|---|---|
| 猪肉 | 五〇·七 | 一六·四 | 二三·〇 | 〇·九 | —— | 三五四 | 一九八二 |
| 牛肉 | 六七·八 | 二〇·九 | 一〇·六 | 一·一 | —— | 一七九 | 一〇〇三 |
| 雞肉 | 七四·八 | 二一·五 | 二·五 | 一·一 | —— | 一〇九 | 六一〇 |
| 鯽魚 | 八一·七 | 一五·九 | 一·三 | 一·〇 | 〇·一 | 七六 | 四二六 |
| 鷄蛋 | 七三·七 | 一三·四 | 一〇·五 | 一·〇 | —— | 一四八 | 八二九 |
| 稻米 | 一四·四 | 九·九 | 〇·九 | 一·五 | 七二·五 | 三三八 | 一八九三 |
| 玉蜀黍 | 一四·五 | 七·七 | 二·一 | 一·二 | 七二·五 | 三四〇 | 一九〇四 |
| 小麥 | 一〇·五 | 一二·四 | 一·四 | 二·五 | 七〇·八 | 三四五 | 一九三二 |
| 白（苦）菜 | 九四·一 | 一·四 | 〇·三 | 一·〇 | 二·四 | 一八 | 一〇一 |
| 菠菜 | 九三·九 | 一·八 | 〇·三 | 一·八 | 一·八 | 一六 | 九〇 |
| 桃 | 八九·四 | 〇·七 | 〇·一 | 〇·四 | 五·八 | 二七 | 一五一 |
| 李 | 七八·四 | 一·〇 | —— | 〇·四 | —— | 八四 | 四七〇 |

此外人體需要一種熱、作爲體內臟腑之運行、體外四肢之動作用、常人每小時平均約需四十克至五十克、但可取自吾人日常所食之動植物品中、亦無須自觀音米而攝取、已見於上表食物成份之所列。更有一種酵素、其在細胞內經營作用者爲內生酵素、分泌於細胞外而經營作用者、稱爲外生酵素、人體內一切化學作用得圓滑進行者、皆酵素觸媒作用而然也、例如人體中無分解植物纖素之酵素惟賴腸內細菌之作用而分解、纖維素內未被胃腸酵素分解作用之營養素、亦能消化以出、變爲葡萄糖被吸收、一部份變爲乳酸等、利用以爲熱能之資源、但此酵素於動植物體內俱含有、更無需乎取自觀音米。

二、維生營養素

維生素雖爲有機營養素、但不屬於蛋白質、脂肪質、糖質等之有機物而爲生物體營養上極關重要微量存在、有偉大之生物學作用、而爲動物體所不能合成之物、與覺醒素類相似、現已發現者、有甲、乙、丙、丁、戊、五種、玆將各種維生素在人體內所負之任務及作用略述於下、以資參考；

a甲種維生素——爲促進生長、預防眼病不可少之物質、又有發生牙齒預防虫蛔寄生之功效、更有制節生理之作用。

b乙種維生素——亦爲促進生長所不可缺乏之物質、並可預防脚氣病、及治療脚氣病、與有節制生理之作用。

c丙種維生素——爲預防壞血病、及治癒壞血病、和節制生理重要之物質。

d丁種維生素——有促進生長期內骨端軟骨部石灰沉着之性質、並可防止佝僂病、又能促進小兒之生長、及發育齒牙之功。

e戊種維生素——有促進胎兒之產生、防止胎兒在肚內少被分解與死亡、更能製造精虫、與發育生殖線之效。

上列五種維生素、亦廣佈於動植物界之體中、不能於觀音米中取得、前列數種吾人日常用作食品之動植物及其所含之維生素、約如下表、以資證明。

食物中維生素之含量 （九）

| 維生素<br>物名 | 甲 | 乙 | 丙 | 丁 | 戊 |
|---|---|---|---|---|---|
| 稻子米 | 十 | 十十 | ○ | 十一 | 十十 |
| 玉蜀黍 | 十 | 十十 | ○ | 十一 | 十十 |
| 小麥 | ○ | 十一 | ○ | 十一 | 十十十 |
| 菠菜 | 十十十 | 十十十 | 十十十 | 十一 | |
| 白菜 | 十十 | 十十 | 十十十 | 十十十 | |
| 牛奶 | 十 | 十十 | 十一 | 十一 | |
| 豬肉 | 十一 | 十十十 | ○ | 米 | |
| 魚肉 | 十一 | 十 | 水 | 水 | |
| 牛肉 | 十十十 | 十十 | 十一 | 十 | 十一 |
| 魚肝油 | 十十十 | ○ | ○ | 十十十 | 十 |
| 雞蛋 | 十十十 | 十十 | 十一 | 十 | |

註；

十指食物中含有少量維生素

十十指食物特中含有中量維生素

十十十指食物中含有中量維生素

十一指食物中含有極少量維生素

（三）無機營養素

1，水——水爲　、氫二元素所組成、在人體內有極重要之關係、人無水則不能生存、固爲構成人體必要之一物也、又在人體內之作用、第一富於溶解力、能將種種物質溶解運搬、或在水中起化學反應最爲便利；第二爲水有優良之誘電能力、因之在水中起電力亦甚便利、第三爲水之比熱大、體內縱有溫度之變化之亦能調節、而不致波及全身細胞、常人一日約需二升至五升。

2,—氯—氯素爲促進胃液之分泌、及刺戟心臟等所不可少之物質、如果人體內之氯素不足、則胃液之分泌必發生不良之現象、故常人一日約需食鹽五克至十克。

3,—鈉—鈉在人體內最重要之作用、爲維持體液使成中性、而不使體液有偏於酸或鹼之現象發生、故人體內必需鈉。

4,—鉀—人體內細胞之實質與赤血球之組成、鉀爲不可少之物質人體其他組織中亦需鉀、故成人體內全鹼質之四分之三爲鉀。

5,—鈣—鈣對於筋肉尤其心臟之筋肉、運動上具有特殊之作用•其對於血液凝固、神經作用等亦有重要之關係、且爲骨骼生成所必需、否則發育不良、或得佝僂病、常人一日約需鈣零點五克至一克。

6,鎂—鐵亦爲構成人體內骨骼所不可少之物質、故小兒、姙婦、乳婦等、其需要比常人爲更切、否則骨骼發育不良。

7,磷—磷爲構成骨骼之一部份成份、又爲精虫之成份、常人一日約需磷酸三公分至五公分。

8,硫—硫于體內之脫氫作用上有重大關係、如在氫化型時作爲氫素受溶質以攝取氫素最易、在還元型時不以氫素賦與質而容易付與他物以氫素、故有氫此可使難化之物起氫化。

9,鐵—鐵爲血色素蛋白質之形成、又爲氧氣運搬之作用•及觸媒作用、爲全體組織所必需、人體若缺鐵、易得血虧病。

10碘—碘爲人體甲狀腺之成份、缺則易生鵝喉病、例如西康之婦女、常見多數項下吊一肉瘤、皆爲缺乏碘質之故也。

其他無機物如氟、溴鋅、酸等、亦爲構成人體一部之物質、限于篇幅、不再詳贅。

各種無機鹽在人體內一般的生理作用、爲維持骨骼之剛性及構成組織液中之性維持、調節血液間之滲透質、保特細胝之特性•構成氣官消化物質之補充、生活機能之調整等。皆有賴于無機物是也。

上列各種無機物、因屬構成人體及營養身體所需之物質、但有一部份天然存在爲頗廣、因無須乎取自觀音米、例如水、遍地皆有、到處存在、取之不盡•用之不竭、且易獲得、吾人日常所食之動植物品中亦含有不少又何必取自乾燥之水之觀音米?又如　、鈉、鉀、鈣、鐵、磷、硫、鐵等無機物、仍廣存於動植物界中、吾人日常用作充飢之食物、已足取用、略見前表、更又何需乎取自所謂觀音米之白泥中?爲不只空談、以略將吾人營養上需要較多之無機物、而能在吾人所食之動植物體中可取得之動植物、選摘數種、列表如下。

食物中鈣磷鐵之食量　(十)

| 食物種類<br>成份含量 | 上等米 | 玉蜀黍 | 小麥 | 白菜 | 菠菜 | 萵苣 | 鹹菜 | 紅蘿蔔 | 李果 | 牛乳 | 血 |
|---|---|---|---|---|---|---|---|---|---|---|---|
| 鈣(公分) | 〇·〇二八 | 〇·〇一三 | 〇·六七 | 〇·〇六四 | 〇·〇九六 | 〇·〇八二 | 〇·一二〇 | 〇·〇四一 | 〇·一一〇 | 〇·一二〇 | 〇·〇〇八 |

| | | | | | | | | | | | |
|---|---|---|---|---|---|---|---|---|---|---|---|
| 磷（公分） | 0·一四0 | 0·三一0 | 0·三六0 | 0·0四0 | 0·0四一 | 0·0五一 | 0·0六0 | 0·0三七 | 0·0三一 | 0·0九三 | 0·0四一 |
| 鐵（公分） | 0·00六 | 0·00三四 | 0·00二一 | 0·00一五 | 0·00三五 | 0·00四三 | ？ | 0·00一三 | 0·000五 | 0·000二 | 0·0五六 |

綜上而論、構成吾人之身體、與營養吾人之身體·其所需之物質、大概爲上述之有機物和無機物、與及維生營養素等各物質、而此種種物質、又皆廣存在於動植物界中、幾各動植物體中皆含有上述各物質之一部份或全部、吾人日常大部皆用此等動植物體之一部份或全部、而作充飢之食品、是以構成吾人之身體與營養吾人之身體、只可於此等食品中攝取得、因不能食此爲泥之觀音米、而在此觀音米中攝取構成人體與營養人體之養料、是則吾入確已用不着掘食此觀音米矣、然又何必不遠百里而來爭相掘取、且不惜械鬥打傷人命、更不畏岩奔犧牲性命、亦必欲獲得食之而後已、抑何其愚乎。

## 八，觀音米究竟可否作吾人之食料

綜合以上各節而論、已知川民目前所掘食之觀音米、乃爲長石等礦物經風化變質分解而成之一種普通白坭、並已知人體之構成與所需之養料、皆可在吾人日常所食之動植物品中取得、已無須乎掘食此觀音米、然而吾人現在要討論的是觀音米研究可不可食、如果可吃、那末、除動植物外、吾人又增多一種新食品矣、何况此物經濟產豐、又不如稻米等之價值昂貴？不過觀音米是否可作吾人食料之價值、則必須看合不合於食品之條件、因爲合乎食品條件之物質、最低限度要具備有下列之三個條件之性質、第一要此物質含有比較豐富營養成份。第二是此物質含有易於消化與易爲生體所吸收、第三是此物質食入腹中後要不妨礙身體之成長與發育，具有以上之條件始得稱之爲食品、乃方可供作吾人之食料、今四川所產之觀音米是否具備有上面所說的最低限度的三個條件、玆略爲敍述如下：

關於吾人所食之觀音米、參看前面第一、二表化驗之結果、已知道其中所含之成份爲燒失物、鹽酸不溶物、三氧化二鐵、三氧化二鋁、以及鈣、鎂、鉀、鈉、硫、磷等氧化物、而燒失物中、則包括有游離水份、結合水份、自碳酸鹽類放出之二氧化碳、自二氧化炭中放出之氧、以及極微量之腐敗有機物和硫磺等、吾人再看前面第六七表、又知構成與參與構成吾人之身體、又需要此等成份之一部份、更參閱前面第八、第十表、營養吾人之身體、亦需要此等物質之一部份、但觀音米中所含各成份、雖有極微量之腐敗有機質等、已不可或不能用作吾人之養料、其餘百分之九十以上皆爲無機物、而且爲無機態之無機物、吾人構成身體與營養身體雖然需要無機物、但係需要有機態之無機物、而非需要此觀音米中所含之無機態之無機物、即必須取自動植物體中所含之有機態無機物、方能爲吾人之身體各部所吸收、以營養吾人之身體、雖間有無機態之無機物、亦或能吸收、但既少而復極微、推而言之、此種觀音米、簡直毫無營養成份之可言、亦無營養之價値、如是、則觀音米已不合食品之第一條件。

吾人已知觀音米爲一些無機礦物質所混成、參看前面第一、二、表各成份之含量、以二氧化矽酸爲最多、起碼在百分之五十幾或六十以上、其次爲三氧化二鋁、其含量亦均在百分之十五或二十以上、其他爲鐵、鈣、鎂、鉀等無機礦物質、我們知道、人體需要之食料、大部份爲有機物質、如動植物等食品量、而以容易消化者爲最佳、而無機物則需要爲頗微、而且多以有機態之無機物爲養料、今觀音米既含百分之九十以上之無機礦物質、而非人所需要易於消化與大部份之有機物。食之則不易消化、更不能吸收、是爲觀音米不合乎食品之第二條件。

此觀音米既不含營養份、又均爲無機礦物質、食後不能消化、則無養份、不能營養吾人之身體、不消化、有妨害吾人身體之發育與成長、何況人食入腹內之物品、經各部吸收後剩餘之廢物、爲潤滑柔軟物而排出於體外、觀音米既爲無機礦物質、自無潤滑柔軟之可言、勢必帶着人體胃腸內之潤滑物（脂肪水份等）而始能排出於體外、如此、不惟不供給人體之養料、而反括去人體內之養料、有損害吾人之身體、因屬當然、倘若久食或多食此觀音米、腸內潤滑之損耗過度時、則此觀音米必阻塞於胃腸內、無法排出、勢必腹脹、上下不通、不獨有妨害身體之成長、且有害及生命之危險、是則觀音米亦不合食品之第三條件也明矣。

依上而論、合於食品之物質、必具最低限度之三條件、觀音米既不合上具之三條件、故不可作吾人日常之食品、雖食之亦無營養身體之價值、且有妨礙身體之成長與發育、若多食更有害及生命之危險、盼望川人今後切勿食此妨礙身體與危及生命之觀音米是幸。

## 九，川民食觀音米後對於身體之影響

上節已述明觀音米不可食。如果吾人掘食之、輕則妨礙身體之發育、重則危及吾人之生命、但川人不然、不惟不拒食、而反迎之不暇、竟以此觀音米爲唯一度飢之妙品、取之爲恐其不得、食之尤恐其不足、且不惜打傷人命岩崩壓死以求之、據日前估計全川不下四五百萬人食此觀音米、而猶日增不已、此豈川人不愛身體乎？亦不畏危及生命乎？然人未有不愛惜其自已之身體者、亦未有不顧惜自已之生命者、既不然、豈非觀音米可作吾人之食品、而無礙於身體之成長與危及生命乎？但經余實地調查與化驗、並又經國內外多數化學家之研究證明確實含無機物之成份、食之有妨礙成長與危及生命、如此、究竟是川人不畏死耶？抑是觀音米可以食之、爲欲明瞭其孰是計、余曾親入農村、實地調査掘食觀音米之鄉民、詢以食後對於身體有無何種現象及病態之發生、玆據一般鄉民之答覆、綜合敍述如下：

鄉民食觀音米者其法爲取觀音坭極少量而碎爲顆粒狀、和入米麥或包谷、高粱等糧食中、再推磨成細粉、然後用此粉加入捏調均勻、做成日形薄粑入鍋內煎熟乾食之、或作成丸形、放入沸水中煮熟和湯而食之、食時、仍與普通一般之米作成者無異、食後於腸胃消化上幷無若何之影響。身體上亦無任何現象之發生、若以九成或八成米內和一成或二成觀音米、仍如上法烹食之、在食時、微進其口內粉塞、下咽稍滯略帶砂質竟有泥溴氣味、食後於腸胃稍感不通、大便時不甚暢通、倘若觀音米成分超過稻米等之成分、或純粹用此觀音米內搭少許之野菜樹皮等、亦如上法烹食之、或繼續日久則發生如下劇烈之現象與影響、卽食時滿口鑽塞、滯塞口腔內、下咽困難、砂質頗多、以齒牙細咬、發生砂碎之細聲、且有一股大泥溴氣味、食入腹內後、觀音米全不消化、停滯於腸胃中、腹脹如鼓、不感覺饑餓、亦不思飲食、神像癡呆、時覺肚痛、有時腹脹疼痛、痛不可忍、有如刀刺腸胃、時感大便墜脹、至解大便時、雖用力排洩而亦排洩不出、其痛苦有難以言語形容者、因此故多用力過猛、致將肛門掙破、始解出硬質丸形之物質、同時因肛門破裂而血出、余曾在調查時常見在厠所下面糞池中、皆被此等血所染紅一小團、此爲普通一般之狀況、壯年常食此觀音米時、久後則發生如下之狀態、卽常感覺頭暈眼花、胸中慌雜、四肢乏力、身體衰弱、枯瘦如柴、面帶黃黑色形如餓莩、其發生之病態最顯著者爲肛門紅腫、大腸脫出、其次爲皮膚乾燥、發生白皮、其他普通之病狀、亦易爲發生、老人與幼孩、久食或多食觀音米後、則所感受之痛苦、與及發生之病象、自然數倍於壯者、一因老人身體已衰弱、一因身體發育未完全、故多因此而病而至於死者爲數不少、余在調查時、鄉民猶歷數其某也因此而致病、某也因此而喪生、不絕於口、且鄉民掘食觀音米者頗多、雖中產之家、亦多食此米、然而因食觀音米、或因此而致病而至於死者、無從考查、雖考查亦難得其確數、因川人最愛講面子、且更顧名譽、謂食觀音米爲不體面、別人知道有失面子、故決不讓人知道、雖明知而或問之、彼亦云係其正稻米粑、更有因多食觀音米、日久竟而脹死者、更不願他人知之、謂此爲不名譽之事也、雖有人明知其某也爲因食觀音米過久而致病、或某也爲因食觀音米過多而脹死、彼等家屬亦必假詞掩飾、謂係因他故而致病、或謂係重病難治與及其他種種關係而至死、因此頗難調查其確情、但余相信川人因掘食此觀音米而病而死者、其數必不小、此爲余在調查時、所得鄉民掘食觀音米後之影響之大概結果情形也。

## 十，結語

由此已知觀音米食少量雖然對於身體無何種顯明之影響、但絕無何種補益之養料、如果久食或多食、確有妨害身體發育之可能、並有害及生命之危險、昭然明甚、無容疑議、奈何川人因飢餓難挨、竟不顧一切而食此妨礙身體、危及生命之觀音米、誠極愚昧極悲慘事也、無如政府不加禁止和救濟、坐視其摧殘身體、損喪生命、則又何其忍乎？則其愚也較之人民更何甚乎？

二十六三月於北碚科學院理化所

本稿參考文獻：

地質礦物學　普通地質學　岩石通論　地質學概論
岩礦化學　營養化學　營養概論　營養論
上海市工業試驗所業務報告　最新化學工業大全
本所編譯分析法　工作月刊　北碚月刊
四川月報　嘉陵江日報　渝蓉各報紙

# 北碚的消防運動

梁崙



## 一，前言

消防是保護羣衆生命財產的一種工作、牠的對象是「水」和「火」其目的即在如何預防「水」和「火」或消滅「水」和「火」不讓牠危及人們的生命財産、北碚是一個鄉村、是一個五千多人口的市集、從民國二十年設置特務隊（是一個鄉村警察的機關）起一直到現在、才有消防的組織、可是此間因爲經濟的力量與乎環境之不同、故與一般都市的消防稍有差異·玆舉兩點以言之。

·機械與人工·　都市的消防隊（尤其現代化的都市的消防隊都是機械化的消防的工具、無一樣不是以機器代替了人工、如用機器吸引的自來水、行駛最快的救火車、伸拆最便利的救火梯：……無一樣不賴機械之力、而此間的消防工具、除掉一部非常笨重而且隨時出病的舊式抽水機外、其餘一切、都賴人力、都非使用人的兩臂和兩腿來替代機器不可·

·防水與防火·　都市的消防隊都偏重在防火、而少注意防水、北碚市場離河很近（在嘉陵江岸）一般市民、根據他們數十年來的經驗、是怕水水不怕火的、（的確北碚遭受水災的時間較多、發生火警的時候很少）我們最初購備抽水機、編組特務隊（現在的公安隊）官兵爲消防的時候、一般無知市民還很奇異、并認爲是不祥之兆、而不滿意此項組織、經過長時間的事實證明、這些疑惑、才漸漸地打消了。

北碚消防的特殊組織、既如上述。工作的目標：則在防水與防火并重、工作的力量：則多用人力、玆就幾年的經過作一個概略的報告：

## 二，防水

北碚一般人對於漲水時間的到來、（慣例是每年四月發水五月漲水）是很害怕的、他們過去都順乎自然無法預防、亦無救濟的組織、水來了各人只顧逃避、有時連日連夜底搬運自家的東西、稍爲疏懈、則全家的器物、一洗而空、事前的預防、臨時的互助、事後對於受災羣衆的安插和賑濟、一點沒有、特務隊創立以後、爲切實幫助人羣計、對上舉數點事前事後就加意的防範和處置了。

**北碚近年的水災**

從民國二十年到二十五年水位變化情形、黃子裳先生在本刊第七期已說過、見六年來嘉陵江之水位變化一文、這是以六年中每一天的記載爲材料、並附有很正確的變化圖、其中曾說：「此六年中水位最高爲民國二十三年之六十五呎、餘則爲六十呎（二十、二十四年）五十二呎、（二十五年）三十六呎、（二十一年）三十五呎（二十二年）…」可見這幾年當中、無一年未遭受水災、不過有受災輕重之不同而已、受災的人、多爲貧苦的棚戶、每年至低限度有二三十家人身當其苦、二十三年水位之高、受災者有一百餘戶之多、是年水位變化無定、河邊房屋拆而復建、建而又拆者、凡三四次、物質精神均受重大損失。

**預防水災的方法**

徃年必降的水災、雖屬自然的災禍、然而人又未嘗不可盡其所能、以減輕受災的程度、公安隊爲此、在預防方面、曾作三種工作、第一是借用水表對照水位的變化、漲落之緩急、在水表上可以顯見、隨時可以警告市民作充分之準備、第二是請託合川民生公司在漲水期間、隨時在電話上報告上流漲水的速度、如水漲太急、則立即轉告市民作搬家之準備、第三是運用民衆的力量、在黃山堡與市街之間建築一段民衆馬路、以便萬一不幸大水入場時、全市市民得從速逃命（北碚的市場、中心較高。四圍皆低地、如水勢過大、四面被淹則有坐以待斃之虞。

洪水到來、公安隊負的工作、更加繁巨、如折卸房屋、

**救濟水災的工作**

搬運東西、劃定臨時住宅區、調查受災的情形、打撈被水淹了的器具木料、維持災區之秩序………等都未分晝夜的工作着、受災的羣衆固苦、而公安隊的官兵却更苦、因羣衆只愁自身或自家人如何得了、而公安隊所顧慮的却是全數災民如何得了、最令人煩惱的是有時水漲的速度出乎意外的快起來、一家的傢具、剛已搬上去、水又來了、又要再往上搬、如是者再三、官兵夜晚在河邊守候着、總以能全力幫助爲止。

**災民善後的辦法**

災民善後的工作、公安隊也認爲非常的重要、水未退以前、一部份的災民生活是不安定的、尤其是最窮苦的民衆、他全家人都要仰賴公安隊而生活、於是調查受災的輕重、分別予以救濟、在重災之家、酌量粥賑、是幾年來未嘗間斷的事、如二十四年的九月份接連粥賑六日、每次領粥的災民是一百二十餘人、共耗米一石五斗幾升、二十三年七月份、粥賑十餘日、每次領粥的災民是七十餘人、共耗米三石餘斗、其他四年因爲放賑的時間很短、人數很少、可惜沒有統計、不能供閱者以正確的數字。水退之後、劃定河邊的街基、（街道的分佈、街心的寬度、房屋的高低……是有整個計劃的）搬運住戶的傢具、平街面、挖水溝、搭房子……等等、無形中成了我們應盡的義務了。

## 三，防火

北碚市民深信沒有火災、是幾十年來沒有發生大的火警的證明、所以防火的工作、較少於防水、也可以說救火的工作較少於救水。

**預防火災**

雖幾十年沒有受到火災的教訓、但我們對於火警、仍相當戒備、尤其是火警易發生的夏季、我們更是小心謹慎底防範着、一般的方法、是在每日嚴格督促各住戶的用水、將水缸儲滿、取締家庭平日所用的柴草、洋油火藥、移出市場統一管理、取締市內焚燒冥袱、禁止棚戶在電燈熄滅後用火、取締不合規定之柴灶的煙囪……等、都是不斷的督促執行和檢查、全市的蓄水池、約能儲水一千五百餘挑、這對於北碚的消防也不無小助、其次是民國二十一年由民衆自動籌款、交與公安隊購備抽水機一部、連同帆布水管、共用洋二百六十餘元、幾年以來、在夏季都定時演習。

**三次火警**

由民國二十年到現在、計六年共發生火警三次、第一次是民國二十年八月、市民孫汝蓮家起火、第二次是同年三峽廠（舊廠址）鍋鑪房失愼起火、第三次是去年（二十五年（十二月東山路萬姓家內起火、幾次火災、損失尚幸不大、二十年的火災、火未出面、即經撲滅、除拆卸少許瓦角外、別無損失、第三次起火地點、係在市外東山路（離兼善中學校很近）火起之後、即經兼善中學發覺、全體師生奮勇救助、北碚市民和公安隊亦踴躍參加、雖天氣亢陽、火熱熊熊、但人力集中、忍傷負痛、在一小時之內、終於將火焰撲滅、計燒燬房屋兩間、拆燬一間、善後工作、由公安隊與聯保辦公處籌辦、共募捐款二十餘元、除以一部份購米分賑外、餘款則以各戶損失之輕重、家庭經濟環境之良否、酌給津貼數元或十元、兩星期內、即告結束。

**一個損失**

三峽廠自發生火警後、爲保全工廠的生命財產計、爲幫助鄰居的安全計、即積極從事防火工作、他們的工作、可分三個步驟、第一步是購買藥沫滅火機、在公共體育場作滅火的演習、結果是失敗了、因爲藥沫滅火機滅火力量太小、祗用在都市化的建築物是可以的、至對二百多戶棚戶、是不適用的、第二步則利用廢煤油桶、在各工廠設置太平桶「杯水車薪」仍覺無濟於事、第三步是建修水塔（這個水塔建築的主要作用、是在便利全廠漂染工作）除漂染用水之外、隨時儲滿了水、全廠佈滿了水管龍頭、購帆布水管作引水之用、搭水散佈的設計、不但可以救濟全廠的火災、還可以救助鄰居的幾十戶人家、可惜這個水塔新廠地落成、遂移而撤了、這是北碚消防中的一個損失。

**組織消防隊**

因爲三峽工廠、對於救火工作很注意、一部份的市民、也就一天一天的認識、不僅三峽工廠應該如此、全場也應該如此、於是發起募捐、請求公安隊代買救火的抽水機、幷全部器具、至組織消防隊也是應運而生的事、因關於救火一事、經過六年來的攷究、所用的方法、每年都在切實的改進、綜合種種的經驗我們認清了兩點、是今後防火工作值得注意的。

第一就人員方面講、北碚的建築物、多用捆綁木料關火勢一起、短短六小時卽可灰燼全場、如單靠過去的公安隊十幾個宜兵、用一部不很靈便的抽水機、來担此重任、當然不可能、沒有法子、則拆卸工作要佔重要部份、但公安隊的官兵、不僅用斧頭鋸子沒有訓練、就是在房屋上下、與乎在離地幾丈的房子上工作都成問題、另外則非賴熟練工人不爲工、好在北碚的、泥、木、石工、總計在四五十名以上、祇須平時稍加訓練、相機應用、則人盡其才矣。

第二就水量方面講、抽水機噴水力量本來就有限、又僅賴十幾個公安兵搬水、眞是「遠水難救近火」建築物容易燃燒的北碚市場、對於人數很少、而組織不健全的消防隊、要想在萬一應用能够發揮效能。、恐怕終於是理想吧、人們都知道滅火的東西第一需要的是大量的水、既需要大量的水、若無自來水供給、則需要很多搬水的人、這很多人我們平時便來發起嗎、當然做不到。其解决的方法、要從市民下手、因他們對於火災、是有切身利害的關係、所以他們就是最有力量的消防人員、故許多工作、應由他們自己負担起來的。不過漫無組織、當是不成功的。

**改組消防隊**

就以上兩點實際問題的檢討、我們做救火工作、當然要抓着民衆、更非在起火時、運用市民作總動員不可、我們感覺到這種需要、才下了改組的決心、四月二十日召集北碚市街的保甲人員、（保長小隊附和一部份甲長）會商辦法、結果得了下面的幾個要點：

動員的單位——每保至多有三十名、至少有二十名的壯丁參加訓練、保甲人員負當然督率之責。

訓練的時間——本月（四日）二十五日（卽廢歷三月十五日）第一次集合、藉便編組、以後每逢十日（廢歷初十、二十、三十日）演習一次。

編組方法——各保泥、木、石工組、成拆卸隊、每保樓梯二架、亦參加在拆卸隊活動、由第二保保長申煥章、兼任隊長、（是本市一個大木廠廠主）其餘壯丁爲運水隊、各備有水桶一挑、除拆卸隊由公安隊直接指揮外、所有運水隊以各保爲單位、保長小隊附爲消防當然之隊附、小隊長所受公安隊之調遣、幷分授職務。

訓練步驟——前五次係緊急集合演習、由一點鐘的集合進步到十五分鐘集合。第六次至第九次是運水的競賽、第十次至十二次是折卸演習、第十二次至第十五次是運水與折卸的聯合演習、災區的秩序與救護等事、由地方醫院全體醫生組織之）亦在是時併同舉行。

**初次合集**

會議的決議案是這樣、會散之後、各保救火隊員的名冊、紛紛繳來、果於二十五日作一次集合、惟因未成習慣、集合時間、已經超過一點鐘、猶幸本日集合的目的、是在編組、而不是緊急的集合、名冊上所開的人數、雖有幾人因自己的營業、未在家裏、各保長也是依據會議上應具有的條件、找相當的人代理的、可以說並沒有缺席、保甲人員是日仍着好制服在督促着、照料着、編制很簡單、第一保爲第一隊、隊員廿名、第二保爲第二隊、隊員廿五名、第三隊隊員三十名、第四隊隊員三十名、第五隊隊員三十名、第六隊隊員廿名、折卸隊隊員有一百六十七名、點編完竣、由公安隊長向各隊員宣佈我們爲什麽要組織消防隊、和爲什麽要各市民參加的理由、更規定以後集中的方法、如要大家集合的記號、至於會議錄與他們有許多關係的條款、也借這一個機會、向大家宣讀一遍、使大家更明瞭這個活動的意義。

**兩次演習**

五月九日（廢歷三月廿九日）的午後三鐘、第五保的保長得着公安隊的通知、大約五分鐘的光景、第五保的警號（銅鑼）響了、接着一、二、三、四、六、保的銅鑼也繼續的敲着、保長小隊附都手指足劃的在整頓他們的隊伍、消防隊、運水隊的隊員、各担滿了一挑水向保長辦公處（規定消防隊員的集合點奔跑着、）保長先先後後的率領了本保的隊伍到公安隊、此時正是三點三刻、各隊依規矩向書記報到、總計人數是一百七十四名（第一二兩保添了七名泥工做折卸隊的隊員、）調遣命令下來了、抽水機在先、拆卸隊接後、最後是運水隊、每隊除有保長小隊附指揮外、還加上一名武裝的公安兵幫助他們、次序確定以後、各隊依次出發、繞場遊行一週、運水隊的水、挨次潑在民衆圖書館新成的太平缸裏面、隊伍在公共體育場攝影之後由筆者報告前月（四月份）萬縣、磁器口、重慶連日遭受火災的情形、和我們應該如何防範、最後奬評各隊的成績、（第三、第四、兩隊較好）當時參觀的人數有四百人之多。

至二次的演習、在五月十九日（即廢歷四月十日）其地點即在嘉陵江河壩、計參觀市民則已增至千餘人、而消防隊伍則共分五隊、每隊分三五十人不等、計第一隊手裏提着水龍噴水機、担任噴水的工作、第二隊爲手提斧頭鋸子的拆卸隊、担任拆卸房屋、第三隊肩上都担着水桶的運水隊、第四隊爲運輸隊、都是些壯丁、第五隊爲救護隊、乃由峽區地方醫院看護所組成者、在演習後、北碚市民大多相顧說：「今後不怕火神菩薩的光臨了」。至是日成績以第二保爲最優、最奇特的還有兩位女子來參加、、此可見市民熱心公共福利運動之一班。

## 四，結語

末了、消防運動這工作、在現代的公民、是急需要的。因這有關公共福利的運動、倘不熱心去參加、結果是連私人福利都會保不住的、這尙就私人福利而言。至現代空戰、在敵人轟炸機、動輒便會轟炸到後方的都會或鄉村來、因此、每個市民、都當有消防的技能、預防整個都會的生命財產、以免同歸於盡、即此便是抗敵、又何必身臨前敵呢?!

# 農村小學教育實施計劃

王新民

以學校作中心
復興民族
建設農村

自九一八事變以後、國難的嚴重、人民的危急、以及飛機大砲、不斷的由遠及近逼在我們的眼前、我們有血志的同胞、爲了保護國家的命脈、維護民族的生存、不能不拿出全副的精神、預備與敵人決一勝負、能如此、雖國破家亡亦何足懼哉。最可怕的所有同胞、缺少民族意識、愛國觀念、對於救亡圖存毫不關心、終日醉生夢死、麻木不仁、此人此心、甚可痛惜！所說哀莫大于心死者、可謂名付其實。回想近幾年來、綏遠剿匪、冀東抗敵、雖有許多愛國志士、解囊助戰、奮勇捐軀、無奈仍有些喪心病狂、自私自利的漢奸、不但不顧國家命脈、民族利益、反去認賊作父、引敵入室、慘殺自己的同胞、豈不痛恨。對於此種人心理的病態、與行爲的錯誤、欲澈底改造、正本清源、非從教育上痛下工夫．實難以得到相當的效果．

教育爲國家命脈、小學爲教育基礎、基礎不固、隨時有顚危之虞！查我國小學、多在農村、城市次之、且農村學生百分之八十五以上均爲農民子弟、於質於量、皆可爲中國舞台上之主要角色。由此說來、農村小學、與建設農村、復興民族、救亡圖存、關係實在重大。事實雖然如此、但是鄉村小學、本着此種目標、向前邁進者、尙在微乎其微、茲欲與教育界諸同仁、共同謀求小學教育之改善、促進農村之建設、培養建全國民、復興中華民族起見、根據作者在定縣河北省縣政建設研究院實驗區、指導各小學及完全小學之經驗、故特擬此農村小學教育實施計劃綱要、以作拋磚引玉之資、望從事小學教育諸同志加以指正！則幸甚矣．

## (一)我們的認識與覺悟

### 教育動向

在此國難嚴重的時期、必須加緊培養兒童民族意識、國家觀念、以謀求中華民族之自由獨立。

### 基本覺悟

在此基本覺悟之下、以訓練兒童具有農工身手、科學頭腦、軍人體魄、超物意識、服務社會習慣、自動的改造農村、救亡圖存爲標準．

### 教育方針

我們的教育方針、是寓教育於整個生活中、使學生精神勞動、與體力勞動、輪息均衡、使理論與實踐、互相印證、本教學做合一、師生一體、術德兼修、文武並重之方法、避免以前畸形發展之教育。

訓育方法

對於訓育方法、在事前多用積極的指導、免事後再用消極的矯正、同時在有組織有紀律的集團中、啓發其自覺自動的執行紀律、服從命令、因其能執行紀律、服從命令、才能發展學生的創造精神與自治能力。

鄉教主張

我們的主張、學校社會化、學生農民化、竭力免除過去教而不育、講而不習、學而不作、事物與學問、學校與社會分家之教育，

教育對象

教育對象、既主張學校鄉村化、當然不光是學校裏的學生、亦是學生的家長及全村的民衆、我們以學校爲建設農村的中心、以教育爲改造農村的推動機。以教師爲組訓農民的指導員。

教育方式

教育方式、我們利用教育、以組訓農村民衆爲起點、以改善民衆家庭、并適應農村社會爲基礎、以復興民族爲目標、本着多賣力氣少花錢的原則、合學校教育、家庭教育、社會教育爲一體。

適應國難

我們辦理鄉村教育、爲適應國難起見、極力散播復興民族種子、以資奠定民族基礎！並將復興民族事業、寓於建設農村的事業中。

## (二)行政組織

1組織校董會—由村民共同選舉熱心教育者三人至五人組織之。爲了實行政教合一、鄉長可爲當然校董。

2校長一人—由校董會聘請對於教育有經驗及熱心者充任之。初級小學由鄉長兼任、或就校董會推定一人爲校長、均由縣府加委。

3聘請教員—由校長聘任有適當資格及熱心教育者、呈請縣府加委。

## (三)學校經費

1編造預算—每年學校開始時、編造預算表、呈請縣府批核。

2編造決算—每年學校終結時、編造決算表、呈請縣府備查。

3預決算表—預算及決算表、由縣府印發。

4專人負責—學校經費支出收入、推定專人負責、所用賬目力求公開。（另有預決算表）

5開具清單—學校收支、爲免除村民誤會起見、並於每年終結時開具清單、任人查覽。

## 四，學校設備（酌量經費情形）

1國旗—豎立國旗、舉行升降旗禮、培養兒童愛國觀念。

2掛圖—設置國恥及民族故事、衛生等圖表、使兒童藉圖明瞭各種常識。

3製訂標語—編製合乎現代需要之標語、按預定期限更換、使兒童由標語的體味中、得到日常生活的改善。

4標製物名牌—將學校內各種物品及放置處所、標製名牌、使兒童養成佈置清潔整齊環境的習慣。

5製定校訓牌—校訓爲全校訓育方針、按照村內情形及現代教育目標、作爲訓導之準繩。

6校具的標準—尤其是校棹校椅、以不妨礙兒童發展爲原則。教室光線足用、以促進兒童之健康。

7設置壁報牌—將各種新聞、編成適合學生程度之文字、使學生隨時流覽。

8製備常識問答牌—爲增加學生各種常識、引起學生研究問題起見、製備常識問答牌、按期刊佈常識問題、使學生自由填答。如填答完全者、可備奬品鼓勵之。

9清整用具—掃帚鐵鍬、拾筐等清潔用品、充足設備、以便使學生分組、作清整掃除之用。

10菜園苗圃—、由學校指定適當地點、使學生按時勞作。

## 五，編授鄉土教材

1依照部定鄉村小學課程標準、進行教授。

2酌量當地情形、編授各種生活教材、以充實兒童之生活、並作將來服務社會、改造農村之基本知能。

## 六：教學方法

1採用啓發、問答等教學的方法、必要時可實行導生教學。

2關於鄉土教材、實施教學做合一之方法教授。

## 七，整個生活訓練

甲訓練目標

1養成民族意識國家觀念。

2養成强健體魄勞動習慣。

3培植自治能力及創造精神。

4養成擁護公理抵抗强暴的精神。

5培養精誠團結自强不息的意識。

6授予實際生活知能。

7養成負責任守紀律的習慣。

8培養知廉恥尙禮義的觀念。

乙訓練要領

1注意心理建設厲行訓教合一。

2注重人格感化教師以身作則。

3偏重積極的指導與感化。
4認清目標努力實幹。
5理論與實踐打成一片。
6學校與家庭互相聯絡。
7師生一體以做爲學。
8教學做合一。
9學校與社會互相溝通。

丙實施綱要

甲加緊培養民族意識

子升旗降旗、全校師生按規定時間、一律參加升降旗禮。如因故不能參加時、聽見升降旗信號時、立刻停止動作、立正致敬。

丑升降旗儀式 1全體肅立 2升降旗（行注目禮）3唱國旗歌 4向國旗致敬（一鞠躬） 5訓話 6禮成

寅激發愛國情緒、教授足以培養民族意識、激發愛國情緒之音樂及故事、於教室內外適當地點、列置民族英雄像片、及國恥地圖表格等。

卯紀念日活動、利用各種紀念日、舉行紀念儀式、或召開校村聯歡會。除報告史略及紀念意義外、隨時可酌請校內外人士、作有系統的講演、以激發學生愛國等思想。

辰陶冶民族思想、關於陶冶民族思想、激勵民族精神事項、隨時積極訓導、務使學生對於國難的眞相、人格的鍛鍊、有深刻的認識。

巳精神講話、每日升旗後由教職員輪流担任精神講話、講話時間至少五分鐘、如不講話時、可呼問答口號如下：流球台灣被誰佔去了？—日本。東北四省被誰佔去了？—日本。誰公開的侵略我們中國？—日本。我們應當怎樣？—求知識、講團結、誓死打倒日本！

乙切實培養自治能力

子實行村制組織。將全校學生組成鄉村自治團體、依保甲組織、每十人爲一甲、每班爲一保、保設保長、甲設甲長、合數保爲一聯保、另設聯保長、在實驗時期暫由校長兼任。其餘保甲長、由教師指導學生開會選舉、每半月開村務會議一次、以星期日爲原則。關於學校秩序糾查、息訟、衛生、遊藝、講演等、均由教師指導學生自行處理、以資養成學生自治活動能力（另有組織規程及學生自治獎懲條例、自治公約、連坐保結辦法）。

丑組織合作社、組織學生消費合作社、全校學生爲社員、開會選舉監事理事、由學生輪流担任經售員、以資養成共合作習慣。另有組織簡章）

寅組織理髮合作社。爲的培養學生互助合作、節儉經費的習慣、

由教師指導各班學生、組織理髮合作社、以全班學生爲社員、各攤銅元數枚、合購推子及理髮用具、以便練習自行理髮。（另有簡章）

卯組織炊委會。關於學生伙食之經營、概歸學生自已處理、由教師指導組織炊食委員會。（另有章則）

辰組織學生講演會。按班組織講演會、每於星期六晚、由教師指導學生輪流講演、有時可實行各班學生替換講演、乙班學生到甲班、甲班學生到乙班。

巳實行組織訓練。學生課外活動、實行大隊組織、以班爲中隊、以全校學生爲一大隊、中隊設中隊長一人、中隊附一人、大隊設大隊長一人、大隊附一人、大隊長由體育教員兼任、大隊附由中隊長兼任。

丙厲行農村化生活

子學生飲食、以切合農村實際生活情形、在可能範圍內、力求節儉爲原則。

丑學生制服。純粹採用鄉村土布、作制服質料、學校規定樣式、由學生家庭自做。只求其一律足矣。

寅學生帽子。學生不許蓄時髦頭髮、夏天戴磨菇頭草帽。（每個八大枚）

卯獎勵勞動。學校各種掃除及平修事項、於可能範圍內、由教師領導學生辦理、以養成其刻苦耐勞之習慣。

丁注重農村社會服務

子敎學相長、指導高小及初小三四年級優等生、組織傳習處、或實行小先生敎學、其敎材暫以敎不識字之民衆、認識鈔票、及看各種契約爲原則。

丑平修道路、鄉村道路、多有高低不平之處、於學校放假日期、由教師領導學生、加以平修、以免妨礙交通。

寅繕寫壁報。鄉村交通閉塞、無力訂購報章、於衝要街口、設置壁報牌、由教師摘錄新聞、交由學生按期輪流繕寫。

戊注意生產訓練

子編授生產教材。除按照部定鄉村小學規定標準教授、再編選有關鄉土生產教材。

丑勞作訓練、訓練兒童不避免各種勞作事項、并能使其保護各種用品。

寅開闢校園、由學校指定適當之校園。種植各種菜蔬、藉資養成學生生產技能。

卯幫助家庭工作、訓練學生、能幫助其家庭各種有關生產工作。

辰參觀生產機關、由教師領導學生、參觀各農場及工廠等、藉增加學生生產知識。

已實行自衛訓練

子灌輸國防知識、在教學課程中、遇有關國防要案、及國防常識者、特別予兒童以注意。

丑講述防毒常識。在此世界大戰準備中、多與學生講述防空防毒常識、以免用而不備。

寅加授戰鬥教練、高小及初三四年級學生、加授童子軍訓練、及軍事淺近知識、并多作野外練習、以養成學生抗敵能力。

卯按期檢閱、全體學生、每月舉行閱兵式一次、藉資增加受訓興趣。

庚提倡國術

子組織國術會。由全校師生組織國術會、以代替不合乎實際生活之體育。（另有簡章）

丑舉行國術比賽會、為增加練習國術興趣、預定日期舉行國術比賽大會。

辛實行晨操

子晨操警號、每早由班值日生吹哨集合整隊。

丑晨操跑步、每早由教師領導全體學生跑步、至少十分鐘。

壬實施衛生訓練

子衛生知識、除照課本講授衛生知識、如遇有時疫流行、隨時講演預防方法。

丑設置衛生箱、與衛生機關合作、訓練學生簡易治療方法、由教師指導設置衛生箱、施行簡易治療。

寅規劃清潔區、劃全校為若干清潔區、與教室宿舍等處所、均由學生分組担任掃除。

卯檢閱評定、每週由教師檢查一次、評定優劣、以資鼓勵、而便養成學生清潔美德。

## 八，學生禮節

甲課室禮節

子教師上課、教室每次上課時、均由班值日喊（立正）口號、俟教師到講台後、再喊（敬禮）（一鞠躬）（坐下）口號。

丑來賓參觀、遇有來賓參觀、亦由班值日喊（立正）口號、俟來賓還禮後、再喊（坐下）口號。

寅室內禮節、學生因事到教師室內、在未入室前先說（報告）、教師應聲後、再入室脫帽向教師行禮（一鞠躬）。

乙室外禮節

子學生回家時、順序排列二路縱隊或單行縱隊、由各班長佔在各班之左方、帶領出校、如遇師長等、由各班長喊（敬禮）口號（一鞠躬）。

丑學生由家返校、凡遇二人以上時、即自動列成縱隊來校、如遇師長等、由一人喊（敬禮）口號（一鞠躬）。

寅學生於途中分離時或集合時、須按規定禮節互相敬禮。

卯學生一人無論在室內室外、如遇見師長等、均行一鞠躬禮。

辰學生在升降旗或週會、朝會、夕會、以及各種會集、教師等在訓話開始時、須一律自動立正、表示敬意、令稍息再稍息。

## （九）實施公民訓練

甲依照小學公民訓練標準規定之各項要目、實施中心週訓練、並按據當地情形、擬具補充公民訓練綱目、作爲訓練之參考。

乙編定訓練表格、師生分別嚴密考查、以期實行。

丙各週訓練德目、按照學生程度、就具體事實指導學生、務使其澈底瞭解。

丁隨時地考查學生活動、是否與訓練德目相付合、並使其反省。

戊公民訓練德目

一、關於政治者

1要養成自治能力、
2喜歡參加各種組織活動、
3要敬重黨國旗、
4唱黨國旗歌時要立正、
5升降旗時態度要嚴肅、
6聽見升降旗信號要立正、
7願犧牲自己愛護國家、
8要遵守法律、
9要爲國雪恥復仇、
10要明瞭本國地位及世界大勢、
11願參加各種愛國活動、
12要愛用國貨誓死不買仇貨、
13要嚴守公民秩序、
14義務不推諉權利不放棄、

二、關於經濟者

1要養成節儉的習慣、
2能愛護物品、
3不浪費筆墨紙張、
4服裝要樸素、
5要養成儲蓄的習慣、
6要參加各種經濟合作團體、
7要幫助家庭生產工作、
8要有勤勞的習慣、
9不規避各種勞作、
10不糟蹋各種飲食物品、
11能利用廢物、
12不隨便向人借錢、
13所用銀錢要有預算、

14不該用的錢絕對不用、

三、關於德行者

1言行要一致、

2對人要有忠誠和篤互助的精神、

3要服從長上的指導、

4對於尊長要有禮貌、

5要服從團體及領袖的公意

6要熱心公益事業、

7要遵守公共規則、

8絕對愛護公共物品、

9要能遷善改過、

10要有知恥和勇敢的精神、

11要主張公理正義、

12絕不作損人利己的事、

13要有堅忍耐勞的毅力、

14能和睦鄉鄰愛護同學、

四、關於衛生者

1起居要有定時、

2飲食要有定量、

3每日大便要有定時、

4手臉衣服要保持清潔、

5身體坐立行都要正直、

6不隨地吐痰亂拋紙果殼、

7居室庭院要保持清潔、

8每天要有適當遊戲和運動、

9居室要按時採光換氣、

10頭髮和指甲要常剪洗、

11要留心傳染疾病、

12要常有活潑和快樂的精神、

13不用衣袖抹嘴臉、

14能按時鍛鍊身體、

五、關於藝術者

1所作工藝要生產化實用化、

2各種勞動要藝術化、

3能用閒暇時間作正當娛樂、

4居室佈置要簡單藝術化、

5能利用課餘時間作圖表儀器

6能藉用音樂陶冶性情、

7要能利用鄉土材料作簡易工藝、

六、附則　以上各點均按定計劃、陸續進行、並依下列原則逐漸改善。

1維持原有優點、

2補救現在缺點、

## 十，擴大教育場所

甲關於政治者

1組織農村建設委員會、用政教合一的方法、將村中辦政治與辦教育的人員、合爲一起、以便合力改善農村。(另有簡章及辦事細則)。

2組織調解委員會、指導村民選舉素孚衆望之公正人員數人、組織調解委員會、負責調解村民之爭訟。(另有簡章)

3輔助訓練守望隊。縣府派人組訓守望隊、教員可輪流担任精神講話及新聞報告。

4組織國術會。國術爲鍛鍊身體之最好運動、於農閒時可聘請教師一人或數人、召集村民練習之。

乙關於教育者

1成立農隙學校。於農隙時就農民之需要、成立農隙學校、由學校教師兼任教員、或聘村中熱心教育者爲教員。

2組織農隙學校畢業同學會。農隙學校學生畢業後、爲其組織同學會、並指導其作農村社會服務活動。(另有會章及活動考成表)

3成立民衆代筆及問事處。由學校教員、担任代筆及問答事宜。(另有規則)

4舉辦家長懇親會。舉辦學生家長懇親會、或成績展覽會、藉機明瞭學校與家庭各方情況。

5舉辦校村聯歡會。遇學校放假日期、舉辦校村聯歡會。藉機提倡正當娛樂及宣傳各種常識。

6設置壁報推行小先生教學、辦法見前。

丙關於經濟者

1組織各種合作社。辦理合作社、爲農村發展經濟的惟一途徑、不但可養成互助精神、尤可抵制高利借貸。

2舉辦農事講習會。於農隙時、舉辦農事講習會、灌輸民衆農事知識、以期改良農業。

3介紹改良籽種。與農事機關合作、介紹其實驗成功之籽種、以增加農民之收獲。

4舉辦農產比賽會。於農產收獲後、舉辦農產展覽比賽會、藉資鼓勵農民之進取心。

5提倡植樹。勸導農民於路旁宅邊、以及各空閒之處、廣植樹木、不但可以點綴風景、尤可增加生產。

丁關於衛生者

1設置衛生箱。與衛生機關合作、設置衛生箱、爲村民實行簡易治療。

2施種牛痘。每於春秋兩季、為村民施種牛痘、以資免除天花。

3宣傳衛生常識。每遇村民聚議時、可酌為講演衛生常識、如遇時疫流行時、可講演預防方法及簡易治療要領。

4設置郵寄代辦。鄉村離城鎮較遠者、與縣郵局商定代郵寄辦法、以資便利民衆。

附則

1實施原則。辦理以上各種事項、總以多費力氣少花錢為原則。在可能的範圍內、總要保持不花錢的原則。

2實施步驟。辦理以上各種事項、分別輕重緩急、認清主要次要、次第進行。

3實施方法。先樹立民衆信仰、然後再就村中原有組織、加以改善及指導其活動。

寫于定縣河北省縣政建設研究院


黃埔

第七卷 第六期

中華民國二十六年六月十五日

要目





定價 每冊二角 全年十二冊一元八角 半年六冊一元 (郵費在外)

中央陸軍軍官學校政治訓練處

黃埔月刊社發行

# 嘉陵江三峽鄉村建設實驗區

## ——民國廿六度義務教育實施計劃——

本區二十五年度的教育、是以義務教育爲中心、但回顧這一年來的工作成效與我們所要求的目的——普及教育、却相差甚遠。所以二十六年度（二十六年八月至二十七年七月）的教育實施、仍須繼續這個中心工作。同時根據這一年來的考査和客觀事實的要求、二十六年度的義教計劃應該是更具體化而切合實際。可是有一點必須向本區義教人員重提的事、即義務教育的目標、過去雖曾一再說過、但都以爲要求過高落於抽象、不容易辦到。反之、各校以文字教學作爲唯一的目標、又何嘗是非常時期的義教目標？這顯然是一種錯誤。因此、在二十六年度義務教育實施的開始、要使本區義教人員嚴加注意、澈底認清義教目標的意義、就是下面兩個：

一、灌輸社會國家的觀念與喚起民族意識、使廣大的民衆成爲健全的中華民國國民；

二、授與必須的知識技能養成各種優良的態度和習慣、因以改善共生活。

在一般的教育習慣、文字教學、成爲最終的目的。其實我們必須認識文字之主要功能、是在使人們獲得一種重要的社會的傳達工具而已、並無更高的作用。因此、我們只能將文字教學作爲上述兩個目標的重要手段；就是說、義務教育要以一種工具——文字、來達到它的兩個目標。

### 一、小學區之劃分

根據教育部公佈之修正市縣劃分小學區辦法及實施義務教育辦法大綱施行細則第九條之規定、劃分本區爲一百小學區爲實施義教的最小單位。劃分小學區的原則：第一、以保甲組織之保甲番號爲小學區番號；第二、每五小學區至十小學區爲一聯合小學區、第三、每一小學區以有學童一百人左右爲準。這三個原則、係根據部頒法令和本區實際情形而確定。依據上項原則、業將學區劃定之後、並製就學區劃分圖。各聯合小學區所轄之範圍如左：

北碚第一聯合小學區——第一小學區至第六小學區、

第二聯合小學區——第七小學區至第十二小學區、

第三聯合小學區——第十三小學區至第十九小學區、

第四聯合小學區——第二十小學區至第二十七小學區、

第五聯合小學區——第二十八小學區至第三十三小學區、

黃葛第一聯合小學區——第一小學區至第六小學區、
第二聯合小學區——第七小學區至第十二小學區、
第三聯合小學區——第十三小學區至第十七小學區、
第四聯合小學區——第十八小學區至第二十二小學區、
文星第一聯合小學區——第一小學區至第五小學區又加第十九小學區
第二聯合小學區——第六小學區至第十二小學區、
第三聯合小學區——第十三小學區至第十八小學區、
二岩鎭聯合小學區——第一小學區至第六小學區、
澄江第一聯合小學區——第一小學區至第五小學區及第十八小學區至第二十小學區、
第二聯合小學區——第六小學區至第十一小學區、
第三聯合小學區——第十二小學區至第十七小學區、

每一聯合小學區設學董一人、以本區小學校長或聯保主任兼任、均爲無給職、但於必要時、得酌支辦公費。每一小學區設助理學董一人、以保長及本地有資望並熱心敎育之人員充任、其任務如左：

(一)調査學齡兒童；
(二)强迫學童入學；
(三)增籌該區經費；
(四)監督并協助學校校務。
(五)扶助共學處之進行。學董之任務如左：

一、宣傳義務敎育之重要；
二、擬具該學區義務敎育實施計劃；
三、籌劃經費；
四、調査學齡兒童；
五、强迫學童入學；
六、監督並考査學校之進行；
七、扶助共學處之進行；
八、督促私塾改良；

## 二，調査學齡兒童

根據敎育部頒調査學齡兒童辦法第一條之規定、在每年度開始前、應作學齡兒童之調査。本區過去雖曾調査兩次、但關於免學及緩學等手續、均未分別辦理。因此、我們對於應予强迫入學的兒童、緩學或免學的兒童都無法統計。雖然我們知道了各學區的學童人數、在學人數、及失學人數、但是總覺得還不够。同時也因爲這個緣故、就是這個實施計劃、不無遺憾之點。所以在本年度開始前的八月內、作爲精確調査學童之時間。這項工作須得注意的有下列四點：

(一)入學——凡六足歲至九足歲之兒童、調査者應塡通知單通知其家長或保護人、令其入簡易小學讀書。凡十足歲至十二足歲兒童、通知其家長、令其入短期小學。倘該區學校學額已滿不能容納時、均須入共學處修學一年至兩年。

(二)組織小先生——凡初級四年級學生以上及初高級學生畢業學生、均編入小先生團、調查者應通知其家長並說明小先生之任務及共所享之權利。組織辦法、另有規定。

(三)免學及緩學——凡六足歲至十二足歲之兒童、若因特別情形、經教育委員核准予以免學或緩學者外、均須強迫入學。緩學或免學兒童之理由、調查者應按規註明、以便學童復查。

(四)強迫入學——凡無特殊理由並未經學董准予免學或緩學之兒童、其家長或保護人不申送入學讀書、該學區之教師學董或調查者、均可根據實施義務教育辦法大綱施行細則第六條之規定辦理。

## 三、籌設學校

回顧二十五年度本區所設的學校、在數量上不爲不多、但入學的兒童數、僅佔兒童總數百分之二十九強。若將中途退學的兒童減去百分之八、實僅容納全區兒童五分之一而已。再看教育經費、全年開支約一萬八千餘元、與收入相較、每年要負債七千餘元。故二十六年度的學校教育實施上、應有更變之必要。此種更變要以最經濟的辦法、收較高的效果爲絕對原則。現在將二十六年度的學校設置及設備分述如下：

### 甲、學校

(一)普通小學——原有區立完全小學四所、均須附設短期班兩學級至四學級。統計高級應有十班、初級應有二十班、短期十班、共有四十學級、

(二)簡易小學——全區原有義務小學以一部份改爲簡易小學、設四十學級、採半日制。每級人數以五十人爲準。

(三)短期小學——除完全小學附設之短期班而外、將原有義務小學保留四十學級採半日二部制。每級人數以五十人爲準。

總計普小初級部與短小班簡小及短小合計共有二百一十學級、每級學生人數平均以五十人計算、應有五千五百人。根據修正小學規程第二十一條之規定、凡不足學額之學級、得與他學級合併、採複式編制或二部制。

除公立小學外、原有私立北川小學曾氏代用小學及改良私塾二所、共有學生二百一十人、關於本年度私塾之設立、仍本區署頒布之「改良私塾辦法」鼓勵地方人士創立學校。並由區署予以補助、又各級學校所附設之共學處或識字處、據二十五年度的統計、學友人數約在千人以上、但二十六年度的共學處、着重在收納失學的學齡兒童、故學友人數與上年度比較、不致有何增加。總計公私立小學及共學處應招收的學生人數、共在六千七百一十人以上、與全區學齡兒童總數一萬〇九百四十一人(二十六年三月調查)之百分比爲百分之六十七強。

### 乙、設備

二十五年度最感困難的、是義務小學校的校址：到現在有好些學

校的校舍仍成問題。例如操場厠所無法商租、地址不適中、空氣光線不好、環境惡劣、敎師食宿等、這些問題、在學校立場上看、都是大問題。所以在二十六年度開始之前、必須作一個總的解決、庶免開學後發生枝節影響校務。

丙、課程標準及敎材

(一)普通小學初級部　本區的普通小學、無論是公立的或私立的、共課程標準敎學科目及每週敎學時間、均應遵照二十五年七月二十四日敎育部公布之「修正小學規程」第二十三條及二十四條之規定辦理、關於敎材、以採用適合二十五年七月敎育部頒佈之修正小學課程標準的敎科書爲原則。

(二)簡易小學　簡小所採敎材、除加入一部份鄉土敎材而外，仍以採用適合修正小學課程標準者爲原則、關於敎學科目及每週敎學時間、與二十五年度義校所訂者、大有更變、茲列表如左。

| 科目 | | 節數 | 每節分數 | 每週分數 |
|---|---|---|---|---|
| 國語 | | 六 | 四五 | 二七〇 |
| 寫字 | | 四 | 三〇 | 一二〇 |
| 作文 | | 二 | 三〇 | 六〇 |
| 算術 | 低級 | 四六 | 三〇 | 一二〇 |
| | 中級 | 六二 | 四五 | 二七〇 |
| 常識 | | 六 | 四〇 | 二四〇 |
| 唱遊 | | 六 | 三〇 | 一八〇 |
| 公民訓練 | | 六 | 一五 | 九〇 |

說明

一、公民訓練重在平時訓練、每日至少十分鐘至多十五分鐘。

二、算術包括珠算筆算、唱遊包遊戲音樂體操。

(三)短期小學　本區短期小學或普通小學附設之短期班、敎材一律採用國立編輯館所編之短期小學課本。每週敎學時間及敎學科目列表如左：

| 科目 | 節數 | 每節分數 | 每週分數 |
|---|---|---|---|
| 國語 | 一二 | 四五 | 五四〇 |
| 作文 | 二 | 三〇 | 六〇 |
| 寫字 | 四 | 三〇 | 一二〇 |
| 算術 | 六 | 三〇 | 一八〇 |
| 公民訓練 | 六 | 一五 | 九〇 |
| 課間操 | 六 | 一五 | 九〇 |

## 四，師資

根據「實施義務敎育暫行辦法大綱施行細則」第十六條規定在本區招考文理清通、常識豐富、有志爲短期小學之敎育人員、考試及格、予以證明書、准其充任一年制短期小學教員、於必要時並得以本區教育行政機關人員、爲短期小學服務、簡易小學及短期小學的教員、責任重大、故二十六年度的教師人選、特別重視、除將原有教師再加檢定而外、仍以考試方法、招收一部份相當於初級中學畢業程度之學生、予以短期訓練、以補不足。

## 五，經費

查二十五年度教育經費收入概算爲一萬二千元、支出概算約爲二萬元左右、全年不敷計達八千元．此項差額、除整頓原有教經開源節流、及借款墊付以資維持外、截至本年度五月止、負債已達五千一百元左右、近尚無法彌補。故在二十六年度的義務教育經費擬完全交由義務教育委員會保管并支配．俾期收支適合、按二十六年度義教經費收入預算爲八千五百四十七元二角、支出預算爲一萬零五百五十七元、全年不敷二千零零九元八角、此項差額、以下列六項辦法彌補之、

一、呈請省府按年撥給義務教育補助費；

二、由區署設法籌措。

三、在教育經費整理增加項下撥充；

四、鼓勵各保自行籌款；

五、勸導人民盡力捐助；

六、移提原有公產公款撥充，


中外問題

第十九卷第三期

要目

不列顛帝國會議的鳥瞰……………………鑑湖
日本最近經濟情勢之分析……………………張一聲
繁榮聲中德國人民所受的痛苦……………………平
日本駐華特務機關……………………會覽
廣田重作馮婦與中日外交……………………淺予
土耳其教育之演變……………………夢鳴
繼承廿地革命工作的黎樓……………………鍾湘
上海工會運動史……………………汾齡
揚州好（下）……………………彭尚武
朱麗阿與羅蜜愛……………………覺非
善頌善禱……………………卜晨
歐戰時之英國間諜隊……………………譯叢

民國廿六年六月十日出版
每冊零售一角

通訊兼總經售處
上海新光書局總發行所
白克路同春坊三八號

# 保甲長底基礎知識（實驗區保甲長教材之一）

劉文襄



## 第一章　總論

### 第一節　甚麼叫做「保甲制度？」

這個問題、我們可以這樣回答：「保甲是地方政治的基本組織、也就是民衆的基本組織；保甲制度、就是組織民衆藉以改善人民的一種地方政治制度。」因爲保甲編組成功、即是民衆有了組織、政府無論要舉辦一種什麼事體、只要下一個命令。就可以由保甲長直接達到每個人家。時同民衆有了組織、即是有了力量、大家就可以通力合作起來、解除地方上的一切痛苦；謀求地方上的一切福利、簡言之：凡我們生活所需要的一切都可以藉用保甲組織來達到我們的要求、過去會有許多有效的事實來證明像：興辦義務學校；辦理冬防；防旱盤塘、辦理賑濟、家畜防疫、洋芋借種、散發蠶種…等；又如正在進行中的禁煙禁毒與各種合作社之組織及其他種種有益於人民的事情、都是要運用保甲組織、才能完滿實現的。所以說：保甲是地方政治的基本組織、亦是民衆的基本組織；保甲制度、就是組織民衆、藉以改善人民生活的一種地方政治制度。

### 第二節　爲甚麼要舉辦保甲？

這就是說我們舉辦保甲的目的在那裏。關於這個問題、我們可以很簡捷的說：「就是爲了要改善人民生活。」所謂改善人民生活、可以從兩方面來說明：

（一）消極方面：「安定社會、充實人民自衞力量。」原來我們中國社會裏、有一種普遍的現象、就是壞人很有組織、如像盜賊流氓之類。而好人反無組織！因爲組織就是一種力量的表現；有組織勝於無組織、嚴密的組織勝於疏鬆的組織。所以壞人有組織、牠便有力量做出那些殺人放火擄家刦舍種種的壞事來；好人無組織、便無力量做出好事來。因此壞人無惡不作、好人弄得不敢出頭！我們爲了要安定社會、便要組織好人、清除壞人、使盜賊流氓無法生存於社會、進而訓練好人、使有抵抗能力、以謀抵禦壞人、務使壞人消滅於無形、且同化爲好人。

（二）積極方面：「推行政令、促進地方自治。」保甲組織成功、即所以奠定了下層行政的機構、政府就可以推行一切政令。同時保甲辦理有效、可以藉聯保連坐的辦法來代替鄉村的警察；可以藉壯丁隊代替地方上的自衞軍隊；更可以藉保甲組織、作爲一切地方自治事業之推動或執行之機關、進而促進地方自治的完成。

上述兩點：就是本區辦理保甲的目的。盼望區屬保甲人員、切實認清保甲的意義；明白保甲工作的重要、共同努力、使本區保甲及早成功！

## 第二章　編組保甲

### 第一節　編組意義

所謂編組保甲、就是將社會上廣大的戶口、加以編組的意思、換句話說：就是將所有居民以戶爲單位；以保甲爲範圍、挨戶編定其戶數、使之各有所屬。井然成序而已。

### 第二節　編組標準

（一）以戶爲起編之單位、十戶爲甲、十甲爲保、五保以上、得合組爲聯保。

（二）編餘之戶、六戶以上可另立一甲；五戶以下併入鄰近之甲、但一甲不得超過十五戶。編餘之甲、六甲以上可另立一保、五甲以下、併入鄰近之保、但一保不得超過十五甲。

（三）一甲內倘有絕戶不過五戶者、仍可自成一甲。但必因地形限制、不得歸併鄰甲、或鄰甲已不能容此數戶者。

（四）暫時離開之戶、須保留其甲戶順序；臨時住戶、附入附近甲內。

（五）公共處所與寺廟、以保爲單位編組、不編甲號、但須另列公字或廟字號。

（六）船戶另行編組、劃歸臨時之保管轄、另列船字號。（但須以船住家者爲限）

## 第三節　編組方法

（一）鄉間：編組保甲、在使同保同甲的人民關係異常密切、但有「有福同享、有難同當。」之勢。故編組時必須顧到同保同甲各戶彼此間在服務上的便利；與生活上的利害、那末在編組保甲時、不可不注意下述兩點：

1,自然環境的斟酌——卽就山川的自然形勢編組、以求交通聯絡上之便利。

2,人事關係的審愼——如同族同院之原有密切關係編組、以求利害與共。

（二）市街——市街住戶、雖具有一定之比鄰形勢、然仍須依自然環境編組、以求其順序之整齊劃一。茲將編組步驟及方法列後：

1,須先繪製一全市街道略圖。次估量全市共有若干街巷、某街某巷約有若干戶數。

2,預定某街成一保或某街某巷共成一保、全市共編成若干保。

3,決定從何處起編。

4,從某街之右邊挨戶（山東至西或由南至北）編起、編至街之盡頭、又從原街之對面挨戶（山西至東或由北至南）編回。

（三）編組時、須挨戶粘貼臨時保甲戶番號牌、以資識別、待作戶口淸查時、換釘木質門牌。

（四）編組一戶、則須推定戶長一人、戶長以家長充任爲原則、但如有特別原因、卽行輩較次之人、也得充任戶長。

## 第四節　選保甲長

（一）推擧：保甲長爲推行保甲工作基幹、責任重大、非經愼重選擧、難於負起重任、選擧辦法、可視當地情形、採用「票選」與「當場公推兩種」兩種。甲長由本甲內各戶長公推戶長一人充任。保長由保內各甲長推選甲長一人充任（保長不可兼任甲長）。聯保主任由各保長互推保長一人兼任。

（二）任期：保甲長既是本地方的人、對於地方桑梓的義務、是義不容辭的。只要沒有其他更換的必要、是不能隨便更換的、茲規定保長任期如下：

1,甲長任期三年。

2,保長任期二年。

3,聯保主任任期二年。

以上各職、連選得連任。

（三）限制：保甲長既屬於一保一甲之長、處於民衆領導地位、爲人民之表率、對於資格方面、自然不能不加以限制、故若有左列情形之一者、不得充任保甲長：

1,年齡未滿廿歲者。
2,寄居當地未滿兩年者。
3,有危害民國會受徒刑宣告者。
4,褫奪公權尚未復權者。
5,吸食鴉片及麻醉毒品者。
6,無正當職業且無恆產者。
7,行爲不正鄉里不齒者。

(四)職務：所謂職務、即保甲長之職權與任務、茲擇其重要者分別列後：

1,甲長：甲長受保長的指揮監督、負維持甲內安寧秩序的責任、其職務如次；

I 輔助保長執行職務。
II 淸査甲內戶口、編製門牌、査報戶口異動。
III 取具聯保連坐切結、執行保甲規約。
IV 抽選壯丁收役及訓練。
V 檢査保內盜匪、稽査出境入境人民。
VI 輔助軍隊警察及區長聯保主任保長搜索逮捕人犯。
VII 敎誡保內住民、不做犯法的事。
VIII 其他依照法令或保甲規約議訂、應屬甲長執行之事。

2,保長：保長受區長的指揮監督、負維持保內安寧秩序責任、其職務如下：

I 監督指揮甲長執行職務。
II 輔助區長執行職務。
III 覆査本保戶口、及査報戶口異動。
IV 主持本保保甲會議、執行保甲規約。
V 壯丁隊之督率及平時之訓練、與服役。
VI 輔助軍警及區長聯保主任搜索逮捕人犯。
VII 保甲武器之保管及支配。
VIII 敎誡保內住民、不做犯法之事。
IX 看管保內悔過自新之戶。
X 其他依照法令或保甲規約議訂、應屬保長執行之事。

3,聯保主任、聯保主任承區長之命負各保聯絡之責、其職務與保長大抵相同、惟其範圍較大、事務比保長繁雜、茲將特異之事、分列於後：

I 主持聯保保甲會議、分配保長工作。
II 調解民事事件。
III 實行警衛聯繫。
IV 促進地方自治。

## 第五節　設辦公處

保甲長爲一保一甲主管人、有環照四方之必要、故於辦公地點、不可不擇選適宜、甲長因其轄屬範圍甚小、可設於本人住宅內。保長則必選擇全保比較適中之公地或寺廟設之；如私人住宅適宜亦可藉用、至於聯保辦公處則必須設於市集之公共處所或寺廟內。

### 第六節　保甲會議

一、意義：保甲會議、就是保甲長聚集一處籌商保甲上的公共事件、叫做保甲會議。

二、手續：由保長每十日就保長辦公處召集保內各甲長舉行一次、如有特別事件發生、得召集臨時會議。

三、開會程序：全體肅立、唱黨歌、向黨國旗及總理遺像行最敬禮、恭讀總理遺囑、主席報告開會理由、整理舊案、提案、討論、表決、宣讀會議錄、唱黨歌、散會。

四、商訂事件：凡關於保甲長的變更、保甲規約的協訂、及區署訓令辦理之一切事件、通通可以由保甲會議商討進行。

## 第三章　清查戶口

### 第一節　意義

清查戶口、即普通所謂的「戶口調查」、其清查的意思、簡言之、約有五端：（一）在治安方面、可以判人民的善惡良莠、以爲安定社會的張本、（二）在軍事方面、可以明瞭人口增加的徐速、及壯丁人數與一般人口之比例、以測國勢之盛衰隆替、（三）在立法方面、可以明瞭人口分佈的狀況、以爲選舉區域分配的標準、（四）在司法方面、可以確定人民的戶籍、以爲人民法益及身分的根據、（五）在行政方面、可以明瞭人民職業狀況、教育程度及其他一般情形、以爲救濟教育及其他一切庶政措施之標準。（此節錄自江蘇保甲二卷十五期）

### 第二節　清查步驟

編組工作完結；清查工作開始、此即所謂編查保甲之第二步工作、至於清查戶口的步驟：首應決定開始清查日期及清查方法、次則製發應用各種調查表冊及門牌、由區派員督同保甲長、按照規定依據保甲編定次序、以保爲單位、一致挨戶實行清查填表、並換給木質保甲戶番號牌

### 第三節　填表方法

（一）住戶戶口調查表

1,戶——凡戶不分正附、一家住數戶者、以數戶計、同父母兄弟雖分爨而仍同居者、以一戶計、異居者以各戶計、外姻或同族相依過度及友朋隻身寄居者、以一戶計、店舖以一招牌爲一戶、無招牌者、以門面計、同一門面、而有兩鋪甚係一鋪東者、以一戶計、係兩鋪東者以兩戶計、前店后家如係家店同主者以一戶計、不同主者、以兩戶計。

2,口——凡口包括男女言、口數連戶主計算、養子爲養父戶內之口、養壻爲養父戶內之口、傭工爲戶主戶內之口、相依過度者、爲

扶養父戶內之口、朋友寄居者、爲受寄者戶內之口、店夥爲店東戶內之口。

3,地域——嘉陵江三峽鄉村建設實驗區之下、須填明某鎭第幾保、幾戶。

4,戶長——凡戶長指同居親屬之尊長者而言、兄弟同居者以兄爲戶長、家無男丁或有而未成年者、以婦女中最尊者爲戶長、店鋪以店東爲戶長、如店東不在店中掌事者、以鋪長爲戶長、合資店鋪以掌店事之鋪東爲戶長、各鋪東均在店內權限相等者、以年長者爲戶長、前店後家同一主者、以其家長爲戶長。

5,親屬稱謂——指戶長之直系親屬而言、填表次序如下：戶長之「妻」「子」「媳」「女」(已出嫁者不計)「孫」「孫媳」「孫女」「祖父」「祖母」「父」「母」「伯」「伯母」「叔」「叔母」「兄」「嫂」「弟」「弟媳」「姐」「妹」「姪」「姪媳」「姪女」……

6,同居關係——指姻戚或同族相依過度、及朋友隻身寄居、或因其他關係、不能另立一戶者、則填入此欄內、又戶長之「妾」或「童養媳」依法不認有婚姻關係的存在、故亦只能填入此欄內。

7.傭工——凡僱傭性質者填此欄內。(如工友、學徒、廚工、水雜等。)

8,姓名——記載姓名時、每一人須記姓又記名、同姓氏者可略其姓、只記其名、記名字時、宜用正式名字、初生小孩、倘未取名者、註以「未名」、至戶主更不得以其某堂某字號等公共名稱雜填、但婦女不便填者、婦人得以姓氏、女子得以長次等字代之。

9,性別——指「男性」與「女性」。

10已未嫁娶——女子未滿十六歲、男子未滿十八歲嫁娶者、不算未嫁娶、在此年齡以上之男女未娶嫁者、填一「未」字、如已嫁娶無論現屬「鰥」「寡」「離婚」……等情形、均填一「已」字。

11年齡——從出生年起、推到調查之日止、共該若干歲、(注意已滿若干歲則多算一歲、如昨天滿十歲、今天均計算十一歲。)

12籍貫——本籍者填其所居之地名、外縣遷來者、填其縣名、外省來者、須填註省名縣名。

13是否識字——識字者填一「識」字、不識字者、填一不字。

14居住年數——本籍只填「世居」、如係客籍、則填明寄居年數。

15職業：

I凡未滿十三歲及已滿六十歲之男女、無職業者不計、但有職者仍應分別註明。

II下列各項人口、不得認爲有正當職業者不計。

甲、婦女管理日常家務者。

乙、學生學徒準備職業者。

丙、無經常職業作零工者。

Ⅲ有一定職業者、應記明職業之種類如下：
甲、農——耕種、林業、畜牧、狩獵、開墾等。
乙、礦——金、銀、銅、鐵、煤。
丙、工——建築、原力、冶鍊、機械、紡織、土石、化學、飲食品等。
丁、商——販賣、金融、保險、經濟介紹、旅館、娛樂場。
戊、交通——郵運、水陸空運輸。
巳、公務員——軍、政、黨務、敎員等。
庚、專門職業——醫生、律師、工程師、會計師、音樂家、宗敎家、藝術家。……
Ⅳ前有一定職業現已失業者（除公務員敎職員休假外）、塡一「失」字。
Ⅴ無職業而依產業生活者、塡一「紳」字。
Ⅵ旣無職業技能而現又閒居者、算無職業、塡一「無」字。

16有無槍械——如有則塡明種類與數目、如（單子彈一枝）、如無則祗塡一「無」字。

17他往何處——
（一）其人在家、則空欄不塡。
（二）如係他往、務須記註他往地點、以便統計時扣除、免致人口重複。
（三）如果他往某處當兵地點不明、則只塡他往「外省」。
（四）出門十年以上無消息者、及七十以上之老人出門五年以上無信息歸來者、算爲失蹤。

18是否「癮」「游」「莠」——如是塡一「是」字、不是則塡一「不」字。玆說明於後：
（一）「癮」——指吸食鴉片或其他毒品者。
（二）「游」——游手好閒、無正當職業者。
（三）「莠」——旣無正業、而又爲人衆公認其人行爲惡劣者。

19共計——是指全戶男女人口、無論戶長、親屬、同居、傭工等一併計算之。

20現住——是指在家男女人口數。

21他往——是指在外男女人口數。

22自有田土——指田土之主權、屬於自己所有者。
（一）自耕——指自己或僱工耕種者。
（二）佃出——指自己田土、交予別人耕種、自己祗受納租權利者。（此欄須註明押金租谷數目）
（三）石——概以田土面子計之。（即全田土收益之最高率）

23佃耕田土——指租借別人田土耕種而爲生活者。（此欄須註明押金和谷數目）
（一）田土——石——仍以田土面子計之。

(二)佃自何人填註田土主人姓名。

24副業種類——有副業者、填明副業之種類、並估量其價值。（農家飼養少數牲畜者不計）

25工業資本——以創業時及以後陸續增加之資本以元數計之、「凡與生產有關之一切生產工具均計算之」。

26商業資本——同前

27街市房價——房價須連同地皮以現在價值、用元數估計之、房屋屬於自已所有者、則註明「自有」二字、如係佃自別人者、則須註明主人「住址」和「姓名」並註明「押金」「租金」數目。

28其他資產——不屬以上各項資產者、（如放款會銀……）則記入是欄內。

(二)公共處所戶口調查表

1,公共處所——凡公署兵隊學校工廠醫院祠堂教堂教會會館公所及其他公共事業等皆屬之、但公共處所內有住戶者、仍須另填住戶調查表。

2,番號——應以保為單位、另立「公」字第X號。

3,名稱——指該公共處所之名稱、（如兼善學校）「所在地」指該處地名。

4,「公」「官」「私」設——

I公設——屬於地方公共設立者。

II官設——屬於政府機關設立者。

III私設——屬於私人籌資設立者。

5,主管人姓名——指該處所之首領人。

6,辦事人數——指該處所有之辦事人員及軍隊之官兵等、（凡學校之走讀生、商店之本地學徒、官署之外宿職員官兵、工廠之外住職工等雙重戶籍人口、須特別加以註明、以便於統計時扣除）。

7,其他人數——指該處所員役之眷屬人等、暫住或附住其內者、（因其人數簡單不成為家庭之形式）

8,傭工人數——指小工廚役等。

(三)寺廟調查表

1,寺廟名稱——凡寺院庵廟宮觀禪林洞剎等屬之。

2,番號——以保為單位另立「廟」字第X號。

3,戶長——即該寺廟之住持。

4,徒衆——即住持以外之僧道。

5,傭工——即園工廚役等。

6,僧道名稱——指僧尼道士女冠而言、但以居住寺廟者為限、若香火道士行腳僧人不居住寺廟者、則以住戶戶口論。

7,姓名或法名——如道士之有姓名者、填其姓名、其他不以姓名著稱者、填以法名。

8,「性別」「年齡」「籍貫」「是否識字」「居住年數」「癱」「勞」等項、悉照住戶戶口調查表塡法塡註。

9,替度年月日——指出家人入廟之年月日。

10田土——石——以田土地面計算。

11會産會金——以元數計。

12房價——指寺廟以外之房屋價值。

（四）船戶戶口調查表

1,船戶——指以船爲家之戶、特編「船」、第×號、不以船爲家在陸上有住居者則編爲「普」字號、以便於戶口統計時扣除。

2,船戶——無論「船」字或「普」字號、一律劃歸臨河之「保」管轄。

3,航處編號——卽川江航務管理處所劃之號碼。

4,船隻種類——指攬載渡船漁船橫江順江……等。

5,航行路線——卽上游何處或下游何地是也。

6,船隻價值——以此船假設現在出賣、能値洋若干計之。

7,其他項目、全照住戶調查表塡法。

（附註）每戶各占一頁、若人口衆多之戶一頁不敷者、得分塡數頁、但須註明某戶第幾頁、調查時如有肺疾及其他可注意之事、卽在附記欄內註明

（五）門牌：

1,番號——普通住戶、在嘉陵江三峽鄉村建設實驗區之下、塡明某鎭某保某甲某戶、但於公共處所、寺廟、船戶等門牌、則在保之編號下、不列甲號、而添入「公」「廟」「船」字號。

2,戶長——戶長之姓名、年齡、籍貫、職業、及住居年數等、與戶口調查表上同樣塡法。

3,親屬——卽戶口調查表上之「親屬稱謂」、門牌上祗記其男女口數、不記姓名年齡等、但須注意將戶長除外。

4,附註——卽戶口調查表上所塡之「同居關係」欄內人數、亦祗記其男女口數。

5,傭工——亦祗塡男女口數。

6,全戶共計——卽將上列「一二三四五」項人數合計起來、塡出男女口數。

注意；門牌上之男女口數、應將他往人口剔除、記入現住人口。

第四節　整理工作

（一）抽查；編查戶口工作、至爲繁重、雖經挨戶詳查、然難保其必無遺漏、故於保甲長淸查後、應由區署派員會同聯保主任、舉行抽查、抽查最低之標準、每鎭至少五保、每保至少三甲、每甲須挨戶詳查、抽查時如發覺與戶口調查表所塡不符、或編號錯誤時、應卽通

知該管保甲長、加以更正、如一甲發現有三戶以上與原表不符者、應增加抽查甲數、如所抽之某鎮保甲中、全鎮有三保編查不確、或一保有三甲編查不確、應即中止抽查、責令該鎮或該保重行編查。直待查核正確後再行彙造統計。

（二）統計：彙造統計即是由保長將一保之內的甲數、戶數、男女人數、現住人數、他往人數、壯丁人數、識字與不識字人數、有職業與無職業人數等等、一一的依照規定之表格、共合攏來、製成統計表、以便明瞭人口的多少、做一切施政的參考、并將一保的區域與所屬地名、山脈、河流、甲數、戶數、男女口數、壯丁人數、及面積、方位等等、繪成略圖、張掛於保長辦公處、以使全保人民知道本保所轄範圍、便於執行保甲的任務。

（三）其他：1,各種調查表須照填三份、分存保、聯保、區署備查、甲長辦公處亦須設置戶口簡明表、2,各戶門牌、須責令粘貼於同樣大小之木板上、懸掛於中堂易見之處、以便隨時查對人口、切不可任其粘貼於牆壁上、使風雨侵蝕、損壞剝落。

## 第四章 取具聯保連坐切結

### 第一節 意義

聯保連坐切結、就是同甲以內少至五戶、多至九戶、彼此聲明不爲匪通匪窩匪縱匪、聯保之後、各戶應隨時勸勉監視或揭報之責、如有故意隱匿或疏忽不報者、除當事人依法治罪外、同結各戶應負連坐之責。

### 第二節 取具方法

聯保連坐切結、爲保甲制度精神所在、其內容以「聯保」爲條件；以「連坐」爲制裁、以切結爲證據、倘運用得宜、實爲防止匪患之不二法門、故辦理手續與方法、不可不特別慎重、玆將其重要之點、分別述之於後：

（一）聯保連坐切結、必須由同甲各戶聯合五戶以上共同填具、如一甲內不滿十戶者、可共填一張、一甲內超過十戶者、得分填兩張。

（二）填具聯保連坐切結、先由甲長將第幾保和第幾甲填好、然後面交甲內聯保各戶長填寫戶數、並親自簽名蓋章或畫押、戶長不能親書姓名者、可請人代寫、但必須親自蓋章或畫押。

（三）甲長除在甲長名下簽名蓋章外、在本人戶長名下、仍須簽名蓋章或畫押。

（四）保內各戶、統應取具聯保連坐切結、倘有人皆不願與之聯保之戶、得斟酌情形之重輕、以下列方法處理之：

I強制聯保——即是聯保各戶、對某一戶不肯聯保、而這一戶實在又並沒有什麼不正當的行爲或犯法的企圖、這樣情形、甲長得強制各戶聯保。

Ⅱ切結外加保——即是聯保各戶、對於某一戶過去行爲不敢相信、不肯聯保、這樣情形、甲長得命這一戶、另具妥實保結、使聯保各戶相信他、准他加入聯保。

Ⅲ具悔過自新書——即是大家都不願與他聯保之戶。

Ⅳ依法處辦——如果大家不願與其聯保這人、確有盜匪行爲、并有眞憑實據、則可報告、區署依法處辦。

Ⅴ驅逐出境——大家不願與其聯保之戶、確有盜匪行爲、然其行事詭祕、無從考其證據、而其人又不承認自已罪過、則祇有驅逐出境的一法、使其自動改悔。

（五）保內各寺廟、互具聯保切結、如保內僅有寺廟一處、應由該寺廟之主持、出具担保該寺廟內所有人口不爲匪、通匪、窩匪等之連坐切結。

（六）保內公共處所、可免除聯保義務。

（七）戶長久居外地、其應塡之聯保切結、得由其最近之親屬代辦一切手續、惟須註明「某某代」字樣。

（八）軍隊官佐士兵及公務機關之職員等之眷屬、雜居民間、無論長住或暫住、均須與所在地甲內各戶聯保。

（九）聯保連坐切結取具後、新遷入之戶、應與同甲各戶聯保。

（十）聯保連坐切結、須塡具三份、分存保、聯保、區署、備查。

（十一）區長聯保主任及保長、應於每月月終、依據戶口異動之報告、將各保各甲之聯保切結內、已經死亡之或已不居住於本甲之各戶戶長姓名註銷、區長聯保主任再將切結發交保長督飭甲長、轉令新戶長簽名蓋章、或畫押於切結上。如切結內列名之戶長多數變更時、可更換新切結。

### 第三節　執行與處罰

保甲的旨意、首在消滅盜匪、保衞地方安寧秩序。然盜匪之來、雖或嘯聚於山林；每多勾結於平時、爲正本清源計，非聯保無以相勸、非連坐無以相糾。但連坐法之精神、重在遷善、不重在株連、重在依法以制事、不重在因人以累法，重在彼此相維相制、不重在彼此相惡相仇；此爲不可不注意之旨、茲將執行連坐之要項、列述於後：

（一）凡保內住民、如有勾結、窩、藏、縱、逃盜匪、或反動份子者、除依刑法及特別法令處罰外；其甲長及會具連坐切結之各戶長、應各科以四日以上三十日以下之拘留、或課役、或罰金。

（二）甲長或聯保各戶長、有知情匿庇者、依法分別治罪、但係自行發覺據實報告者、得免予處罰。

（三）甲長及會具連坐切結之各戶長、應科以拘留時、由聯保主任呈請區長執行之。

(四)遇有聯保各戶密報某戶通匪縱匪時、如證據確鑿者、應即執行搜捕之緊急處分。如無確實證據、應即偵察明確、酌情辦理。至對於密報之人、在不違背司法手續範圍內、得免予傳案質訊、以免拖累。

(五)聯坐各戶之連坐、應俟匪案審判確定後施行、但供證確鑿之案、亦得於破獲後隨時執行。

(六)連坐之實施、以匪案煙毒犯案、爲範圍、其餘如小偷竊賊、毋庸連坐。(此節錄自江蘇保甲二卷十七期。)

## 第五章 協訂保甲規約

### 第一節 規約意義

保甲規約、爲保甲制度之精萃、即保甲內人民日常生活之規律、而在整個保甲制度中、具有敎化意義者、亦厥爲保甲規約。其目的在保持「出入相友、守望相助；疾病相扶持」．之親愛精神；提倡「相救、相卹、相賙、相愛、相敬、相糾。」之互助風氣。此即爲保甲規約之旨意也。

### 第二節 協訂手續

保甲規約、爲保甲居民共同信守之規律、即爲全保居民意志之所在、故協訂保甲規約、必須經過保甲會議之程序、因其既不能由區署規定統一之條文、令飭各保照式簽訂、亦不可完全抄襲別保所訂規約之全文、故必須由保長召集保內全體甲長行之、保甲規約制定之後、應由保甲長簽名蓋章、然後發交保內各戶長一律簽名加盟、此後如有他處遷來、或新充戶長者、均須加盟於該保內之現行保甲規約。(此節錄自江蘇保甲第二卷十八期)

### 第三節 協訂原則

保甲規約、雖爲保內興利除弊之章程、然保內應興應革之事、就時間與精神而論；必須分別先後緩急：逐漸推進、且保甲規約務須保內居民共同遵守奉行、則所訂事項、又必須切實而易入手者、方不致等於具文、故協訂保甲規約、應遵守左列各項原則：

(一)保甲條例已有明文規定者、不必訂入。

(二)不可與現行法令抵觸。

(三)須依據地方風俗人情及實際需要：

(四)地方特殊情形、有益於社會風俗者、亦得訂入。

(五)條文務求簡明切要。

(六)所訂事項、務求以能實行爲主。

(七)所訂事項、如有時間性者、須限定完成時間以便復核。

### 第四節 規約內容

保甲規約、爲昭鄭重起見、在規約形式上亦不可不注意一定法則、故在條文之前、須作簡短的敍述、如協訂規約的意思、日期、地點、及共同遵守的誓言等、在條文之後、尤須寫明規約之制定人(即保甲長)及規約之加盟人(即全保各戶長)職銜姓名、各人並須在其名下簽名畫押、至規約的內容、茲擬要列舉如下：

(一)本保甲名稱及管轄區域。

(二)本保保長辦公處設立地點。

(三)關於保甲戶口之編查及製釘門牌事項。

(四)關於戶口異動之查報事項。

(五)境內出入人口之檢查及取締事項。

(六)匪患之警戒通訊連絡及救護事項。

(七)水火災患之警戒及救護事項。

(八)防匪碉堡哨棚及其他工事之籌設事項。

(九)關於境內公路之修築及電桿橋樑水利工程與一切交通設備之守護事項。

(十)關於名勝古蹟及保護事項。

(十一)關於地方風俗習慣之改良及取締事項。

(十二)關於新生活之實行事項。

(十三)關於鄉人訴訟之戒除事項。

(十四)關於住民之智識能力之增進事項。

(十五)保甲經費之籌集及支用報銷事項。

(十六)保甲人員及住民怠於職務之處罰事項。

(十七)保甲出力人員之賞卹事項。

(十八)保甲會設規則。

(十九)保持地方安寧秩序及推進地方自治事項。

上列規約內容、僅舉其大致、以為各保制定規約者觸類旁通、如與該保辦理之實際情形、不盡相同時、自可酌量實情增減擬訂、再保甲規約、須由保甲照樣繕具三份、分呈本保、聯保、區署備查、並置粉牌一面、照錄全文懸掛於保長辦公處、俾衆週知。

### 第五節　執行與處罰

保甲規約「不重形式、而重實行。凡經依法制定之規約、全保居民均有切實奉行之義務、如有拒絕加盟或執行怠忽之人、得由保長遞報區長依法處以四日以上三十日以下之拘留；或四元以上三十元以下之罰金。或折罰苦工。

## 第六章　登記自衛槍炮

### 第一節　意義

編組保甲的主要目的、在肅清盜匪安定社會秩序、而盜匪之所以殺人放火及擾亂社會秩序者、厥為民間私藏之槍炮武器、所以我們一面編查保甲、同時還要將地方人民所有槍枝武器、一律查明編號烙印、以便確定其主權、限制其使用、如是政府有因槍獲人、及因人驗槍之便、則人民不敢「聚則為匪散則為民」了。

### 第二節　登記範圍

登記範圍、以個人與公共事業團體所有自衛之步槍馬槍手槍及其他新舊槍炮等類為限。

### 第三節　登記手續

(一)登記——凡個人或公共事業團體有槍炮者、自應一律向各該聯保辦公處索取民有自衛槍炮請領執照申請書、分別填明、送請聯保辦公處、轉呈　區署查核登記。

(二)烙印——槍炮烙印、由區署製就鋼質火印、統一執行、烙於槍之托尾右邊、如有不便烙印之槍砲、可按原照號碼登記之。

(三)給照——烙印槍炮一枝、即發給執照一張、執照之有效期間爲二年、期滿後、應呈請另換新照。

## 第七章　查報戶口異動

### 第一節　查報意義

戶口異動查報、是維護保甲組織機構的唯一鎖鍊、欲求保甲組織之穩固、戶口數目之正確；與夫發展保甲之效能、在在均非查報戶口異動不可、故清查戶口僅是一時的工作、辦理異動才是經常的工作；所以編組保甲、清查戶口、是辦理戶口異動的手段，辦理戶口異動、才是編組保甲清查戶口的目的。

### 第二節　異動種類

戶口異動種類、範圍甚廣、茲依據戶口之絕對增減與相對增減、別爲出生、死亡、遷入、徙出、四類：

(一)出生——婚生及非婚生、(屬於人口絕對增加的異動)

(二)死亡——自殺、他殺、老死、病死(屬於人口絕對減少的異動)

(三)遷入——迎娶、入贅、離婚、歸來、領養、入繼、退繼歸宗、收養、僱用、全家遷入、留客寄宿、家人歸來、(屬於人口相對增加的異動)。

(四)徙出——出嫁、出贅、離婚、別去、出繼、退繼、解僱、分居、全家徙出、戚友別去、家人外出、(屬於人口相對減少的異動。)

### 第三節　查報手續

(一)戶口發生異動時、戶主應即報告本甲甲長。公共處所及寺廟、應由主管人或住持、逕行填寫戶口異動報告表、送達本保保長。

(二)甲長據戶長報告後、即分別填寫戶口異動報告表、簽名蓋章後、隨即送達本保保長、

(三)保長接到各甲甲長後或公共處所主管人及寺廟住持所報之戶口異動表、經審核後、應即簽名蓋章、每十日即彙報聯保辦公處一次。

(四)聯保辦公處接到各保戶口異動表經審核後、即填具戶口異動表、連同原報告表、按月綜報區署。

### 第四節　異動整理

戶口異動整理、即戶口覆查。每月月終由保長挨戶執行一次，以糾正戶口異動之恍報或遺漏、茲特將覆查方法、條述如次：

(一)復查時應攜帶戶口調查表、保甲規約、聯保切結、以便查對、幷附帶保甲須知、及筆墨紙。空白戶口表、門牌、與私章印紅等以資應用。

(二)查看保甲戶番號牌次序、有無錯誤。隨即校對門牌上之保、甲、戶、號、是否與戶口調查表切結、規約上是否相符、如有錯誤、立即更正。

(三)校對戶口調查表上之總人口數、與門牌所塡之數是否相符。如有錯誤、應即更正。

(四)門牌有未將木板正式懸掛者、由保長籌資統製。

(五)按戶口調查表、詢問各戶戶長、戶內現有人口若干、幷命其舉報各人與戶長之關係、名字、性別、年齡、職業、已未嫁娶、是否識字、居住年數、有無槍砲、(已否烙印)如有錯誤、應即更正。

(六)戶口如有異動者、應詢其時間及異動之情形、查報是否確實、如有漏未查報或報而不確者、應立即更正之。

(七)如有新遷入之戶、除重新調查戶口外；尤注意令其加入聯保及加盟於保甲規約、如有槍砲尚未申請登記烙印者、應即令其照章塡具申請書、遞呈區署登記烙印、

(八)無論寄宿住戶、船戶、寺廟、公共處所均應一律密查。

(九)復查時應注意調查各戶有無無照私吸之煙民、如有應促其登記。

(十)復查時所發現之問題、須隨手記下、以便備查。

(十一)新增之戶、應發給門牌、暫編爲與其相近某戶之乙、例如須次於該甲內第五戶、則於門牌註明第四戶乙、原編第四戶、則註明第四戶甲、俟一年一度之大整理保甲戶口時、再行更正保甲戶次序。

## 第八章　編練壯丁

### 第一節　意義

編練壯丁、就是將保甲內年齡在十八歲以上、四十五歲以下身體健強之男子、編制訓練起來、輪流担任地方上的自衛工作、同時也是復興民族的一種準備。

### 第二節　壯丁編制

(一)凡保內年齡自十八歲至四十五歲之男子均應編入壯丁隊、分期受訓及服工役、但有下述各項情形之一者、得斟酌免訓或緩訓：

一、有左列情形之一者、得免其編入受訓：

Ⅰ、殘廢癲疾者

Ⅱ、心神喪失或精神耗弱者。

Ⅲ、在外有職業或現任地方公職者。

Ⅳ、現任學校教職員或肄業者，

Ⅴ、有專門學術技能、經區署核准免役者。

Ⅵ、家無次丁、因入隊而影響一家生活經證明屬實者。

二、有左列情形之一者、准免受訓、但須編入服役；

Ⅰ、服務軍警部隊一年以上、退伍還鄉者。

Ⅱ、在中等以上學校畢業、曾受軍事訓練有證明者。

三、有左列情形之一者、得緩延其編組服役時期：

Ⅰ、因犯徒刑以上罪名、在偵察或審判中者。

Ⅱ、判處徒刑在執行中者。

Ⅲ、假釋出獄者。

(二)壯丁隊之編成、以保爲單位、一保編爲一小隊、令各小隊編成爲聯隊、合各聯隊編成爲區隊、每小隊不拘人數的多寡、但爲便利管理起見、應該分爲若干班、每班十人至十五人。

(三)壯丁隊之指揮管理人員；小隊設隊長一人由保長兼任、小隊附二人由保長指定保內有軍事常識之甲長或在鄉軍人充任、各班班長由保長指定本保甲長或能力較强之壯丁充任、小隊長圖記、即用保長圖記、聯隊設隊長一人、由聯保主任兼任、聯隊附二人、由聯保主任指定本鄉內保長充任、聯隊圖記即用聯保辦公處圖記。區隊設區隊長一人，由區長兼任、區隊附二人、由區長指定聯保主任充任、區隊長鈐記用區長鈐記。

第三節　壯丁訓練

(一)小隊訓練—全保壯丁、分爲甲乙兩組、在農忙時間每月每組、各應訓練三次；農隙時間、每十日每組各應訓練三次、市街壯丁、可以酌量加多、每次訓練時間爲四小時；午前午後舉行均可、市街得分爲早晚兩回、每回兩小時、操場的擇定、以適中寬廠乾燥及便於平整之處所爲宜、小隊壯丁以訓練二十七次(一百零八小時)爲第一期、訓練五十四次(二百一十六小時)爲第二期、訓練科目由區署統一規定。

(二)聯隊訓練—聯隊訓練、即各小隊集中一地會操、即在農隙時期舉行、每月至少一次、每次一日、時間由區署臨時酌定。

(三)區隊訓練—特種訓練、就是因時因地的需要。將各小隊編成巡察、通信、守護、運輸、工程、消防六種、就各種的任務的需要、施以特殊的訓練。

第四節　壯丁任務

(一)巡査隊—担任巡邏放哨、偵査搜捕、及一切警戒事項。

(二)通訊隊—專任聯絡報信、轉遞公文、及一切通報事項。

(三)守護隊—專任防禦工事、電桿橋樑、及一切交通設備事項。

(四)運輸隊—專任軍實軍糧之分站運輸、及其他一切協助事項。

(五)工程隊—專任防匪碉樓堡寨、或其他工事之設備、暨過境公路幹綫或本地方應備支綫之修築繕補事項。

(六)消防隊——專任水火風災之警戒、及救護搶險事項。

## 第九章　保甲懲獎

### 第一節　意義

保甲組織；係先謀增進民衆自衛力量、由是以養成其自治精神；其目的在使之爲社會之健全份子；不須受政府之干涉、亦不須受法律之裁判、而能忠實規矩在社會上活動。惟當辦理之初、民衆缺乏訓練、於保甲信念未堅；如有違犯規約或拒抗命令情事、卽足以破壞保甲之規律；妨阻保甲之進行。况保甲人員中、賢愚不等、無獎不足以勵有功；無罰不足以儆失職、保甲編組完成以後、吾人一面固須利用此組織以推進地方建設事業、同時對於負担此種責任人員之工作成績、尤不可無嚴明之賞罰。否則、賢能不足以勸；頑懦不足以懲；欲求組織之健全已不可得、抑何論工作之效率也。(此節係摘錄江蘇保甲第二卷廿三期)

### 第二節　懲罰方法

(一)保甲長——保甲長如有濫用職權、或辦事敷衍、貽誤要公。聯保主任得按其情節、報由區署、依左列各款處罰之。又壯丁隊隊員如有接濟匪犯、或謀爲不軌情事、除依法懲處外；該保甲長亦受下列各款處罰；

1,百元以下的罰金。

2,免職。

3,記過。

4,申誡。

(二)住民——保甲內住民如違犯左列各款之一者、由保長遞報區長、處以一元以下之罰金；

1,拒絕加盟於保甲規約及無故拒絕塡具聯保連坐切結者。

2,應繳之保甲經費無故拒絕征收或拖延者。

3,對於戶口發生異動隱匿不報、或報而不實者。

4,報塡戶口不實或任意銷繳門牌者。

5,拒絕編入壯丁隊者。

6,怠忽保甲規約所定之職責者。

7,分配工作不遵守者。

前項罰金、如不依限繳納時、得由保長遞報區長核准易服工役一日。

### 第三節　獎勵方法

(一)獎勵——保甲人員、有左列情形之一者、得由區署斟酌予以嘉獎、記功、記大功、或給予獎章褒狀。

1,認眞査報戶口異動從無遺漏者。

2,訓練壯丁著有成效者。

3,執行保甲規約任務素不怠忽者。

4,能遵照本身職責認眞執行者。

5，著有其他特殊勞績者。

（二）獎卹——保甲人員、如遇左列情形之一者、除依保甲規約

委員長行營分別核獎或給卹：

1，偵悉匪情報告迅速、因而保全地方者。

2，破獲匪徒機關、或擒獲著名匪犯經訊明法辦者。

3，搜擒匪徒祕運或埋藏之槍枝子彈或大批糧秣者。

4，協助軍警抵禦或搜捕匪犯、異常出力者。

5，因抵禦或搜捕匪犯致受傷亡者。

6，因匪犯報復致受傷亡或損失者。

7，因公致傷或積勞病故者

8，救護災害異常出力者。

9，保甲所需經費、能特別捐助者。

10保甲戶長辦事成績異常優良、足爲他人模範者。

附：四川省府規定剿匪陣亡撫卹辦法；

1，區隊長一百廿元。

2，區隊附及聯隊長七十元。

3，聯隊附及小隊長六十元，

4，小隊附及班長四十元。

5，壯丁三十五元。

（以上五款錄自保甲須知。）

## 第十章　保甲經費

### 第一節　意義

所謂保甲經費、即是由人民捐出之款來辦理保甲上公共事體的一種經常費用。

### 第二節　徵收辦法

原定保甲經費捐款、規定每戶每月自五仙至二角止：貧富負担、既感苦樂不均、且款太零星：按戶追索、總歲擾攘：於保甲任務、妨礙殊大！省府有鑒於此、特規定於民國二十六年起、改用以田土房價及工商業資本爲起征之標準。茲將　省府所定保甲經費徵收辦法摘錄於後：

「1，保甲經費之支出、應視各縣財力、及需要而定、規定每保費用連同應解聯保經費等項、按月每保最低不得少於三元、最高不得超過七元、以爲支出之標準。2，保甲經費實行由縣統籌：預先由各縣縣府、統計全縣全年各保及各聯保經常支出共若干：預計全年防剿費、子彈費、器械費、修理費、及壯丁隊之訓練醫藥撫卹費之臨時支出、共約若干、總計此經常臨時兩項、全年共需保甲經費若干得較確概數後、擬定應爲每保若干、先報經本府核准、再以支出總分數、分攤于有恆產恆業者負担之。3，保甲經費應爲有恆產或恆業者負担、先由縣府統計全縣共有田畝若干、市

街房屋若干（鄉間房屋不計）及工商業資本若干、然後以全縣支出總分數分別攤收、按平均之田價、每畝每年攤收若干、房價與工商業之資本：悉以平均田價之一畝價值爲起征之標準、例如平均該縣田價、每畝約值洋八十元，而每畝每年應攤收二角或三角、則所有房價及工商業資本、均自八十元起征、每八十元征收二角或三角、餘均按此攤征、力求公允；此項田房之負担、主客各半、并責成佃戶代繳、於租金內扣除、此項保甲經費征收辦法改定後、每年分兩期徵收、以免煩瑣、凡無恆產或恆業者不征、其資產不及一畝或一畝之價值者亦不征。4.保甲經費之臨時動支、如開支子彈費、修理費、器械費、及醫藥撫卹各費、須事前呈准本府始得動支、共屬於緊急情形開支防剿費者；准其一面將防剿情形具報；一面據實開支、如有浮濫、加倍賠償、事非緊急擅行開支者；亦同、以上四項辦法、係斟酌各縣實際情形、並爲適合環境及需要而定、其於關於收支手續及製發收款票據等項、仍參照前項收支規程、妥愼辦理。」（此節錄自 四川省政府二十五年民字第二四四四二號訓令）

第三節 徵收期間

每年分兩季征收、即一•七•兩月中旬；由各捐款之戶、按期向該聯保辦公處繳納、掣取收據爲憑、保甲長負催促責任。

## 附保甲長信條

一、我們要奉公守公。

二、我們要盡力爲地方服務。

三、我們要努力推行新生活。

四、我們要準時查報戶口異動。

五、我們要準時出席保甲會議。

六、我們要準時召集戶長談話。

七、我們要遵守 總理遺教愛護黨國。

八、我們要肅清保甲內煙毒犯。

九、我們要使住民明瞭保甲意義。

十、我們要教誡住民不作犯法的行爲。

十一、我們要勸導保甲內學齡兒童入學讀書。

十二、他們要羣力合作促進地方自治之完成。

## 附誌

本文係屬於現行地方行政組織範圍、內容未敢擅抒愚見、故取材全賴 四川省第三行政督察專員公署所著之保甲須知、壯丁隊須知及年來

省府頒行之辦法、與同江蘇省民政廳編印之保甲半月刊第二卷各期等書得來、惟本區處地特殊、關於前舉參考材料、多係揣量本區情形參酌採用、除中有整段抄錄之文、已在該段之後另有申述外；綜合採用之文、則未一一註明、尙乞、原著 諸先生鑒宥！

# 引導與招待



這裏將拿本區之「引導須知」與「招待須知」兩種文件來發表、提要言之：可說都在整齊、清潔、和悅、莊嚴、誠實、週到、條理、正確上做工夫、因這些都是新生活運動之原則、爲「現代交際」所必需、因不僅爲本區所需要、爲本區對來參觀之個人或團體所需要、即個人之涉身處世、在現代日常生活裏、又何可須臾離！抑又有言者、果欲於「現代交際」上認眞有心得、卽引導與招待確能都使每個客人或團體「滿意」、則對這裏所介紹之兩種文件、固有熟諳揣摩之必要、當然要在經過一番苦心研究後、始能有所會悟、始能有所運用自如、絲絲如扣、始能使客人乘興而來、盡興而歸之愉快也。茲分別介紹於下：

## 甲，引導須知

### 一、引導員應具備的條件

㈠關於修養方面：

A態度——莊嚴、謙和、禮貌。

B.舉止——精幹、活躍、敏捷。

C.言論——文雅、簡明、正確。

D,服裝——整齊、清潔。

E.其他：

a,須有創造意義之志趣、

b,須有新問題之發現、與新方法之發明的能力。

c,須正確的觀察出該來賓或團體之組織上、精神上的優點或劣點。

d.須隨時隨地觀察客人之反應、情節、觀感、批評、並須記出其要點。

㈢關於介紹方面：

a,須以各機關的特殊歷史及其使命之與社會最有關係者爲主。

b.須以各事業的特殊辦法與特殊精神爲主。

c,須以各事業最近的組織與活動情節對於社會的影響爲主。

d.尤須注重各事業數目字的統計、和未來的新計劃之要點的介紹。

e.須鼓動起其對於地方建設之興趣、並說明地方與國家世界等之關係。

f.須能說明峽區事業奮鬥之經過、以幫助鼓舞其創造之勇氣。

二、引導參觀時之注意事項：

㈠接洽之注意：

A接洽來賓、態度須和藹、同時須確知其係個人或團體。

B.來賓到時即就民委會招待坐落、奉以便茶、請其暫行休息、然後問明姓名、籍貫、職業、自何處來、到何處去、擬留日期、及參觀事業、或其他之事宜、並登記之。

C.如來賓係軍政學界中人或有重要關係者、即應將問得詳情、速用電話告知教育股、請其指示引導招待辦法。

D.凡經本署確定開會歡迎之來賓、引導員應詢明開會時間、地點、轉知客人、並按時引導客人到會。

E.來賓如有行李、在未覓定宿地以前、應屈力伕暫行置於民委會、或囤船、幷託人代爲料理、至物件數目、種類、須點交清楚、絕無遺誤。

F.詢明或商定來賓參觀之生活日程、幷問明住地、或遵照來賓之意圖、代訂生活日程或其他之計劃、亦屬必要。

G.如參觀地方與程序確定後、即辦各機關交涉。

H.如來賓於此間有友戚須訪晤者、招待人應以電話或着人代爲覓請之。

I.來賓如須宿北碚者、即應派人代覓清潔旅店、擇定房間通知客人、並詳告該店食宿等之價格。

J.如來賓須宿溫泉者、則須向客人說明溫泉房間租價等級、待客人自決後、即行電話通知溫泉公園、代爲預定宿食、並將預定結果轉告客人。

K.須帶日記本、須手持峽區事業紀要及三峽遊覽指南各乙册。

㈡途間之注意

A秩序：

a,如係團體、須於事先分組分頭引導參觀、並據實先行通知該參觀之所在的主管者、以免種種不便。

b.引導時須注意維持秩序和聯絡、不可先後失次以致錯亂。

c.不紊：：

a,材料的準備

I要參考峽區事業概況、三峽遊覽指南、及各事業進行中所發行的各種刊物。

II要詢得並熟習各事業的歷史、尤其初創之時的景象。

III要詢得並深知各事業的正確之意義、與其最特殊之點。

IV搜集應送給來賓之印刷物、並放置一定地方、俾便取得贈送客人、（平時在教育股條領）。

b,介紹的要點：：

I當引導在途中時、須乘機或造起機會說明行將參觀一切事業之要點。

II須相機介紹訂報、及各種刊物、買布、捐款、投資等事宜。

III引導來賓到各機關參觀、如該機關之說明人解說不明、或有遺失最要之點時、除當場補充外、尤須於事後之途次更行完善補充解釋之。

VI如峽中有特別新聞、即應告知來賓、更須於接談中訪問客人所得之建設性或時事等新聞之較重大者、轉告報社。

V凡各機關說明書、或宣傳品等、應乘機向客人解說。

㈢到達參觀場所之注意

A凡引導來賓到一機關時、應與來賓介紹該處主管人或所指派之引導員、即請指引解說該機關內之各部概況。

B,來賓到各機關參觀、如係團體或人數較多時、應先請來賓集合、由該機關負責人說明或報告該事業的意義、歷程與現狀及各種數目字的統計、然後分別循序參觀。

C.如來賓僅一人或數人、可請各機關說明人引導、邊參觀。邊解說、如有遺誤之處、仍須乘機補充。

D,不能解答之問題、須立即請示。切忌亂答。

㈣引導路綫

A民衆俱樂部

B農村銀行　C民衆教育委員會

D圖書館　E嘉陵江日報社

F兼善學校（科學院總務處）　G地方醫院

H北碚小學校　I平民公園

J動物園　K博物館

L新營房　M民衆體育場

N公安一隊　O民衆會場

P北碚短期小學　Q實驗區署

R三峽染織工廠　S理化研究所

T生物研究所　U地質研究所

北碚各事業機關路綫圖

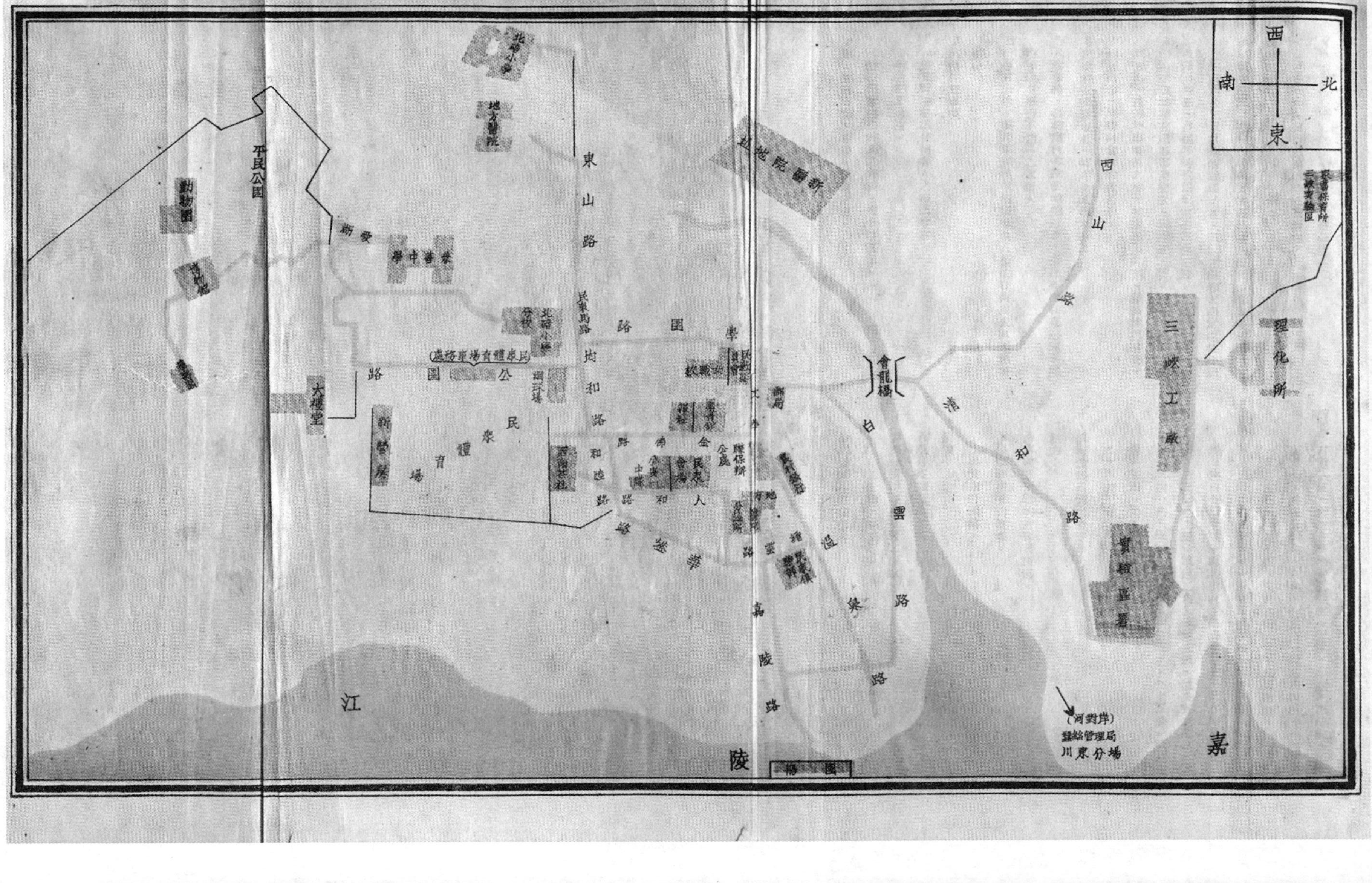
西
北
東
南
平民公園
動物園
大禮堂
兼善中學
北碚小學
地方醫院
東山路
新圖書館
三峽工廠
理化所
實驗區署
江
陵
嘉
(河對岸)
鹽務管理局
川東分場

V農林研究所　W家畜保育所三峽實驗區
X樂園種植公司　Y蠶桑改良場川東分場
據此次序、可以顚倒臨時通融辦理之

1 送客之注意

A如區署指派、須再引導來賓參觀農場、溫泉，縉雲寺、運河、北川鐵路公司或其他附近事業者、須預先與客人約定起程時間及集合地點、并須早時代爲雇定船隻或力伕。

B引導來賓參觀北碚各事業完後、須指示北川、溫泉、夏溪口、縉雲山、西山坪等可遊之地、如宿溫泉之客、即須代覓船隻、轉運行李、同時并告知船費若干。

C介紹購買峽區布疋、特產及風景片等。

D凡客去時、事前應代客設法搬運行李、自己亦應和藹送別、同時須道「招待不週」之歉語。

E待來賓去後、須將來賓與引導情形及人數按日報表式與區署考察。

F其他注意事項

a嚴禁背地誹議任何客人之短處等事。

b切忌言之過甚。

c隨時注意體察客人之需要、並予以幫助。

「附」溫泉房間、力資，船資定價。

溫泉房間價及優待客人辦法：

房間　有數帆樓、農莊、(均安置鐵床)磬室、琴廬、花好樓、益壽樓六院、房費分四角、六角、一元、一元五角四種、一週九折、半月八折、一月七折、三月六折、半年五折結賬。

力資　溫泉到縉雲寺(十五里)滑竿每乘來回八角半、溫泉到縉雲寺經夏溪口(二十里)或北碚返溫泉滑竿每乘一元六角五仙。

船資　溫泉到北碚(十里)單送二角、來回五角、溫泉到夏溪口(五里)單送一角、來回二角、溫泉到白廟子、(十五里)單送五角、來回一元正。

## 乙，招待須知

一、招待員應具備之條件：

1 能力：

A事前能精密的計劃與預備。

B事後能清晰的整理。

C臨事能應付困難。

2 精神：

A須有茶房服務之精神。

B須有招待好友至親之情誼。

C對工作須十分熱誠緊張。

D肯替客人想辦法。

3態度：

A誠懇。

B慇勤。

C客氣。

4言論：

A須清楚、有條理、且須扼要。

B介紹須完善（須能設身處境、皆無遺憾）。

C須觀察對象的反應、並須有見縫插針之習尚。

二、招待來賓時應注意的事項。

1招待計劃之確定：

A人數。

a個人。

b團體。

B方式。

a茶話或茶點。

b開會。

c食宿　招待飲食須與籌備人切取聯絡、先用電話詢問餐地點時間。

C休息處。

a就指定來賓休息處所、設置來賓休息的坐位務須清潔美觀。

b休息處所隨時有茶水及茶盃、面盆面巾開水之設置以備供應

c須派定役人使客到該處時、以便呼應一切。

2招待員的注意。

A注意靜肅、秩序、活潑。

B性意聯絡與交代。

C注意互相糾正過失（或者通告全體注意）。

D工作時應相互通達、決不可區分界限、應互相幫助、決不可區分彼此。

E嚴禁待客或對下、有驕慢勢利不敬之情節。

F須隨時隨地發現問題、共同研究改良之方法、最後還須開會整理、編製報告書、陳述經過習成績與心得。

G隨時視察幷指導役人之工作。

3來賓生活上的注意。

A飲的注意：

a手須洗乾淨、一併剪除指甲。

b手指不得伸入茶湯內。

c奉客茶湯時、用雙手表示敬意。

d飲具須洗擦乾淨、有時須用開水消毒。

e遞茶時注意冷熱及杯底滴水。

B食的注意。

a 清潔。

△須預定適宜食堂。

△食堂地面食具桌橙等須十分清潔。

△菜蔬須用碗覆蓋、以免蒼蠅或塵埃飛入。

△須備抹帕與蒼蠅拍子。

b 佈置：

△桌上或鋪白布、或用白紙、或用鮮花佈置成各種圖案。

△飯棹食具須排列整齊、更須有別緻的方式。

△席次須事先編配。

c 設備：

△食具棹凳碗筷……等事前設備完善。

△桌上須設貯藏骨盤果屑盤牙籤盒之類以免骨屑亂投地上、破壞清潔。

d 開餐：

△分菜不宜多、每種應有變換、若係蒸菜須用高溫度以保存

△分菜宜多分幾組、先行擺就、依次分貯、以免臨時忙亂。

△用餐時菜須先出湯宜後出。

△自左方上菜時、將盆子擱於左手上、以右手端盆上菜、如自右方則與上述相反。

△上菜須分秩序打盤與傳菜者、各將人數地區固定、不得亂傳亂接、以免重複或漏落之弊。

△取空盆或碗杯時多在右方。

△當客人用餐、切忌搔頭挖鼻或談笑等。

e 盥洗：

△飯畢須先打漱口水、并留意漱口水有無不潔之處。

△面盆宜先清潔、面巾宜先消毒、手宜先洗乾淨。

△面盆打水之多少、及置水之冷熱須注意檢查。

△準備牙籤。

C 起居的注意。

△注意寢室之光綫、空氣及清潔。

△注意用具之清潔及燈火之設置。

△注意抹擦几桌器具之方法與動作（乾抹過拭、用箕箒或洒掃）。

△注意掃地時、收檢障礙物、洒水法、持箒法、掃地之姿勢與動作等。

△清潔與傾倒垃圾之時間與地方皆須研究。

△注意厠所及解便用具之設置。

△客人分咐時、須細聽、以免錯誤。

△言談動作、均須輕細、以免驚動客人。

△平時勿擅進客房、進房間時必須先敲門、待客人允許後方

可入內。

D其他的注意：

a須往來巡廻自己所管之區域。

b客多以多人招待、但招待員不得互相擁擠、擾亂秩序。

c關於新聞報告與一切言論務須簡明。

d若發現厠所浴室或其他公共地方有汚穢之處、即告知該處所負責者、或自己掃除之。

e客人有査詢事項者、須明白答覆或將之引導、自己不能答覆者、即須先問他人、或負責問明再行答覆、無論對同人與來賓或市民之種種接觸、如發見人們有何美德、或惡行、除必要時的介紹或奉勸外、並應略誌之、於報告上、此對於吾人之修養方面不無小補。

f須力求來賓生活絕對不乏興趣、不稍無聊。且多與之攀談。

四、臨時幫助之事項

A來賓中如有患病者、須設法給以相當之醫藥、並加以看護。

B來賓如臨時需用物件、必須向外借者、可負責代借、用畢後清照還之、


## 鄉村運動週刊第十十一期要目

### 第十期要目

△小 言▽

鄉村運動者應立即發運全國救災總動員……公竹川

△學術講座▽

鄉村建設與合作……梁漱溟先生講 孔定凡筆記

△鄉運論壇▽

「五卅」「五卅一」與「六一」……蕭克木

青年之煩悶與危機及其防除法……常泰和

△鄉運通訊▽

一篇鄉村小學敎員的日記……淮 麈

△鄉村問題▽

回憶我四個月鄉村工作所遭遇的阻力……孫瑞棠

△鄉村文藝▽

花車曲考……徐泮璧

### 第十一期要目

△小 言▽

從集中人才談到民族領袖問題……公竹川

△論 著▽

怎樣纔能「遇有困難解決困難」……黃省敏

△鄉運論壇▽

對於目前鄉村工作的觀察及意見……黎康民

△鄉村文藝▽

花車曲考(續)……徐泮璧

訂閱地址：山東濟南按察司街四一號鄉村運動週刊社

定價：全年一元正(郵費在內) 零售每期二分半

# 西山坪農場——三年來的養猪經過

范藻如



西山坪農場、位於北碚對岸四十里。面積約二千畝、於民國念二年冬開始經營、直轄於中國西部科學院農林研究所。場內畜牧方面：首重養豬、茲將其三年來進展情形及將來之設施分述如次：

## 一，養豬的目的

本場位居高山、交通不便、然種植面積甚廣、而農作物需要大量肥料之供給、該項肥料、向外購進、一則運輸困難、再則運費昂貴、且不得上等肥料、是以本場之養豬、其目的、除自行生產肥料外、復擬稍事畜產品之收入、同時設法使家畜飼養管理方法有所改進、并向外推廣優良畜種爲達到以上目的起見、乃由改良榮昌豬着手、以該品種、有三大特點（一）全身白色、白豬鬃價昂。（二）肉質佳且皮薄。（三）其形美觀、繁殖力强、一般鄉人均喜養榮昌豬者、亦以此耳、該豬體重常達三〇〇—四〇〇磅、每頭價格可較其他豬高數角至數元、推廣用者、除榮昌豬外、有波中豬（Poland-china）盤克縣（Berhehire）均係著名鮮肉用種、而生長速度、較一般爲佳、本場對飼料及飼養方法、盡量按照科學之標準而配合之、調治時旣顧及有充分養料外、並合乎經濟原則、據記載：每隻大豬一月之飼料費不過五元、除糞尿收入六百斤、合洋一元外則費成本四元、而豬在肥育期中、每月可增重三十斤、值銀六元、收支相較、尚有餘利、至管理方法、除使豬有適當之運動外、每週畜體洗刷一次、舍內每日清掃、每隔三五日又用石灰水消毒、本場曾將二三月大之豬、按市價計算、借與農民飼喂、待長至大價豬時、仍依市價收回、餘利依二八分之（農民得十分之八本場得十分之二）此卽本地稱爲「寄喂」之豬。

## 二，三年的進展

民國念三年春、建肥豬畜舍二間、約四平方丈、可養肥豬十餘頭、次年春由四川中心農場購回盤克縣豬二頭、榮昌豬四頭、開始試養、因豬舍不合、又無獸醫設備、故常有傳染病侵害之危險、但在作本地豬之肥育期內幸尚屬平安。嗣以本場面積日廣、需肥料甚多、向外購入肥料甚難、乃於二十五年春在場左碾磄埡、新建豬舍一列、長十八丈。寬二丈、內分五大間、以二間作肥育豬之用、至十月中、即容豬五十頭、繼因向外購入豬仔困難、乃自養種豬以備繁殖、又於新豬舍旁、建種豬舍、計面積二十平方丈、內分六間、可容母豬十餘頭、該豬舍內之豬所需之飼料、調製亦在其中、種豬均由東陽鎮第一農場撥來、計有榮昌豬四頭、盤克縣一頭、波中豬三頭、連前共十餘頭、中架豬則由本地購進、本年春、曾託兼善中學校吳宗和先生於隆昌代爲訂購豬種、乃於三月下旬運到、共計八頭、牝牡各半、曾經檢查牡豬全已去勢（因隆昌養母豬者、凡公豬產下二十日、即行去勢、牝豬則滿雙月。）甚爲可惜。在本場母豬自行繁殖之仔豬、漸次已達八十頭之多、惟因豬舍既不敷用、復以農場經費拮据，乃將原有羊舍、加以改造、裝成豬舍、共分七間、可容豬二十餘頭、作爲飼養仔豬、及屯肥豬之用、並可備獸疫流行時、作隔離室、待經費餘裕時、仍擬建大規模豬舍、再事擴充。

## 三，飼料的來源

本場養豬飼料之來源、除自行生產外、並向外大批購買、茲將飼料之配合及籌措法分述如次：

（1）濃厚飼料　本場所用之濃厚飼料、有穀類、籽實、油類、米糖、麥麩等。

（2）粗糙飼料　粗糙飼料、有作之莖葉、乾草等。

上述作物蔬菜之莖葉等、即本場作物組之副產物、此外即大半在渝合間之米廠與粉房所購買、中等之米糠麥麩、即草街子、北碚、溫泉、土主場等處場期收買之、再如玉蜀黍、馬鈴薯、甘藷等、則依市價之高低、分別採用之、本場不論作物組、園藝組之副產物、亦均按市價記賬、以便成本之計算也。

## 四，飼養的方法

本場豬隻飼養之情形分述如次：

（1）幼豬　幼豬生後、五六十日即斷乳、在斷乳之前、按日給少量之飼料、使漸慣食，如于斷乳前一月、即用麥麩、玉蜀黍、豆渣等。煮沸之、攪成乳狀、放於小食槽中、置之舍內、令小豬自食、每日二次或三次、至二月後、即完全斷乳、但飼料中須加入少量之石灰粉及骨粉等物、以防軟骨病、斷乳後、所用飼料、則取質軟而細之物、如菜葉穀莢粒紛等喂之、每四小時給食一次、三四月後、飼養逐漸增加、每日喂二次、飼料多加麥麩等物。

（2）種豬　種豬之飼料、不用脂肪多者、恐其過肥、而妨害繁殖力、每天與以二小時之運動、其飼料即麥麩大豆等。

（3）屯豬　豬體達八十至一百斤。即行屯肥、此時飼以富含脂肪及炭水化合物之飼料、分三期追肥之，第一期四星期、第二期五星期。第三期爲六星期、此期中之飼料、即玉蜀黍、米糠、甘藷、大豆等。飼量之多少、按其增重而增減、到十分肥滿時、則酌減其量、而而出售屠殺、但須注意舍內安靜、不使運動、飼料均煮熟、喂時時溫度適宜，適能下手者給之。

## 五，種豬的繁殖

本場種豬所產之仔豬、不足需要、故仍向外購入大架豬甚多、專作屯肥之用、「奉喂」之合作辦法、前已述之、然仍感不足、故三年來、均在江北縣之清平場、土主場、合川之草街子等處鄉間購買、本場之母豬產仔者、現已佔三分之一、在本年後、可不必再向外購買矣。

## 六，肥豬的銷場

本場將來除出售推廣豬種外、肥豬爲大宗出品、每年有二百頭之產量、惜峽區各場屠店、多係小本經營、每次屠宰不過數頭、本場肥豬、每次出賣時、則至少二十餘頭、每由屠販（鄉人稱底豬客）－即大販子之之意也）運渝售給屠行（殺豬房）、由該行殺後分售與各肉店市場零售之、將來尚擬自設屠場肉店……以減其中各商人操縱與漁利。

## 七，目前的問題

本場現有豬約八十頭、管理方面現發生兩大問題。

（1）飼料問題　飼料將盡時、衆口嗷嗷、輒感絕大恐慌、蓋一日之秏、恆數百斤、價近十元、而畜牲無智、飢渴則噪鳴、溫飽則安睡、而人之担心、惶中籌措、豬兒不與聞問、僅知寢食而已矣、緣本場養豬大部飼料、須仰給於附近各場、然當此青黃不接之際、不特經濟恐慌、趕場甚遠、運輸不便、且大量飼料竟無從搜集、逢場期農民出售之谷類飼料、斗斗升升、不勝麻煩、雖搜集成担、而挑回山上、坡道崎嶇、往返數十里、亦大費人力也、目前雖可應付是項問題、及採用多種農作物之廢棄物、并充分採用野豬草、（種類甚多鄉人慣用之）故每日飼料中、除麥麩二斗玉米一斗外、全用廢葉及野豬草（約五百斤）、目前會已能應付、但將來豬若增至數百頭、則非先山交通問題、謀得相當解決不可。

（2）病害問題　飼養牲畜最感困難者、莫如夏日之『瘟症』、瘟症一經發生、誠爲敗陣亂兵、風聲鶴淚、不特鄉人對之無法可施、即稍大農場遇之、亦必有倒閉之危險。

本場豬隻雖日常重視衛生、小心翼翼、然仍不免有隱憂、此間一以缺乏獸醫之設備、二來往返北碚亦頗費時、三則豬之飼料、多取自外來、雖免不有傳染之機會、誠恐他日得病後施救不及、故不如預防在先、自二十五年十一月起、所幸北碚已創立一家育保育所三峽實驗區、對於豬瘟之防治、倘大可仰賴、本場除派專人前往該區實習外、並商定該區於七月上旬、爲本場種豬施行豬丹毒預防注射故是後或可得相當保障矣。

# 游藝學生班在合川底活動

黃源



## 一，旅合底動機

游藝學生班、訓練到現在、差不多是一年了、雖然曾經到過合川、到過重慶、到過區內各場、都是被人邀請、而不是自動的、並且為時極暫、除了團體與團體之間、為了某種關係、取得一度聯絡外、對於學生的訓練、是沒有多大意義的、此次為了要訓練學生、與社會取得廣大的聯絡；為了使學生多明白服務的意義、多增加攝取人生常識底機會、多練習作事的經驗、為了要使休閒教育、能由區內散布到區外、……………因有這種關係、才決定了旅行合川、他們起程是六月一日、返碚是六月二十四日、在合川整整過了二十四天的旅行生活、有這樣長久時間的一回旅行、究竟作了些甚麼事呢？這便不能不有所報告。

## 二，生活的一斑

游藝生在合川底生活、大部份是消耗於演劇、其所以就延到如此之久也正為了演劇的緣故、這是我們最初不及料到的、也可說是我們早有料及的、話該怎麼說呢？我們本來注重學生的是在旅行、在參觀、演劇不過是一種附帶的事、但是、學生學的是演劇、而戲劇又是施行民衆教育的工具之一、如果看的人要看；唱的人又那裏「義」可容辭呢？不過、「學習」究竟是他們的生命、所以對於他們在合川的日常生活、始終不能讓他們逸出規律之外、以大體來說、每日早晨五時起床、把內務整頓停當、洗漱諸事完畢之後、便是到瑞山練習、撕腿、……回來休息之後、就講國語、記前一日的日記、最苦算是吃早飯了、要挨到八點、因為是受齋人家的招待、習慣是一時沒有方法可以把牠扭得過來的、上午沒雨的時候、參觀、遊覽、有雨的時候、學生卽分頭到博物陳列室及圖書室去翻閱書報參觀陳列品、午至早也要一點鐘才吃、晚飯則延至十一點鐘、這總算是沒法的事、學生反不能不把習慣改變一下、午後除照例的一場午覺而後、便照常唸戲、晚上則在新光明出演、一天的生活、就這樣的草草過去、有時午飯後學生有了餘閒、學生就到公共體育場同城外附廓的山上去遊玩、不過僅出偶然、至於學生生活的照料、除了管理的事負責而外、值日就要負責着全責了、因爲他們無論在甚麽時候、也是不能忘記紀律化的。

學生最初住在民敎館的游藝室的樓上、此地後傍瑞山、左鄰縣署、是防區時代陳書農駐合的私寓、前列花圃、右搭藤架、高低樹木掩映得極爲別緻、我們住在這裏、可算是非常相宜、地勢極爲幽靜、雖在公園、並不喧嘩、空氣清新、自不必說、就是環境的優美、在城市中、也是十不得一、早起登瑞山可望嘉陵、並可環顧合川週圍各名山勝地、園內曲折的花徑、高下的階蹬、清涼的石凳、濃蔭的黃桷、廣平的網球場、籃球場、以至於圖書館、博物陳列室、無處不予住者以更多的便利、因之、我們不能不感謝民敎館的先生們的恩賜、十九號以後、因管理上的便利、又移駐白兆南先生的公館、這裏樓臨嘉渠、又是一番風味、總之、我們在合川的住地、對學生生活的涵育、心境的安定、都有着極大的幫助、豈能說此次旅行合川是一件不滿意的事嗎？

## 三，參觀的收獲

游藝學生旅行合川、主要的目的、是在參觀、那知天不湊巧、到合川的第三天就下着雨來了、以後時晴時雨、可以出去參觀的機會特別的少、但也看了很多的地方、以學校來說、參觀過合川縣立中學校、縣立第一小學、瑞山小學、南津小學、以慈善機關來說、看過救濟院之孤兒院、育嬰院、以工業來說、看過民生電水廠、涼亭子絲廠、以遊覽來說、曾到過八角亭、甘泉洞等地、在這些地方參觀及遊覽以後。對於學生究竟有些甚麽影響呢？、這裏把學生旅合的日記、抄錄幾段在下面：

「……上了汽車道、就可以看見幾株很大的黃桷樹、前照着一帶粉牆、那就是合川縣立中學校。……………內面設備還完善、惟因經費入不敷出、以致不能擴充、敎室臥室清潔倘好、唯有校中雜草叢生、枯葉遍地皆是……另外附設有一個平民夜課學校、分爲兩班、現因人數不足、暫時編爲一班上課、敎師由學生担任、每日輪流負責敎導、由這一點、也可想見他們對於民衆敎育之關心了」蔣欽、六月五日、

「我感覺到孤兒的敎育、第一步要注意的是兒童健康、後一步才實施兒童敎育、我看到幾個嬰兒及孤兒、瘦得鳩形鵠面、眞覺可憐、他們人很小、每天七小時課、是否能有心得？」……「參觀了這個絲廠、腦海中感覺到工人們眞不幸了——每天做工做到十點鐘左右、至快能够繅上六七兩絲、可得錢三千餘文、而伙食吃自己、捫心想想、區三千多錢、恐怕一個人的生活都維持不下去、還有她家中的人呢、工作如牛馬樣整天的幹、而報酬還不够生活——……所以我個人的腦海中、很希望有錢的官僚和富翁、快快起來營救、多辦工廠、提高待遇……」羅克强、六月二日

「……遊玩了八角亭、我心裏很煩悶、據長老說、此廟共有和尙十一人、廟產被公家提了、到現在沒有收入、我問他這樣多的人的

生活、怎樣維持呢？他道：……還會靠着遊覽及避暑的老爺們、我們侍候他們捧茶燒水、望了他們賞一點小錢、來維持我們的生活、到了多天、那就苦了呵……」李維翰、六月九日。

「蔚藍的天空、橫抹了一片金黃色、東方的山巒、跳出了一輪日球、發出了炯炯的金光、起來道正是大雨的晴明天氣、不但是大地上的景物」開了笑臉、就是每一個鄉村農人、我想都開了笑臉了吧、午前九鐘我們從塔耳門出發、去觀察這雨後的鄉村、輕快的足步、行過了一條大街、又跨過了一條小溪、許九乾涸了的溪溝、現在也有着渾黃的水在流着了、從廣平的體育場走過、走上一個土崗、向四面一望、從天縫裂了的田、現在都滿滿地裝着水了、農人們有的插秧、有的挑糞、有的犂田、這景象看來眞叫人十分快活、……」——維克强、六月十七號、

這幾段日記、很可以說明他們參觀的所得、這裏面有事業的認識、有社會的分析、有天眞的批評、眞有心情的描寫、正合了我們所要求的（攝取人生日常的機會、練習作事的經驗…）的初步目的、此外他們在旅行中關於人事的歷練、及羣衆的聯絡、也有着不少的進步、也增加了生活學習進行中不少的鼓勵、在日記中都可以零星地找出、這裏且不必再舉了。

## 四，表演的成績

游藝生在合川由次要的活動而變爲主要的活動的演戲、從六月一日起、一直演到二十三日、共演了二十三天、計出演了二十七次、共表演了川戲五十一套、這是幻想不到的、最初我們不過想借旅行之便、在異地試演一下、以試驗我們這年來訓練的結果、是不是可以「拜客」、在第一晚上、學生於新光明戲院初次登台表演了長生殿、春陵台、草場剩三幕川戲之後、不想合川人談話的資料、竟把「游藝學生班」當作了題材、第二晚上園內滿座、第三晚上剛剛開演、就趕緊關門、而且門也幾乎有被擠開之勢、據說、這狀况在合川是很難得有的、這次學生的成績、以維克强、袁承英、權澤欽三個最爲人所稱道、其次就要算劉淑君劉淑華這幾個了、出演的戲、第一晚上維克强長生殿、有人說那嗓子很有些像天籟、此外草場剩、辭宮、別洞……都得到了很好的稱譽、我們有了這樣的成績、學生自然把胆子放大了些、就是教的人、也增加了不少的自信力、學生越演越起勁、合川人士、也越留越懇切、好在二十三天之中、從不曾被人喝個倒彩、都認爲學生的歌唱能力及表演能力、已經做到了第一部工夫、而淫詞穢語的刪改、下流動作之取消、更爲一般人所同情、不過我們把新改編的許多戲、不會排得出來、作民衆進一步的宣傳、還算是一件美中不足的事。

## 五，友誼及互助

學生此次到合、參觀一個機關、便得一個機關盛情的招待、參觀一處學校、便得一處學校盡量的指示、信樣的優遇、是極爲難得的、

還有極值得感謝的、如像大聲日報及商報之多方鼓勵、使合川一般人士、對於游藝學生、有異乎尋常的認識、這於改良舊劇上、可說是足以排除許多的障礙、商報並爲學生出版特輯、請學生題字、大聲日報也爲學生發表文字、介紹學生的成績到社會上去、都使我們覺到殊異的好感、此外、在團體方面、如合陽影戲院、友聯俱樂部……個人方面、如白兆南先生、楊熾模先生……對於我們的招待、幫助、都非常的多、民敎館留出偌大一間房屋我們住、更使我們念念不忘。

## 六，旅行以後

游藝生二十三天合川的旅行、環境給予他們的助益自然很多、同時我們也不能不感到一些歉意、第一、是學習上不會做到我們預定的標準、到了後來、學科幾乎至於停頓、雖然是環境影響所及、究竟也是我們的人力還有未够、第二、是參觀時欠缺了學習的意義、到一處不能扯着問、抓住寫、在知識的吸收上、失去了機會、淡薄了意義、雖然看的究竟不少、然而得着究竟不多、第三、是民敎活動、還未盡量宣傳、如像事業的宣傳、新知的介紹、都是在我們的計劃中、而因環境關係無形中淡漠了的、這些、可說是已經給予了我們一種好的經驗、而足使我們第二次旅行的參考的、

# 北碚月刊

第一卷 第十一期

家畜保育特輯 目錄

# 農村生活的寫眞

蓮衣

坐在辦公室裏、祇憑理想，或於報紙上去看農村的情形、總是有些渺茫、不切實、不如親眼見到的、最爲可靠、比如說：「目前災情嚴重、人民怎樣的不能聊生」、……任憑說得天花亂墜、畢竟有些使人懷疑、這次到鄉間工作、得着了實地觀察的機會、才把我的疑竇打破。

我下鄉的時間是四月四日、工作完成是五月十一日、一月多的時間、也就使我够看了、我工作的區域、是北碚十二保至二十二保、在這十一保當中、除二二保是平原、二十一保有一部份是平原外、其餘都是坡地、成竟在山上「峽區山多田少、地瘠民貧」這兩句話現在我深深的領悟了。尤其是在這連乾三季之後。田土裏面簡直看不見一點青色的東西、說到收成十分之九都是絕望的。

一般佃農、目前全靠土中收獲、作爲一家的口糧、然而胡豆呢？莖幹不過二三寸、不能結實、連種子也還收不了。欲賴之以充饑、當然沒有希望、麥子呢、除稽上較好點而外、旁的地方、也是顆粒無收、菜蔬僅有「牛皮菜」是一種耐旱的東西、到還到處可以看見一點、可是常被飢餓者的偷竊。

祇要你一下鄉、就可以看見隔不遠有一所茅草或稻麥草搭的棚、初先看見、還以爲是守更棚用以過夜的、問起來、才曉得是專爲晚間防竊盜偷菜蔬和種糧而設的。

有許多沒有恆產恆業的人、或因人口過多、白天勞苦所得不够繳用、晚間便去行竊、他們偷竊、並不挖牆壁翻屋越脊、他們是偷野外的一些東西、如麥子、胡豆、「牛皮菜」以及種下土的紅苕、甚至埋在地下的種籽、只要是吃得的東西都偷、爲了要防守、所以不能不遍處搭棚。

有的素行善良、不敢爲非的飢餓者、其求生的方法、最初是挖芭蕉頭、剝桐麻皮、這兩種吃盡了、乃繼之以挖苧麻頭、剝枇杷皮、找野葱、這幾種如吃完了、乃再繼之以挖蕨薺頭、檢桐子花、砍棕樹莖、找萬年棕、剝青皮樹、至於吃白泥、吃桑莪、目前也是普遍的現象、他們一天忙到晚、都在想這些東西的辦法、要是長此下去、不知伊於胡底！

這些東西、只有蕨薺粑我吃過、有一天、跑到大約午后兩點鐘的左右了、到處買飯吃、而不可得、一家姓徐的最賢淑。地端了一碗純粹的蕨薺頭做的粑出來、我因爲肚皮餓得沒法忍耐了、遂吃了一個、聊以充飢、蕨薺粑好像高粱粑一樣、色黃黑、慈糯而無怪味、殊可食也。

據慣食樹皮樹莖者談、除了蕨薺以外、要算萬年棕最好吃、其食法、除桐花在架煎着吃外、其他均係去其粗皮、然後切碎晒乾、碾成粉末和水爲粑、吃三四個卽可過一天。

他們不但天天找食糧、而且還要時時找飲水、據我看見的地方、只有十五保同十保水田較多、這是因有挨山、、有炭洞水灌入之故、旁的保數的水田、無異鳳毛麟角、說到水井、早已乾涸、農家吃水必到數里之外去挑、一個水坑動輒十幾挑水桶圍着牠、每担一挑水、至少要等半天、有一天、太陽出得眞大、口渴得來要死、問了好幾家、都找不着茶水喝、有人說：「我們將搬到河邊去住、沒有飯吃、也得點好水喝」、由此可見飲水之艱難了。

復有一種人、旣不顧爲盜、又不肯去找野生植物、遂流爲乞丐了、東邊討、西邊要、成天奔跑、不獲一飽、最有趣者、一個青年婦人、走在一家晒着麻頭的人家、叫喊不已、主人告之他家尚有主人在外乞化、叫他多走一家、仍不之信、無可奈何、終究打發了麻頭一碗而去、也有連乞討都不願意、坐在家裏等到死神到來的、我曾遇着兩個、一個姓馮、一個姓張、他們都是餓死的、放在屋裏、幾天沒有安葬、後來才由鄰近的人、代募了點錢、製備簡單衣棺、把他們埋了。

鄉間的人幷不偷懶、你看天不下雨、他們仍然在工作、撒旱秧呵！點旱穀呵！只要他們能够做到什麼地步、是決不辭苦的、在二台礄曾經看見一個農婦、正在種豆、右手提沙罐裝水、左手提竹筐裝灰、前面衣襟兜豆種、點一窠、噴一口水、再掩一勺灰、汗水從額上一點一點往下滴、似乎下雨一般、這是何等的辛苦呵！

鄉下人當前最盼望的：第一是雨水、第二是食糧、第三是貸款、無論走在那一家、都聞着這樣的呼聲、所以我們要救濟農村、要救濟當前的農村、一定要澈底辦理這一樁事情、才是辦法。

## 觀音米

大旱聲中、各地均有觀音米之發現、不知曾活得若干飢民。考此物之作爲食品、由來已久、文苑英華云：「唐玄宗時、王維奏武威郡天寶山周週五六里、石化爲麵、村人取食、甘美益人。」孫逖表云：「豈來年之是喻、何雨粟之能方。」殆爲最早之見諸記載者。其後有歷誌所載宋眞宗時、慈州山先石脂如麵、可爲餅餌。而明言其爲災荒饑民之食物者、則有聞見巵言之：「崇禎中杭湖山間、忽生異石、色白微赤、體軟質細、狀如茯苓、研之可作粉麵、饑民競取糠爲餅食之、得活甚者衆、俗號觀音粉」是此稱爲數百年前亦卽有之、且產於各處、（武威在甘肅慈州在山西也）

# 嘉陵江三峽鄉村建設實驗署二十六年四月份工作報告書

## 甲　內務方面

### (一)戶口統計

本區戶口自二十五年夏間調查後、是年冬間以爲時稍久、感覺多不正確、乃作第二次之調查、在一月中旬本已調查竣事、惟因是時急於辦理賑災事宜。未暇統計、本月乃得分別整理、統計完竣、茲將統計結果列表於下：

第一表

| 類別＼事別＼區域別 | 北碚鄉 男 | 北碚鄉 女 | 黃桷鎮 男 | 黃桷鎮 女 | 文星鎮 男 | 文星鎮 女 | 澄江鎮 男 | 澄江鎮 女 | 二岩鎮 男 | 二岩鎮 女 | 總計 男 | 總計 女 | 備考 |
|---|---|---|---|---|---|---|---|---|---|---|---|---|---|
| 普通戶　戶數 | 3680 | | 2984 | | 2030 | | 2296 | | 699 | | 11689 | | |
| 人口總數 | 11498 | 9986 | 7259 | 5962 | 6235 | 5072 | 7964 | 6242 | 2034 | 1621 | 34990 | 28883 | |
| 現住 | 10600 | 9871 | 6886 | 5293 | 5958 | 5035 | 7595 | 6197 | 1831 | 6141 | 32870 | 28942 | |
| 他往 | 898 | 115 | 373 | 37 | 277 | 37 | 369 | 45 | 203 | 7 | 2120 | 251 | |
| 壯丁 | 3727 | 3457 | 2338 | 2093 | 1828 | 1753 | 2777 | 2301 | 602 | 601 | 11272 | 10205 | |
| 是否識字　識 | 3293 | 1476 | 1669 | 340 | 1184 | 219 | 2120 | 393 | 786 | 515 | 9052 | 2443 | |
| 是否識字　不識 | 7307 | 8395 | 5217 | 5585 | 4774 | 4816 | 5475 | 5804 | 1054 | 1099 | 23818 | 25699 | |
| 有無職業　有 | 5687 | 414 | 3909 | 103 | 3592 | 109 | 4456 | 149 | 1041 | 24 | 18685 | 799 | |
| 有無職業　無 | 359 | 20 | 195 | 2 | 35 | 0 | 124 | 11 | 25 | 0 | 738 | 33 | |
| 非家屬同居者 | 1173 | 616 | 232 | 237 | 430 | 374 | 978 | 863 | 89 | 64 | 2902 | 2154 | |

## 第二表

| 類別 | 區域別 / 事別 | 北碚鄉 | | 文星鎮 | | 黃桷鎮 | | 澄江鎮 | | 二岩鎮 | | 總計 | | 備考 |
|---|---|---|---|---|---|---|---|---|---|---|---|---|---|---|
| | | 男 | 女 | 男 | 女 | 男 | 女 | 男 | 女 | 男 | 女 | 男 | 女 | |
| 船戶 | 戶數 | 5 | | 0 | | 97 | | 45 | | 0 | | 147 | | |
| 船戶 | 總人口數 | 12 | 6 | 0 | 0 | 145 | 0 | 80 | 0 | 0 | 0 | 237 | 6 | |
| 船戶 | 現住 | 10 | 6 | 0 | 0 | 103 | 0 | 79 | 0 | 0 | 0 | 192 | 6 | |
| 船戶 | 他往 | 2 | 0 | 0 | 0 | 42 | 0 | 1 | 0 | 0 | 0 | 45 | 0 | |
| 船戶 | 壯丁 | 12 | 2 | 0 | 0 | 111 | 0 | 39 | 0 | 0 | 0 | 162 | 2 | |
| 船戶 | 是否識字 識 | 6 | 0 | 0 | 0 | 62 | 0 | 34 | 0 | 0 | 0 | 102 | 0 | |
| 船戶 | 是否識字 不識 | 4 | 6 | 0 | 0 | 41 | 0 | 45 | 0 | 0 | 0 | 90 | 6 | |
| 船戶 | 職業 有 | 12 | 0 | 0 | 0 | 145 | 0 | 68 | 0 | 0 | 0 | 225 | 0 | |
| 船戶 | 職業 無 | 0 | 0 | 0 | 0 | 0 | 0 | 0 | 0 | 0 | 0 | 0 | 0 | |
| 船戶 | 非家屬同居者 | 0 | 0 | 0 | 0 | 0 | 0 | 2 | 0 | 0 | 0 | 2 | 0 | |
| 寺廟 | 戶數 | 5 | | 5 | | 6 | | 5 | | 2 | | 26 | | |
| 寺廟 | 總人口數 | 133 | 8 | 8 | 6 | 10 | 2 | 10 | 4 | 21 | 1 | 182 | 21 | |
| 寺廟 | 現住 | 121 | 8 | 8 | 6 | 10 | 2 | 10 | 4 | 26 | 1 | 165 | 21 | |
| 寺廟 | 他往 | 12 | 0 | 0 | 0 | 0 | 0 | 0 | 0 | 5 | 0 | 17 | 0 | |
| 寺廟 | 壯丁 | 105 | 4 | 2 | 2 | 8 | 1 | 3 | 0 | 8 | 0 | 126 | 7 | |
| 寺廟 | 識字 識 | 117 | 4 | 4 | 1 | 8 | 0 | 5 | 3 | 11 | 0 | 144 | 8 | |
| 寺廟 | 識字 不識 | 4 | 4 | 4 | 5 | 3 | 2 | 5 | 1 | 5 | 1 | 21 | 13 | |
| 寺廟 | 宗教 佛 | 105 | 8 | 8 | 6 | 10 | 2 | 6 | 4 | 21 | 1 | 150 | 21 | |
| 寺廟 | 宗教 道 | 28 | 0 | 0 | 0 | 0 | 0 | 4 | 0 | 0 | 0 | 32 | 0 | |
| 寺廟 | 宗教 回 | 0 | 0 | 0 | 0 | 0 | 0 | 0 | 0 | 0 | 0 | 0 | 0 | |
| 寺廟 | 宗教 耶穌 | 0 | 0 | 0 | 0 | 0 | 0 | 0 | 0 | 0 | 0 | 0 | 0 | |
| 寺廟 | 宗教 天主 | 0 | 0 | 0 | 0 | 0 | 0 | 0 | 0 | 0 | 0 | 0 | 0 | |
| 寺廟 | 宗教 其他 | 0 | 0 | 0 | 0 | 0 | 0 | 0 | 0 | 0 | 0 | 0 | 0 | |
| 公共處所 | 數 | 14 | | 5 | | 2 | | 30 | | 7 | | 58 | | |
| 公共處所 | 男 | 591 | | 456 | | 56 | | 1035 | | 329 | | 2467 | | |
| 公共處所 | 女 | 112 | | 0 | | 3 | | 1 | | 0 | | 116 | | |

(註：寺廟總人口欄澄江鎮兩子欄原印均作「男」。)

## 第三表

| 鎮別 | 保數 | 甲數 | 戶數 | 人口總數 | 年齡 一至五 | 六至十 | 十一至十五 | 十六至二十 | 廿一至廿五 | 廿六至三十 | 卅一至卅五 | 卅六至四十 | 四十一至四十五 | 四六至五十 | 五一至五五 | 五六至六十 | 六一至六五 | 六六至七十 | 七一至七五 | 七六至八十 | 八一至八五 | 八六至九十 | 九一至九五 |
|---|---|---|---|---|---|---|---|---|---|---|---|---|---|---|---|---|---|---|---|---|---|---|---|

| 北碚 | | 黃汝 | | 文星 | | 澄江 | | 二岩 | | 合計 | | 總計 |
|---|---|---|---|---|---|---|---|---|---|---|---|---|
| 33 | | 22 | | 19 | | 20 | | 6 | | 100 | | |
| 308 | | 229 | | 183 | | 229 | | 60 | | 1009 | | 1009 |
| 3680 | | 2984 | | 2030 | | 2269 | | 699 | | 11662 | | 11662 |
| 男 | 女 | 男 | 女 | 男 | 女 | 男 | 女 | 男 | 女 | 男 | 女 | |
| 11498 | 9986 | 7259 | 5962 | 6235 | 5072 | 7964 | 6242 | 2034 | 1621 | 3499 | 28883 | |
| 2268 | 1701 | 1174 | 1029 | 991 | 902 | 1281 | 1076 | 324 | 246 | 3038 | 4954 | |
| 1517 | 1166 | 940 | 736 | 823 | 609 | 1053 | 754 | 223 | 190 | 4556 | 3455 | |
| 1112 | 918 | 708 | 480 | 609 | 456 | 794 | 537 | 225 | 151 | 3448 | 2542 | |
| 987 | 833 | 507 | 395 | 391 | 313 | 563 | 462 | 131 | 107 | 2579 | 2110 | |
| 734 | 700 | 357 | 316 | 274 | 275 | 454 | 352 | 176 | 128 | 1295 | 1771 | |
| 834 | 692 | 463 | 486 | 359 | 339 | 541 | 558 | 138 | 133 | 2335 | 2208 | |
| 618 | 554 | 372 | 351 | 282 | 272 | 456 | 406 | 157 | 26 | 1885 | 1679 | |
| 715 | 696 | 501 | 498 | 452 | 455 | 630 | 543 | 134 | 128 | 2432 | 2320 | |
| 564 | 572 | 345 | 299 | 295 | 244 | 397 | 308 | 85 | 87 | 1686 | 1510 | |
| 738 | 641 | 713 | 376 | 587 | 338 | 765 | 397 | 132 | 108 | 2935 | 1860 | |
| 386 | 427 | 340 | 225 | 327 | 183 | 350 | 203 | 91 | 67 | 1494 | 1105 | |
| 433 | 450 | 402 | 279 | 342 | 217 | 335 | 276 | 94 | 68 | 1606 | 1290 | |
| 221 | 258 | 163 | 157 | 200 | 123 | 174 | 132 | 48 | 35 | 806 | 705 | |
| 161 | 190 | 141 | 153 | 147 | 156 | 90 | 125 | 40 | 52 | 579 | 676 | |
| 86 | 97 | 67 | 71 | 76 | 76 | 38 | 51 | 19 | 9 | 286 | 304 | |
| 100 | 63 | 49 | 77 | 56 | 74 | 33 | 46 | 13 | 12 | 251 | 272 | |
| 00 | 22 | 13 | 22 | 13 | 22 | 9 | 13 | 4 | 3 | 39 | 82 | |
| 3 | 5 | 3 | 12 | 11 | 17 | 1 | 4 | 0 | 1 | 18 | 39 | |
| 1 | 1 | 1 | 0 | 0 | 1 | 0 | 1 | 0 | 0 | 2 | 3 | |

（二）繼續訓練保甲長：

區屬保甲長自上月擬定辦法開始訓練後、本月仍繼續認眞訓練、茲將訓練情形分述如後：

1,訓練教材：（一）何爲保甲制度、爲什麽要舉辦保甲、怎樣編組保甲？（二）怎樣淸查戶口、取具聯保連坐切結、議定保甲規約、（三）民有槍砲登記戶口異動査報．（四）壯丁隊之編組、及訓練保甲人員之賞䘏與懲罰．

2,訓練方法：利用場期、每次講授兩小時、屛去學校課堂式之拘束、對題材多方取發、使其發生興趣、有相互硏究之可能、並將講授題目、隨時指導作實際演習、期其熟練、俾免以後執行保甲職務時發生困難．

3,本月份各鎭實到受訓保甲人數列表如後：

| 鎭別 | 保別 | 組別 | 第一次 應到 | 第一次 實到 | 第一次 缺席 | 第二次 應到 | 第二次 實到 | 第二次 缺席 | 第三次 應到 | 第三次 實到 | 第三次 缺席 | 第四次 應到 | 第四次 實到 | 第四次 缺席 | 本署派往授課人員姓名 | 備考 |
|---|---|---|---|---|---|---|---|---|---|---|---|---|---|---|---|---|
| 北 | 七至十保 | 第一組 | 65 | 47 | 18 | 65 | 41 | 24 | 65 | 48 | 17 | 65 | 39 | 26 | 劉文襄 | |
| | 十二至廿二保 | 第二組 | 132 | 66 | 66 | 132 | 85 | 47 | 132 | 79 | 53 | | | | 同 | |
| 碚 | 廿三至卅三保 | 第三組 | 135 | 90 | 46 | 135 | 59 | 76 | 135 | 102 | 33 | | | | 同 | |
| 黃 | 七至十四保 | 第一組 | 109 | 64 | 45 | 109 | 40 | 69 | 109 | 97 | 12 | 109 | 80 | 20 | 秦鴻勳 | |
| 桷 | 十五至廿二保 | 第二組 | 104 | 35 | 69 | 104 | 62 | 42 | 104 | 72 | 32 | 104 | 75 | 29 | 同 | |
| 文 | 一至十保 | 第一組 | 115 | 73 | 42 | 115 | 106 | 9 | 115 | 92 | 23 | | | | 秦鴻勳 | |

| | | | | | | | | | | | | | | |
|---|---|---|---|---|---|---|---|---|---|---|---|---|---|---|
| 星 | 十至十九保 | 第二組 | 123 | 85 | 38 | 123 | 73 | 50 | 123 | 85 | 38 | | | | 同 |
| 澄 | 五至十保 | 第一組 | 77 | 40 | 37 | 77 | 51 | 26 | 77 | 69 | 8 | 77 | 60 | 17 | 陳新齊 |
| 江 | 十一至十二保 | 第二組 | 130 | 66 | 64 | 130 | 72 | 58 | 130 | 87 | 43 | 130 | 94 | 36 | 同 |
| 二岩 | 一至六保 | 第一組 | 61 | 50 | 11 | 61 | 51 | 10 | 61 | 45 | 16 | | | | 陳新齊 |

三、賑濟工作

1,請賑　本區災情慘重、經一再調查受災戶口有五千五百六十戶、二萬三千零一十四人、受災之鉅、爲數十年來所未有、曾將受災情形及災區面積戶口人數等項電請　層峯并南京賑務委員會　四川省賑務會鑒核早賜撥款賑濟、以蘇災黎、接奉復令允予派員復查、撥款賑濟在案、目前一般災民待放賑款、實有如大旱之望雲霓也。

2,災民之教養　區內災民自本年一月設所收容後、區屬各場卽陸續送到所、截至本月底止計先後收容澄江鎭災民三百〇二名、北碚鄉四十名、黃桷鎭四十三名、二岩鎭十二名、共計收容三百九十七名、除自願請假回家及最近稍有辦法者、各給予口糧先後遣送回家共計出所三百一十五名外、現留所者尙有八十二名、玆將該所數月來對於災民之教養情形、分述於下：

（1）編拖子　拖子爲煤窰中大量用品、峽區附近炭窰林立、故此項物品銷路最大、且成本甚低、原料僅需竹子、峽中出產亦廣、計能作此項工作之災民共有四十名、本月份共出拖子一百六十八個、約值洋九十餘元、均已售出、所得利益、除提十分之一獎勵工作災民外、其餘充作收容所補助費用。

（2）編篼兒　篼兒爲炭窰及建築工程中大宗用品、能作此項工作者、每爲原作農耕之災民、本月迭下大雨、多請歸家播種糧食、因之僅編二百六十挑、每挑約値洋二角。

（3）打草鞋：此項技藝、就災民中熟悉者爲技師、分組教授、本月份共打草鞋二百七十四雙、贈送公安一二三中隊士兵、每隊均各五十雙、因公安各隊曾爲本所勸募竹子、穀草、衣服、中藥等項、藉資酬答、其餘發給所中災民穿着。

（4）削香籤：就編製竹器剩餘之黃篾、由老弱婦女削製香籤、本月因工作者不多、僅花五萬枝、每萬約值國幣二角陸仙、北碚有女子專削香籤以謀生活者。

（5）敎育：每日除敎以生活技能外、晨間並全體運動作深呼吸一次、傍晚訓練柔軟操一次、又於午前講授千字課一課、初小常識一課、習字一小時、以增進其知識。

（6）預防傳染　本月該所忽發現一種傳染病、經醫生檢驗爲「回熱歸」計醫治無效、死去者有十一名、恐其傳染愈大、一面施行隔離治療、一面由北碚地方醫院在渝購回大批防疫針藥、將所內災民普施注射一次、未得全體傳染。

四、六安狀況

1,聯絡防匪　近以旱災影響、糧食恐慌、區屬邊境時有匪患發生、誠恐竄及區內爲害治安、乃派員與駐在北碚附近修築靑北馬路之一百六十一師三旅六團一營、二營接洽、將本署規定各種軍事符號、及北碚各聯隊附保長姓名列冊送請查閱、當荷同意、雙方切取聯絡、共同防範、月來尙安靖無事。

2,協剿大毛坪股匪　江北大茅坪股匪年來雖屢經職署痛剿、卒因箐密林深、易於潛匿、又以兵去匪來、兵來匪去、難以肅清、本月奉三區專署密令會同江北合川兩縣保安團隊遵照所示機宜前往圍剿、本署奉命後即與江合團隊切取聯絡、令派內務股主任吳定域及公安一中隊長梁崙、率領官長八員、士兵一中隊、於本月二十五日午後六時出發、二十六日上午四時到達楊柳壩、是時預約在此集中之江北靜觀土主兩場團隊、尙無來蹤、誠恐停頓過久、洩漏消息、乃乘霧向大茅坪正面細心搜索前進、到達山巔、將隊潛伏密林之中、一面派探前往鄧保長家探查、據云、匪徒早已聞風遠遁、復率隊上山嚴密搜查至昔日剿匪數次、遇匪之地、仍無匪蹤、忽聞近處民房中有口笛報數之聲、派兵探查、乃知合川雙鳳場團隊進駐於此、業已午餐、準備返防、詢問匪情、亦不明去向、乃於是日午後率隊回防、

3,屬於公安中一隊者

I　籌辦第二期勞動服務團，北碚第一期勞動服務團、本月訓練完結、以市街六保保長、小隊附及市民等未加入第一期受訓之人爲數尙多、乃繼續籌辦第二期勞服團經到各市民家庭分頭調查之結果、應加入受訓者計有五十七名、定於下月開始訓練。

II清查北碚市街戶口　清查北碚三月份市街戶口、比二月份增加二十二戶、六十七入、全市現有九百六十四戶、四千四百五十六人、本月爲便於查考市內各保戶口異動起見、每保置一統計卡片、隨時登記異動、俾資一目了然。

4,屬於公安第二中隊者

I召集黃桷鎭白廟子各煤廠炭坪紳商等、開會籌辦勞動服務團、當得贊同、即日開始籌備、預備槍枝、購裝具、一面調查應行

、入團受訓人員、計有三十二人、定本月編制就緒、下月開班訓練。

II召集黃桷鎮市街保長小隊附開會二次、商討維持治安辦法、每保由小隊附選出壯丁四名、加以編制、如遇匪警本隊出發游擊時、後方治安、即由小隊附率領壯丁担負、現已編制就緒。

5,屬於公安第三中隊者

I督促澄江鎮各保壯丁嚴密守夜、每晚由隊派員會同聯保公處人員查看步哨、以防疏虞。

II本月匪風復起、本隊爲防患未然計、特與聯保公處、及寶源公司自衛警切取聯絡、每逢場期在澄江夏溪兩鎮要隘、設置盤查哨檢查情形可疑之人、俾免匪徒乘機混入。

五訊結案件統計

1,屬於軍法室者

(一)强盜案五件。(二)煙案二件。(三)行政案二件。(四)盜竊案四件。(五)債務及佃租案五件。(六)其他糾紛二件。

2,屬於公安第一中隊者

(一)嫌疑案二件 (二)拐逃案四件 (三)債務案五件 (四)鬥毆案三件 (五)竊盜案六件 (六)賭博案二件 (七)口訴糾紛十二件。

3,屬於公安二中隊者

(一)債務案五件 (二)强盜案八件 (三)欺騙案二件 (四)搕索案一件

4,屬於公安第三中隊者

(一)債務案六件 (二)竊盜案五件 (三)租佃案七件

## 乙建設方面

(一)提倡合作秧田 峽區連年乾旱、水量缺乏、値茲撒播穀種之際、除挨近山邊有礦泉者外、十九皆無水田可作秧地、本署乃擬訂合作秧田辦法、佈告全區農民照辦、凡無秧田之家均可向有水田者、借田播種、并派員下鄉挨戶指導調查、凡有水田之農家除本身播種外、餘須全數讓出、不准居奇自私、以資救濟、共租佃代價、照所租面積之出產量議納、或全行義讓、亦聽其便、所有水田播種數量、列表如後:

區屬合作秧田統計表

| 鎮別 | 有水田保數 | 水田面積 | 秧田面積 | | | | 剩餘水田 | 備考 |
| --- | --- | --- | --- | --- | --- | --- | --- | --- |
| | | | 合作面積 | 秧田種量 | 自播面積 | 秧田種量 | | |
| 北碚 | 一九 | 四九〇・一石 | 二〇・六七石 | 一八・五八石 | 八二・七〇石 | 七四・三一石 | 三八六・七石 | 本表面積依鄉人習慣以出產量爲標準故以石計。 |

| | | | | | | | | |
|---|---|---|---|---|---|---|---|---|
| 黃桷 | | 八 | | 二六〇・〇石 | 一二・五二石 | 一一・二五石 | 一〇・〇四石 | 九・〇二石 | 二三七・〇石 |
| 文星 | 一 | | 三 | 一四一九石 | 一・六一石 | 一・四五石 | 四八・三〇石 | 四一・五石 | 一三六九・一石 |
| 二岩 | | 二 | | 二三・三石 | 〇〇・五八石 | 〇〇・二五石 | 一八・六四石 | 一六・七五石 | 一三・一石 |
| 澄江 | 一 | | 六 | 四二〇六・六二石 | 九・六六石 | 八・六五石 | 一五九・〇一石 | 一四二・八七石 | 四〇三七・九五石 |
| 合計 | 五 | | 八 | 六四〇八・〇三石 | 四五・〇四石 | 四〇・一八石 | 三一八・七四石 | 二八四・四五石 | 六〇四三・八五石 |

本表以谷種一石占田面積一、二三石所有小數在第三位即用四捨五入法銷去

(二)勸種旱秧　區內凡無水田可種水稻之地咸勸農民播種旱秧、并印發播種方法、廣爲宣傳、一面派員下鄉實地指導、惟農田亢旱過久、堅硬如石、不易鋤碎、以致照播者甚少、其已播之田後會得幾次微雨、秧苗發育尚茂、茲將播種成績列表如後。

區屬播種旱秧統計表

| 鎮名 | 旱田保數 | 旱田面積 | 旱秧面積 | 秧種量 | 剩餘旱田 | 備考 |
|---|---|---|---|---|---|---|
| 北碚 | 六 | 二五六石 | 四・六九石 | 四・二一石 | 二五一・三石 | |
| 黃桷 | 八 | 一〇八三石 | 一一・五三石 | 一〇・三六石 | 一〇七一・四七石 | |
| 文星 | 五 | 七一四石 | 無 | 無 | 無 | 該鎮水田多於旱田所播水秧已足敷旱田之用故無旱秧田 |
| 二岩 | 二 | 八一九・二石 | 無 | 無 | 無 | 該鎮農田多在高埠、豐年皆以種高粱包谷等爲佳、本年亦然、故無旱秧田 |
| 澄江 | 一三 | 二九一二・二石 | 一六・四一石 | 一四・七四五石 | 二八九五・七九石 | |
| 合計 | 三四 | 五七八四・四石 | 三二・六三石 | 二九・三一五石 | 五七五一・七七石 | |

附記　按此次下鄉指導農民施行水稻旱田直播法頗感困難、故收效很微、㈠因田泥乾久不易鋤碎以致下種艱難。㈡鄉間農民因去歲欠收留種過少無種可播。㈢此種辦法農民素未聞見不敢嘗試、僅於北碚第十九保農民馮時齋播谷二升八合佔田八石周雨合播谷三升佔田九石以作示範而已。

（三）印發洋芋分芽繁殖法　本署月前貸與農民之洋芋種籽。自下土後、曾得幾次雨水、幼苗生長尚茂、本署爲明有大量生產計、特將分芽繁殖法印就傳單、散發農民依法實施、廣事栽培、俾以少數之種籽、獲多量之收獲。

（四）驅除病害虫害　本月正值麥子胚胎時期、黑穗病發現正多、若不提倡剪除、種籽流傳、對於來年收獲、損失必大、又玉蜀黍亦在萌芽之際、間有地蠶嚼食根莖者、本署乃將上述病害虫害剪除方法、印製傳單各二千份、散發農民、並派員下鄉指導農民依法辦理、以期育得優良品種、及多加生產、又玉蜀黍本年尚新發現有害虫一種、其形似螟而大、由玉蜀黍之根及莖中食出、曾將虫樣大小各檢數頭、用瓶裝寄四川稻麥改進所、中央農業實驗所研究殺除方法去訖、經本署研究結果、其殺除方法有下述四種。

(1)用葉菸泡水灌溉根部莖中吸收菸汁其虫即死。

(2)用巴黎綠五分和清水九十五分、淋於根部其效同上。

(3)將巔葉完全打成爲結、閉塞空氣、其虫即窒息以死、數日後苗仍可活、此老農經驗之方也。

(4)將來用輪栽法、亦可免除。盖發見去歲未種玉蜀黍之土、今年所種毫無虫害也。

（五）提倡養蠶　區屬各鎮本多栽桑之家、年來因絲業不旺、繭價大跌、一般民衆多將桑株大批砍伐、以致養蠶之風、逐漸消沉、本署爲謀救濟蠶農起見、特派員到土沱向四川蠶桑改良場川東分場江北指導所接洽、取回蠶種七百張、分送區屬各場農民飼養、並請蠶桑改良場川東分場潘開明君指導改良技術、玆將分發數目列表如下：

| 鎮別 | 養蠶家數 | 散發蠶種張數 | 備考 |
|---|---|---|---|
| 北碚 | 八三家 | 三三五張 | |
| 黃桷 | 二五家 | 一一三張 | |
| 文星 | 五二家 | 二一九張 | |
| 土主 | 五家 | 二四張 | |
| 合計 | 一六五家 | 六九一家 | 本區所屬二岩、澄江兩鎮、位居山邊、因鮮桑林、故未散發、又因有九張已出、故僅發出六百九十一張 |

（六）農民貸款　區屬農村、因旱災影響、多數破產、不能維持生活、除先後借發種糧、辦理塘堰借款外、本月復由本署向農村銀行商洽借款兩千元貸給貧農、作爲購買種糧、及肥料農具等項

資本·以一分行息、限本年秋收後歸還、計文星鎭八十六戶、已借出六百元、北碚鄉四十二戶、已借出三百三十八元、總計借出九百三十八元。

(七)推行度政　區屬各鎭、對於新制度量衡器之推行、本月奉三區專員公署令、轉飭江北縣、璧山、巴縣縣政府令派檢定員來區指導進行、江巴兩縣之檢定員、本月業已來區工作、所有北碚、文星、黃桷、二岩等鎭均已一律改用新制、沒收舊制升斗尺秤、惟澄江一鎭璧山縣縣府之檢定員尙未派來、業已去函催促、期於下月辦理完竣。

八、地方經營

(一)民衆博物館

1,統計三月份參觀人數　統計三月份參觀人數、總計二千七百九十八人、中間男佔一千七百六十三人、女佔四百四十一人、團體十一個計六百八十四人、以職業分農佔三百廿二人、工佔五百二十四人、商佔六百一十三人、學佔八百一十九人、軍政四百一十四人，政佔四十六人、無業者佔六十二人。

2,統計全年參觀人數　從廿五年四月起至本年三月底止、統計參觀者有八百另三個、共三、三一四人、個人男佔三三、〇八八人、女佔七、七五一人、共計四〇、八三九人、全年合計共四四·一五三人、以職業分計無業一六四人、政界三、三二三人、軍界三、九四七人、學界七、八五七人、商界九、六一六人、工人九三七九人、農人六、三三三人、紳衿三、五三四人。

3,搜存古碑　區屬江北東陽鎭上壩蠶桑改良場築路發現明萬歷三十五年古碑一塊、字態甚佳、除將該碑妥爲保存外；一面將文抄存本館、以備研究歷史者之參考。

碑文照錄如左：

示諭軍民人等知悉·凡婦人不幸而亡其夫再嫁者、聽其自便、不
督要指以撫子當差爲名、生業抬夫。市棍新豪、亦不准塡房入贅明
撫充、首州土舍。安堯臣、以靑年入贅鎭雄府士官、隴源老婦、不
軍久併謀殺其三子、遂欲篡奪爵土、流禍甚慘！可爲明戒、今後敢
門有等等入贅者、許地方董隣、親族、首先官司、以犯論重責、枷
喬號究罰斷離、容隱不舉者、亦一體連坐不貸。

萬歷三十五年三月初八日　立

(二)動物園

1,接洽中國西部科學院農場贈北平鴨二隻、到園陳列。

2.增加義大利公鷄一隻、以資繁殖。

3,逐日檢査動物生活情况、詳細登記·幷注意其食料及淸潔。

(三)平民公園

1,移栽菊花幼苗、中耕各種草花、作法國梧桐棚架及灌水、

又補側柏千株。

2,修剪園中各處楊槐、及楊柳枯枝、用人工驅逐害虫、於蘋果四季柑葡萄桃子等、分別予以施肥或追肥。

(四)公安一中隊

1,兵工修整北碚市各街道破濫石板、并疏通陰陽溝、以重衛生

2,兵工幫助金崗碑義務校平地基打三合土三日完成。

3,會同市政管理委員會勘定北碚黃山堡公地範圍、立石爲界、藉杜私人侵佔、將來擬作新村之用。

(五)公安二中隊

1,培修碉樓、黃桷鎭附場碉樓、爲該隊派駐展望哨之所、因年久失修、行將傾圮、乃於本月集中全隊兵力、担任運輸木料砖瓦、及雜務工作、其他開支則由地方募捐補助、業於月底完成。

2,建修聯合辦公室、該隊爲求增高辦事效率起見、乃商同黃桷鎭聯保主任王訓能就該鎭關廟正殿改建大辦公室一間、以資聯合辦公、所需材料多係勸募、除木石工程僱請工人工作外、其餘概由士兵担任、已於本月底完成、開始聯合辦公。

(六)公安三中隊

1,闢修道路 由夏溪口街上到河邊汽船碼頭、向無路道、上下客人、不便行走、乃派士兵兩班、盡一口之力、闢成人行道一條、行者稱便。

2,燒捐石灰、區立澄江小學、因修建校舍、需用大量石灰。本月派兵就新門洞打石灰燒成石三窯重二萬餘斤、除派少許工本費外、完全捐送該校。

3,補砌碉坎 該隊展望哨所駐之碉樓、側有土坎高約三尺。長五尺、寬四尺、大有傾圮之勢、誠恐影響碉基、乃派士兵搬運石頭砌成護坎、俾臻鞏固。

4,佈置花園 就營後隙地開闢草坪一幅、寬約半畝、又添花壇三個栽植草木花多種、并在園中道傍植樹一百五十株、以資點綴風景。

## 丙,教育方面

(一)統計工作 本日根據廿五年多間調查、茲分別統計於後:

1,區立完全小學各級學生人數比較。 2,義務小學各級學生比較表。 3,全區各校各級學生比較表、 4,全區學校學生年齡性別統計表、 5,學生保護人職業比較圖。

(二)設立小學教育題目研究會 本署奉到教育部全國小學教育研究題目後、當即印發區署各校教師按題收輯參考材料、及研究取得結果、彙交本區小學教育題目研究會討論。

(三)討論教學方式 區屬各校教學方式、過去頗不一致、以致對於

實際問題多未足踏實地依照一定秩序實施、本月爲糾正此弊起見、特令各校長教師將各科教學法之實施情形、用書面寫就、提交本區教育研究會討論、以資改進、而歸劃一。

(四)公民訓練　關於區屬各校公民訓練、由本署印發各年級條目、今由各校自行選定條目、分爲十二階段、并令將公民訓練對學生之考查方法、具體規定、一併提交研究會討論。

(五)各校中心工作　本學期各校中心工作屬於實踐的有下列四項、1,推行小先生教學、2,抄寫民衆課本、3,幫助農民剪除麥黑穗病、4,撲滅蒼蠅運動、屬於宣傳的有下列二點、一、家畜防疫運動、二、春蠶及秋蠶之飼育法、上述工作本月轉令各校特別注意。

(六)劃分學區　依照部頒劃分小學區辦法、將本區各鎮劃爲一百個小學區、分設十七個聯合小學區、計劃每個小學區、儘先設立一短期小學或義務小學、每一聯合小學區、設立一普通小學、負担中心小學任務、指導該區內各短期小學、或義務小學之進行事項。

(七)籌辦婦女職業補習班　爲提倡婦女職業起見、擬招收本區婦女授以生活必需之技能、現已開始調查、將來擬分兩級教授、結業期間爲三個月、第一級授以識字、寫算常識、音樂、於每日授課二小時、第二級授以國語、珠算及普通常識、家事常識、工藝實習等、於每日午後授課三小時、工藝第一步授以本地草帽草鞋之編製、第二步授以新式草帽及棕鞋涼鞋之編製、第三步則授以縫紉刺繡及鹹菜糖果等物之製造、教師全爲義務職、學生一概不取學費、定於下月開學。

(八)推行小先生教學制　本月推行小先生教學工作如次：

1,派員下鄉組織北碚七保八保、及二十、廿一、三十、三十一各保小先生、督促成立共學處、2,領導小先生視察各該保所轄區域一次、3,視察小先生教學四次、4.訓練小先生教學方法。

(九)民衆服務；

1,引導參觀　引導參觀學校五個、計男一四〇人、旅客三起計政界三人、實業界一人、即中國植物油廠廠長劉仿周來區考察時間較久。

2,代筆　本月代人民寫問候信十五封、兌錢信二封、求事信六封、共計廿三封、又代寫雜件如收條、佃約、借條等十一件。

3,代繪廣告　幫助北碚旅店商義務繪製廣告牌圖塊指引牌二塊

(十)民衆圖書館：

(一)登記新書　本月份共登記新書一百七十一冊、編目新書共十一冊、編製基本叢書目錄、及萬有文庫分類指引卡片等。

(二)繪圖書統計表　繪製本年度圖書增加統計表、并繕寫目錄卡片使用法、及分類簡表、以便閱者檢查。

(三)清點圖書　本館藏書、上年曾一度清點、但分類尚不十分完善、乃於本月再爲詳細清點、俾資正確、按本館藏書、向依杜定友分類法辦理、共分十大類、業將普通、哲學、教育、社會、自然、應用、美術、語言、文學等八類清點完竣、製好卡片裝入卡箱內、其餘俟下月方能辦理完竣。

(四)兒童節活動　本月四日、爲兒童節紀念日、該館爲祝賀兒童幸福起見、事先派員到渝選購兒童讀物畫報、及有關兒童節的書籍、并將平日蒐藏各種畫片、用彩色紙接連、布置兒童閱覽室內、俾資瀏覽、凡到來兒童、均由館員率領讀書看畫、談故事、非常歡忻、參加活動的兒童、終日不輟。

## (丁)地方醫院

(一)開辦產婆訓練班　該院鑒於峽區嬰兒死亡率之過高、以患「破傷風」(俗稱臍風)者爲多、推原「破傷風」之發生、實由於接生婆昧於婦嬰衛生、當嬰兒產生時病臍不知消毒所致、該院除積極努力宣傳勸人民接受新法接生外、乃一面籌辦產婆訓練班、以資改良、所有區屬產婆、業於前月調查完竣、從本月一日開始訓練、計有八名、玆將辦理情形、分述於下：

1,時間　訓練時間定爲八日、訓練地點就在院內、所需衣物寢具伙食等項、概由院中担負。

2,講授科目　每日授課六小時、科目分衛生常識、消毒常識、孕婦保健法、衛生材料製作法、接生須知、剪理臍帶等項。

3,實習接生、就往院產婦生產時、令其實習接生手術、並予講解其要點、而尤其注重剪臍帶之實習。

4,訓畢口試　訓練時間雖僅八日、經分別口試後、各產婆對於接生手術及常識、尚能知其大要、以後飭其務照新法接生、不可仍蹈舊習、以重嬰兒產婦生命。

5,給獎　口試完畢及格者七名、各贈工作服一套、工作帽一頂口套一具、以資鼓勵、並曾經該院訓練之標識、以後凡不用新法及無上項獎勵之接生婆、均不准在區內接生。

(二)送血治療　本月有一婦科病人患膀胱炎、出血甚劇、其勢頗危、由本院工作人員送血注射臂部、結果病勢轉平、得慶更生。

(三)添設病房　本月住院病人日多、原有病房不敷應用、乃將二樓大廳改爲病房二間、手術室一間、辦公室一間、化驗室一間、共爲五間、均已落成。

(四)治療情形

1,醫治痔漏病人作斷根手術一次。

2,出診接生難產二次。

3,出診治療婦嬰十一次。

4,門診治療區署各事業機關內外病一百八十二名。

5,治療普通各病九百一十九名。

6,各分診所治療病人二千五百名。

7,本月送種牛痘三百三十三名。

8,住院治療病人二十七名。

9,本月共計治療病人三千九百五十四人。

# 峽區要聞彙誌

（廿六年五月份）

羅柱

## 一，文化類

1,小先生活動

A,聯合參觀：北碚七保與三十三保義務校小先生、本月七日聯合參觀二十保小先生活動。

B,聯合會：北碚各學校小先生、十六日在兼善大禮堂舉行小先生聯合會、實到學校十所、小先生一八七名。

C,組織小先生：北碚二十六保義務校、自動組織小先生敎學、已成立共學處三處、有學生三十四名。

D,小先生成績檢閱：澄江小學二十六日舉行。

E,製草帽扇子：民委會召集各校小先生到該會學習製草帽扇子以便下鄉敎授農村婦女。

F,編製新戲：民委會卽將小先生活動、編成新戲、以宣傳民敎、並作小先生敎學紀念。

2,婦女補習班：民委會主辦之婦女補習班、已於十三日舉行開學禮、截至月底止、實到學生已達二十五人、該校除授以學科外、並側重手工業訓練。

3,敎師月會：義務敎師、與校長敎師月會、於十六、二十、兩日、先後在區署舉行、商討公民訓練原則、及敎學法。

4,學校敎育

A,北碚小學二十九日成立時事研究會。

B.黃葛十一保義務校、利用勞作時間、在該校附近闢一「兒童公園」以造成優美的環境。

5,巡迴文庫：

A民衆圖書館：該館爲便利鄉民讀書、已擬定巡迴文庫辦法、暫以兩校爲一組、共文庫一個、陳列方便地方、定時開放、其管理推進情形、該館隨時派員前往指導。

B,閱覽人數：四月份閱覽人數共五三七六人、以市民居多、

6,敎育產業：北碚調查結果、共計田谷二一〇石、佃戶一五一戶。

7,文獻委員會：本區奉令組織文獻委員會、現已由實驗區署敎育股擬定簡章定時開會成立。

8,參觀團體：璧山職中學校、師生二十餘名、土沱小學男女師生六十餘名、及瓷器口省立敎育學院師生七名、先後來峽旅行、並參觀各事業機關。

## 二，政治類

### 1，保甲方面

A戶口調查：二十六年度春季已調查結果、統計五鎮鄉、共一一六八九戶、六三八七三人、（公共處所不在此數）

B，碉堡調查：本區除北碚未調查完竣外、澄江、二岩、文星、黃葛、四鎮共有碉堡六七個。

### 2，治安方面

A捕匪：澄江鎮保長周秉衡、捕獲刼匪數名、押送實驗區署究辦

B，會議：黃葛公安二中隊、十二日召集船幫會議商討水上治安。

3，立法委員衞琛輔、司法行政部常務次長謝健、重慶高分院院長費孟輿、及一六一師二旅朱團長等、先後來峽參觀各事業機關。

## 三，經濟類

### 1，農業

A農作物：

一、考查稻麥：本月一日建設股主任赴合川稻麥改進所考查稻麥

二、播種西瓜：西山坪農場、因去歲種瓜獲利頗厚　故今春特大批播種、共約二萬七千餘株。

三、發現害虫：黃葛癩疤石義務校學生、在玉蜀黍葉內發現害虫、已捉得大批、送科學院生物研究所研究。

四、幫助工作：

a，二十日區署令各公安隊、際此大雨、應迅速幫助農家耕種、

b，靑北公路築路士兵、全體停工幫助附近農家耕種、較之築路更爲努力。

五、合作秧田：剩餘秧苗農家、當售與缺乏秧苗農家、區署作令飭各聯保遵照。

六、視察耕種：建設股派員下鄉視察各鎮耕種情形、視察結果、本年可望五成收獲。

B，畜牧

一、美國公豬運峽：家畜保育所三峽實驗區、前在美國所購之約克公豬、已運抵碚、重約二百餘斤。

二、兒童家畜保育團簡章：家畜保育所三峽實驗區已擬好、北碚義務校自動組織三處。

三、表證區保甲長會議、家畜保育所三峽實驗區二十六日召集。

四、旱災影響家畜繁殖：家畜保育所三峽實驗區、調查北碚三十三保、一月份尙有豬一九五頭、現僅九五頭、中間不過四月光景、已減少二分之一。

C，園藝：菓園公司蘋菓害病、經建設股劉選靑技士、前往視察結果據云係發育過滕、生長迅速、故未成熟卽落。如避免此種現

象、須制其發育、當以利刀在枝幹上劃幾條痕或割去外皮。

2,水利：區內雖築有塘堰百餘口、然天久不雨、而塘中不儲水、建設股有鑒於此、特商三峽廠、利用抽水機車水灌田、並於十一日召集七八兩保受益農家、成立水利會。

3,工商

A,組織工人儲蓄會：區署轉令所屬各鎮工商界、籌組工人儲蓄會、俾使工人失業後、亦能解決生活、

B,調查棕鞋製造程序、區署函請建廳代辦。

C,嘉陵紡織廠，已在東陽鎮上壩、覓定廠址。俟秋收後、即開工建築。

D,德遠東公司總工程師比克、不日來峽調查天府公司煤礦。及參觀本區各事業。

4,市政管理：黃葛鎮於十七日成立市政管理委員會、王序九被任主任委員、又該鎮白廟子、不日亦將成立。

5,推行度政：二十二日璧山度量衡檢定所、派員來澄江鎮推行、區署派員前往協助。

6,土地清丈：江巴土地清丈委員會、委任本區保甲人員、協助辦理清丈土地工作。

## 四，社會類

### 1，救災

A北碚十五保保長楊其元、自動募捐谷米振濟災民。

B.重慶行營長官、捐薪兩日賑濟江巴災民、本區所轄、除澄江口外、均係江巴所屬、共享受權利亦不例外、故區署趕製災民表、極爲忙碌。

C.江北賑務會、在黃葛鎮發出賑票五百五十張。

### 2，公益

A孤兒院：李會極。李星北兩先生、會託區署辦一孤兒院、地址已覓定前民衆會辦公處、俟組織就緒、即開始收容。

B.託兒所：現居北碚前陸軍二十軍雷旅長忠厚、因鑒北碚境環天然、適合教養兒童、擬辦一託兒所、便利社會人士寄養兒女。

### 3，衛生

A地方醫院、本月五日召集中醫茶話、商討改進中醫、自十日起、地方醫院內診一律免費。

### 4，消防

A四日區署令各聯保積極籌組消防隊。

B.澄江、白廟子、已於九、二十六、兩日、先後成立消防隊。

C,北碚公安隊、三次消防演習、兩名女子亦踴躍參加。

D.黃葛舉行消防演習、計到隊員百餘人。

5,參加三區專署運動大會選手，彭彰禮，陳超然，兩君，已於十六日出發，廿四日，各獲徑賽冠軍而返。

Λ本區女婢六人，本月已將正式釋放。

6,卅一，民委會游藝學生明日到合旅行。


# 現代青年

## 第七卷第五期目錄

中華民國二十六年六月十五日出版

▲封面畫▼ 開封國立東北大學之運動選手

▲底封面畫▼ 德飛船爆裂 日本新舊兩首相

卷頭語—救國乎？亂國乎？……汪運坤

現代青年對於文學應有之認識……荷生

日本政局之面面觀……王泊儒

美國女童子軍紮營記……何其島

我們應當怎樣學習英文……林慰君

武漢大學論……陳棣華

二次大戰前夕談間諜……伴雲

十週年在政校……撥芬

青年的健康與民族的前途……以飆

信陽師範學生生活剪影……布文

青年消息集錦……編者

青年問題解答……編者

名言與軼事……編者

現代知識……編者

通州的一日……一凌

半月一人·明代平倭名將戚繼光……郭淨秋

日本政治，覽會參觀記……浮游

青年生活應革命化……加爾

少年公園

憶友……徐輝第

古城漫步……田羅

閒話個人主義……曙清

老壯士……張文麟

早晨……文風

北平宣內抄手胡同現代青年社發行

歡迎訂閱　歡迎介紹

# 北碚月刊

本刊已呈請內政部及中宣會登記

中華郵政特准掛號認為新聞紙類

## 第一卷第十二期

民國廿六年八月一日發行

編輯者　嘉陵江三峽鄉村建設實驗區北碚月刊編輯部（四川巴縣北碚）

發行者　嘉陵江三峽鄉村建設實驗區署

印刷者　國民印刷股份有限公司代印

分售處　各埠大書局

### 定價

每月一冊　一日出版　全年十二冊

| 訂購辦法 | 冊數 | 價目 | 郵費 國內及日本 | 郵費 澳門香港 | 郵費 國外 |
|---|---|---|---|---|---|
| 零售 | 一冊 | 二角 | 三分 | 八分 | 二角 |
| 預定全年 | 十二冊 | 二元 | 三角 | 九角六分 | 二元四角 |

郵票代價十足通用

### 廣告刊例

| 等第 | 地位 | 全面 | 半面 | 四分之一 |
|---|---|---|---|---|
| 特別 | 底封面外面 | 四十元 | | |
| 優等 | 前後封面之內面及對面 | 三十元 | 十六元 | |
| 上等 | 圖書前後及正文首篇對面 | 廿五元 | 十四元 | 九元 |
| 普通 | 首篇以外之正文前後對面 | 二十元 | 十二元 | 八元 |

詳細廣告刊例函索即寄

招登廣告　敬請批評

### 北碚月刊徵稿條例

一．本刊以祀述農村實況傳達鄉建實施方法研究農村改良技術等為主旨歡迎投稿其範圍如下：

1. 農村社會實況
2. 鄉村建設之理論及實施
3. 各地鄉村運動之消息及現況
4. 鄉村事業之調查及報告
5. 時代知識之介紹學術問題之商確
6. 寫實的文藝作品國內外旅行實紀等

二．本刊暫分論著調査計劃報告科學教育文藝通訊隨筆等欄

三．來稿須繕寫清楚幷加新式標點符號如用洋紙忌寫兩面

四．來稿以每篇自一千字至一萬字為限過長者不收文體不拘

五．本刊暫不收譯稿

六．來稿如不願增删修改者須先聲明

七．來稿署名聽作者自便但須將眞姓名及通訊處寫明以便通信

八．凡須將原稿退還者須預先付足郵票否則無論登載與否槪不退還

九．來稿登載後酌致薄酬如左：

1. 每篇二十元左右
2. 每千字一元至五元
3. 贈本刊若干期或其他名著、刊物等

十．來稿交四川巴縣北碚三峽鄉村建設實驗區北碚月刊社

川建廳廳長盧作孚氏來碚視察

北碚鎮水災全景

新[illegible]系之化驗作者黃治平在化驗室的情形

派赴北平協合醫院實習之地方醫院院長左立梁